SCHNEIDER / HARBRECHT (HRSG.)
WIRTSCHAFTSORDNUNG UND WIRTSCHAFTSPOLITIK IN DEUTSCHLAND
(1933-1993)

BEITRÄGE ZUR WIRTSCHAFTS- UND SOZIALGESCHICHTE

Herausgegeben von
Rainer Gömmel, Ulrich Kluge und Jürgen Schneider

Schriftleitung: Markus A. Denzel und Oskar Schwarzer

Band 63

In Kommission bei
Franz Steiner Verlag Stuttgart

Wirtschaftsordnung und Wirtschaftspolitik in Deutschland (1933 - 1993)

Herausgegeben von
Jürgen Schneider und Wolfgang Harbrecht

1996
In Kommission bei
Franz Steiner Verlag Stuttgart

Anschrift der Schriftleitung:
Otto-Friedrich-Universität
Lehrstuhl für Wirtschafts-
und Sozialgeschichte
Am Kranen 12
D-96045 Bamberg

CIP-Titelaufnahme der Deutschen Bibliothek

Wirtschaftsordnung und Wirtschaftspolitik in Deutschland (1933-1993) /
hrsg. von Jürgen Schneider und Wolfgang Harbrecht - Stuttgart: Steiner,
1996

(Beiträge zur Wirtschafts- und Sozialgeschichte ; Bd. 63)

ISBN 3-515-06600-4

NE: Schneider, Jürgen [Hrsg.]; GT

Das Umschlagbild wurde dem Beitrag von Wilfried Schulz, Adolf Lampe und die „Freiburger
Kreise" im Widerstand gegen den Nationalsozialismus entnommen.
Es zeigt die Professoren Adolf Lampe, Constantin von Dietze und Walter Eucken im
Gespräch (v.l.) um 1943.

Kommissionsverlag: Franz Steiner Verlag Wiesbaden GmbH,
Sitz Stuttgart
Druck: difo druck GmbH Bamberg

INHALTSVERZEICHNIS

Seite

Jürgen Schneider / Wolfgang Harbrecht
Einführung: Wirtschaftspolitische Experimente im Laboratorium Kriegs-
wirtschaft/Weimar/Drittes Reich (1914-48) und in Sowjetrußland
(ab 1917)   VII

Jürgen Schneider
Von der nationalsozialistischen Kriegswirtschaftsordnung zur sozialistischen
Zentralplanung in der SBZ/DDR   1

Ulrich Kluge / Winfried Halder
Die befohlene Wirtschaftsordnung in Sachsen 1945/46   91

Rainer Karlsch
Reparationen und ihre Folgen für die Wettbewerbsfähigkeit der DDR   139

Oskar Schwarzer
„Die Währung der DDR beruht auf der gesunden Grundlage der sozialisti-
schen Gesellschaftsordnung". Wechselkurse zwischen Mark der DDR und
D-Mark   173

Franz Böhm / Walter Eucken / Hans Großmann-Doerth
Unsere Aufgabe *[1937]*   207

Wilfried Schulz
Adolf Lampe und die „Freiburger Kreise" im Widerstand gegen den
Nationalsozialismus   219

Ludwig Bress
Ordoliberalismus zwischen Strukturanalyse und Evolution   251

Alfred Müller-Armack
Wirtschaftspolitik als Beruf (1918-1968) *[1968]*   283

Franz Böhm
Die Bedeutung der Wirtschaftsordnung für die politische Verfassung *[1946]*   303

Walter Eucken
Deutschland vor und nach der Währungsreform *[1950]*   327

Hans Möller
Zur Theorie und Politik der Wirtschaftsordnung *[1983]*   361

Ernst Dürr
Die Soziale Marktwirtschaft.
Ausgangssituation, Programm, Realisierung *[1988]*   383

Rainer Klump
Wirtschaftsordnung und Wirtschaftspolitik
in der Bundesrepublik Deutschland 1949-1990   397

Wolfgang Harbrecht
Der Beitrag der Bundesrepublik Deutschland zur Wirtschaftsordnung
der Europäischen Union   415

Einführung: Wirtschaftspolitische Experimente im Laboratorium Kriegswirtschaft/Weimar/Drittes Reich (1914-48) und in Sowjetrußland (ab 1917)

I. Vorbemerkungen

Der Erste Weltkrieg (1914-18) muß als die große Zäsur bei der Wirtschaftsordnungspolitik angesehen werden. Mit der sozialistischen Oktoberrevolution von 1917 in Rußland begann die ordnungspolitische Systemauseinandersetzung, die zunächst durch den Zweiten Weltkrieg verdeckt wurde, die anschließend im Kalten Krieg ihren Höhepunkt erreichte und in den Zusammenbruch der sozialistischen Zentralplanwirtschaften Ende der 1980er Jahre mündete.

Im folgenden wird aufgezeigt, daß die wirtschaftspolitischen Experimente in Deutschland (1914-48) und Sowjetrußland (ab 1917) sowie die theoretische Auseinandersetzung mit diesen Experimenten zu einer Klärung der Begriffe und zur Wiederentdeckung der Ordnungsprinzipien und des Funktionsmechanismus der Marktwirtschaft führten. Dabei und in steter Auseinandersetzung mit der internationalen Fachliteratur wurden Einsichten gewonnen, die zu einem gesicherten Bestand an Theorien führten. In großen und kleinen Schritten wurde der Theoriebestand vertieft und erweitert. Seit den zwanziger Jahren wurden so Bausteine zur Theorie der Wirtschaftspolitik zusammengetragen[1].

Aus der Auseinandersetzung der später als „Neoliberale" bezeichneten Wissenschaftler[2] mit der Planwirtschaft und Wirtschaftslenkung[3] ging die Ordnungstheorie hervor[4].

Beteiligt daran waren vor allem junge Nationalökonomen, die meistens nach dem Ersten Weltkrieg promovierten und auch habilitiert wurden. Wissenschaft als Beruf bedeutete für sie Verpflichtung und Verantwortung gegenüber der Gesellschaft.

---

1   Egon TUCHTFELDT, Bausteine zur Theorie der Wirtschaftspolitik, 2. Auflage, Bern-Stuttgart 1987, S. 13.

2   Zu den verschiedenen Strömungen des Neoliberalismus siehe Joachim STARBATTY, Die Soziale Marktwirtschaft aus historisch-theoretischer Perspektive, in: Hans Pohl (Hrsg.), Entstehung und Entwicklung der Sozialen Marktwirtschaft, Stuttgart 1986. Ursula BEYENBURG-WEIDENFELD, Wettbewerbstheorie, Wirtschaftspolitik und Mittelstandsförderung 1948-1963. Die Mittelstandspolitik im Spannungsfeld zwischen wettbewerbstheoretischem Anspruch und wirtschaftspolitischem Pragmatismus, Stuttgart 1992. Reinhard BLUM, Soziale Marktwirtschaft. Wirtschaftspolitik zwischen Neoliberalismus und Ordoliberalismus, Tübingen 1969. Manfred WULFF, Die neoliberale Wirtschaftsordnung, Tübingen 1976

3   Walter EUCKEN, Grundlagen der Nationalökonomie, Jena 1939.

4   Karl BRANDT, Geschichte der deutschen Volkswirtschaftslehre, Bd. 2: Vom Historismus bis zur Neoklassik, Freiburg i. Br. 1993, S. 406.

Walter Eucken erhielt durch die Oktoberrevolution 1917 in Rußland entscheidende Denkanstöße. Zunächst beabsichtigte Lenin die „*ganze* Volkswirtschaft nach dem Vorbilde der Post zu organisieren. ... Aus einem Glauben heraus begann man ohne Bauplan ein Haus zu bauen. Die *Idee* der zwangsläufigen Entwicklung war also die Ursache für die *Tatsache*, daß man unvorbereitet ein zentralverwaltungswirtschaftliches Experiment unternahm. ... Anschauung solcher geschichtlichen Hergänge gibt Antwort auf die prinzipielle Frage nach Zwangsläufigkeit und Freiheit"[5]. Eucken erkannte, daß es sich bei der Zwangsläufigkeit der Geschichte um einen Mythos handelte, denn „Geschichte und somit auch Wirtschaftspolitik besteht aus menschlichen Handlungen. ... In der Gestaltung der Ordnungsformen besteht die Möglichkeit zur Freiheit"[6].

Die gelenkte nationalsozialistische Wirtschaft bot den Ökonomen weitere Einblicke in eine marktlose Wirtschaft[7]. Die spätere Soziale Marktwirtschaft hatte damit mehr als drei Jahrzehnte wissenschaftliche Vorlaufzeit.

Die wirtschaftspolitischen Experimente wurden schon früh von den Visionären Max Weber (1864-1920)[8] und Joseph A. Schumpeter (1883-1950)[9] sowie von Ludwig Pohle beurteilt.

Im Frühjahr 1918 trafen Max Weber und Schumpeter in Wien zusammen: „Im Café Landmann gegenüber der Universität trafen wir uns. Weber war von Ludo Hartmann, dem Althistoriker und Schwiegersohn Mommsens, begleitet, ich [Somary] kam mit Schumpeter. Da ich mir über diese Besprechung keine Notizen gemacht habe, kann ich nur aus der Erinnerung die Momente zitieren, die auf mich den stärksten Eindruck gemacht haben. Das Gespräch war auf die Russische Revolution gekommen, und Schumpeter hatte darüber sein Vergnügen geäußert, da der Sozialismus nicht mehr eine Papierdiskussion bleibe, sondern seine Lebensfähigkeit erweisen müsse. Weber erklärte mit einiger Erregung den Kommunismus im russischen Entwicklungsstadium geradeaus für ein Verbrechen (er sprach Russisch und hatte sich mit russischen Problemen viel befaßt); der Weg würde über unerhörtes menschliches Elend gehen und in einer fürchterlichen Katastrophe enden. «Kann schon sein», sagte Schumpeter, «aber das wird für uns ein recht nettes Laboratorium sein». «Ein Laboratorium mit gehäuften Menschenleichen», fuhr Weber auf. «Das ist die Anatomie auch», gab Schumpeter zurück. Um abzulenken, warf ich ein, wie sehr der Krieg die Richtung der sozialen Entwicklung verändert habe, die sonst ganz anders

5   Walter EUCKEN, Grundsätze der Wirtschaftspolitik. Hrsg. von E. Eucken u. K. P. Hensel, 6. Aufl. Mit einem Vorwort zur Neuausgabe von Ernst-Joachim Mestmäcker, Tübingen 1990, S. 211-213.

6   EBENDA, S. 217.

7   Albert LAUTERBACH, Der Kampf gegen die Krise. Wirtschaftsexperimente der Staaten, Wien 1936.

8   Paul HONIGSHEIM, Max Weber, in: HdSW, 11. Bd., 1961, S. 556-562. C. MEITZEL, Max Weber, in: HdSt, 4. Aufl., 8. Bd., 1928, S. 926f.

9   Reinhard SCHAEDER, Joseph Alois Schumpeter, in: HdSW, 9. Bd., 1956, S. 151-158.

verlaufen wäre. Leider exemplifizierte Weber, mir zustimmend, an Großbritannien, dem er Abkehr vom Liberalismus vorhielt, was Schumpeter bestritt. Weber wurde heftiger und lauter, Schumpeter sarkastischer und leiser, ringsum unterbrachen die Kaffeehausgäste ihre Spielpartien und hörten neugierig zu, bis Weber aufsprang und mit den Worten «das ist nicht mehr auszuhalten» auf die Ringstraße hinauseilte, gefolgt von Hartmann, der ihm den Hut nachbrachte und ihn vergebens zu beruhigen versuchte. Schumpeter, der mit mir zurückblieb, sagte nur lächelnd: «Wie kann man nur so in einem Kaffeehaus brüllen»*10*.

Der Geheime Hofrat und Professor an der Leipziger Universität Ludwig Pohle war der Ansicht: „Man kann den Sozialismus auch als Mittel ansehen, dessen sich die Weltgeschichte bedient, um die Völker zur richtigen Einsicht in die Grundlagen zu führen, auf denen sie ihre Wirtschaftsordnung aufzubauen haben. ... Dieses Irrewerden an der überkommenen Formel für den Aufbau der Gesellschaft verkörpert der moderne Sozialismus, aber die sozialistische Bewegung hat nicht die Aufgabe, die alte Formel selbst durch eine völlig neue zu ersetzen, sondern vielmehr nur die, die Menschheit zur klaren Einsicht in die Notwendigkeit der alten Formel zu führen. Die Geschichte des Sozialismus ist die Geschichte des Mißverstehens der modernen Volkswirtschaft, allein wie auf anderen Gebieten, so wird auch auf diesem der Irrtum schließlich nur das Durchgangsstadium zur Erkenntnis der Wahrheit sein"*11*.

Die Grundprinzipien des Funktionsmechanismus der sozialistischen Wirtschaft sind nie theoretisch herausgearbeitet worden. Die Kritik an der kommerziellen Ordnung (Marktwirtschaft), „und wäre sie noch so eindrucksvoll, ist niemals ein Beweis für die Richtigkeit einer nichtkommerziellen Ordnung. In der Kritik waren die Vertreter des Sozialismus immer groß, während sie dagegen verschmäht haben, den Plan ihrer Zukunftswirtschaft in eingehender Weise auszuarbeiten. ... Der Grund war vielmehr der, daß der Sozialismus sich immer nur mit der Kritik an der kommerziellen Ordnung, nicht aber mit dem Aufbau einer anderen befaßt hatte. Man hatte nur gewußt, daß dieses entweder eine Revolution oder auch eine langsame Entwicklung erfordern würde, und stand daher ratlos da, als man nach der politischen Revolution mit der sozialen Ernst machen sollte. Das Höchste, was erreicht wurde, war in Rußland und einigen anderen Stellen die Ergreifung der politischen Macht durch die Theoretiker des Sozialismus. Gelang es ihnen diese festzuhalten, so behaupteten sie, den Sozialismus verwirklicht zu haben, während in Wahrheit auch nur 'Kommissions-

10   Felix SOMARY, Erinnerungen aus meinem Leben, 3. Aufl., Zürich 1959, S. 171f.
11   Ludwig POHLE, Kapitalismus und Sozialismus. Vierte völlig neugestaltete und wesentlich erweiterte Auflage. Aus dem Nachlass herausgegeben, bearbeitet und ergänzt von Georg Halm, Berlin 1931, S. 304. DERS., Kapitalismus und Sozialismus, 1919, 3. Aufl. Leipzig 1921. DERS., Kapitalismus, in: HdSt, 4. Aufl., 5. Bd., 1923, S. 584-602.

arbeit' geleistet wurde, deren Ausführungen sehr weit davon entfernt war, eine Ausführung des sozialistischen Programms zu sein"[12].

„Die Wende von den zwanziger zu den dreißiger Jahren war auch ein Wendepunkt in der Geschichte der sowjetischen ökonomischen Wissenschaft. Die totale Verdammung aller Erkenntnisse jener Epoche und der Richtung, in der sich bis dahin die sowjetische Wirtschaft entwickelt hatte, setzte vielen verheißungsvollen theoretischen Ansätzen und Quellenstudien ein jähes Ende"[13].

Die Diskussion über die wirtschaftspolitischen Experimente in Sowjetrußland in den zwanziger und dreißiger Jahren ist nicht nur wissenschaftsgeschichtlich interessant. Es wurden hier theoretische Einsichten gewonnen, die bei der wissenschaftlichen Analyse der sozialistischen Zentralplanung in der SBZ/DDR hilfreich sind. Die Zentralplanung ab 1928 in Sowjetrußland war das Modell für die DDR und die anderen Volksdemokratien. Es besteht heute die Gefahr, daß die Aufarbeitung der sozialistischen Zentralplanung in der DDR in eine Stoffhuberei ausartet. Die Parteitage der SED sind aus ökonomischer Sicht ein im Zickzack verlaufender Kurs. Die Politische Ökonomie des Sozialismus ist theorielos und muß als Ausläufer der Historischen Schule angesehen werden[14]. Die Ausführungen von sozialistischen Schriftstellern sind fast immer unklar und vieldeutig, so daß sie keinen Erkenntniswert besitzen[15]. Die gesamte Literatur zur politischen Ökonomie des Sozialismus kommt über Alltagserfahrung und Deskription nicht hinaus.

---

12   A. VOIGT, Volkswirtschaft und Volkswirtschaftslehre, in: HdSt, 4. Aufl., 1928, S. 810f. Ludwig
     MISES, Die Gemeinwirtschaft. Untersuchungen über den Sozialismus, 2. Aufl., Jena 1932, S. 4.

13   Wlodzimierz BRUS, Funktionsprobleme der sozialistischen Wirtschaft (poln. 1961), Frankfurt/M.
     1971, S. 96.

14   Heinz-Dietrich ORTLIEB / Dieter LÖSCH, Sozialismus II: Sozialismus als Leitbild der Wirtschafts-
     ordnung, in: HdWW, 7. Bd., 1988, S. 29: „Daraus resultiert, daß Sozialismus als Wirtschaftsord-
     nungsleitbild praktisch nicht definierbar ist, ohne Ziel- oder Organisationselemente ein- bzw. aus-
     zuschließen, die von einigen sich sozialistisch nennenden Gruppen oder Individuen nicht als sozia-
     listisch akzeptiert, von anderen aber als für den Sozialismus unentbehrlich erachtet werden. Auf
     den kleinsten gemeinsamen Nenner gebracht, läßt sich deshalb Sozialismus lediglich negativ ab-
     grenzen; Sozialismus als Ordnungskonzeption als Anti-Liberalismus und als Ordnungsmodell als
     Nicht-Kapitalismus, d.h. als Gegenideologie zur liberalen Ordnungskonzeption und als Gegenbild
     zu den ökonomischen, sozialen und politischen Realitäten des Kapitalismus, deren Umgestaltung
     bzw. Abschaffung das gemeinsame Ziel aller Sozialisten ist".

15   Ludwig MISES, Gemeinwirtschaft, S. 102.

II. Gestaltung der Ordnung durch die klassische Nationalökonomie, punktueller Interventionismus - die Utopie des sozialistischen Zukunftsstaates

„Die Gestaltung der Ordnung ist die große wirtschaftspolitische Aufgabe, deren gedankliche Lösung vom Nationalökonomen geliefert werden muß"[16].
Dieser Aufgabe wurden die englischen Klassiker der Nationalökonomie voll gerecht.
Adam Smiths (1723-1790) wirtschaftssoziologische Methode „weist sowohl eine analytisch-empirische (Erkenntnis der Welt) als auch eine normative (Gestaltung der Welt) Komponente aus"[17].
Nach den Klassikern entwickelte sich in der Nationalökonomie ein Punktualismus bei der Behandlung wirtschaftspolitischer Probleme. „Die Fragen der Agrarpolitik, Handelspolitik, Industriepolitik, Handwerkspolitik, Währungspolitik usw. wurden als Fragen angesehen, die für sich - also punktuell - gelöst werden können. Schrittweise erfolgte die Umwandlung von der universalen Behandlung zur Spezialisierung. Um die Mitte des 19. Jahrhunderts wurde zwar schon - z.B. in dem weitverbreiteten Lehrbuch von Rau - Wirtschaftspolitik in einzelnen Sektoren getrieben. Doch noch bestand eine gewisse Vorstellung vom wirtschaftlichen Gesamtzusammenhang. Seit Ende der siebziger Jahre wurde dies anders. Zwar herrschte in der jüngeren historischen Schule eine gewisse gemeinsame ethische Gesinnung sozialer Humanität; aber es fehlte an Erkenntnis des ökonomischen Gesamtzusammenhanges und des Zusammenhanges in Ordnungen. Der Spezialist der Agrarpolitik, der Währungspolitik usw. begann seine Herrschaft. Wissenschaftliche Spezialisten beeinflußten manche Akte der Gesetzgebung, z.B. in der Sozialpolitik oder in der Agrarpolitik. Zugleich übte die Wissenschaft auch in dieser Zeit einen langfristig wirkenden Einfluß auf die Bildung der Führerschicht aus, welche nun spezialistisch-punktuell dachte und handelte"[18].

---

16   Friedrich A. Lutz, Walter Euckens Beitrag zur Nationalökonomie: Die Idee der Wirtschaftsordnung, in: Walter Eucken, Grundsätze der Wirtschaftspolitik, hrsg. von Edith Eucken und K. Paul Hensel, 6. Aufl., Tübingen 1990, S. 385.

17   Joachim Starbatty, Die englischen Klassiker der Nationalökonomie. Lehre und Wirkung, Darmstadt 1985, S. 131. Adolph Wagner, II. Staat in nationalökonomischer Hinsicht, in: HdSt, 3. Aufl., Bd. 7, Jena 1911, S. 728: „Nur der Rechtszweck des Staates, in enger Begrenzung, wird anerkannt, volkswirtschaftlich ausgedrückt: der Staat soll nur „Produzent von Sicherheit" sein (deutsche Manchesterschule, Prince-Smith). Mit der Gewährung persönlicher Freiheit, freien und vollen Privateigentums, der Vertragsfreiheit, des Erbrechts erschien die Aufgabe des Staates auf wirtschaftlichem Gebiete erfüllt. ... Kant und A. Smith und ihren beiden Schulen gelangen fast zu demselben Ergebnis des Staates".

18   Walter Eucken, Grundsätze der Wirtschaftspolitik, S. 344. Ders., Unser Zeitalter der Mißerfolge. Fünf Vorträge zur Wirtschaftspolitik, Tübingen 1951, S. 60ff.

Der Gedanke der Entwicklung, und zwar der zwangsläufigen Entwicklung der Geschichte, wurde zu einer Leitidee der Historischen Schule[19]. Die Ideen stammten von Saint Simon (1760-1825) und den St. Simonisten (Gesetze des Fortschritts)[20], Hegel, Marx und Nietzsche[21]. „Der Historismus stellte geschichtliche Entwicklungsgesetze auf. Der Glaube an die unzerstörbare Harmonie der staatsfreien Wirtschaft wurde allmählich ersetzt durch den Glauben an eine unaufhaltsame Entwicklung zu irgendeiner Form der Planwirtschaft"[22].

Die Sozialdemokratie war vom Glauben an die unaufhaltsame Entwicklung zum sozialistischen Zukunftsstaat tief durchdrungen. Am 6. Februar 1893 hatte August Bebel (1840-1913) in einer Reichstagsrede erklärt, was die Sozialdemokratie wolle, sei jederzeit in großen Zügen in der sozialistischen Literatur enthalten. Bei allen sozialistischen Schriftstellern[23] bestanden im Hinblick auf das Zukunftsparadies der Sozialdemokraten folgende Grundanschauungen, die sich auch im Gothaer (1875), im Erfurter (1891) und dem Sinne nach im Görlitzer Programm (September 1921) der Sozialdemokratie wiederfinden:

1. „*Verstaatlichung (Vergesellschaftung)*[24], d.h. Überführung der Produktionsmittel in Gemeinbesitz und Gemeinwirtschaft;

---

19   Adolph WAGNER, II. Staat in nationalökonomischer Hinsicht, S. 730 spricht vom „Entwicklungsdogma".

20   Georg ADLER / Gustav MAYER / Karl DIEHL, St. Simon und St. Simonismzs, in. HdSt, 4. Aufl., 7. Bd. 1926, S. 135: „Er strebte eine neue Organisation der Gesellschaft an .... seine Schüler haben die letzte Konsequenz seiner Kritik der liberalen Oekonomie gezogen und das Privateigentum verworfen".

21   Walter EUCKEN, Grundsätze, S. 200ff. Claude Henri de ROUVROY, Saint-Simon. Ausgewählte Schriften, hrsg. von L. Zahn, Berlin 1977.

22   Leonhard MIKSCH, Wettbewerb als Aufgabe. Die Grundsätze einer Wettbewerbsordnung, Stuttgart-Berlin 1937, S. 10.

23   August BEBEL, Die Frau und der Sozialismus, 50. Aufl. 1910. DERS., Unsere Ziele, 6. Aufl. 1886. Wilhelm LIEBKNECHT, Was die Sozialdemokraten sind und was sie wollen, 2. Aufl. 1891. J. STERN, Thesen über den Sozialismus, 1891. O. KÖHLER, Der sozialdemokratische Staat, 1891. ATLANTIKUS, Ein Blick in den Zukunftsstaat, 1898 (Atlantikus ist das Pseudonym von Karl BALLOD, der die Schrift „Der Zukunftsstaat" 1920 publizierte). Karl KAUTSKY, Am Tage nach der sozialen Revolution, 1903 sowie sein Artikel 'Allerhand Revolutionäres', in: Die Neue Zeit, 22 Jg. I, S. 588ff. Wlodzimierz BRUS, Funktionsprobleme, S. 40: „.... so zeigt sich, daß selbst der wichtigste vorrevolutionäre Versuch, den Mechanismus der künftigen sozialistischen Wirtschaft zu beschreiben, nämlich Kautskys Soziale Revolution (2. Aufl. 1907), vor allem der zweite Teil 'Am Tage nach der Sozialen Revolution', unrealistisch gewesen ist".

24   Alle später realisierten sozialistischen Wirtschaften beruhen auf den zwei Grundprinzipien: (1) Staatliches Eigentum und (2) Zentrale Planungsstelle. Die Zentralplanung setzte in der Sowjetunion mit dem ersten Fünfjahrplan (1928-32), in der SBZ/DDR 1948 und in den Volksdemokratien Bulgarien, Polen, Rumänien, Tschechoslowakei und Ungarn 1947/50 ein (W. BRUS, Funktionsprobleme, S. 7).

2. *gesellschaftliche* (planmäßige) *Regelung* der gesamten Güterproduktion[24] an Stelle der Produktionsanarchie; und zwar

3. auf möglichst *gleichheitlich demokratischer Grundlage*, so daß wenigstens jede Klassenherrschaft und jedes Klassenprivilegium dauernd beseitigt wird und *allgemeine Arbeitspflicht* herrscht. Mit diesen Kernforderungen hängt notwendig zusammen

4. die *Verteilung des Gesamtproduktes* nach irgendeinem einheitlichen Maßstab. Denn das Gesamtprodukt gehört der Gesellschaft und muß an die einzelnen Genossen nach irgendeinem Maßstabe *verteilt* werden. Mit der gesellschaftlichen Regelung der Produktion steht ferner in notwendigem Zusammenhang die *Verteilung der Arbeit und Arbeitskräfte*.

Auch ist es unmöglich, daß diese Verwandlung der ganzen Gesellschaft in eine große Produktionsgenossenschaft nicht völlig umgestaltend in alle Lebensverhältnisse eingreife. Es gäbe keine Privatunternehmungen, keinen Zwischenhandel, kein eigentliches Geld, keine Zinsen, keine Banken, Börsen, Aktien- oder sonstigen Gesellschaften. Auch das Familienleben, die Erziehung der Kinder usw. würden ganz umgestaltet"[25].

Mit den sozialistischen Schriftstellern setzte sich wissenschaftlich insbesondere der Nationalökonom Albert Eberhard Friedrich Schäffle (1831-1903)[26] auseinander, und zwar in seiner Schrift „Die Quintessenz des Sozialismus", die 1875 in der ersten Auflage anonym erschien und bis 1919 sechzehn Auflagen erlebte. Die Schrift wurde ins Spanische (1885), Französische (Bruxelles 1886, Paris 1904), Englische (1889) und Italienische (1891) übersetzt. Die Konsumentensouveränität oder Konsumfreiheit war für Schäffle von zentraler Bedeutung: „Die Freiheit der Bedarfsbe-

---

25 Viktor CATHREIN S.J., Der Sozialismus. Eine Untersuchung seiner Grundlagen und seiner Durchführbarkeit, Freiburg i.B. 1923, S. 252f. VORSTAND DER SOZIALDEMOKRATISCHEN PARTEI DEUTSCHLANDS (Hrsg.), Was ist, was will der Sozialismus?, Berlin 1919. Carl GRÜNBERG, Sozialismus und Kommunismus, in: Wörterbuch der Volkswirtschaft in zwei Bänden, hrsg. von Ludwig Elster, 3. Aufl., 2. Bd., Jena 1911, S. 828: „Es ist vielfach versucht worden, die Begriffe 'Sozialismus' und 'Kommunismus' dogmatisch auseinanderzuhalten und zwischen ihnen eine Grenzlinie zu ziehen - ohne daß dies jedoch gelungen wäre". Ähnlich Erich HORN, Die ökonomischen Grenzen der Gemeinwirtschaft. Eine wirtschaftstheoretische Untersuchung über die Durchführbarkeit des Sozialismus, Halberstadt 1928, S. 26: „Wenn der Sozialismus konsequent durchgeführt wird, gibt es zum Kommunismus keine prinzipiellen Unterschiede". Ludwig MISES, Gemeinwirtschaft, S. 30: „Der Ausdruck 'Kommunismus' besagt nichts anderes als 'Sozialismus'. ... Beide streben Vergesellschaftung der Produktionsmittel an".

26 C. MEITZEL, Albert Eberhard Friedrich Schäffle, in: HdSt, 4. Aufl., 7. Bd., Jena 1926, S. 166f. A.E.F. SCHÄFFLE, Die Aussichtslosigkeit der Sozialdemokratie. Drei Briefe an einen Staatsmann, Tübingen 1885, 4. Aufl. 1891. Dieses Werk wurde ins Englische übersetzt unter dem Titel „Impossibility of Social Democracy. With Preface by Bosanquet, London 1892. Julius WOLF, Sozialismus und kapitalistische Gesellschaftsordnung, Stuttgart 1891.

stimmung ist sicherlich die unterste Grundlage der Freiheit überhaupt. Würden die Lebens- und Bildungsmittel etwa von außen her und einem jeden nach einem Bedarfsschema zugemessen, so könnte niemand nach seiner Individualität leben und sich ausbilden; es wäre der 'Brotkorb', der Freiheit beseitigt. Es fragt sich deshalb, ob der Sozialismus die individuelle Freiheit der Bedarfsbestimmung aufhebt oder nicht. Hebt er sie auf, so ist er freiheitsfeindlich aller Individualisation, daher aller Gesittung entgegen und ohne alle Aussicht, mit unvertilgbarsten Trieben des Menschen je fertig zu werden"[27].

Wie Marx hielten auch der Spartakusbund (1918) und die Kommunistische Partei Deutschlands (Gründung zur Jahreswende 1918/19) an dem „holistischen und utopischen Glauben fest, daß nur ein funkelnagelneues 'Sozialsystem' die Situation verbessern könnte"[28]. Hier liegen die Wurzeln für die spätere DDR.

III. Auseinandersetzung mit der Kriegswirtschaft und der sozialistischen Planwirtschaft/Gemeinwirtschaft

In Deutschland begann die Wirtschaftspolitik der Experimente mit „zentralverwaltungswirtschaftlichen Versuchen während des Krieges, mit den Sozialisierungsgesetzen von 1919 und führten über viele Zwischenstadien zur Vollbeschäftigungspolitik seit 1933 und zur Wirtschaftspolitik zentraler Leitung des Wirtschaftsprozesses nach 1936. Dieses Experiment dauerte unter vielen Änderungen bis 1948. In Rußland war das erste Experiment der sogenannte Kriegskommunismus; ihm folgte die NEP-Politik[29], und daran schloß sich die Wirtschaftspolitik zentraler Planung seit 1928 an, die experimentierend viele Einzelstadien durchlief"[30].

Die wissenschaftliche Beschäftigung mit der Kriegswirtschaft setzte kurz vor dem Ersten Weltkrieg (Otto Neurath) ein. Sie wurde von Ferdinand Schmid (1915), Georg von Mayr (1915), Johann Plenge, Franz Eulenburg, Emil Lederer, Eberhard Gothein, Edgar Jaffé und anderen fortgeführt. Die Wirtschaftsexperimente im Kriege führten zu der Frage „Wie schneidet der Krieg in den Lebensprozeß der modernen Wirtschaft ein, welche Auswirkungen hat er auf Erzeugung, Umlauf, Verbrauch der

---

27 A.E.F. SCHÄFFLE, Die Quintessenz des Sozialismus, 1. Aufl., 1875, 16. Aufl. 1919, S. 23.

28 Karl R. POPPER, Die offene Gesellschaft und ihre Feinde, Bd. II. Falsche Propheten. Hegel, Marx und die Folgen, 7. Aufl., Tübingen 1992, S. 152.

29 Erich HORN, Die ökonomischen Grenzen der Gemeinwirtschaft. Eine wirtschaftstheoretische Untersuchung über die Durchführbarkeit des Sozialismus, Halberstadt 1928, S. 19: Als man im Frühjahr 1921 in Sowjetrußland mit einer Neuordnung der ökonomischen Bedingungen begann, „griff man nicht zur gesellschaftlichen Regelung der Nachfrage, nicht zu einer in Naturalform vor sich gehenden Verteilung, sondern man stellte einer dringenden Forderung der Bauern nachgehend den freien Markt wieder her. ... Der Handel auf Märkten, in Bazaren und anderen Orten, der Straßen- und Warenhandel wird freigegeben. Charakteristisch für diese Periode ist in wirtschaftlicher Beziehung der Übergang von der Naturalwirtschaft zur Geldwirtschaft".

30 Walter EUCKEN, Grundsätze, S. 56.

Güter?"[31]. Goetz Briefs sah in der Ernährung 1915/16 eine „zunehmende Reichs-planwirtschaft"[32]. „Die Rückläufigkeit der Produktion und der Einfuhr führte nach dem Fehlschlag der Preispolitik zur zentralen Planwirtschaft"[33].

Karl Ballod (1919) und Otto Neurath (1919/20) verstanden unter Gemeinwirtschaft eine „vollsozialisierte, naturalwirtschaftliche, totale *Planwirtschaft*"[34]. Auf die Kon-sequenzen einer Naturalrechnung wies - neben Ludwig Mises - vor allem Erich Horn hin: „Nur völlig gleichartige Kosten vermag die Naturalrechnung aneinander zu messen, Spinnerarbeit an Spinnerarbeit, Eisen an Eisen usw. Damit ist sie gezwun-gen, auf eine abstrakte Rechnungseinheit zu verzichten, zu verzichten aber auch auf die vollkommen rechnungsmäßige Durchdringung einer Wirtschaft. Sie kann keine ökonomische Wahl zwischen Erzeugungsmöglichkeiten verschiedener Art treffen, sie vermag nicht festzustellen, ob und welche Teile des Produktionsprozesses wirt-schaftlich irrational arbeiten, nicht anzugeben, ob und welche Mengen von Rohstoff eine andere Verwendung zweckmäßig erfahren"[35].

In der geschlossenen Hauswirtschaft mag ein ökonomisches Vorgehen auf Grund der Naturalrechnung möglich sein[36]. In der Erwerbswirtschaft wird Geld in seiner Ei-genschaft als abstrakte Rechnungseinheit zur unerläßlichen Bedingung. „Die geldli-chen Nutzen- und Kostenvergleichungen der Erwerbswirtschaft legen einen quanti-tativen Ausdruck zu Grunde und können zum Vergleich mit anderen Nutzen- und Kostenvergleichungen festgehalten und gemessen, d.h. mit anderen objektiv vergli-chen werden. ... Die Gemeinwirtschaft schaltet als marktlose Wirtschaft die an das Einkommen anknüpfenden Nutzen- und Kostenvergleiche der Konsumenten aus und verzichtet damit auf das Phänomen des Preises. ... Bei Marx bildet die Arbeitswert-theorie einen unerläßlichen Bestandteil seines 'Kapitals', auf ihr erhebt sich der ganze Gedankenbau, die Kritik der heutigen Wirtschaftsweise. ... In der kollektivi-stischen Wirtschaftsordnung wird der Wert also, der in der einem Gegenstand zu-

---

31 Goetz BRIEFS, Kriegswirtschaftslehre und Kriegswirtschaftspolitik, in: HdSt, 4. Aufl., 5. Bd., 1923, S. 989. Werner GEBAUER, Kriegswirtschaft, in: HdSW, 6. Bd., 1959, S. 393.

32 Goetz BRIEFS, Kriegswirtschaftslehre, S. 1007.

33 EBENDA, S. 1012.

34 Hans RITSCHL, Gemeinwirtschaft, in: HdSW, 4. Bd. 1965, S. 332. Das Wort „Gemeinwirtschaft" wurde zuerst von F.B.W. von Hermann (1832) benutzt. Vgl. auch Rainer WEINERT, Das Ende der Gemeinwirtschaft. Gewerkschaften und gemeinwirtschaftliche Unternehmen im Nachkriegs-deutschland, Frankfurt/M.-New York 1994.

35 Erich HORN, Gemeinwirtschaft, S. 50.

36 Ludwig MISES, Gemeinwirtschaft, S. 101., 139, 189: „Eine stationäre Wirtschaft könnte zur Not ohne Wirtschaftsrechnung auskommen. Hier wiederholt sich nur immer wieder dasselbe. ... Alle sozialistischen Theorien und Utopien haben immer nur den ruhenden Zustand vor Augen. Die so-zialistischen Schriftsteller schildern das sozialistische Gemeinwesen als Schlaraffenland. ... Den Sozialisten fehlt das Bewußtsein, daß die Wirtschaft immer in Bewegung sein muß; ihr Bild des sozialistischen Gemeinwesens malt immer nur den Beharrungszustand".

gewandten Arbeitsmenge besteht, ein Ding an sich, eine dem Produkt sozusagen innewohnende Eigenschaft, die ihm abgesehen von jeder Tauschbeziehung zu anderen Arbeitserzeugnissen zukommt. Im schroffen Gegensatz zur Elastizität des Preises zeigt seine Unveränderlichkeit, daß er eigentlich gar kein wirtschaftlicher Wert, vielmehr technischen Charakters ist. Die ewig wechselnden, aus der Dynamik der Bedürfnisse fließenden Wertungen der Konsumenten prallen machtlos an seiner starren unerschütterlichen Fertigkeit ab. Ein Beziehungsverhältnis zur Nachfrage ist nicht vorhanden"[37].

„Die Idee der Planwirtschaft ist eng verknüpft mit den Namen Walther Rathenau, Wichard von Moellendorf und Rudolf Wissell. ... Die tiefere Wurzel der Planwirtschaft jedoch ist einerseits ein weitverbreiteter, in der Kriegswirtschaft entfalteter und in allen Sozialisierungsversuchen zutage tretender Hang zur technisch-konstruktiven Behandlung des Wirtschaftsganzen - die bewußte Organisation der Volkswirtschaft 'mit Zirkel und Lineal' -, andererseits ein politisch ethischer Wille staatssozialistischer Prägung. ... Wesentlich ist für sie vielmehr, daß sie den Willen zum Staatssozialismus kompromißartig mit der resignierten Einsicht verbindet, daß reine Verstaatlichung die Gefahr bureaukratischer Versumpfung in sich schließt"[38]. Walther Rathenau (1867-1922)[39] war „wie kein anderer Deutscher Hauptanreger und Organisator unserer Kriegswirtschaftsordnung"[40]. Auf eine Anregung von W. von Moellendorf hin hatte Rathenau 1914 im preußischen Kriegsministerium „die Kriegsrohstoffabteilung aufgebaut, mit der die Rohstoffe unter staatliche Kontrolle gestellt wurden. Diese Revolutionierung einer Kriegswirtschaft machte das Führen eines längeren Krieges erst möglich"[41].

Leopold von Wiese setzte sich kritisch mit Walther Rathenaus Studie „Die neue Wirtschaft, Berlin 1918" auseinander: „Der Eindruck, den die Kriegswirtschaft hinterläßt, ist nicht der eines Aufstiegs zu einem ökonomischen Leben, das die Gebrechen des Kapitalismus überwunden hat. Der 'Kriegsgewinnler' ist der neue Typus, den sie hervorbrachte, nicht der freudig der Gemeinwirtschaft dienende Volksgenosse. ... Rathenaus 'Neue Wirtschaft' ist in politischer Hinsicht teils weltbürgerlich, teils schroff nationalistisch; in wirtschaftlicher teils ein Produkt des Geistes der Verkehrswirtschaft, teils - besonders in seinen praktischen Forderungen - ausgesprochen gemeinwirtschaftlich gerichtet, in sozialpolitischer Hinsicht ein echtes Erzeugnis des Kapitalismus, wobei doch der Verfasser zugleich zu einem Staatssozialismus reinster

---

37   Erich Horn, Gemeinwirtschaft, S. 35f., 39f. Vgl. auch Ludwig Mises, Gemeinwirtschaft, S. 93ff.

38   Wilhelm Röpke, Planwirtschaft, in: HdSt, 4. Aufl., 6. Bd., 1925, S. 877.

39   E. Heimann, Walther Rathenau (1867-1922), in: HdSt. 4. Aufl., Ergänzungsband, 1929, S. 701: „Marx und dem Sozialismus stand Rathenau mit Abneigung gegenüber".

40   Leopold von Wiese, Freie Wirtschaft, Leipzig 1918, S. 19.

41   Walter H. Pehle, Walther Rathenau, in: Wolfgang Benz / Hermann Graml (Hrsg.), Biographisches Lexikon zur Weimarer Republik, München 1988, S. 262f.

Prägung gelangt. ... Um jeglicher Vergeudung zu begegnen, kommt Rathenau zu dem fürchterlichen Vorschlage, den Verbrauch zur Sache der Gemeinwirtschaft und des Staates zu machen ... eine unerhörte Entmündigung aller Konsumenten in einem Volke des 20. Jahrhunderts"[42]. Ähnlich argumentierte auch Georg Halm. Er kritisiert mit aller Deutlichkeit Cassels Theorie der sozialistischen Wirtschaft, Heimanns Versuch einer Theorie der gemeinwirtschaftlichen Preisbildung und Oppenheimers Versuch einer Synthese von Konkurrenzwirtschaft und Sozialismus. In der konkurrenzlosen sozialistischen Wirtschaft von Cassel, Heimann und Oppenheimer würden sich Verteilung und Bedürfnisbefriedigung nach der Produktion richten, nicht die Produktion nach den Bedürfnissen. Der Konsument wird in der sozialistischen Wirtschaft entmündigt, der Konsum wird ihm obrigkeitlich vorgeschrieben[43].

Im Mai 1919 legte Rudolf Wissell einen weitreichenden gemeinwirtschaftlichen Plan vor, der nach den Vorstellungen seines Unterstaatssekretärs W. von Moellendorf entwickelt worden war[44]. Reichskanzler Bauer gab über die Wissellsche Denkschrift für die Einführung der Planwirtschaft in Deutschland in der Nationalversammlung in Weimar am 23. Juli 1919 im Namen der Reichsregierung folgende Erklärung ab: „Die Regierung will die Zwangsjacke der Kriegsgesellschaften nicht gegen eine neue, für den Frieden zugeschnittene vertauschen"[45]. Mit dem Rücktritt von Wissell am 12. Juli 1919 war die Gemeinwirtschaftspolitik gescheitert[46].

Die Auseinandersetzung um die sozialistische Gemeinwirtschaft wurde jedoch weitergeführt. Besondere Schwierigkeiten sah Viktor Cathrein (1923) bei der Bedarfsbestimmung durch die sozialistische Planbürokratie: „Wieviel Arbeit kostet das jährliche Staatsbudget! Wie viele Schreibereien macht eine einzige Berufs- und Volkszählung nötig! Man denke nur an die *Berufszählung* des Deutschen Reiches im

---

42   Leopold von WIESE, Freie Wirtschaft, S. 28, 31, 36.

43   Georg HALM, Die Konkurrenz. Untersuchungen über die Ordnungsprinzipien und Entwicklungstendenzen der kapitalistischen Verkehrswirtschaft, München-Leipzig 1929, 32. Ökonomisches Lexikon A-K, (Ost-)Berlin 1966, S. 1122 - Konsumentenfreiheit: „Angebliche Entscheidungsfreiheit des individuellen Konsumenten bei der Bestimmung des Umfangs und der Struktur seines Verbrauchs. ... Im Kapitalismus existiert lediglich für die Bourgeoisie eine gewisse Konsumentenfreiheit, die zur Herausbildung eines parasitären Konsums dieser Kreise führt. Erst die Entwicklung des Volksverbrauchs im Sozialismus schafft Bedingungen für eine größere subjektive Entscheidungsfreiheit der Werktätigen bei der Gestaltung der Konsumtion".

44   R. WISSELL / W. v. MOELLENDORF, Wirtschaftliche Selbstverwaltung. Schriftenreihe „Deutsche Gemeinwirtschaft", hrsg. von E. Schairer, Heft 10, Jena 1919. R. WISSELL, Praktische Wirtschaftspolitik, Berlin 1919.

45   Ludwig POHLE, Kapitalismus und Sozialismus, S. 291.

46   Hans Gotthard EHLERT, Die wirtschaftliche Zentralbehörde des Deutschen Reiches 1914 bis 1919. Das Problem der „Gemeinwirtschaft" in Krieg und Frieden, Wiesbaden 1982, S. 225ff. Manfred VASOLD, Rudolf Wissell, in: Wolfgang Benz / Hermann Graml (Hrsg.), Biographisches Lexikon zur Weimarer Republik, S. 369f. DERS., Wichard Joachim Moellendorf, in: ebenda, S. 229.

Jahre 1907. Erst nach mehrjähriger Arbeit war es dem Kaiserlichen Statistischen Amt möglich, das Material dieser Zählung geordnet und gesichtet der Öffentlichkeit zu übergeben. Der letzte Band der Berufszählung erschien erst im Jahre 1914. Und doch, wie einfach liegen die Verhältnisse" Es brauchen nur ein paar überall gleiche Fragebogen ausgefüllt zu werden, und die Fragen beziehen sich auf wenige leicht festzustellende Verhältnisse, die von einem Gliede der Familie ohne Mühe in Erfahrung gebracht werden können. Eine solche Berufszählung ist ein wahres Kinderspiel gegen eine sozialistische Bedarfsbestimmung. ... Im Jahr 1907 gab es 5.736.082 landwirtschaftliche und 3.448.378 gewerbliche Betriebe im Deutschen Reich. Für alle diese unzähligen Betriebe muß festgestellt werden, was und wieviel sie zu produzieren haben, wieviel und welches Material sie benötigen, welche Maschinen, Gebäude u.dgl. hergestellt oder ausgebessert werden müssen. Die Bedarfsbestimmung der Produktion hängt aber wieder ab von dem Bedarf der einzelnen Personen und Familien. Am 1. Dezember 1910 zählte man im Deutschen Reich 14.346.692 Haushaltungen. Es muß bis auf den letzten Knopf festgestellt werden, was jede Haushaltung nötig hat an Kleider für Sonn- und Werktag, für Sommer und Winter, für Tag und Nacht; was sie nötig hat an Wäsche, Toilettegegenständen, Gerätschaften, Reiseausstattung, Schreibmaterialien, Unterhaltungs- und Luxusgegenständen. Man denke nur an die tausend Sachen und Sächelchen, deren eine gewöhnliche Bürgersfrau zu ihrer Garderobe bedarf. ... Alle diese Mühen und Sorgen, in die sich heute Tausende und Tausende von Firmen teilen, würden im sozialistischen Gemeinwesen auf die Schultern der Regierung gelegt. In ihren Händen laufen alle die Millionen und Millionen verschlungenen Fäden der internationalen Beziehungen zusammen. Welche menschliche Weisheit könnte einer solchen Riesenaufgabe gewachsen sein!

Ich frage: Werden alle die aufgezählten Aufgaben, die der Zukunftsstaat zu lösen hat, bevor er den Produktionsplan entwerfen kann, nicht ein unermeßliches Heer von Beamten fordern? Werden sich nicht leicht die allergrößten Fehler einschleichen, welche vielleicht für die ganze Produktion und ein ganzes Volk verhängnisvoll sind? Und nun nehme man dazu, daß diese sozialistischen Beamten durch kein Privatinteresse an die treue Verwaltung ihres Amtes gebunden sind: wird da ein statistisches Ergebnis zustande kommen, das der Produktion zur sicheren Grundlage dienen kann?"[47].

---

47   Viktor CATHREIN S.J., Sozialismus, S. 265-269.

IV. Unternehmer und sozialistische Planbürokratie als Träger des technischen Fortschritts

Die klassische Nationalökonomie ist durch eine ausgesprochen *statische* Betrachtung aller wirtschaftlichen Erscheinungen gekennzeichnet[48]. Léon Walras' (1834-1910)[49] Theorie des totalen Gleichgewichts bezieht sich auf den Kreislauf einer in ihren Relationen *statisch* bleibenden Wirtschaft. John Bates Clark (1847-1938) unterschied Statik und Dynamik in der Weise, daß er die Dynamik als Störung des statischen Gleichgewichts bestimmte. Ein geschlossenes Modell der kapitalistischen Dynamik konzipierte Joseph A. Schumpeter in seiner „Theorie der wirtschaftlichen Entwicklung" (Leipzig 1912). „Ihr theoretisches Verlaufsbild ist dadurch bezeichnet, daß aus dem ständigen Wachstum des technischen Wissens ('inventions' im weitesten Sinne von Erfindungen, auch Entdeckungen usw.) diskontinuierlich gespeiste spontane Neuerungen ('innovations' = Setzung neuer Produktionsfunktionen) von Pionierunternehmern eine zeitweilige Aufhebung des statischen Gleichgewichts bewirken, die - von den Nachahmern (Routineunternehmern) übersteigert - ihrerseits die Entwicklung in Richtung des neuen Gleichgewichts (mit größerer und anders zusammengesetzter Erzeugung bei niedrigeren Preisen und gleichgebliebener Summe der Geldeinkommen) zur Folge hat"[50].

Eine ähnliche Rolle hatte dem Unternehmer als Träger des technischen Fortschritts A. Würminghaus 1907 zugewiesen: „So steht der Unternehmer tatsächlich im Mittelpunkte der Volkswirtschaft. ... Im ganzen betrachtet, erscheint der Unternehmer bei unserer privatwirtschaftlichen Organisation der Volkswirtschaft als der Schöpfer und Leiter der gesamten Gütererzeugung. Lediglich von Selbstinteresse bestimmt, sucht er seinen Betrieb auf die für ihn beste und vorteilhafteste Weise einzurichten und seinen Absatz zu heben, was aber in gleicher Weise den Verbrauchern und der Allgemeinheit zugute kommt. Seinem 'Unternehmergeist' ist ein großer Teil der neuen Entdeckungen und Erfindungen mit zu verdanken, welche die kulturelle Entwicklung in so außerordentlichem Maße gefördert haben"[51].

---

48   Gerhard STAVENHAGEN, Geschichte der Wirtschaftstheorie, 3. Aufl. Göttingen 1964, S. 503.

49   Walter Georg WAFFENSCHMIDT, Léon Walras, in: HdSW, 11. Bd., 1961, S. 495-497.

50   Reinhard SCHAEDER, Joseph A(lois) Schumpeter, S. 155. J. Schumpeter, UNTERNEHMER, in: HdSt., 4. Aufl., 8. Bd., 1928, S. 483: „Die wirtschaftliche Führerschaft betätigt sich also an Aufgaben, die sich in folgenden Typen fassen lassen:
   1.   Die Erzeugung und Durchsetzung neuer Produkte oder neuer Qualitäten von Produkten,
   2.   Die Einführung neuer Produktionsmethoden,
   3.   Die Schaffung neuer Organisationen der Industrie (z.B. Vertrustung),
   4.   Die Erschließung neuer Absatzmärkte,
   5.   Die Erschließung neuer Bezugsquellen.

51   A. WÜRMINGHAUS, Unternehmen, Unternehmergewinn, in: Wörterbuch der Volkswirtschaft in zwei Bänden. Hrsg. von Ludwig Elster, 2. Aufl., Jena 1907, S. 1119.

Der Sozialismus entwarf vom Unternehmer ein höchst einseitiges Bild: „Der Unternehmer erscheint ihm lediglich durch die besondere Stellung charakterisiert, die er beim Einkommen innehat. Eine Analyse der kapitalistischen Wirtschaftsordnung müßte in den Mittelpunkt nicht das Kapital, auch nicht den Kapitalisten, sondern den Unternehmer stellen. Doch der Sozialismus, auch der von Marx, sieht im Unternehmer einen der gesellschaftlichen Produktion Fremden, dessen ganzes Tun sich im Aneignen von Mehrwert erschöpft"[52].

In einer marktwirtschaftlichen Ordnung ist es leicht, eine Erfindung auszuwerten. „Hat der Erfinder Kapital, oder gelingt es ihm, einen einzigen Kapitalbesitzer zu gewinnen, so wird die Entdeckung bald ihren Weg durch die Welt machen, wofern sie sich bewährt. Anders im Sozialismus. Hier muß der Entdecker sich an die oberste Leitung der Produktion oder direkt an das Volk wenden und die Mehrheit für sich zu gewinnen suchen. Das dürfte aber keine geringen Schwierigkeiten bieten"[53]. In der Marktwirtschaft konkurrieren die Innovationen miteinander. Im Sozialismus wird die Kreativität unterdrückt. Dies wird auch aus zahlreichen Akten zur DDR-Wirtschaft deutlich. In einem ZK-Bericht von 1958 „Zur Erfüllung des Planes Forschung und Technik 1. Quartal 1958" heißt es im Kapitel „Der in der Forschung und Entwicklung vorherrschende Individualismus ist das Haupthemmnis bei der Durchsetzung der Prinzipien der technischen Gemeinschaftsarbeit": „Auf dem Gebiet der Forschung und Technik ist der Individualismus noch tief verwurzelt. Dies beginnt bei der Aufgabenstellung entsprechend den Fähigkeiten und Neigungen des Entwicklers und endet bei der Ablehnung der Gemeinschaftsarbeit im Betrieb oder zwischen den Betrieben aus Gründen kleinbürgerlichen Ehrgeizes"[54].

Den Ökonomen war es bereits vor dem Ersten Weltkrieg, und mehr noch seit den 1920er Jahren klar, daß der technische Fortschritt der entscheidende Faktor zur Steigerung des Wohlstandes war. Träger des technischen Fortschritts war (und ist) der Unternehmer. In der Auseinandersetzung mit der markt-, konkurrenz- und unternehmerlosen sozialistischen Zentralplanwirtschaft werden die Zusammenhänge klar herauskristallisiert.

„Heute ist der Erfindergeist deshalb zum Maximum intensiviert, weil die Erfinder hoffen dürfen, daß die Prämie, die ihnen winkt, *im Verhältnis zu dem praktischen Wert des Neuen* stehen wird: je wirtschaftlich wichtiger, je arbeitssparender die Maschine, desto mehr Ertrag wird das auf sie genommene Patent abwerfen. ... Seitdem die revolutionäre Energie des Individuums entfesselt wurde, seitdem das Konkur-

---

52   Ludwig MISES, Gemeinwirtschaft, S. 189.

53   Viktor CATHREIN, Sozialismus, S. 303.

54   Stiftung Archiv der Parteien und Massenorganisationen der ehemaligen DDR im Bundesarchiv - Zentrales Parteiarchiv der SED IV 2/6.07/56, Bl. 5f. Zitiert nach Oskar SCHWARZER, Wirtschaftsordnung, technischer Fortschritt und 'Wohlstand für Alle' in Deutschland (1750-1990), Habil.-Schrift Bamberg 1995.

renzsystem herrscht, rauscht der Strom der Erfindungen: post hoc et propter hoc. Kommt es zu einer Revolution der Gesellschaft, welche eine neue, dem Ancien régime ähnelnde soziale Ordnung ans Ruder bringt (= Sozialismus), dann wird die Revolution der Technik bald nur noch eine schöne Erinnerung sein. Allein im reinen Äther der Freiheit konnte der Riesenflug vor sich gehen; die Stickluft der 'Organisation' müßte ihm ein Ende bereiten"[55]. So argumentierte auch Frieda Wunderlich: „Planwirtschaft, die keine technische Entwicklung kennt, würde nichts anderes als Rationierung der Lebensnot bedeuten, nicht aber ihre Überwindung erstreben"[56].

Der technische Fortschritt ist der sozialistischen Zentralplanung nicht systemimmanent. Er muß von außen durch die sozialistische Planbürokratie der Wirtschaft aufgepfropft werden. Der Sozialismus ist seiner Natur nach eine stationäre Wirtschaft, d.h. eine Wirtschaft ohne technischen Fortschritt"[57].

Im realen sozialistischen Wirtschaftsleben der DDR erwarteten die Planungsinstanzen von den 'Beplanten', die Pläne einzuhalten, hielten sich jedoch selbst nicht an die Vorgaben[58] und klagten dann: Es fehlt eine "wirklich operative Anleitung ..., die an Stelle einer Vielzahl von Verordnungen, Beschlüssen, Direktiven und Berichten die Aufmerksamkeit der Funktionäre in den Betrieben auf die wesentlichen Aufgaben umlenkt, die Eigenverantwortung hebt und die wirtschaftliche Rechnungsführung festigt"[59]. Damit ist die fehlende Unternehmerfunktion umschrieben.

V. Staatsinterventionismus, öffentliche und private Wirtschaft

Ludwig Mises wies nach, wohin eine zunehmende Staatsintervention führt: „Die Geschichte des Kriegssozialismus hat dies deutlich gezeigt. Schritt für Schritt waren die Regierungen, die in das Getriebe des Marktes eingreifen wollten, genötigt, von den isolierten Eingriffen in die Preisbestimmung, mit denen sie angefangen hatten, schließlich bis zur völligen Vergesellschaftung der Produktionsmittel zu gehen. ... Wer aber die einzelnen Maßnahmen der Kriegswirtschaftspolitik verfolgt, der kann deutlich die oben genannten Phasen feststellen: zuerst Preistaxen, dann Verkaufszwang, dann Rationierung, dann Vorschriften über die Einrichtung der Produktion

---

55 Heinrich DIETZEL, Technischer Fortschritt und Freiheit der Wirtschaft, Bonn 1922, S. 60, 62.

56 Frieda WUNDERLICH, Produktivität, Jena 1926, S. 239.

57 Erich HORN, Gemeinwirtschaft, S. 25. Fritz BURCHARDT, Die Schemata des stationären Kreislaufs bei Böhm-Bawerk und Marx, in: *Weltwirtschaftliches Archiv*, Bd. 34, Jena 1931.

58 Vgl. die Beispiele bei Fritz SCHENK, Magie der Planwirtschaft, Köln 1960 oder DERS., Mein doppeltes Vaterland. Erfahrungen und Erkenntnisse eines geborenen Sozialdemokraten, Würzburg ³1989.

59 Politbüro-Protokoll v. 15.3.1955 (ZPA J IV 2/2/411, Bl. 25f.). Zitiert nach Oskar SCHWARZER, Wirtschaftsordnung.

und der Verteilung, schließlich Versuche zur Übernahme der planmäßigen Leitung der gesamten Produktion und Verteilung"[60].

Die Folgen der Sozialisierung wurden auch von Wilhelm Röpke klar erkannt: „Sozialisierung bedeutet also: Aufhebung des Sondereigentums [Privateigentum] an den Produktionsmitteln zugunsten der Gesamtheit[61], Ersatz des freien Spiels des Marktes durch eine auf direkte Ermittlung des Bedarfs und der Produktionsmöglichkeiten ausgehende zentrale Leitung, die durch Funktionäre der Gesamtheit ausgeübt wird, bewußte und nach irgendeinem Maßstab 'gerechte' Verteilung der Nationaldividende und schließlich dies alles - in Abweichung von der dem Sozialismus durch Marx erteilten Marschroute - nicht als automatisches Ergebnis einer immanenten und eindeutig einer sozialistischen Wirtschaftsordnung zustrebenden Entwicklung, sondern als bewußte politische Tat. ... Um die Unmöglichkeit einer rationalen sozialistischen Wirtschaftsführung einzusehen, muß man sich die Hilflosigkeit jener Wirtschaftszentrale anschaulich vorstellen, die sich auf dem Ozean der Wirtschaftsvorgänge ohne den Kompaß der marktmäßigen Preisbildung zurechtfinden soll. Die Wirtschaftsführung muß in zerstörendem Maße irrationell werden, und dies ist ohne Zweifel ein Argument, vor dem die Freunde der Sozialisierung bedingungslos die Waffen strecken müssen. Alle Versuche, dieser Konsequenz zu entgehen, sind als mißglückt zu betrachten"[62].

Der konzeptionslose und punktuelle Interventionismus ließ Wilhelm Röpke nach einer wissenschaftlich fundierten Staatsintervention suchen: „Völlig neue Tätigkeitsfelder der Staatsintervention treten nach 1918 hinzu, wie die Konjunkturpolitik und in ihrem Gefolge die Währungspolitik und Politik der Regulierung des Geld- und Kapitalmarktes mit vorher nicht gekannten, für unmöglich oder nicht erstrebenswert gehaltenen Zielen". Röpke wies darauf hin, „wie wenig ein Verständnis der heutigen Rolle der öffentlichen Hand im Wirtschaftsleben möglich ist, ohne eine gebührende Würdigung des ungeheuer gewachsenen Anteils, den der Staat und die ihm untergeordneten öffentlichen Körperschaften durch ihre Haushaltsführung vom Sozialprodukt beanspruchen"[63]. Er schätzte den Anteil der öffentlichen Hand am Volkseinkommen in Deutschland (ebenso wie in England) auf ein Fünftel. Die Änderung des Erkenntnisobjektes führte zu einer theoretischen Diskussion über die öffentliche

---

60   Ludwig MISES, Preistaxen, in: HdSt, 4. Aufl., 6. Bd., 1925, S. 1059.

61   Erich HORN, Gemeinwirtschaft, S. 51: Das Privateigentum bewirkt „höchste Hingabe ans Werk, größte Anstrengung, stärksten Fleiß, weil das in Aussicht stehende Ergebnis ebenso in die ausschließliche Verfügungsgewalt des einzelnen übergeht". Vgl. Eigentum-Wirtschaft-Fortschritt. Zur Ordnungsfunktion des privaten Produktiveigentums. Veröffentlichungen der Walter-Raymond-Stiftung, Bd. 12, Köln 1970.

62   Wilhelm RÖPKE, Sozialisierung, in: HdSt, 4. Aufl., 7. Bd., 1926, S. 568, 574. DERS., Planwirtschaft, in: HdSt, 4. Aufl., 6. Bd., 1925, S. 876f.

63   Wilhelm RÖPKE, Staatsinterventionismus, in: HdSt, 4. Aufl., Ergänzungsband, 1929, S. 861ff.

Wirtschaft[64]. Einzelwesen und Gemeinwesen beanspruchen nach Erich Horn gleichermaßen Geltung. Die wirtschaftliche Gesamtheit erfährt eine soziologische Begrenzung: „Es bleibt sinnvoll, festzusetzen, in welchem Ausmaß Schulen, Volksbäder, Krankenhäuser, Museen usw. errichtet werden sollen; es ist aber sinnlos, im Parlament zu entscheiden, ob die Wollstoffverarbeitung oder die Leinenverwendung ausgedehnt, welche von zwei Fabrikationsmöglichkeiten einer bestimmten Güterart verwirklicht werden soll, ob ein Produkt auf dem Wasser- oder Landweg zu befördern ist"[65]. Wilhelm Röpkes Anliegen war die Suche nach Maximen rationeller Staatsintervention. Infolge des Raubbaus an den begrenzt vorhandenen Naturkräften ergibt sich eine Sondergruppe der Interventionen, die man „als Konservationspolitik oder säkulare Wirtschaftspolitik bezeichnen könnte. ... Wenn wir so empfehlen, an den Grundlagen der heutigen Wirtschaftsordnung festzuhalten, ja sie in einigen Punkten noch zu befestigen, so ist das keine pessimistische Resignation, vielmehr schließt diese Empfehlung die Zuversicht ein, daß der Kapitalismus, wenn seine wohlstandsschaffende Kraft weder durch politischen Unverstand verschwendet, noch durch eine proletarische Menschenvermehrung neutralisiert wird, in seinem Schoße noch Möglichkeiten zur Hebung der Massenwohlfahrt in sich birgt, die heute noch nicht mit der naiven Vorstellung zu verwechseln ist, daß alle Leiden dieser Welt dazu da sind, kuriert zu werden"[66].

VI. Konjunkturforschung und Konjunkturpolitik

Der junge Nationalökonom Alfred Müller-Armack (1901-1978) war durch das Ungenügen der Historischen Schule in den zwanziger Jahren tief beunruhigt und zog daraus die „Konsequenz, das methodische Programm der Historischen Schule aufzugeben und sich der theoretischen Reflexion zuzuwenden"[67]. Diesen Schritt vollzog er vor allem in seinem Beitrag „Konjunkturforschung und Konjunkturpolitik", der 1929 im Ergänzungsband des Handwörterbuchs der Staatswissenschaften publiziert wurde[68]. „Dieses Eindringen fremder Kaufkraft (Zusätzlichkeit des Bankkredits) stellte das revolutionäre Prinzip dar, dessen sich die kapitalistische Entwicklung zur Durchsetzung ihrer selbst bedient". Für die Stabilisierung der Konjunktur muß die Expansion reguliert und gebremst werden. „Der Geldzins muß möglichst früh zu

---

64 Gerold AMBROSIUS, Die öffentliche Wirtschaft in der Weimarer Republik. Kommunale Versorgungsunternehmen als Instrumente der Wirtschaftspolitik, Baden-Baden 1984, S. 34ff.

65 Erich HORN, Gemeinwirtschaft, S. 54.

66 Wilhelm RÖPKE., Staatsinterventionismus, in: HdSt, 4. Aufl., Ergänzungsband, 1929, S. 861-882.

67 Christian WATRIN, Alfred Müller-Armack, Krefeld 1980, S. 12.

68 Alfred MÜLLER-ARMACK, Konjunkturforschung und Konjunkturpolitik, in: HdSt, 4. Aufl., Ergänzungsband, 1929, S. 645-677. DERS., in: Der Stand und die nächste Zukunft der Konjunkturforschung. Festschrift für Arthur Spiethoff, München 1933, S. 199-204.

Anfang der Aufwärtsbewegung durch eine starke Einengung des Geldmarktes heraufgesetzt werden, nicht erst in der Hochspannung". Müller-Armack befürwortete
unter bestimmten Umständen eine „Produktivkreditkreierung": „Die Möglichkeit,
durch Kreditkreation die Stockung zu überwinden, hängt davon ab, wieweit es dem
Staate möglich ist, seine Mittel in solche produktiven Verwendungen zu lenken, in
denen ihr Effekt ihre Kosten überwiegt". Zu dieser theoretischen Erkenntnis bemerkt
Christian Watrin, ein Schüler Müller-Armacks: „Damit ist aber das Grundprinzip der
später von Müller-Armack im Bundeswirtschaftsministerium mitvertretenen und in
den fünfziger und zu Beginn der sechziger Jahre so erfolgreichen Konjunkturpolitik
umschrieben: die Freisetzung der dynamischen und innovatorischen Energien der
Wirtschaftsbürger und der Unternehmer, um den wirtschaftlichen Aufschwung herbeizuführen.

Müller-Armacks Überlegungen aber fanden ebensowenig wie die in die gleiche
Richtung laufenden Vorstellungen Röpkes oder der Brauns-Kommission in der 1929
einsetzenden großen Krise Beachtung. Statt dessen folgte die Reichsregierung ab
1931 dem untauglichen Rezept der kontraktiven Depressionsbekämpfung, die das
Übel dramatisch verschlimmerte. Diese Erfahrungen haben bei Müller-Armack einen tiefen, sein Denken und später sein politisches Handeln prägenden Einfluß hinterlassen. Er wurde nicht müde, seiner Umgebung die Bedeutung des Konjunktur-
phänomens klarzumachen und beständig davor zu warnen, sich in falscher Sicherheit
zu wiegen. Gerade wegen der Irregularitäten der wirtschaftlichen Entwicklung
könne ein Nachlassen der Aufmerksamkeit verhängnisvoll werden"[69].

VII. Die Vereinigten Staaten als Modell für deutsche Gewerkschaftsführer (1925)

Deutsche Gewerkschaftsführer befanden sich von September bis November 1925 in
den Vereinigten Staaten. In der Einleitung zur 'Amerikareise' heißt es: „Deutschland
hatte unter dem neuen Werden (nach 1918) schwer zu leiden. Seine Währungskata-
strophe und die Ruhrbesetzung brachten es wirtschaftlich zu fast völligem Stillstand.
Erst nach der Währungsstabilisierung und nach Annahme der Dawes-Gesetze durch
den Reichstag konnte Deutschland den Wiederaufbau seiner Wirtschaft auf einigermaßen gesichertem und übersichtlichem Grunde beginnen. Wenn es für den Neuauf-
bau der Wirtschaft irgendwo in der Welt ein Objekt des Studiums gab, so waren dies
die Vereinigten Staaten Nordamerikas. Infolgedessen reiste eine ganze Reihe deutscher Wirtschaftsvertreter - Männer der Wirtschaftswissenschaft wie der Wirtschaftspraxis - hinüber, das Neue zu studieren"[70].

---

69   Christian WATRIN, Alfred Müller-Armack, S. 14.
70   Amerikareise deutscher Gewerkschaftsführer, Berlin 1926, S. 5.

Die Gewerkschaftsführer stellten fest, daß der Lebensstandard in den Vereinigten Staaten erheblich höher als in Deutschland war. „So erstaunlich für uns die technischen und arbeitsorganisatorischen Leistungen Amerikas sind, das eigentliche 'Wirtschaftswunder' ist doch mehr darin zu suchen, daß die schnell wachsende Güterproduktion vom Konsum verdaut werden konnte. ...

In der sozialistischen Arbeiterbewegung war man früher geneigt, dem Zusammenbruch der kapitalistischen Wirtschaft als einer entwicklungsgesetzlichen Naturnotwendigkeit entgegenzusehen in der Annahme, dass mit dem zunehmenden technischen Fortschritt und dem Anwachsen der Produktivität 'die Produktivkräfte der heutigen Gesellschaft über den Kopf wachsen' müssten und 'immer massenhafter die Armee der überschüssigen Arbeiter' würde. Auch ohne den Einfluss des amerikanischen Beispiels hat sich in den letzten Jahrzehnten die Erkenntnis durchgesetzt, dass der Verlauf der Praxis mit einem solchen starren Entwicklungsschema doch nicht ganz übereinstimmt. Eine entsprechende Revision der theoretischen Auffassung hat sich — wenigstens in Deutschland — in aller Form schon vollzogen. Der theoretische Streit darüber, ob unter der Herrschaft einer kapitalistischen Wirtschaftsordnung für die Arbeiterklasse überhaupt die Möglichkeit besteht, bei wachsender Produktivität an der Vermehrung des Wohlstandes teilzunehmen, oder ob nicht vielmehr alle Vorteile einer solchen Entwicklung den Kapitalisten zufallen müssen, ist erloschen. Die Tatsachen und die Erfolge der Gewerkschaften haben bewiesen, dass es in der kapitalistischen Wirtschaft durchaus kein Naturgesetz gibt, wonach die ökonomische Lage der Arbeiterschaft nicht verbessert werden könne. Diese Erkenntnis ist weit entfernt etwa von einer Aussöhnung mit dem kapitalistischen System selbst, dessen ökonomische Widersprüche und soziale Ungerechtigkeiten nicht dadurch widerlegt sind, dass es immerhin auch der Arbeiterklasse eine Verbesserung ihrer Lebenshaltung ermöglicht. .. Die Erschliessung des eigenen Marktes durch planmässige Aufzucht einer starken Kaufkraft bei den breiten Massen, das ist das Geheimnis der amerikanischen Wirtschaft. Hohe Löhne und niedrige Preise, grosser Umsatz und kleiner Stücknutzen: Aus dieser Praxis erwuchsen die Wunder der Technik und der Arbeitsorganisation wie von selbst.

Dieses amerikanische Beispiel ist für das Europa der Nachkriegszeit von entscheidender Bedeutung. Die alte Vorstellung, als ob die Entfaltung der Produktivkräfte in einer nationalen Industriewirtschaft über einen gewissen Grad hinaus nur noch möglich sei durch die Unterjochung ausländischer Märkte, ist dadurch erschüttert, ebenso aber auch der Pessimismus, der in dem Anwachsen des Produktionsapparates in aller Welt nichts anderes zu sehen vermag als eine unverstopfbare Quelle allgemeiner Verelendung in den alten Industrieländern. ... Die Forderung nach dem wirtschaftlichen Zusammenschluss Europas ergibt sich geradezu zwangsläufig aus der Betrachtung der amerikanischen Wirtschaft, für uns nicht als Endziel, sondern als Etappe zur Einheit der Weltwirtschaft"[71].

VIII. Verschärfung der Systemauseinandersetzung im Gefolge der Weltwirtschaftskrise

Um 1930 „herrschte in Deutschland folgende wirtschaftspolitische Konzeption: Mit Zwangsläufigkeit treibe die geschichtliche Entwicklung aus dem 'Kapitalismus' in die zentrale Planung hinein. Die Politik des Laissez-faire sei zu Ende"[72].

Sozialisten[73], Kommunisten[74] und Bolschewisten[75] plädierten für eine radikale Abschaffung der marktwirtschaftlichen Ordnung und für die Errichtung einer Zentralplanung, d.h. einer marktlosen Ordnung. Unter dem Eindruck des ersten Fünfjahrplans in der Sowjetunion (1929-1932) und der Weltwirtschaftskrise wurden die Systemauseinandersetzungen wieder aufgenommen und verschärft. Um die Jahreswende 1931/32 wurde die „Arbeitsgemeinschaft zum Studium der sowjetrussischen Planwirtschaft" (Arplan) von den Professoren Friedrich Lenz und Otto Hoetzsch gegründet. Aufgabe der Arbeitsgemeinschaft war „das systematische Studium der staatlichen und sozialen Entwicklung in der Sowjetunion, im besonderen der theoretischen Grundlagen wie der praktischen Auswirkungen ihres planwirtschaftlichen Aufbaues"[76].

Einen Übergang zum Sozialismus hielten im und nach dem Ersten Weltkrieg für notwendig, wahrscheinlich oder möglich[77]: A. Amonn[78], G. Cassel[79], J.B. Clark[80], E. Heimann[81], F. Naphtali[82], E. Schmalenbach[83], J. Schumpeter[84] und W. Sombart[85].

---

71   Amerikareise, S. 253-256.

72   Walter EUCKEN, Zeitalter der Mißerfolge, S. 69.

73   Wilhelm RÖPKE, Sozialisierung, S. 567ff.

74   Karl DIEHL, Sozialismus und Kommunismus, in: HdSt, 4. Aufl., 7. Bd., 1926, S. 579: „Das wirtschaftliche Endziel der Sozialdemokratie ist sozialistisch, d.h. auch sie strebt eine Wirtschaftsordnung ohne Privateigentum an den Produktionsmitteln an. Insofern kann man sagen, daß jeder Sozialdemokrat Sozialist ist, aber nicht jeder Sozialist ist Sozialdemokrat".

75   Conradt SCHMIDT, Bolschewismus, in. HdSt, 4. Aufl., 2. Bd., 1924, S. 992-998. Hans-Jürgen SERAPHIM, Bolschewismus, in: HdSt, 4. Aufl., Ergänzungsband, 1929, S. 200-239.

76   In: *Osteuropäische Zeitschrift für die gesamten Fragen des europäischen Ostens*, 7. Jg, Okt. 1931-Sept. 1932, S. 310.

77   Georg HALM, Monopolistische Bestrebungen in der Gegenwart, in: HdSt, 4. Auflage, Ergänzungsband, Jena 1929, S. 698.

78   A. AMONN, Die Hauptprobleme der Sozialisierung, Leipzig 1920, 9. Die Aussichten der Sozialisierung.

79   G. CASSEL, Theoretische Sozialökonomik, 4. Auflage, Leipzig 1927, §§ 15, 27, 39.

80   J.B. CLARK, Essentials of Economic Theory, New York 1922, chap. XXII.

81   E. HEIMANN, Über Individualismus und Solidarismus in der kapitalistischen Konzentration, in:

Die Unmöglichkeit der sozialistischen Wirtschaftsrechnung und damit auch die Unmöglichkeit eines Übergangs zum Sozialismus suchten nachzuweisen: Boris Brutzkus[86], G. Halm[87], E. Horn[88], R. Liefmann[89], L. Mises[90] und L. Pohle[91]. Der Vorstand des Gesamtverbandes der Arbeitnehmer der öffentlichen Betriebe und des Personen- und Warenverkehrs forderte „im Interesse der Gesamtheit den Sozialismus, d.h. die Planwirtschaft unter Vergesellschaftung der Produktionsmittel"[92].

Archiv für Sozialwissenschaft XXXIX, 1915. DERS., Mehrwert und Gemeinwirtschaft, Berlin 1922. Ders., Zur Kritik des Kapitalismus und der Nationalökonomie, in: *Blätter für religiösen Sozialismus* 7, 1926. Zu Heimann vgl. Harald HAGEMANN / Claus-Dieter KROHN, Emigration, S. 108.

82 Fritz NAPHTALI, Wirtschaftsdemokratie. Ihr Wesen, Weg und Ziel . Herausgegeben im Auftrag des ADGB, Berlin 1928. Zu Fritz (Perez) Naphtali vgl. Harald HAGEMANN / Claus-Dieter KROHN, Emigration, S. 202.

83 E. SCHMALENBACH, Die Betriebswirtschaftslehre an der Schwelle der neuen Wirtschaftsverfassung, in: Zeitschrift für handelswissenschaftliche Forschung 22, 1928; dagegen Walter EUCKEN, Grundsätze, S. 231: „‚Fixe Kosten' bedeuten nicht ‚fixierte Produktion'".

84 J. A. SCHUMPETER, Sozialistische Möglichkeiten von heute, in: *Archiv für Sozialwissenschaft* XLVIII, 1921.

85 W. SOMBART, Das Wirtschaftsleben im Zeitalter des Hochkapitalismus, II. Bd., München 1927. Peter Th. WALTHER, Werner Sombart, in: Wolfgang Benz / Hermann Graml (Hrsg.), Biographisches Lexikon zur Weimarer Republik, München 1988, S. 319: Sombart „präsentierte eine historische Periodisierung, die unausweichlich zur Planwirtschaft führen würde. ... Er entwickelte sich von einem kritischen Sozialwissenschaftler schließlich zu einem pessimistischen Kulturphilosophen".

86 Boris BRUTZKUS, Die Lehren des Marxismus im Lichte der russischen Revolution, Berlin 1929.

87 G. HALM, Die Konkurrenz, München 1929; DERS., Ist der Sozialismus wirtschaftlich möglich?, Berlin 1929.

88 E. HORN, Gemeinwirtschaft, S. 11-13: „Dient jedes ökonomische Vorgehen letzten Endes zur Bedürfnisbefriedigung, zur Beseitigung eines Unlustgefühls, dann kann nur der einzelne selbst entscheiden, welche Objekte und Leistungen ihm für diesen Zweck genehm erscheinen, nur er selbst die Wahl treffen in einer erdrückenden Fülle von Möglichkeiten. ... Daraus läßt sich die logische Folgerung ziehen, daß grundsätzlich die Freiheit der Bedarfsbefriedigung gewahrt sein muß, wenn überhaupt der Sinn der Wirtschaft, das Streben nach dem relativen Optimum Lust und Unlust erfüllt sein soll".

89 R. LIEFMANN, Geschichte und Kritik des Sozialismus, Leipzig 1922.

90 L. MISES, Gemeinwirtschaft.

91 L. POHLE, Kapitalismus und Sozialismus, Leipzig 1919. DERS., Kapitalismus, in: HdSt, 4. Auflage, 5. Bd., Jena 1923, S. 584ff.

92 VORSTAND DES GESAMTVERBANDES DER ARBEITNEHMER DER ÖFFENTLICHEN BETRIEBE UND DES PERSONEN- UND WARENVERKEHRS (Hrsg.), Handbuch der öffentlichen Wirtschaft. Bearbeitet von Walther PAHL und Kurt MENDELSOHN. Unter Mitarbeit von Bruno Asch, Fritz Baade, Arthur Bergmann, Alfred Braunthal, Wilhelm Ellenbogen, Karl Hauffe, Friedrich Hertneck, Rudolf Lengersdorff, Wilhelm Majerczik, Kurt Mendelsohn, Fritz Naphtali, Franz Neumann, Josef Orlopp, Walther Pahl, Karl Polenske, Gerhard Puttkammer, Ernst Reuter, Paul Schulz, David Stetter, Hans Wilbrandt, Berlin 1930, S. VIII.

Die Aussagen von deutschen und österreichischen Vertretern auf dem World Social Economic Congress, der vom 23. bis 29. August 1931 in Amsterdam stattfand, zeigen das breite Spektrum der damaligen Diskussion[93].

Dr. Otto Neurath, Direktor des Gesellschafts- und Wirtschaftsmuseums in Wien: „Die verschiedenen Auswege, die innerhalb unserer Ordnung gezeigt werden, sind ungangbar"[94].

Dr. F. Meyer zu Schwabedissen, Teilhaber der Firma Bertelsmann & Niemann, Bielefeld: „Der Gedanke der Wissell'schen Planwirtschaft, den Unternehmer als solchen zu erhalten, ihn aber unter gemeinwirtschaftliche Kontrolle zu stellen, war an sich richtig. ... Deutschland ist also durch eine sich aus seiner volkswirtschaftlichen Lage ergebenden Notwendigkeit gezwungen, einen Weg der nationalen Planwirtschaft zu gehen, welche eine gewisse Abwendung von der Weltwirtschaft bedeutet"[95].

Dr. Fritz Pollock,[96] Institut für Sozialforschung an der Universität zu Frankfurt am Main: „Es handelt sich bei der Planarbeit um die ungeheure Aufgabe, die Funktionen, die in der kapitalistischen Welt durch Angebot und Nachfrage, durch Unternehmer und Markt erfüllt werden, zu ersetzen durch eine neue Maschinerie, die man erst aufbauen muß. Das ist eine masslos schwere Aufgabe. ... es ist völlig sinnlos mit großen Opfern ein System an Stelle eines anderen zu setzen, ohne daß das neue System wirklich besser funktioniert. ... Es hat mich gewundert, daß in dieser Versammlung folgende Frage nicht schärfer aufgeworfen ist: Sind die Kosten dieses russischen Systems nicht zu groß, und zwar die Kosten durch „Waste" (Verschwendung) aller Art, die in den Schwierigkeiten sichtbar werden ...; sind insbesondere die Kosten des riesigen zentralen Verwaltungsapparates nicht viel zu groß?"[97].

F. Naphtali, Leiter der gewerkschaftlichen Forschungsstelle für Wirtschaftspolitik, Mitglied des Reichswirtschaftsrates, Berlin: „Man hat den Glauben verloren an das Bestehende, aber man hat weder klare Vorstellungen von dem was werden soll, noch den Willen von Grund aus die Neugestaltung aufzubauen. ... Wir wollen die Umgestaltung des jetzigen Systems von Grunde aus! *Unser Ziel ist, aus einer kapitalistisch geführten Wirtschaft eine planmäßig gelenkte Gemeinwirtschaft zu machen; aus einer Gesellschaft, die auf dem privaten Eigentum an den Produktionsmitteln klassenmäßig aufgebaut ist, eine klassenlose Gesellschaft zu schaffen"*[98].

---

93   Program of the 1931 World Social Economic Congress under the Auspices of the International Industrial Relations Association (I.R.I), The Hague, Holland. Subject: Social Economic Planning. The Necessity for Planned Adjustment of Productive Capacity and Standards of Living.

94   Program 1931, S. 141.

95   Program 1931, S. 284f.

96   Zu Friedrich Pollock vgl. Harald HAGEMANN / Claus-Dieter KROHN, Emigration, S. 224.

97   Program 1931, S. 287f.

98   Program 1931, S. 545, 554.

Frau Prof. Dr. Frieda Wunderlich,[99] Mitglied des Preussischen Landtages, Herausgeberin der „Sozialen Praxis", Berlin:

„Wenn ich mich für die Planung innerhalb der Verkehrswirtschaft und gegen die zentralistische entscheide, so ist dafür eine Reihe von Gründen massgebend die ich nur ganz kurz skizzieren kann:

1. Erstens erscheint mir die zentrale Planwirtschaft zu gefahrvoll. Man kommt zu ihr nur mit einem Schritt ins Dunkle, ins Chaos hinein und kann nur theoretisch konstruieren, wie man sie sich denkt, ohne die gegenwärtige Wirtschaft in der Richtung auf sie beeinflussen zu können. Allerdings müsste man das Risiko auf sich nehmen, wenn man sie für richtig hielte.

2. Ich glaube nicht an die Ueberlegenheit der Zentralstelle. Ich habe zu viel Wirtschaftsführer und höchste Beamte in ihrer Arbeit kennengelernt, um zu glauben, dass diese Menschen einzeln oder kollektiv die Preisregulierung ersetzen können. Ich glaube nicht, dass es gelingt, in einer Zentralleitung politische und andere Interessen voll auszuschalten. Seitdem Plato die Herrschaft der Weisen gefordert hat, ist es noch nicht gelungen, die Weisesten an die Spitze zu bringen.

3. Ich sehe ferner keine Möglichkeit - und das ist die Kardinalfrage - eine exakte Erfolgsrechnung nach Ausschaltung des Preisregulators aufzustellen, obwohl eine Ergänzung oder Kontrolle der Geldrechnung durch Naturalrechnung sehr wertvoll sein könnte.

4. Ich sehe nicht, wie die Neurath'sche Bedarfs-Statistik erhoben werden soll, welche Bedürfnisse man anerkennen darf. Auch würde diese Statistik in einer fortschrittlichen Wirtschaft dauernd veraltern.

5. Ich erkenne das Ziel, das die russische Wirtschaft sich gesetzt hat, die Produktionssteigerung, nicht an. Produktion hat nur Sinn mit Rücksicht auf die Lebenshaltung der Massen. Nicht das ist von Interesse, dass Rußland die Zuckerproduktion vervierfacht, sondern ob dieser Zucker vom russischen Volke, das immer noch den niedrigsten Zucker-Konsum in Europa hat, verzehrt wird. Wird dieser Zucker produziert, um auf dem Wege des Dumping ins Ausland geschleudert zu werden, so sehe ich darin etwas ähnliches wie eine Rüstungsproduktion. Eine entgegengesetzte Zielsetzung, die den Lebensbedarf der gegenwärtigen Generation hochwertet, könnte umgekehrt die Kapitalakkumulation zu stark vernachlässigen. Das Verhältnis von Verbrauch und Akkumulation kann zu erbitterten Machtkämpfen führen.

6. Die zentrale Planwirtschaft kann das Führerproblem der Wirtschaft nicht lösen, wie Stalin's letzte Rede beweist.

7. Der Verwaltungsapparat wird in der zentralen Planwirtschaft leicht zu gross und zu teuer werden, sodass schliesslich der Zustand eintritt, den ein amerikanischer

---

99 Zu Frieda Wunderlich vgl. Harald HAGEMANN / Claus-Dieter KROHN, Emigration, S. 311.

National-Ökonom dahin charakterisiert hat, dass die meisten Menschen in Kommissionen sitzen und Waren verteilen, die nicht vorhanden sind. Wir dürfen also, obwohl die zentrale Planwirtschaft den Vorzug der Einheitlichkeit besitzt und von geringerer Explosivität ist als eine gemischte Wirtschaftsform, nicht den Sprung ins Dunkle wagen. Wir werden den anderen Weg gehen müssen, den des Einbaues planwirtschaftlicher Massnahmen in die Verkehrswirtschaft. Dabei ist allerdings zu bedenken, dass, um die Produktivität des Wirtschaftsablaufes zu sichern, die natürlichen Sicherungen, die die Marktwirtschaft besitzt, nicht zerstört werden dürfen, d.h. der Automatismus der Preisbildung aufrecht erhalten werden muss. Zum Teil wird die Planungsarbeit gerade darin bestehen, Preisbildungen, die zu Kapital-Fehlleitungen führen, zu beseitigen. Ich nenne nur Zölle, Subventionen, Kartellpreise"[100].

IX. Sozialismus und individuelle Freiheit

Schon früh wurde erkannt, daß Sozialismus und individuelle Freiheit unvereinbar sind. R. Stammler konstatierte 1925: „Sozialismus ist planmäßig zentralisierte Zwangswirtschaft"[101]. Ungefähr zur gleichen Zeit machte sich Viktor Cathrein Gedanken, ob Auswanderungsfreiheit und Freizügigkeit auch im sozialistischen Zukunftsstaat gelten würden.

Im 17./18. Jahrhundert war die Auswanderung aus den meisten Territorien des Alten Reiches außerordentlich beschränkt oder verboten. Nur Württemberg und Baden bildeten die Ausnahme. Der von der französischen Verfassung von 1791 verkündete Grundsatz der Freizügigkeit und Auswanderungsfreiheit fand im Laufe des 19. Jahrhunderts Aufnahme in das öffentliche Recht fast aller Staaten. Im Norddeutschen Bund (1867) und im Deutschen Reich (1870, 1897/98) galt grundsätzlich die Auswanderungsfreiheit[102].

Der 2. Kongreß der Kommunistischen Partei Rußlands hatte im April 1920 in Moskau folgenden Beschluß gefaßt: „In Anbetracht dessen, daß ein erheblicher Teil der Arbeiter, auf der Suche nach *besseren Verpflegungsbedingungen*, nicht selten aber auch zu Zwecken der Spekulation, eigenmächtig die Unternehmen verläßt und von einem Ort an den anderen übersiedelt, wodurch der Produktion weitere Schäden zugefügt werden und die allgemeine Lage der Arbeiterklasse verschlechtert wird, sieht der Kongreß eine der dringendsten Aufgaben der Sowjetmacht und der Gewerkschaftsorganisationen im planmäßigen, systematischen, beharrlichen Kampfe mit der *Arbeiterdesertion*, im besonderen durch Veröffentlichung von Straflisten der

---

100 Program 1931, S. 556-558.

101 R. STAMMLER, Materialistische Geschichtsauffassung, in: HdSt, 4. Aufl., 6. Bd., 1925, S. 528.

102 Edgar LOENNING, Auswanderungsgesetzgebung, in: HdSt, 3. Aufl., 2. Bd., 1909, S. 303-308. A. SARTORIUS VON WALTERSHAUSEN, Auswanderung, in: HdSt., 4. Aufl., 2. Bd., 1924, S. 96.

Deserteure, durch Schaffung von Strafarbeitskommandos aus Deserteuren und endlich durch Einsperren der Deserteure in ein Konzentrationslager"[103].

Nach Cathrein (1923) sind im Zukunftsstaat der Sozialisten ganz ähnliche Zustände wie in Rußland zu erwarten: „Dürfen im Zukunftsstaat die 'Genossen' beliebig in ein anderes Land etwa aus Deutschland nach Frankreich, England, Nordamerika auswandern oder nicht? Das ist eine Lebensfrage für den Sozialismus. Ohne Zweifel werden die Sozialisten mit Ja antworten. ... Es steht also jedem frei, nach Belieben auszuwandern. Was wird nun geschehen? Wenn man nicht voraussetzt, daß *in allen Kulturstaaten der Sozialismus gleichzeitig zur Herrschaft gelangt, so wird eine massenhafte Auswanderung nach jenen Staaten Platz greifen, in denen der Sozialismus nicht herrscht*; und zwar werden vorzugsweise die jüngeren arbeitsfähigen Männer zum Wanderstab greifen. Daran wird der Sozialismus nichts ändern: Die Freiheit der Selbstbestimmung und die Aussicht, durch Fleiß und Geschick emporzukommen, hat für das menschliche Herz mehr Anziehungskraft als die Ehre, Mitglied 'eines einzigen ungeheuren Staatsbetriebes' zu sein, in welchem prinzipiell keine Ungleichheit geduldet und jeder über das Durchschnittsmaß hinausragende Genosse mit Schelsucht betrachtet wird"[104].

Prof. F. Wilken, Privatdozent der Nationalökonomie und der Soziologie an der Universität zu Freiburg i. Bad.: „Wir finden, daß die Autorität, die den westlichen Kapitalismus leitet, die persönliche Autorität des Unternehmers, verschoben ist in die kollektive Autorität. Einer der russischen Vertreter hier sagte: 'Die Kollektivität ist der einzige allmächtige Herr'. Ich glaube im Sinne aller westlichen Menschen zu sprechen, wenn ich sage: *Wir wollen keine Herren.* Das Problem im Westen ist, gerade mit den persönlichen Freiheitskräften dasjenige zu machen, was in Rußland mit der Autorität der Gesellschaft in einer unpersönlichen Form gemacht wird. Es steht da immer eine diktatorische Autorität hinter der Wirtschaft, gegen die der westliche Mensch sich mit allen Kräften wehrt. Man hat das Gefühl, in Rußland wird man eingespannt wie in das laufende Band einer Taylor-Fabrik"[105].

Wilken deckte mit seinen Bemerkungen die Zusammenhänge zwischen sozialistischer Zentralplanung und Totalitarismus/Diktatur auf[106]. Elie Halévy benutzte 1936

---

103 Viktor CATHREIN, Sozialismus, S. 271: „Dazu bemerkt der 'Vorwärts' (1920 Nr. 495): «Der Arbeiter, der sich eine bessere Arbeitsstelle zu suchen wagt, wandert hinter Stacheldraht. Dieser Beschluß genügt eigentlich, um die Frage zu erklären, ob die aus Rußland Heimgekehrten bei der Schilderung des bolschewistischen 'Paradies' übertrieben haben»".

104 Viktor CATHREIN, Sozialismus, S. 273f. Ludwig MISES, Gemeinwirtschaft, S. 201ff.: „Die Wanderungen als Problem des Sozialismus".

105 Program 1931, S. 441.

106 Wilhelm RÖPKE, Sozialisierung, in: HdSt, 4. Auflage, Bd. 7, Jena 1926, S. 568: „Sozialisierung bedeutet also: Aufhebung des Sondereigentums an den Produktionsmitteln zugunsten der Gesamtheit, Ersatz des freien Spiels des Marktes durch eine auf direkte Ermittlung des Bedarfs und der

das alte Wort „Tyrannei", um die Diktaturen von Mussolini, Stalin und Hitler zu charakterisieren[107]. Wilhelm Röpke publizierte ein Jahr später einen Artikel über „Sozialismus und politische Diktatur" und konstatierte 1944 in seiner „Civitas humana": „Niemand unter diesen Sozialisten hat sich wirklich mit der schlechthin entscheidenden Frage auseinandergesetzt, ob ein sozialistisches Wirtschaftssystem mit einer demokratisch-liberalen Gesellschafts- und Wirtschaftsstruktur vereinbar ist oder nicht. Ich halte die verneinende Antwort für unwiderlegbar und, wie in dem vorliegenden Buche noch eindringlicher gezeigt werden wird, für die schlüssige Folgerung aus Überlegung und nachgerade überwältigender Erfahrung"[108]. Zu den Merkmalen der totalitären Staatssysteme des Bolschewismus, Faschismus und Nationalsozialismus gehört nach Wilhelm Röpke die „vollkommene Auflösung der Werte und Normen, ohne die unsere oder irgendeine andere Gesellschaft auf die Dauer nicht bestehen kann"[109].

Friedrich August Hayek führte in seiner Studie „Der Weg zur Knechtschaft" (London Anfang 1944, deutsche Übersetzung 1945) den Nachweis, daß es sich beim Nationalsozialismus um eine „Fortentwicklung des Sozialismus handelte, die eintritt, wenn er sich jenes demokratischen und liberalen Gedankenguts entledigt, das mit seinen Bestrebungen nach einer vollkommenen Beherrschung des Produktionsapparates unvereinbar ist. Daß eine zentrale Leitung der gesamten Wirtschaft, wie sie zumindest der ältere Sozialismus anstrebte, zu einer totalitären politischen Herrschaft führen muß, ist heute ziemlich allgemein anerkannt"[110].

Produktionsmöglichkeiten ausgehende zentrale Leitung, die durch Funktionäre der Gesamtheit ausgeübt wird, bewußte und nach irgendeinem Maßstab ‘gerechte’ Verteilung der Nationaldividende und schließlich dies alles - in Abweichung von der dem Sozialismus durch Marx erstellten Marschroute - nicht als automatisches Ergebnis einer immanenten und eindeutig einer sozialistischen Wirtschaftsordnung zustrebenden Entwicklung, sondern als bewußte politische Tat".

107   François FURET, Le passé d'une illusion. Essai sur l'idée communiste au xxᵉ siècle, Paris 1995, S. 193. Elie HALÉVY, L'ère des tyrannies. Etudes sur le socialisme et la guerre, Paris 1938.

108   Wilhelm RÖPKE, Civitas humana. Grundfragen der Gesellschafts- und Wirtschaftsreform, Erlenbach-Zürich 1944, 3. Auflage 1949, S. 20.

109   Wilhelm RÖPKE, Die deutsche Frage, Erlenbach-Zürich 1945, S. 35.

110   Friedrich August HAYEK, Der Weg zur Knechtschaft. Deutsch von Eva Röpke, München 1976, S. 11. Eva RÖPKE (Hrsg.), Wilhelm Röpke. Briefe 1934-1966. Der innere Kompaß, Erlenbach-Zürich 1976, S. 95. Brief von W. Röpke an F.A. Hayek vom 11. März 1947: „Ich las vor einigen Tagen eine Ankündigung der schweizerischen Buchhändler, wonach man jetzt von der Schweiz Bücher für Deutschland bestellen kann, vorbehaltlich der Zensur, die vor allem keine Bücher hereinlasse, die die ‘guten Beziehungen zwischen den Alliierten zu stören geeignet’ seien. Damit man auch ja versteht, was damit gemeint ist, war in Klammern hinzugesetzt z.B. ‘anti-russische Literatur’. Hier haben Sie die ganze alliierte Politik in nuce: Während Rußland Westdeutschland mit allen Mitteln unterminiert, binden sich die westlichen Alliierten in der Abwehr wegen des Phantoms der ‘guten Beziehungen mit Rußland’ selber die Hände. Ich habe mich sofort an meinen Verleger Rentsch gewandt, um zu erfahren, ob von diesem Verbot auch Ihr Buch (‘Der Weg zur Knechtschaft’, Er-

Alfred Müller-Armack bezog sich in seiner Studie „Wirtschaftslenkung und Marktwirtschaft" (Hamburg 1947) ausdrücklich auf F.A. Hayek: „Die Frage der Wirtschaftsordnung steht in unlösbarem Zusammenhang mit der politischen und Ge-
samtlebensordnung, die wir erstreben. ... Es ist kein Zufall gewesen, wenn in der
Vergangenheit alle politischen Systeme, die die Menschenwürde verachteten und die
geistige Freiheit mit Füßen traten, auch wirtschaftlich den Hang zu stärksten Eingriffen verrieten ... Geistige und politische Freiheit haben in der Geschichte nie auf
Dauer existieren können, wo ein geschlossener politischer oder wirtschaftlicher
Machtapparat vorhanden war" (S. 62f.).

X. Analyse des Wettbewerbs - Oligopol- und Monopoltheorie - Marktfor-
men

Der Wettbewerb (Konkurrenz) ist eine „Veranstaltung zur *Stimulierung der Leistung*
wie eine solche zur *Steuerung und Koordination des Wirtschaftsprozesses*"[111]. Er ist
das beherrschende Ordnungsprinzip der Sozialen Marktwirtschaft[112].

Eine sozialistische Zentralplanung kann sich des „Wettbewerbs zwar bis zu einem
gewissen Grade und unter bestimmten Voraussetzungen als Antriebsprinzip, nicht
aber als Ordnungsprinzip bedienen"[113]. Der Sozialismus hatte der selbstgesteuerten
Marktwirtschaft keine selbstgesteuerte Zentralplanwirtschaft entgegenzusetzen. Das
sog. „Wertgesetz" war zur Selbststeuerung untauglich[114]. Die von verschiedenen
Ökonomen erdachten Systeme eines „Konkurrenz-(Markt-)Sozialismus sind unzu-
längliche Nachbildungen der Marktwirtschaft. Zu diesen Ökonomen zählen Henry
D. Dickinson[115], Oskar Lange[116], Fred M. Taylor und Maurice Allais[117].

Der Wettbewerb wurde bei der Auseinandersetzung mit der sozialistischen Zentral-
planwirtschaft/Gemeinwirtschaft in den zwanziger Jahren wiederentdeckt: „Gewöhnlich wurde das Konkurrenzsystem mehr politisch, ethisch und psychologisch
verteidigt, während man sich nicht selten die technischen Aufgaben seiner Beseitigung zu gering vorstellte. Man glaubte, eine bureaukratische Zentrale könnte bei

---

lenbach-Zürich 1945) und die meinigen betroffen werden. Er antwortete mir soeben, daß Ihr Buch
    tatsächlich in allen Zonen verboten sei".

111   Wilhelm RÖPKE, Wettbewerb: (II) Ideengeschichte und ordnungspolitische Stellung, in: HdSW, 12.
    Bd. 1965, S. 32.

112   Ursula BEYENBURG-WEIDENFELD, Mittelstandspolitik, S. 65.

113   Wilhelm RÖPKE, Wettbewerb, S. 32.

114   Ökonomisches Lexikon L-Z, (Ost-)Berlin 1966, S. 1116: „Wertgesetz - ökonomisches Gesetz, dem
    zufolge sich die Waren entsprechend der zu ihrer Reproduktion notwendigen Menge gesellschaftli-
    cher Arbeit, also zu ihrem Wert austauschen".

115   Henry M. DICKINSON, Economics of Socialism, London 1939.

116   Oskar LANGE/Fred M. TAYLOR, On the Economic Theory of Socialism, Minneapolis 1938.

117   Maurice ALLAIS, Le problème de la planification dans une économie collectiviste, in: *Kyklos* 1,
    1947, S. 254ff. und 2, 1948, S. 48ff.

Bestehen einer guten Produktions- und Verbrauchsstatistik den Bedarf berechnen, vorausbestimmen, die Produktion auf dem Wege amtlicher Verfügung demgemäß bemessen und die Verteilung entsprechend vornehmen; eine Beeinflußung der Preise durch den selbsttätigen Apparat, der im Zusammenhange mit der Konkurrenz Vorrat, Angebot und Nachfrage verknüpft, sei entbehrlich. Welch ein Irrtum! Um der Knappheit der Güter willen ist eine Druckkraft, die den stets begehrlichen Konsumbedarf einschränkt, notwendig. Diese Einschränkung bewirkt gegebenenfalls die elastisch und automatisch wirkende Feder der Preisbildung, die aber nur bei Konkurrenz relativ exakt funktioniert. Den Konsum zu binden und kraft obrigkeitlicher Autorität zwangsweise dem Vorrate anzupassen, stellt sich als eine Politik der Willkür dar, die nur solange geduldet wird, als sie die Macht zu ihrer Tyrannis hat"[118].

Wissenschaftsgeschichtlich besonders interessant ist Halms Analyse der „Veränderungen der Konkurrenzformen (1929). „Die atomisierte Konkurrenz ist eine Fiktion, die als unfruchtbar abzulehnen ist. Sie eignet sich nicht zur Erfassung des normalen Wirtschaftsprozesses. ... Es wird sich zeigen, daß die großen Bindungen des Wirtschaftslebens im wesentlichen nichts anderes sind, als eine Normalisierung des Konkurrenzverhältnisses zur Anpassung der Konkurrenz an technische Daten, die ihrerseits von seiten der Wirtschaft nicht zu beeinflussen sind. Bei der modernen Zusammenschlußbewegung handelt es sich um die Weiterbildung des Konkurrenzphänomens. Der Begriff der atomisierten Konkurrenz entstammt also dem Streben, den Begriff der freien Konkurrenz, den Tatsächlichkeiten des Wirtschaftslebens zum Trotz, aufrechtzuerhalten. Und aus diesem merkwürdigen und unentwegten Festhalten am Begriff der *freien* Konkurrenz erklärt es sich auch, daß man eher geneigt ist, in der modernen Kombinationstendenz eine Entwicklung zum Sozialismus hin zu sehen, als eine ganz normale Entwicklung der Konkurrenzwirtschaft - durchaus im Sinne einer 'normalen' Gestaltung der Konkurrenzpreisbildung und durchaus *nicht* im Sinne einer Überwindung dieses Preisbildungsprozesses"[119].

Die Konkurrenz bleibt trotz aller Kombinationstendenzen (Zusammenschlüsse) der Industrie bestehen. „Nicht ihr Wesen, nur ihre Formen haben sich gewandelt. Diese sind:

"1. die Konkurrenz aller Güter um die Nachfrage: Bei einer bestimmten Intensität der persönlichen Bedürfnisse gestaltet sich der Haushaltsplan des Einzelnen und

---

118 L. v. WIESE, Konkurrenz, in: HdSt, 4. Aufl., 5. Bd., 1923, S. 830. DERS., Wettbewerb (I) Soziologische Einordnung, in: HdSW, 12. Bd., 1965, S. 28: „Aber als Grundregel wurde die Konkurrenz erst im 18. Jh. (wenn auch keineswegs ausnahmslos) von dem Zeitpunkt an aufgestellt, als die Idee der bürgerlichen Freiheit siegte. Möglichst weitgehende Einräumung von Wettbewerb erschien identisch mit persönlicher Freiheit. Man wollte Bedrückung und lähmende Abhängigkeit beseitigen. das ließ sich am ehesten dadurch bewirken, daß Hemmungen der Initiative und der Wahrnehmung des Selbstinteresses fielen"

119 EBENDA, S. 131-133.

damit die Gesamtnachfrage nach den Preisen sämtlicher Güter. Die einzelnen Produkte konkurrieren durch Preissenkung um eine möglichst große Gesamtnachfrage. Kein Monopol kann sich dieser Form der Konkurrenz entziehen;

2. die Konkurrenz mit vorhandenen Ersatzprodukten, die also noch einmal im besonderen mit dem monopolisierten Gut um den Absatz kämpfen, weil sie geeignet sind, das gleiche oder ein ähnliches Bedürfnis zu befriedigen;

3. bei monopolistischen Produktionseinschränkungen der Konkurrenzdruck der frei werdenden Produktionsmittel auf die anderen Erzeugniszweige, mit der Folge entsprechender Preissenkung;

4. die Konkurrenz der Außenseiter, wenn es, wie gewöhnlich, nicht gelingt, die ganzen Produktionskräfte einer Produktionsrichtung zusammenzufassen;

5. die Konkurrenz der neu entstehenden Produktionsanlagen bei günstigen Gewinnaussichten infolge weitgetriebener Preispolitik der monopolistischen Kombinationen;

6. die latente Konkurrenz im Inneren einer nur auf gewisse Zeit vertraglich zusammengeschlossenen Unternehmergruppe, die im gegebenen Augenblick ein Auseinanderbrechen der geeinten Tauschpartner verursachen kann.

Die Punkte 1 bis 6 gelten für ein Kartell, die Punkte 1 bis 5 für einen nicht-monopolistischen Trust, die Punkte 1 bis 4 für einen weitgehend monopolistischen Trust, die Punkte 1 bis 3 für ein echtes vollständiges Monopol"[120].

Georg Halm hat aus wissenschaftsgeschichtlicher Perspektive drei Verdienste:

1. Er wies nach, daß die „atomisierte Konkurrenz" als Modell zur Erklärung ungeeignet ist. Dem falschen Denkmuster „atomisierte Konkurrenz" folgten auch die Sozialisten/Kommunisten, die eine Abkehr von dem „Ideal" der polypolistischen Konkurrenz als eine Tendenz zum Monopol und damit zum Sozialismus interpretierten.

2. Unternehmenszusammenschlüsse und Großbetriebe sind eine „konsequente Weiterbildung der konkurrenzwirtschaftlichen Ordnungsprinzipien"[121].

3. Halm benutzte ähnliche Argumente wie später John M. Clark, auf den der Begriff „Workable Competition" (1940) zurückgeht[122]. „Der Begriff der 'wirksamen' (workable) Konkurrenz bedeutet, daß die üblicherweise als wünschenswert

---

120 EBENDA, S. 152f.

121 Ludwig von MISES, Markt, in: HdSW, 7. Bd., 1961, S. 133: „Interventionistische und sozialistische Schriftsteller behaupten, daß die von den Nationalökonomen entwickelte Markt- und Preistheorie nur für die Verhältnisse einer Wirtschaft von Klein- und Mittelbetrieben gelte". Wilhelm RÖPKE, Wettbewerb (II), Ideengeschichte und ordnungspolitische Stellung, in: HdSW, 12. Bd., 1965, S. 29ff.

122 John Maurice CLARK, Towards a Concept of Workable Competition, in: American Economic Review 30, 1940.

angesehenen Ergebnisse des unbeschränkten Wettbewerbs auch trotz mancher Beschränkungen in noch ausreichendem Maße als erreicht gelten können"[123].

Damit bereitete er den Boden für die Gestaltung der modernen Marktformen- und Preistheorie vor, die sich erstmalig in der Studie Heinrich von Stackelbergs „Marktform und Gleichgewicht" (1934) befindet[124]. Die Absicht von Stackelbergs ist darauf gerichtet, „alle denkbaren Marktformen und Marktbeziehungen systematisch zu erfassen und im Hinblick auf Preisbildung und Marktgleichgewicht zu untersuchen"[125]. Er benutzte für die Formen zwischen freier Konkurrenz und Monopol den Begriff „Oligopol"[126] und schloß sich damit der Terminologie von Edward Chamberlin[127] an.

Nach Heinrich von Stackelberg sind die Grundprinzipien der freien kapitalistischen Wirtschaft:

1. Das Prinzip des maximalen Nutzens der Konsumenten.
2. Das erwerbswirtschaftliche Prinzip für Unternehmungen besagt, daß das oberste Ziel einer kapitalistischen Unternehmung die Erlangung eines maximalen Reingewinns ist.
3. Die Freiheit der Preisbildung: Die Preise ergeben sich als Resultanten des Verhaltens der einzelnen Individuen auf den Märkten.

Die beiden ersten Prinzipien sind der „Motor", der dauernd die Handlungen der Wirtschaftsindividuen bestimmt[128].

Nach Wilhelm Röpke ist der erste große Anstoß von einer neuen und eindringlichen *Analyse des Wettbewerbs* selbst ausgegangen. „Sie hat in etwa mit dem aufsehenerregenden Aufsatz von Piero Sraffa (1926)[129] begonnen und dann in den unabhängig voneinander erschienenen, aber bei unverkennbaren Verschiedenheiten im einzelnen doch auffallend parallel vorstoßenden Werken von Edward H. Chamberlin (1933)[127] und Joan Robinson (1933)[130] Leistungen erreicht, die der weiteren Forschung Maß-

---

123 Fritz MACHLUP, Wettbewerb (III). Wirtschaftstheoretische Betrachtung, in: HdSW, 12. Bd., 1965, S. 37.

124 Hans MÖLLER, Heinrich Freiherr von Stackelberg (1905-1946), in: HdSW, 9. Bd., 1956, S. 770: „Zwei bedeutende Entwicklungslinien der Wirtschaftswissenschaft sind unlösbar mit dem Namen von Stackelberg verknüpft. ... Mit der Ableitung und dem Ausbau der neueren Marktformen- und Preistheorie, deren originäre Gestaltung und frühe Verbreitung in Deutschland (ohne direkte Rezeption der gleichzeitig im Ausland entstandenen Lehren von Chamberlin und Joan Robinson) dem Wirken von Stackelbergs zu verdanken sind".

125 Rainer WILLEKE, Marktformen, in: HdSW. 7. Bd., 1961, S. 140.

126 Heinrich von STACKELBERG, Marktform und Gleichgewicht, Wien-Berlin 1934, S. 2.

127 Edward CHAMBERLIN, The Theory of Monopolistic Competition, Cambridge (Mass.) 1933, S. 2.

128 Heinrich von STACKELBERG, Marktform, S. 5.

129 Piero SRAFFA, The Laws of Return under Competitive Conditions, in: Economic Journal 39, 1926.

130 Joan ROBINSON, Economics of Imperfect Competition, London 1933.

stab und Richtung gewiesen haben"[131]. In der Analyse wurde einerseits der Bereich der Mischformen erweitert, so daß „der Wettbewerb nur noch umso wachsamer und tatkräftiger gegen monopolistisches Sickerwasser abgedämmt werden müsse"[132]. Der Anstoß zu letzterem Problem kam aus Deutschland, „wo Franz Böhms 'Wettbewerb und Monopolkampf' (1933)[133] ein erster großer Meilenstein dieser neuen Richtung der Forschung gewesen ist, die dann vor allem durch Walter Eucken und seinen Kreis (Freiburger Schule) ihr Gepräge erhalten hat"[134].

Ansätze zu einer neuen Ordnungspolitik gingen insbesondere von Beiträgen von Walter Eucken[135] und Alexander Rüstow[136] aus, die 1932 publiziert wurden. In diesen beiden Beiträgen von 1932 sehen Ott und Winkel insbesondere die Wurzeln des Neoliberalismus, „dem bei der Ausgestaltung unserer Nachkriegs-Wirtschaftsordnung eine bedeutende Rolle zufallen sollte"[137].

Seit 1932 gab Walter Eucken die Reihe „Probleme der theoretischen Nationalökonomie" heraus[138]. Eucken war der Mittelpunkt der sogenannten Freiburger Schule, zu der unter anderen auch der Nationalökonom Leonhard Miksch sowie die Wirtschaftsjuristen Franz Böhm und Hans Großmann-Doerth zählen. Böhm, Eucken und Großmann-Doerth eröffneten 1936/37 eine Schriftenreihe mit dem programmatischen Titel „Ordnung der Wirtschaft"[139].

Leonhard Miksch (1937) zeigte auf, welche Strömungen zur Genesis der Ordnungsidee führten. „Der Historismus stellte geschichtliche Entwicklungsgesetze auf. Der Glaube an die unzerstörbare Harmonie der staatsfreien Wirtschaft wurde allmählich ersetzt durch den Glauben an eine unaufhaltsame Entwicklung zu irgendeiner Form der Planwirtschaft. Der für ein leistungsfähiges Wirtschaftsrecht unentbehrliche Ordnungsgedanke mußte dadurch zurückgedrängt werden, denn der

---

131 Wilhelm RÖPKE, Wettbewerb (II), S. 29.

132 EBENDA, S. 30.

133 Als wichtiger Vorläufer ist zu nennen: Hans GESTRICH, Liberalismus als Wirtschaftsmethode, Berlin 1930.

134 Wilhelm RÖPKE, Wettbewerb (II), S. 30.

135 Walter EUCKEN, Staatliche Strukturwandlungen und die Krisis des Kapitalismus, in: Weltwirtschaftliches Archiv, Bd. 36, 1932 II, S. 297-321.

136 Alexander RÜSTOW, Aussprache über „Deutschland und die Weltkrise", in: Schriften des Vereins für Socialpolitik, Bd. 187, 1932, S. 62-69.

137 Alfred OTT / Harald WINKEL, Geschichte der theoretischen Volkswirtschaftslehre, Göttingen 1985, S. 289.

138 Walter EUCKEN, Kapitaltheoretische Untersuchungen, Jena 1934 (=Heft 1). Friedrich LUTZ, Das Konjunkturproblem in der Nationalökonomie, Jena 1932 (=Heft 2).

139 Franz BÖHM, Die Ordnung der Wirtschaft als geschichtliche Aufgabe und rechtsschöpferische Leistung, Stuttgart-Berlin 1937 (=Heft 1). Friedrich A. LUTZ, Das Grundproblem der Geldverfassung, 1936 (= Heft 2), Hans GESTRICH, Neue Kreditpolitik, 1936 (= Heft 3). Leonhard MIKSCH, Wettbewerb als Aufgabe. Die Grundsätze der Wettbewerbsordnung, 1937 (= Heft 4).

menschliche Wille und die menschliche Vernunft wurden gleichsam zugunsten automatisch wirkender Entwicklungsgesetze entthront. So verband sich der Historismus in eigentümlicher Weise mit der leeren Hülse des Wirtschaftsliberalismus. Beide Strömungen drängten zum '*Laissez faire*'. Nun wurde die Meinung herrschend, daß der Staat es der 'freien Wirtschaft' überlassen müsse, die ihr genehme Form selbst und den historischen Gesetzen entsprechend zu finden. Der Begriff der 'Wirtschaftsfreiheit' wurde in sein Gegenteil verkehrt, er wurde zum Schlachtruf gegen den Staat, der damit vollends jede Ordnungsidee einbüßte, nur noch planlos und auf Wunsch der Interessenten eingriff und so in das Schlepptau anonymer Wirtschaftsmächte geriet[140]. Die Anhänger der Planwirtschaft zogen häufig am gleichen Strang. Sie unterschieden sich von dem Liberalismus dieser Art meist nur dadurch, daß ihnen die Zerstörung der Wettbewerbswirtschaft nicht schnell genug ging"[141]. Aus dieser Zeitdiagnose zog Miksch die Konsequenzen für die Rolle des Staates beim Aufbau einer geordneten Wirtschaftsverfassung: „Nun aber zeigt die Analyse der modernen Wirtschaft, daß der Aufbau einer geordneten Wirtschaftsverfassung im Sinne *Franz Böhms* nicht denkbar ist ohne einen starken Staat, der die einzelnen Märkte in größerer oder geringerer Freiheit organisiert und dafür sorgt, daß das Gesamtsystem seine Einheitlichkeit und Geschlossenheit nicht wieder verliert. Der - keineswegs nur aus wirtschaftlichen Gründen - *verstärkte Führungswille des Staates erfüllt also eine wettbewerbspolitische Forderung.* ... Der Fortschritt der Wirtschaftswissenschaft gibt heute das Rüstzeug für eine völlige Neugestaltung der Wettbewerbspolitik in die Hand. Zwei Punkte sind dabei wesentlich. Die Ordnung darf nicht von der Wirtschaft selbst, *sie muß vom Staate durchgeführt werden.* Um diese Aufgabe lösen zu können, muß der Staat eine Faustregel besitzen, die ihm angibt, wo die Organisation des freien Wettbewerbs, wo die der gebundenen Konkurrenz und wo die staatliche Lenkung anzuwenden ist. Diese Faustregel bietet die Theorie der Marktformen, durch die klargestellt wird, daß die freie Konkurrenz nur auf solchen Märkten funktionsfähig ist, auf denen bestimmte wirtschaftliche Bedingungen gegeben sind"[142].

Im Rahmen der Schriften der Akademie für Deutsches Recht kam 1940 in der Gruppe Wirtschaftswissenschaft als erster Band das Sammelwerk „Der gerechte Preis" heraus. Als nächste Bände folgten von Jens Jessen „Der Handel als volkswirtschaftliche Aufgabe" (1940), von Rudolf Stucken „Liquidität der Banken" (1940)

---

140   Quellenverweis im Original: A. RÜSTOW: Die staatspolitischen Voraussetzungen des wirtschaftlichen Liberalismus. Schriften des Vereins für Socialpolitik, Bd. 187. Walter EUCKEN: Staatliche Strukturwandlungen und die Krisis des Kapitalismus. Weltwirtschaftliches Archiv Bd. 36 Heft 2. Erich WELTER und die Handelsredaktion der Frankfurter Zeitung: Nachkriegskapitalismus. Frankfurt 1931.

141   Leonhard MIKSCH, Wettbewerb, S. 10.

142   EBENDA, S. 5, 20f.

und die Sammelwerke „Deutsche Geldpolitik" (1941) und „Zur Wirtschaftsgeschichte der deutschen Unternehmen" (1942).

Die Arbeitsgemeinschaft „Preispolitik" publizierte 1942 unter Leitung von G. Schmölders eine Untersuchung über den Wettbewerb als Mittel volkswirtschaftlicher Leistungssteigerung und Leistungsauslese[143]. In seinem Beitrag „Wettbewerb als Grundprinzip der Wirtschaftsverfassung" legte Walter Eucken eine schonungslose Analyse der nationalsozialistischen Kriegswirtschaftsordnung vor. „In unserer Wirtschaftsordnung dominieren eben die Elemente zentralgeleiteter Wirtschaft. ... Haben wir mit einem Weiterbestehen der heutigen Wirtschaftsordnung auch in der Nachkriegszeit zu rechnen? Die Frage ist zu verneinen. Eine völlige Umgestaltung wird eintreten müssen. Die Zentralverwaltungswirtschaft eignet sich nicht zur gesteigerten Versorgung mit Nahrung, Kleidung, Wohnung. ... Eine der vielen Schwächen der Zentralverwaltungswirtschaft besteht erfahrungsgemäß darin, daß sie die Verbindung von Bedürfnissen und Produktion sehr schlecht herstellt. ... Die heutige Wirtschaftsordnung ist keine Dauerordnung. Wenn aber diese Wirtschaftsordnung nicht dauern wird - was dann? Die übliche Antwort auf diese dritte Frage lautet: Freie Wirtschaft. ... Erst wenn *währungspolitisch* eine neue, vom heutigen Zustand wesentlich abweichende Ordnung geschaffen sein wird, können die Bindungen fallen"[144].

Eucken verblieb jedoch nicht bei der schonungslosen Analyse der nationalsozialistischen Kriegswirtschaftsordnung, sondern entwickelte Grundsätze für die Umgestaltung dieser Wirtschaftsordnung in eine Marktwirtschaft nach Kriegsende[145].

---

143 Mit Beiträgen von Prof. Dr. Dr. Jens Jessen (Berlin, z.Z. Hauptmann im Generalstab des Heeres), Dr. P. Graf Yorck von Wartenburg (Berlin, z.Z. Leutnant im Oberkommando der Wehrmacht), Prof. Dr. Walter Eucken (Freiburg i. Br.), Dozent Dr. Franz Böhm (Jena), Dr. Leonhard Miksch (Berlin), Prof. Dr. Erich Preiser (Jena, z.Z. Oberleutnant und Batteriechef des Heeres), Prof. Dr. Theodor Beste (Berlin), Prof. Dr. Max Muß (Darmstadt), Prof. Dr. Hans Peter (Tübingen), Prof. Dr. Theodor Wessels (Köln). Zu Professor Dr. Jens Jessen siehe Ralph Uhlig (Hrsg.), Vertriebene Wissenschaft der Christian-Albrechts-Universität zu Kiel (CAU) nach 1933. Zur Geschichte der CAU im Nationalsozialismus. Eine Dokumentation, bearbeitet von Uta Cornelia SCHMATZLER und Matthias WIEBEN, Frankfurt a.M. 1991, S. 39-44; Günther SCHMÖLDERS, In Memoriam Jens Jessen (1895-1944), in: *Schmollers Jahrbuch*, 69, 1948, S. 3ff.

144 In: Günther SCHMÖLDERS (Hrsg.), Der Wettbewerb als Mittel volkswirtschaftlicher Leistungssteigerung und Leistungsauslese, Berlin 1942, S. 29f., 31. Christine BLUMENBERG-LAMPE, Der Weg in die Soziale Marktwirtschaft. Referate, Protokolle, Gutachten der Arbeitsgemeinschaft Erwin von Beckerath 1943-1947. Mit einem Vorwort von Norbert Kloten, Stuttgart 1986, S. 89: G. Schmölders erwähnt in einem Schreiben vom 11. März 1943 die „Wettbewerbs-Sammelschrift". Elmar MÜLLER, Die wirtschaftspolitische Konzepte der Widerstandsbewegung gegen das NS-Regime und ihr Einfluß auf das soziale Marktwirtschaft, Frankfurt/M. 1988.

145 Heinz RIETER/Matthias SCHMOLZ, The ideas of German Ordoliberalism 1938-45: pointing the way to a new economic order, in: *The European Journal of the History of Economic Thought*, 1, 1993, S. 98ff.

Erich Welter hat die Wirkung der neoliberalen Schule exemplarisch in der biographischen Skizze Euckens zusammengefaßt: Sein „Wirken im Dienst der National-ökonomie läßt sich in dreifacher Hinsicht als 'Aufbruch' kennzeichnen: als Aufbruch zur Überwindung des Historismus, als Aufbruch zur Neubegründung der Theorie, als Aufbruch zur Neugestaltung der Wirtschaftsordnung". Sein Werk ist jedoch „nicht die Begründung einer neuen Theorie, sondern die *Neubegründung der überlieferten Theorie*"[146].

Fritz Neumark (1900-1991) charakterisiert Walter Eucken und sein Wirken so: „Im Denken und Sprechen eher nüchtern, aber sachgerecht, begann Walter Eucken in schwersten Zeiten des Deutschen Reiches, die Fundamente für das zu legen, was man etwas übertrieben als „das deutsche Wirtschaftswunder" bezeichnet hat. Er war zweifellos das geistige Haupt des sogenannten Freiburger Kreises. Seine wichtigsten Vertreter halfen durch ihre enge Verbindung mit Ludwig Erhard, dessen große Leistungen im Zeitalter des Wiederaufbaus Deutschlands theoretisch vorzubereiten bzw. zu verteidigen[147].

XI. Fazit

Die Wirtschaftspolitik der Experimente seit dem Kriege von 1914/18 ermöglichte es, wirtschaftspolitische Erfahrung in großem Umfang zu gewinnen. Seit dem Ende der 1920er Jahre wurde von jungen Nationalökonomen der Ausbau der wirtschaftspolitischen Instrumentenlehre von mehreren Ansatzpunkten vorangetrieben. „Als bedeutendstes Werk in marktwirtschaftlicher Hinsicht sind Euckens 'Grundsätze der Wirtschaftspolitik' zu nennen"[148].

Erwin von Beckerath würdigte in einer Besprechung Euckens Grundsätze: „Ebensowenig wie Euckens Wirtschaftspolitik sich mit der traditionellen Aufgabe begnügt, den staatlichen Einfluß auf die Wirtschaft zu beschreiben und Regeln abzuleiten, auf welche Weise sie gestaltet werden soll, vielmehr die Gesamtheit der formenden Kräfte in ihren Handlungsbereich einschließt, so wenig darf sie sich damit zufrieden geben, nur eine „funktionsfähige", „innerlich stabile" Ordnung aufzubauen, welche über Preise, ein passendes Geldsystem (auf dessen Wichtigkeit oft hingewiesen wird) und über die Integration individueller Wirtschaftsrechnungen auf ein Gleichgewicht hinführt; sie muß nach Eucken darüber hinaus „menschenwürdig" sein, die Persönlichkeitswerte sollen sich in ihr frei entfalten können. Indem unser Autor die

---

146 Erich WELTER, Walter Eucken (1891-1950), in: Horst Claus Recktenwald (Hrsg.), Geschichte der Politischen Ökonomie. Eine Einführung in Lebensbildern, Stuttgart 1971, S. 580, 587. Hans Otto LENEL, Walter Euckens ordnungspolitische Konzeption, die wirtschaftspolitische Lehre in der Bundesrepublik und die Wettbewerbstheorie von heute, in: *Ordo*, Bd. 26, 1975, S. 22ff.

147 Fritz NEUMARK, Deutsche Ökonomen des frühen 20. Jahrhunderts, in: Bertram Schefold (Hrsg.), Studien zur Entwicklung der ökonomischen Theorie VII, Berlin 1989, S. 138.

148 Egon TUCHTFELDT, Bausteine, S. 37.

ideale Ordnung daran erkennt, daß sie zugleich „dem Wesen des Menschen und der Sache" entspricht, also doch wohl eine Übereinstimmung zwischen der menschlichen Natur und einer der Wirtschaft immanenten Sachlogik zutiefst aufweist, bezieht er eine philosophische Position, die natürlich angegriffen werden kann. Das Buch ist aus der humanistischen Tradition Europas geschrieben und erhebt den Anspruch diese Wertwelt in einer Zeit zu konservieren, welche „durch Industrialisierung und Technik" deren geschichtliche Einzigartigkeit gleich zu Anfang hervorgehoben wird, radikal umgestaltet wurde, bisher aber noch keine stabile Ordnung finden konnte, die den durch die Umwälzung geschaffenen Lebensumständen adäquat wäre"[149].

Die historische Erfahrung zeigte, daß alle sozialistischen Zentralplanwirtschaften Diktaturen waren. „Demokratie und Sozialismus (wenn der Begriff einen Sinn haben soll) sind miteinander unvereinbar; auch Selbstbestimmung wird durch Sozialismus als ein System staatlicher Lenkung der Wirtschaft und anderer Lebensbereiche ausgeschlossen"[150]. Ähnlich argumentierte Gerhard Weiser: „Die Entscheidung für eine *prinzipiell marktwirtschaftliche Wirtschaftsordnung* beruht auf einer Entscheidung für die Freiheit"[151]. Diese Zusammenhänge sah auch Walter Eucken in der ihm eigenen Klarheit: „Mit der Gesamtentscheidung für die weitgehende Realisierung der Zentralverwaltungswirtschaft ist die Gesamtentscheidung für den Rechtsstaat nicht vereinbar"[152] und die „Gesamtordnung sollte so sein, daß sie den Menschen das Leben nach ethischen Prinzipien ermöglicht"[153].

Für die Aufgaben der Wissenschaft besaß der Ökonom nach Ansicht von Eucken eine hohe moralische Verantwortung gegenüber der Gesellschaft. Max Weber hatte die Frage der Erkenntnis der Wirklichkeit der Wissenschaft zugeordnet. Die Frage der Gestaltung sei, da normativ, nicht Sache der Wissenschaft[154].

Nach A. Voigt führt diese Haltung zu Skeptizismus und Relativismus[155]. „Wir müssen glauben, daß wir zu allgemeingültigen und in diesem Sinne wissenschaftlichen

---

149 E. v. BECKERATH, Walter Euckens Grundsätze der Wirtschaftspolitik, in: *Ordo* 1953, S. 291.

150 Hans WILLGERODT, Einigkeit und Recht und Freiheit. Zu den Ordnungsgrundlagen von Staat und Wirtschaft, in: Hermann Albeck (Hrsg.), Wirtschaftsordnung und Geldverfassung. Symposon zum 65. Geburtstag für Norbert Kloten, Göttingen 1992, S. 29. Martin KRIELE, Befreiung und politische Aufklärung. Plädoyer für die Würde des Menschen, Freiburg-Basel-Wien 1980, S. 123, 149, 175ff.

151 Gerhard WEISSER, Sozialismus (IV.), Neuere Richtungen, in: HdSW, 9. Bd., 1956, S. 517.

152 Walter EUCKEN, Grundsätze, S. 130.

153 EBENDA, S. 199.

154 Max WEBER, Wissenschaft als Beruf, 4. Aufl., Berlin 1959, S. 24, 27, 31f.

155 A. VOIGT, Volkswirtschaft und Volkswirtschaftslehre, in: HdSt, 4. Aufl., 1928, S. 847: „Die Lehre von Max Weber über die Wissenschaft und ihr Wesen und über die Relativität aller wissenschaftlichen Erkenntnis ist daher, so einleuchtend sie manchem auf den ersten Blick erscheinen mögen, mit Entschiedenheit zurückzuweisen. Sie ist ein Ausfluß der kritischen Stimmung, wie sie die zweite Periode der Entwicklung der Volkswirtschaftslehre - und anderer Wissenschaften - kennzeichnet. Sie stellt den skeptischen Höhepunkt dieser Periode dar und ist gewiß nicht mehr zu

Urteilen in Wirtschaftstheorie wie auch in Sozial- und Wirtschaftspolitik fähig sind, wenn nicht alle Wirtschaftswissenschaft sich in ein chaotisches Durcheinander von Meinungen auflösen soll, die sich alle für gleichberechtigt halten und darum, einzeln betrachtet, eigentlich alle gleich unberechtigt sind. Gerade dann wird alle Erkenntnis von der Politik abhängig, die man vor ihr und mit ihr verfolgt. Nicht Trennung von Wissenschaft und Politik, sondern nur Erkenntnis *vor* der pragmatischen Politik ist die Parole der Wissenschaftlichkeit"[156]. Auch bei Walter Eucken wird die moralische Verantwortung des Wirtschaftswissenschaftlers deutlich sichtbar: „Wenn aber das wissenschaftliche Denken sich der ordnungspolitischen Aufgabe entzieht, gibt es keine Potenz, die sie bewältigen kann. Was das bedeutet, wissen wir: Auslieferung an anarchische politische und wirtschaftliche Machtgruppen, an ihre Funktionäre und Ideologien. ... Die positivistische Wissenschaft fühlte sich politischen Mächten untergeordnet. - Im ganzen also ist die Überwindung des positivistischen Vorurteils eine wesentliche Voraussetzung dafür, daß die Wissenschaft wieder ordnende Kräfte erhält"[157].

Als Folge dieser Einsicht wurde in der Bundesrepublik Deutschland die wissenschaftliche Beratung der Wirtschaftspolitik institutionalisiert[158].

Die Otto-Friedrich-Universität Bamberg unterstützte eine vorbereitende Arbeitstagung (8./9. April 1994) zu einer Sektion des 40. Deutschen Historikertages in Leipzig (28. September bis 1. Oktober 1994) zum Thema „Wirtschaftsordnung und Wirtschaftspolitik in Deutschland 1933-1993".

Die Herausgeber danken der Otto-Friedrich-Universität Bamberg für die finanzielle Unterstützung der Arbeitstagung und den Druckkostenzuschuß.

An der Zusammenstellung des Sammelbandes war Herr Privatdozent Dr. Oskar Schwarzer, Bamberg, maßgeblich beteiligt. Er besorgte auch die Drucklegung. Die Herausgeber bedanken sich dafür.

'überbieten'. Es ist daher vor allem mit dieser sensationalistischen Kritik ein Ende zu machen, wenn die Volkswirtschaftslehre in die dritte Periode eintreten soll".

156   EBENDA, S. 788.

157   Walter EUCKEN, Grundsätze, S. 342.

158   Erwin von BECKERATH, Über den Einfluß der Wirtschaftstheorie auf die Wirtschaftspolitik, in: Richard Merton / Alfred Petersen (Hrsg.), Wissenschaft und Wirtschaft, Frankfurt/M. 1956, S. 11ff. Christine BLUMENBERG-LAMPE, Das wirtschaftspolitische Programm der „Freiburger Kreise". Entwurf einer freiheitlich-sozialen Nachkriegswirtschaft. Nationalökonomen gegen den Nationalsozialismus, Berlin 1973, S. 150-153. Elmar MÜLLER, Widerstand und Wirtschaftsordnung. Die wirtschaftspolitischen Konzepte der Widerstandsbewegung gegen das NS-Regime und ihr Einfluß auf die Soziale Marktwirtschaft, Frankfurt/M. 1988, S. 129.

Die einzelnen Beiträge des Sammelbandes sind nachfolgend gemäß den skizzierten großen Phasen der Wirtschaftsordnung und Wirtschaftspolitik in Deutschland im 20. Jahrhundert gegliedert.

Die nationalsozialistische marktlose, gelenkte Wirtschaft wurde in der Sowjetisch besetzten Zone (SBZ)/DDR zur markt- und unternehmerlosen sozialistischen Zentralplanwirtschaft nach sowjetischem Modell ausgebaut. Für die Kommunistische Partei Deutschlands war das Modell Sowjetunion seit Mitte der zwanziger Jahre maßgeblich. Nach dem Ende des Zweiten Weltkrieges realisierten die Kommunisten in der SBZ/DDR das wirtschaftsordnungspolitische Modell Sowjetunion.

In den von den westlichen Alliierten besetzten Zonen/Bundesrepublik Deutschland konnten die ordnungspolitischen Lehren aus den wirtschaftspolitischen Experimenten von 1914 bis 1948 gezogen werden. Die Voraussetzung für das ordnungspolitische Experiment Soziale Marktwirtschaft war jedoch, daß die Vereinigten Staaten schon während und nach dem Zweiten Weltkrieg die Führung übernommen und die Weichen in Richtung einer Liberalisierung der verblockten internationalen Wirtschaftsbeziehungen, vor allem zwischen den Industrieländern, gestellt hatten (Abkommen von Bretton Woods - Internationaler Währungsfonds/ Weltbank, Europäische Organisation für wirtschaftliche Zusammenarbeit [OEEC], General Agreement on Tariffs and Trade [GATT]).

Ordnungspolitische Erfahrungen aus der Sozialen Marktwirtschaft wurden auch für den europäischen Integrationsprozeß wichtig. Die heute bereits wesentliche Prägung der Lebenswelt westeuropäischer Staaten durch die gemeinschaftlich getragenen Regelsysteme der Europäischen Union und der darin enthaltene deutsche Beitrag schließt den Band ab.

Bamberg und Nürnberg im Juni 1996

Jürgen Schneider   Wolfgang Harbrecht

Jürgen Schneider

VON DER NATIONALSOZIALISTISCHEN KRIEGSWIRTSCHAFTSORDNUNG ZUR SOZIALISTISCHEN ZENTRALPLANUNG IN DER SBZ/DDR

Einleitung: Zum Forschungsansatz des Denkens in Ordnungen

I. Phasen der Wirtschaftsordnung und der Wirtschaftspolitik in Deutschland (19./20. Jh.)

II. Die Debatte um die Wirtschaftsrechnung im Sozialismus

III. Die staatlich gelenkte Wirtschaft in der nationalsozialistischen Kriegswirtschaftsordnung

IV. Die Zerstörung der Wirtschaftswissenschaften und deren Ersatz durch die Pseudo-Wissenschaft der Politischen Ökonomie des Sozialismus in der SBZ/DDR

    1.   Die sog. „revolutionäre Umgestaltung".

    2.   Zwangsliquidierung der Volks- und Betriebswirtschaftslehre und deren Substitution durch die Pseudo-Wissenschaft der Politischen Ökonomie des Sozialismus

    3.   Dogmatische Denkschablonen im Spiegel der Zeitschrift „Wirtschaftswissenschaft" (1953-1990)

    4.   Unterschiede des Kostenbegriffs in einer Marktwirtschaft und einer sozialistischen Zentralplanwirtschaft.

V. Von der nationalsozialistischen Kriegswirtschaftsordnung zur sozialistischen Zentralplanwirtschaft in der SBZ/DDR

    1.   Vereinheitlichung des Rechnungswesens: Vom Pflichtkontenrahmen (1937) zum Einheitskontenrahmen der Industrie (EKRI, 1949)

    2.   Währungsreform in den Westzonen und Geldumtausch in der SBZ

    3.   Volkseigene Betriebe

        3.1. Investitionen: Von Kontrollen und Verboten im Nationalsozialismus zum sozialistischen staatlichen Investitionsmonopol

        3.2. Kosten und Subventionen

        3.3. Erfahrungen aus der Analyse von Abschlüssen der volkseigenen Wirtschaft für das erste Halbjahr 1949

    4.   Außenwirtschaft: Von der nationalsozialistischen Devisenhandels- und Außenhandelszwangswirtschaft zum staatlich-sozialistischen Valuta- und Außenhandelsmonopol

    5.   Pseudo-Einheitsgewerkschaften: Von der nationalsozialistischen Deutschen Arbeitsfront (DAF) zum sozialistischen Freien Deutschen Gewerkschaftsbund (FDGB)

Zusammenfassung.Vergleich mit der Sozialen Marktwirtschaft der Bundesrepublik Deutschland und weiterführende Gedanken

„Die Wiener Universität stand in jenen Tagen (1901) an der Spitze der nationalökonomischen Schulen der Erde: Karl Menger, der führende nationalökomische
Theoretiker, und nach ihm seine großen Schüler Böhm-Bawerk und Wieser,
Philippovich, der Meister des objektiven Resümees, Inama-Sternegg, der erste
Wirtschaftshistoriker - das war ein einzigartiges Zusammenwirken großer Persönlichkeiten. Die Diskussion in den Seminarien waren auf hohem Niveau, da
auch unter den Studenten meines Jahrgangs ungewöhnliche Begabungen waren,
wie Schumpeter, Pribram, Mises, Otto Bauer, Lederer, Hilferding. Keiner von
ihnen sollte sein Leben in Österreich beschließen.

Der Zukunftsstaat bedeutete damals für die jungen Sozialisten das, was für die
ersten Christen das Paradies war, und darin lag die hohe Anziehungskraft für die
breiten Massen, aber auch für die Intelligenz, die der nüchterne Alltag des Friedens zu langweilen begann. Der russische Bolschewismus hat nicht, wie es die
Welt heute glaubt, den Sozialismus gestärkt; er hat das Paradies auf die Erde gebracht und dadurch Traum und Hoffnung vernichtet. Wie furchtbar muß die Enttäuschung für jene Gläubigen geworden sein, die das Paradies betreten durften.
'Das 20. Jahrhundert, dieser Traum einer neuen Ära, um die das 19. Jahrhundert
mit so hohen Hoffnungen gekämpft hatte, ist grausamer, ruchloser und zynischer
als irgendeine Periode der Vergangenheit. Unsere Epoche ist eine Epoche der
Lüge'; so schrieb später der Mann, der zur Herbeiführung des 'Zukunftsstaates'
mehr als ein anderer beigetragen hatte, Otto Bauers naher Freund, Leo Trotzkij".

(Felix Somary, Erinnungen aus meinem Leben, 3. Aufl., Zürich 1959, S. 33f.)

„Eine Versuchsperson in dem Lohhausen-Experiment, die politisch links eingestellt war, wollte in dem Simulationsspiel sozialistische Verhältnisse einführen.
Zu diesem Zwecke führte sie in der städtischen Uhrenfabrik von Lohhausen zunächst einmal die Arbeiterselbstverwaltung ein und feuerte das gesamte Management. Diese ziemlich abrupte und massive Umstellung führte zunächst einmal zu
einem ökonomischen Einbruch. Diesen konnte sich die Versuchsperson gar nicht
erklären und führte ihn prompt auf den 'bösen Willen' und die 'Sabotagetätig-
keit' der Arbeiter (!) zurück. Sie meinte dann, alles würde besser, wenn man jeden Arbeiter, der bei der Sabotage ertappt würde, sofort erschießen könnte".

(Dietrich Dörner, Die Logik des Mißlingens. Strategisches Denken in komplexen Situationen,
Reinbek 1995, S. 105)

Einleitung:
Zum Forschungsansatz des Denkens in Ordnungen

Die Komplexität historischer Erscheinungen und ihre Bewertungen führte zum Forschungsansatz des Denkens in Ordnungen, das als grundsätzliches Denken den Zugang zur Erfassung der Lebenswelt ermöglicht[1]. Mit der Bildung adäquater Begriffe und Denksysteme kann auch die Vielfalt der realisierten und der möglichen Organisationsformen gesellschaftlichen Wirtschaftens wissenschaftlich durchdrungen werden. Diesem Anliegen dienten bzw. dienen die Wirtschaftsstufentheorien der historischen Schule (Friedrich List 1841; Karl Marx 1859; Bruno Hildebrandt 1864; Gustav Schmoller 1884[2]; Karl Bücher 1914[3]; Walt W. Rostow 1960) und die Wirtschaftsstiltheorien (Heinrich Bechtel 1930; Arthur Spiethoff 1932; Alfred Müller-Armack 1940). Werner Sombart schuf mit seiner „Gestaltidee des Wirtschaftssystems" (1925) Grundlagen für eine Theorie der Wirtschaftsordnung[4].

Walter Eucken schrieb sein Hauptwerk unter dem Eindruck mehrmaliger Änderungen der Ordnungsstrukturen und deren Folgen in Europa und hat mit seinem Forschungsansatz den Zugang zur Erklärung der Abläufe eröffnet (1939). Er lehnte die Stufen- und Stilbildung („Übergroße Vereinfachung", Epochen werden in ihrer Wirtschaftsweise „monistisch" gekennzeichnet) sowie Sombarts Idee des Wirtschaftssystems („beruht auf der Entwicklungsidee des 19. Jahrhunderts") ab[5]. Euk-

---

1   Vgl. zur Analyse der Lebenswelt die Bücher von Arthur E. IMHOF: Von der unsicheren zur sicheren Lebenszeit, Darmstadt 1988; Die Lebenszeit, München 1988; Die verlorenen Welten, München 1984; Die gewonnenen Jahre, München 1981.

2   Bertold SCHEFOLD, Schmoller als Theoretiker, in: Horst Claus RECKTENWALD (Hrsg.), Vademecum zu einem Klassiker der historischen Methode in der ökonomischen Wissenschaft, Düsseldorf 1989, S. 77ff.

3   Bertold SCHEFOLD, Karl Bücher und der Historismus in der deutschen Nationalökonomie, in: N. HAMMERSTEIN (Hrsg.), Deutsche Geschichtswissenschaft um 1900, Stuttgart 1988, S. 239ff.

4   Heinz LAMPERT, Art. Wirtschaftsordnung, in: Evangelisches Staatslexikon, 3. Auflage, Bd. 2, Stuttgart 1987, Sp. 4023-4036; Hans G. SCHACHTSCHABEL (Hrsg.), Wirtschaftsstufen und Wirtschaftsordnungen, Darmstadt 1971.

5   Walter EUCKEN, Die Grundlagen der Nationalökonomie, 5. veränderte Auflage, Godesberg 1947, S. 96, 388; Friedrich A. LUTZ, Walter Eucken, in: HdSW, 3. Bd., 1961, S. 354: „Der Gedanke der *Wirtschaftsordnung* hat Eucken zu zwei weiteren wesentlichen Erkenntnissen geführt: Einmal zur Betonung der Interdependenz der verschiedenen Lebensordnungen - vor allem der zivilen Rechtsordnung, der Staatsordnung und der Wirtschaftsordnung. ... Zweitens stand natürlich seine Auffassung von der Wirtschaftsordnung, die von den Menschen gesetzt werden kann und soll, in diametralem Widerspruch zur Marxschen Auffassung von der Zwangsläufigkeit der geschichtlichen Entwicklung, einem Gedanken, mit dem er sich dann auch eingehend in seinem nachgelassenen Werk *Grundsätze der Wirtschaftspolitik* auseinandergesetzt hat". Friedrich A. LUTZ, Die Wirtschaftsordnung in neoklassischer Sicht, in: Heinz SAUERMANN / Ernst-Joachim MESTMÄCKER (Hrsg.), Wirtschaftsordnung und Staatsverfassung. Festschrift für Franz Böhm zum 80. Geburtstag, Tübingen 1975, S. 341-358; Kurt DOPFNER, Das historische Element in der ökonomischen Theorie. Ein

kens Anliegen war es, in die „wirtschaftliche Wirklichkeit einzudringen, um sie wissenschaftlich zu erfassen" (Vorwort zur ersten Auflage). Er unterscheidet zwei idealtypische Wirtschaftssysteme:

1. die zentralgeleitete Wirtschaft, in der eine einzige Stelle plant (Staat) und
2. die Marktwirtschaft, in der es viele Planträger gibt (dezentrale Planung, Haushalte und Unternehmen).

Heinz Lampert ist der Ansicht, daß die „reale Wirtschaftsordnung - Wirtschaft verstanden als der wirtschaftliche Teilbereich der Lebensordnung einer politischen Gemeinschaft - nicht in kontradiktorischen Gegensatzpaaren wie zentralgeleitete Wirtschaft - Verkehrswirtschaft, Marktwirtschaft - Planwirtschaft, Kapitalismus - Sozialismus erfaßt werden können. Eine allgemein anerkannte Systematik (i.S. eines „periodischen Systems" realer Wirtschaftsordnungen) fehlt noch"[6].

Die Wirtschaftsordnung kann definiert werden als die „Gesamtheit der für den Aufbau und Ablauf des Wirtschaftslebens geltenden Normen, Organisationsprinzipien und Institutionen und ist ein in die ganzheitliche Lebensordnung einer politischen Gemeinschaft integrierter Bereich. Die Wirtschaftsordnung wird formal gekennzeichnet u.a. durch die Art der Lenkung des Wirtschaftsprozesses („Dominanz öffentlicher oder privater Wirtschaftspläne" und Mittel der Wirtschaftspolitik), ihr materialer Gehalt i. S. der Ausrichtung auf die obersten Werte einer politischen Gemeinschaft u.a. durch die Eigentumsordnung, die Ziele der Wirtschaftspolitik und den angewandten wirtschaftspolitischen Willensbildungs- und Entscheidungsprozeß"[6].

I. Phasen der Wirtschaftsordnung und der Wirtschaftsordnungspolitik in Deutschland (19. / 20. Jh.)

Aus analytischen Gründen empfiehlt es sich, den Gesamtbereich Wirtschaft in den primären Sektor (Landwirtschaft), den sekundären Sektor (Handwerk und Industrie) und den tertiären Sektor (Handel und Dienstleistungen) aufzugliedern. Diese Art der Aufgliederung der Wirtschaft ist mit den Forschungen von Colin Clark[7], Rolf Wagenführ[8] und insbesondere Jean Fourastié[9] verbunden. Der Zentralbegriff des Foura-

---

       Thema der deutschen Nationalökonomie von Schmoller bis Eucken. in: Bertram SCHEFOLD
       (Hrsg.), Studien zur Entwicklung der ökonomischen Theorie XI, Berlin 1992, S.294ff.

6   Heinz, LAMPERT, a.a.O.; Hans Heinrich RAPP, Wirtschaftsordnung. I: Wirtschaftsverfassung und
       Reinhard BLUM, Wirtschaftsordnung II: Wirtschaftsordnungspolitik, in: HdWW, Bd. 9, Stuttgart
       1988, S. 141-155; B. Schefold und H. Peukert, Wirtschaftssysteme im historischen Vergleich: ein
       Projekt, in: Jahrbuch für Wirtschaftsgeschichte, 1992/ 1, S. 243ff.

7   Colin CLARK, The Conditions of Economic Progress, London 1940.

8   Rolf WAGENFÜHR, Die deutsche Industrie im Kriege 1939-1945, Berlin 1955; .ders., Der System-
       gedanke in der Nationalökonomie, Jena 1933.

9   Jean FOURASTIÉ, Die große Hoffnung des 20. Jahrhunderts, (Paris 1949), dt. Köln-Deutz 1954.

stié'schen Modells ist der technische Fortschritt, d.h. die durch Anwendung neuer wissenschaftlicher Erkenntnisse in der wirtschaftlichen Tätigkeit ermöglichte Verbesserung in der Produktivität.

Wenn man die Wirtschaftsordnung in den drei Sektoren am Vorabend der Industrialisierung in Deutschland (um 1800) ansieht, so war die marktwirtschaftliche Ordnung schon lange im tertiären Sektor realisiert. Hier entstanden auch die effizientesten Techniken und Institutionen: ein internationaler Zahlungs- und Verrechnungsverkehr auf den großen Messen seit dem ausgehenden 12. Jahrhundert (Champagne), doppelte Buchführung, Bilanz und Wechsel mit Diskont und Indossament (16. / 17. Jh.) [10].

Aus den großen Waren- und Wechselmessen entstand ein westeuropäisches Börsensystem mit den drei zentralen Börsen Amsterdam, London und Hamburg.[11] Es entwickelten sich zur selben Zeit Banken und seit dem 18. Jahrhundert auch der Privatbankier.[12]

Preiscourants mit Warenpreisen und Frachtraten, Wechsel- und Geldkurse ermöglichten es im Europa der frühen Neuzeit auch dem kleinen Kaufmann, am Fernhandel teilzunehmen.[13]

Im tertiären Sektor entstanden somit moderne Techniken und Institutionen. Die Industrialisierung konnte deshalb auf der in der vorindustriellen Zeit geschaffenen Infrastruktur aufbauen. Die Bedeutung von Institutionen im Modernisierungsprozeß ist besonders von dem Nobelpreisträger und Wirtschaftshistoriker Douglass C. North hervorgehoben worden.[14]

---

10   Markus A. DENZEL, „La Practica della Cambiatura". Europäischer Zahlungsverkehr vom 14. bis zum 17. Jahrhundert, Stuttgart 1994.

11   Jürgen SCHNEIDER, Zur Bedeutung von Börsen: Ein Forschungskonzept, dargestellt am Beispiel der Hamburger Börse, in: Michael NORTH (Hrsg.), Nordwesteuropa in der Weltwirtschaft 1750-1950 / Northwestern Europe in the World Economy 1750 - 1950, Stuttgart 1993, S. 245 - 256; Ders., Messen, Banken, Börsen (15. - 18. Jahrhundert), in: Banchi pubblici, banchi privati e monti di pietà nell' Europa preindustriale. Amministrazioni, tecnice e ruoli economi, I, Genova 1991, S. 133 - 169.

12   Friedrich ZELLFELDER, Das Kundennetz des Bankhauses Gebrüder Bethmann (1738 - 1816), Stuttgart 1994.

13   J. J. MCCUSKER / C. GRAVESTEIJN, The Beginnings of Commercial and Financial Journalism. The Commodity Price Currents, Exchange Rate Currents, and Money Currents of Early Modern Europe, Amsterdam 1991; Peter HÖFER, Deutsch-französische Handelsbeziehungen im 18. Jahrhundert. Die Firma Breton frères in Nantes (1763-1766), Stuttgart 1982; Markus A. DENZEL, Der Preiscourant der Firma Bourcard et Cie in Nantes (1763-1793), Stuttgart 1996 (in Vorbereitung).

14   Douglass C. NORTH, Theorie des institutionellen Wandels, Tübingen 1988.

Abb. 1: Die Entwicklung der Marktwirtschaft
vom Altertum bis zum Ende des 19. Jahrhunderts

In der gewachsenen Marktwirtschaft erprobte Institutionen und Techniken:

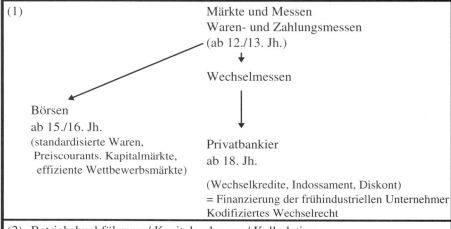

(1)   Märkte und Messen
Waren- und Zahlungsmessen
(ab 12./13. Jh.)
↓
Wechselmessen

Börsen
ab 15./16. Jh.
(standardisierte Waren,   Privatbankier
Preiscourants. Kapitalmärkte,   ab 18. Jh.
effiziente Wettbewerbsmärkte)
(Wechselkredite, Indossament, Diskont)
= Finanzierung der frühindustriellen Unternehmer
Kodifiziertes Wechselrecht

(2)   Betriebsbuchführung / Kapitalrechnung / Kalkulation
seit dem Spätmittelalter
(3)   Seedarlehen (Antike) ; Mittelalter, Finanzierung der europ. Expansion;
seit dem 17. Jh.: Seeversicherung
(4)   Entstehen der Rechtsform der Aktiengesellschaft (ab 1600)

im 19. Jahrhundert

Tertiärer Sektor	**Sekundärer Sektor**	**Primärer Sektor**
Innovationen im Transportwesen	Gewerbefreiheit ↑	'Bauernbefreiung' ↑

Institutionen und Techniken im tertiären Sektor waren seit Jahrhunderten erprobt und verbessert worden, so daß bei der einsetzenden Industrialisierung darauf aufgebaut werden konnte (Historische Lernprozesse).
Alle Änderungen des institutionellen Rahmens bis zum Ende des 19. Jahrhunderts bedeuteten, daß immer mehr Bereiche der Wirtschaft dem Wettbewerb ausgesetzt wurden.
Die Folge war ein breiter Produktivitätsanstieg.

Die großen Fortschritte und die damit verbundene hohe wirtschaftliche Effizienz im tertiären Sektor führten vor allem bei Adam Smith dazu, daß er die marktwirtschaftliche Ordnung des tertiären Sektors als Modell für die Landwirtschaft und die Industrie nahm.[15] Mit den radikalen Reformen in den deutschen Ländern in der ersten Hälfte des 19. Jahrhunderts wurde die Marktwirtschaft schrittweise auch auf die Landwirtschaft („Bauernbefreiung") und die Industrie („Gewerbefreiheit") übertragen[16]. Die Beseitigung der Hemmnisse (Grund- und Gutsherrschaft, Zunft, Kollektiveigentum) fungierte als Katalysator für den einsetzenden Industrialisierungsprozeß. „In der Zeit des Liberalismus im 19. Jahrhundert mit einer Grundeinstellung für wirtschaftliche Freiheit lagen die rechtlichen Grundlagen der wirtschaftlichen Vorgänge überwiegend im Gebiet der Privatrechtsordnung, die ihnen durch den Grundsatz der Privatautonomie und die private Disposition über Eigentum und Unternehmensform eine Grundlage freier Gestaltung bot. Demgegenüber trat die staatliche Einwirkung nur als Ordnungsfaktor (Gewerberecht) und in bestimmten Materien als Aufsicht (Bankwesen, Versicherung) mit geringer Bedeutung in Erscheinung. ... Das Zeitalter vorkonstitutioneller Beamtenverwaltung schuf insofern auch wichtige Voraussetzungen der liberalen Wirtschaft, als es im wirtschaftlichen Felde die formelle Rechtsgleichheit der Bürger, die Formung eines einheitlichen, am städtischen Verkehr orientierten Eigentumsbegriffes und die Freigabe der Privatautonomie im bürgerlich-kommerziellen Felde bereits verwirklichte. Die Revolution von 1848 bedeutete in dieser Hinsicht einen wichtigen Schritt. Ältere wirtschaftliche Bindungen und Vorrechte wurden dabei, zuweilen nicht ohne Härte und meist ohne Entschädigung, aufgehoben. Die liberale Wirtschaftsordnung, die hier unter Absehung von historischen Einzelheiten, in idealtypischer Form vorgenommen wird, ruhte auf folgenden Grundlagen:

---

15 Joachim STARBATTY, Die englischen Klassiker der Nationalökonomie. Lehre und Wirkung, Darmstadt 1985.

16 Reinhard KOSELLECK, Preußen zwischen Reform und Restauration, 2. Aufl., Stuttgart 1975; Walter ACHILLES, Deutsche Agrargeschichte im Zeitalter der Reformen und der Industrialisierung, Stuttgart 1993; A. KÖTTGEN, Gewerbegesetzgebung, in: Handwörterbuch der Staatswissenschaften, 4. Aufl., 4. Bd., Jena 1927, S. 1000-1054; Egon TUCHTFELDT, Gewerbefreiheit, in: Handwörterbuch der Wirtschaftswissenschaft (HdWW), 3. Bd., 1988, S. 611-617; Ilja MIECK, Preußische Gewerbepolitik in Berlin 1806-44, Berlin 1965; Barbara VOGEL, Allgemeine Gewerbefreiheit, Göttingen 1983; Edgar FEICHTNER, Die Bauernbefreiung in Niederbayern. Die Änderung der ländlichen Wirtschafts- und Sozialstruktur in Bayern durch die Reformierung der Agrarverfassung in der ersten Hälfte des 19. Jahrunderts, Stuttgart 1993.

a) Das wirtschaftliche Leben war nach dem Prinzip des Freiheit in der wirtschaftlichen Verfügung und Betätigung des Einzelnen aufgebaut. Es fand seine rechtliche Gestalt zu allererst in der Privatrechtsordnung.

b) Es gründete sich auf eine Basis bürgerlicher Freiheiten: Vertragsfreiheit, Eigentum und Gewerbefreiheit[17].

c) Die Steuerung der Wirtschaft war der Privatautonomie und dem aus dem Eigentum fließenden Dispositionsrecht des Unternehmers überlassen. Man vertraute hier auf die dem System innewohnende Selbststeuerung. Nicht zu übersehen ist freilich, daß dem liberalen Denken noch ein an klassischen Bildern (Kant) ausgerichtetes humanes Menschenbild der Mäßigung und Verantwortung zugrundelag.

d) Dem Staat fiel in diesem Rahmen nur eine Aufgabe der polizeilichen Ordnung zu. Das Gewerberecht, in dem sich die öffentlich-rechtliche Seite der Wirtschaft sammelte, war wesentlich polizeilicher Natur."[18]

Bis zur Mitte des 19. Jahrhunderts bestimmten Massenarmut und Hungerkrisen weite Teile der abendländischen Geschichte. Als sich nach 1850 die Industrialisierung immer stärker durchsetzte, gelang es, Massenarmut und Hungerkrisen zu überwinden[19]. Bis zum Ersten Weltkrieg stieg die Produktivität in der Landwirtschaft[20] und in der Industrie[21]. Gleichzeitig erhöhten sich die Realeinkommen von breiten Schichten der Bevölkerung bei einem raschen Bevölkerungsanstieg[22]. „Es wuchs die Einsicht, daß die „freie Marktwirtschaft" zumindest einer Ergänzung durch eine den gesellschaftlichen Normen Rechnung tragende soziale Ordnung bedarf. So entstand gegen Ende des 19. Jahrhunderts insbesondere in Deutschland die „Socialpolitik" als Wirtschaftsordnungspolitik zur Gestaltung der sozialen Bedingungen, unter denen gewirtschaftet wird (sozialer Liberalismus). Für diese Einsicht ist sicher nicht unerheblich der Anstoß gewesen, den Karl Marx mit seiner Analyse der Auswirkungen marktwirtschaftlicher Prinzipien unter den durch die industrielle Revolution geschaffenen Bedingungen (Kapitalismus) gab sowie seine daraus gefolgerten Vorstellun-

---

17   V. Landmann, Arbeiterschutzgesetzgebung (Deutschland), in: HdSt, 3. Aufl., 1. Bd., Jena 1909, S. 539ff.: Vom preußischen Landrecht (Ende des 18. Jhs.) zum Regulativ von 1839, zur Gewerbeordnung von 1945 und zur Gewerbeordnung für den Norddeutschen Bund 1969.

18   Ulrich SCHEUNER, Einführung, in: Ulrich Scheuner (Hrsg.), Die Staatliche Einwirkung auf die Wirtschaft, Frankfurt a.m. 1971, S. 9, 15.

19   Wilhelm ABEL, Massenarmut und Hungerkrisen im vorindustriellen Deutschland, Göttingen 1972.

20   Eberhard BITTERMANN, Die landwirtschaftliche Produktion in Deutschland 1800-1950, Diss. Halle-Wittenberg 1954.

21   Doris ANDRÉ, Indikatoren des technischen Fortschritts. Eine Analyse der Wirtschaftsentwicklung in Deutschland von 1850 bis 1913, Göttingen 1971.

22   Rainer GÖMMEL, Realeinkommen in Deutschland. Ein internationaler Vergleich (1810-1914), Nürnberg 1979.

gen über die ordnungspolitische Alternative einer - insbesondere von materieller Not - freien Gesellschaft (Marxismus, Kommunismus, Sozialismus)."[23]

Abb. 2: Phasen der Wirtschaftsordnung und der Wirtschaftsordnungspolitik in Deutschland im 19. Jahrhundert

Wirtschaftsordnung ist die Gesamtheit der für den organisatorischen Aufbau und den Ablauf der Volkswirtschaft geltenden Regeln sowie der wirtschaftlichen und der wirtschaftsgestaltenden Institutionen.

Technischer Fortschritt: die durch Anwendung neuer wissenschaftlicher Erkenntnisse in der wirtschaftlichen Tätigkeit ermöglichte Verbesserung zwischen Aufwand und Ertrag.

	Primärsektor Landwirtschaft	**Sekundärsektor** Handwerk / Industrie	**Tertiärsektor** Handel/Dienst- leistungen
Vor den Stein-Harden-berg'schen Reformen (Allmende: Kollektiv-eigentum)	Grund- und Guts-herrschaft (= Obereigentümer)	Zunft; Einzelferti-gung für Kunden; Privateigentum	Marktwirtschaft, Privateigentum
Stein-Hardenberg'sche Reformen (=Überführung des Primär- und Sekundär-sektors in die Markt-wirtschaft)	Bauernbefreiung (1750-1850) = Überführung der Bauern in die Marktwirtschaft Privateigentum	Gewerbefreiheit (Marktwirtschaft) Privateigentum	Marktwirtschaft Privateigentum
19. Jh.: Gewachsene Marktwirtschaft mit mäßigen Staatsinter-ventionen	Marktwirtschaft (Getreidezölle)	Marktwirtschaft (Eisenzölle)	Marktwirtschaft (Goldwährung)

Fazit: Wirtschaftliche Effizienz, Innovation, d.h. technischer Fortschritt und Wohlstand sind sehr hoch in Marktwirtschaften mit starken Eigentumsrechten und der Herrschaft von Recht.

Walter Eucken sieht eine historische Tatsache von großer Bedeutung darin, „daß die Massen der Arbeiter und Angestellten, die gerade mit der Entwicklung des Kapitalismus entstanden sind, sich gegen den Kapitalismus wenden und in diesem Kampf den Staat, auf den sie Einfluß gewinnen, benützen. Die Gründe für die antikapitalistische Haltung der Massen können bekanntlich nicht in einer Verschlechterung ihrer

---

23 Reinhard BLUM, Wirtschaftsordnung, S. 150.

Lebenshaltung durch den Kapitalismus gesucht werden, denn ganz im Gegenteil ist ihre Lebenshaltung in den kapitalistischen Ländern stärker verbessert worden als jemals früher in der Geschichte; ebensowenig sind sie in einer fortwährenden Verschärfung der Gegensätze von Reichtum und Armut zu finden, denn eine solche Verschärfung ist während der Existenz des Kapitalismus - wie Pareto unwiderlegt gezeigt hat - nicht erfolgt. Die Wendung der Massen gegen den Kapitalismus ist vielmehr ein Phänomen, das nur aus der seelischen Lage des modernen Menschen (Zusammenbruch der überkommenen Lebensordnung) und aus der Gesamtheit der geistigen, politischen und wirtschaftlichen Bewegungen der neuesten Zeit in ihrer Wechselwirkung aufeinander verstanden werden kann."[24]

Im ersten Weltkrieg änderte sich das Verhalten des Staates zur Privatwirtschaft grundlegend: Der Staat intervenierte tiefgreifend, um die Rüstungswirtschaft zu forcieren[25].

Eine ähnliche Strukturierung der verschiedenen Phasen der Wirtschaftsordnung und der Wirtschaftsordnungspolitik nahm Franz Böhm 1946 vor: „Im ersten Weltkrieg und dann wieder 1936 ist die deutsche Wirtschaft - zuerst in bescheidenem, später in breitestem Umfang *vom Staat* auf Grund eines zentralen Planes gesteuert worden. Im Jahrhundert vor dem ersten Weltkrieg und später wieder in den Jahren zwischen 1923 und 1936 existierte dagegen überhaupt kein die Wirtschaft im ganzen steuernder Plan und auch kein Wille, der einen solchen Plan aufgestellt und vollzogen hätte. Während dieser ganzen Zeiträme wurde die Wirtschaft durch das *Preissystem* gesteuert. D.h. - juristisch gesprochen - nicht durch einen Plan, sondern durch ein *Verfahren*. Es gab nicht einen übergeordneten, einheitlichen und umfassenden Plan, wohl aber gab es zahllose *Teil-Wirtschaftspläne* und zwar die Wirtschaftspläne von Millionen von Haushalten und Hunderttausenden von Betrieben. Diese Wirtschafts-

---

24   Walter EUCKEN, Staatliche Strukturwandlungen und die Krisis des Kapitalismus, in: Weltwirtschaftliches Archiv, 36. Bd., 1932, II, S. 305; siehe dazu Alfred MÜLLER-ARMACK, Religion und Wirtschaft - Geisteswissenschaftliche Hintergründe unserer europäischen Lebensform, Stuttgart 1959; Ders., Das Jahrhundert ohne Gott. Zur Kultursoziologie unserer Zeit, Münster 1948.

25   Ludwig MISES, Kritik des Interventionismus. Untersuchungen zur Wirtschaftspolitik und Wirtschaftsideologie der Gegenwart, Jena 1929, Vorwort: „Nahezu allen Schriftstellern (sic!), die sich mit den Problemen der Wirtschaftspolitik befassen, und nahezu allen Staatsmännern und Parteiführern schwebt als Ideal ein System vor, das, wie sie glauben, weder kapitalistisch noch sozialistisch, weder Sondereigentum (= Privateigentum) an den Produktionsmitteln noch Gemeineigentum an den Produktionsmitteln ist: ein System des durch Eingriffe der Regierung und anderer gesellschaftlicher Zwangsmächte (z.B. der Gewerkschaften) beschränkten, geregelten und gesetzlichen Sondereigentums. Die Wirtschaftspolitik, die diesem Ideal zustrebt, nennen wir *Interventionismus*, das System selbst die *Gebundene Wirtschaft*. In der Bejahung dieses Programms begegnen sich Moskau und der Faszismus, stimmen die christlichen Kirchen und Sekten aller Spielarten untereinander und mit den Mohammedanern Angoras und Indiens, mit Hindus, Buddhisten und Anhängern der anderen asiatischen Kultgemeinschaften überein".

pläne waren einander nicht subordiniert, sondern koordiniert; sie spielten sich aufeinander ein durch die Vermittlung des Preissystems, das seinerseits wieder das Ergebnis eines Teils von der Rechtsordnung vorgesehenen, teils rein faktisch beobachteten Verfahrens war".[26]

Abb. 3: Phasen der Wirtschaftsordnung und der Wirtschaftsordnungspolitik in Deutschland im 20. Jahrhundert

1914 - 1918	Staatliche Preispolitik, Höchstpreise, Vorschriften; Instrumentalisierung der Privatwirtschaft für den Krieg. Starke Einschränkung der Verfügungsrechte (Property Rights)		
1918 - 1933	Wirtschaftspolitische Experimente; 2. Nov. 1923: Verordnung gegen Mißbrauch wirtschaftlicher Machtstellungen (Kartellverordnung); im Gefolge der Weltwirtschaftskrise Notverordnungen; Problem: Verhältnis Staat - Wirtschaft		
1933 - 1945	Außerkraftsetzung des Preismechanismus und staatliche Lenkung; Primat der Politik; de iure Privateigentum, faktisch verfügt Staat über Produktionsmittel und bestimmt, was produziert wird.		
	Primärsektor	**Sekundärsektor**	**Tertiärsektor**
	Reichsnährstand, Anbauquoten, Preise, Qualitätsstufen und Gewinnspannen werden festgesetzt. 28.8.1939: Einführung von Lebensmittelmarken	Reichsgruppe Industrie	Devisenzwangswirtschaft, Außenhandelszwangswirtschaft; Reichsgesetz für das Kreditwesen vom 5. Dez. 1934 (KWG)
	Lohn- und Preisstop		

Ab 1948

Westzonen / BRD	Sowjetzone / DDR
Liquidierung der „gelenkten Wirtschaft" (Kriegswirtschaft) in Richtung Soziale Marktwirtschaft. Liberalisierung, d.h. Befreiung des zwischenstaatlichen Warenverkehrs von mengenmäßiger Beschränkung. Jan. 1948: Institutionalisierung der wissenschaftlichen Politikberatung – Wissenschaftlicher Beirat	„Kriegswirtschaftsordnung" günstige Voraussetzung für die Zentralplanwirtschaft sowjetischen Typs. Zerstörung der Institutionen („revolutionäre Umgestaltung"). Kein oder nur geringer technischer Fortschritt, geringe Effizienz, geringer Wohlstand (max. 25% der BRD).

---

26 Franz BÖHM, Die Bedeutung der Wirtschaftsordnung für die politische Verfassung, in: Süddeutsche Juristenzeitung, 1946, S. 141-149. Wiederabdruck in: Ulrich SCHEUNER (Hrsg.), Die staatliche Einwirkung auf die Wirtschaft, Frankfurt a.M. 1971, S. 93.

Den Friedensverträgen von Versailles fehlten hingegen alle ordnenden Prinzipien.
„Nicht also der Krieg ist - wie oft irreführend behauptet wird - für die Zerrüttung der
außenpolitischen Beziehungen verantwortlich, sondern die Fehlkonstruktion der
Friedensverträge, deren Aufgabe es war, ihn zu beenden und wieder ein neues, aus-
geglichenes Staatensystem aufzurichten. ... Durch das Hereinschleppen zahlreicher
Kriegsreste in den „Frieden" und durch die Zerstörung der außenpolitischen Stabilität ist nun aber die notwendige politische Grundlage der weltwirtschaftlichen Beziehungen aufs schwerste erschüttert."[27]
Die Kriegswirtschaftsordnung, die Oktoberrevolution in Rußland 1917 und der erste
Fünfjahresplan in der Sowjetunion (1928-1933) führten zu einer Debatte darüber, ob
eine Gemeinwirtschaft und eine sozialistische Zentralplanwirtschaft wirtschaftlich
möglich seien.[28] Die Debatte über die Wirtschaftsrechnung im Sozialismus ist auch
noch heute von großer Bedeutung, denn es wurden in dieser theoretischen Auseinandersetzung alle Punkte wissenschaftlich herausgearbeitet, die letztendlich zum
Zerfall der sozialistischen zentralgeplanten Wirtschaften führten.

II. Die Debatte um die Wirtschaftsrechnung im Sozialismus[29]

Bereits 1908 hatte Enrico Barone (1859-1924) in einem Aufsatz aufgezeigt, daß die
Gleichgewichtsbedingungen der vollständigen Konkurrenz und der sozialistischen
Wirtschaft - eine Produktion zu minimalen Kosten vorausgesetzt - identisch sind.
„Barones Ziel war es - im Gegensatz zu manchen Behauptungen -, die vielfach uto-
pischen Thesen der zeitgenössischen Sozialisten ad absurdum zu führen und die
Problematik der sozialistischen Wirtschaftsrechnung an Hand klarer Modelle aufzu-
zeigen"[30].
Unter dem Eindruck der deutschen und österreichischen Kriegswirtschaft sowie des
Zusammenbruchs der russischen Wirtschaft unter Lenin und Trotzki publizierte
1920 Ludwig v. Mises (geb. 1881 Lwów, gest. 1973 New York) die Studie „Die
Wirtschaftsrechnung im sozialistischen Gemeinwesen".[31] Mises wies nach, daß eine

---

27   Walter EUCKEN, Staatliche Strukturwandlungen, S. 313.

28   Zur Diskussion um die Wirtschaftsordnung siehe Friedrich ZUNKEL, Industrie und Staatssozialis-
     mus. Der Kampf um die Wirtschaftsordnung in Deutschland 1914 - 1918, Düsseldorf 1974; Hans
     Gotthard EHLERT, Die wirtschaftliche Zentralbehörde des Deutschen Reiches 1914 - 1919. Das
     Problem der „Gemeinwirtschaft" in Krieg und Frieden, Stuttgart 1982, S. 225ff..

29   Grundsätzlich Gisbert RITTIG, Wirtschaftsrechnung, in: HdSW, 12. Bd., 1965, S. 238-247; N.G.
     PIERSON hatte schon 1902 in einer Studie (De Economist, 41. Jg., 's Gravenhage, S. 423-456) auf
     die theoretischen Probleme der Wirtschaftsführung in einem sozialistischen Gemeinwesen hinge-
     wiesen. Dt. Übersetzung unter dem Titel „Das Wertproblem in der sozialistischen Gesellschaft", in:
     Zeitschrift für Volkswirtschaft und Sozialpolitik, 1924, S. 607-639 (übersetzt von F.A. Hayek).

30   Norbert KLOTEN, Enrico Barone, in: HdSW, 1. Bd., 1956, S. 634f.

31   *Archiv für Sozialwissenschaft und Sozialpolitik*, Bd. 47, 1920; Ders., Neue Beiträge zum Problem
     der sozialistischen Wirtschaftsrechnung, in: *Archiv für Sozialwissenschaft und Sozialpolitik*, Bd.

Wirtschaftsrechnung im Sozialismus unmöglich sei, und zwar mit folgender Argumentationskette: Im Sozialismus existiere kein Privateigentum an Produktionsmitteln. Deshalb könne es auch keine Märkte für die Produktionsfaktoren Boden, Arbeit und Kapital geben. Die Preise für die Produktionsfaktoren bilden sich deshalb nicht mehr durch Angebot und Nachfrage. Wenn es keine Preise für die Produktionsfaktoren gebe, dann sei auch keine Kostenrechnung und damit keine Wirtschaftsrechnung möglich.

Abb. 4: Marktwirtschaftliche Wirtschaftsordnung

Da eine Wirtschaftsrechnung im Sozialismus unmöglich sei, seien die Ergebnisse des Wirtschaftens zufällig und willkürlich, keinesfalls aber effizient und optimal. Es würden daher zwangsläufig falsche Produktionsmethoden und Produkte beibehalten oder eingeführt, ökonomisch falsche Investitionsentscheidungen gefällt (Kapitalfehllenkung), falsche Preisrelationen bei Investitions- und Konsumgütern, Löhnen etc. festgelegt, da keine funktionierenden Märkte existieren. Die relative Knappheit der Ressourcen könne nicht gemessen werden, der archimedische Punkt sei verloren gegangen. Damit existiere kein rationales Kriterium für Entscheidungen in einer sozialistischen Planwirtschaft

Ludwig v. Mises prognostizierte der sozialistischen Wirtschaft:

„Ohne Wirtschaftsrechnung keine Wirtschaft. Im sozialistischen Gemeinwesen kann es, da die Durchführung der Wirtschaftsrechnung unmöglich ist, überhaupt keine Wirtschaft in unserem Sinne geben. ... Doch an die Stelle der anarchischen (=marktwirtschaftlichen) Produktionsweise wird das nutzlose Gebaren eines zweckwidrigen Apparates getreten sein. Die Räder werden sich drehen, doch sie werden leer laufen. ... Dann aber haben wir eine sozialistische Wirtschaftsordnung vor uns, die im Ozean der möglichen und denkbaren Wirtschaftskombinationen ohne die Bussole [Kompaß, J.S.] der Wirtschaftsrechnung planlos umherfährt.

60, 1928; Ders., Die Gemeinwirtschaft, 1922, 2. Aufl. 1932; Ders., Human Action, 1949. Siehe dazu Karl Paul HENSEL, Einführung in die Theorie der Zentralverwaltungswirtschaft. Eine vergleichende Untersuchung idealtypischer Lenkungssysteme an Hand des Problems der Wirtschaftsrechnung, 2. Aufl., Stuttgart 1959, S. 213ff.

Jede wirtschaftliche Veränderung wird so im sozialistischen Gemeinwesen zu einem Unternehmen, dessen Erfolg weder im vorhinein abgeschätzt noch auch später rückschauend festgestellt werden kann. Alles tappt hier im Dunkeln. Sozialismus ist die Aufhebung der Rationalität der Wirtschaft"[32].

Damit war das wohl bedeutendste grundsätzliche Problem einer sozialistischen Wirtschaft wissenschaftlich herausgearbeitet: Eine sozialistische Wirtschaft kann prinzipiell nicht effizient und optimal arbeiten, weil eine Wirtschaftsrechnung unmöglich ist. Alle ökonomischen Entscheidungen in einer sozialistischen Zentralplanwirtschaft sind willkürlich. Auch Karl C. Thalheim bestätigt diesen Sachverhalt: „Eine derartig manipulierte Preisbildung hat - zusammen mit der sich aus den dogmatischen Grundlagen dieses Wirtschaftssystems ergebenden Nichtberücksichtigung des Zinses als Kalkulationsfaktor - den entscheidenden Nachteil, daß sie keine Grundlage für eine exakte Wirtschaftsrechnung liefert (ein Problem, das seit <u>Barone</u> und <u>Max Weber</u> in der westlichen Wirtschaftswissenschaft immer wieder erörtert worden ist!)"[33].

Die Diskussion wurde in den zwanziger Jahren unter besonderer Beachtung der wirtschaftspolitischen Experimente in Rußland fortgeführt[34], und erreichte in der Kontroverse zwischen Ludwig Mises und F. A. Hayek einerseits und Oskar Richard Lange andererseits in den dreißiger Jahren einen Höhepunkt.[35] 1932 verfaßte Kläre Tisch eine Dissertation zum Thema „Wirtschaftsrechnung und Verteilung im zentralistisch organisierten Gemeinwesen" (Diss. Bonn 1932) auf Anregung und unter geistiger Leitung von Joseph A. Schumpeter. Tischs Studie gehört in den Bereich der Gleichgewichtsanalyse unter den Bedingungen vollkommener Konkurrenz. „Nun hat uns aber die mathematische Nationalökonomie exakte Methoden dafür gegeben, wie man ohne Zuhilfenahme des Marktes und des Marktkampfes die Gleichgewichtspreise der Produktionsmittel und die dazugehörigen Mengen bestimmen

---

32   Ludwig MISES, Die Gemeinwirtschaft. Untersuchungen über den Sozialismus, Jena ²1932, S. 98f, 101.

33   Karl C. THALHEIM, Volkswirtschaftsplanung (DDR), in: Handwörterbuch der Betriebswirtschaft, 3. Aufl., Bd. IV, Stuttgart 1962, S. 6088.

34   Georg HALM, Ist der Sozialismus möglich?, Berlin 1929; Ders., Wirtschaftssysteme. Eine vergleichende Darstellung, Berlin 1960; Boris BRUTZKUS, Die Lehren des Marxismus im Lichte der russischen Revolution, Berlin 1928; Ders., Der Fünfjahresplan und seine Erfüllung, Leipzig 1932; Ders., Economic Planning in Soviet Russia, London 1935.

35   Friedrich A. HAYEK (Hrsg.), Collective Economic Planning. Critical Studies on the Possibilities of Socialism (Beiträge von E. Barone, G. Halm, F.A. Hayek, L. von Mises und N.G. Pierson), London 1935; vgl. auch Manfred GANGL, Politische Ökonomie und Kritische Theorie. Ein Beitrag zur Entwicklung der Frankfurter Schule, Frankfurt/New York 1987, S. 168: Friedrich Pollock sah nach den Arbeitsbeschaffungsmaßnahmen im Gefolge der Weltwirtschaftskrise in den USA (New Deal) und unter dem Nationalsozialismus nach 1933 eine „neue Qualität und Phase des Kapitalismus und die Möglichkeit seiner dauerhaften Stabilisierung".

kann, wenn einem nur bestimmte Daten bekannt sind und man die Bedingungen des Gleichgewichts (Preis=Kosten, Angebot=Nachfrage) berücksichtigt. Solche Methoden sind z.b. die von Walras, Pareto, Schumpeter und besonders die schon im Hinblick auf einen sozialistischen Staat durchgeführte von Barone. Wir wollen hier eine andere, einfachere Methode vorführen, nämlich die auf die Walras'sche zurückgehende, diese aber vereinfachende Methode von Cassel (Theoretische Sozialökonomie, 2.Aufl., Leipzig 1921), wobei wir allerdings auch ein wenig ausführlicher auf die Casselsche Theorie eingehen müssen."[36]. Schumpeter wies in seiner „Geschichte der ökonomischen Analyse" (2. Teilband, Göttingen 1965) im Kapitel Gleichgewichtsanalyse auf die „formale Ähnlichkeit zwischen einer sozialistischen Ordnung und der Ordnung, die in einer kapitalistischen Gesellschaft mit vollkommenem Wettbewerb herrschen würde hin (Pareto, Barone). ... die reine Theorie des Sozialismus bewegt sich, ebenso wie die reine Theorie der Konkurrenzwirtschaft, auf einem hohen Abstraktionsniveau und beweist hinsichtlich der praktischen Durchführbarkeit des Systems viel weniger, als der Laie (und manchmal auch der Theoretiker) glaubt. ... Denn es ist durchaus möglich, dies Resultat zu akzeptieren und dennoch den Standpunkt zu vertreten, daß der sozialistische Plan infolge administrativer Schwierigkeiten oder infolge irgendeines anderen von unzähligen Gründen „praktisch undurchführbar in dem Sinne ist, daß von ihm nicht erwartet werden kann, daß er mit einer Effizienz funktioniert, die der kapitalistischen Gesellschaft vergleichbar ist, wie sie im Index der Gesamtausbringung zum Ausdruck kommt" (S. 1202f.).

Herbert Zassenhaus machte 1934 die Prämissen des Baroneschen Modells nochmals explizit.[37] Das Modell von Barone gehört zur statischen Theorie, d.h. „wir haben angenommen, daß die Daten des Systems bekannt sind und sich während der Beobachtungszeit nicht ändern - auch dadurch nicht, daß das System sich gegen das Gleichgewicht hin bewegt. ... So liegt z.B. beim Produktionsministerium „eine alle Mengen aller Konsumgüter umfassende Bewertungsskala vor, gegebene Technik, statische Verhältnisse. ... Die Frage der Realisierbarkeit der Planwirtschaft bleibt also hier ganz unerörtert ... Dem Produktionsministerium fallen als dem Erben der Unternehmer all die Schwierigkeiten zu, mit denen diese zu rechnen hatten"[38].

---

36   Kläre TISCH, Wirtschaftsrechnung und Verteilung im zentralistisch organisierten sozialistischen Gemeinwesen, Diss., Bonn 1932, S.24; Wilhelm KROMPHARDT, Gustav Cassel, in: HdSW, Bd.2, 1959, S.476 „Cassels Wirtschaftstheorie steht ganz auf Léon Walras' Schultern".

37   Enrico BARONE, Il Ministro della Produzione nello stato collectivista, in: Giornale degli Economisti 1908; Vilfredo PARETO, Cours d'économie politique, vol. II, Lausanne 1897, S. 364ff.

38   Herbert ZASSENHAUS, Über die ökonomische Theorie der Planwirtschaft, in: Zeitschrift für Nationalökonomie, Bd. V, 1934, S. 508, 515f., 531. Zu Zassenhaus siehe Harald Hagemann / Claus-Dieter Krohn, Die Emigration deutschsprachiger Wirtschaftswissenschaftler nach 1933. Biographische Gesamtübersicht unter Mitarbeit von Hans Ulrich Eßlinger, Hohenheim 1995, S. 313.

Auch Heinrich von Stackelberg beteiligte sich an der Diskussion über eine rationelle Planwirtschaft: „Es ist mithin unmöglich, die Produktionsmittel richtig zu bewerten, wenn man kein Verfahren besitzt, um sämtliche Grenzerträge sämtlicher Produktonsmittel auf allen Produktionsstufen und in allen Verwendungsrichtungen zu kennen. Die Grenzerträge sind gleichsam die gesamtwirtschaftlichen Kalkulationsgrößen. Diese Erkenntnis der Wirtschaftstheorie ist in unserem Zusammenhang von fundamentaler Bedeutung. ... die Grenzertragszurechnung ist unumgänglich notwendig, sofern man auf eine rationelle Wirtschaftsgestaltung Anspruch erhebt. ... In einem hochindustrialisierten Wirtschaftssystem, das differenzierte Bedürfnisse zu befriedigen hat, dürfte eine rationelle Planwirtschaft als Dauererscheinung unvorstellbar sein. Genauer: Sie würde eine differenzierte Bedarfsdeckung im Wege hochentwickelter Technik und bei gleichbleibender Wahrung des wirtschaftlichen Prinzips ausschließen."[39]

Der nordamerikanische Wissenschaftler Don Lavoie zog 1985 eine Bilanz der Diskussionen um die Wirtschaftsrechnung im Sozialismus[40]:

1. Langes Modell (statische wirtschaftliche Bedingungen) konstituiert keine Antwort auf das Hayek / Robbins Argument.
2. Im Verlauf der Diskussion kam es zu zwei Rückzügen der Planungsbefürworter, und zwar vom Marxistischen Sozialismus zur mathematischen Lösung und dann zur Wettbewerbslösung (Konkurrenzsozialismus).

Don Lavoie wies nach, daß die von den Befürwortern der sozialistischen Zentralplanung gemachten Einwände immer eine **stationäre Wirtschaft als Basis** beibehielten, d. h. der technische Fortschritt wurde ausgeblendet, und der Leiter in einer stationären Wirtschaft ist ein Routinier.

> „According to Mises, a rational economic calculator (say, the manager of an industrial plant) who wishes to choose the most efficient means to achieve given ends must compare alternative courses of action for cost effectiveness. To do this, he needs an array of prices (e. g. of raw materials, or machinery) set by **others**. If **one** agency set **all** prices, it could have no rational basis to choose between alternative courses of action."[41]

Sowohl Hayek als auch Robbins wiesen die Idee, das gesamte Wissen über den technischen Fortschritt in einem Produktionsministerium zu zentralisieren, zurück.

---

39 Heinrich von STACKELBERG, Theorie und Systematik der Wirtschaftslenkung (Vortrag vom 21./22. März 1943), in: Christine BLUMENBERG-LAMPE, Der Weg in die Soziale Marktwirtschaft. Referate, Protokolle, Gutachten der Arbeitsgemeinschaft Erwin von Beckerath 1943-1947, Stuttgart 1986, S. 118, 120.

40 Don LAVOIE, Rivalry and Central Planning - The Socialist Calculation Debate Reconsidered, Cambridge (Mass.) 1985. T.T.B. HOFF, Economic Calculation in the Socialist Society, London 1949.

41 Saul KRIPKE, Wittgenstein: On Rules and Private Language, Cambridge/Mass. 1982, S. 112 - 113.

In Shackle's „expectational dynamics" sind Zeit und Unsicherheit unerläßlich[42]. Das entsprechende Wissen, das notwendig ist für den modernen Fertigungsprozeß, entsteht nur dezentral in Form eines Wettbewerbs zwischen privaten Eigentümern (Unternehmer oder Manager). Die Unmöglichkeit einer Wirtschaftsrechnung in einer sozialistischen Zentralplanwirtschaft führte zu dem Surrogat der Mengenrechnung.

> „Können die Schwierigkeiten der globalen Wertrechnung dadurch überwunden werden, daß die Leitung zur Mengenrechnung übergeht und danach bestimmt, welche Mengen an Kohle, Eisen, Leder, Tuchen produziert werden sollen. Die 'Bilanzen' der Planstellen sind 'Mengenbilanzen'. Aufkommen und Verwendung von Mengeneinheiten an Kohle, Eisen usw. werden in diesen Bilanzen miteinander verglichen. Können nicht diese Mengenbilanzen die Wertrechnung ersetzen? ... Ein solcher Versuch mit Mengenstatistiken zu wirtschaften, wird in jeder Ordnungsform der Wirtschaft ohne weiteres ad absurdum geführt. Die Menge allein läßt nie erkennen, wie weit Knappheit überwunden wird. Darauf aber kommt es beim Wirtschaften an. Die Bedeutung, welche jede einzelne Arbeitsstunde und die Verwendung jedes Produktionsmittels und jedes Konsumguts für die Bedürfnisbefriedigung in den tausenden der möglichen Verwendungen gewinnt, soll ermittelt werden. Das ist der Sinn der Wirtschaftsrechnung, die eine Statistik der Mengen nicht ersetzen kann. Da auch dieser Vorschlag - die Mengenrechnung - unbrauchbar ist, muß es bei globalen Bewertungen bleiben, die kein Gleichgewicht herstellen können"[43].

Nach Dieter Schneider ist die „Planwirtschaft des realen Sozialismus nicht erst am Problem der Wirtschaftsrechnung, sondern schon an der Vorstufe 'Rechnungslegung' gescheitert."[44] Schneider bedient sich folgender Argumentationskette:

> „Aus der Trennung von Eigentum und Verfügungsmacht folgen Informationsnachteile für den Auftraggeber und ein Spielraum des Beauftragten gegen die Interessen des Auftraggebers zu handeln. (...). Ein Weg, um nachprüfbares Wissen zu liefern, besteht in Messungen, d.h. in strukturgleichen Abbildungen empirischer Sachverhalte in Zahlen. In jeder Organisationsform einer arbeitsteiligen Wirtschaft ist ein solches Rechnungswesen zum Zwecke der Rechenschaft (auch vor sich selbst) unverzichtbar. Es muß vor jedem Versuch zu einem zweckrationalen Kalkül über Alternativen, also einer Wirtschaftsrechnung, bestehen, weil nur Rechnungslegung näherungsweise Wissen zu erlangen erlaubt, über das, was ist. Dieses Wissen ist Voraussetzung für das Bemühen um vernünftige Erwartungen. Ohne

---

42 George Lennox Sharman SHACKLE, Uncertainty in Economics and other Reflections, Cambridge 1955, S. 218.

43 Walter EUCKEN, Grundsätze der Wirtschaftspolitik, S. 120, 122.

44 Dieter SCHNEIDER, „Die Wirtschaftsrechnung im Sozialismus" Debatte um die Lenkung über Preise in Hierarchien, in: Heinz RICHTER (Hrsg.), Studien zur Entwicklung der ökonomischen Theorie XII. Osteuropäische Dogmengeschichte, Berlin 1992, S.136f.

vernünftig begründete Erwartungen über die Folgen aus diesem oder jenem Daten-
und Handlungsbündel verliert Wirtschaftsrechnung als nutzenmaximierendes Al-
ternativkalkül ihren Sinn."[45]

III. Die staatlich gelenkte Wirtschaft in der nationalsozialistischen Kriegswirtschaftsordnung[46]

Die beschäftigungspolitische sowie die geld- und beschäftigungstheoretische Diskussion in Deutschland von der Weltwirtschaftskrise bis zur Zeit von Keynes sind
wissenschaftlich weitgehend erforscht[47].

Der Nationalsozialismus hat den Weg einer „Lenkung der Wirtschaft" mit Eingriffen
und Regelungen seit 1933 konsequent beschritten.[48] Er bediente sich dabei in wachsendem Maße der Mitverwaltung der Berufsgruppen und des Sachverstandes der
Wirtschaft.[49] Dabei muß jedoch beachtet werden, was Wilhelm Rentrop, damals

---

45 Ebenda, S.136.

46 Grundlegend Otto NATHAN, The Nazi Economic System. Germany's Mobilization for War, Dur-
    ham N.C. 1944; Keith TRIBE, Strategies of Economic Order. German economic discourse, 1750-
    1950, Cambridge 1995, Kap. 7: Capitalism, totalitarianism and the legal order of National Socia-
    lism, S. 169ff; Lutz-Arwed BENTIN, Johannes Popitz und Carl Schmitt. Zur Theorie des totalen
    Staates in Deutschland, München 1972, Kap. IV: Der totale Staat in der Wirtschaftsordnungsde-
    batte, S. 142-160.

47 A. KORSCH, Der Stand der beschäftigungspolitischen Diskussion zur Zeit der Weltwirtschaftskrise
    in Deutschland, in: G. Bombach / H.-J. Ramser / M. Timmermann / W. Wittmann (Hrsg.), Der
    Keynesianismus I. Theorie und Praxis keynesianischer Wirtschaftspolitik. Entwicklung und Stand
    der Diskussion, Berlin 1976. DIES. (Hrsg.), Der Keynesianismus II. Die beschäftigungspolitische
    Diskussion vor Keynes in Deutschland. Dokumente und Kommentare, 1976. DIES. (Hrsg.), Der
    Keynesianismus III. Die geld- und beschäftigungstheoretische Diskussion in Deutschland zur Zeit
    von Keynes. Dokumente und Analysen, 1981.

48 Gerhard KROLL, Von der Weltwirtschaftskrise zur Staatskonjunktur, Berlin 1958. Klaus Dieter
    SCHMIDT, Staatswirtschaft, in: Handwörterbuch der Betriebswirtschaftslehre, hrsg. von H. NICK-
    LISCH, 2. Aufl. (zit.: HwbBWL), Bd. 2, Stuttgart 1939, S. 1638: „Im scharfen Gegensatz zu dieser
    geplanten Wirtschaft steht die sog. *Planwirtschaft*. Bei ihr tritt der Plan so beherrschend in den
    Vordergrund, daß er jede organische Entwicklung der wirtschaftlichen Gestaltung abtötet. Die
    Verwirklichung wird durch schärfste Reglementierung bis in die letzte Wirtschaftseinheit hinein zu
    erzwingen versucht. Die Planwirtschaft scheut deshalb auch nicht vor Gewaltanwendung unter Ein-
    satz staatlicher Machtmittel zurück. Die persönliche vom Pflichtbewußtsein getragene Initiative hat
    in dieser Wirtschaft keinen Raum. Sie wird ersetzt durch Zwang". Die geplante Wirtschaft kann zur
    Planwirtschaft entarten (S. 1639). Wilhelm HASENACK, Vierjahresplan, in HwbBWL, Bd. 2, Stutt-
    gart 1939, S. 2140-2163. Georg von KIETZELL, Gewerbliche Wirtschaft (Organisation), in:
    HwbBWL, Bd. 2, Stuttgart 1939, S. 2120-2126. WEIKE, Der Aufbau der gewerblichen Wirtschaft
    mit Einschluß des Verkehrs, Berlin 1935. Walter EUCKEN, Grundsätze der Wirtschaftspolitik, S.
    63ff.

49 K. GUTH, Die Reichsgruppe Industrie, Berlin 1941. Heinrich NIKLISCH, Wirtschaftslenkung, in:
    HwbBWL, Bd. 2, Stuttgart 1939, S. 2329: „Die Selbstverwaltungskörper stellen den Aufbau der

Abteilungsleiter beim Reichskommissar für die Preisbildung, im Juni 1941 aussprach. „Augenblicklich gibt es noch keine wirtschaftswissenschaftliche Lehre, die in einer Gesamtschau alle diese nationalsozialistischen Grundbegriffe und Grundanschauungen auf wirtschaftlichem Gebiet zusammenfaßt".[50] Der Staatsauftrag beherrschte die Wirtschaft. Die Betriebe wurden zum Vollzugsorgan einer staatlich gelenkten Leistungserstellung. Das Privateigentum wurde formal nicht angetastet, die Verfügung darüber jedoch sehr eingeschränkt. Die staatliche Wirtschaftssteuerung veränderte die Funktionen des Unternehmers. Erich Gutenberg bemerkte dazu: „In ganz außergewöhnlichem Maße hat sich das Schwergewicht der unternehmerischen Tätigkeit vom Kommerziell-Acquisitorischen in den Bereich des Verwaltungsmäßig-Organisatorischen verlagert".[51] Nach Erich Welter braucht der Staat ein Unternehmen nicht zu besitzen, um „ihm seine Direktiven geben zu können. ... Denn es bedeutet eine revolutionäre Lösung, den Unternehmer in seinen Funktionen zu erhalten und doch ganz in den Dienst des Staates zu stellen."[52]

Wirtschaft für die Lenkung dar. Durch sie wird die Übertragung der staatlichen Führung gesichert". J. MEßNER, Die berufsständische Ordnung, 1936.

50   Wilhelm RENTROP (Abteilungsleiter beim R.f.d. Preisbildung) und Hansgeorg KAYSER, Preispolitik und Preisüberwachung in Europa nebst den wichtigsten gesetzlichen Bestimmungen, München und Berlin 1941, S. 11f; Franz NEUMANN, Behemoth. Struktur und Praxis des Nationalsozialismus 1933 bis 1944, Frankfurt a.M. 1977, S. 279 "Es gibt keine nationalsozialistische Wirtschaftstheorie."

51   Erich GUTENBERG, Grundsätzliches zum Problem der betriebswirtschaftlichen Leistungsbewertung und der Preisstellung, in: Die Führung des Betriebes. Festschrift zum 60. Geburtstag von W. Kalveram, Berlin-Wien 1942, S. 307; Rainer GÖMMEL, Die Rolle des Unternehmers in der deutschen Betriebswirtschaftslehre zwischen den beiden Weltkriegen, in: Wilfried FELDENKIRCHEN, Frauke SCHÖNERT-RÖHLK, Günther SCHULZ (Hrsg.), Wirtschaft. Gesellschaft. Unternehmen. Festschrift für Hans Pohl zum 60.Geburtstag, Stuttgart 1995, S.909ff. .

52   Erich WELTER, Der Weg der deutschen Industrie, Frankfurt a. M. 1943, S. 4, 22.

Abb 5: Organisation der gewerblichen Wirtschaft

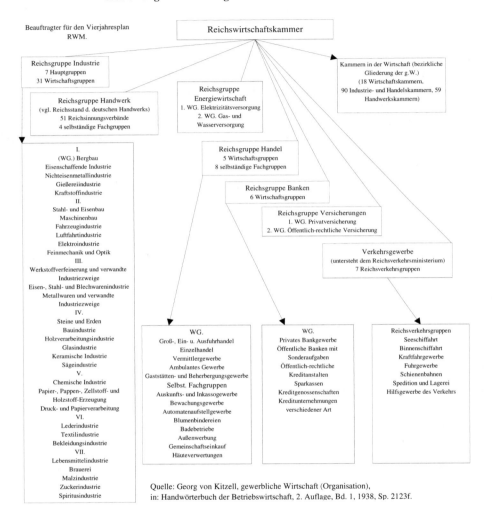

Beauftragter für den Vierjahresplan RWM.

Reichswirtschaftskammer

Reichsgruppe Industrie
7 Hauptgruppen
31 Wirtschaftsgruppen

Kammern in der Wirtschaft (bezirkliche Gliederung der g.W.)
(18 Wirtschaftskammern, 90 Industrie- und Handelskammern, 59 Handwerkskammern)

Reichsgruppe Handwerk
(vgl. Reichsstand d. deutschen Handwerks)
51 Reichsinnungsverbände
4 selbständige Fachgruppen

Reichsgruppe Energiewirtschaft
1. WG. Elektrizitätsversorgung
2. WG. Gas- und Wasserversorgung

I.
(WG.) Bergbau
Eisenschaffende Industrie
Nichteisenmetallindustrie
Gießereiindustrie
Kraftstoffindustrie
II.
Stahl- und Eisenbau
Maschinenbau
Fahrzeugindustrie
Luftfahrtindustrie
Elektroindustrie
Feinmechanik und Optik
III.
Werkstoffverfeinerung und verwandte Industriezweige
Eisen-, Stahl- und Blechwarenindustrie
Metallwaren und verwandte Industriezweige
IV.
Steine und Erden
Bauindustrie
Holzverarbeitungsindustrie
Glasindustrie
Keramische Industrie
Sägeindustrie
V.
Chemische Industrie
Papier-, Pappen-, Zellstoff- und Holzstoff-Erzeugung
Druck- und Papierverarbeitung
VI.
Lederindustrie
Textilindustrie
Bekleidungsindustrie
VII.
Lebensmittelindustrie
Brauerei
Malzindustrie
Zuckerindustrie
Spiritusindustrie

Reichsgruppe Handel
5 Wirtschaftsgruppen
8 selbständige Fachgruppen

Reichsgruppe Banken
6 Wirtschaftsgruppen

Reichsgruppe Versicherungen
1. WG. Privatversicherung
2. WG. Öffentlich-rechtliche Versicherung

Verkehrsgewerbe
(untersteht dem Reichsverkehrsministerium)
7 Reichsverkehrsgruppen

WG.
Groß-, Ein- u. Ausfuhrhandel
Einzelhandel
Vermittlergewerbe
Ambulantes Gewerbe
Gaststätten- und Beherbergungsgewerbe
Selbst. Fachgruppen
Auskunfts- und Inkassogewerbe
Bewachungsgewerbe
Automatenaufstellgewerbe
Blumenbindereien
Badebetriebe
Außenwerbung
Gemeinschaftseinkauf
Häuteverwertungen

WG.
Privates Bankgewerbe
Öffentliche Banken mit Sonderaufgaben
Öffentlich-rechtliche Kreditanstalten
Sparkassen
Kreditgenossenschaften
Kreditunternehmungen verschiedener Art

Reichsverkehrsgruppen
Seeschiffahrt
Binnenschiffahrt
Kraftfahrgewerbe
Fuhrgewerbe
Schienenbahnen
Spedition und Lagerei
Hilfsgewerbe des Verkehrs

Quelle: Georg von Kitzell, gewerbliche Wirtschaft (Organisation), in: Handwörterbuch der Betriebswirtschaft, 2. Auflage, Bd. 1, 1938, Sp. 2123f.

Abb. 6: **Spielraum des Unternehmerhandelns 1913 und 1939**		
1913: Freier Unternehmer		*1939: Gelenkter Unternehmer*
Investitionen	frei	gelenkt
Kapitalaufnahme auf dem freien Markt	frei	Anleihegenehmigung
Bauen	frei	Baubewilligung und Kontingentszuteilung
Organisation des Unternehmens	frei	frei
Gesellschaftsform	frei	teilweise gelenkt
Organisationszugehörigkeit	größtenteils frei	Organisationszwang
Auswahl und Besoldung der Unternehmensführung	frei	frei
Kartellierung	frei	vielfach Zwangskartelle und Zwangsanschlüsse
Kapitalanlage	frei	vielfach gebunden, Kapitalausfuhr gesperrt
Zinsbildung	frei	gebunden
Aufstellung des Rechnungsabschlusses	frei	geregelt
Gewinnbildung und Abschreibung	frei	steuerliche und preispolitische Regelung der Abschreibung
Gewinnausschüttung	frei	Einflußnahme des Aktiengesetzes
Wettbewerb	frei	gebunden, v. a. in der Ernährungswirtschaft
Lohnbildung	frei	gebunden
Arbeitseinsatz	frei	gelenkt
Rohstoffbezug und Vorratsbildung	frei	gebunden
Preisstellung	frei	gebunden
Auslandsgeschäft	frei	devisenbewirtschaftet
Forschung und Herstellung von neuen Produkten	frei	teilweise gebunden
Werbung	frei	geregelt

Darstellung nach Josef Winschuh, Gerüstete Wirtschaft, Berlin 1940, S. 6.

Der Spielraum des gelenkten Unternehmenshandelns war 1939 extrem eingeschränkt, wenn man ihn mit dem freien Unternehmer von 1913 vergleicht (siehe
Abb. 6).
Die wichtigsten Lenkungsbereiche der nationalsozialistischen Wirtschaftspolitik betrafen:

1. Die Außenwirtschaft[53]
   1.1. Autonome Handelspolitik: Bilateralismus[54]
   1.2. Autonome Währungspolitik: Devisenzwangswirtschaft[55]
2. Die Binnenwirtschaft
   2.1. Marktordnung in der Landwirtschaft[56]
   2.2. die Rohstofflenkung[57]
   2.3. die Investitionskontrolle
   2.4. die Kartellüberwachung
   2.5. die Kapitallenkung[58]

---

53 Grundsätzlich: Andreas PREDÖHL, Außenwirtschaft, 2. Aufl., Göttingen 1971, S. 203ff. und 291ff.

54 Walter GREIFF, Die neuen Methoden der Handelspolitik, Berlin 1934. Wilhelm RÖPKE, Internatio-
    nale Ordnung, Erlenbach-Zürich 1945, S. 175.: Die Auflösung der Weltwirtschaft bedeutet die
    Tendenz multilaterale Handelsbeziehungen durch bilaterale zu ersetzen und damit die Zerstörung
    der internationalen Markt-, Preis- und Zahlungsgemeinschaft. N.S. BUCHANAN / F.A. LUTZ, Re-
    building the World Economy, 1947.

55 Hans SEISCHAB, Devisenbewirtschaftung, in: HwbBWL, Bd. 1, Stuttgart 1938, S. 1404: „Die
    Reichsbank dagegen ist Trägerin des Anbietungs- und Ablieferungsanspruchs und des Devisen-
    handelsmonopols, sie führt das Stillhalteabkommen und den zwischenstaatlichen Zahlungsverkehr,
    auch soweit er mit dem Kapitalverkehr zusammenhängt, durch, entscheidet über Freigabe und Be-
    lassung von Devisen, über Einrichtung von Devisenfonds, kontrolliert die Exportdevisen, führt die
    Wertpapiernummernkontrolle durch usw.". Karlfranz A. HAJEK, Überwachungsstellen, in:
    HwbBWL, Bd. 2, Stuttgart 1939, S. 1849-1853. BARTELS, Über Form, Wirkungen und Möglich-
    keiten der Devisenbewirtschaftung, Chemnitz 1934. BRAMBACH, Die neue deutsche Devisenge-
    setzgebung und ihre Auswirkungen auf den Bankverkehr, Berlin 1936. KÜHNE, Grundriß des Devi-
    senrechts, Berlin 1937. HARTENSTEIN, Das Devisennotrecht, Berlin 1936. Hans LUCKAS, Theorie
    der Devisenzwangswirtschaft auf Grund der deutschen und ausländischen Erfahrungen in der Zeit
    von 1914 bis 1940, Jena 1940.

56 Hermann REISCHLE, Reichsnährstand, in: HwbBWL, Bd. 2, Stuttgart 1939, S. 1376-1390. Saure,
    Reichsnährstandsgesetze, Berlin 1935. GEBHARD/MERKEL, Das Recht der landwirtschaftlichen
    Marktordnung, München-Berlin 1937. REISCHLE/SAURE, Der Reichsnährstand, Aufbau, Aufgaben
    und Bedeutung, 2. Aufl. Berlin 1937. Hermann REICHLE, Die Technik der Wirtschaftslenkung
    durch den Reichsnährstand, Goslar 1937.

57 Ludwig TERSTE, Fachgruppe und Einzelbetrieb, in: HwbBWL, Bd. 1, Stuttgart 1938, S. 1676f.

58 Heinrich NICKLISCH, Bankwesen in Deutschland, in: HwbBWL, Bd. 1, Stuttgart 1938, S. 529ff.,
    insb. S. 541. Otto Christian FISCHER, Kreditinstitute, in: HwbBWL, Bd. 2, Stuttgart 1939, S. 721.
    Der Neue Finanzplan: in: ebenda, S. 2698: „Die Reichsregierung hat am 20. März 1939 ein Gesetz
    über die Finanzierung nationalpolitischer Aufgaben des Reichs (RGBl I, S. 561) erlassen, das einen
    Wendepunkt in der staatlichen Finanzierung darstellt. ... Auf Grund des neuen Finanzplans finan-

2.6. der Preisstop[59] und die Kalkulationskontrolle[60]
2.7. der Lohnstop[61]
2.8. die Lenkung des Arbeitseinsatzes[62] und
2.9. die Zwangsinvestionen zur Verbesserung der heimischen Rohstoffer-
     zeugung.
3. Die Reichsbank und das Bankensystem[63].

Das Lenkungssystem war darauf ausgerichtet, den Anteil des Staates am gesamten Sozialprodukt ständig zu vergrößern. Der Konsum des Staates bestand vorwiegend aus öffentlichen Bauten und Rüstungsgütern.

---

ziert der Staat die politisch notwendigen Gegenwartsaufgaben in erster Linie durch Ausgabe von Steuergutscheinen (= Vorgriff auf künftige Steuereinnahmen)". Friedrich ERNST, Reichskommissar für das Kreditwesen, in: HwbBWL, Bd. 2, Stuttgart 1939, S. 1347-1355. Otto HUMMEL, Geld- und Kapitalmarkt, in: HwbBWL, Bd. 1, Stuttgart 1938, S. 1902-1923. Fr. MÜLLER, Das Reichsgesetz über das Kreditwesen, Textausgabe mit Erläuterungen, Berlin 1935.

59   Nikolaus Christoph von HALEM, Reichskommissar für die Preisbildung, in: HwbBWL, Bd. 2, Stuttgart 1939, S. 1356: Die Tätigkeit des Reichskommissars für die Preisbildung erstreckt sich auf die *gesamte* Wirtschaft. Ausgenommen waren nur die Regelung der Löhne und Gehälter; Hans DICHGANS, Zur Geschichte des Reichskommissars für die Preisbildung, Düsseldorf 1977; Fritz SCHMIDT, Kalkulation und Preispolitik, Berlin/Wien um 1938, Kap. IX: Die staatliche Preispolitik, S.94ff.; Gerhard KROLL, Von der Weltwirtschaftskrise zur Staatskonjunktur, Berlin 1958, S.550ff.

60   G. FISCHER, LSÖ: Kosten und Preis. Erkenntnisse und Folgerungen aus der Praxis der LSÖ-Rechnung, Leipzig 1941. Wilhelm EICH, Der Prüfungsbericht über den Jahresabschluß einer Aktiengesellschaft, 3. Aufl., Berlin 1944.

61   Gerhard KROLL, a.a.O., S.542: „Das Gesetz über die Treuhänder der Arbeit wurde bereits am 19.5.1933 erlassen. Zugleich mit dem Gesetz wurde praktisch der Lohnstop verfügt." Verordnung über die Lohngestaltung vom 25. Juni 1938; Gesetz über die Einführung des Arbeitsbuches vom 26. Februar 1935.

62   Claus SELZNER, Arbeitsfront (Die Deutsche Arbeitsfront, DAF), in: HwbBWL, Bd. 1, Stuttgart 1938, S. 221: „Die Arbeitsfront ist ein Instrument der Partei und erfüllt als solche Aufgaben, welche der Führer in seiner Verordnung vom 24. Oktober 1934 gesetzt hat". Fritz SCHMELTER, Reichstreuhänder der Arbeit, in: HwbBWL, Bd. 2, Stuttgart 1939, S. 1426-1431. Friedrich SYRUP, Reichsanstalt für Arbeitsvermittlung und Arbeitslosenversicherung, in: ebenda, S. 1297-1308. SOMMER, Die nationalsozialistische Arbeitsgesetzgebung, Berlin 1938; Georg von Kitzell, Das Arbeitsbuch, in: HwBWL, Bd. 1, Stuttgart 1938, S. 189-191; Friedrich SYRUP, Arbeitseinsatz, in: ebenda, S. 202-220; Rolf PUPPO, Die wirtschaftliche Gesetzgebung des Dritten Reiches, Diss. Konstanz 1987, S.242 „Die Verordnung zur Durchführung des Vierjahresplans vom 18.10.1936 leitete eine neue, wesentlich verschärftere Phase nationalsozialistischer Arbeitseinsatzpolitik ein."

63   Otto HUMMEL, Reichsbank, in: HwbBWL, Bd. 2, Stuttgart 1939, S. 1344f. Karl-Heinrich HANSMEYER / Rolf CAESAR, Kriegswirtschaft und Inflation (1938-1948), in: Deutsche Bundesbank (Hrsg.), Währung und Wirtschaft in Deutschland 1876-1975, Frankfurt/M. 1976, S. 367ff. Friedrich ERNST, Reichskommissar für das Kreditwesen, in: HwbBWL, Bd. 2, Stuttgart 1939, S. 1347ff.; Fr. MÜLLER, Das Reichsgesetz über das Kreditwesen. Textausgabe mit Erläuterungen, Berlin 1935; ZAHN, Die Bankenaufsichtsgesetze der Welt, Berlin und Leipzig 1937.

„Der Lohn- und Preisstop von 1936 ist die Wegmarke des Beginns der zurückgestauten Inflation, des Preisstopps, der Bindung an die Arbeitsplätze, des kompletten
Ausbaus eines Wirtschaftsdirigismus: Man pries als deren Vorzug damals, daß man
nahtlos ohne Änderung des Systems in die Kriegswirtschaft von 1939 übergehen
konnte[64]. Dieses System hat den Nationalsozialismus um drei Jahre überlebt. Erst
1948 konnte die wirtschaftspolitische Wende eingeleitet werden."[65]
Die vergleichende Gegenüberstellung der nationalsozialistischen Kriegswirtschaftsordnung mit den Wirtschaftsordnungen in der SBZ / DDR und in den Westzonen /
BRD dient als Erkenntnismittel, als Hilfsmittel der Forschung. Sie ist nicht Ziel der
Forschung. Die Synopse ermöglicht den kontrastiven Vergleich. Gleiche Begriffe
bedeuten nicht, daß es sich um gleiche historische Inhalte handelt.
Auf die Affinität zwischen der nationalsozialistischen Wirtschaftslenkung und der
sozialistischen Zentralplanung wies Heinz-Dieter Ortlieb bereits 1950 hin. Die Erfahrungen mit dem nationalsozialistischen Wirtschaftsexperiment übte „im Negativen wie im Positiven eine starke Wirkung auf die gegenwärtigen Sozialsismusdis-
kussionen in Deutschland aus. Daraus erklärt sich, daß in diesem Lande die neulibe-
rale Schule, die schon einer Vollbeschäftigungspolitik ablehnend gegenübersteht,
stärker als in anderen Ländern hervortritt. Daraus erklärt sich aber auch, daß sich bei
den planwirtschaftlichen Vorstellungen der Sozialisierungsfreunde manche An-
klänge an die nationalsozialistische Wirtschaftsorganisation finden, wenn man auch
gewöhnlich vermeidet, es deutlich auszusprechen."[66]

---

64 Dazu bemerkte Erich LAUTERBACH, Der Kampf gegen die Kriese. Wirtschaftsexperimente der
    Staaten, Wien 1936, S. 30, 33f.: „Schließlich ist auch die im Februar 1936 vollzogene Einteilung
    Deutschlands in 'Planungsräume' und die Zusammenfassung der 'Landesplanungsgemeinschaft' in
    einer 'Reichsstelle für Raumordnung' vor allem als Vorstufe einer staatlichen *Kriegs*wirtschaft -
    auf Grundlage möglichster Selbstversorgung Deutschlands - zu verstehen. ... Mittlerweile ist aber
    auch sehr rasch die Umstellung in den unmittelbaren Zielen der deutschen Wirtschaftspolitik klar
    geworden, die alle ungewohnten Erscheinungen auf diesem Gebiete - möge es sich um die Preis-
    und Finanzierungspolitik, die Ausfuhr und Devisenbeschaffung um jeden Preis, die Förderung
    selbst der unrentabelsten Rohstoffgewinnung handeln - erklärt: Es handelt sich heute auf allen Ge-
    bieten der Wirtschaft längst nicht mehr um Konjunkturpolitik, sondern um *Wehr*politik. Deutsch-
    land befindet sich seit geraumer Zeit zumindest in vollem Übergang zur Kriegswirtschaft; nicht
    mehr irgendwelche Rentabilitäts-, Budget-, Schulden-, Arbeitsmarkt-, Wohlfahrtsrücksichten sind
    entscheidend, sondern einzig der Vorbereitung auf den kommenden Krieg, auch und gerade in wirt-
    schaftlicher Hinsicht, denn nach den Erfahrungen des Weltkrieges wird diesmal erst recht die wirt-
    schaftliche Leistungsfähigkeit entscheiden". Zu Albert Lauterbach siehe Harald HAGEMANN /
    Claus-Dieter KROHN, Emigration, S. 153.
65 Alfred MÜLLER-ARMACK, Wirtschaftspolitik als Beruf, in: Wirtschaftspolitische Chronik, Heft 1,
    Köln 1969, S. 13.
66 Heinz-Dietrich ORTLIEB, Der gegenwärtige Stand der Sozialisierungsdebatte in Deutschland, in:
    Walter WEDDIGEN (Hrsg.), Untersuchungen zur sozialen Gestaltung der Wirtschaftsordnung, Ber-
    lin 1950, S. 241.

Einen Zugriff auf die nationalsozialistische Kriegswirtschaftsordnung erhält man, wenn die Wirtschaftsordnung in *Teilordnungen* aufgegliedert wird. Es muß dann für jeden Bereich analysiert werden, ob die Lenkungsinstrumente nach Kriegsende liquidiert wurden oder in Richtung einer sozialistischen Zentralplanwirtschaft ausgebaut worden sind.

IV. Die Zerstörung der Wirtschaftswissenschaften und deren Ersatz durch die Pseudo-Wissenschaft der Politischen Ökonomie des Sozialismus in der SBZ/DDR

1. Die sogenannte „revolutionäre Umgestaltung"

„Während der Neoliberalismus[67] sich auf ein verhältnismäßig reiches und bedeutendes Schrifttum stützen kann, hat der Sozialismus infolge der scholastischen Verarmung des Marxismus und der politischen Exegese des Leninismus zwar eine Vielzahl orthodoxer oder heterodoxer Schriften zur Verfügung, welche die Lehren der Begründer auslegen und anwenden. Aber es fehlt, zumindest in der nichtrussischen Literatur, eine ranggleiche Analyse und Interpretation der gegenwärtigen Lage von Wirtschaft und Gesellschaft der Welt"[68].

Der Sozialismus besaß und besitzt bis heute keine ordnungspolitische Konzeption.

„Als Lenin im Jahre 1917 'Staat und Revolution' schrieb, hatte er keine Vorstellung von dem Problem der Wirtschaftsrechnung und von den Schwierigkeiten, den Wirtschaftsprozeß einer modernen Volkswirtschaft zentral zu lenken. Sein Ziel war es, 'die ganze Volkswirtschaft nach dem Vorbilde der Post zu organisieren.' - Sobald aber die Revolution Wirklichkeit geworden war, wurde er durch die Tatsachen selbst auf die Zentralfrage der Wirtschaft gestoßen und nun rief er - in den 'Nächsten Aufgaben der Sowjetmacht' von 1919 - nach 'gesellschaftlicher Buchhaltung' und nannte die 'Buchung und Kontrolle' die 'Kernfrage der sozialistischen Revolution'. Aber nun war nichts gedanklich vorbereitet. Aus einem Glauben heraus begann man ohne Bauplan ein Haus zu bauen. Die *Idee* der zwangsläufigen Entwicklung war also die Ursache für die *Tatsache*, daß man unvorbereitet ein zentralverwaltungswirtschaftliches Experiment unternahm"[69].

67   Heinz RIETER / Matthias SCHMOLZ, The Idea of German Ordoliberalismn 1938-45: pointing the way to a new economic order, in: The European Journal of the History of Economic Thought 1, Autumn 1993, S. 87-114.

68   Edgar SALIN, Wirtschaft und Wirtschaftslehre nach zwei Weltkriegen, in: Kyklos, I, 1947, S. 38; Heinz-Dietrich ORTLIEB / Dieter LÖSCH, Sozialismus II: Sozialismus als Leitbild der Wirtschaftsordnung, in: HdWW, S. 29, 40; Walras, Pareto, Barone und Cassel galten als bürgerliche Ökonomen; vergl. dazu Werner KRAUSE/Karl-Heinz GRAUPNER/Rolf SIEBER (Hrsg.), Ökonomenlexikon, Berlin 1989, S.27, 85, 410, 600.

69   Walter EUCKEN, Grundsätze der Wirtschaftspolitik, S. 211.

Die wirtschaftspolitischen Experimente in der SBZ/DDR wurden ohne Theoriestützung vorgenommen[70]. Ein Lernprozeß war aus den Fehlschlägen daher nicht möglich.[71]

Paul Berkenkopf charakterisierte die Lage der Wirtschaft in der Sowjetunion 1932 so:

> „Die Sowjetwirtschaft ist in ihrem gegenwärtigen Zustande nur zu verstehen als eine Wirtschaft im Kriegszustande. ... Die heutige Sowjetwirtschaft gleicht schon äußerlich in mancher Beziehung einem großen Kriegslager. Darauf deuten auch all die Bezeichnungen hin, mit denen man die Menschen und die Organisationen in dieser Wirtschaft benennt: Brigaden, Stoßtrupp, Kampagne, Arbeitsfront, Reserven usw. ... So ist alles in fortwährender Unruhe, in ewigem Hasten und nie endender nervöser Bewegung. In dieser Hinsicht ist alles in Gärung begriffen, ein einheitliches Ordnungsprinzip hat sie noch nicht gefunden, und es fehlen ihr auch einheitliche wirtschaftliche Erfolgsmaßstäbe, an denen sie ihre Ergebnisse messen könnte. ... Die Qualität der industriellen Erzeugnisse ist außerordentlich niedrig. ... Das Gesamtbild verwirrt sich immer mehr und bietet ein Beispiel unheilvollen Leerlaufes und stärkster Kapitalverschwendung. ... Es fehlt jeder einheitliche Maßstab, ohne den ein rationelles Wirtschaften unmöglich ist"[72].

Die Realität der Sowjetwirtschaft wirkte auf die deutsche Sozialdemokraten abschreckend. Im „Vorwärts" erschienen 1930 Berichte unter dem Titel „Russische Wirtschaftskatastrophe", „Sowjetrussisches Hungerdrama", „Russisches Industriefi-

---

70   „Daraus resultiert, daß Sozialismus als Wirtschaftsordnungsleitbild praktisch nicht definierbar ist, ohne Ziel- oder Organisationselemente ein- bzw. auszuschließen, die von einigen sich sozialistisch nennenden Gruppen oder Individuen nicht als sozialistisch akzeptiert, von anderen aber als für den Sozialismus unentbehrlich erachtet werden. ... In keinem der drei Subsysteme des Wirtschaftssystems war es möglich, aus dem Effizienz-, Gerechtigkeits- und Selbstbestimmungsziel bzw. den daraus zu deduzierenden Subzielen eindeutig determinierte sozialistische Organisationsformen abzuleiten"; Carl LANDAUER, Sozialismus (III). Theoretische Konzeptionen des nachmarxistischen Sozialismus, in: HDSW, 9. Bd., 1956, S. 494-501; Manfred GANGL, Politische Ökonomie und Kritische Theorie. Ein Beitrag zur theoretischen Entwicklung der Frankfurter Schule, Frankfurter , New York 1987, S. 188: Friedrich Pollock und seine Mitarbeiter, Kurt Mandelbaum und Gerhard Meyer, forderten 1933/34 die *Ausarbeitung* einer „Theorie der Planwirtschaft". Fritz BEHRENS, Fragen der Ökonomie und Technik, in: *Wirtschaftswissenschaft*, Sonderheft Ökonomie und Technik, (Ost-)Berlin 1956, S. 2: „Die historische Analyse zeigt, daß der subjektive Faktor in der sozialistischen Planwirtschaft noch eine große Rolle spielt, und es gibt noch keine Theorie, die den objektiven Mechanismus der Planwirtschaft darstellt".

71   K.P HENSEL, A. Ordnungstheoretische Ausgangslage, in: Ludwig BRESS / Karl Paul HENSEL u.a., Wirtschaftssysteme des Sozialismus im Experiment. Plan oder Markt, Frankfurt a.M. 1972, S. 12.

72   Paul BERKENKOPF, Zur Lage der Sowjetwirtschaft, in: Schmollers Jahrbuch 56, 1932, S. 51ff.

asko", „Leibeigene des Fünfjahresplanes"[73]. Die Kommunistische Partei Deutschlands (KPD) identifizierte sich vorbehaltlos mit der Sowjetunion[74]. Das Modell für die „revolutionäre Umwandlung" in der SBZ nach 1945 war daher die Sowjetunion.[75]

> „Das Sowjetvolk beschreitet unter der Führung der ruhmreichen Partei der Bolschewiki und seines großen Lehrmeisters, des Genossen Stalin, erfolgreich den Weg zum Kommunismus, zu einem in der menschlichen Geschichte bisher nie gekannten Wohlstand und Glück"[76].

Nach dem Vorbild des ersten Fünfjahresplans (1928-33)[77] - totale Zentralisierung und Bürokratisierung unter Stalin -, wurden nach 1945 die Wirtschaftsordnungen der osteuropäischen Satellitenstaaten revolutionär umgestaltet:[78]

1. Abschaffung des Privateigentums an den Produktionsmitteln

---

73   Jürgen ZARUSKY, Die deutschen Sozialdemokraten und das sowjetische Modell. Ideologische Auseinandersetzung und außenpolitische Konzeptionen 1917-1933, München 1992, S. 276.

74   Ebenda, S. 240.

75   Ludwig BRESS, B. Theoretische Entwürfe - praktische Versuche. I. Wirtschaftspolitik im Sozialismus als Mittel gesellschaftlicher Transformation, a.a.O., S. 15ff. ; Eberhardt ARLT, Die Rolle des Leistungslohnes bei der Steigerung der Arbeitsproduktivität, in: *Einheit* 1951/4, S. 269ff.; Erich WIRTH, Die Rolle der sowjetischen Arbeitsmethoden für die Erfüllung unserer Volkswirtschaftspläne, in: *Einheit* 1951/6, S. 387ff.; Rudolf WIEßNER, Die Erfahrungen der Sowjetunion führen uns zu neuen Wegen in der Berufsausbildung, in: *Einheit* 1951/10, S. 636ff.; Walter ULBRICHT, Lehren des XIX. Parteitages der KPdSU für den Aufbau des Sozialismus in der Deutschen Demokratischen Republik, in: *Einheit* 1952/12, S. 1303-1315. Otto REINHOLD, Die neue Arbeit J.W. Stalins - ein Lehrbuch für den Aufbau des Sozialismus in der DDR, in: Deutsche Finanzwirtschaft 6, 1952, S. 1290ff.

76   Rudolf KIRCHNER, Das Lohnsystem in der Sowjetunion - ein wichtiger Hebel zur ständigen Verbesserung der Lebenshaltung der Werktätigen, in: *Einheit* 1952/1, S. 50; Rosemarie WINZER / Walter RUSS, Für ein sinnvolles und glückliches Leben. Zum Glücksbegriff in unserer Gesellschaft, in: *Einheit* 1969, S. 14-21.

77   Stanislaw Gustawowitsch STRUMILIN, Ökonomische Schriften 1. Bd.: Sozialismus und Planung, hrsg. in deutscher Sprache von Ottomar Kratsch, Berlin 1977; Rezension von Gertraud WITTENBURG, in: *Wirtschaftswissenschaft*, 1981, S. 108-112; Gerhard COLM, Volkswirtschaftliche Gesamtrechnung (I) Theorie, in: HDSW, 11. Bd., 1961, S. 391: „Überraschender noch ist vielleicht, daß nicht einmal die Sozialisten in dieser Periode der dominierenden Laissez-faire-Ideologie ein Konzept für eine volkswirtschaftliche Gesamtrechnung entwickelten. Dies mag sich aus der Tatsache erklären, daß der Marxismus als die herrschende sozialistische Doktrin jeder Vorhersage über den zukünftigen Weg eines sozialistischen oder kommunistischen Wirtschaftssystems ablehnend gegenüberstand. Ein solches Unterfangen wäre sofort als 'utopisch' abgetan worden. Stattdessen haben sich in der Praxis der sowjetischen Wirtschaft ohne Unterstützung durch vorhergehende ökonomische Theorie die sogenannten Fünfjahrespläne durchgesetzt, die verbindliche Normen für die Manager der vom Staat kontrollierten Betriebe vorschreiben".

78   H. HAMEL, Das Stalinsche Wirtschaftssystem administrativer Planung, Leitung und Kontrolle. I. Ordnungspolitische Formung, a.a.O., S. 33f; Ideologische Grundlagen waren Lenins Lehren zur sozialistischen Wirtschaftsführung und Erfahrungen der sowjetischen Zentralplanwirtschaft.

2. Banken: Verstaatlichung, Integration in den Lenkungsapparat
3. Außenhandel: Staatsmonopol
4. Landwirtschaft, Handwerk und Einzelhandel zum größten Teil in Genossenschaften zwangskollektiviert.

Die KP-Remigranten traten als „Sachwalter der Sowjetunion"[79] auf. Das Aktions-
programm der Exil-KPD in Moskau „basierte, wie Pieck am 9. November 1944 erklärte, auf der Leninschen Schrift von den 'Zwei Taktiken der Sozialdemokratie',
war also auf Zerstörung der bisher geltenden Ordnung angelegt. Es zeigte die Stoß-
richtung der im Auftrage der KPdSU (B) und damit der UdSSR handelnden KPD
deutlicher als der Aufruf vom 11. Juni 1945, der, vorher in Moskau beraten und ge-
billigt, sowohl wegen der Wirkung auf die deutsche Bevölkerung als auch auf die
Alliierten vieles verschleierte oder wegließ."[80]

Bei der sog. „revolutionären Umgestaltung" wurden die bürgerlichen Funktionseli-
ten zerstört oder gezwungen, nach Westen zu gehen[81]. Sozialistische Zentralplanung
setzt voraus, daß das private Eigentum an den Produktionsmitteln beseitigt und dieses in sozialistische Gewalt überführt wurde. „Die Schaffung des sozialistischen Eigentums an den Produktionsmitteln ist eine Aufgabe, die in der Periode des sozialistischen Aufbaues, nach der Errichtung der Diktatur des Proletariats zu lösen ist.
Im Ergebnis des zweiten Weltkrieges bestanden bei uns jedoch in dieser Hinsicht
günstige Bedingungen, die es möglich machten, bereits in der Periode der antifaschistisch-demokratischen Ordnung die entscheidenden Produktionsmittel in Volkseigentum zu überführen. ... Damals wurden 9281 Betriebe in gesellschaftliches Eigentum überführt. Davon waren rund 4000 Industriebetriebe. Von besonderer Bedeutung war, daß es sich dabei vor allem um die Schlüsselindustrie handelte, deren Produktion die Entwicklung der gesamten Wirtschaft wesentlich bestimmt. ... Mit der
Schaffung sozialistischen gesellschaftlichen Eigentums an den Produktionsmitteln

---

79   Gerhard KEIDERLING (Hrsg.) „Gruppe Ulbricht" in Berlin April bis Juni 1945 - Von den Vorberei-
     tungen im Sommer 1944 bis zur Wiederbegründung der KPD im Juni 1945. Eine Dokumentation,
     Berlin 1993. Peter KIRSTE, Wirtschaftspolitik und antiimperialistische Umwälzung. Zur Einarbei-
     tung wesentlicher Grundsätze der wirtschaftspolitischen Konzeption der KPD für die antifaschi-
     stisch-demokratische Umwälzung (Februar 1944-April 1945), in: Jahrbuch für Geschichte 1975, S.
     280.

80   Lothar BAHR, Rainer KARLSCH, Werner MATSCHKE, Kriegsfolgen und Kriegslasten Deutschlands.
     Zerstörungen, Demontagen und Reparationen, Berlin 1993, S. 17; Peter ERLER, Horst LAUDE,
     Manfred WILKE (Hrsg.), „Nach Hitler kommen wir." Dokumente zur Programmatik der Moskauer
     KPD-Führung 1944/45 für Nachkriegsdeutschland, Berlin 1994.

81   Joseph A. SCHUMPETER, Konjunkturzyklen. Eine theoretische, historische und statistische Analyse
     des kapitalistischen Prozesses, 1. Bd., Göttingen 1961, S. 111f.: „Wichtiger als Eigentümerschaft
     ist Führerschaft. Die Unfähigkeit, dies zu sehen und, als Folge davon, sich die unternehmerische
     Tätigkeit als eine eigene Funktion sui generis vorzustellen, ist der der wirtschaftlichen und sozio-
     logischen Analyse der Klassiker und Karl Marx' gemeinsame Fehler".

hörte die Arbeiterklasse auf, ein besitzloses Proletariat zu sein. *Die Monopolherren* (=Unternehmer, J.S.) *und Junker wurden als Klasse vollkommen liquidiert, zumal ihre Betriebe vollständig in Volkseigentum übergingen bzw. ihr Land aufgeteilt wurde*"[82]. Dies bedeutete einen sehr großen Verlust für das Funktionieren der Wirtschaft, der von den Kommunisten jedoch bewußt in Kauf genommen wurde. So waren zum Beispiel in Sachsen 1947 die einzelnen Betriebe in 64 „Industrie-Verwaltungen" zusammengefaßt. „Ihre Funktion besteht in der Aufstellung von Jahresberichten in der Produktionsleitung, der Abstimmung der Produktionspläne der verschiedenen Betriebe, der Zuweisung von Rohstoffen, Brennstoff usw, der Verteilung der Arbeitskräfte, der Finanzierung und den Steuerangelegenheiten. Diese 'Industrie-Verwaltungen' bilden ein Sondereigentum des betreffenden Landes und sind für die Schulden jedes einzelnen Betriebes verantwortlich, die somit eigentlich nur Filialbetriebe sind."[83] Das Direktorium jeder Industrie-Verwaltung bestand aus einem technischen, einem kommerziellen, einem Personal- und Sozialdirektor. „Der letztere ist natürlich die mächtige politische Figur."[84]
Wichtig ist die soziale Herkunft dieser Direktoren:[84]

Frühere Direktoren .... 5,2 %
Geschäftsleute .... 31,7 %
Ingenieure .... 23,9 %
Angestellte .... 11,9 %
Arbeiter .... 27,3 %

Die Demokratisierung in den einzelnen Betrieben geht noch weiter:

Frühere Betriebsleiter .... 4,0 %
Geschäftsleute .... 21,5 %
Ingenieure .... 13,3 %
Angestellte .... 13,6 %
Arbeiter .... 47,6 %

Fast die Hälfte der sozialisierten Industrie wurde wirklich von Arbeitern betrieben. 1948 hatte der volkseigene Betrieb Flachsspinnerei Wiesenbad (Kreis Annaberg) mit einer Belegschaft von rund 600 Menschen Schwierigkeiten in der Betriebsleitung. „Wie die Deutsche Wirtschaftskommission (DWK) feststellt, sind seit langem bestehende Schwierigkeiten in der Betriebsleitung von Wiesenbad der Grund dafür, daß

---

82   Otto REINHOLD, Zu den sozialistischen Produktionsverhältnissen in der Deutschen Demokratischen Republik und ihre Vervollkommnung, in: *Einheit* 14, 1959, S. 1446-1448.

83   Gustav STOLPER, Die deutsche Wirklichkeit. Ein Beitrag zum künftigen Frieden Europas, Hamburg 1949, S. 139.

84   Ebenda, S. 140; Walter ULBRICHT, Brennende Fragen des Neuaufbaus von Deutschland. Aus dem Referat auf dem II. Parteitag der Sozialistischen Einheitspartei Deutschlands in Berlin, 20. bis 24. September 1947, in: Walter Ulbricht, Zur sozialistischen Entwicklung der Volkswirtschaft seit 1945, Berlin 1959, S. 74.

diese größte Flachsspinnerei der Zone, trotz voll erhaltenem Maschinenbestand, in ihrer Leistung weit hinter den anderen entsprechenden Betrieben der Zone zurückbleibt"[85].

Für den Textilmaschinenbau hatte die inkompetente Leitung gravierende Folgen. An die technische Weiterentwicklung im Textilmaschinenbau wurde nach 1945 „nur sehr zaghaft und langsam herangegangen. Dies erklärt, daß heute noch im Textilmaschinenbau ein großer Teil veralteter Maschinentypen, die teilweise weit unter dem heutigen Weltstand liegen, gefertigt wird. Trotz der Forderungen der Textilindustrie nach produktiven und moderneren Textilmaschinen und Anlagen verstand es die Leitung der damaligen Hautpverwaltung bzw. der VVB[86] Textilmaschinenbau nicht, die Entwicklung von dem Weltstand entsprechenden Maschinen und Anlagen zu forcieren. Diese Vernachlässigung beruht zu einem großen Teil auf der mangelhaften Leitungsfähigkeit der ehemaligen Leitungsorgane des Textilmaschinenbaus"[87].

Die Qualifikation der deutschen Planungskader in den leitenden Bereichen war sehr gering, die meisten waren inkompetent. „Nach Abschluß der ersten Lehrgänge der wirtschaftwissenschaftlichen Fakultät, Ende 1949, wurden zahlreiche 20-25 jährige sogenannte Diplom-Volkswirte durch die staatliche Plankommission übernommen. Diese „Volkswirte" bringen als wichtigste Voraussetzung für ihre Berufsarbeit das Resultat ihres „Studiums", die Kenntnis der Geschichte der KPdSU (B), - Kommunistische Partei der Sowjetunion (Bolschewiki) -, mit. Nach dem Stande von Ende 1952 waren bereits 75 v.H. aller Planstellen von Angehörigen dieses Personenkreises besetzt. Das Durchschnittsalter der in der Staatlichen Plankommission beschäftigten Personen liegt nach dem Stande vom September 1952 bei 34 Jahren. Die Erhöhung des Durchsnittsalters gegenüber 1950/51 erklärt sich aus der Tatsache, daß neben jüngeren Kräften auch eine größere Anzahl älterer Aktivisten und „Helden der Arbeit" eingestellt wurde."[88] Fritz Selbmann (1899-1975), 1945-46 Vizepräsident der

---

85   Bürokratische Hemmnisse, in: *Die Wirtschaft*, Heft 12, 3. Jg., 1948, S. 385; Deutsche Wirtschaftskommission: Durch Befehl der Sowjetischen Militäradministration in Deutschland Nr. 138 am 27. Juni 1947 konstituierte zentrale deutsche Verwaltungsinstanz mit Zentralverwaltungen für Industrie, Finanzen, Verkehr, Handel und Versorgung, Arbeit und Sozialfürsorge, Land- und Forstwirtschaft, Brennstoffindustrie und Energie, Interzonen- und Außenhandel und Statistik. Das Sekretariat der DWK war praktisch die erste deutsche Zentralregierung in der SBZ.

86   Vereinigungen Volkseigener Betriebe. Nach Auflösung der Produktionsministerien seit Februar 1958 wurden deren bisherige fachliche Hauptverwaltungen (jene Stellen also, die direkt oder über "Verwaltungen Volkseigener Betriebe "die Produktionsbetriebe anleiteten) unter der Bezeichnung "Vereinigungen Volkseigener Betriebe" in Industrieorten mit der Aufgabe der operativen und produktionsnahen Anleitung der "volkseigenen" Industriebetriebe etabliert.

87   Günther DÜNNEBIER, Karl-Heinz KÖHLER, Rudolf MAYERHOFER, Zur sozialistischen Rekonstruktion im Textilmaschinenbau, in: *Wirtschaftswissenschaft*, 1960, S. 363.

88   Otto WALTHER, Verwaltung, Lenkung und Planung der Wirtschaft in der sowjetischen Besatzungszone, Bonn 1953, S. 19f.

Landesverwaltung für Wirtschaft und Arbeit, 1946-48 Minister für Wirtschaft und Wirtschaftsplanung in Sachsen: „Meine Mitarbeiter waren keine Wirtschaftsplaner, und ich selbst hatte neben einigen ganz nebelhaften Vorstellungen von Wirtschaftsplanung auch keine Ahnung."[89]

Immer wenn das Adjektiv „neu" bei der „revolutionären Umwandlung" hinzugefügt wurde, wurde eine effiziente Form zerstört und gleichzeitig ein weniger effizientes Surrogat geschaffen, wie z.b. neue Arbeitsmethoden,[90] neue Verteilungsmethoden[91], neuer Handel[92], Entwicklung eines neuen Arbeitsbewußtseins bei der Jugend[93], neue Volksbanken, neue Banken, Sparkassen und Kreditgenossenschaften, neues Kreditsystem[94], neue demokratische Ordnung in Staat und Wirtschaft[95], neue Wege der demokratischen Entwicklung und neue Verwaltungsorgane[96], neuer Arbeitsstil,[97] neue Aufgaben, neue Abschreibungsverfahren, neue Formen der industriellen Produktion, neue Art des Verwaltens, neuer Inhalt der Arbeit, neue Buchhaltung auf den volkseigenen Gütern.[98] „Wir brauchen, um den Plan zu erfüllen, eine völlig neue Atmosphäre, eine Atmosphäre der Begeisterung, die daraus entsteht, daß jeder weiß: das Leben geht voran, wir entwickeln ein neues Leben."[99] Die Neuerungen erwiesen sich als zerstörerisch und autoritär. Der Aberglaube an das „Neue" hielt bis zum Zusammenbruch der DDR an. So ist in dem als „Geheim" eingestuften

---

89 Jörg ROESLER, Die Herausbildung und Entwicklung der Leitung und Planung der Volkswirtschaft in der DDR, in: *Wirtschaftswissenschaft*, 1979, 27. Jg., S. 702; Gerda HENSCHEL, Zur kritischen Analyse der Entwicklung des Planungssystems in der DDR, in: *Wirtschaftswissenschaft* 38, 1990, 5, S. 670-683; Werner MATSCHKE, Die industrielle Entwicklung in der Sowjetischen Besatzungszone Deutschlands (SBZ) von 1945 bis 1948, Berlin 1988, S. 349f.

90 Erhard FORGBERT, Neue Arbeitsmethoden - ein neuer Arbeitsstil sind im Bankwesen notwendig, in: *Deutsche Finanzwirtschaft*, 1950, H. 19/20, S. 348.

91 Bruno LEUSCHNER, Stellvertreter Vorsitzender der Deutschen Wirtschaftskommission, Die Aufgaben für jedes Land konkretisieren, in: Der deutsche Zweijahresplan für 1949 - 1950, Berlin 1948, S. 77.

92 Greta KUCKHOFF, Mitglied des Sekretariats der Deutschen Wirtschaftskommission, Gerechte Verteilung der Waren, in: ebenda, S. 97.

93 Ernst HOFFMANN, Leiter des Jugendsekretariats beim Zentralsekretariats, Mitglied des Parteienvorstandes der Sozialistischen Einheitspartei, Die Jugend an die Spitze der Aktivistenbewegung, in: ebenda, S. 106.

94 Ebenda, S. 149.

95 Ebenda, S. 176.

96 Ebenda, S. 152f.

97 Walter ULBRICHT, Rede vor der Deutschen Verwaltungsakademie, in: *Deutche Finanzwirtschaft,* 1950, H. 23/24, S. 510.

98 Eleonore DEUTRICH, Unseren Buchhaltern auf den volkseigenen Gütern muß geholfen werden! In: *Deutsche Finanzwirtschaft*, 1950, H. 23/24, S. 513-515.

99 Emmy DAMERIUS, Vorsitzende des Demokratischen Frauenbundes, Die Frauen helfen mit, in: Der deutsche Zweijahresplan für 1949 - 1950, Berlin 1948, S. 114.

Papier für das Zentralkomitee (ZK) der SED vom 27. 10. 1989 die Rede von „neuer Wirtschaftspolitik", einer „neuen" Stufe der Zusammenarbeit der DDR mit der UdSSR und „neuen" Formen der Zusammenarbeit innerhalb des RGW[100]. „Neu" kann als Synonym für „weniger effizient" angesehen werden.

Verallgemeinernd kann man feststellen, daß die Abkehr von lange gewachsenen, rationalen Systemen und Formen zu inkompetenten, nicht-theoriegestützten Experimenten führte, die stets geringere Effizienz besaßen, was wiederum zu neuen Experimenten Anlaß gab, deren Ergebnisse noch ineffizienter waren. Willy Rumpf, 1948/49 Leiter der Finanzabteilung der Deutschen Wirtschaftskommission, führte 1950 aus: „Alle Revisionen, alle Kontrollen, sie mögen gemacht werden, wo sie wollen, zeigen uns eindeutig immer wieder folgendes: Wir sparen noch nicht; wir haben noch nicht gelernt, mit dem Pfennig umzugehen! ... wir müssen unsere Arbeitsmethoden bezüglich der Sparsamkeit in der Verwaltung weitgehend ändern. Beispielsweise waren bei der Bewirtschaftung von Autobereifung im vorigen Jahr (1949, J.S.) 200 Formulare notwendig. Nach dem nun ein Jahr lang ein Kampf um Sparsamkeit, Verwaltungsvereinfachung und Abbau des Papierkrieges geführt wird, werden in diesem Jahr für dasselbe Aufgabengebiet 550 Formulare erforderlich"![101]

2. Zwangsliquidierung der Volks- und Betriebswirtschaftslehre und deren Substitution durch die Pseudo-Wissenschaft der Politischen Ökonomie des Sozialismus

Der Sozialismus/Kommunismus besaß und besitzt bis heute keine ordnungspolitische Konzeption[102]. 1989 stellte Abel Aganbegjan, seit 1986 Leiter der Abteilung Wirtschaft in der sowjetischen Akademie der Wissenschaften in Moskau, fest: „Wir haben wunderbare, auch im Westen allgemein bekannte mathematische Lehrbücher wie die 'Differential- und Integralrechnung' von Fichtenholz, das Lehrbuch der höheren Mathematik von W. Smirnow, oder, noch bekannter, das sechsbändige Physik-Lehrbuch von Landau und Liwschiz. Ähnlich bedeutende Lehrwerke der Ökonomie fehlen. Das typische Wirtschaftslehrbuch ist im 'Brigadestil' verfaßt, d.h. ein ganzes Kollektiv, beileibe nicht immer Gesinnungsgenossen, 'verbrät' in kürzester Zeit ein Lehrbuch, von dem der eine das eine und der andere ein anderes Kapitel übernimmt. Manchmal geht es nicht anders, doch ein wirklich wissenschaftliches Lehrwerk entsteht auf diese Weise nicht"[103].

---

100   Vorlage für das Zentralkomitee (ZK) der SED vom 27. 10. 1989: „Analyse der ökonomischen Lage der DDR mit Schlußfolgerungen", in: *Das Parlament*, 13. September 1994, S. 13f.

101   Willy RUMPF, Die zweite Etappe der Haushaltsreform, in: *Deutsche Finanzwirtschaft*, 1950, H. 23/24, S. 481-482.

102   Peter DOBIAS, Sozialismus - Marxismus, in: Otmar ISSING (Hrsg.), Geschichte der Nationalökonomie, 3. Aufl., München 1994, S. 122.

103   Abel AGANBEGJAN, Ökonomie und Perestroika. Gorbatschows Wirtschaftsstrategien, Hamburg

Anstelle von Fachwissen wurde in der SBZ/DDR schon Ende der vierziger Jahre die Weltanschauung des Marxismus-Leninismus vermittelt.[104] So heißt es in einem Bericht über den 3. Lehrgang an der Finanzschule Radebeul (1950): „Einen großen Teil des Lehrplanes füllte die Gesellschaftswissenschaft aus".[105] Die wissenschaftlichen Disziplinen Volks- und Betriebswirtschaftslehre wurden aus den Universitäten und damit aus der Ausbildung liquidiert und durch die Ideologie des Marxismus-Leninismus-Stalinismus ersetzt. „Vor der Staatsgründung der DDR (1949) wird die Betriebswirtschaftslehre mit ihren Vorkriegs-Studienschwerpunkten Berlin und Leipzig als kapitalistisches Überbleibsel praktisch abgeschafft."[106] Bis 1950 waren fast alle Professoren der Betriebs- und Volkswirtschaftslehre an den Universitäten der SBZ/DDR aus ihren Ämtern herausgedrängt[107]. An der Universität Jena wurden insgesamt 98 Prozent der Professoren entlassen, in Leipzig 100 Prozent, in Rostock 36 Prozent, in Greifswald 46 Prozent[108]. Typisch ist z.B., wie der an der Ostberliner Humboldt-Universität lehrende Betriebswirt, Prof. Dr. Konrad Mellerowicz[109], vertrieben wurde. Den Angriff auf Mellerowicz eröffnete Dr. Wolfgang Berger mit einem Beitrag unter dem Titel „Karl Marx als Kritiker der modernen Betriebswirtschaftslehre".[110] Nach Berger ist es notwendig, daß die Betriebswirtschaftslehre eine neue theoretische Grundlage erhalten müsse, die Betriebswirtschaftslehre sei als der „Teil in die Theorie der politischen Ökonomie aufzunehmen, der im besonderen der Analyse des innerbetrieblichen Produktionskreislaufs und seiner quantitativen Erfassung gewidmet ist".[111] Mellerowicz antwortete, daß es

---

1989, S. 80f.

104 Wolfgang LEONHARD, Die Etablierung des Marxismus-Leninismus in der SBZ / DDR (1945 - 1955), in: Aus Politik und Zeitgeschichte. Beilage zur Wochenzeitung Das Parlament, 7. Okt. 1994, S. 3 - 11.

105 So wird auf unseren Finanzschulen gearbeitet. Bericht über den 3. Lehrgang an der Finanzschule Radebeul, in: *Deutsche Finanzwirtschaft*, 1950, H. 23/24, S. 516-517.

106 Dieter SCHNEIDER, Allgemeine Betriebswirtschaftslehre, 3. Aufl., München 1987, S. 150; Gabriele DITTMANN, Zur institutionellen Formierung der politischen Ökonomie des Sozialismus in der DDR im Zeitraum von 1945 bis 1950, in: *Wirtschaftswissenschaft* 32, 1984, S. 1183ff.; Dies., Zur Formierung der politischen Ökonomie des Sozialismus als Lehr- und Forschungsdisziplin während der Übergangsperiode vom Kapitalismus zum Sozialismus in der DDR, Diss. A, Berlin 1983.

107 Hans WETZEL, Fakultäten ändern ihr Gesicht. In: *Einheit*, 13. Jg., Febr. 1958, Heft 2, S. 187ff.; Klaus BRAUNREUTHER, Zur Auseinandersetzung mit der bürgerlichen Betriebswirtschaftslehre, in: *Wirtschaftswissenschaft*, 1959, S. 591-592.

108 Zum 30. Jahrestag der Befreiung vom Hitlerfaschismus. Interview mit S.I. Tjulpanow und Fred Oeßner, in: *Wirtschaftswissenschaft*, 1975, S. 646. Aussage von S.I. Tjulpanow.

109 Ab 1950 Technische Universität (West-)Berlin. Zu Mellerowicz: Aribert PEECKEL (Hrsg.), Konrad Mellerowicz. Bibliographie seiner Veröffentlichungen und Aufsatzsammlung, 2 Bde., München 1990.

110 In: *Deutsche Finanzwirtschaft*, Jg. 3, 1. Oktoberheft 1949.

111 Ebenda, S. 253.

eine Betriebswirtschaftslehre auf der Grundlage der politischen Ökonomie nicht geben kann, da beide ganz disparaten Sphären angehören. Nach Mellerowicz kann es nur geben: eine Betriebswirtschaftslehre auf Grund von Tatsachen und Zahlen des Einzelbetriebs und der jeweils neuesten Ergebnisse technischer und betriebswirtschaftlicher Forschung".[112] Fritz Behrens, Leipzig, stellte die Frage „Ist die Betriebswirtschaftslehre eine Wissenschaft?"[113] Seine Antwort lautete: „Da die Betriebswirtschaftslehre ein Teil der modernen bürgerlichen Ökonomie ist und daß - da die moderne bürgerliche Ökonomie insgesamt keine wissenschaftliche Ökonomie mehr ist - daher auch die Betriebswirtschaftslehre keine wissenschaftliche Ökonomie mehr sein kann.[114] Behrens forderte eine Lehre vom volkseigenen Betrieb. Eine solche entstand z.B. in der „Ökonomik des Binnenhandels" (1953). Hans Fülle bemerkte dazu: „In der Sowjetunion entstand deshalb neben der politischen Ökonomie des Sozialismus eine ganze Reihe ökonomischer Disziplinen -auch die Ökonomie des Sowjethandels - die sich das spezielle Studium der Ökonomik der Zweige der Volkswirtschaft zur Aufgabe machten. Für die ökonomische Lehr- und Forschungsarbeit in unserer Republik trifft im Prinzip das gleiche zu"[115]. Die „Ökonomiken" der Wirtschaftszweige oder -bereiche wurden 1968 als Irrweg angesehen. „Die Industrieökonomik[116] bisheriger Prägung war teils zu eng, teils zu sehr bloße Wiederholung der Grundlagen der politischen Ökonomie, um eine zureichende Antwort auf die spezifischen Probleme des Wirtschaftens in den sozialistischen Betrieben geben zu können. ... Die Entwicklung der sozialistischen Betriebe im ökonomischen System erfordert dringend die Ausarbeitung der wissenschaftlichen Grundlagen sozialistischer Wirtschaft. ... In Verbindung mit der Forderung, die sozialistische Betriebswirtschaftslehre auszubauen, wird mitunter die Frage gestellt, ob nicht hierdurch ein Bruch in der bisherigen Entwicklung hervorgerufen wird: Anfang der 50er Jahre wurde in unserer Republik in der Hochschulausbildung die Betriebswirtschaftslehre für die Industrie und den Handel durch die Zweigökonomiken einschließlich der Organisation und Planung des sozialistischen Betriebes abgelöst. Die

112 Konrad MELLEROWICZ, Betriebswirtschaftslehre und politische Ökonomie, in: _Deutsche Finanzwirtschaft_, Heft 15, 1949, S. 517; J. WINTERNITZ, Zur Kritik der betriebswirtschaftlichen Metaphysik, _in: Deutsche Finanzwirtschaft_, Jg. 4, H. 2, 1950, S. 52-57.
113 In: _Deutsche Finanzwirtschaft_, Jg. 4, H. 2, 1950, S. 57.
114 Kurt BRAUNREUTHER, Versuch einer theoriegeschichtlichen Darstellung der bürgerlichen Betriebswirtschaftslehre, in: _Wissenschaftliche Zeitschrift der Humboldt-Universität_, Gesellschafts- und Sprachwissenschaftliche Reihe, H. 4, 1955/56.
115 Hans FÜLLE, Zur Ökonomik des Binnenhandels. Bemerkungen zur gleichnamigen Arbeit von Dr. Teichmann, in: _Wirtschaftswissenschaft_, 1953, S. 302.
116 Fritz LANDGRAF, Die Industrieökonomik als Forschungsdisziplin, in: _Wirtschaftswissenschaft_, 1953, S. 282 - 294; Hans ARNOLD, Hans BORCHERT, Johannes SCHMIDT, Ökonomik der sozialistischen Industrie in der Deutschen Demokratischen Republik, Lehrbuch, 4., verbesserte und erweiterte Auflage, Berlin 1958.

Frage, inwieweit die Ausarbeitung der sozialistischen Betriebswirtschaftslehre einen Bruch gegenüber den Zweigökonomiken darstellt, ist zumeist verbunden mit der Vorstellung, es handle sich hierbei um eine „Rehabilitierung" der Betriebswirtschaftslehre vor 1950"[117].

Im Vorwort des Fachschullehrbuchs „Sozialistische Betriebswirtschaft" (Autorenkollektiv, 3. überarbeitete Auflage, Berlin 1977) heißt es: „Ausgangspunkt waren die Beschlüsse des IX. Parteitages der SED, neue Rechtsvorschriften, Veränderungen im Handel sowie Erfahrungen beim Einsatz des Buches und die Hinweise der Gutachter" (S. 11). Als Belege der „Sozialistischen Betriebswirtschaft" (Fußnoten) werden folgende Quellen angegeben: Verfassung der DDR (Art. 14); Programm der SED (Berlin 1976, S. 22); Statistisches Jahrbuch der DDR (1967, 1976); Direktiven des IX. Parteitages der SED zum Fünfjahresplan; Verordnungen, Anordnungen, Anweisungen, Durchführungsverordnungen, Richtlinien; Arbeitsgesetzbuch der DDR sowie Schriften von Karl Marx, Lenin und Honecker. Dieses „Fachschullehrbuch" ist, wie auch alle anderen Lehrbücher zur politischen Ökonomie (z.b. Geld und Kredit in der DDR, 1985; Politische Ökonomie Lehrbuch, 3. Aufl. 1959) wissenschaftlich unbrauchbar[118] (siehe Abb. 7).

Jossif Wissarionowitsch Stalin hat in seinem Beitrag „Ökonomische Probleme des Sozialismus in der UdSSR" die ökonomischen Grundgesetze des modernen Kapitalismus und des Sozialismus so formuliert: „Die wichtigsten Züge und Erfordernisse des ökonomischen Grundgesetzes des modernen Kapitalismus können etwa folgendermaßen formuliert werden: Sicherung des kapitalistischen Maximalprofits durch Ausbeutung, Ruinierung und Verelendung der Mehrheit der Bevölkerung des gegebenen Landes, durch Versklavung und systematische Ausplünderung der Völker anderer Länder, besonders der zurückgebliebenen Länder, und schließlich durch Kriege und Militarisierung der Volkswirtschaft, die der Sicherung von Höchstprofiten dienen. .... Die wesentlichen Züge und Erfordernisse des ökonomischen Grundgesetzes des Sozialismus können etwa folgendermaßen formuliert werden: Sicherung der maximalen Befriedigung der ständig wachsenden materiellen und kulturellen Bedürfnisse der gesamten Gesellschaft durch ununterbrochenes Wachstum und stetige Vervollkommnung der sozialistischen Produktion auf der Basis der höchst-

---

117   Gerd FRIEDRICH, Fritz HABERLAND, Helmut KOZIOLEK, Sozialistische Betriebsführung im ökonomischen System des Sozialismus, in: *Einheit*, Heft 3, 1968, S. 303, 311 f.; Gerd FRIEDRICH, Joachim GARSCHE, Rudolf LEIßING, Horst MODEL, Zur Gestaltung der Betriebswirtschaftslehre und zur Theorie der Betriebsführung sozialistischer Warenproduzenten (Thesen), in: *Wirtschaftswissenschaft*, 1968, S. 1585 - 1598.

118   Helmut KOZIOLEK, Zur dritten Ausgabe des Lehrbuches Politische Ökonomie -(Politische Ökonomie des Sozialismus), in: *Deutsche Finanzwirtschaft* 14, 1959, S. 314. „Das Lehrbuch für Politische Ökonomie hat in der Deutschen Demokratischen Republik eine sehr weite Verbreitung gefunden. Es war und ist ein großer Helfer bei der Aneignung der grundlegenden polit-ökonomischen Verhältnisse"; II. Teil, 15, 1959 S. 357-360; III. Teil, 16, 1959, S. 374-377; IV. Teil, 17, 1959, S. 393-396.

entwickelten Technik"[119]. In dem gleichen Beitrag forderte Stalin ein marxistisches Lehrbuch der politischen Ökonomie. „Das Lehrbuch benutzt die **historische Methode** (Hervorhebung J.S.) zur Illustration der Probleme der politischen Ökonomie, aber das bedeutet noch nicht, daß wir das Lehrbuch der politischen Ökonomie in eine Geschichte der ökonomischen Beziehungen verwandeln sollen"[120]. Das „Politische Ökonomie Lehrbuch" (3. Aufl. 1959) ist eine Darstellung der Geschichte aus marxistisch-lenistisch-stalinistischer Sicht, eine Mixtur von wissenschaftlich verbrämten Allgemeinplätzen gepaart mit apologetischen, subjektiven, voluntaristischen und utopischen Elementen und ohne jeglichen Theoriegehalt. In einer Geschichte der Wirtschaftstheorien wird dieses Lehrbuch entweder übergangen oder in einem Nebensatz als Irrweg, als Sackgasse angesehen werden.

Abb. 7: Sozialistische Lehrbücher

Autorenkollektiv: Sozialistische Betriebswirtschaft im Binnenhandel Fachschullehrbuch, 3.überarb. Aufl., Berlin 1975, S. 11f., 17.

Die Publikation entspricht dem Lehrprogramm der betriebswirtschaftlichen Grundausbildung an den Fachschulen des Wirtschaftszweiges und ist seit 1976 verbindliches Lehrbuch. ... Das Buch wurde inhaltlich und methodisch weiter vervollkommnet. Ausgangspunkt waren die Beschlüsse des IX. Parteitages der SED, neue Rechtsvorschriften, Veränderungen im Handel sowie Erfahrungen beim Einsatz des Buches und die Hinweise der Gutachter. ... Die praktische betriebswirtschaftliche Tätigkeit wird durch die Erkenntnisse der sozialistischen Betriebswirtschaftslehre unterstützt.

Die sozialistische Betriebswirtschaftslehre ist eine spezielle Disziplin der marxistisch-leninistischen Wirtschaftswissenschaften.

Autorenkollektiv: Lehrbuch "Geld und Kredit in der DDR", Berlin (Ost) 1985

(25 Autoren, davon etwa ein Viertel in der Staatsbank bzw. im Ministerium für Finanzen tätig)
In dem gesamten, rund 330 Seiten umfassenden Lehrbuch ist nicht eine einzige Bezugnahme auf die Praxis, die tatsächlichen Vorgänge der Kreditgewährung, der Bargeldeinsatzplanung oder des Staatshaushaltes enthalten, die realen Aussagewert hat.

Akademie der Wissenschaften der UdSSR, Institut für Ökonomie: Politische Ökonomie - Lehrbuch. Nach der 3. überarb., russischen Aufl., Berlin 1959, S. 782.

Der wichtigste Schluß, den die politische Ökonomie aus der Analyse des gesamten Verlaufs der ökonomischen Entwicklung der Gesellschaft zieht, ist die Schlußfolgerung, daß der Kapitalismus historisch überlebt und der Triumph des Kommunismus unausbleiblich ist. Der Bewegung der modernen Gesellschaft zum Kommunismus liegen die objektiven Gesetze der gesellschaftlichen Entwicklung zugrunde. Der Kommunismus entsteht als Ergebnis des bewußten Schaffens der Millionenmassen der Werktätigen unter Führung der Kommunistischen Partei, die mit der Theorie des Marxismus-Leninismus ausgerüstet ist. Es gibt in der Welt keine Kraft, die den Vormarsch der Gesellschaft zum Kommunismus aufhalten könnte.

---

119   J. STALIN, Ökonomische Probleme des Sozialismus in der UdSSR. Bemerkungen zu ökonomischen Fragen, die mit der November-Diskussion zusammenhängen, in: *Einheit*, 7. Jg., Nov. 1952, Heft 11, S. 1034 f.

120   Ebenda, S. 1038.

Als Propagandisten für eine sozialistische Planwirtschaft nach dem Modell der Sowjetunion wirkten nach 1945 F. Oelßner, A. Lemmnitz, L. Zahn, E. Altmann, F. Behrens, W. Stoph, F. Selbmann, B. Leuschner, W. Becker , R. Naumann, H. Rau, O. Reinhold und W. Rumpf. Die meist sehr vagen und wissenschaftlich verbrämten Beiträge erschienen fast immer in der Zeitschrift „Einheit".[121] Die Beiträge bestehen aus einem Sammelsurium von zusammenhanglosen Einzelfakten, wissenschaftlich nicht begründbaren moralischen Urteilen, Worthülsen, Leerformeln und Phrasen, Haarspaltereien, Sophismen und Glaubensbekenntnissen.

3. Dogmatische Denkschablonen im Spiegel der Zeitschrift „Wirtschaftswissenschaft" (1953-1990)

Die Zeitschrift „Wirtschaftswissenschaft" begann im Karl-Marx-Jahr 1953 ihre Tätigkeit. Das Redaktionskollegium schickte der ersten Nummer einen Beitrag mit dem Titel „Unsere Aufgabe" voran.[122] Es heißt darin: „Es muß daher die erste Pflicht dieser Zeitschrift sein, die ökonomischen Lehren von Marx und Engels, von Lenin und Stalin zu erläutern und auf dieser Grundlage selbständige, schöpferische Forschungsarbeit zu leisten. ... eine besondere Verpflichtung besteht darin, die wirtschaftswissenschaftliche Arbeit in unserer Republik viel tiefer und konsequenter, als dies bisher geschah, auf Stalins 'Ökonomische Probleme des Sozialismus in der UdSSR'[123], diesem Marktstein in der Entwicklung der politischen Ökonomie, auf-

---

121   Gabriele DITTMANN, Theoretische Diskussionen zu ökonomischen Problemen in den ersten Nachkriegsjahren bis zur Gründung der DDR, in: *Wirtschaftswissenschaft* 37, 1989, 11, S. 1647- 1667; Rita SPRENGEL, Probleme moderner Planwirtschaft, in: *Einheit* 1947/6, S. 533ff.; Ing. Hans-Heinz SCHOBER, Die zweite Komponente der Planwirtschaft, in: *Einheit* 1947/6, S. 540ff.; Fred OELSSNER, Wirtschaftsplanung und Planwirtschaft. Einige kritische Bemerkungen zu dem Artikel von Rita Sprengel, in: *Einheit* 1947/8, S. 751ff.; Willy BECKER, Warum Wirtschaftsplanung?, in: *Einheit* 1947/7, S. 614ff.; Alfred LEMMNITZ, Verstaatlichung und Vergesellschaftung, in: *Einheit* 1947/10, S. 943ff., zweiter Teil, in: *Einheit* 1947/11, dritter Teil, in: *Einheit*, 1948/1, S. 58ff.; Lola ZAHN, Die ökonomischen Grundbegriffe der Sowjetplanwirtschaft, in: *Einheit* 1948/2, S. 111ff.; Dies., Einige kritische Bemerkungen zur Wirtschaftsplanung, in: *Einheit* 1948/6, S. 508ff.; Bruno LEUSCHNER, Die Grundprinzipien der Planung, in: *Einheit* 1949/4, S. 307ff.; Willi STOPH, Probleme der Wirtschaftsplanung, in: *Einheit* 1948/12, S. 1138ff.
122   *Wirtschaftswissenschaft*, 1. Jg. 1953, S. 1-3.
123   J. STALIN, Ökonomische Probleme des Sozialismus in der UdSSR, Berlin 1952; Robert NAUMANN, J.W. Stalin als Ökonom, in: *Wirtschaftswissenschaft*, 1. Jg., 1953, S. 4-20; Arne BENARY, Günther SCHIPPEL, Siegfried WENGER, Über die Auswertung der Arbeit Stalins „Ökonomische Probleme des Sozialismus in der UdSSR" an der wirtschaftswissenschaftlichen Fakultät der Karl-Marx-Universität in Leipzig, S. 198-202. Eva ALTMANN, Alfred LEMMNITZ, Gunther KOHLMEY, Robert NAUMANN, Für einen konsequent marxistisch-leninistischen Unterricht der politischen Oekonomie. Die Entwicklung der Lehre der politischen Ökonomie zu einer Waffe im Lebenskampf des deutschen Volkes, in: *Einheit*, 6. Jg., Juni 1951, Heft 10, S. 624-635; vgl. dazu: Werner KRAUSE, Karl-Heinz GRAUPNER, Rolf SIEBER (Hrsg.), Ökonomenlexikon, Berlin 1989 und Jochen CERNY (Hrsg.), Wer war wer - DDR. Ein biographisches Lexikon, 2. Aufl., Berlin 1992.

zubauen. ... Den deutschen Werktätigen müssen in wissenschaftlich tief begründeten Arbeiten die überlegene Kraft der Sowjetunion auf dem Wege zum Kommunismus und die Erfolge der volksdemokratischen Länder nachgewiesen werden. ... Dem täglich erstarkenden Lager der Demokratie und des Sozialismus steht die imperialistische Welt mit ihrer Ausbeutung und Unterdrückung, Fäulnis und Aggression gegenüber. In dieser Zeitschrift sind daher die ökonomischen Wurzeln der imperialistischen Aggression ebenso wie die Entwicklung der imperialistischen Widersprüche und der Zerfall des imperialistischen Kolonialsystems aufzudecken. Von besonderer Bedeutung ist die Lösung der Probleme der Vertiefung der allgemeinen Krise des kapitalistischen Systems; insbesondere der Zerfall des einst einheitlichen Weltmarktes. Bei den Analysen dienen die von Stalin entdeckten ökonomischen Grundgesetze des Sozialismus und des modernen Kapitalismus als Grundlage".

Damit waren die dogmatischen Denkschablonen geschaffen, in denen sich die Beiträge in der „Wirtschaftswissenschaft" bis 1989, also 36 Jahre lang, bewegten[124]. Im Oktober 1988 fand am Zentralinstitut für sozialistische Wirtschaftsführung beim Zentralkomitee der SED die 57. Tagung des Wissenschaftlichen Rates für Fragen der Leitung in der Wirtschaft unter Prof. Dr. Gerd Friedrich statt.[125] Die Tagung stand unter dem Thema: „Leistungsmotivation unter den Bedingungen der umfassenden Intensivierung - Rolle und Aufgaben der Leiter". Prof. Dr. Schmunk von der Gewerkschaftshochschule „Fritz Heckert" äußerte sich auf dieser Tagung zur motivierenden Rolle des sozialistischen Wettbewerbs. „Er betonte die Notwendigkeit, den sozialistischen Wettbewerb von formalen Elementen zu befreien und ein echtes Wetteifern um höhere Leistungen zu erreichen. Zu den Grundlagen des Wettbewerbs wurde auf die Marx'schen Hinweise der „Erregung der Lebensgeister" im kooperativen Arbeitsprozeß und auf die Leninschen Prinzipien der Organisation des sozialistischen Wettbewerbs verwiesen".[126]

Anläßlich des 110. Geburtstages von W. I. Lenin (1870-1924) lud der Direktor der Sektion Wirtschaftswisenschaften der Berliner Humboldt-Universität, Prof. Dr. Apelt, zu einem wisenschaftlichen Kolloquium (Dienstagsgespräch) zum Thema: „W.J. Lenin und aktuelle Probleme der Weltwirtschaft an der Schwelle des neuen

---

124 Heinz-Dietrich ORTLIEB, Der gegenwärtige Stand der Sozialisierungsdebatte in Deutschland, in: Walter WEDDIGEN (Hrsg.), Untersuchungen zur sozialen Gestaltung der Wirtschaftsordnung, Berlin 1950, S. 275: „Eine Rückwendung des Sozialismus zum orthodoxen Marxismus müßte daher einen Abbruch der Sozialisierungsdebatte zur Folge haben, da es das Kennzeichen moderner totalitärer Systeme ist, daß sie eine Diskussion im wissenschaftlichen Sinne über solche Fragen nicht mehr führen".

125 Rudolf LEIBING, Ursula WEIßPFLUG, Konferenzen, Berichte, Informationen. Leitungsmotivation unter den Bedingungen der umfassenden Intensivierung - Rolle und Aufgaben der Leiter, in: *Wirtschaftswissenschaft*, Jg. 1989.

126 Ebenda, S. 585.

Jahrzehnts" ein. „Insgesamt bestätigte das Kolloquium erneut die Allgemeingültig-keit der Leninschen Lehre vom Charakter unserer Epoche, von der Perspektivlosig-keit des Imperialismus und des kapitalistischen Weltwirtschaftssystems, von dem unaufhaltsamen Fortschritt des Sozialismus[127].

Der Wissenschaftliche Rat für die wirtschaftswissenschaftliche Forschung bei der Akademie der Wissenschaften der DDR (Berlin) tagte 1988.[128] Bei dieser Tagung konstatierte Richter: „Die historische Errungenschaft, daß an den Universitäten und Hochschulen der DDR das Studium der Klassikerschriften (Marx, Engels, Lenin) einen festen Platz hat, gilt es zu bewahren und weiter zu festigen".[129] Maier sprach zu den Aufgaben der Politischen Ökonomie bei der Ausbildung und klassenmäßigen Erziehung der Studenten der Wirtschaftswissenschaften. „Seit September 1988 wird nach einem neuen Studienplan gearbeitet, dem die Beschlüsse des Politbüros des Zentralkomitees der SED über die Neugestaltung der Aus- und Weiterbildung der Ökonomen zugrunde liegen ... Die beschleunigte Entwicklung der Produktivkräfte und des Systems der Produktionsverhältnisse sowie daraus abgeleitet der ökonomi-schen Regelungen verlangt mehr als bisher solide marxistisch-leninistische Kennt-nisse über die Entwicklungsprozesse".[130] Seit 1953 hatte sich nur eines geändert: J. W. Stalin, der mit W. I. Lenin die Lehre von Karl Marx und Friedrich Engels, „genial weiterentwickelt" hatte[131], galt nicht mehr als „Klassiker".

Redaktionskollegium und Redaktion der „Wirtschaftswissenschaft" wandten sich „in eigener Sache" im Februar 1990 an die wissenschaftliche Öffentlichkeit: „eine mächtige Volksbewegung brach innerhalb weniger Wochen in unserem Lande die alten Machtstrukturen und dogmatischen Denkschablonen auf. Damit wurde auch in der DDR eine Sozialismuskonzeption zu Grabe getragen, die vom Volk nicht mehr akzeptiert werden konnte. ... Als illusionär und utopisch hat sich die Vorstellung er-wiesen, eine Alternative zur kapitalistischen Gesellschaftsformation zu finden, die auf der völligen Negation historisch gewachsener Institutionen beruht: Das Aus-schalten des Marktes und der Konkurrenz raubte der Wirtschaft wesentliche Trieb-kräfte; das Ersetzen des politischen Pluralismus und der Demokratie durch ein Machtmonopol ließ Wirtschaft und Gesellschaft in administrativ - bürokratischen

---

127   Die Lehre Lenins und die Weltwirtschaft der achtziger Jahre, in: *Wirtschaftswissenschaft*, 1980, S. 733.

128   Tagung des Wissenschaftlichen Rates für die wirtschaftswissenschaftliche Forschung bei der Aka-demie der Wissenschaften der DDR. Die politische Ökonomie des Sozialismus und ihre Aufgaben bei der weiteren Gestaltung der entwickelten sozialistischen Gesellschaft in der DDR (Hans-Jürgen RUCHHÖFT, Eckhard SCHMIDT), in: *Wirtschaftswissenschaft*, 37. Jg., 1989, S. 1281-1299.

129   Hans-Jürgen RUCHHÖFT, Eckhard SCHMIDT, Zum weiteren Verlauf der Beratung, in: ebenda, S. 1304-1305.

130   Ebenda.

131   Robert NAUMANN, J.W. Stalin als Ökonom, in: *Wirtschaftswissenschaft* 1, 1953, S. 20.

Fesseln mehr und mehr erstarren. ... Tiefe Widersprüche charakterisieren die gegenwärtige Wirtschaftslage: Disproportionen und ungenügende Wettbewerbsfähigkeit, Verzerrungen in den Wert- und Preisrelationen im Innern und vor allem im Vergleich zum Weltmarkt, Haushaltsdefizit, Geld- und Kaufkraftüberhänge, eine angespannte Zahlungsbilanz und weitere Faktoren signalisieren die Krisensituation". Politökonomen waren oft „Propagandisten dieser Wirtschaftspolitik und dieses Wirtschaftssystems, das in die Sackgasse führte".[132] Redaktionskollegium und Redaktion verharrten jedoch in Illusionen und Utopien: „Die revolutionäre Erneuerung des Sozialismus muß, wenn sie erfolgreich sein soll, neue Triebkräfte für Leistungs- und Effektivitätszuwachs freisetzen". Da alle wirtschaftspolitischen Experimente des Sozialismus fehlschlugen, war die „revolutionäre Erneuerung des Sozialismus" eine Utopie, bei der die realen Bedingungen des Wirtschaftslebens und der menschlichen Natur vernachlässigt werden können [133].

Der „Leitfaden zum Studium der Politischen Ökonomie des Sozialismus für Studenten der Grundstudienrichtung Wirtschaftswissenschaften an Universitäten und Hochschulen der DDR", Dresden 1988, der mit dem Studienjahr 1990 beginnend zur Verfügung gestellt werden sollte, enthält als Pflichtliteratur Schriften von K. Marx, F. Engels, W. I. Lenin und E. Honecker.

4. Unterschiede des Kostenbegriffs in einer Marktwirtschaft und einer sozialistischen Zentralplanwirtschaft

Die Grundfunktionen des Rechnungswesens in einem Betrieb einer Marktwirtschaft gegenüber den Grundfunktionen des Rechnungswesens einer Zentralplanwirtschaft sind gänzlich verschieden. Dies trifft auch auf die Kosten zu. In der Marktwirtschaft wird unter Kosten ein wertmäßiger Güter- und Diensteverzehr zur Erstellung von betrieblichen Leistungen verstanden[134]. In der Zentralplanwirtschaft wird unter Kosten der Geldausdruck für *die zur Herstellung einer Leistung verbrauchte und vergegenständlichte lebendige Arbeit* verstanden[135]. Die Basis für die Kostenrechnung ist das Marxsche Wertgesetz. Die Höhe des Wertes eines Produktes wird durch die zu seiner Herstellung aufgewendete gesellschaftlich notwendige Arbeit bestimmt.

---

132   Redaktionskollegium und Redaktion, In eigener Sache, in: *Wirtschaftswissenschaft*, 1990, 38. Jg., Februar, S. 161-162.

133   Helmut JENKIS, Sozialutopien - barbarische Glücksverheißungen? Zur Geistesgeschichte der Idee von der vollkommenen Gesellschaft, Berlin 1992, S. 392ff.

134   Konrad MELLEROWICZ, Kostenrechnung, in: HdSW, 6. Bd., 1959, S. 206; Hermann FUNKE / Konrad MELLEROWICZ / Hans-Günther ABROMEIT, Grundfragen und Technik der Betriebsabrechnung, 3. Aufl., Freiburg i.Br. 1962.

135   Ökonomisches Lexikon A-K, Berlin (Ost), S. 1144; Wörterbuch der Ökonomie. Sozialismus, Berlin (Ost) 1979, S. 506: „Kosten: in Geld bewerteter Verbrauch von vergegenständlichter und (in Lohn ausgedrückter) lebendiger Arbeit und sonstige Geldausgaben zur Vorbereitung der Produktion sowie zur Herstellung und Realisierung von Erzeugnissen und Leistungen".

„Dabei ist die Vorstellung von Marx, ein einheitliches physiologisches Maß aller menschlicher Arbeit, der physischen wie auch der geistigen, konstruieren und als Maßstab für eine zentrale Bestimmung der Werte aller Güter und Leistungen verwenden zu können, bereits von Böhm-Bawerk (1851-1914) als 'ein theoretisches Kunststück von verblüffender Naivität' bezeichnet worden."[136] Karlheinz Kleps gelangt bei der Analyse der Marxschen Arbeitswertlehre und ihrer Bedeutung für die sozialistische Preispolitik zu zwei Feststellungen:[137]

(1) Wenn man sich der Auffassung von Hilferding,[138] Hofmann[139] und anderen marxistischen Ökonomen anschließt, dann wird die Schlußfolgerung unabweisbar, daß es für die 'planmäßige Preisbildung' im real existierenden Sozialismus gar keine marxistisch-theoretische Fundierung gibt.

(2) Entgegen dem Ausweichmanöver der genannten und anderer marxistischer Theoretiker erklären die Planer in den sogenannten sozialistischen Ländern seit jeher unverändert, daß die Arbeitswertlehre von Marx die maßgebliche Grundlage für alle ihre Einzelpreisentscheidungen bildet.

Kleps resümiert: „Der 'planmäßigen Preisbildung' fehlt in der Zentralverwaltungswirtschaft bisher und auch in absehbarer Zukunft noch jegliche ökonomisch-theoretische Grundlage."[140]

Auf die Unterschiede des Kostenbegriffs in einer Marktwirtschaft und einer Zentralplanwirtschaft ging Dipl-Kfm. J. Heinicke in der Plenarsitzung des Forschungsbeirates für Fragen der Wiedervereinigung Deutschlands (beim Bundesminister für gesamtdeutsche Fragen) am 11./12. Juli 1960 ein[141]:

> „Die zentrale Planung bestimmt, was Kosten sind und was nicht. Hierauf hat der Betrieb keinen Einfluß. ... Was als Kosten verrechnet werden darf, bestimmt in der Zentralverwaltungswirtschaft letzten Endes die Staatsraison. Sie legt ebenso die Arbeitsnormen und Abschreibungen fest, wie sie bestimmt, welche Kosten in die Selbstkosten verrechnet werden dürfen und welche nicht. ... Was würde es bedeuten, wenn z.B. nach der Wiedervereinigung ein modifizierter VEB im Sinne der Kostentheorie der Zentralverwaltungswirtschaft kalkulieren würde? Nun, seine

---

136   Karlheinz KLEPS, Staatliche Preispolitik. Theorie und Realität in Markt- und Planwirtschaft, München 1984, S.160f.

137   DERS. a.a.O., S.162

138   Rudolf HILFERDING, Böhm-Bawerks Marx-Kritik. in: „Marx-Studien" - Blätter zur Theorie und Politik des wissenschaftlichen Sozialismus, Bd.I, 1904, S.1ff.

139   Werner HOFMANN, Wert- und Preislehre, Berlin (Ost) 1964.

140   Karlheinz KLEPS, a.a.O., S.162.

141   Dipl.-Kfm. J. HEINICKE, Referat in der Plenartagung des Forschungsbeirates am 11./12. Juli 1960 über: Unterschiede des Kostenbegriffs in einer Marktwirtschaft und einer Zentralplanwirtschaft, in: Material Prof. Gleitze, Studiengruppe „Umstellung des betrieblichen Rechnungswesens, nicht Bilanzierungsausschuß", Archiv der Sozialen Demokratie, Bonn.

Selbstkostenrechnung würde den tatsächlichen Kostenverbrauch nicht widerspiegeln.

...Wenn ein modifizierter VEB in der Marktwirtschaft im sowjetzonalen Kostendenken verharren würde, würde er einfach nicht rechtzeitig genug erkennen, inwieweit und ob überhaupt seine tatsächlichen Selbstkosten durch den Marktpreis gedeckt sind. Das Rechnungswesen, und besonders die Kostenrechnung soll aber doch der Unternehmensleitung geeignete Unterlagen liefern, die anzeigen, ob die Produktion dieser oder jener Erzeugnisse auszudehnen, einzuschränken oder gar einzustellen ist". Auch bei der wirtschaftlichen Rechnungsführung wurde die Sowjetunion als Modell dargestellt[142]. Gerhard Richter konstatierte 1958: „Wir wissen nicht einmal, was die Produktionsmittel wirklich kosten"[143]. 1990 wurde lapidar festgestellt: „Die Kosten sind spürbar zu senken. ... Unseres Erachtens reift die Zeit heran, nicht nur einzelne Elemente zu vervollkommnen, sondern das Gesamtkonzept der Kostenrechnung zu überdenken. Dies ermöglicht es, Detailwirkungen in das Ganze einzuordnen."[144] Im Klartext bedeutet dies, daß die sozialistische Kostenrechnung bis 1990 keinen Einblick in die Struktur der Kosten eines Betriebs vermittelte.

V. Von der nationalsozialistischen Kriegswirtschaftsordnung zur sozialistischen Zentralplanwirtschaft in der SBZ/DDR

In der westdeutschen Wirtschaftsgeschichtsforschung wird bei der Aufarbeitung der Wirtschaftsgeschichte der SBZ/DDR von zwei Forschungshypothesen ausgegangen. Karl C. Thalheim und Friedrich Lütge gehen von einer Rezeption des Sowjetmodells aus.[145] Harald Winkel setzt in seinem Beitrag „Wirtschaftsgeschichte Deutschlands 1945-1965" im Handwörterbuch der Wirtschaftswissenschaften einen anderen Akzent: „Das 1945 vorgefundene System eines staatlichen Lenkungs- und Kontrollmechanismus mit allen Bewirtschaftungsmaßnahmen wird übernommen und im Sinne einer sozialistischen zentralen Planwirtschaft ausgebaut".[146]

---

142 Robert NAUMANN, Das Prinzip der wirtschaftlichen Rechnungsführung in der Sowjetunion, in: *Einheit* 1951/13, S. 935ff.; Lothar EICHERT, Gottfried SCHNEIDER, Wirtschaftliche Rechnungsführung in unserer sozialistischen Praxis - Verwirklichung Leninscher Ideen, in: *Einheit*, Heft 11, 1969, S. 1295-1303.

143 Gerhard RICHTER, Die politische Ökonomie und unsere Preise, in: *Wirtschaftswissenschaft*, 1958, S. 214; Werner KRETSCHMER, Zur Methode der Ermittlung des Anteils der Investitionskosten bei Wirtschaftlichkeitsberechnungen, in: *Wirtschaftswissenschaft*, 1958, S. 983 ff.

144 Christian PORAN, Edwin POLASCHEWSKI, Uwe SCHLEIN, Zur Theorie der Kostenrechnung, in: Wirtschaftswissenschaft 38, 1990, 1, S. 81.

145 Karl C. THALHEIM, Die Wirtschaft der Sowjetzone in Krise und Umbau, Berlin 1964, S. 7. Friedrich LÜTGE, Wirtschaftsgeschichte (II, 4. Bd.) Deutsche Wirtschaftsgeschichte, in: HdSW, Bd. 12, 1965, S. 184.

146 Harald WINKEL, Wirtschaftsgeschichte Deutschlands 1945-1965, in: HdWW, Bd. 9, 1988, S. 108.

Wenn man die nationalsozialistische Kriegswirtschaftsordnung mit der späteren sozialistischen Zentralplanwirtschaft vergleicht, so kann man konstatieren, daß die nationalsozialistische Kriegswirtschaftsordnung eine sehr gute Basis für die Rezeption des Sowjetmodells bot (siehe Abb. 8, Faltblatt).

1. Vereinheitlichung des Rechnungswesens: Vom Pflichtkontenrahmen (1937) zum Einheitskontenrahmen der Industrie (EKRI, 1949)

In den Jahren 1936 bis 1939 wurde das Rechnungswesen neugeordnet und vereinheitlicht[147]. Das Ziel war eine Hebung der Wirtschaftlichkeit auf den für einen Wirtschaftszweig jeweils höchstmöglichen Stand, Klarheit über Art, Höhe und Entstehung der Kosten. Damit sollte vor allem die Rüstungsindustrie kontrolliert werden. Am 15. November 1938 wurden allgemeine Richtlinien für die Preisbildung bei öffentlichen Aufträgen (RPÖ) sowie Leitsätze für die Preisermittlung auf Grund der Selbstkosten für öffentliche Auftraggeber (LSÖ) erlassen[148]. Am 16. Januar 1939 folgten die Allgemeinen Grundsätze der Kostenrechnung[149]. „Gerade als die Lieferungen an die Wehrmacht an Bedeutung gewannen, wurden sehr genaue Vorschriften über die Kostenkalkulation erlassen. Die Wirtschaftsrechnung vieler deutscher Betriebe ist während dieser Zeit wesentlich verbessert und vereinheitlicht worden"[150].

Von großer Bedeutung waren die am 11. November 1937 erlassenen Richtlinien für die Organisation der Buchführung[151], der <u>Kontenrahmen</u>, ein Klassifikationsschema

---

147 Karl BOTT (Hrsg.), Lexikon des kaufmännischen Rechnungswesens, 2 Bde., Stuttgart 1941; insbesondere folgende Beiträge: Fritz HENZEL, Kostenrechnungsgrundsätze, Kostenrechnung, Leitsätze für die Preisermittlung auf Grund der Selbstkosten bei Leistungen für öffentliche Auftraggeber (LSÖ) vom 15.11.1938; Wilhelm AULER, Plankostenrechnung; Georg SEEBAUER, Reichskuratorium für Wirtschaftlichkeit (RKW); Adolf MÜLLER, Kostenrechnungsregeln; Bruno LEHMANN, Kostenrechnungsrichtlinien; Walter LE COUTRE, Kontenrahmen; Karl VATER, Leitsätze für die Preisermittlung auf Grund der Selbstkosten und Leitsätze für die Preisermittlung auf Grund der Selbstkosten bei Bauleistungen für öffentliche Auftraggeber (LSBÖ) vom 25. Mai 1940 und Verordnung vom 12.2.1942, Richtlinien für die Preisermittlung bei öffentlichen Aufträgen (RPÖ) vom 15.11.1938, Neufassung vom 24.3.1941.

148 Ernst FERBER, Die Preisbildung bei öffentlichen Aufträgen in Deutschland im Kriege, in: *Weltwirtschaftliches Archiv*, 59. Bd., 1944 I, S. 155: "Die geschilderten Maßnahmen verfolgen ... zwei Zwecke: Die Verhinderung von Kriegsgewinnen auf der einen, die Steigerung der Leistung auf der anderen Seite. Die deutsche Preispolitik ist also in hohem Maße undogmatisch".

149 Nach Walter WEIGMANN, Selbstkostenrechnung und Preisbildung der Industrie unter besonderer Berücksichtigung der Leitsätze für die Preisermittlung bei öffentlichen Aufträgen (LSÖ) und der Kostenrechnungsgrundsätze, Leipzig 1939.

150 Walter EUCKEN, Grundsätze der Wirtschaftspolitik, S. 72.

151 Die zentrale deutsche Wirtschaftlichkeitsstelle war das auf Veranlassung des Reichswirtschaftsministeriums aus Kreisen der Wirtschaft, Wissenschaft und Technik geschaffene *Reichskuratorium für Wirtschaftlichkeit* (RKW). Dem RKW gehörte der *Reichsausschuß für Betriebswirtschaft* (RfB) an, der grundsätzliche Richtlinien für den einheitlichen formellen Aufbau des Rechnungswesens,

für die Kostenorganisation. Grundlage dafür war Eugen Schmalenbachs Studie „Der Kontenrahmen", Leipzig 1927.

Die für die Kontrolle der Rüstungsindustrie in Deutschland eingeführten Instrumente des Rechnungswesens wurden im Zweiten Weltkrieg auf die besetzten Länder übertragen und lieferten nach Beendigung des Krieges eine hervorragende Grundlage für die Errichtung der zentral geplanten Wirtschaft in der SBZ/DDR und den Volksdemokratien. Dazu schreibt Hans Münstermann[152]: „Die dann nach 1938 in österreichischen, sudetendeutschen und böhmisch-mährischen Unternehmungen sowie während des Zweiten Weltkrieges in Betrieben der von Deutschland besetzten Gebiete auf den deutschen Erlaß Kontenrahmen oder wie in Polen, Frankreich, Belgien und den Niederlanden auf eigens verfaßte Rahmen umgestellte Kontenorganisation machte Betriebswirte dieser Länder mehr als vorher mit der Kontenrahmenlehre bekannt. Bei der Abneigung gegen alle deutschen Anordnungen überraschte es, daß man sich in diesen Ländern auch nachher, als sie von der deutschen Wehrmacht geräumt waren, mit dem Kontenrahmen befaßte. Die Ursachen dieses Interesses für den Kontenrahmen sind in der Wirksamkeit seiner Idee, in der sich aus der staatlichen Planwirtschaft, vor allem aus der Sozialisierung und Nationalisierung vieler Betriebe, ergebenden Zwangslage der wirtschaftlichen Verhältnisse sowie in den Vorbildern neutraler Länder zu suchen"[153].

Das Ergebnis der Beschäftigung mit dem Kontenrahmen ist seine Beibehaltung oder Einführung nach dem Kriege in einer Reihe von Ländern, wie Australien, Belgien, Dänemark, Frankreich, Italien, Jugoslawien[154], den Niederlanden, Norwegen, Österreich, Polen[155], Portugal, Schweden, Schweiz, der Tschechoslowakei und Ungarn"[156].

Vom Zentralausschuß für industrielles Rechnungswesen („Zafir"); Berlin, wurde in der SBZ der Einheitskontenrahmen der Industrie (EKRI) geschaffen und ab 1.1.1949 für alle Industriebetriebe verbindlich erklärt[157]. Konrad Mellerowicz bemerkte dazu:

---

insb. Buchhaltung und Kalkulation, schaffen sollte.

152   Hans MÜNSTERMANN, Kontenrahmen, in: HdSW, 6. Bd., 1959, S. 163; Klaus-Dietrich SCHMIDT, Kontenpläne und Bilanzschemata, in: HwBWL, 2. Bd., Stuttgart 1939, S. 623 - 635.

153   Hans FIELITZ, Das „Neue Rechnungswesen" der Sowjetzone, in: *Neue Betriebswirtschaft*, 6, Heidelberg 1953; Wolfgang FÖRSTER, Neue Buchführungsgrundsätze für die SBZ, in: *Wirtschaftsprüfung*, 9, Stuttgart 1956.

154   Franjo KRAJEVIC, Das betriebliche Rechnungswesen in Jugoslawien, in: *Wirtschaftsprüfung*, 5, Stuttgart 1952; ders., Die Planung und die Planungsrechnungen in Jugoslawien, in: *Zeitschrift für Betriebswirtschaft*, 26, Wiesbaden 1956.

155   Kurt LANGER, Das Rechnungswesen im heutigen Polen als Instrument staatlicher Planwirtschaft, in: *Zeitschrift für Handelswissenschaftliche Forschung*, N.F. 3, Köln-Opladen 1951, S. 501 - 510.

156   Andreas SCHRANZ, Einführung des Pflichtkontenrahmens für die Industrie in Ungarn, in: *Betriebswirtschaftliche Beiträge*, 2, Bremen-Horn 1948.

157   Anordnung vom 26.11.1948. Für alle Industriebetriebe im Ostsektor Berlins ist der EKRI zum glei-

„Der *vereinheitlichte* Kontenrahmen ist überdies ein vorzügliches Mittel der Wirtschafts- und Betriebslenkung, vor allem durch den Betriebsvergleich, den er ermöglicht"[158].

2. Währungsreform in den Westzonen und Geldumtausch in der SBZ

Unter Währungsreform versteht Heinz Sauermann „eine solche Neuordnung des Geldwesens eines Landes, die einer vorangegangenen Geldzerrüttung ein Ende setzt und die Voraussetzungen für eine funktionsfähige Geldwirtschaft wiederherstellt. Daraus folgt, daß es sich bei einer Währungsreform nicht nur um ein technisches Experiment handelt. Zwar ist mit jeder Geldreform ein Geldumtausch oder die Einführung eines neuen Geldes an die Stelle des alten Geldes verbunden, aber sie beschränkt sich nicht auf diesen technischen Vorgang. Als isolierte technische Maßnahme des Geldumtausches würde eine Reform wenig Wert haben. Sie ist nur dann sinnvoll, wenn eine grundsätzliche Änderung der bisherigen Wirtschaftspolitik mit ihr verbunden ist"[159].

Anläßlich des Jubiläums der westdeutschen Währungs- und Wirtschaftsreform hat die Akademie für Politische Bildung in Tutzing im Juni 1988 zu diesem Komplex eine Fachtagung abgehalten, „bei der es gelang, auch noch Referenten zu gewinnen, die an den währungs- und wirtschaftspolitischen Entscheidungen von 1948 und der Folgezeit selbst beteiligt waren und daher als Zeitzeugen manche der Ereignisse und Zusammenhänge klarer machen können als es Historikern, soweit sie sich allein auf Dokumente stützen müssen, jemals möglich sein wird"[160]. Bei der Tutzinger Fachtagung hielt Christoph Buchheim einen Vortrag mit dem Titel „Zur Kontroverse über den Stellenwert der Währungsreform für die Wachstumsdynamik in der Bundesrepublik Deutschland"[161] Als Fazit seiner Anführungen konstatiert Buchheim: „So erwies sich die Währungsreform gerade durch ihre Verknüpfung mit der Einführung von Marktsteuerung (geldwirtschaftlich organisierte Steuerung, J.S.) in weiten Bereichen der Wirtschaft in der Tat als Initialzündung für den anhaltenden Wirt-

---

chen Zeitpunkt mit einer VO vom 11.1.1949 (VOBl für Groß-Berlin (Ostsektor), 1949, S. 15) eingeführt worden, in: *Der Wirtschaftsprüfer*, Nr. 4, 1949, S. 112f.; W. KALVERAM, Einheitskontenrahmen für Industriebetriebe in der Ostzone. Erläuterung und kritische Beurteilung, in: *Wirtschaftsmagazin*, 1948, S. 147f.

158 Konrad MELLEROWICZ, Aufgaben und Bildungsgesetze des Einheitskontenrahmens der Industrie (EKRI), in: *Der Wirtschaftsprüfer* 2, 1949, S. 161.

159 Heinz SAUERMANN, Währungsreform, in: Handwörterbuch der Sozialwissenschaften, 11. Bd., 1961, S. 452; Werner MATSCHKE, Die industrielle Entwicklung, S. 286: Mit der Umwertung in der SBZ war keine Änderung des Wirtschaftssystems verbunden.

160 Peter HAMPE (Hrsg.), Währungsreform und Soziale Marktwirtschaft. Rückblicke und Ausblicke. Mit Beiträgen von Christoph Buchheim, Peter Hampe, Ernst-Moritz Lipp, Hans Möller, Otto Pfleiderer, Karl Schiller, Helmut Schlesinger und Eckart Wandel, München 1989, S. 9.

161 Ebenda, S. 86-100.

schaftsaufschwung in Westdeutschland. Dadurch erst konnte nämlich das ohne Zweifel vorhandene Produktionspotential zur Wirkung gelangen, und so erst wurden die hohen Wachstumsraten, die für eine erfolgreiche Rekonstruktionsperiode kennzeichnend sind, möglich"[162].

Die Technik der Auflösung der zurückgestauten Inflation war von großer Bedeutung für das Gelingen der Währungsreform: „Das einfachste Verfahren der Auflösung der zurückgestauten Inflation bestand in der vollen Wiederinkraftsetzung des selbsttätig wirkenden Marktpreismechnanismus. Es stellt die marktwirtschaftliche Lösung des Problems schlechthin dar, da es einen sofortigen Übergang von der Zwangswirtschaft zur Marktwirtschaft ermöglicht, und eigentlich nur in einem Unterlassen der bisherigen staatlichen Eingriffe in den Wirtschaftsablauf besteht. Zu seiner Durchführung ist lediglich der Abbau aller aus der Kriegswirtschaft überkommenen zwangswirtschaftlichen Einrichtungen erforderlich, insbesondere die Aufhebung aller staatlichen Preis- und Lohnbindungen sowie aller Kontingentierungs- und Bewirtschaftungsmaßnahmen."[163] Der Index der industriellen Produktion (1936 100) betrug im Juni 1948 51, Ende 1948 79 und im Dezember 1949 95, d.h. Anfang 1950 wurde wieder der Stand von 1936 erreicht.[164]

Es soll hier der Versuch unternommen werden, die „Einführung von Marktsteuerung" näher zu analysieren, und zwar aus der Sicht der Unternehmen. Die zum 21.6.1948 angeordnete Währungsneuordnung machte es erforderlich, das kaufmännische Rechnungswesen auf die neue Währung umzustellen, um im Rahmen der allgemeinen Währungs- und Wirtschaftsneuordnung auch für das einzelne Unternehmen eine Grundlage für seine neue Wirtschaftsrechnung zu schaffen. Dies konnte nur dadurch geschehen, daß die Unternehmer die *RM-Rechnung mit ihren unvergleichbaren und überholten Werten* abschließen und eine neue DM-Eröffnungsbilanz aufstellen mußten. Man war sich darüber klar, daß die Verhältnisse am 21.6.1948 keine Grundlage für eine Bewertung abgeben konnten. Die Bewertung war erst möglich, nachdem die Entwicklung der Kosten- und Preisverhältnisse aufgrund der Währungsumstellung klar überblickt werden konnten.

Die nach dem DM-Bilanzgesetz vom 21. August 1949 zum 21.6.1948 aufzustellende DM-Eröffnungsbilanz war eine Vermögensbilanz. „Auch bei dieser kamen zwangsläufig und mit ausdrücklicher Genehmigung des Gesetzgebers die stillen Reserven

---

162 Christoph BUCHHEIM, in: ebenda, S. 100. DERS., Die Notwendigkeit einer durchgreifenden Wirtschaftsreform zur Ankurbelung des westdeutschen Wirtschaftswachstums in den 1940er Jahren, in: Dietmar PETZINA (Hrsg.), Ordnungspolitische Weichenstellungen nach dem zweiten Weltkrieg, Berlin 1991, S. 55-65.

163 Herbert HÜHNE, Das Problem der Beseitigung der Kaufmachtbeschänkung des Geldes nach dem zweiten Weltkrieg dargestellt an der Währungs- und Wirtschaftspolitik verschiedener als Beispiele ausgewählter Staaten, Diss. Frankfurt a.M. 1950, S. 25

164 Ders., a.a.O., S. 53.

zur Auflösung, um die tatsächlichen und nominellen Verluste aus Krieg und Umstellung auszugleichen und den Unternehmungen den Ausweis entgegen den Vorschriften des §83 AktG zu ermöglichen. Es brachte eingehende Bewertungsvorschriften für alle typischen Bilanzposten, die teilweise Wertheraufsetzungen nach dem Tageswiederbeschaffungspreis (Neuwert) enthielten, teilweise Erinnerungswerte vorsahen und für die Übergangszeit auf geregelte Geschäftsverhältnisse den Einsatz von Kapitalentwertungs- und -verlustkonten vorsah. Die DM-Eröffnungsbilanzwerte galten gleichzeitig als Anschaffungswerte für die weiteren Erfolgsrechnungen. In diesem Falle bestand Übereinstimmung zwischen Handelsbilanzwerten und Steuerbilanzwerten"[165].

Die Bedeutung der „Recheneinheit" für das Lenkungssystem wird von Walter Eucken hervorgehoben: „Die Währungsreform stellte wieder eine zureichende Recheneinheit her, ermöglichte die Steuerung des Wirtschaftsprozesses durch Preise und ließ Ordnungsformen entstehen, in deren Rahmen ein großer arbeitsteiliger Prozeß gelenkt werden kann"[166].

In der Sowjetischen Besatzungszone hielt man an den „unvergleichbaren und überholten Werten" von 1944 fest, wie die sogenannte „Währungsreform" vom 24. Juli 1948 zeigt[167]. In Kapitel VII. 'Preise, Löhne und Steuern' der Verordnung heißt es unter Punkt 22: „Die bestehenden Preise für Waren und Dienstleistungen aller Art, die Löhne und Gehälter der Arbeiter und Angestellten, die Steuer- und Abgabesätze, die Pensionen, öffentlichen Renten und Stipendien, bleiben unverändert". Dies stand im Einklang mit den Befehlen der Sowjetischen Militäradministration in Deutschland (SMAD). Der grundlegende Befehl für die amtliche Lohnpolitik war der Befehl Nr. 180 des Obersten Chefs der SMAD vom 22. Dezember 1945, der eine Kontrolle der Löhne und Gehälter einführte und die Lohnsätze stabilisierte, die in der Zone bis zum 1. Mai 1945 gezahlt worden waren (Lohnstop). Lohnstop und Lohnkontrolle sind aber ohne Preisstop und ohne Preiskontrolle unwirksam. Deshalb ergingen die Befehle 9/45 (21.6.1945), 63/46[168] und 337/46[169], die den Preisstop auf der Basis von 1944 festlegten.

---

165 Walter Le Coutre, Bilanz (II), Bilanzbewertung, in: Handwörterbuch der Sozialwissenschaften, 2. Bd., 1959, S. 250 f., Henning von Boehmer, Das DM-Bilanzgesetz, Berlin 1950.

166 Walter Eucken, Unser Zeitalter der Mißerfolge. Fünf Vorträge zur Wirtschaftspolitik, Tübingen 1951, S. 58.

167 Verordnung über die Währungsreform in der sowjetischen Besatzungszone Deutschlands, in: *Deutsche Finanzwirtschaft*, 1948, 5/6, S. 57-59.

168 Verstärkung der Preiskontrolle. Befehl des Obersten Chefs der Sowjetischen Militärverwaltung vom 26. Februar 1946: „Um die ungesetzliche Erhöhung der Preise zu beseitigen und um eine Verstärkung der Preiskontrolle herbeizuführen, befehle ich: 1. Alle Eigentümer von Handels- und Industrieunternehmen, Reparationswerkstätten und städtischen Betrieben sind zu warnen, daß der Warenverkauf und die Leistung von Diensten nach Preisen zu geschehen hat, die in Deutschland im Jahre 1944 Gültigkeit besaßen, und daß sie die persönlich strafgesetzliche Verantwortung für

1946/47 waren schon Kollektivverträge für den Bergbau, für die Landwirtschaft, für die deutsche Post und Eisenbahn, für die Metallindustrie, für das Baugewerbe, für die Textilindustrie und für die chemische Industrie abgeschlossen worden. Ende 1947 wurde auch ein Manteltarif für sämtliche Zweige der Nahrungs- und Genußmittelindustrie genehmigt. Alle Tarifverträge brachten eine gewisse Lohnaufbesserung sowie Verbesserungen der sozialen Bestimmungen[170].

„Die Währungsreform in der Ostzone beschränkt sich ihrem Wesen nach ausdrücklich auf die Umwertung des *Bargeldes,* der *Spareinlagen* und der laufenden und anderen *Konten* bei Kreditinstituten. Sie will darüber hinaus in den Ablauf des wirtschaftlichen und betrieblichen Lebens nicht eingreifen. ... Da die Währungsumstellung sich ausschließlich auf die laufenden Barmittel, die Spareinlagen und die Salden der laufenden und anderen Konten bei Kreditinstituten beschränkt, wird im Rahmen des Wirtschaftsprozesses das betriebliche Rechnungswesen in der Ostzone durch die Auswirkungen der Währungsreform wesentlich geringer berührt als das betriebliche Rechnungswesen bei der Währungsreform im Westen. Durch die in der sowjetischen Besatzungszone geschaffene rechtliche Lage ist es möglich, den Übergang in das neue Währungssystem vom Gesichtspunkt des betrieblichen Lebens als wesentlich leichter und elastischer zu gestalten, als dies im Westen Deutschlands möglich gewesen wäre. Während bei der Währungsreform im Westen die unterschiedslose Abwertung auch der gesamten Schuld- und Vertragsverpflichtungen und *die Veränderung im Preisniveau zu tiefen Eingriffen in das betriebliche Rechnungswesen*, insbesondere zur Aufstellung einer *Schlußbilanz* auf den Tag vor der Währungsreform gezwungen haben, sind derartige Maßnahmen in der sowjetischen Besatzungszone nicht notwendig gewesen. *Hier stellt die Währungsreform für das betriebliche Rechnungswesen keinen Einschnitt dar, der für den Tag der Währungsreform eine Eröffnungsbilanz und eine Inventur und für den Tag vor der Währungsreform die Aufstellung einer Schlußbilanz und damit die Bildung zweier Wirtschaftsjahre erfordern würde*[171]. Vielmehr läuft das ge-

---

alle Übertretungen der festgesetzten Preise tragen", in: *Deutsche Finanzwirtschaft* 1947, 1, S. 33.

169 Ausbau der Preiskontrolle. Befehl des Obersten Chefs der Sowjetischen Militäradministration über die Preiskontrolle vom 9. Dezember 1946, in: *Deutsche Finanzwirtschaft* 1947, S. 36f.; Grundordnung der Preiskontrolle und Maßnahmen gegen Preisverstöße vom 3. April 1946 und Preisauszeichnungsverordnung des Präsidenten der Deutschen Zentralfinanzverwaltung in der sowjetischen Besatzungszone (H. Meyer) vom 30. Juni 1946, in: Ebenda, S. 34-38.

170 DR. W.W., Die Lohnpolitik in der Ostzone, in: *Deutsche Finanzwirtschaft* 1948, 4, S. 30f.

171 Gerhard BATHMANN, Neues über den Rechnungsvermerk, in: *Deutsche Finanzwirtschaft* 1948, 8/9, S. 43: „Durch die Preisanordnung Nr. 153 hat die Preisanordnung Nr. 16 über den Rechnungsvermerk eine neue Fassung erhalten. ... Der Zerfall der Preisordnung in den anderen, vor allem westlichen Besatzungszonen, hat den Gesetzgeber veranlaßt, zum Schutze der ostzonalen Wirtschaft und Verbraucherschaft klarzustellen, daß eine Erhöhung von Preisen und Entgelten für Güter und Leistungen jeder Art über den Preisstand des Jahres 1944 *nur* in denjenigen Fällen anerkannt wird, in denen eine solche durch eine nach Maßgabe der einschlägigen Befehle und Gesetze zuständige deutsche Preisbehörde der sowjetischen Besatzungszone im Wege einer Anordnung vorgeschrieben

samte betriebliche Rechnungswesen im Rahmen der zwölfmonatigen Rechnungs-
periode (Kalenderjahr oder das von ihm abweichende Wirtschaftsjahr) weiter, und
es sind die Bilanzen für das Geschäftsjahr 1948 auf den 31.12.1948 (oder auf den
Tag, an dem das Wirtschaftsjahr im Jahre 1948 endet) aufzustellen. Daraus ergibt
sich, daß die *laufende Buchführung*, das *Geschäftsjahr*, der *Bilanzzusammenhang*
(Übereinstimmung der Bilanz am Ende des vorangegangenen Geschäftsjahres),
der Wertzusammenhang und die *Bewertungsgleichmäßigkeit* durch die Währungsverordnung nicht berührt werden.[172] ... Durch die Währungsreform wird die *Kostenrechnung* voraussichtlich weniger beeinflußt werden als die *Erfolgsrechnung*.
Das hängt damit zusammen, daß nach den grundlegenden Vorschriften in den Ziffern 18 und 22 der Währungsverordnung das Preisniveau durch die Währungsreform nicht beeinflußt werden darf. Selbstverständlich werden sich im einzelnen
Schwierigkeiten an den Bestimmungen der Ziffern 19, 20 und 21 oder aus den Bestimmungen der Ziffer 11 Währungsverordnung ergeben können, entscheidend
bleibt aber, daß die grundlegenden Kostenelemente, die Material- und Arbeitsko-
sten, infolge der Bestimmungen der Ziffer 22 Währungsverordnung Schwankungen nicht unterliegen"[173].

Der Justitiar im Preiskontrollamt der Hauptverwaltung Finanzen, Gerhard
Bathmann, publizierte 1948 in der Juli-Ausgabe der „Deutsche Finanzwirtschaft"
einen Beitrag unter den Titel „Preispolitik in Westdeutschland auf neuen Wegen".
Bathmann stellte fest,

> „daß wir heute in Deutschland nicht nur zwei verschiedene Währungen haben,
> sondern daß neuerdings auch das Preisgefüge und mit ihm das Preisrecht völlig
> auseinanderfällt. ... Das vom Wirtschaftsrat beschlossene Gesetz über Leitsätze für
> die Bewirtschaftung und Preispolitik nach der Geldreform vom 24. Juni 1948 stellt
> den *entscheidenden Bruch* mit der bisher in ganz Deutschland einheitlichen Politik
> des Preisstops und zugleich den Wendepunkt der bisherigen Preispolitik in einem
> wesentlichen Teil Deutschlands dar. Damit wurde ein bedeutender Schritt von der
> gelenkten Wirtschaft zur freien Wirtschaft mit der Tendenz, die letztere
> schnellstmöglich zu verwirklichen, unternommen. Im Vorspruch zu dem Gesetz

---

oder im Wege einer Genehmigung zugelassen worden ist. Dies ergibt sich zwar bereits aus dem
Sinn der einschlägigen Befehle der Sowjetischen Militäradministration in Deutschland Nr. 9, 63
und 337. Es hat sich jedoch gerade mit Rücksicht auf die undurchsichtige Preispolitik in Westdeutschland als notwendig erwiesen, hierauf noch einmal in einer Anordnung ausdrücklich hinzuweisen. Preiserhöhungen über den Stand von 1944 hinaus, die von Preisbehörden anderer Zonen
einschließlich Berlins angeordnet oder genehmigt worden sind, werden von den Preisbehörden der
sowjetischen Besatzungszone vorbehaltlich der Preisanordnuingen Nr. 127 und 131 grundsätzlich
nicht anerkannt und sind gesetzlich unzulässig".

172 In der Anordnung über Bilanzwesen des Sekretariats der Deutschen Wirtschaftskommission vom 3.
November 1948 wurde dies in §1 „Buchführung und Bilanzen nach der Währungsreform" ausdrücklich geregelt, in: *Deutsche Finanzwirtschaft* 1948, 8/9, S. 63.

173 Ernst KAEMMEL, Währungsreform, Buchhaltung und Bilanz, in: *Deutsche Finanzwirtschaft*, 1948,
7, S. 13, 18: Ausnahme: Kreditinstitute und Landesversicherungsanstalten.

wird die Grenze beider Systeme wie folgt festgelegt: „Die Auflockerung des staatlichen Warenverteilungs- und Preisfestsetzungssystems findet ihre Grenze dort, wo es darauf ankommt,

1. den Schutz des wirtschaftlich Schwächeren zu gewährleisten,
2. die Durchführung des Wirtschaftsprogramms im öffentlichen Interesse sicherzustellen,
3. die Ausnutzung einer Mangelware durch monopolistische Einflüsse zu unterbinden.

In Ausführung dieser Grundsätze werden in den Leitsätzen die Richtlinien für die künftige Bewirtschaftung und Preispolitik bekanntgegeben. Diese Richtlinien haben ihren Niederschlag in der *Anordnung über Preisbildung und Preisüberwachung nach der Währungsreform vom 25. Juli 1948* gefunden. Das Preiserhöhungsverbot vom 26. November 1946, die Grundlage der bisherigen deutschen Preispolitik, wurde aufgehoben. Mit ihm wurden zahlreiche weitere wesentliche Bestandteile des geltenden Preisrechts außer Kraft gesetzt. Nur für bestimmte, im Gesetz besonders aufgeführte Waren und Leistungen werden Höchst-, Fest- und Mindestpreisvorschriften, Tarife, Gebühren usw. aufrecht erhalten. Die Aufhebung des Preiserhöhungsverbotes bildet den Angelpunkt der neuen Entwicklung. Die preisliche Neuregelung ist außerordentlich weitgehend und wird für die deutsche Volkswirtschaft von großer Tragweite sein. Diese Entwicklung in Westdeutschland ist das Ergebnis langjähriger Bestrebungen, die letzten Endes auf eine völlige Beseitigung der staatlichen Preislenkung gerichtet sind. Wir sind heute infolge der ungeheuren Kriegsverluste und den in ihrer Höhe noch gar nicht übersehbaren Reparationsverpflichtungen auf Jahre oder Jahrzehnte hinaus zu einer in unseren Geschichte kaum dagewesenen Armut verurteilt. ... Das bedeutet, daß wir uns Gedanken über eine möglichst rationelle Verwendung aller unserer Aktiven, zu denen nicht nur unsere Rohstoffe und Produktionsgüter, sondern auch unsere Arbeitskraft gehört, machen müssen. *Diese Aufgabe fällt in erster Linie den Wirtschaftsbehörden zu. Es bleibt nach Lage der Dinge gar kein anderer Weg als der einer **vernünftigen Lenkung der Wirtschaft*** (Hervorhebung, J.S.). ... Es bleibt die Frage offen, ob es nicht richtiger gewesen wäre, den Preisstop von 1944 allmählich, das heißt der natürlichen Entwicklung angepaßt, abzubauen, als **einen *derart radikalen Bruch mit der bisherigen Preispolitik*** (Hervorhebung, J.S.) vorzunehmen, wie dies der Wirtschaftsrat in Westdeutschland getan hat"[174].

3. Volkseigene Betriebe

3.1. *Investitionen: Von Kontrollen und Verboten im Nationalsozialismus zum sozialistischen staatlichen Investitionsmonopol*

Schon früh setzte die Gesetzgebung über Investitionskontrollen und -verbote im Nationalsozialismus ein:

---

174 G. BAHTMANN, Preispolitik in Westdeutschland auf neuen Wegen, S. 23.

15.7.1933	Zwangskartellgesetz mit Investitionsverboten
1933/34:	Kapitallenkung durch Investitions- und Emissionsge- und -verbote; für fast 30 Wirtschaftszweige Investitionsverbote
16.9.1937	Investitionskontrolle für die eisen- und stahlerzeugende Industrie

In der SBZ/DDR wurde über diese Kontrollen und Verbote von Investitionen hinausgegangen. Der sozialistische Staat besaß selbst ein Investitionsmonopol. Die Höhe der Investitionen wurde für jeden Wirtschaftszweig durch die Staatliche Plankommission festgelegt. „So zum Beispiel wurden etwa 95 Prozent aller Entscheidungen auf dem Gebiet der Investitionen zentral bestimmt oder beeinflußt"[175]. Der Begründer der wissenschaftlichen Betriebswirtschaft, Eugen Schmalenbach,[176] publizierte in den von ihm herausgegebenen „Betriebswirtschaftlichen Beiträgen" 1948 (S. 21-27) eine Studie unter dem Titel „Exakte Kapitallenkung". Seine Ausführungen zur zentralen Kapitallenkung sind von grundsätzlicher Art:

„Wenn man bedenkt, daß eine Prüfung von einzelnen Investitionsvorhaben, wie sie im Auftrage von Gesellschaftern, Geldgebern und von Verwaltungen oft den Wirtschaftsprüfern, vereidigten Buchprüfern und anderen Sachverständigen übertragen wird, eine Arbeit von meist mehreren Wochen ist, und daß sie nur von besonders geeigneten Prüfern mit der nötigen Sicherheit durchgeführt werden kann, so leuchtet ohne weiteres ein, daß diese Art von Kapitallenkung von einer zentralen Stelle aus nicht in bürokratischer Form geleistet werden kann. Die Investitionsvorhaben, die jeweilig vorliegen, können in die Hunderttausend gehen, und es ist ganz ausgeschlossen, sie in dieser Weise bürokratisch zu bewältigen, mag die Organisation noch so vortrefflich ausgebaut werden.

Gewiß, wenn eine solche Behörde in ganz roher Weise verfährt, indem sie eine Reihenfolge nach Wirtschaftszweigen aufstellt, und etwa dem Verkehr, dem Kohlenbergbau und danach z.B. den Maschinenfabriken oder der Hausratindustrie den Vorrang gibt und auf diese Weise nach bekanntem Rezept 'Dringlichkeitsstufen' bildet, läßt sich die Sache nach den Regeln der bürokratischen Wirtschaftslenkung machen. Aber was würde das für eine Kapitallenkung sein! Es wäre Willkür und Torheit zugleich. Die Wichtigkeit der Kapitalverwendungen innerhalb einer Dringlichkeitsstufe ist außerordentlich verschieden, und in der untersten Dringlichkeitsstufe gibt es Fälle, die vielen Fällen in den obersten Dringlichkeitsstufen an Wichtigkeit weit überlegen sind. Die Methode der Dringlichkeitsstufen ist derartig oberflächlich und roh, daß sie einer Kapitalmißwirtschaft gleichkommen würde. Sie steht an Wirksamkeit nicht viel höher, als wenn man die Investitions-

---

175 Gerda HENSCHEL, Zur kritischen Analyse der Entwicklung des Planungssystems in der DDR, in: *Wirtschaftswissenschaft* 38, 1990, S. 677.

176 Vgl. dazu Erich GUTENBERG, Betriebswirtschaftslehre als Wissenschaft, 2. Aufl., Krefeld 1961, S. 15, 18f.

vorhaben nach den Anfangsbuchstaben der Antragenden oder einfach nach der
Zeit des Eingangs erledigen würde.

Daß diese Feststellung den Enthusiasten der Planwirtschaft nicht gefällt, ist einleuchtend. Denn diese Enthusiasten sind vielfach Leute, die die Schwierigkeiten
und Bedingtheiten einer Planwirtschaft sich nicht recht vorstellen können und die
vor allem keine Ahnung davon haben, daß eine Planwirtschaft, die nicht mit ex-
akten Mitteln, d.h. mit den Mitteln des Rechnens und Messens, bewerkstelligt
wird, zu schweren Mißerfolgen führen wird, und daß diese Mißerfolge die Idee
der Planwirtschaft schon nach wenigen Jahren in Mißkredit bringen müssen, und
zwar auch dort, wo das Prinzip der Planwirtschaft an sich aussichtsvoll wäre. Wer
ein wirklicher Freund der Planwirtschaft ist, kann nicht genug vor unüberlegten
Versuchen warnen".

Seit dem 2. Halbjahr 1948 waren die volkseigenen Betriebe ausführende Organe des
einheitlichen Volkswirtschaftsplanes. Erich Gutenberg bezeichnet die Funktion der
Betriebe als „plandeterminierte Sollerstellung". Ab 1. Juli 1948 galten für die gesamte volkseigene Wirtschaft normierte Abschreibungssätze, die auf ursprünglichen
Anschaffungswerten basierten.

„Voraussetzung dafür, daß der den einheitlichen Abschreibungsrichtlinien zuge-
dachte Zweck erfüllt wird, ist die Schaffung einer einheitlichen Basis hinsichtlich
der Ausgangswerte, von denen abgeschrieben werden soll. Deshalb wurde zunächst bestimmt, daß alle Betriebe im Zeitpunkt ihres Überganges in das Eigentum
des Volkes bei der Erstellung der Eröffnungsbilanz, die dem Betriebe gehörenden
Anlagegegenstände neu zu bewerten und hierbei so vorzugehen hatten, daß die
normalen, der Preisbasis 1944 entsprechenden Anschaffungswerte als Vermögen
in die Bilanz zu übernehmen waren, wohingegen die Differenz zwischen diesen
Werten und den ermittelten Zeitwerten als Wertberichtigung auf die Passivseite
der Bilanz eingesetzt werden sollten. Damit auch in der Folgezeit diese neuge-
schaffene einheitliche Basis erhalten bleibt, sind die volkseigenen Betriebe verpflichtet, bei der Anschaffung gebrauchter Anlagegegenstände deren ursprüngliche Anschaffungswerte auf der Preisbasis 1944 zu ermitteln und gegebenenfalls
bei Fehlen von Unterlagen die Werte zu schätzen. ...

Bei der Betrachtung des Abschreibungsproblems in der volkseigenen Wirtschaft
darf nicht übersehen werden, daß auch hinsichtlich der Verwendung der mit den
Verkaufserlösen in die Betriebe zurückfließenden Abschreibungsbeträge gegenüber dem kapitalistischen System eine volkswirtschaftlich bedeutsame Wandlung
vor sich gegangen ist.

Der auf sich selbst gestellte Betrieb verwandte die Abschreibungsbeträge nach eigenem Ermessen entweder zur Ergänzung bzw. Überholung seiner Betriebsanla-
gen, oder führte sie anderen Zwecken zu. In der volkseigenen Wirtschaft wird
diese Frage aus der Betriebsebene gelöst, in dem die aus dem Ergebnis des Einzel-
betriebes gebildeten 'Amortisationsfonds' von den Betrieben abgezogen und an
einer Stelle, der Deutschen Investitionsbank, akkumuliert werden. Bei der Ent-

scheidung über die Verteilung der angesammelten Amortisationsfonds auf die Einzelbetriebe sind lediglich volkswirtschaftliche Gesichtspunkte maßgebend, in dem die Mittel denjenigen Betrieben zugeführt werden, die ihrer am dringendsten zur allgemeinen Bedarfsbefriedigung bedürfen, wobei sichergestellt ist, daß die aufgespeicherten Amortisationsbeträge ausschließlich zur Erneuerung bzw. Überholung der Anlagegüter der volkseigenen Güter verwandt werden".[177]

Abb. 9: Eröffnungsbilanzen volkseigener Betriebe zum 1. Juli 1948

Rechnungswesen

1. **Einheitskontenrahmen als Grundlage für das betriebliche Rechnungswesen (EKRI)**

2. **Normierte Abschreibungssätze**

3. **Eröffnungsbilanzen nach einheitlichen Richtlinien zum 1. Juli 1948 (Preisbasis 1944).**

Bilanzierungs-Richtlinien für die Eröffnungsbilanz volkseigener Betriebe[*)]:

45. **Bei der Ermittlung des Zeitwertes der Maschinen und maschinellen Anlagen ist, unabhängig vom tatsächlichen Anschaffungszeitpunkt und Anschaffungs- oder Herstellungswert, von dem gesetzlich zulässigen Neuanschaffungswert auf der Preisbasis 1944 auszugehen. .... Es handelt sich somit hier z.T. um einen <u>fiktiven Preis</u>, dessen Verwendung jedoch um der Einheitlichkeit der Bewertung und Abschreibung halber erforderlich ist.**

Produktion:	**Plandeterminierte Sollerstellung (E. Gutenberg).**
	Betrieb verliert jegliche Autonomie.
Finanzierung:	**Betrieb wird finanziell Teil des Staatshaushalts**
	(wie in der Sowjetunion).

Deutsche Finanzwirtschaft, 1949, 7/8, S. 117; Werner MATSCHKE, Die industrielle Entwicklung, S. 288f.

---

177 Diplom-Kaufmann Rudolf UEBEL, Berlin, Neue Abschreibungsverfahren in der volkseigenen Wirtschaft, in: *Deutsche Finanzwirtschaft*, 1948, 10/11, S. 6; Dritte Durchführungsverordnung zur Verordnung über die Finanzwirtschaft der volkseigenen Betriebe - Vorschriften über einheitliche Abschreibungen - Vom 10. Januar 1949, in: *Deutsche Finanzwirtschaft*, 1948, 12, S. 37-39.

Abb. 10: Volkseigene Betriebe 1948

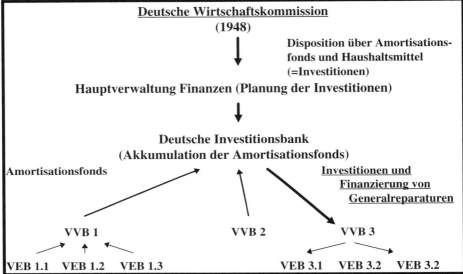

Vereinigungen Volkseigener Betriebe (VVB)
Kriterien für Investitionen u. Großreparaturen: 'volkswirtschaftliche Notwendigkeiten'

Quelle: Walter Groß, Die Abführung der Amortisationsbeträge der VEB und ihre Verwendung, in: *Deutsche Finanzwirtschaft* 1949, S. 207.

Volkseigener Betrieb 1948

1. Einheitskontenrahmen als Grundlage für das betriebliche Rechnungswesen (EKRI)
2. Normierte Abschreibungssätze, die lediglich technische Abnutzung berücksichtigen
3. Eröffnungsbilanzen nach einheitlichen Richtlinien zum 1. Juli 1948 auf der Preisbasis von 1944
4. Produktion: Plandeterminierte Sollerstellung (E. Gutenberg)
5. Finanzierung: Betrieb wird finanziell Teil des Staatshaushalts

Die Erreichung der in den Plänen postulierten Planziele setzte eine Planung der finanziellen Mittel voraus. „Damit tritt die Finanzplanung als Wertplanung gleichrangig an die Seite der Produktionsplanung (Mengenplanung). ... allein dadurch, daß die volkseigene Wirtschaft ihre Gewinne an den Haushalt abführt und von diesem Subventions- und Investitionsmittel empfangen wird, ergibt sich zwischen der volkseigenen Wirtschaft und dem Haushalt eine Wechselwirkung"[178].

Im Nationalsozialismus war den Betrieben die Produktion vorgeschrieben worden, die Sorge um das finanzielle Gleichgewicht hatte man den Betrieben jedoch nicht abgenommen. Dadurch, daß den volkseigenen Betrieben auch diese Aufgabe abgenommen wurde, spielte das finanzielle Ergebnis letztlich keine Rolle mehr. Die Folgen dieses Vorgangs können nicht hoch genug eingeschätzt werden.

Die Akkumulation der Amortisationsfonds erfolgte in der Deutschen Investitionsbank, die auf Anordnung des Sekretariats der Deutschen Wirtschaftskommission am 13. Oktober 1948 geschaffen worden war[179]. Die Deutsche Investitionsbank war jedoch keine Bank mehr im üblichen Sinne, da in der SBZ „auch auf dem Gebiete des Bankwesens grundsätzlich neue Wege beschritten wurden. ... Nur rein äußerlich und technisch haben die neuen Banken mit den alten etwas gemein, ihrem Wesen und ihrem Charakter nach aber sind sie etwas grundlegend anderes und Neues. Die Fäden des gesamten Bankenapparates laufen in der zentralen Finanzverwaltung, der Hauptverwaltung Finanzen zusammen, die wiederum ein Glied der Deutschen Wirtschaftskommission ist. Der gesamte Bankenapparat wird also letzten Endes von einer Stelle aus, die die gesamte wirtschaftliche Entwicklung bis ins einzelne zu übersehen vermag, gelenkt und kontrolliert".[180] Die Deutsche Investitionsbank war damit keine Bank mehr, sondern eine Institution der Finanzplanung der Deutschen Wirtschaftskommission, die zentrale Stelle für den Investitionskredit[181]. „In der ka-

---

178 Erich O. HOFFMANN, Finanzplanung als notwendige Ergänzung der Produktionsplanung, in: *Deutsche Finanzwirtschaft*, 1948, 10/11, S. 3.

179 Anordnung zur Errichtung der Deutschen Investitionsbank und Satzung der Deutschen Investitionsbank, in: *Deutsche Finanzwirtschaft*, 1948, 7, S. 39-43. Bis 1967 wurden die Betriebe von zwei Banken - der Deutschen Notenbank und der Deutschen Investitionsbank - finanziert und kontrolliert. Die Filialen der Deutschen Notenbank und der Deutschen Investitionsbank wurden zum 1. Jan. 1968 zur "Industrie- und Handelsbank der DDR" zusammengefaßt. Die DIB kontrollierte den Investitionsprozeß von der Planung bis zur Erreichung des projektierten ökonomischen Nutzens. Siehe dazu: Karl KAISER, Zu den Aufgaben der Industrie und Handelsbank der DDR, in: *Einheit*, 23. Jg., 1968, S. 955-965.

180 Deutsche Investitionsbank im Dienste des Zweijahresplans, in: *Deutsche Finanzwirtschaft*, 1948, 10/11, S. 7.

181 In der Anordnung über die Durchführung und Finanzierung des Investitionsplanes des Volkswirtschaftsplanes der sowjetischen Besatzungszone für 1949 heißt es in §9(1): „Die Mittel für die Erfüllung der Investitionsauflagen werden den Investitionsträgern ausschließlich durch die Deutsche Investitionsbank zur Verfügung gestellt", in: *Deutsche Finanzwirtschaft* 1949, S. 116; Walter GROß, Die Ausstattung der Betriebe mit Investitionsmitteln. Zu den Auszahlungsrichtlinien der Deutschen Investitionsbank, in: Ebenda, S. 101-104. Der Investitionsträger wurde von einer Bankstelle betreut.

pitalistischen Wirtschaft wurde der Investitionskredit dem blinden Zufall, der Geschicklichkeit und dem Entschluß des einzelnen überlassen, mit dem Erfolg, daß Fehlinvestitionen an der Tagesordnung waren. In einer geplanten Wirtschaft kann eine solche Verschwendung von Mitteln nicht zugelassen werden"[182].

Die hier vorgetragene Begründung geht davon aus, daß der zentrale Planungsträger eine höhere Rationalität besitzt als alle individuellen, dezentral planenden Unternehmer in einer Marktwirtschaft. Eine solche Behauptung ist absurd. Der zentrale Planungsträger besitzt keine Kriterien darüber, wieviel in welchem Bereich investiert werden soll.[183] Fehlinvestitionen waren daher in jeder zentralgeplanten Wirtschaft an der Tagesordnung.

Zwei Beispiele sollen die Willkür von Investitionsentscheidungen in der DDR illustrieren. Das erste stammt von Fritz Schenk, der 1952 bis 1957 Mitarbeiter von Bruno Leuschner[184] in der Staatlichen Plankommission war.

Der Juni-Aufstand 1953

> *„hatte bewirkt, daß Moskau jetzt die Hilfe zusagte, die die Plankommission schon im Frühjahr angefordert, aber zunächst nicht erhalten hatte. So wurde unsere ganze Arbeit aus der Zeit vor dem 17. Juni hinfällig, und wir begannen von vorn. ...*
> *Nach Ansicht von Bruno Leuschner mußte sich die durch die Sowjetunion zugesagte Hilfe im neuen Planentwurf ausdrücken. „Die neuen Tabellen enthielten deshalb drei Hauptspalten: erstens die Zahl des alten Planes, zweitens die der ersten Ausarbeitung des Neuen Kurses und drittens, die letzte und höchste Variante. Da es jedoch an Zeit fehlte, die Minister und Experten noch einmal gründlich zu konsultieren, setzten die acht Leitungsmitglieder der Plankommission in die dritte Spalte selbstherrlich die Zahlen ein, die sie für angebracht hielten. ...*
> *(Leuschner) wies mich an: „Nehmen Sie sich ein großes Blatt Papier und schreiben Sie alle Beträge auf, die wir jetzt streichen werden". Dann forderte er Straßenberger auf, der Reihe nach die in seinen Listen aufgeführten schwerindustriellen Objekte und die dafür vorgesehenen Investitionssummen zu nennen. Widerwillig las Straßenberger vor: „Ministerium für Erzbau und Hüttenwesen für das EKO (das war das Eisenhüttenkombinat Ost, später Stalinstadt) 80 Millionen. "*
> *Leuschner fragte: „Was kann man davon nach deiner Meinung kürzen?".*

---

182   Ebenda, S. 8.

183   Eugen SCHMALENBACH, Exakte Kapitalkenkung, in: Betriebswirtschaftliche Beiträge, 1948, S. 21 - 27.

184   Zu Leuschner siehe Werner MATSCHKE, Die industrielle Entwicklung, S. 348f.

„Ich muß das gleiche antworten wie Kerber und Bayer: von meiner Warte aus kann ich unmöglich beurteilen, ob sich 20 oder 50 Millionen herausnehmen lassen. "
Leuschner hörte auch das nicht. Er biß die Zähne ärgerlich zusammen, holte tief Luft und trommelte nervös mit den Fingern auf die Tischplatte. Nach wenigen Sekunden entschied er: „Also streichen wir zunächst mal 30 Millionen! Schenk, schreiben Sie das auf. Weiter, Paul, das nächste Objekt. "
Straßenberger schlug ein Blatt um und fuhr fort: „Ministerium für Hüttenwesen und Erzbergbau für das Stahlwerk Riesa 75 Millionen. "
„20 weg! "
„Hüttenwerk Calbe, 80 Millionen. "
„20 weg! "
So ging es stundenlang weiter. Während die anderen Mitglieder tuschelten, die Achseln zuckten oder den Kopf schüttelten, entwickelte Leuschner einen immer größeren Arbeitseifer. Nach Straßenberger kamen die übrigen an die Reihe. Einer nach dem anderen mußte Leuschner die Zahlen für die einzelnen Objekte nennen, und jedesmal wurde nicht mehr gesagt als: „10 weg! " oder „15 weg! " oder „20 weg! ". Ich notierte.
Als ich am Schluß zusammenzählte, ergab sich eine Summe von etwa einer Milliarde. Diesen Betrag verteilte Leuschner nun in gleicher Manier auf die Zweige der Konsumgüterindustrie. Und wie mit den Investitionen verfuhr er auch mit den Materialkontingenten, den Produktions- und Finanzzahlen und allen anderen Planpositionen: die Zahlen der Schwerindustrie wurden gekürzt, die der Leichtindustrie erhöht. ....
Endlich, nach mehreren Tagen, zog Leuschner Bilanz: „So habe ich mir das gedacht", sagte er mit überlegener Zufriedenheit. „Wir hatten im alten Plan rund 4 1/2 Milliarden für Investitionen vorgesehen. Davon sollten über 60 Prozent auf die Schwerindustrie entfallen. Die haben wir jetzt mal ganz schematisch zusammengestrichen und zugunsten der Leichtindustrie verteilt. Jetzt sieht das Bild schon anders aus. Wir haben etwa 48 Prozent für die Schwerindustrie und 52 Prozent für die Konsumgüterindustrie. Mit diesen Zahlen kann ich mich im Politbüro sehen lassen. Nun müßt ihr euch allerdings mit den Ministerien zusammensetzen und die Sache konkretisieren und ein bißchen ausfeilen. Natürlich weiß ich, daß man das nicht ganz so schematisch machen kann, wie ich es in den letzten Tagen getan habe. Aber grundsätzlich darf sich an diesem Bild nichts mehr ändern".[185]

---

185 Fritz SCHENK, Im Vorzimmer der Diktatur. 12 Jahre Pankow, Köln-Berlin 1962, S. 226-229. Zu den Eisenhüttenkombinaten Kalbe und Stalinstadt (Eisenhüttenstadt) Friedrich-Wilhelm HENNING, Strukturbeinträchtigungen unter dem Einfluß der Einengung oder der Beseitigung der unternehmerischen Freiheit im Gebiet der neuen Bundesländer von 1914 bis 1990, in: Wilfried FELDEN-KIRCHEN, Frauke SCHÖNERT-RÖHLK, Günther SCHULZ (Hrsg.), a.a.O., S.115f.

Günter Mittag gibt ein weiteres Beispiel für die Willkür bei Investitionsentscheidungen.

„Moderne Technologien bedeuten auch Investitionen. Da ging der Streit los. Schon in der Staatlichen Plankommission wurde aus diesen Gründen dagegengehalten. Man ging lieber nach dem Gießkannenprinzip vor. Jeder sollte etwas bekommen, obwohl selbst dabei manche fast leer ausgingen, weil die Mittel nicht hin und her reichten. Subjektive Einschätzungen, unterschiedliches Durchsetzungsvermögen verantwortlicher Minister, aber auch manche Freundschaften oder Nichtfreundschaften spielten ebenfalls eine Rolle bei der Verteilung der immer zu knappen Investitionsmittel".[186]

Eine Berechnung des Nutzeffekts der Investitionen wurde nicht vorgenommen. So existierten z. B. keine Informationen darüber, „in welchem Maße die Investitionen im Verlauf des ersten Fünfjahresplans zur Steigerung der Arbeitsproduktivität im Industriebetrieb beigetragen haben."[187]

3.2.   Kosten und Subventionen

Der Befehl Nr. 337 der SMAD von Dezember 1946 ließ ausnahmsweise neue Preise bei Kostenerhöhungen zu. Die Preisbildungsstellen gingen außergewöhnlich zögernd an die Bearbeitung von Preiserhöhungsanträgen heran. Von Ende 1946 bis Anfang November 1948 wurden in nahezu 2000 Fällen Genehmigungen für Einzelpreiserhöhungen erteilt. Außerdem wurden, im Zuge genereller Preisregelungen insgesamt 167 Preisverordnungen erlassen. „Bei Gütern und Leistungen des lebensnotwendigen Bedarfs der arbeitenden Bevölkerung, z.B. die Ausgaben für Wohnung, Bekleidung und Ernährung, sind Preiserhöhungen vermieden worden und sollen auch künftig unter allen Umständen ausgeschlossen bleiben"[188].

Die Bilanzen von 1947/48 wiesen alle größere oder kleinere Verluste aus, oder aber die Ertragsrechnung enthielt über den üblichen Rahmen hinausgehende außerordentliche Erträge, die sich bei näherer Untersuchung als Subventionen darstellten. Es zeigte sich, daß die Regierung, um den Erfassungs- und Verteilungsapparat zu erhalten, die einzelnen Betriebe subventionierte. Die hier angeführten Beispiele stammen nicht von volkseigenen Betrieben. Sie haben m.E. jedoch exemplarischen Charakter, so daß die Beispiele auch auf die volkseigenen Betriebe zutreffen dürften.

---

186   Günter MITTAG, Um jeden Preis. Im Spannungsfeld zweier Systeme, Berlin und Weimar 1991, S. 119. Zu Mittag vgl. Herbert WOLF, Hatte die DDR je eine Chance?, Hamburg 1991; Carl-Heinz JANSON, Totengräber der DDR. Wie Günter Mittag den SED-Staat ruinierte, Düsseldorf, Wien, New York 1991.

187   Gerd FRIEDRICH, Probleme der staatlichen Leistung unserer Industrie, in: Einheit, 12. Jg., Sept. 1957, Heft 9, S. 1137.

188   Wilhelm MÖNING, Ein Rückblick: 3 Jahre demokratische Finanzverwaltung in der sowjetischen Besatzungszone, in: *Deutsche Finanzwirtschaft*, 2, 1949, S. 75.

Bei der Stützung des Milchgeldauszahlungspreises wurden die schlechten Betriebe einseitig gefördert. Diese Methode muß nach Lehmitz „betriebswirtschaftlich abgelehnt werden, weil sie gleichzeitig dazu führt, daß gutgeleitete Betriebe mit Rücksicht auf die Garantie der Auszahlung leicht in Versuchung geraten, kostenmäßig weniger sorgfältig zu arbeiten." Der einzelne Betrieb hatte kein Interesse daran, besser dazustehen als der Nachbarbetrieb. „Die Beobachtung hat gezeigt, daß in einzelnen Betrieben die Betriebsleitung in recht auffälliger Weise schlechter wurde. Nicht zuletzt dürfte das darauf zurückzuführen sein, daß den Betriebsleitern bei dieser Art der Subventionierung jede Initiative genommen wird"[189].

Nach 1945 entstanden folgende zusätzliche Kosten:

1. Erhöhte Personalkosten durch Abschluß neuer Tarifverträge
2. schwierige und damit kostspielige Beschaffung von Roh-, Hilfs- und Betriebsstoffen
3. Mangel an geeigneten Brennstoffen und Energie
4. erhöhte Transportkosten
5. Erhöhung der Lohn- und Einkommens-, Vermögens-, Umsatz- und Körperschaftssteuer um durchschnittlich 50% rückwirkend ab 1. Januar 1946 durch Kontrollratsgesetz (11. Februar 1946).
6. Zusätzliche, vor 1945 betriebsfremde Aufgaben

Damit lagen die Herstellungskosten höher als der Stoppreis von 1944. Die Differenz zwischen den Herstellungskosten und dem genehmigten Verkaufspreis respektive Stoppreis von 1944 erhielt der Betrieb als Subvention von der Regierung. Der Betrieb besaß damit keine Anreize mehr zur Kostensenkung.

Das Kosten-Preisproblem bei genossenschaftlich kartoffelverarbeitenden Betrieben zeigt mit aller Deutlichkeit, daß schon 1946/47 viele Betriebe nicht mehr kostendeckend arbeiteten.

Die bereitgestellten Subventionen können im Einzelfall nur dem Steueraufkommen entnommen werden. Per Saldo dürfte es gleichgültig sein, ob die Konsumenten höhere Steuern bezahlen, um den Staat in die Lage zu versetzen, die einzelnen Industrien zu subventionieren, oder ob sie Preise bezahlen müssen, die die Kosten decken.

---

189 Subventionen und Kosten. Von Wirtschaftsprüfer Dipl.-Kfm. Dr. H. LEHMITZ, Rostock, Geschäftsführer des Raiffeisen-Verbandes Mecklenburg e. V., Lehrbeauftragter an der Universität Rostock, in: *Der Wirtschaftsprüfer*, 1949, 2. Jg., S. 9 - 13. Lehmitz wurde 1949 zum Professor mit Lehrauftrag für Betriebswirtschaftslehre und Genossenschaftswesen ernannt.

Genossenschaftlich kartoffelverarbeitende Betriebe vor und nach 1945 in der SBZ

Vor 1945	Nach 1945
Kostendeckung, geringe Gewinne an die Mitglieder der Genossenschaft, geringe Bildung von Eigenkapital Hektoliter Weingeist: RM 60 bis RM 70	Herstellungskosten belaufen sich je nach Ausnutzung der Betriebskapazität und des zur Verfügung stehenden Feuerungsmaterials auf DM 130.- bis DM 150.- je Hektoliter Der genehmigte Preis war DM 100.- je Hektoliter Weingeist. „Die Betriebe waren gezwungen, das hergestellte Fertigungserzeugnis zu einem Preis abzugeben, der weit unter den Herstellungskosten liegt".

Weitere Beispiele:

	Herstellungspreis je dz in der SBZ	Abgabepreis je dz	Subvention je dz
Kartoffelflocken	35.- bis 38.- DM	29.- DM	6.- bis 9.- DM
Kartoffelwalzmehl	45.- bis 52.- DM	38,60 DM	6,40 bis 13,40 DM

„Die *Auszahlung* dieser sog. Subventionen erfolgte nach bisherigen Gepflogenheiten (hier zumindest bis Anfang 1949) auf *Grund der Bilanz*, die einen Bestätigungsvermerk tragen soll. In der Praxis hat sich gelegentlich gezeigt, daß die ausgewiesenen Bilanzverluste bei Genossenschaften dieser Art ein Mehrfaches des Eigenkapitals betrugen, nicht zuletzt zurückzuführen darauf, daß eine Reihe von Warengenossenschaften für das Erfassungsgeschäft neugegründet wurden, die außer bescheidenen Geschäftsguthaben über sonstige Eigenkapital naturgemäß noch nicht verfügen. Damit ist nach den Bestimmungen des Genossenschaftsgesetzes Konkursgrund gegeben. Um den Konkursfall auszuräumen, ist regierungsseitig angeregt, den *Bilanzverlust* nicht als solchen auszuweisen, sondern ihn als eine Forderung an die Regierung aus 'Mehrkosten des Erfassungsgeschäftes' bilanzmäßig zu *aktivieren*. Obwohl die Regierung den aktivierten Betrag nicht ohne weiters als eine Verbindlichkeit des Landes anerkennt - sie hat sich das Recht vorbehalten, nachzuprüfen, ob die Mehrkosten aus dem Erfassungsgeschäft ihr vertretbar erscheinen - erwartet sie andererseits, daß die Bilanz mit einem uneingeschränkten *Bestätigungsvermerk* versehen wird"[190].

Die Beibehaltung der Preisbasis von 1944 „machte es in den vergangenen Jahren notwendig, bedeutende Subventionen zu zahlen."[191]

---

190   H. LEHMITZ, S. 13.

191   Helmut RICHTER, Zu einigen Fragen der Preispolitik in der volkseigenen Industrie unserer Repu-

Vom 26. bis 28. November 1949 fand in Leipzig eine Tagung der volkseigenen Betriebe der Deutschen Demokratischen Republik statt. Daran nahmen über 8000 technische und kaufmännische Leiter, Betriebsgewerkschaftsleitungs-Mitglieder und Aktivisten der volkseigenen Betriebe teil. Im Mittelpunkt der Tagung stand die Forderung nach Verbesserung der Qualität und Senkung der Selbstkosten. Der Minister für Industrie, Selbmann, berichtete von einer Erhebung in den unter der Verwaltung seines Ministeriums stehenden volkseigenen Betrieben über das Verhältnis der Pro-Kopf-Leistung zu der monatlich aufgewendeten Lohnsumme pro Arbeiter.

„Der Anteil des Lohnes an der Pro-Kopf-Leistung des Arbeiters betrug z.B. in der Braunkohlenindustrie Ende Juli 1949 36% gegen 40% im Jahre 1948 und 18,3% im Jahre 1936. In der Steinkohlenindustrie ist das Verhältnis 50,5% (1949) zu 61% (1948) bzw. 21% (1936). Bemerkenswert sind die Zahlen für die Leichtindustrie mit 21,1% im Juli d.J. (1949), 23,3% im Jahre 1948 und 21,1% im Jahre 1936. In der Leichtindustrie wurde also, von einigen Einschränkungen abgesehen, die Arbeitsproduktivität der Vorkriegszeit erreicht; *in allen übrigen Industriezweigen liegt der Anteil des Lohnes des Arbeiters an der betrieblichen Leistung noch über dem Vorkriegsstand, teilweise sogar erheblich darüber*"[192].

Die Selbstkosten pro Tonne Rohkohle (Braunkohle) und bei Briketts lagen 1948 um fast 100% höher als 1938[193].

3.3. *Erfahrungen aus der Analyse von Abschlüssen der volkseigenen Wirtschaft für das erste Halbjahr 1949*

Die Analyse der Abschlüsse von volkseigenen Betrieben für das 1. Halbjahr 1949 zeigte, daß es im Rechnungswesen und insbesondere bei der Kostenrechnung erhebliche Mängel gab[194]. Bei der Zuckerfabrik Alsleben, VEB, hatte man dem Rechnungswesen gar keine Aufmerksamkeit geschenkt. „Am 29. Mai 1949 wurde durch Prüfung festgestellt, daß seit fast einem Jahr außer einem Kassa-Buch keine Bücher mehr geführt wurden. Kostenartenkonten bestehen nicht, die Bilanzen werden ohne

---

blik, in: Einheit, 10. Jg., Okt. 1955, Heft 10, S. 980.

192 Die Forderung der Leipziger Tagung der volkseigenen Industrie. Verbesserung der Finanzwirtschaft. Sicherung der Finanzpläne - Senkung der Selbstkosten. Steigerung der Qualität, in: *Deutsche Finanzwirtschaft* 3, 1949, S. 443 (Hervorhebungen im Zitat, J.S.).

193 Gustav SOBOTTKA, Leiter der HV Kohle der DWK, Arbeitsproduktivität - Selbstkosten. Arbeitslohn in der Braunkohlenindustrie, in: *Deutsche Finanzwirtschaft* 1949, S. 210; Werner MATSCHKE, Die industrielle Entwicklung, S. 264: „Die Arbeitsproduktivität blieb weit hinter dem vor dem Krieg erreichten Stand zurück".

194 Wie die Arbeit der Hauptbuchhalter nicht aussehen darf. Weitere Beispiele vom Zustand des Rechnungswesens einiger VEB, in: *Deutsche Finanzwirtschaft* 1949, S. 257-260.

buchmäßige Unterlagen aufgestellt, also nicht einmal einfache Buchführung in ihrer primitivsten Art wird gehandhabt"[195].

Von anderen volkseigenen Betrieben wurden planwidrige (=nicht genehmigte) Investitionen vorgenommen[196]. Eine besondere Rolle spielte auch der Warenstau, d.h. die Enderzeugnisse wurden z.b. von der Deutschen Handelsgesellschaft Textil in Chemnitz, von der HO und von der Deutschen Handelszentrale 'Holz' nicht abgerufen[197].

Der Betriebsleiter der VEB Gummiwerke Riesa nahm zu den Ausführungen in der Deutschen Finanzwirtschaft 1949 über Investitionen wie folgt Stellung[198]:

> „Die Darstellung der Situation, in der sich die Gummiwerke Riesa, VEB, bezüglich ihrer Investitionen befinden, ist völlig unzulänglich und geeignet, dem neutralen Leser ein falsches Bild über die Zustände in den Gummiwerken Riesa zu vermitteln. Ich kann daher diese Ausführungen nicht unwidersprochen lassen. In der Zeit vom 12. Januar 1949 bis 18. Februar 1949 wurden die Gummiwerke Riesa, VEB, von der Landeskontrollkommission überprüft. Der ehemalige Betriebsleiter flüchtete, 6 seiner Mitarbeiter wurden inhaftiert. Die im Februar von der VVB Kautas eingesetzte neue Betriebsleitung stellte nach kurzer Zeit fest, daß bis zu diesem Zeitpunkt im Werk von einer planvollen Aufbauarbeit weder im technischen, noch im kaufmännischen Sektor die Rede sein konnte. Wie alle bis dahin erstellten Pläne war auch der Investitionsplan unreal und berücksichtigte den Umfang der bereits im Jahre 1948 begonnenen Investitionen nicht. Beispiel: Im Jahre 1949 wurden Maschinen angeliefert, für die Produktionsräume nicht vorbereitet waren, so daß diese Maschinen längere Zeit ungenützt - notdürftig gegen Witterungseinflüsse abgedeckt - im Freien lagern mußten".

4. Außenwirtschaft: Von der nationalsozialistischen Devisenzwangs- und Außenhandelszwangswirtschaft zum staatlich-sozialistischen Valuta und Außenhandels-Staatsmonopol

Die Devisenzwangswirtschaft wurde im Gefolge der Weltwirtschaftskrise im Deutschen Reich durch Notverordnungen (15. u. 18. Juli 1931) eingeführt und im Neuen Plan von 1934 mit Überwachungsstellen und einem Devisenstrafrecht ausgebaut. Das Gesetz vom 12.12.1938 (RGBL I 1734) und die gleichzeitig ergangene 1.

---

195   Dipl-Kfm. Ludwig METTERS, Die Erfahrung aus der Analyse der Abschlüsse der volkseigenen Betriebe für das erste Halbjahr 1949, II. Kostenrechnung - Kostendenken - Kostenbewußtsein, in: *Deutsche Finanzwirtschaft* 1949, S. 203-206.

196   Keine planwidrigen Investitionen mehr. Ein Beitrag zur Frage der nicht genehmigten Investitionen, in: *Deutsche Finanzwirtschaft* 1949, S. 206-208.

197   Der Warenstau und seine Ursachen, in: Deutsche Finanzwirtschaft 1949, S. 260 und S. 359-361.

198   Und nun haben die volkseigenen Betriebe das Wort!, in: Deutsche Finanzwirtschaft 1949, S. 450.

Durchführungsverordnung bildete bis zur Beendigung des Krieges die Grundlage des deutschen Devisenrechts.*199*.

Die totale Devisenzwangswirtschaft im Nationalsozialismus wurde in der SBZ/DDR nach der sog. „Währungsreform" zum Valutamonopol des sozialistischen Staates erweitert („Abschirmung gegen spontane Einflüsse des kapitalistischen Weltmarktes")*200*.

Mit dem Neuen Plan von 1934 wurde auch der Außenhandel in die staatliche Lenkung einbezogen (Überwachungs- und Außenhandelsstellen). Die Ausfuhr wurde mit 40-60 % des Warenwertes subventioniert. Das Deutsche Reich konnte überall jeden Konkurrenten unterbieten, wie später auch die DDR, die die Außenhandelszwangswirtschaft zum Außenhandelsmonopol der sozialistischen Wirtschaft ausbaute.

Nach einer Erklärung der Hauptverwaltung Interzonenhandel von der DWK vom 14. Mai 1948 sind in den fünf Ländern der SBZ Import- und Exportgesellschaften eingerichtet worden. Als zentrale Dachorganisation dazu wurde die „Deutsche Handelsgesellschaft Berlin mbH" gegründet, die die Außenhandelsgeschäfte der gesamten Zone durchführen sollte. Am 24. April 1950 erließ die Provisorische Volkskammer das „Gesetz zum Schutz des innerdeutschen Handels", das für den Verkehr zwischen der SBZ und West-Berlin galt. Das Gesetz wurde mit der „Verordnung zum Schutz des innerdeutschen Warenverkehrs" vom 26. Juli 1951 auf den gesamten Warenverkehr zwischen der SBZ und Westdeutschland ausgedehnt.

Die Folgen einer planwirtschaftlichen Handelspolitik sind schon 1934 von Gottfried Haberler herausgearbeitet worden: „Die Staaten mit Außenhandelsmonopol stehen sich einander gegenüber wie isolierte Tauschpartner, die eine Kollektion von Gütern gegeneinander austauschen"*201*. Im Vorwort zu Haberlers Studie resümierte Erwin v. Beckerath:

> „Das wichtigste Ergebnis der Untersuchung Haberlers scheint mir in den letzten Kapiteln zu liegen, nämlich in der in ihrer unausweichlichen Logik höchst eindrucksvollen Beweisführung, daß das System des Interventionismus, über einen gewissen Punkt hinausgetrieben, namentlich mit Rücksicht auf seine

---

199   Rudolf KÜHNE, Handbuch des Devisenrechts, München und Berlin 1952. Albrecht RITSCHL, NS-Devisenbewirtschaftung und Bilateralismus in Zahlen: Eine Auswertung der bilateralen Devisenbilanzen Deutschlands aus den Jahren 1938-1940, in: Eckart SCHREMMER (Hrsg.), Geld und Währung vom 16. Jahrhundert bis zur Gegenwart, Stuttgart 1993, S. 289-314.

200   Anordnung über die Ein- und Ausfuhr von Zahlungsmitteln der sowjetischen Besatzungszone Deutschlands und ausländischen Zahlungsmitteln aus und nach den westlichen Besatzungszonen Deutschlands und dem Ausland vom 23. März 1949 (Regelung der Devisenwirtschaft), in: *Deutsche Finanzwirtschaft*, 1949, S. 93-94; Devisengesetz vom 8. Februar 1949.

201   Gottfried HABERLER unter Mitwirkung von Stephan VEROSKA, Liberale und planwirtschaftliche Handelspolitik, Berlin 1934.

Rückwirkung auf die innere Wirtschaftsführung zu einer solchen Erstarrung der Marktwirtschaft führen muß, daß schließlich das System der sich selbst regulierenden und nivellierenden internationalen Geldordnung, und das darauf aufgebaute selbstregulierende Marktsystem vollends zusammenbrechen muß und die allseitige sozialistische Planwirtschaft zwangsläufig wird.

Daß diese sozialistische Planwirtschaft aber wegen der außerordentlichen politischen und technischen Schwierigkeiten, die sich der Aufstellung eines einheitlichen und gemeinsamen Planes für die internationalen Austauschbeziehungen zwischen verschiedenen sozialistischen Volkswirtschaften entgegenstellen, zu einer katastrophalen Rückbildung der internationalen Tauschbeziehungen und von da aus zur schwersten Verkümmerung der einzelnen Volkswirtschaften führen müßte (sofern nicht vorher ein kriegerischer Konflikt ausbricht), das zeigen die Ausführungen Haberlers schlagend".

Das sozialistische Außenhandelsmonopol mit einer Tendenz zur Autarkie kann als ein System der Selbstblockade angesehen werden. Das einzige Ziel der Ausfuhr besteht in der Deckung der Einfuhr. Beim staatlichen Außenhandelsmonopol gibt es *keine* Kriterien dafür, welche Güter man ausführen darf und welche Güter man nicht ausführen darf. „Export- und Importziffern bedeuten wenig, wenn sie nicht eine sinnvolle Wirtschaftsrechnung widerspiegeln, durch deren Benutzung die Knappheit der einzelnen Güter exakt gemessen wird"[202]. Und: „Vom einzelnen Land her gesehen verliert damit der internationale Handel seinen Sinn: Ein Land mit zentralverwaltungswirtschaftlicher Lenkung des Außenhandels ist nicht imstande, die notwendige Auslese der einzuführenden und auszuführenden Güter nach Qualität und Quantität zu treffen. ... Jedes Land macht seine Wirtschaftspläne, auch die Investitionspläne, autark, und der internationale Handel soll die Lücken füllen, die etwa auftreten"[203]. Eine Eingliederung in die Weltwirtschaft ist nicht möglich.

Der Wirtschaftsraum der SBZ erreichte 1936 mit 989 Millionen RM, d.h. mit 23,4% annähernd ein Viertel der gesamten deutschen Einfuhr. Bei einer geschätzten Ausfuhr von 1127 Millionen RM (=23,7%) hatte die sowjetische Besatzungszone somit eine aktive Handelsbilanz[204]. An dieses vorhandene Potential konnte die SBZ/DDR nach 1945 nicht anknüpfen. Nach Heinrich Rittershausen betrug der Handel der Bundesrepublik „vor der Zonentrennung mit dem heute russisch besetzten Mittel- und Ostdeutschland im Jahre 1936 etwa 4,2 Mrd. M und war damit größer als der gesamte Außenhandel beider Hälften Deutschlands (3,6 Mrd. Export 1936). Seither ist er auf 8% (um 1950) gesunken. Die damaligen Bezugsquellen und Absatzgebiete mußten von den Wirtschaftern der heutigen Bundesrepublik großenteils auf den Au-

---

202   Walter EUCKEN, Unser Zeitalter der Mißerfolge, S. 53.

203   DERS., Grundsätze der Wirtschaftspolitik, S. 111, 113.

204   Statistische Praxis , 2. Jg. 1947, Heft 12, Karteiblatt „Deutschlands Einfuhrbedarf in der Vorkriegs-
      zeit".

ßenhandel umgelegt werden. Für uns bedeutet Einfuhr also großenteils einen Ersatz für die Produktivität Mittel- und Ostdeutschlands und Ausfuhr einen Ersatz für die Warenbedürfnisse jenes Gebiets. ... Weiter muß auf den Zustrom von 9 Millionen Flüchtlingen nach der Bundesrepublik verwiesen werden, die zwar ihre Arbeitskraft, nicht aber ihre Produktionsmittel mitbrachten."[205]

5. Pseudo-Einheitsgewerkschaften: Von der nationalsozialistischen Deutschen Arbeitsfront (DAF) zum sozialistischen Freien Deutschen Gewerkschaftsbund (FDGB)

Bei den Gewerkschaften knüpfte der Deutsche Gewerkschaftsbund (DGB, 1949) an die Errungenschaften des Allgemeinen Deutschen Gewerkschaftsbundes (ADGB) aus der Weimarer Zeit an: Tarifautonomie und Streikrecht[206]. Die Tarifverträge hatten die Lohnauseinandersetzungen seit 1899 in geordnetem Rahmen verlaufen lassen.[207]

In § 4 der Verordnung über die Deutsche Arbeitsfront vom 24. Oktober 1934 hieß es: „Die Führung der Deutschen Arbeitsfront hat die Nationalsozialistische Deutsche Arbeiterpartei (NSDAP)". Die Ergänzungsverordnung vom 12. November 1934 bestimmte in § 4: „Die Führung der Deutschen Arbeitsfront hat die NSDAP. Der Reichsorganisationsleiter der NSDAP führt die Deutsche Arbeitsfront. Er wird vom Führer und Reichskanzler ernannt."[208] Rolf Wagenführ und Hans vom Hoff charakterisieren die Deutsche Arbeitsfront folgendermaßen: „Die DAF war nach dem Führerprinzip aufgebaut und ein Instrument des nationalsozialistischen Staates. An die Stelle von Tarifverträgen traten Tarifverordnungen, die einseitig von den Reichstreuhändern der Arbeit erlassen wurden. Ein Streikrecht gab es nicht."[209]

Die Gründung des Freien Deutschen Gewerkschaftsbundes im Februar 1946 bildete eine wichtige Voraussetzung für die Zwangsvereinigung der SPD mit der KPD. Die SPD verlor damit ihren traditionellen Rückhalt in den sozialdemokratisch orientierten freien Gewerkschaften. In der auf dem 6. Bundeskongreß am 23. November

---

205   Heinrich RITTERSHAUSEN, Vollbeschäftigung und Außenhandelspolitik, in: Gerhard ALBRECHT (Hrsg.), Die Problematik der Vollbeschäftigung, Berlin 1951, S. 175.

206   Dieter REUTER, Die Arbeitskampffreiheit in der Verfassungs- und Rechtsordnung der Bundesrepublik Deutschland, in: Heinz SAUERMANN / Ernst-Joachim MESTMÄCKER (Hrsg.), Wirtschaftsordnung und Staatsverfassung, S. 521-552.

207   Waldemar ZIMMERMANN, Tarifvertrag, in: HdSt, 4.Aufl., Bd.8, Jena 1928, S.1-33. Peter ULLMANN, Tarifverträge und Tarifpolitik in Deutschland bis 1914. Entstehung und Entwicklung, interessenpolitische Bedingungen und Bedeutung des Tarifvertragswesens für die sozialistischen Gewerkschaften, Frankfurt a.M., Bern, Las Vegas 1977.

208   Rudolf SCHMEER, 48c. Aufgaben und Aufbau der Deutschen Arbeitsfront. Die Verwaltungs-Akademie. Ein Handbuch für den Beamten im nationalsozialistischen Staat, Berlin o.J.

209   Rolf WAGENFÜHR / Hans VOM HAFF, Gewerkschaften (II). Einzelne Länder, in: HdSW, Bd.4, 1965, S.564.

1963 beschlossenen neuen Satzung des FDGB hieß es in der Präambel: „Die Gewerkschaften anerkennen die führende Rolle der Sozialistischen Einheitspartei Deutschlands, des marxistisch-leninistischen Vortrupps der deutschen Arbeiterklasse. Sie stehen fest zur SED und ihrem Zentralkomitee und schließen als treue Helfer die Arbeiter, Angestellten und die Angehörigen der Intelligenz eng um die Partei zusammen."[210]

Abb. 11: Gewerkschaften in Deutschland 1919 - 1990

	Tarifverträge	Streikrecht
1919 - 1933: Allgemeiner Deutscher Gewerkschaftsbund (ADGB)	seit 1899	ja
1933 - 1945: Deutsche Arbeitsfront (DAF) ist „eine Gliederung der NSDAP im Sinne des Gesetzes zur Sicherung der Einheit von Partei und Staat vom 1. Dez. 1933"*, Schule des Nationalsozialismus	keine freien	nein
SBZ / DDR: FDGB; Schule des Sozialismus. Abschaffung der Betriebsräte. Gewerkschaftssekretär auf dem 3. FDGB-Kongreß 1950: „Wir haben überhaupt kein Recht mehr. Wir haben keine Tarifverträge. Wir besitzen heute Verordnungen wie unter dem Faschismus."**	keine; Tarifsystem mobilisierte die Arbeitskraft nur sehr ungenügend für Produktionssteigerungen.	O. Grotewohl: „In der DDR ist für Streik kein Platz mehr."***
3 Westzonen / BRD: 1949 DGB, Tarifverträge (Fachgewerkschaften); Anknüpfen an die Gewerkschaften in der Weimarer Republik.	Tarifautonomie	Streikrecht

Fazit: Tarifautonomie und gesetzlich fixierte starke Stellung der Gewerkschaften in der BRD bescherten einen permanenten Druck auf die Unternehmen, die Rationalisierung der Produktion ständig voranzutreiben.

* Verordnung des Führers vom 24. Oktobers 1934. ** Wolfgang Eckelmann, Hans-Hermann Herkle, Rainer Weinert, FDGB intern. Innenansichten einer Massenorganisation der SED, Treptow 1990, S. 17. *** Tägliche Rundschau, Berlin 20.2.1955.

Die pseudogewerkschaftlichen Einheitsorganisationen Deutsche Arbeitsfront und Freier Deutscher Gewerkschaftsbund befanden sich in voller Abhängigkeit vom jeweiligen Regime und waren deshalb außerstande, die Interessen der Arbeitnehmer wirksam zu vertreten. Die Abhängigkeit war in der DDR noch weitaus höher als im Nationalsozialismus, da der Staat im Kommunismus/Sozialismus selbst ein Eigentumsmonopol und ein Monopol als Arbeitgeber besaß. Die Stellung des Arbeitneh-

---

210 BUNDESMINISTERIUM FÜR GESAMTDEUTSCHE FRAGEN (HRSG.), SBZ von A bis Z. 10.Aufl., Bonn 1966, S.135.

mers in den sozialistischen Zentralplanwirtschaften ist von Milovan Djilas klar und eindeutig herausgearbeitet worden.[211]
Der FDGB als „Schule des Sozialismus" hat große Ähnlichkeiten mit der Deutschen Arbeitsfront (DAF), der „Schule des Nationalsozialismus" (siehe Abb. 11).[212]

Zusammenfassung. Vergleich mit der Sozialen Marktwirtschaft in der Bundesrepublik Deutschland und weiterführende Gedanken

In der „Conclusion" seiner Studie „The Nazi Economic System" schrieb Otto Nathan 1944:

> „In the six years that elapsed between the Fascist victory and the outbreak of war, Nazism erected a system of production, distribution, and consumption which defies classification in any usual categories. It was not capitalism in the traditional sense; the autonomous market mechanism so characteristic of capitalism during the last two centruies had all but disappeared. It was not State capitalism; the government disclaimed any desire to own the means of production, and, in fact, took steps to denationalize them. It was not socialism or communism; private property and private profit still existed. It was, rather, a combination of some of the characteristics of capitalism and a highly planned economy. Without in any way destroying its class character, a comprehensive planning mechanism was imposed on an economy in which private property was not expropriated, in which the distribution of national income remained fundamentally unchanged, and in which private entrepreneurs retained some of the prerogatives and responsibilities which were theirs under traditional capitalism. This was done in a society which was dominated by a ruthless political dictatorship."[213]

Von entscheidender Bedeutung war, daß durch die gelenkte nationalsozialistische Wirtschaft das Produktionspotential der deutschen Wirtschaft nicht zerstört wurde.
In den Westzonen wurde die Kriegswirtschaftsordnung (siehe Abb. 12, Faltblatt vor S. 43) von der Güterseite („Leitsätze" vom 24.6.1948) und der Geldseite her (Errichtung der Bank Deutscher Länder, Landeszentralbanken, Sanierung der Banken) liquidiert[214]. Lohn- und Preisstop aus der Kriegs- und Nachkriegszeit wurden beseitigt[215]. Mit dem Gesetz über die Eröffnungsbilanz in Deutscher Mark und die Kapi-

---

211 Milovan DJILAS, Die neue Klasse. Eine Analyse des kommunistischen Systems, München 1958, S.149ff.

212 Herbert WARNKE, Die Gewerkschaften und der Wirtschaftsplan, in: Einheit, 3. Jg., Aug. 1948, Heft 8, S. 68ff.

213 Otto NATHAN, The Nazi Economic System. Germany's Mobilization for War, Durham N. C. 1944, S. 367.

214 Rainer KLUMP (Hrsg.), 40 Jahre Deutsche Mark. Die politische und ökonomische Bedeutung der westdeutschen Währungsreform von 1948, Wiesbaden 1989.

215 Am 25. Juni 1948 Aufhebung des Preisstops für die meisten Konsum- und Investitionsgüter sowie

talneufestsetzung vom 21. August 1949 erhielt das Rechnungswesen wieder eine an die veränderten wirtschaftlichen Werte angepaßte Grundlage für eine Wirtschaftsrechnung. Die Unternehmen schlossen ihre RM-Rechnung mit ihren unvergleichbaren und überholten Werten ab und erstellten eine neue DM-Eröffnungsbilanz. Damit waren die Grundlagen für eine zuverlässige Kosten- und Preiskalkulation, für Finanzierungen und Kreditgewährungen und für eine „volkswirtschaftlich gerechte und wirtschaftlich tragbare Besteuerung geschaffen"[216]. Um 1950 war das Preisniveau in der Bundesrepublik gegenüber der Vorkriegszeit - Basiszeitpunkt 1938 - um ca. 100% gestiegen. Die DM besaß nur noch die halbe Kaufkraft der Vorkriegs-RM.

Mit der Geldreform erfolgte auch eine grundlegende Änderung der Wirtschaftsordnungspolitik[217]. Damit kam es zum radikalen Bruch mit der nationalsozialistischen Kriegswirtschaftsordnung. Es konnte der Wiederaufbau erfolgen, und die hohe Dynamik der marktwirtschaftlichen Ordnung schuf die Voraussetzungen für eine zweite Phase, in der die Sozialpolitik wieder stärker berücksichtigt werden konnte.

Der Wiederaufbau in der SBZ/DDR geschah auf eine andere Art, die von Willy Rumpf, dem Leiter der Hauptverwaltung Finanzen der DWK, so beschrieben wurde:

„Der Unterschied der Organisierung des Wiederaufbaus und seiner Finanzierung zwischen unserer Zone und den Westzonen besteht darin, daß bei uns eine Entscheidung darüber, wo investiert wird und was investiert wird, nicht beim Leiter des einzelnen volkseigenen Betriebes liegt. Die Finanzmittel werden, soweit sie nicht der laufenden Fabrikation dienen, vom Betrieb abgezogen und in den Staatshaushalt überführt. Auf der anderen Seite wird demjenigen Leiter des volkseigenen Betriebs, dessen Betriebserweiterung im Plan vorgesehen ist, die Sorge um die Kapitalbeschaffung abgenommen. Er bekommt die erforderlichen Geldmittel aus der Staatskasse zugeleitet. Die Investitionswirtschaft in den westlichen Zonen ist dadurch charakterisiert, daß sie

---

für Eier, Obst und Gemüse.

216 WP und RA Walther DÜRING, Köln, in: *Der Wirtschaftsprüfer*, 2. Lfg., Nr. 1, Jan. 1949, S. 2.

217 Alfred MÜLLER-ARMACK, Das Grundproblem unserer Wirtschaftspolitik: Rückkehr zur Marktwirtschaft, in: *Finanzarchiv*, 11, 1949, "Worum es geht, ist dies: Der ungeheure Druck einer ohne Existenzmittel dastehenden Bevölkerung, der erst voll offenbar wird, sobald einige trügerische Sicherungen weggefallen sind, die heute noch der Besitz von Geldmitteln bedeutet, verlangt gebieterisch eine Wirtschaftsordnung, die produktiv, erfinderisch, elastisch und dynamisch genug ist, um diese gewaltige Aufgabe bewältigen zu können. ... Die wissenschaftliche Forschung des letzten Jahrzehnts hat mit großer Strenge und Ernsthaftigkeit gezeigt, wie notwendig es ist, Fragen der Wirtschaftspolitik als Entscheidungen zu einer wirtschaftlichen Gesamtordnung zu begreifen. Sie hat gleichzeitig den Nachweis erbracht, daß das Organisationsmittel der Marktwirtschaft ohne einen erheblichen Produktivitätsverlust der Volkswirtschaft nicht preisgegeben werden kann, daß es einzig und allein die notwendige Elastizität verbürgt, um in Lagen wie die gegenwärtigen ein schnelles Wiederanlaufen zu ermöglichen" (S. 62, 64f.).

aus dem Bedürfnis eines großen Kapitalexports des amerikanischen Monopolkapitals nach Westdeutschland forciert wird. Die Finanzierung wird durch Erhöhung der Preise auf die werktätige Bevölkerung abgewälzt. Die Entscheidung darüber, wo investiert wird und was investiert wird, liegt in den Händen des einzelnen Betriebs-Inhabers, in den Händen der Banken, liegt in den Händen des Monopolkapitals"[218].

Von Kriegsende bis Mitte 1948 kam es in Deutschland zu keiner grundlegenden Änderung in der Wirtschaftsordnung. In allen vier Besatzungszonen wurden Lohn- und Preisstop sowie die Lebensmittelrationierung beibehalten. Alfred Müller-Armack beschrieb dies in der ihm eigenen Klarheit: „Es blieb in den Jahren 1945, 1946 und 1947 bis zur Mitte des Jahres 1948 wirtschaftspolitisch alles beim alten. Es war aber gleichzeitig die Phase eines geistigen Ringens um eine neue Form der Wirtschaftspolitik. ... Der Gedanke der Sozialen Marktwirtschaft war der Versuch, eine Synthese zwischen freiheitlich-unternehmerisch-marktwirtschaftlicher Organisation auf der einen Seite und den sozialen Notwendigkeiten der industriellen Massengesellschaft von heute zu finden."[219]

In den Westzonen führte die Währungs- und Wirtschaftsreform 1948 zu einem radikalen Bruch mit der nationalsozialistischen Kriegswirtschaftsordnung. Letztere wurde liquidiert und die Weichen wurden in Richtung Marktwirtschaft gestellt. Diese radikale ordnungspolitische Weichenstellung kann nicht hoch genug eingeschätzt werden für den darauf folgenden wirtschaftlichen Wiederaufbau. Zu diesem Fazit gelangte auch Alain Samuelson: „Alors qu'à l'Quest la réforme monétaire a constitué un préalable pour le retour à un système économique capitaliste de type libéral, dans la zone soviétique elle a permis en même temps de réaliser une confiscation des fortunes et de mettre la monnaie au service des organismes économiques et financiers de l'État. A la différence de ce qui était décidé à l'Quest à partir de juillet 1948, le contrôle des salaires et des prix fut renforcé."[220]

Im Gegensatz zur westdeutschen Währungs- und Wirtschaftsreform stand die sogenannte „Währungsreform", der Geldumtausch in der SBZ.

Dr. Abeken publizierte in der Zeitschrift *Deutsche Finanzwirtschaft* (Ost-Berlin 1948, 5/6, S. 2-7) einen Beitrag zur „Währungsreform in Deutschland". Er erkannte mit aller Deutlichkeit, daß in der SBZ die nationalsozialistische gelenkte marktlose Wirtschaft beibehalten wurde[221].

---

218 Willy RUMPF, Über unsere neue Finanzpolitik, in: *Deutsche Finanzwirtschaft* 1949, 7/8, S. 6.

219 Alfred MÜLLER-ARMACK, Wirtschaftspolitik als Beruf, in: *Wirtschaftspolitische Chronik*, Heft 1, 1969, S. 15f.

220 Alain SAMUELSON, Le Mark. Histoire de la monnaie allemande, Paris 1971, S. 211; K. ALBERT, Die Unterschiede der Währungssanierung 1948 in Ost- und Westdeutschlnd, Diss. Erlangen 1950.

221 Peter ERLER, Horst LAUDE, Manfred WILKE (Hrsg.), "Nach Hitler kommen wir". Dokumente zur

„Da der bisherige wirtschaftspolitische Kurs und die bisherige Bewirtschaftungs- und Preispolitik nicht verlassen werden sollte, bestand kein Grund, der
Wirtschaft durch einen anfänglichen rigorosen Geldschnitt einen besonderen
Schock zu versetzen. ... auch im Außenhandel wird die bisherige Linie nicht
verlassen werden. ... Die Währung wird hier bewußt als reine Binnenwährung
betrachtet. ... Im Osten konnte die Währungsreform eine ausgesprochen soziale Note zeigen, da Änderungen des Wirtschaftssystems nicht beabsichtigt
waren. Im Westen wurde die Währungsreform begleitet durch den Versuch,
unter Aufhebung der Bewirtschaftung und Preiskontrolle zu freier, kapitalistischer Marktwirtschaft zurückzukehren".

Der Vorsitzende der Deutschen Wirtschaftskommisson, Heinrich Rau, bemerkte in
der zweiten Jahreshälfte 1948 [222]:

„Wenn aber die Schumacher-Presse glaubt, unsere Ostzonenwährung als Tapetengeld bezeichnen zu können, so glauben wir, daß die Zeit nicht fern ist, in
der das in Berlin vorhandene Westgeld zu keinem besseren Zwecke verwendet
werden kann als dazu, die Löcher in den Tapeten der von den Berliner Schiebern und den Neumanns verlassenen Berliner Westwohnungen zu überkleben".

Die nationalsozialistische gelenkte Wirtschaft wurde im zweiten Halbjahr 1948 zur
sozialistischen Zentralplanwirtschaft sowjetischen Typs ausgebaut. Die ökonomischen Konsequenzen einer Zentralplanwirtschaft[223] wurden von Friedrich W.
Dreyse, Reichsbank-Vizepräsident und Stellvertreter Vorsitzender des Aufsichtsamtes für das Kreditwesen, bereits 1937 in aller Klarheit gesehen:

Programmatik der Moskauer KPD-Führung 1944/45 für Nachkriegsdeutschland, Berlin 1994, S.
215: "Wirtschaftspolitik im neuen Deutschland" - Handschriftliche Notizen Wilhelm Florins vom
Referat Anton Ackermanns vor der Arbeitskommission, auf der Sitzung am 3. Juli 1944 vorgetragen. "Deutschland geht als staatsmonopolistisch geleitetes Land aus dem Kriege. Mit dem Sturz
Hitlers fällt der staatliche Lenkungsapparat. Es muß ein neuer Lenkungsapparat geschaffen werden
- aus Volksausschüssen, Betriebsausschüssen und Besatzung oder soll sich daraufstützen. Es wird
ein fortschrittliches Regime sein - in dem Kommunisten sein werden. Klassenkampf von unten und
oben". Zu den Vorschlägen Ackermanns bemerkte Josef Schwab, der früher Kaufmann war,
"Schaffung neuer Lenkungsorgane (unbekannt, ob damit Kontrolle oder Leitungsorgane gemeint
sind)" ... Hauptschwäche bei Ackermann - Keine Lösung der deutschen wirtschaftlichen Hauptprobleme" (S. 219 f.).

222 Heinrich RAU, Vorsitzender der Deutschen Wirtschaftskommission, Gegen die Störversuche der
     Westmächte, in: Der deutsche Zweijahrplan für 1949-1950, Berlin (-Ost) 1948, S. 59; zu Rau:
     Werner MATSCHKE, Die industrielle Entwicklung, S. 349.

223 Ebenda, S. 296: „Die Wirtschaftsplanung, -lenkung und -kontrolle wurden verbessert und ausgebaut, bis nach Ausschaltung des Restes der Privatbetriebe zur sozialistischen Planwirtschaft übergegangen werden konnte".

„Für die künftige Entwicklung gibt es grundsätzlich drei Möglichkeiten: 1. die Fortsetzung des einmal eingeschlagenen Weges bis zu seiner letzten Konsequenz, 2. eine radikale Rückkehr zum Grundsatz der freien Konkurrenz oder 3. ein Umschwenken auf ein neues Ziel. Die erste führt zu einer *völligen Planwirtschaft*. Sie gewährleistet eine hundertprozentige Ausnutzung der Vorteile der Konzentration und vermehrt auf der anderen Seite ihre Nachteile in geometrischer Progression. In einer Wirtschaft mit Hunderttausenden selbständiger Unternehmer werden Einzelfehler durch das Gesetz der großen Zahl weitgehend ausgeglichen. Das wirkt im Zusammenspiel mit einem Ausleseprozeß, der die ungeeigneten Persönlichkeiten ausschaltet, daß die Entwicklungslinie nach oben geht. In einer Wirtschaft dagegen, die nur *ein* 'Unternehmer' leitet, haben Fehler eine derartigen Tiefenwirkung, daß ein einziger Irrtum u. U. die Volksversorgung bedroht. Im übrigen bedeutet die 'Planwirtschaft' eine Erstarrung und ist daher unserem lebens-, d. h. entwicklungsfähigen Volke wesensfremd."[224]

In der staatlichen Zentralplanbehörde fanden permanent willkürliche Investitionsentscheidungen statt. Die Folge waren Kapitalfehllenkungen. Kapital und Arbeitskraft wurden ineffizient eingesetzt.

In einer marktwirtschaftlichen Unternehmung werden die drei Elementarfaktoren Arbeitsleistung, Betriebsmittel (Arbeitsmittel) und Werkstoffe vom Unternehmer kombiniert. Die Verwertung der betrieblichen Leistung erfolgt auf den Märkten. Das Wissen um die Beschaffung der drei Elementarfaktoren, die Leistungserstellung und -verwertung (Absatz) auf den Märkten war in den Unternehmungen immer <u>dezentral</u> vorhanden.[225] Das gesamte dezentrale Wissen in den Unternehmungen über Beschaffung, Produktion, Absatz und Finanzierung hätte auf die staatliche Zentralplanbehörde übertragen werden müssen, damit eine Zentralplanwirtschaft so effizient wie eine Marktwirtschaft funktioniert. Nur wenn die Zentralplanbehörde eine permanente Offenbarung gehabt hätte, hätte sie dieses zentralisierte Wissen gehabt. Die Unternehmungen in einer Marktwirtschaft sorgen sich dezentral permanent um die Zukunft. Von zentraler Bedeutung ist dabei das Rechnungswesen[226]:

„Wie in der Volkswirtschaft Ziele und Maßnahmen der Wirtschaftspolitik, so stehen in den Unternehmen die betriebspolitischen Entscheidungen im Mittelpunkt. Das Rechnungswesen als Oberbegriff für alle zahlenmäßigen Ermittlungen in einem Wirtschaftsgebilde hat die Aufgabe, abgelaufene und zu-

---

224 Friedrich DREYSE, Reichsbank und Währung, in: Probleme des deutschen Wirtschaftslebens. Erstrebtes und Erreichtes. Eine Sammlung von Abhandlungen. Hrsg. von Deutschen Institut für Bankwissenschaft und Bankwesen, Berlin und Leipzig 1937, S. 571.

225 Erich GUTENBERG, Grundlagen der Betriebswirtschaftslehre, Erster Band. Die Produktion, Berlin, Göttingen, Heidelberg 1951, Zweiter Band. Der Absatz, 1955.

226 Albert SCHNETTLER / Heinz AHRENS, Rechnungswesen, in: HdSW, 1964, S. 734.

künftige Zeiträume oder die Auswirkungen bestimmter Maßnahmen zahlen-
mäßig zu erfassen. Die ermittelten und aufbereiteten Zahlen sollen dazu dienen, die Entscheidungen der Zukunft zu unterstützen".

In der DDR war das Gesamtrisiko der Wirtschaft und Gesellschaft im Politbüro der
SED und der ihm unterstellten Staatlichen Plankommission zentralisiert.
Der Leipziger Religionssoziologe Detlef Pollack hat den Zusammenbruch der DDR-
Gesellschaft auf der Basis eines Risiko-Begriffs erklärt: „Jede Gesellschaft trifft
Vorkehrungen zur Verteilung, Beobachtung, Bewältigung und Abwälzung von Ri-
siken. Das gilt nicht nur für technologische und ökologische, sondern auch für ökonomische, politische und militärische Risiken. Eine Gesellschaft scheint um so
überlebensfähiger zu sein, je lokaler sie die Risiken beobachtet und bewältigt und je
diffuser sich demnach die Risiken auf der Ebene der Gesamtgesellschaft darstellen.
Und eine Gesellschaft wird um so verletzbarer, je mehr sich Instanzen finden, die die
Risiken bündeln, auf eine gesamtgesellschaftliche Ebene heben und dort mit zentralen Verantwortlichkeiten ausstatten, die man dann auch zur Rechenschaft ziehen
kann"[227]. Die sozialistische Zentralplanwirtschaft kann damit als eine Kette sich gegenseitig bedingender und sich selbst reproduzierender Deformationen angesehen
werden.
Die reale Wirtschaftsordnung wird von Heinz Lampert als wirtschaftlicher Teilbereich der Lebensordnung einer politischen Gemeinschaft verstanden. Geistige Freiheit setzt wirtschaftliche Freiheit voraus. Dies wurde bereits 1944 von Friedrich August Hayek überzeugend dargelegt: „Daß eine zentrale Lenkung der gesamten Wirtschaft, wie sie zumindest der ältere Sozialismus anstrebte, zu einer totalitären Herrschaft führen muß, ist heute ziemlich allgemein anerkannt."[228] Der sozialdemokratische Politiker und Austromarxist Rudolf Hilferding (1877-1941) war bereits 1940 zu
der Erkenntnis gelangt: „History has taught us, that „administering of things" despite
Engels' expectations, may turn into unlimited „administering of people" and thus not
only lead to the emancipation of the state from economy but even to the subjection
of the economy to the state".[229]
In der sozialistischen Zentralplanwirtschaft der DDR fand, wie zuvor nach 1917 in
Rußland, eine Abkehr von der in Jahrhunderten gewachsenen Marktwirtschaft
(Kapitalismus) statt. Die Zerstörung dieser in langen Lernprozessen entstandenen
Formen ist nur in Krisenzeiten mit der Zunahme irrationaler Elemente in der Politik
möglich. Die Surrogate, die gewachsene Strukturen substituieren sollten, waren we-

---

227 Ludwig BRESS, Der Weg des Sozialismus in den Abgrund, in: Ost-Kurier. Informationen - Analy-
     sen - Berichte, Nr. 2/1990, 2. Jg., München 1990, S. 17f.
228 Friedrich August HAYEK, Der Weg zur Knechtschaft, München 1976, S. 11, zuerst 1944 englisch.
229 Zitiert nach Manfred GANGL, Politische Ökonomie und Kritische Theorie. Ein Beitrag zur theore-
     tischen Entwicklung der Frankfurter Schule, Frankfurt/New York 1987, S. 215.

sentlich weniger effizient, d.h. der Zusammenbruch der zentral geplanten sozialistischen Wirtschaften war nur eine Frage der Zeit. Die sozialistische Zentralplanung schließt den technischen Fortschritt letztlich aus, sie führte zur Verschwendung von Arbeit und Kapital.[230] Damit blieb der Lebensstandard breiter Schichten der Bevölkerung weit hinter dem Potential zurück, das in Form von Humankapital und institutionellen Regeln 1945 in der deutschen Wirtschaft vorhanden war. Mit der von der DDR-Geschichtsschreibung so formulierten „revolutionären Umgestaltung" wurde größtenteils dieses Potential zerstört[231].

Die Destruktion der wissenschaftlichen Volks- und Betriebswirtschaftslehre durch den Monopolanspruch des Marxismus-Leninismus-Stalinismus führte zur theoretischen Konzeptionslosigkeit auf dem Gebiet der Wirtschaftswissenschaften. „Die Arbeitslehre mitsamt Mehrwert- und Ausbeutungstheorie als Grundlage des marxistischen Lehrgebäudes ist nicht tragfähig genug, da sie weder in der Lage ist, Preise und Zins einer kapitalistischen Marktwirtschaft zutreffend zu erklären, noch die für eine möglichst gute Versorgung mit Gütern in einer Planwirtschaft zu einer Steuerung erforderlichen optimalen Verrechnungspreise zur Verfügung zu stellen".[232] Das sozialistisch/kommunistische Experiment DDR wurde ohne ordnungspolitische Theorieunterstützung vorgenommen. Die Theorielosigkeit führte zur Inkompetenz und auch zur Reformunfähigkeit der DDR-Wirtschaft. Um 1982/83 reichten die Deviseneingänge der DDR nicht mehr für den Schuldendienst der aufgenommenen Darlehen aus. „Das ist der Zustand, in dem sich früher zur Zeit des Kaisers oder im Rußland des Zaren die Offiziere, wenn sie in dieser Lage waren, erschossen haben"[233]. Die DDR stand spätestens zu diesem Zeitpunkt vor dem Staatsbankrott. „Die Verbindlichkeiten des Staatshaushaltes gegenüber dem Kreditsystem entwickelten sich aufgrund der höheren Ausgaben gegenüber den erreichten Einnahmen von rd. 12 Mrd. M 1970 auf 43 Mrd. M 1980 und 123 Mrd. M 1988. In den Jahren 1989 und 1990 können die höheren Ausgaben des Staatshaushaltes gegenüber den Einnahmen nur durch zusätzliche Kreditaufnahme in Höhe von 20 Mrd. M erreicht werden, so daß die Gesamtverschuldung 1990 insgesamt 140 Mrd. M beträgt. Geldumlauf und die *Kreditaufnahme des Staates, darunter wesentlich aus den Sparein-*

---

230   Horst EBEL, Abrechnung. Das Scheitern der ökonomischen Theorie und Politik des „realen Sozialismus", Berlin 1990.

231   Gabriele DITTMANN, Theoretische Diskussionen zu ökonomischen Problemen in den ersten Nachkriegsjahren bis zur Gründung der DDR, in: *Wirtschaftswissenschaft* 37, 1989, S. 1647-1667. In diesem Beitrag wird die Destruktion des 1945 vorhandenen Potentials (Humankapital, institutionelle Regeln, Volks- und Betriebswirtschaftslehre) aufgezeigt.

232   Peter BERNHOLZ, Friedrich BREYER, Grundlagen der Politischen Ökonomie. Band 1: Theorie der Wirtschaftssysteme, 3. Aufl., Tübingen 1993, S. 3.

233   Handschriftliche Aufzeichnung von Werner Krolikowski vom 16. Januar 1990, in: Peter PRZYBYLSKI, Tatort Politbüro. Die Akte Honecker, Berlin 1991, S. 327.

lagen der Bevölkerung (Hervorhebung durch J.S.), sind schneller gestiegen als die volkswirtschaftliche Leistung"[234]. Auch hier existieren interessante Parallelen zur nationalsozialistischen Finanzierung der Aufrüstung und des Krieges. Der Nationalsozialismus bemächtigte sich der Spareinlagen der Bevölkerung in den Kreditinstituten über Schatzanweisungen des Reiches und der Länder, um Aufrüstung und Krieg zu finanzieren[235]. Das Politbüro bemächtigte sich der Spareinlagen der Bevölkerung der DDR in Friedenszeiten, um einen drohenden Staatsbankrott aufzuschieben. Die Ersparnisse der DDR-Bevölkerung waren spätestens 1988 eine Forderung, hinter der keine Deckung mehr stand, nichts als eine Fiktion. Die Kreditaufnahme des DDR-Staates aus den Spareinlagen der Bevölkerung muß als Schwindel und Betrug bezeichnet werden.

Der Prozeß, den im Januar 1990 Genossen dem SED-Politbüro machten, zeigte das total inkompetente Politbüro in all seiner Hilflosigkeit[236].

Das Politbüro verkörpert einen Strang der deutschen Geschichte, der erstmals im Spartakus und dann in der Bolschewisierung der KPD nach 1925 (Thälmann) offen zutage trat.[237] Das Zentralkomitee der Kommunistischen Partei Deutschlands forderte spätestens 1928/30 die Errichtung einer proletarischen Sowjetrepublik[238]. Walter Ulbricht, für den die „Interessen der Sowjetunion letzten Endes höher standen als die der DDR"[239], war der Ansicht, die DDR sei ja schließlich Belorussische

---

234 Vorlage für das Zentralkomitee (ZK) der SED vom 27.10.1989: Analyse der ökonomischen Lage der DDR mit Schlußfolgerungen, in: *Das Parlament*, 13. Sept. 1994, S. 13f.

235 Eckhard WANDEL, Die Rolle der Banken bei der Finanzierung der Aufrüstung und des Krieges 1933 bis 1945, in: Eckart SCHREMMER (Hrsg.), Geld und Währung vom 16. Jahrhundert bis zur Gegenwart, Stuttgart 1993, S. 275-288; Wilhelm DIEBEN, Die innere Reichsschuld seit 1933, in: *Finanzarchiv*, 11, 1949, S. 657: Die Mehrzahl der deutschen Bevölkerung war Gläubiger des Reichs; doch wußte die überwiegende Zahl der Reichsgläubiger nicht, daß sie Gläubiger des Reichs waren. Die Bank legte das Spargeld in Reichstiteln an.

236 SED-Protokolle. „Ich hab an den geglaubt". 21 Genossen machten im Januar 1990 dem ehemaligen SED-Politbüro hinter verschlossenen Türen den Prozeß. Die Mächtigen von gestern übten in Sack und Asche Selbstkritik - und schoben die Schuld für den Untergang des Regimes auf andere. Die Vernehmungsprotokolle hält die PDS bis heute unter Verschluß. In: DER SPIEGEL l, 38, 14. Sept. 1992, S. 86-104. Gerd-Rüdiger STEPHAN (Hrsg.), „Vorwärts immer, rückwärts nimmer". Interne Dokumente zum Zerfall von SED und DDR 1988/89, Berlin 1994.

237 Erich PATERNA, Über den Kampf Ernst Thälmanns gegen die „Ultralinken" in der KPD, in: *Einheit*, 6. Jg., Febr. 1951, Heft 2, S. 119: „Genosse Ernst Thälmann kämpfte unermüdlich für die Beachtung und Anwendung der Stalinschen Lehren"; Ernst MELIS, Ernst Thälmanns Kampf zur Überwindung der Rechtsopposition in der KPD, in: *Einheit*, 6. Jg., April 1951, Heft 7, S. 455-463.

238 21 Monate sozialdemokratische Koalitionspolitik 1928/1930. Handbuch der Kommunistischen Reichstagsfraktion. Herausgegeben im Auftrag des Zentralkomitees der Kommunistischen Partei Deutschlands, Leipzig 1930, S. 42.

239 Julij A. KWIZINSKIJ, Vor dem Sturm. Erinnerungen eines Diplomaten, Berlin 1993, S. 173.

Republik[240]. Erich Honecker „bat Breshnew ausdrücklich, die DDR de facto als eine Unionsrepublik der UdSSR zu betrachten und sie als solche in die Volkswirtschaftspläne der UdSSR einzubeziehen"[241].

Im Wörterbuch der Ökonomie. Sozialismus (Berlin 1979) werden die „Gesetze" und „Gesetzmäßigkeiten" des Sozialismus (S. 340-352) aufgezählt:

1.   Gesetz der Ökonomie der Zeit;
2.   Gesetz der planmäßigen proportionalen Entwicklung der Volkswirtschaft;
3.   Gesetz der sozialistischen Akkumulation;
4.   Gesetz der Übereinstimmung der Produktionsverhältnisse mit dem Charakter der Produktivkräfte;
5.   Gesetz der Verteilung nach der Arbeitsleistung;
6.   Gesetz des stetigen Wachstums der Arbeitsproduktivität;
7.   Gesetz des vorrangigen Wachstums der Produktion von Produktionsmitteln;
8.   Gesetzlichkeit (Prinzip der Führung der sozialistischen Gesellschaft);
9.   Gesetzmäßigkeiten des sozialistischen Aufbaues.

„Die ökonomischen Gesetze des Sozialismus sowie ihre Wirkungsmechanismen waren (in der Übergangsperiode) erst teilweise bekannt. Mitte der 50er Jahre gab das sowjetische Lehrbuch „Politische Ökonomie" erstmals eine systematische Zusammenfassung der bis dahin erkannten ökonomischen Gesetze. Die damals noch unzureichende wissenschaftliche Fundierung der Politischen Ökonomie hatte zur Folge, daß in der Sowjetunion in den 20er und 30er Jahren erfolgreich erprobte Entwicklungs- und Handlungsprinzipien in den Rang ökonomischer Gesetze erhoben und zur Grundlage der Perspektivplanung aller sozialistischen Länder gemacht wurde. Es handelte sich jedoch nicht immer um allgemeingültige Leit‑sätze"[242].

In der letzten Nummer der Zeitschrift *Wirtschaftswissenschaft* (38, 1990,12) wurde eine Zuschrift publiziert, in der aufgezeigt wurde, was es mit den sozialistischen „Gesetzen" und „Gesetzmäßigkeiten" auf sich hat: „Objektive Prozesse und Erfordernisse haben sich als stärker erwiesen als subjektive Vorstellungen und subjektives Wollen. Der Versuch, spezielle sozialistische Gesetze und Gesetzmäßigkeiten zu formulieren, führte in die Sackgasse"[243].

Wenn man die gelenkte nationalsozialistische Wirtschaft mit der sozialistischen Zentralplanwirtschaft vergleicht, so besitzt die gelenkte Wirtschaft meines Erachtens

---

240   Peter PRZYBYLSKI, Tatort Politbüro, S. 307.

241   Julij A. KWIZINSKIJ, Vor dem Sturm, S. 258.

242   Jörg ROESLER, Die Entwicklung der Perspektivplanung der DDR in der Übergangsperiode, in: Jahrbuch für Geschichte, 14, 1975, S. 313.

243   Zuschrift. Weltwirtschaftliche Transformation und gesamteuropäische Kooperation, Ulrich SOMMERFELD, in: *Wirtschaftswissenschaft* 38, 1990, S. 1670.

eine höhere wirtschaftliche Effizienz[244]. In beiden Fällen bestimmte die Politik die Zielsetzung der Wirtschaft. Im Nationalsozialismus liefen die politischen Vorgaben über die mit hoher Fachkompetenz ausgestatteten Wirtschaftsgruppen (Selbstverwaltungsorgane) an die Betriebe. Die Wirtschaftsgruppen gaben so der gelenkten Wirtschaft ein gewisses Maß an Flexibilität, einen Spielraum für Organisation und Improvisation. Das Gesetz über die Neuordnung der gewerblichen Wirtschaft vom 27. Februar 1934 (RGBlI, S. 185) bereitete den organischen Aufbau der nationalsozialistischen Wirtschaft vor. Am 27. Februar folgte die erste Durchführungsverordnung (RGBlI, S. 1194). „Mit diesem Augenblick wurde der Schlußstrich unter eine Wirtschaftsepoche gezogen, die - in sich morsch - schon längst der Ablösung bedurfte. An die Stelle der bisherigen Interessentengruppen trat eine auf den Gemeinschaftsgedanken ausgerichtete Organisation, die, vom Führerprinzip beherrscht, auf der Grundlage der Selbstverwaltung aufgebaut wurde. Über die Reichsgruppe, die Hauptgruppen und Wirtschaftsgruppen bis zur Fachgruppe und Fachuntergruppe ist eine Organisation geschaffen, die die Weiterleitung von wirtschaftspolitischen Weisungen der Reichsregierung und die Mitarbeit jedes einzelnen Unternehmers sicherstellt. ...Zwischen Betrieb und Fachgruppe liegt das Kraftfeld, in dem die dynamischen Kräfte zum Ausgleich kommen".[245] Der Freiburger Professor für Volkswirtschaftslehre und Finanzwissenschaft Adolf Lampe (1897-1948), charakterisierte die gelenkte Wirtschaft Anfang 1943 folgendermaßen: „Das jetzt herrschende System der Befehlswirtschaft verbindet direkte zentrale - staatliche - Dispositionen mit dezentralisierter privater Verantwortung für die an anderer „übergeordneter" Stelle getroffenen Entscheidungen."[246]
In der starren Zentralplanwirtschaft fehlt die hohe Fachkompetenz der Unternehmer. Die Substitution des gelenkten Unternehmers durch den Funktionär, der nur die plandeterminierte Sollerstellung ausführen soll, führte unweigerlich zu hohen wirtschaftlichen Effizienzverlusten.[247] 1954 übte Paul Pfeffer eine grundlegende Kritik an der Zentralplanung in der DDR: Erstens ist die Planung zu starr und trägt dem

---

244   Günter MITTAG, Um jeden Preis. Im Spannungsfeld zweier Systeme, Berlin und Weimar 1991, S. 210. "Ich erinnere mich noch sehr gut daran, wie Alfred Neumann, als er Anfang der sechziger Jahre Vorsitzender des Volkswirtschaftsrates der DDR war (1961-65), sich aus den Akten des Reichswirtschaftsministeriums heraussuchen ließ, wie man im Kriege die Produktion einzelner Endprodukte mit all ihren Zulieferverflechtungen durch die Zentrale administrativ organisierte".

245   Ludwig TENTE, Fachgruppe und Einzelbetrieb, in: HwBWL, 1. Bd., Stuttgart 1938, S. 1673f.

246   Adolf LAMPE, Problem der Übergangswirtschaft nach dem Krieg und Voraussetzungen für das Wiederingangbringen marktlich geordneter Wirtschaft (Vortragsentwurf vom 21. Februar 1943), in: Christine BLUMENBERG-LAMPE (Bearbeiterin), Der Weg in die Soziale Marktwirtschaft. Referate, Protokolle, Gutachten der Arbeitsgemeinschaft Erwin von Beckerath 1943-1947, Stuttgart 1986, S. 70.

247   Horst EBEL, Abrechnung. Das Scheitern der ökonomischen Theorie und Politik des „realen Sozialismus", Berlin 1990.

tatsächlichen Ablauf des wirtschaftlichen Lebens zu wenig Rechnung. Zweitens bindet sie die Betriebe in zu vielen einzelnen Fragen und engt somit die Initiative der Betriebe ein. Drittens besteht keine genügende Übereinstimmung zwischen Produktions- und Finanzplan.

„Die gegenwärtige Planmethodik erstickt zum Teil die Initiative der Werktätigen im Bürokratismus. ...Anstatt sich einer ständigen Verbesserung der Plankennziffer, einer aktiven Plankontrolle und der Lösung wichtiger Grundsatzaufgaben widmen zu können, sind unsere Planungsorgane ständig mit „Feuerwehrarbeit" beschäftigt. Der tatsächliche Ablauf des wirtschaftlichen Lebens erfordert von den Betrieben eine schnelle Anpassungsfähigkeit gegenüber zusätzlichen Anforderungen, Verschiebungen in der Auftragslage, Sonderaufträgen usw. Die langfristige Feinplanung hindert sie daran. So beschäftigten sie sich also mit Anträgen auf Planänderungen, vergeuden viel Zeit in langwierigen Diskussionen und Beweisführungen hierüber und schließlich in endloser Formulararbeit"[248].

Kevenhörster und Leppendahl weisen auf eine These hin, wonach von einem bestimmten Zeitpunkt an, sich die Effizienzwirkungen der Zentralisation in ihr Gegenteil verkehren. „Das ist immer dann der Fall, wenn die Anzahl und die Komplexität der zur Entscheidung anstehenden issues die Informationsaufnahme - und die Verarbeitungskapazität der zentralen Entscheidungseinheit überfordern, ein Sachverhalt, der aus der politischen Kybernetik bekannt ist; Nachrichtenüberlastung und Entscheidungsüberlastung zentraler Entscheidungseinheiten können sogar als bedeutsamster Faktor des Zusammenbruchs von Staaten und Regierungssystemen angesehen werden"[249].

Alle Fakten weisen daraufhin, daß die sozialistischen Zentralplanstellen (ab 1952: Staatliche Plankommission) von Beginn der Zentralplanung an (zweites Halbjahr 1948), permanent überfordert waren. Das Informationsproblem konnte nie gelöst werden.[250] In der staatlichen Plankommission der DDR dominierten „übertriebenes

---

248 Paul PFEFFER, Vorschläge zur Änderung der Planmethodik im Bereich des Ministeriums für Maschinenbau auf Grund der Erfahrungen der ehemaligen SAG-Betriebe, in: *Wirtschaftswissenschaft* 1954, S. 487f.; Johannes THAMM, Zur Diskussion über die weitere Verbesserung der Leitung der volkseigenen Industrie, in: *Wirtschaftswissenschaft*, 1957, S. 346-361; Gerda HENSCHEL, Zur kritischen Analyse der Entwicklung des Planungssystems in der DDR, in: *Wirtschaftswissenschaft* 38, 1990, S. 670-683; Ulrich BUSCH, Kritik und Bibliographie. Besprechung von: Autorenkollektiv (Leitung Uwe Möller), Wirtschaftssysteme im Wettstreit. Planwirtschaft kontra Profitwirtschaft, Berlin 1989, in: *Wirtschaftswissenschaft* 1990, S. 452: "Die Festlegungen des 5-Jahr-Plans 1986 bis 1990 zum Beispiel und die Resultat der Planerfüllung des Jahres 1988 differierten bei entscheidenden Positionen wie Nationaleinkommenzuwachs, Steigerung der Arbeitsproduktivität, Senkung der Selbstkosten usw. um 40 bis 60 Prozent".

249 Paul KEVENHÖSTER, Herbert LEPPENDAHL, Gemeindedemokratie in Gefahr? Zentralisierung und Dezentralisierung als Herausforderungen lokaler Demokratie in Japan und der Bundesrepublik Deutschland, Baden-Baden 1987, S. 11f.

250 Peter BERNHOLZ, Friedrich BREYER, Grundlagen der Politischen Ökonomie, Tübingen ²1984: Zu

Administrieren, ressortmäßiges Denken und Handeln sowie formal-bürokratische Arbeit überhaupt, ungenügende Verbindung der Planungsorgane mit der Praxis und mangelhafte Kontrolle der Planerfüllung, ohne sich z. B. an Ort und Stelle mit den Produktionsfragen vertraut gemacht zu haben, ohne ständig sowohl die Erfolge als auch Mißerfolge in der Produktion und im Handel auf ihre Ursachen hin zu untersuchen, ohne die Meinung der Arbeiter und Angestellten zu den verschiedensten Fragen kennengelernt zu haben, ist eine exakte politisch und ökonomisch begründete Einschätzung unserer Kräfte unmöglich."[251]

Nach Immanuel Kant (1724-1804) ist Illusion gestattet, solange der Schein für Schein, dagegen Betrug (fraus), sobald er für Wirklichkeit ausgegeben wird[252]. Die sozialistisch/kommunistische Führung der SBZ/DDR mag nach 1945 Illusionen gehabt haben, doch diese schlugen in Betrug um, sobald man anfing die realen Ergebnisse des sozialistischen Experiments zu verschleiern und Illusionen anstelle von Fakten propagandistisch zu vermitteln versuchte[253]. Die SED baute ein riesiges Lug- und Truggebilde auf.[254] Auf allen Gebieten wurden die Fakten gefälscht, um die Illusionen aufrechtzuerhalten. Die Statistik, eine Waffe im Klassenkampf, wurde von Politbüro systematisch verfälscht, um breiten Massen der Bevölkerung ein geschöntes Bild der Wirtschaft zu vermitteln. Der SMAD-Befehl 90/1949 untersagte alle operativen statistischen Berichterstattungen, „die nicht durch Befehle der SMAD oder Beschlüsse der DWK bestätigt" sind. Zuständig für Prüfung und Genehmigung von Berichts-Vordrucken war zunächst das „Statistische Zentralamt der DWK".

In einer theoretischen Analyse arbeitete Walter Eucken das grundsätzliche Dilemma einer Zentralverwaltungswirtschaft bereits 1943/44 heraus:

> „Mögen die Preise aus der Verkehrswirtschaft übernommen oder mögen sie auf Grund neuer Bewertungen der Zentralverwaltung neu festgesetzt sein, - sie sind nicht geeignet, die Auslese der günstigsten Wirtschaftspläne zu sichern. Da hilft auch keine Verfeinerung der Kalkulationsmethoden und des ganzen Rechnungs-

---

Problemen der Informationsvermittlung in Wirtschaften mit zentraler Planung (S. 137ff.) und in Marktwirtschaften (S. 156ff.)

251 Günter SIEBER, Die Parteiorganisation der Staatlichen Plankommission ringt um einen besseren Arbeitsstil ihrer Mitarbeiter, in: Einheit, 12. Jg., Okt. 1957, Heft 10, S. 1299f.

252 Immanuel KANT, Schriften zur Anthropologie, Geschichtsphilosophie, Politik und Pädagogik. Werke in sechs Bänden. Herausgegeben von Wilhelm WEISCHEDEL, Bd. VI, Darmstadt 1964, S. 440f.

253 Rolf BADSTÜBNER, Wilfried LOTH, Wilhelm Pieck - Aufzeichnungen zur Deutschlandpolitik 1945-1953, Berlin 1994, S. 355. Brief Ulbrichts an Semjonow vom 6.9.1950, Abschrift für Pieck "Selbstverständlich gibt es viele viele Fehler bei uns, aber die Formulierung, daß es keine durchdachte Propaganda gibt, ist eine Übertreibung, die keinen Nutzen bringt".

254 Carl-Heinz JANSON, Totengräber der DDR. Wie Günter Mittag den SED-Staat ruinierte, Düsseldorf, Wien, New York 1991; Hannes BAHRMANN, Peter-Michael FRITSCH, Sumpf. Privilegien, Amtsmißbrauch, Schiebergeschäfte, Berlin 1990.

wesens der einzelnen Betriebsstätten, z.B. der Fabriken. Solange die Preise der Güter - also der Produkte und der Kostengüter - die faktische Knappheit nicht anzeigen, ist jede, auch die feinste Wirtschaftsrechnung, nicht brauchbar. Das innerbetriebliche Rechnungswesen verliert den Sinn, den Wirtschaftsplänen und dem Wirtschaftsprozeß Wegweiser zu sein. - Ein weiteres Beispiel: Der Leiter eines industriellen Werkes der Zentralverwaltungswirtschaft löse die Frage, ob Fichten - oder Tannenholz zu verwenden ist, ob und wieviele Maschinen-Automaten anzuschaffen sind, ob Kohle oder Öl verfeuert werden soll, auf Grund der Preise. Er vergleicht die Kosten und den Erlös, die zu erwarten sind. Aber diese seine Wirtschaftspläne sind „falsch" - trotz exakter betrieblicher Wirtschaftsrechnung-, weil die Preise, die in die Wirtschaftsrechnung eingehen, „falsch" sind, d.h. die Knappheit der Güter nicht wiederspiegeln. Die Kosten - auch die Grenzkosten mit denen gerechnet wird - sind fiktiv. Wenn er sich z.B. dazu entschließt, gewisse Maschinenautomaten aufzustellen, so ist es keineswegs sicher, daß die Aufstellung dieser Maschinen den gesamtwirtschaftlichen Daten, d.h. der Knappheit an Arbeitskräften und Materialien entspricht. - Angesichts der Verfeinerung des Rechnungswesens, die sich in Wirtschaftsordnungen vorwiegend zentralverwaltungswirtschaftlichen Charakters im 20. Jahrhundert findet, fühlt man sich bisweilen an die Rechenmaschinen erinnert, die heute die Banken vielfach verwenden. Sie arbeiten ausgezeichnet. Aber wenn der Angestellte zu Beginn eine Zahl angegeben hat, die dem Beleg nicht entspricht, so geht die falsche Zahl durch alle Maschinen hindurch und das Ergebnis stimmt nicht. Hier, bei den Rechenmaschinen der Bank, ist freilich die falsche Zahl am Anfang eine Ausnahme, die auf einem Versehen des bedienenden Angestellten beruht. Die falschen Preise aber, welche in die innerbetrieblichen Wirtschaftsrechnungen der Zentralverwaltungswirtschaft eingehen, bilden die Regel"[255].

Die theoretische Analyse der Zentralverwaltungswirtschaft führte Walter Eucken zur Erkenntnis von der Gleichgewichtslosigkeit der Zentralverwaltungswirtschaft:

„Trotz zentraler Planung des gesamten Wirtschaftsprozesses und trotz unbeschränkter Machtstellung der Zentralstelle ist also nur eine minimale Wahrscheinlichkeit dafür gegeben, daß der Wirtschaftsprozeß in der Zentralverwaltungswirtschaft ein Gleichgewicht erreicht. Die Gleichgewichtslosigkeit äußert sich in unbeabsichtigten zeitlichen Schwankungen der Versorgungslage und im Mangel an komplementären Gütern bei der Produktion. Somit besteht kaum eine Chance, daß der zweite Gossensche Satz[256] und der Satz vom Ausgleich der Grenzerträge er-

---

255 Walter EUCKEN, Die zeitliche Lenkung des Wirtschaftsprozesses und der Aufbau der Wirtschaftsordnungen, in: *Jahrbücher für Nationalökonomie und Statistik*, 158/159, 1943/44, S. 186. Vgl. auch Heinrich von STACKELBERG, Marktform und Gleichgewicht, Wien-Berlin 1934; James KONOW, The Political Economy of Heinrich von Stackelberg, in: *Economic Inquiry* XXXII, 1994, S. 146-165; Norbert KLOTEN, Hans MÖLLER (Hrsg.), Heinrich von Stackelberg. Gesammelte wirtschaftswissenschaftliche Abhandlungen, 2 Bde., Regensburg 1992.

256 Ein Haushalt erreicht dann ein Höchstmaß an Nutzen, wenn die zuletzt verbrauchten Mengen der verschiedenen Güter gleiche (Grenz-) Nutzen stiften. Ist das nicht der Fall, kann er durch Aus-

füllt werden. Unser Resultat ist nicht so überraschend, wie es zunächst erscheint.
Bedenken wir, daß sich die Zentralverwaltungswirtschaft - wie gezeigt - mit einer
Verkehrswirtschaft berührt, die aus einem Nebeneinander von Monopolen besteht.
Daß diese durchmonopolisierte Verkehrswirtschaft nicht zu einem Gleichgewicht
führt, ist bekannt (H. von Stackelberg, Marktform und Gleichgewicht, 1934, S.
24ff.). Eine Gleichgewichtslosigkeit - allerdings anderer Art - macht sich auch in
der Zentralverwaltungswirtschaft geltend"[257].

Die systemimmanenten Mängel der sozialistischen Zentralplanwirtschaft waren von
Anfang an in der Wirtschaft der SBZ/DDR vorhanden[258]:

1. Überhöhte Verwaltungskosten;
2. Mangelhafte Sorgfalt bei der Planung von Investitionen;
3. Schlechte Arbeitsorganisation;
4. Mangelhafte Ausnutzung der Roh-, Hilfs- und Betriebsstoffe;
5. Vergeudung von Arbeitskraft;
6. Verschwendung staatlicher Gelder;
7. Mangelnde Arbeitsdisziplin[259].

Der Wiederaufbau nach 1945 erfolgte weitgehend mit der alten Technik. Die Net-
toinvestitionen dienen der Erweiterung und/oder Verbesserung des Produktionsapparates. Sie werden „weiterhin unterteilt in Erweiterungsinvestitionen (Zweck: Erweiterung des Produktionsapparates) und Rationalisierungsinvestitionen; letztere
haben den Zweck, das gleiche Produktionsvolumen bei veränderten, kostengünsti-
geren Faktoreinsatz herstellen zu können"[260]. Die Effizienz der Investitionen wird
erheblich reduziert, wenn bei der Nettoinvestition nicht die neueste Technik Berücksichtigung finden kann. „Im Textilmaschinenbau hat eine Reihe wichtiger Maschinen Kennziffern, die zum Teil erheblich unter denen der Fabrikate anderer Länder
liegen. Alle Projekte für Textilbetriebe, die gegenwärtig (1959) ausgearbeitet werden, weisen daher eine viel zu geringe Steigerung der Arbeitsproduktivität und auch
eine zu geringe Senkung der Selbstkosten aus. Für die Rekonstruktion des Werkes I
der Baumwollspinnerei Erdmannsdorf z.B. sind im gegenwärtigen Projekt 83 Karden[261] mit einer Leistung von 3,75 Kilogramm je Stunde und Maschineneinheit vor-

---

tausch (Substitution) der Güter und damit veränderten Inhalt seines Warenkorbs den Gesamtnutzen
bis zum Optimum erhöhen.

257   Walter EUCKEN, a.a.O., S. 193; Ders., On the Theory of the Centrally Administered Economy. An
      Analysis of the German Experiment, in: *Economica*, 1948, S. 179 "The economic process in a cen-
      trally administered economy can have no equilibrium".

258   Martin SCHMIDT, Die gesellschaftliche Bedeutung des Feldzuges für strenge Sparsamkeit, in: *Wirt-
      schaftswissenschaft*, 1954, S. 137-148.

259   Fritz BEHRENS, Arbeitsproduktivität und Arbeitsintensität. Bemerkungen zu ökonomischen und
      politischen Problemen der Übergangsperiode, in: *Wirtschaftswissenschaft*, 1956, S. 398f.

260   Jürgen KROMPHARDT, Investitionen I: Volkswirtschaftliche, in: HdWW, 4. Bd., 1988, S. 247.

261   In der Spinnerei Vorrichtung, mit der die büscheligen Fasern des zu spinnenden Materials geglättet,

gesehen. Die durchschnittliche internationale Leistung von Karden beträgt aber sechs Kilogramm je Stunde. ... Im Stahl- und Walzwerk Brandenburg wurde im Jahr 1956 eine Drahtstraße in Betrieb genommen, die eine Schichtleistung von 36 Arbeitskräften erfordert. Straßen, die die Möglichkeit der neuen Technik voll ausschöpfen, erfordern jedoch nur sechs bis acht Kräfte je Schicht. In Finow wurde ein Warmbandwalzwerk in Betrieb genommen, das in seiner technischen Konzeption völlig überaltert ist"[262].

Der spezifische Energieeinsatz war in der DDR 1950 in etwa so hoch wie in Westdeutschland, lag 1960 jedoch um ca. 30 Prozent höher, „da sich weder Kohleverbraucher noch der Maschinenbau ernsthaft um die Senkung des Energieeinsatzes bemüht hatten. Bei einem gleichen spezifischen Energieeinsatz wie in Westdeutschland wäre 1960 eine um 53 Millionen Tonnen geringere Kohleförderung notwendig gewesen. Diese Menge entspricht einem Investitionsaufwand von etwa 3 Milliarden MDN[263] und etwa 400 bis 500 Millionen MDN laufende Betriebskosten"[264].

Die reale Situation eines Kombinats wurde um 1989 charakterisiert durch:
– ungenügendes technisches und technologisches Niveau;
– Produktionsrealisierung (wird zunehmend von den verfügbaren materiellen Fonds kapazitätsseitig beschränkt);
– fehlender Vorlauf in der Markt- und Bedarfsforschung;
– ungenügende ökonomische Verwertung von Wissenschaft und Technik;
– zum Teil erheblich gestörte Kooperationsbeziehungen;
– zu starres Planungssystem, fehlende Flexibilität, zu viele administrative Maßnahmen[265].

Ungefähr zum selben Zeitpunkt behauptete Erich Honecker: „Die volkseigenen Kombinate sind die Hauptkraft zur Bewältigung der wissenschaftlich-technischen Revolution"[266]. Der Politökonom Helmut Koziolek hielt auf einer Propagandaveranstaltung in Vorbereitung des 70. Jahrstages der Großen Sozialistischen Oktober-

---

von Verunreinigungen befreit, parallel ausgerichtet und zu einem gleichmäßigen Flor ausgebreitet werden.

262 Hermann GROSSE, Zu einigen Fragen des Nutzeffekts der Investitionen, in: *Einheit*, 14. Jg., Nov. 1959, Heft 11, S. 1489.

263 Durch den Geldumtausch 1948 in der Sowjetzone wurde die "Deutsche Mark der Deutschen Notenbank" geschaffen. Die Bezeichnung der Währungseinheit wurde am 31.7.1964 in "Mark der Deutschen Notenbank" und im Dezember 1967 in "Mark der Deutschen Demokratischen Republik" geändert.

264 Helmut MANN, Die Weiterentwicklung des Preissystems in der zweiten Etappe des neuen ökonomischen Systems der Planung und Leitung, in: *Wirtschaftswissenschaft*, 1966, S. 989.

265 Horst EBEL, Abrechnung, S. 240f.

266 3. Tagung des Zentralkomitees der SED, "Aus dem Schlußwort des Genossen Erich Honecker", Berlin 1986, S. 95.

revolution am 17.9.1987 in der Parteihochschule „Karl Marx" beim Zentralkomitee der SED einen Vortrag zum Thema „Die Steigerung der Arbeitsproduktivität ist das Entscheidende für den Sieg der neuen Gesellschaft"[267].

Zum gleichen Zeitpunkt sollte mit 60 komplexen Automatisierungsvorhaben in der metallverarbeitenden Industrie und mit 35 Vorhaben in anderen Zweigen der Volkswirtschaft die Arbeitsproduktivität mindestens auf das Fünf- bis Sechsfache „gesteigert" werden - eine utopische Zielsetzung, die zeigt, wie hoch der Realitätsverlust auch in Kreisen der „Wirtschaft" war[268].

Die miserable Lage der Kombinate muß man vor dem Hintergrund sehen, daß der Staatshaushalt „den Hauptbeitrag zur Finanzierung der sozialpolitischen Maßnahmen von Partei, Regierung und Gewerkschaft leistete. ... Für die *Einnahmeseite* des sozialistischen Staatshaushalts ist charakteristisch, daß ihre Hauptquelle die Abführungen der volkseigenen Wirtschaft an den Staatshaushalt sind. Als Einnahmequelle des Staatshaushalts spielen Steuern im Sozialismus eine untergeordnete Rolle"[269]. Im Oktober 1951 publizierten Prof. Dr. Wilhelm Hasenack und Diplombetriebswirt R. Oertel, beide Göttingen, eine Studie zum Thema „Die geistige Lage und die fachliche Problematik der Ostzonen-Betriebswirtschaftslehre".

„Unbestreitbar ist, daß im Bereich der auch fachwissenschaftlich wachsenden Differenzierung zwischen Ost- und Westzone in der Tiefe zugrundeliegt eine völlig gegensätzliche und wesensverschiedene Anschauung von allem, was man gemeinhin als das geistige Leben der Menschen bezeichnet. Die politischen Gewalten der Ostzone sehen in den traditionellen geistigen Dingen des Abendlandes, in seiner Kultur und in der Art und von welchen Beweggründen her Wissenschaft betrieben wird, keine „Werte", keine in ihrem Sinne positiven Kräfte mehr. Der Mensch und das traditionell Geistige in ihm werden in der Ostzone einer staatlich geleiteten Umkehrung aller Werte ausgesetzt; die abendländische Art des Denkens und damit auch alle wesentlichen geisteswissenschaftlichen Disziplinen in ihrer bisherigen Gestalt werden negiert, die Anschauungen über Gut und Böse, über das Wesen und den Wahrheitsgehalt der Moral, werden der alles umfassenden neuen Ideologie entsprechend relativiert und so nicht selten inhaltlich ins Gegenteil verkehrt; nahezu sämtliche kulturelle Institutionen werden bewußt zerstört bzw. ihres bisherigen Sinnes und

267 Helmut KOZIOLEK, 70. Jahrestag der Großen Sozialistischen Oktoberrevolution. Die Steigerung der Arbeitsproduktivität ist das Entscheidende für den Sieg der neuen Gesellschaft, in: *Wirtschaftswissenschaft*, 1987, S. 1601 ff.

268 Eberhard GARBE, Theoretische und praktische Aufgaben bei der weiteren Entwicklung der sozialistischen Betriebswirtschaft in den Kombinaten der DDR, in: *Wirtschaftswissenschaft*, 1988, S. 804-814.

269 Johannes GURTZ, Wilhelm SCHMIDT, Der sozialistische Staatshaushalt, in: *Wirtschaftswissenschaften*, 1982, S. 1379-1382.

Zweckes beraubt und die alten Tafeln des Rechts und der Sitte umgeworfen. ... Die heute nicht mehr nur in Ansätzen, sondern bereits in fortgeschrittenen Etappen vor sich gehende geistige Umwälzung in der Ostzone, zumindest der gestaltenden Kräfte und des größten Teils der Jugend, kann, was den Prozess als solchen, nicht sein Gehalt betrifft, in der Geschichte höchstens mit der Abkehr der Menschheit vom Jenseits und mit der Hinwendung zum Diesseits im Zeitalter der Aufklärung verglichen werden. Heute wird in der Ostzone von Staats wegen auf wenige Jahre zu komprimieren versucht, was damals - oft im Kampf mit der Staatsgewalt - ein säkularer Prozeß war. ... Der Umstellungszwang in der Ostzone hat kein Gebiet, keine Bevölkerungsschicht und keine Wissenschaft verschont. Zuerst fielen dieser geistigen Neuorientierung naturgemäß die Geisteswissenschaften zum Opfer, unter diesen die Gesellschaftswissenschaften und von ihnen wiederum die Wirtschaftswissenschaften."[270]

Die Faktoren langfristiger Art in der abendländischen Geschichte sind insbesondere von Max Weber, Harold Berman und Douglas C. North herausgearbeitet worden. Max Weber wies in der Vorbemerkung zur protestantischen Ethik auf die Faktoren hin, die zur Entstehung des abendländischen Kapitalismus führten[271]:

„Universalgeschichtliche Probleme wird der Sohn der europäischen Kulturwelt unvermeidlicher- und berechtigterweise unter der Fragestellung behandeln: Welche Verkettung von Umständen hat dazu geführt, daß gerade auf dem Boden des Okzidents, und nur hier, Kulturerscheinungen auftraten, welche doch - wie wenigstens wir uns gern vorstellen - in einer Entwicklungsrichtung von *universeller* Bedeutung und Gültigkeit lagen? Nur im Okzident gibt es 'Wissenschaft' in dem Entwicklungsstadium, welches wir heute als 'gültig' anerkennen ... *Kapitalismus* ist identisch mit dem Streben nach *Gewinn*: im kontinuierlichen, rationalen kapitalistischen Betrieb; nach immer *erneutem* Gewinn: nach Rentabilität. ... Wo kapitalistischer Erwerb erstrebt wird, da ist das entsprechende Handeln orientiert an Kapital*rechnung*. Das heißt: es ist eingeordnet in eine planmäßige Verwendung von sachlichen oder persönlichen Nutzleistungen als Erwerbsmitteln derart, daß der *bilanz*mäßig errechnete Schlußertrag der Einzelunternehmung an geldwertem Güterbesitz beim Rechnungsabschluß das 'Kapital': d.h. den *bilanz*mäßigen Schätzungswert der für den Erwerb durch Tausch verwendeten Erwerbsmittel übersteigen (bei der Dauerunternehmung also: *immer wieder* übersteigen soll. ... stets ist das Entscheidende, daß eine Kapital*rechnung* in Geld aufgemacht wird, sei es

---

270 *Neue Betriebswirtschaft*, Beilage Nr. 7 zum "*Betriebsberater*", Heft 28 vom 10. Oktober 1951, S. 97.

271 Max WEBER, Die protestantische Ethik. Eine Aufsatzsammlung, München-Hamburg 1965, Vorbemerkung, S. 9-20.

nun in modern buchmäßiger oder in noch so primitiver und oberflächlicher Art".

Weiter zählt Weber Anfangs- und Schlußbilanz, rationale Buchführung, Börse, Banken, freie Arbeit, abendländisches Bürgertum, rationelle Struktur des *Rechts* und der Verwaltung zu den Eigenarten der abendländischen Entwicklung. Harold Berman zeigte auf, wie im Gefolge der päpstlichen Revolution (Ende des 11. und 12. Jahrhundert) das kanonische Recht als erstes modernes westliches Rechtssystem entstand und dieses das Modell für die Entstehung der westlichen, weltlichen Rechtssysteme bildete[272]. Douglass C. North sieht als auslösende Faktoren für die neolithische und die Industrielle Revolution „veränderte Verfügungsrechte, die ihrerseits die Anreize zu technischen Neuerungen erhöhten und die damit die Grundlage für einen schrittweisen, aber kumulativen Prozeß des technischen Fortschritts in beiden Zeiten stark beschleunigten wirtschaftlichen Wachstums bildeten"[273].

Die Abkehr und völlige Negation in langen Lernphasen gewachsener Institutionen führte in den sozialistischen Ländern in eine Sackgasse.

Im Nationalsozialismus waren die Institutionen zum größten Teil „eingefroren", aber sie blieben intakt. Mit der „revolutionären Umgestaltung" nach 1945 wurden in der SBZ/DDR in langen Zeiträumen gewachsene effiziente Strukturen zerstört und durch solche des Sowjetsystems, die wesentlich weniger effizient waren, ersetzt.

Die „revolutionäre Umgestaltung" ergriff total alle Lebensbereiche. Bereits in der 2. Jahreshälfte 1945 wurden in den Ländern der Sowjetische Besatzungszone die entschädigungslose Enteignung aller Grundbesitzer mit mehr als einhundert Hektar verkündet. „Die Enteignung wurde mit Polizeistaatsmethoden durchgedrückt, und die wirtschaftlichen Folgen waren verheerend, noch dazu in einer Zeit der Unterernährung. Aber Stalin sah das Problem eben nicht unter ökonomischen Gesichtspunkten."[274] Weitere Etappen auf dem Weg zur systemimmanenten Ineffizenz waren die Enteignungen (=Überführung in „Volkseigentum") von Industriebetrieben und die Einführung der sozialistischen Zentralplanung im 2. Halbjahr 1948, die Liquidierung der Unternehmer und Großbauern („Klassenkampf im Dorf") als Klassenfeinde. Auch die am 1.April 1949 in Kraft getretene Steuerreform in der Ostzone „stellt ein geschlossenes Ganzes dar, das auf der ökonomischen Lehre des Marxismus beruht und bewußt als Instrument marxistischer Wirtschaftspolitik gedacht ist.

---

272 Harold J. BERMAN, Recht und Revolution. Die Bildung westlicher Rechtstradition, Frankfurt/M. 1991.

273 Gerd FLEISCHMANN im Vorwort zur deutschen Übersetzung von Douglass C. NORTH, Theorie des institutionellen Wandels. Eine neue Sicht der Wirtschaftsgeschichte, Tübingen 1988, S. XI.

274 Wolfgang ZANK, Als Stalin Demokratie befahl., in: DIE ZEIT, 16. Juni 1995, S. 42. Die Berliner staunten, als die KPD im Juni 1945 verkündete, sie wolle Deutschland kein Sowjetsystem aufzwingen. Wie ein bislang unbekanntes SED-Dokument enthüllt, wurde der Aufruf bei einer Eilsitzung im Kreml entworfen.

(...) Entsprechend der marxistischen Tendenz der ostzonalen Steuerreform wird die Kapitalbildung in der privaten Unternehmenssphäre nicht nur nicht begünstigt, sondern da, wo sie noch möglich wäre, nämlich bei den Kapitalgesellschaften, bewußt vernichtet in der ausgesprochenen Absicht, die Kapitalgesellschaften zum Erliegen und zur Auflösung zu bringen. Demgegenüber werden die volkseigenen Betriebe jeder Art weitestgehend priviligiert.“[275]

Damit sind einige der wichtigsten Ursachen dafür genannt, daß der Wiederaufbau der durch den Krieg zerstörten Wirtschaft in der SBZ/DDR nur sehr unvollständig erfolgen konnte. Die Reparationen der Sowjetunion hätten den Wiederaufbau zeitlich etwas verzögern können, sie waren jedoch langfristig nicht ursächlich für die geringe wirtschaftliche Produktivität der sozialistischen Zentralplanwirtschaft.

Lebenshaltung eines Durchschnittsverbrauchers 1949 in den Westzonen und in der Ostzone[276] (in Vorkriegsmark)			
	Westzonen	Ostzone	Besserstellung der Westzonen in v.H.
Nahrungs- und Genuß-mittel	304	205	148,3
Bekleidung	69	25	276,0
Hausrat und sonstige Industriewaren	65	27	240,7
insgesamt	438	257	170,4

Die durchschnittliche Versorgung mit Nahrungs- und Genußmitteln war 1949 im Bundesgebiet fast anderthalbmal so hoch wie in der Ostzone. Bei der Bekleidung war die Versorgung im Westen fast dreimal so gut, bei Hausrat und sonstigen Industriewaren fast zweieinhalbmal so hoch wie in der Sowjetzone.

„Führt man einmal, wie es in der Tabelle über die Lebenshaltung einer vierköpfigen Arbeiterfamilie geschehen ist, einen Vergleich durch, bei dem - entsprechend den

---

275 Erich GISBERT, Die Steuerreform in der Ostzone, in: Der Wirtschaftsprüfer, Nr.9, 1949, S.229f.; Adalbert KITSCHE, Das Steuersystem in der sowjetischen Besatzungszone Deutschlands, Gelsenkirchen-Buer 1960, S.21ff.; Karl KAISER, Finanz- und wirtschaftspolitische Grundgedanken der Steuerreform, in: Deutsche Finanzwissenschaft, 1948, 10/11, S.15: „Wenn der neue Tarif der SBZ für die Gewinne der privaten Unternehmungen nicht dieselben Akkumulationsmöglichkeiten läßt, wie dies nach der Steuerreform der Westzonen der Fall ist, so rührt dies aus der veränderten Bedeutung her, welche die privaten Unternehmnungen im Rahmen der gesamten Wirtschaft der SBZ haben.“

276 BUNDESMINISTERIUM FÜR GESAMTDEUTSCHE FRAGEN (HRSG.), Die rote Flut. Tatsachen und Zahlen über die Bolschewisierung der Sowjetzone. o.O., o.J., S.27.

westdeutschen Verbrauchsgewohnheiten - neben dem Existenzbedarf auch ein gewisser Kulturbedarf in Rechnung gestellt ist, so ergibt sich bereits eine mindestens
doppelt so teure Lebenshaltung für die Sowjetzone bei etwa gleichen Nominallöhnen. Mit anderen Worten, und das ist eine auch durch wissenschaftliche Veröffentlichungen des Deutschen Instituts für Wirtschaftsforschung, Berlin, bestätigte Feststellung von tiefer sozialer Bedeutung: das Lebensniveau der breiten Arbeiterschich-
ten liegt in der Ostzone nur halb so hoch wie in Westdeutschland."[277]
Der erzwungene Konsumverzicht der breiten Massen in der DDR finanzierte zu einem erheblichen Teil die Unwirtschaftlichkeit des Systems.

Die theoretische Analyse der sozialistischen Zentralplanwirtschaft hatte Ludwig von
Mises bereits 1920 zu der Erkenntnis von der logischen und praktischen Undurchführbarkeit des Sozialismus geführt. Die Debatte um die Wirtschaftsrechnung im Sozialismus zeigte, daß die Argumente von Mises nicht zu erschüttern waren. Noch
1989 behauptete Rolf Espenhayn, daß die Misessche These „seine endgültige Wider-
legung durch die reale Entwicklung der sozialistischen Wirtschaftspraxis fand."[278]
Dies war eine Behauptung, die inzwischen von den Tatsachen überholt worden ist.
Ludwig Mises hat 1931 grundsätzliche Ausführungen zur sozialistischen Zentralplanwirtschaft gemacht:

> „Die kapitalistische Produktion (im Sinne Böhm Bawerks, nicht in dem der
> Marxisten) erfordert vor allem anderen die Technik der Wirtschaftsrechnung,
> durch die Sachaufwendungen und Arbeitsleistungen verschiedener Art ver-
> gleichbar werden. Die Wirtschafter müssen befähigt sein, zu erkennen, wel-
> cher Weg mit dem geringsten Aufwand zu dem angestrebten Ziel führt. Das
> ist die Funktion der Geldrechnung. Das Geld, das ist das allgemein gebräuch-
> liche Tauschmittel, wird damit zu einem unentbehrlichen geistigen Requisit
> des Wirtschaftens, das weiter ausgreifende Produktionsprozesse durchführen
> will. Ohne Geldrechnung, ohne Kalkulation, Buchführung und Gewinn- und
> Verlustrechnung in Geld hätte die Produktionstechnik sich auf die einfachsten
> und daher am wenigsten ergiebigen Verfahren beschränken müssen. Würde
> heute - etwa durch die Vollsozialisierung - die Geldrechnung aus der Produk-
> tion wieder verschwinden, dann würde das Gebilde der kapitalistischen Pro-
> duktion sich in kürzester Zeit in ein wüstes Chaos verwandeln, aus dem es
> keinen Ausweg geben könnte als die Rückbildung zu den Wirtschaftsgestal-
> tungen primitivster Kulturen. Da Geldpreise der Produktionsmittel nur in einer
> Gesellschaftsordnung gebildet werden können, in der Sondereigentum (=Pri-

---

277 Ebenda, S.29.
278 Rolf ESPENHAYN, Ludwig von Mises, in: Werner KRAUSE / Karl-Heinz GRAUPNER / Rolf SIEBER
     (Hrsg.), Ökonomenlexikon, Berlin 1988, S.366; Günther KOHLMEY, Das Debakel der antisozialisti-
     schen und antimarxistischen Konzeption der Unmöglichkeit der Wirtschaftsrechnung im Sozialis-
     mus, in: Neue Erscheinungen in der modernen bürgerlichen Ökonomie, 1. Halbbd., Berlin 1961.

vateigentum) an den Produktionsmitteln besteht, ergibt sich daraus der Beweis der Undurchführbarkeit des Sozialismus. Dieser Nachweis ist wohl das wichtigste Ergebnis, das die nationalökonomische Theorie für die Politik und die Geschichtswissenschaft zutage gefördert hat. Man kann seine praktische Bedeutung kaum hoch genug veranschlagen. Er allein gibt uns die Möglichkeit, in der Politik ein endgültiges Urteil über alle Arten von Sozialismus und Kommunismus zu fällen, er allein wird künftige Geschichtsschreiber in die Lage versetzen, zu verstehen, wie es kam, daß der Sieg der sozialistischen Bewegung nicht zur Schaffung sozialistischer Gesellschaftsordnung geführt hat."[279]

Die Misesschen Ausführungen beinhalten eine größere Anzahl von Hypothesen über die Realität und können richtig oder falsch sein. Hypothesen können auf ihre Gültigkeit (Geltung) empirisch dahingehend überprüft werden, ob sie mit der Realität übereinstimmen oder nicht.[280] Als Fazit meiner Ausführungen kann festgestellt werden, daß die Hypothesen von Ludwig Mises mit der sozialistischen Realität übereinstimmen.

Nach Walter Eucken sind in den Experimenten der dreißiger und vierziger Jahre die Mängel der zentralen Lenkung des Wirtschaftsprozesses „nicht voll zum Ausdruck gekommen, weil ihre Verwirklichung an Wirtschaftsordnungen anknüpft, die ihrerseits Lenkungssysteme höherer, wenn auch keineswegs ausreichender Leistungsfähigkeit besaßen"[281]. Die relativ hohe Effizienz der nationalsozialistischen Wirtschaft begründete Karl Friedrich Maier so: „Es gelingt der Zentralverwaltungswirtschaft so - typisch ist hier Deutschland nach 1933 - nichtreproduzierbare Ergebnisse einer anderen Wirtschaftsordnung, nämlich genaue Wirtschaftsrechnung im ganzen und Initiative erfahrener Leute aufzubrauchen und damit gerade die größten eigenen Schwächen eine Zeitlang zu heilen. Das mag sogar lange dauern; ein Jahrzehnt oder mehr"[282].

In der SBZ/DDR wurde im Zuge der „revolutionären Umgestaltung" das bei Kriegsende noch vorhandene Humankapital zerstört und diesem Teil Deutschlands die sozialistische Zentralplanwirtschaft sowjetischen Typs aufgezwungen. In der Destruktion waren Kommunisten/Sozialisten äußerst effizient, beim Aufbau einer alternativen Wirtschaftsordnung versagten sie jedoch vollkommen. Nicht einzelne Fehler waren dafür verantwortlich, das System selbst war fehlerhaft[283].

---

279 Ludwig MISES, Vom Weg der subjektivistischen Wertlehre, in: Ludwig MISES/Arthur SPIETHHOFF (Hrsg.), Probleme der Wertlehre, Erster Teil, München und Leipzig 1931, S.84f. .

280 Jürgen KROMPHARDT, Wirtschaftswissenschaft II: Methoden und Theorienbildung in der Volkswirtschaftslehre, in: HdWW., 9. Bd., 1988, S.936.

281 Walter EUCKEN, Grundsätze der Wirtschaftspolitik, S. 119.

282 Karl Friedrich MAIER, Das Verlangen nach sozialer Sicherheit, in: *Ordo*, Bd. 3, 1950, S. 19f.

283 Wilfried SCHULZ, Sozialistische Wirtschaft versus Marktwirtschaft. Zum Versagen sozialistischer

Dieter Lösch und Peter Plötz (HWWA-Institut für Wirtschaftsforschung-Hamburg) unternahmen Anfang 1994 eine theoretische Aufbereitung der sozialistischen Zentralplanwirtschaften und benutzten Effizienz als objektives ökonomisches Kriterium. Sie unterschieden dabei zwischen statischer und dynamischer Effizienz. „Die Funktionsweise und vor allem die Dysfunktionalitäten der sozialistischen Planwirtschaften sowjetischen Typs und damit auch der DDR-Wirtschaft waren lange Zeit nur unzureichend erforscht, und zwar von der westlichen als auch der sozialistischen Wirtschaftswissenschaft. Erst 1980 stellte der ungarische Ökonom Jànos Kornai in seinem zweibändigen Werk 'Economics of Shortage' ein *ökonomisches Modell des Sozialismus sowjetischen Typs* vor, ein Modell das weniger die Institutionen der Planwirtschaft *beschreibt* als ihre Funktionsweise umfassend und überzeugend *erklärt*[284]. Die Planwirtschaft ist danach eine „angebotsbeschränkte Wirtschaftsordnung, in der Knappheit (definiert durch administrative Rationierung von Gütern und Dienstleistungen, Verkäufermärkte, Ressourcen- und Kapazitätsmängel) *systemimmanent* ist und sich im Zeitablauf tendenziell verstärkt"[285].
Lösch und Plötz erstellten ein vereinfachtes Modell der Planwirtschaft in Anlehnung an Kornai. „Die Wirtschaftspolitik in der Planwirtschaft wird daher weitgehend durch die 'Allokation von Knappheit' bestimmt. Die Plankommission kann nichts zur Verminderung der *Knappheit* beitragen. Sie hat nur die Möglichkeit, Knappheit zugunsten von Schwerpunktsektoren und zu Lasten der übrigen Wirtschaft *umzuverteilen*. ... Die Folgen der allgemeinen Knappheit in der Planwirtschaft waren, über die permanente Reproduktion bzw. Verstärkung der Knappheit hinaus, weitreichend: Die Mangelwirtschaft beeinträchtigte die Arbeitsmotivation, führte zu einer extrem hohen Lagerhaltung, störte die zwischenbetriebliche Arbeitsteilung, bedingte Investitionsruinen, eine allgemeine Investitionsträgheit, häufige Produktionsstillstände durch Engpässe, schlechten Service, schlechte Produktqualität, unattraktives Design usw. einschließlich des erst nach dem Zusammenbruch der Planwirtschaften in vollem Umfang deutlich gewordenen Substanzverzehrs in allen Bereichen der Infrastruktur und des Produktionsapparates sowie die rücksichtslose Inanspruchnahme der Umwelt durch die Wirtschaft"[286].

Planwirtschaften und zur Konzeption ordoliberaler Marktwirtschaften, in: Wirtschaftswissenschaft 38, 1990, S. 998-1015.

[284] Jànos KORNAI, Economics of Shortage, 2 vols, Amsterdam-New York 1980. DERS., The Socialist System, The Political Economy of Communism, Oxford 1992.

[285] Dieter LÖSCH / Peter PLÖTZ, Die Bedeutung des Bereichs Kommerzielle Koordinierung für die Volkswirtschaft der DDR. Gutachten. Im Auftrag des 12. Deutschen Bundestages, 1. Untersuchungsausschuß „Kommerzielle Koordinierung", Hamburg, 3. Februar 1994. Werkzeuge des SED-Regimes. Zur Sache 2/94 Anlagenband, S. 16.

[286] Ebenda, S. 18.

Von allen Wirtschaftsordnungen ist die sozialistische Zentralplanwirtschaft diejenige mit der geringsten Effizienz. „Die gesamtwirtschaftliche Leistungsfähigkeit der DDR hat zu keinem Zeitpunkt das in der Rüstungsproduktion des Zweiten Weltkriegs erreichte Niveau signifikant überschritten. Das Produktivitätsniveau je Erwerbstätigem erreichte 1989 etwa 16 bis maximal 20 v.H. des bundesdeutschen"[287].

Der Basler Wirtschaftswissenschaftler Peter Bernholz hat in einer Untersuchung über Effizienz, Gesellschafts- und Wirtschaftsordnungen sowie die internationale Wettbewerbsfähigkeit von Staaten die Ursachen für den Niedergang der sozialistischen Zentralplanwirtschaften zusammengefaßt (siehe Abb. 13).

Abb. 13: Folgen unterschiedlicher Wirtschaftsordnungen

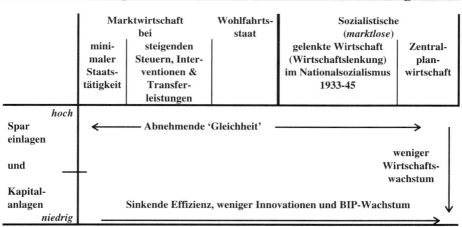

Darstellung (mit einigen Änderungen für wirtschaftsgeschichtliche Analysezwecke) *Jürgen Schneider, Bamberg, unter Verwendung von Peter Bernholz, Basel, Efficiency, Political-Economic Organization and International Competition between States. Prepared for the ICUS Conference in Seoul, 20.-22. August 1992 (Ms.).*

Nach Bernholz ist ein Maximum erreichbarer 'Gleichheit', d.h. eine weitestgehend vorstellbare soziale Nivellierung unter Beachtung eines Minimums an gesamtwirtschaftlicher Effizienz in Wohlfahrtsstaaten bzw. Marktwirtschaften mit hohen Steuern und Transferleistungen erreicht. Von dieser Spitzenstellung reduziert sich 'Gleichheit' nach beiden Seiten der Skala vorstellbarer Wirtschaftsordnungen. Horizontal verknüpft Bernholz den Zusammenhang zwischen dem Umfang von Spareinlagen und Kapitalanlagen (darin implizit enthalten natürlich auch die Kreditschöp-

---

287 Oskar SCHWARZER, Der Lebensstandard in der SBZ/DDR 1945-1989, in: Jahrbuch für Wirtschaftsgeschichte 1995/2, S. 142.

fungsfähigkeit des Bankensystems unter Beachtung der nicht ausdrücklich enthaltenen Skala der Geldwertwertstabilität bzw. Konvertibilität in Abhängigkeit der gewählten Wirtschaftsordnung) mit der Fähigkeit zum Wirtschaftswachstum. Als Ergebnis ergibt sich dann der in der Abbildung unten thematisierte Zusammenhang: Je
restriktiver die Wirtschaftsordnung die Leistungsbereitschaft der wirtschaftlich aktiven Schichten und Gruppen begrenzt, desto mehr sinkt die gesamtwirtschaftliche
Effizienz, sinkt die Zahl der Innovationen und die Zuwachsrate des Bruttoinlandsprodukts (BIP).

Weiter hat Bernholz die Ursachen analysiert, welche den Wandel in Wirtschafts- und
politischen Systemen hervorbringen. Ein Faktor darunter ist „'Ideologie', die sich in
Krisen erfolgreich durchsetzen und die wirtschaftliche und politische Ordnung um-
gestalten kann, z. B. durch das Erzwingen einer totalitären und zentral geplanten
Herrschaft. Wirtschaftliche Effizienz, Innovationen und Wachstum sind jedoch in
Marktwirtschaften mit starken Verfügungsrechten und Rechtssicherheit am höchsten. Deshalb sind Staaten mit einer marktwirtschaftlichen Ordnung, sofern sie
überleben, im Vergleich mit Staaten, die totalitär geführt werden oder andere ineffiziente Ordnungen haben, erfolgreicher. Letztlich unbeschränkte oder nur schwach
gesicherte demokratische Marktwirtschaften neigen dazu, einen wachsenden Anteil
von Staatstätigkeit und Beschränkungen privater Wirtschaftstätigkeit zuzulassen.
Dies ändert die Wirtschaftsordnung, schwächt die internationale Wettbewerbsposi-
tion und verursacht schließlich eine Krise. Ideologien und Ideen erhalten so eine
Chance, die Ordnung auszuwechseln. Daraus folgt, daß man Entwicklungszyklen
zwischen politischen und wirtschaftlichen Interaktionssystemen erwarten muß"[288].

---

288   Quelle: siehe Abb. 13.

ULRICH KLUGE / WINFRID HALDER

DIE BEFOHLENE WIRTSCHAFTSORDNUNG IN SACHSEN 1945/46

ULRICH KLUGE: DIE BODENREFORM 1945

1. Der historische Gegenstand der Analyse

Die Darstellungen der Bodenreform von 1945 in der Sowjetischen Besatzungszone aus beiden deutschen Blickrichtungen sind nahezu identisch; das wird aus den drei ausgewählten Beispielen ohne weiteres deutlich[1].

Drei Sichtweisen - ein Ergebnis Es handelt sich um Teile aus den Studienbüchern über die Geschichte der DDR von Dietrich Staritz[2] und von Hermann Weber[3] sowie um die Gesamtdarstellung der DDR von einem Autorenkollektiv unter der Leitung von Rolf Badstübner[4]. Zunächst übereinstimmende Informationen über die Bodenreform, und zwar gefragt nach ihren Ursachen, ihren Zielen, den treibenden Kräften, dem eigentlichen Reformprozeß sowie nach dem ökonomischen und nach dem politischen Ergebnis. Die akute Ernährungskrise von 1945 zählen alle Autoren zu den zentralen Ursachen der Bodenreform; der Massenhunger resultierte dementsprechend aus den überkommenen Besitzstrukturen, d.h. aus der Bodenarmut der klein- und mittelbäuerlichen Betriebe, die in der Sowjetischen Besatzungszone immerhin eine halbe Million Betriebe ausmachten. Die polarisierenden Kräfte im Agrarsystem entstanden vor allem aus dem hohen Bodenanteil der großen Güter. Die Zerschlagung des Großgrundbesitzes, die DDR-Literatur spricht von „Junkergütern", erscheint in allen Fällen mehr oder weniger deutlich als letztes Hindernis auf dem Weg zur „Befreiung" der Kleingrundbesitzer.

---

1 Ich danke den Mitarbeitern des Sächsischen Hauptstaatsarchivs Dresden, des Stadtarchivs Dresden, der Sächsischen Landesbibliothek Dresden, des Agra-Archivs Markkleeberg, insbesondere Frau G. Hartung sowie den Herren Dr. W. Halder, P. Fäßler, D. Sieberth, Frau U. Meusinger und Frau K. Herrmann, schließlich Herrn St. Birkefeld, der die Graphiken entwarf und bearbeitete. Bodenreform und Volksentscheid in Sachsen 1945/46 standen im Mittelpunkt meiner Antrittsvorlesung an der Philosophischen Fakultät der Technischen Universität Dresden am 14. Juni 1994.

2 Dietrich Staritz, Die Gründung der DDR. Von der sowjetischen Besatzungsherrschaft zum sozialistischen Staat, 2. Auflage München 1987, S.109.

3 Hermann Weber, Die DDR 1945-1986, München 1988 (= Grundriß der Geschichte, Bd.20), S. 2 u. 11; siehe die in gleicher Weise unkritische Rezeption der Vorgänge um die Bodenreform in der Sowjetischen Besatzungszone von Hans Immler, Agrarpolitik in der DDR, Köln 1971, S.29-36.

4 Rolf Badstübner u.a., Geschichte der Deutschen Demokratischen Republik, 4. Auflage Berlin 1989, S.110-12.

Das Hauptaugenmerk aller Autoren gilt vor allem den treibenden Kräften der Bodenreform und dem Prozeß der Neuverteilung von Grund und Boden selbst: Die KPD
stand 1945 als treibende Kraft im Vordergrund. Sie regte bereits Ende August im
Hauptausschuß des „Antifaschistischen Block" die Debatte über eine Bodenreform
an; sie begann mit ihrer Agitation in Sachsen-Anhalt, und zwar mit einer Resolution
zugunsten einer entschädigungslosen Enteignung der „Nazi-Aktivisten und Kriegsverbrecher" und des Großgrundbesitzes über 100 ha. Die KPD hoffte, auf diese
Weise Land für die Zuteilung an „landarme Bauern und Landarbeiter" zu bekommen.

Nachdem die Landesverwaltung von Sachsen-Anhalt am 3. September 1945 eine
entsprechende Verordnung erlassen hatte, zogen bis zum 10. September 1945 die
anderen Landesverwaltungen mit entsprechenden Verordnungen nach. Die DDR-
Literatur betont außerdem das beginnende politische Bündnis von „revolutionärer
Arbeiterbewegung" und „werktätiger Bauernschaft" in der Entstehungsphase der
ländlichen Reformaktion. Aus der ostdeutschen Richtung kamen die ausführlichsten
Beschreibungen des Neuverteilungsprozesses: Die Verantwortung hierfür lag in den
Bodenreform-Kommissionen; ihnen gehörten Industriearbeiter, Landarbeiter, Kleinbauern und „Umsiedler" an, davon waren mehr als 12.000 Kommunisten, 9.000 Sozialdemokraten, knapp 10.000 Mitglieder von CDU und LDP. Die Kommissionen
erfaßten und sicherten den zur Enteignung vorgesehenen Boden und das zu vertei-
lende Inventar, prüften Landbewerber, arbeiteten Verteilungsvorschläge aus, in öffentlichen Versammlungen der Bodenbewerber wurde über diese Vorschläge beraten
und mit Gesetzeskraft beschlossen. Boden, Vieh und Inventar wurden an Ort und
Stelle übergeben. Die Übergabe der Eigentumsurkunden, meist durch bewährte Ar-
beiterfunktionäre, geriet schließlich zu einem „Festtag in den Dörfern" (Badstübner).
In der Ost- wie in der West-Interpretation erscheint, jedoch mehr am Rand, die Bo-
denreformaktion als konfliktträchtige Unternehmung, und zwar wegen der Kontroverse zwischen KPD und CDU in der Frage der entschädigungslosen Enteignung
und des Betriebstyps der „bäuerlichen Familienwirtschaft" sowie wegen innerdörfli-
cher Spannungen. Die westdeutsche Literatur übernahm nahezu kommentarlos die
statistischen Angaben über die neuverteilten Flächen und ihre Empfänger. Danach
wurden ab September 1945 in allen Provinzen und Ländern der Sowjetischen Besatzungszone 14.000 Objekte mit einer Gesamtfläche von 3,3 Mio ha in Landstücken
zwischen 0,5 und 10 ha an rund 500.000 Personen verteilt. Die größte Empfänger-
gruppe mit 183.000 Personen bildeten Arbeiter und Angestellte; sie bekamen im
Durchschnitt nur 0,6 ha, was in der Regel lediglich für einen Nebenerwerbsbetrieb
ausreichte. Die Besitzstruktur veränderte sich durch die Reformaktion grundlegend.
So stieg der Anteil der Betriebe zwischen 5 und 10 ha im Vergleich zu 1939 von
16,4 auf 31,6%, während der großbetriebliche Anteil an der landwirtschaftlichen
Nutzfläche von 28,3% auf 5,2% zurückging. In beiden Sichtweisen erscheint die

grundlegende Umgestaltung der Eigentumsverhältnisse und damit der politischen Machtverhältnisse in den ländlichen Gemeinden, insbesondere durch die „Liquidierung des Großgrundbesitzes". Unausgesprochene Einigkeit besteht überdies in der Ansicht, daß die Bodenreform in der Sowjetischen Besatzungszone einen längst überfälligen, in der Zeit der Weimarer Republik versäumten, in der Zeit der nationalsozialistischen Diktatur abgeblockten Wandel von demokratisierender Kraft bewirkte.

Soweit der Überblick über den historischen Gegenstand der Analyse aus zwei unterschiedlichen Richtungen, jedoch nahezu in einer Perspektive. Das besondere Erkenntnisproblem liegt darin, daß es sich in den genannten Fällen um Aussagen handelt, die nicht auf empirischen Forschungsergebnissen beruhen; mehrheitlich kommen sie nicht über das Niveau parteioffizieller Schriften und Zeitungsartikel hinaus.

2. Wege zu neuen Fragen

Trotz zahlreicher Beiträge in den vergangenen vierzig Jahren verfügt insbesondere die Wirtschafts- und Sozialgeschichte noch über kein geschlossenes Bild von der Teilung der deutschen Wirtschafts- und Sozialordnung nach 1945.

Untersuchungsfeld: Sozialstaat   Die Wirtschafts- und Sozialgeschichte wählt sich zum Hauptausgangspunkt ihrer Überlegungen zur Spaltung Deutschlands den demokratisch legitimierten Sozialstaat der Weimarer Republik in seiner ökonomischen Fundierung. Erstmals in der neuzeitlichen Entwicklung Deutschlands bot dieser historische Sozialstaat den Schutz der sozialen Sicherheit durch die Garantie eines Mindestlebensstandards für den einzelnen und seine Familie; dazu kam der Versuch, unterschiedliche Ausgangsbedingungen des einzelnen auszugleichen, und zwar durch ein staatliches Erziehungs- und Bildungssystem und die zumindest teilweise Umverteilung von Einkommen durch das Steuersystem. Zu diesem Sozialstaat gehörten auch ein regulierter Arbeitsmarkt, die Arbeitsschutzbestimmungen, die Mitwirkung von Selbsthilfeorganisationen, insbesondere der Arbeitgeberverbände und Gewerkschaften an der Gestaltung der wirtschaftlichen und sozialen Verhältnisse, schließlich das Koalitions- und Streikrecht. Auch wenn der Sozialstaat aus heutiger Sicht „nicht das fertig abgeschlossene Produkt der Geschichte der letzten 150 Jahre" und „wie die parallelen Erscheinungen des Nationalstaates, des Verfassungsstaates und des Rechtsstaates notwendig unvollendet (ist)"[5], stellt er das gemeinsame Erbe der Deutschen trotz der nationalen Zweistaatlichkeit seit 1949 dar. Diesem Erbe hat sich die DDR-Geschichtsschreibung entzogen, weil die Weimarer Republik, hervorgegangen aus einer bürgerlich-demokratischen Revolution 1918 gegen die erklärten

---

5   Gerhard A. Ritter, Der Sozialstaat. Entstehung und Entwicklung im internationalen Vergleich, München 1989, Zitat S.203; Manfred G. Schmidt, Sozialpolitik. Historische Entwicklung und internationaler Vergleich, Opladen 1988, S.40-54.

Absichten einer proletarischen Massenbasis in den Arbeiter- und Soldatenräten der Ausgangspunkt der gespaltenen Arbeiterklasse war.

Konzeptionelle Absichten   Mit dem Blick auf das sozialstaatliche Erbe der Weimarer Republik verbindet sich in wirtschafts- und sozialgeschichtlicher Sichtweise die Absicht, den Untergang der ersten deutschen Demokratie von ihrer sozialstaatlichen Brüchigkeit her zu begreifen und nicht vom Verlust der sozialistischen Parteieinheit. Damit steht Gesellschaftsgeschichte gegen Parteiengeschichte. Dementsprechend werden die Ergebnisse und Konsequenzen der Bodenreform am Beispiel Sachsens nicht auf ihre parteipolitischen, sondern auf ihre wirtschafts- und sozialpolitischen Qualitäten hin geprüft und beurteilt. Der empirische Teil ist so konzipiert, daß er die Vorgehensweise bei der Rekonstruktion der historischen Zusammenhänge der sächsischen Bodenreform für deren Neubewertung verdeutlicht. Hierfür sind ausschließlich zeitgenössische Quellen in überwiegendem Maße aus dem staatlichen Bereich systematisch ausgewertet worden. Dagegen wurden nachträgliche Darstellungen, zumal aus der Sicht von Parteien, Organisationen und der ihnen nahestehenden Wissenschaften aus dargelegten Gründen nicht berücksichtigt.

3. Agrarstruktureller Wandel in Sachsen bis 1945

Vorgeschichte der Bodenreform   Bereits die erste Durchsicht der Quellen zur Vorgeschichte der Bodenreform führte zu dem Ergebnis, daß der politische Einschnitt von 1933 für die sächsische Agrarstruktur nahezu belanglos geblieben war. Mit anderen Worten: Die modernisierenden Impulse waren von der Agrarpolitik in der Zeit der Weimarer Republik ausgegangen, ohne daß an dieser Stelle näher darauf eingegangen werden kann.[6] Die Bilanz nationalsozialistischer Agrarpolitik fällt negativ aus. Mit „Blut-und-Boden-Ideologie" ließen sich keine ertragreichen „Erzeugungsschlachten" gewinnen. Rückläufige Ernteerträge, akuter Mangel an Produktionsmitteln aller Art, Arbeitskräftemangel und rigides Ablieferungssystem waren die Hauptkennzeichen der mißglückten „Braunen Revolution". Die Ausbeutung besetzter Gebiete, wie der zum Freiburger Widerstandskreis gehörende Agrarwissenschaftler Constantin von Dietze schrieb, geschah mit Methoden,"deren Rücksichtslosigkeit gegen früher anerkannte Grundsätze und gegen völkerrechtliche Abmachungen verstieß".[7]

Trotz der Umbrüche in der Politik zwischen Kaiserreich und nationalsozialistischem Regime war die Idee der „Inneren Kolonisation" in der Agrarstrukturpolitik von einigen ideologisch bedingten Eingriffen abgesehen, gültig geblieben. Am Ende des II. Weltkrieges befand sich die deutsche Landwirtschaft in der abschließenden Phase

---

6   Zum Hintergrund mit weiterführender Literatur: Constantin von Dietze, Grundzüge der Agrarpolitik, Hamburg 1967; Friedrich-Wilhelm Henning, Landwirtschaft und ländliche Gesellschaft in Deutschland, Bd.2, 1. Auflage Paderborn 1978.

7   Constantin von Dietze, Grundzüge, S.72.

einer Agrarstrukturpolitik der „kleinen Schritte". Unter dem Einfluß einer relativ starren Orientierung am familiären Eigentum an Grund und Boden veränderte sich über lange Zeit die Betriebsgrößenstruktur kaum.[8]

Agrarstrukturelle Basisgrößen Auch in Sachsen hatte die nationalsozialistische Strukturpolitik bis 1939 keine Veränderungen der Größenklassen bewirkt (siehe Abb. 1), abgesehen davon, daß die untere Betriebsgrößenklasse (0,5-10 ha), also Klein- und Kleinstbesitz, quantitativ leicht zugenommen hatte, während in den beiden oberen Betriebsgrößenklassen (50-100 ha und über 100 ha) keine nennenswerten Veränderungen eingetreten waren[9].

Allgemeine Agrarprobleme nach dem II. Weltkrieg Die Probleme der nachkriegsdeutschen Landwirtschaft unterschieden sich von den Problemen der übrigen europäischen Landwirtschaft nicht generell. Der Krieg hatte die Lösung der seit langem drängenden Frage nach dem Spannungsverhältnis von Landwirtschaft und Industrie im Zeichen des expandierenden Weltagrarmarktes nur vertagt. Nach wie vor blieb umstritten, ob eine durchgreifende Reform der Agrarstruktur zugunsten größerer Betriebseinheiten die Voraussetzungen für den wachsenden europäischen Nahrungsgüterbedarf schaffen würde, was als langwierig und kostspielig galt, oder ob nicht künftig stärkeres Gewicht auf den Ausbau des industriewirtschaftlichen Exports zugunsten eines größeren Nahrungsgüterimports aus Übersee (USA, Kanada, Südamerika, Australien und Neuseeland) gelegt werden sollte.[10] Da jedoch der ausschließliche Industriestaat ebenso wie der ausschließliche Agrarstaat Vision blieben, richteten sich die Verfechter der einen wie der anderen Richtung auf die pragmatische Lösung eines ausgewogenen Miteinanders beider Wirtschaftsbereiche ein.

---

8 In diesem Sinne auch Günter Schreiner, Ziele und Mittel der Agrarstrukturpolitik seit 1871 im Deutschen Reich und in der Bundesrepublik Deutschland, Diss.agr. Bonn, Bonn 1974, S.282-283.

9 Zeitschrift des Sächsischen Statistischen Landesamtes 86 (1940), passim.

10 Hans Wolfram Finckenstein, Entwicklungstendenzen der Weltagrarwirtschaft, in: Schweizerische Zeitschrift für Volkswirtschaft und Statistik 86 (1950), S.527-538.

Abbildung 1:

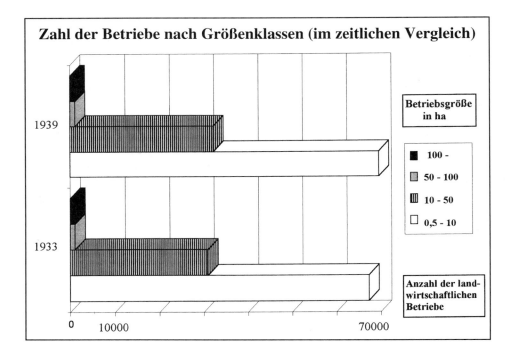

Abbildung 2:

Bevölkerungsdichte nach Landkreisen 1946

Bevölkerungsdichte: Einw. pro km²

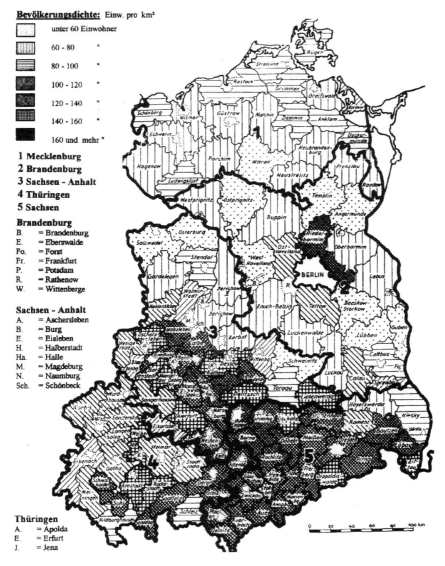

Abbildung 3:

Die Aufteilung der Landwirtschaftsbetriebe bezogen auf die Größe der landwirtschaftlich genutzten Fläche (in Prozent und im zeitlichen Vergleich)

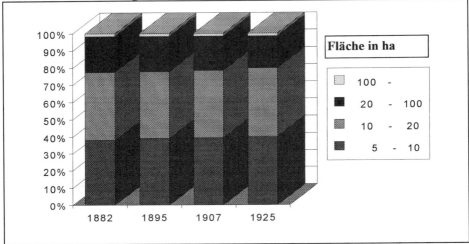

Abbildung 4: **Prozentuale Verteilung der Betriebe verschiedener Größe nach ihrer Bodenfläche 1939**

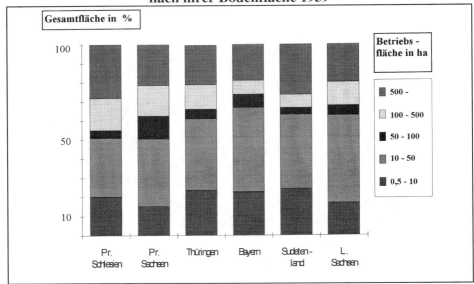

Der moderne, von staatlichen Subventionen weitgehend unabhängige und entwicklungsfähige bäuerliche Familienbetrieb im Haupt- und Nebenerwerb entwickelte sich in Europa zum Agrarwirtschaftstyp unter den Bedingungen der fortschreitenden Industrialisierung mit ihren ökonomischen, sozialen und kulturellen Folgen. Die drohende Hungerkrise bei Kriegsende definierte zudem die Aufgaben der europäischen Landwirtschaft unmißverständlich: Um die bedrohte Bevölkerung des Kontinents ausreichend mit preiswerten und hochwertigen Nahrungsgütern zu versorgen, um den landwirtschaftlichen Erwerbspersonen ein lohnendes Einkommen zu garantieren und um den Wert des investierten Kapitals zu erhalten, war die agrarische Produktivität mit allen Mitteln zu steigern. Diese Aufgabe ließ keine effizienzmindernden Eingriffe in die Agrarstruktur, die sich ohnehin im Wandel befand, zu.

Landwirtschaftliche Größenordnungen in Sachsen 1945 Vor der Aufgabe der äußersten Kraftanstrengung zugunsten der zwangsmobilisierten Menschen 1945, die aus allen Wirtschafts- und Versorgungsbezügen herausgelöst waren, stand auch die sächsische Landwirtschaft in der ostdeutschen Region mit der höchsten Bevölkerungsdichte nach Kriegsende (siehe Abb. 2):
Innerhalb der deutschen Landwirtschaft hatten die sächsischen Landwirte - im Gegensatz zu den preußischen - nie eine Sonderrolle gespielt oder diese zu spielen beansprucht. Nach der Größe der landwirtschaftlichen Fläche geordnet lag das Gros der sächsischen Landwirtschaftsbetriebe wie der deutschen Landwirtschaftsbetriebe überhaupt im klein- und mittelbäuerlichen Bereich; der großbäuerliche Bereich hielt sich in engeren Grenzen; die Großlandwirtschaft spielte unter diesem Aspekt nur eine Randrolle (siehe Abb. 3):
Sachsen lag mit seinen Großbetriebsflächen in der Verteilung unter dem deutschen Durchschnitt. In Deutschland verfügte Sachsen über den größten Anteil landwirtschaftlich genutzter Flächen und lag damit sogar noch vor Preußen. In der prozentualen Verteilung der Betriebe verschiedener Größenordnungen nach ihrer Bodenfläche (1939) gegliedert lag die Mehrzahl der sächsischen Betriebe wie der deutschen Betriebe überhaupt im kleinst- bis mittelbäuerlichen Bereich (siehe Abb. 4)[11]:
Mehrheitlich gehörten die sächsischen Land- und Forstwirtschaftsbetriebe nach der Zählung von 1939 in die unteren Kategorien von 0,5 bis 50 ha. Die Betriebszählung vom Mai 1939 endete mit dem Ergebnis, daß die starke Industrieentwicklung in Sachsen die Landwirtschaft in ihrer Entwicklung nicht beeinträchtigt hatte. „Eine 'Betriebskonzentration' im Sinne des Vordringens des Großbetriebes und der Verdrängung des selbständigen Bauernstandes" war seit der ersten Betriebszählung im Jahre 1882 bis in die 1930er Jahre demnach nicht festzustellen.[12] Mit anderen Wor-

---

11   Abbildungen Nr.3 und 4: Zeitschrift des Sächsischen Statistischen Landesamtes 86 (1940), S.88.
12   Zeitschrift des Sächsischen Statistischen Landesamtes 86 (1940), S.88-89.

ten: Sachsen war nicht das Land der „Junker" im Sinne der KPD-Propaganda, sondern der Klein- und Mittelbauern im Voll- und Nebenerwerb.

Analysenhorizont und erste Erfahrungen mit dem Untersuchungsobjekt Von den
statistischen Tatsachen ausgehend stellte sich zunächst die Frage, ob der sächsischen
Bodenreform von 1945 überhaupt eine strukturpolitische Notwendigkeit zugrunde
lag: Wenn es für diese Notwendigkeit keine ausreichende Beweise geben würde,
wäre Veranlassung genug, fortab von einer politischen, nicht jedoch von einer wirtschaftlichen „Flurbereinigung" zu sprechen. Aus der Aktenlage ergaben sich in der
vorliegenden Bearbeitungsphase keine Hinweise auf das in Sachsen ungelöste Problem einer agrarwirtschaftlichen Strukturreform. Zudem fiel auf, daß spontane
Agrarbewegungen der Landarmen und Landlosen mit revolutionärer Zielsetzung,
wie sie die europäische Agrargeschichte nach dem Ersten Weltkrieg, insbesondere in
Italien kannte, in der gesamten Sowjetischen Besatzungszone fehlten[13]. Außerdem
fielen die Zurückhaltung sowjetischer Behörden in der Agrarfrage auf sowie die Be-
schwichtigungen der KPD gegenüber den Großbauern mit der Zusicherung des un-
angetasteten Eigentums an Grund und Boden. Die Zielgruppe der kommunistischen
Landagitation, das spiegeln die Quellen unmißverständlich wider, bildeten die Klein-
und Kleinstbesitzer.[14]

Politischer Auftakt und offizielle Bilanz Der auslösende Beschluß zur Bodenreform
kam nicht im Land Sachsen, sondern in der Provinz Sachsen am 3. September 1945
zustande[15]; die Dresdner Regierung übernahm ohne Abstriche diesen Beschluß
kurze Zeit später. Über die Motive von SPD und CDU, der kommunistischen Re-
forminitiative zuzustimmen, läßt sich allenfalls spekulieren; in beiden Fällen erscheint dabei ein Stück Agrarpolitik der Weimarer Republik: Die Sozialdemokraten
griffen auf ihr Kieler Agrarprogramm von 1927 zurück, das dem bäuerlichen Klein-
grundbesitz eine Zukunft zusicherte[16], womit zugleich die Brücke zu den christlichen Agrarreformvorstellungen geschlagen wurde.

Die Bilanz der sächsischen Bodenreform im Spätherbst 1945 sah nach offizieller
Version folgendermaßen aus[17]:

---

13   Edgar Tümmler, Konrad Merkel u. Georg Blohm, Die Agrarpolitik in Mitteldeutschland, Berlin
      1969 (= Wirtschaft und Gesellschaft in Mitteldeutschland, Bd.3), S.17.

14   Typisch für viele KPD-Versammlungen, die nach einem Agitationsmuster abliefen war die Ver-
      sammlung im Dorf Rüssen am 9.9.1945. (Agra-Archiv Markkleeberg: VI 4214 S 1). Auf die Wie-
      dergabe der Einzelheiten muß aus Platzgründen hier jedoch verzichtet werden.

15   Agra-Archiv Markkleeberg: VI 4160/ S 1/2

16   Constantin von Dietze, Agrarpolitik, S.117.

17   Zusammengestellt nach Informationen aus dem amtlichen Periodikum „Landesnachrichtendienst"
      1946 (Sächs. Landesbibliothek Dresden).

Abbildung 5:

Stand der Bodenreform am 26. Oktober 1945		
Anzahl der eingegangenen Meldungen auf Bodenzuteilung.....	**42.904**	
davon Kleinbauern..	**13.296**	
Landarbeiter, landlose Bauern, Kleinpächter..............	**21.480**	
Umsiedler.......................................	**8.128**	
enteignete Wirtschaften, deren Teilung vollzogen ist..............	**804**	mit **146.378 ha**
Anzahl der Werktätigen, denen Land zugeteilt worden ist........	**25.899**	
davon Kleinbauern..	**9.117**	mit **36.486 ha**
Landarbeiter, landlose Bauern, Kleinpächter..............	**13.510**	mit **83.486 ha**
Umsiedler.......................................	**3.272**	mit **26.334 ha**

Die Reformaktion unterschied drei Gruppen von Bewerbern: 1) Kleinbauern, 2) Landarbeiter bzw. landlose Bauern bzw. Kleinpächter, 3) Umsiedler. Es gab in Sachsen fast 43.000 Bewerber, davon wurden nach dieser Aufstellung fast 26.000 „Werktätige" berücksichtigt. Die Durchschnittsgröße der aufgeteilten Betriebe lag demnach bei etwa 182 ha, wobei Wald, Wiesen-, Acker- und Ödland sowie Betriebsgelände nicht gesondert gekennzeichnet wurden. Klar wird jedoch, daß das durchschnittliche „Junkergut" kaum über die Größenordnung von großbäuerlichen Wirtschaften hinausreichte.

Sowjetische Kritik und SED-Subventionsaktion   In den zeitgenössischen und späteren Darstellungen endet mit dieser Aufstellung die Geschichte der Bodenreform. In den Quellen findet sich indessen ihre Fortsetzung, und zwar infolge der Intervention der sowjetischen Behörden. Ihre bis dahin eher indirekte Einflußnahme kam nun zum Vorschein, als sie im Oktober 1945 erstmals offen in die ostdeutsche Agrarpolitik eingriffen. Sie verlangten Leistungsberichte[18] und drückten damit ihre Kritik an den Erfolgen der Bodenverteilungsaktion aus. Die propagierten Reformziele der KPD sind offenbar nicht in Erfüllung gegangen. Nur aus der sowjetischen Unzufriedenheit mit dem befohlenen Wandel werden zwei Aktionen von agrarpolitischer Tragweite verständlich: Erstens, die SMAD ließ im April 1946 ohne Vorankündigung den Wiederaufbau der alten, von der KPD in der Zeit der Weimarer Republik bekämpften bäuerlichen Raiffeisengenossenschaften zu[19], zweitens, die SED mußte

---

18   Sächsisches Hauptstaatsarchiv Dresden; Landesregierung, Ministerpräsident Nr.113 u. Nr. 182, hierin: SMA(S)-Befehle vom 4. u. 7.10.1945.

19   Edgar Tümmler u.a., Agrarpolitik, S.23

wenige Wochen nach ihrer Gründung, gleichfalls im April 1946, gemeinsam mit den anderen Blockparteien eine Rettungsaktion für die kürzlich erst eingerichteten Neubauernwirtschaften aufrufen[20]. Dann folgte eine der größten Agrarsubventionen in der Geschichte der europäischen Landwirtschaft: Saatgut und Kredite im Werte von 350 Mio RM wurden an die neuen Besitzer in der gesamten Sowjetischen Besatzungszone verteilt. Nicht so sehr das Subventionsvolumen verblüfft, sondern die Tatsache, daß diese spektakuläre Aktion wirtschaftlich nahezu effektlos blieb. Aus allem ergab sich ohne weiteres die begründbare Auffassung von der krisenhaften Entwicklung in der ostdeutschen Landwirtschaft, während bei der weiteren Beschäftigung mit den einschlägigen Quellen die Frage nach dem ursächlichen Zusammenhang von Krise und Bodenreform zunächst noch offen blieb.

Ernährungskrise durch Bodenreform   Der schlüssige Beweis für den ursächlichen Zusammenhang von sächsischer Ernährungskrise und Bodenreform kam aus der Landesregierung selbst. Daß die Bodenreform hauptsächlich als Vehikel zur Machtbefestigung der KPD/SED in den ländlichen Gemeinden diente, war innerhalb der sächsischen Landesverwaltung ein offenes Geheimnis.[21] Die paritätisch besetzten Landesboden-Kommissionen traten „als oberstes demokratisches Organ" - wie sie offiziell genannt wurden - kaum in Erscheinung, dementsprechend lag die Neuverteilung von Grund und Boden überwiegend in den Händen politischer Funktionäre. Zahlreiche Betriebe unter 100 ha wurden in einem von der Landesregierung tolerierten ungesetzlichen Akt enteignet, ohne daß die Betroffenen hiergegen gerichtlich Einspruch erheben konnten. Am Ende des Berichtsjahres 1946 zeichnete sich ein starker Rückgang des Ernteertrags gegenüber dem Durchschnittsertrag von 1940/45 ab, und zwar insbesondere durch die - wie es wörtlich hieß - Unkenntnis von ca. 40% der Neusiedler in landwirtschaftlichen Arbeiten.

Von den Neusiedlerstellen erwiesen sich nach regierungsamtlichen Berechnungen 10-20% durch praxisfremde Inhaber als Fehlbesetzungen. Von den 87.000 ha Wald, die an den Bodenreformfonds gelangten, erlitten 30-35% Kahlschlag, während die abgeholzten Flächen nur wieder zu 30% landwirtschaftlich genutzt wurden. In den Dörfern verschiedener sächsischer Regionen, um zur Beurteilung der sozialen Lage zu kommen, entstanden starke innergesellschaftliche Spannungen zwischen den hoch abgabepflichtigen Altbauern mit einer Betriebsfläche von über 50 ha und den gering veranlagten Neubauern. In anderen Regionen des Landes gerieten die Neubauern infolge ihrer mangelhaften Ausstattung mit Arbeitsinventar aller Art alsbald unter den Druck der Altbauern.

---

20 Der Aufruf erschien in verschiedenen Tageszeitungen der Sowjetischen Besatzungszone. (Sächs.Landesbibliothek Dresden).

21 Sächsisches Hauptstaatsarchiv Dresden; Landesregierung Sachsen, Ministerpräsident Nr.1757, Bl.52-69.

Unter den Neubauern befanden sich die Ortsansässigen gegenüber den Zugezogenen insbesondere durch den Besitz an privatem Wohn- und Betriebsraum im Vorteil. Von den ca. 350 noch bewohnbaren, im Zuge der Bodenreform enteigneten Gutshäusern[22] dienten etwa 250 als Massenquartiere für ortsfremde Neusiedler; häufig fehlten diesen ausreichend Räumlichkeiten zur Unterbringung der zugeteilten Produktionsmittel, vor allem für das Vieh und die Maschinen.

Die Neubauern gerieten in das politische Spannungsfeld zwischen der SED und den bürgerlichen Parteien, weil die SED in den aus Schlesien und der Tschechei Zugewanderten Sympathisanten vor allem der CDU vermutete, und CDU und LDP in den Zugewanderten aus den Städten Stützen der SED auf dem Dorfe sahen. Die Vereinigung der gegenseitigen Bauernhilfe (VdgB) verhielt sich dort, wo sie von Altbauern beherrscht wurde, gegenüber den Neubauern ebenfalls skeptisch, weil diese den wirtschaftlich schwächeren Teil der Landbewirtschaftenden ausmachten, „der von den Altbauern immer nachgeschleppt werden muß". Unterschiedlich verteilte Wirtschafts- und Marktchancen spalteten die Gesamtheit der Neusiedler in Sachsen in drei Gruppen: In die Gruppe der über mancherlei Vorteile verfügenden ortsansässigen Neusiedler, in die Gruppe der bei der SED unter politischem Verdacht stehenden Neusiedler aus den Gebieten östlich von Oder und Neiße, sowie in die Gruppe der von der SED bevorzugt behandelten Neusiedler, die aus den Städten kamen.

Etwa 80% aller in Verbindung mit der Bodenreform gebrachten Verstöße gegen die gesetzlichen Bestimmungen erwiesen sich nach regierungsamtlicher Auffassung als Korruptionsfälle. Darüber hinaus zeichneten sich noch drei weitere Fehler ab:

1) Nach September 1945 heimgekehrte Kriegsgefangene und politische Flüchtlinge gingen bei der Landverteilung leer aus.

2) Neusiedlerland gelangte vielfach an Familien ortsansässiger Altbauern.

3) Enteignetes Land und Inventar gerieten nur zu einem Teil in die Hand von Neusiedlern, weil ein großer Teil vom Ursprungsbestand nicht auf Registrierlisten stand.

Ende 1946 lagen gegen etwa ein Viertel aller Enteignungen Einsprüche vor, die nach Ansicht der staatlichen Agrarverwaltung zu Recht bestanden; hierbei handelte es sich vor allem um Enteignungsfälle unter 100 ha. Diese Enteignungen hatten Ortskommissionen vorgenommen, die in ihrer personellen und politischen Zusammensetzung von der Landesbodenkommission niemals überprüft wurden. In einigen Regionen Sachsens nahm die Rote Armee bereits verteiltes und bearbeitetes Neusiedlerland als Manövergelände an sich. Mit deutlicher Zurückhaltung beurteilte die staatliche Agrarbehörde die Zukunft der neustrukturierten sächsischen Landwirtschaft, zumal das improvisierte Bauprogramm stagnierte und gegen Ende 1946 nur zu ca. 25% in die Tat umgesetzt worden war.

---

22 Einzelheiten neuerdings bei Adam v. Watzdorf, Bearb., Schicksalsbuch des Sächsisch-Thüringischen Adels 1945, Limburg 1994 (= Aus dem Deutschen Adelsarchiv, Bd.11).

Das Scheitern der Bodenreform Die offizielle Negativliste, die in Auszügen veröffentlicht wurde[23], könnte in diesem Sinne fortgesetzt werden, alles weitere liefe auf das folgende Ergebnis hinaus: Die Bodenreform löste eine rückläufige Ertragsentwicklung aus. Die Umverteilung von Land bestätigte überdies den traditionellen klein- bis mittelbäuerlichen Charakter der sächsischen Agrarverfassung; die gesellschaftliche Integration der Neusiedler blieb aus. Durch die neue Eigentumsordnung geriet das meiste Land in Selbstversorger-Stellen, die mit 5-7,5 ha für die gesamte Sowjetische Besatzungszone nur halb so groß waren wie in der „Inneren Kolonisation" Preußens während der Zeit der Weimarer Republik. Der Anteil der marktorientierten Großbetriebe an der landwirtschaftlichen Fläche Ostdeutschlands sank von 1/3 auf 1/15. Die Frage, wie dies die marktabhängige sächsische Bevölkerung angesichts des enormen Nahrungsdefizits überstehen wird, von der Frage nach den Aussichten einer „Demokratisierung" der ländlichen Gesellschaft ganz zu schweigen, stellte sich den Verantwortlichen mit einer uns heute noch erschreckenden Dringlichkeit; diese Frage blieb jedoch offen.

---

23 Agra-Archiv Markkleeberg: VI 124 T („Freier Bauer" Nr. 7/1945)

WINFRID HALDER: **DER VOLKSENTSCHEID IN SACHSEN 1946**

1. Die Vorgeschichte des Plebiszits: Erste Verstaatlichungsinitiativen der Landesverwaltung Sachsen

Rollenverteilung in der Landesverwaltung Sachsen   Das Präsidium der Landesverwaltung Sachsen bestehend aus dem Präsidenten Rudolf Friedrichs (SPD), dem Ersten Vizepräsidenten Kurt Fischer (KPD, Inneres und Volksbildung), Fritz Selbmann (KPD, Wirtschaft und Arbeit), Walther Gäbler (SPD, Landwirtschaft, Handel und Versorgung), Gerhard Rohner (CDU, Finanzen und Steuern) und Reinhard Uhle (LDP, Justiz und Gesundheitswesen), eingesetzt von der Sowjetischen Militäradministration (SMA) im Juli 1945[24], befaßte sich in seiner Sitzung vom 22. Oktober 1945, sechs Wochen nach der Bodenreform, erstmals mit Verstaatlichungsfragen. Hinsichtlich anderer Wirtschaftsbereiche war die Landesverwaltung zunächst an der Verstaatlichung des Bergbaus im Lande interessiert, deren Durchführung freilich von der Genehmigung durch die Spitze der Sowjetischen Militäradministration für Deutschland (SMAD) in Berlin-Karlshorst abhängig war; in der gleichen Sitzung befaßte man sich noch mit den Grundsätzen der Industrieplanung für das Jahr 1946. Fritz Selbmann trug sie vor[25] und gab auch fortan in der Landesverwaltung die Leitlinien der Wirtschaftspolitik vor; Präsident Friedrichs spielte indessen eine eher passive, meist nur moderierende Rolle.

Kurt Fischer und Fritz Selbmann waren die eigentlich dominierenden Figuren in der sächsischen Landesverwaltung [26]. Fischer, Jahrgang 1900, bereits seit 1919 KPD-Mitglied, hatte seit 1921 eine umfangreiche Ausbildung in der UdSSR erhalten, so unter anderem in der Moskauer Militärakademie „Frunse". Anschließend war er im Geheimdienst tätig gewesen und schon im Mai 1945 als Mitglied der (Initiativ-) „Gruppe Ackermann" der Exil-KPD[27] nach Dresden gekommen, wo er vor seinem Eintritt in die Landesverwaltung als 1. Bürgermeister fungierte[28]. Fritz Selbmann,

---

24   Die am 04. Juli 1945 eingesetzte Landesverwaltung Sachsen war bereits am 16. September erstmals umgebildet worden: Fritz Selbmann ersetzte im Wirtschaftsressort Richard Woldt (SPD), Walther Gäbler trat an die Stelle des parteilosen Wilhelm Lenhardt; vgl. Welsh, Helga A.: Sachsen, in: Broszat, Martin, Weber Hermann (Hrsg.): SBZ-Handbuch: staatliche Verwaltungen, Parteien, gesellschaftliche Organisationen und ihre Führungskräfte in der Sowjetischen Besatzungszone Deutschlands 1945-1949, München 1990, S.126-146; S.133 bzw. S.142.

25   Vgl. SächsHSTA Dresden LRS MP 1429/1, Bl.2 f.

26   Vgl. Welsh, Sachsen, S.135.

27   Zur Rolle der „Initiativgruppen" vgl. Kleßmann, Christoph: Die doppelte Staatsgründung. Deutsche Geschichte 1945-1955 (= Schriftenreihe der Bundeszentrale für politische Bildung, Bd. 193), 4. ergänzte Aufl., Bonn 1986; S.72 f.

28   Vgl. Broszat/Weber, SBZ-Handbuch, S.899.

ein Jahr älter als Fischer, gehörte seit 1922 der KPD an und war für diese in der Zeit der Weimarer Republik unter anderem Reichstagsabgeordneter gewesen. Nach 1933 hatte er in Deutschland im Untergrund für seine Partei weitergearbeitet, war aber bereits 1934 verhaftet und vom NS-Regime bis Kriegsende in Haft gehalten worden; anschließend wurde er wieder in die Parteiarbeit integriert[29]. Rudolf Friedrichs schließlich, geboren 1892, seit 1922 SPD-Mitglied, hatte in den zwanziger Jahren verschiedene, meist kommunalpolitische Posten bekleidet und war nach der NS-Machtübernahme kurzzeitig inhaftiert. 1945 wurde er zunächst zum Oberbürgermeister von Dresden, dann zum Präsidenten der Landesverwaltung ernannt[30].

SMAD-Befehl Nr.124 und seine Umsetzung Bereits in der nur drei Tage später anberaumten nächsten Präsidialsitzung erhielt Selbmann die Zustimmung zur Beschlagnahme des sächsischen Anteils der Firma Hoesch, deren Demontage, wie er ausführte, unter der Voraussetzung der baldigen Wiederaufnahme der Produktion abgewendet werden könne. Ausdrücklich traf das Präsidium der Landesverwaltung diese Entscheidung jedoch „vorbehaltlich einer späteren Regelung der Eigentumsverhältnisse"[31]. Nur vier Tage später wurde dann „nach Vortrag von Vizepräsident Selbmann [..] einstimmig der grundsätzliche Beschluß gefaßt, alle im Bundesland Sachsen befindlichen Vermögenswerte des auf der Kriegsverbrecherliste stehenden Kriegswirtschaftsführers Flick zu enteignen"[32]. Hier wurde also bereits einen Schritt weiter gegangen als im Falle Hoesch, denn Flick wurde definitiv enteignet, der Besitz nicht nur bis auf weiteres beschlagnahmt. Es handelte sich hier um die erste derartige Maßnahme in der SBZ überhaupt[33]. Bemerkenswert ist, daß die sächsische Landesverwaltung dies einen Tag vor dem Befehl Nr. 124 der SMAD unternahm. Damit wurde die Beschlagnahme „allen Eigentums des deutschen Staates, der NSDAP und ihrer Organisationen, der Verbündeten des Nazi-Reiches" und darüber hinaus aller jener Personen angeordnet, die von der SMAD durch besondere Listen oder auf andere Weise bezeichnet werden. Die Länder und Provinzialverwaltungen der SBZ wurden zudem angewiesen, „herrenlose" Industrie- und Handelsbetriebe registrieren und einstweilen verwalten zu lassen[34]. Betroffen waren von Befehl Nr.124 alle „NS-Aktivisten und Rüstungsprofiteure", was in der Praxis die Beschlagnahme aller Großbetriebe und Konzernanteile, aber auch zahlreicher kleinerer Unternehmen bedeutete.

---

29 Vgl. a.a.O., S.1028.
30 Vgl. a.a.O., S.903.
31 SächsHSTA Dresden LRS MP 1429/1, Bl. 5b.
32 SächsHSTA Dresden LRS MP 1429/1, Bl.7b.
33 Vgl. Welsh, Sachsen, S.138.
34 Vgl. Staritz, Gründung der DDR, S.108 f.

In der Folgezeit befaßte sich die Spitze der Landesverwaltung Sachsen mit der Durchführung von Befehl Nr.124. Am 5. November 1945 beschloß das Präsidium eine „Verordnung über die Übereignung der im Bundeslande Sachsen gelegenen Betriebe und Unternehmungen aktivistischer Nazis und Kriegsverbrecher, sowie herrenloser Betriebe und Unternehmungen in die Hände der Landesverwaltung", am 9. November setzte es eine Kommission zur Umsetzung des Befehls 124 und der ergänzenden Anordnungen der Sowjetischen Militäradministration in Sachsen (SMAS) ein. Deren Vorsitz übernahm Fritz Selbmann, ferner gehörten ihr Kurt Fischer sowie Gerhard Rohner[35] an[36]. Erstaunlich ist, daß in der obengenannten Verordnung bereits die Rede von „Übereignung" ist, nicht allein von (vorläufiger) Beschlagnahme ohne definitive Entscheidung über die künftigen Eigentumsverhältnisse. Entweder es handelte sich einfach um einen redaktionellen Fehler - oder aber hier wird deutlich, daß von vornherein an eine umfassende Verstaatlichung gedacht war. Vieles spricht dafür, daß dies die eigentliche Intention zumindest der KPD-Mitglieder in der Landesverwaltung war und daß sie - ohne davon in den Präsidialsitzungen oder öffentlich explizit zu reden - planvoll auf dieses Ziel hinarbeiteten.

Selbmanns Kurs   Fritz Selbmann konnte schon frühzeitig seine Eingriffs- und Steuerungsrechte in die Wirtschaft Schritt für Schritt ausbauen; so erreichte er im Dezember 1945, daß sein Ressort eine Verordnung erlassen durfte, wonach Eröffnung, Verlegung und Erweiterung von Betrieben in Sachsen von einer Genehmigung der Landesverwaltung abhängig gemacht wurden[37]. Dieser bereits ziemlich weitgehenden Beschneidung der unternehmerischen Freiheit gesellte sich alsbald der wiederum von Selbmann initiierte Beschluß hinzu, ein landeseigenes Unternehmen zu gründen, welches „zur Erleichterung des Heranholens von Rohstoffen aus aussersächsischen Gebieten [...] die Lenkung dieser gesamten Einfuhr übernehmen" sollte. Da ausdrücklich von der Steuerung des gesamten Rohstoffimports die Rede war, ist nicht recht einleuchtend, wie dies vonstatten gehen sollte, „ohne dabei die Initiative des bisher auf diesen Gebieten tätigen Großhandels auszuschalten", wie es weiter hieß[38]. Naheliegend ist doch wohl die Vermutung, daß zumindest Selbmann dergleichen Floskeln zur Beruhigung der bürgerlichen Blockpartner einflocht, ansonsten aber in seinen Planungen bereits von einer verstaatlichten Industrie, die durch ein Staatsunternehmen zentral mit Rohstoffen versorgt wurde, ausging. Konsequenterweise kündigte Selbmann in der Präsidialsitzung am 18. Januar 1946 an, daß sein Ressort personell expandieren müsse und er demnach wahrscheinlich in Kürze einen

---

35   Gerhard Rohner, geb. 1895, war seit Juli 1945 CDU-Mitglied, leitete bis zum Januar 1950 das sächsische Finanzressort und floh dann in die Bundesrepublik; vgl. Broszat/Weber, SBZ-Handbuch, S.1007.

36   Vgl. SächsHSTA Dresden LRS MP 1429/1, Bl.8 bzw. 10.

37   Vgl. SächsHSTA Dresden LRS MP 1429/1, Bl.13b.

38   Vgl. SächsHSTA Dresden LRS MP 1429/1, Bl.14.

entsprechenden Nachtragshaushalt einbringen würde[39]. Bemerkenswert ist in diesem Zusammenhang auch, daß kurz darauf mit einem Präsidialbeschluß allen anderen Ressorts der Landesverwaltung mit Blick auf die angespannte Haushaltslage „Massnahmen zur maximalen Kürzung des Verwaltungsaufwandes" auferlegt wurden, wohingegen Selbmann Mitte Juni 1946 für seine Industrie-Abteilung eine erneute Verstärkung um 25 Stellen durchsetzen konnte[40] - dies also unmittelbar vor dem Volksentscheid.

2. Vorbereitende Schritte auf dem Weg zum Volksentscheid

Erstes Konzept Die konkrete Vorgeschichte des Volksentscheides auf der im engeren Sinne juristischen Ebene begann Anfang März 1946, als dem Präsidium der Landesverwaltung ein erster Referentenentwurf zu einer entsprechenden Verordnung bezüglich der Herbeiführung eines Volksentscheids vorgelegt wurde. Die ursprüngliche Idee zur Inszenierung eines Volksentscheides war aber schon im Februar 1946 in der KPD-Führung - anknüpfend an verschiedene plebiszitäre Initiativen der Partei in der Zeit der Weimarer Republik - entwickelt worden; die SMAD hatte ihre Zustimmung signalisiert[41]. Das dementsprechend in Sachsen vorgelegte Konzept stammte aus dem von Kurt Fischer geleiteten Innenressort. Interessanterweise basierte es im wesentlichen auf dem sächsischen Gesetz über Volksbegehren und Volksentscheid vom 8. März 1921, dem sächsischen Landeswahlgesetz vom 6. Oktober 1926 sowie der sächsischen Landeswahlordnung vom gleichen Tag, die allerdings jetzt vielfach modifiziert wurden. So sollten von vornherein „Kriegsverbrecher (Mitglieder der SS und des SD), aktive Förderer der faschistischen Kriegspolitik (Konzern-, Bank- und Betriebsleiter), Großgrundbesitzer über 100 ha, ehemals leitende Funktionäre der Nazipartei und deren Gliederungen (vom Ortsgruppenleiter und in der HJ vom Scharführer aufwärts)" vom Wahlrecht ausgeschlossen sein[42]. Speziell der Kreis der aus politischen Gründen nicht Stimmberechtigten ist in der Folgezeit noch näher bestimmt worden; dies auch durch eine gemeinsame Intervention der sächsischen Landesvorsitzenden von CDU und LDP Hickmann und Kastner[43], die erreichen konnten, daß die im Zuge der Bodenreform Enteigneten

---

39 Vgl. SächsHSTA Dresden LRS MP 1429/1, Bl.14 f.
40 Vgl. SächsHSTA Dresden LRS MP 1429/1, Bl.16 f. bzw.32.
41 Vgl. Braun, Günther: Wahlen und Abstimmungen, in: Broszat/Weber, SBZ-Handbuch, S.381-432; S.381.
42 Vgl. SächsHSTA Dresden LRS MP 1430, Bl. 334-336 bzw. 339-343.
43 Hugo Hickmann, geb. 1877, seit 1919 DVP-Mitglied, 1926-1933 Vizepräsident des sächsischen Landtages, von der NS-Diktatur mit Berufsverbot belegt (ursprünglich Religionslehrer), gehörte zu den Gründungsmitgliedern der sächsischen CDU, bekleidete verschiedene politische Ämter, bevor er 1950 zurücktrat und aus der Partei ausgeschlossen wurde. Hermann Kastner, Jahrgang 1886, seit 1918 DDP-Mitglied, Abgeordneter im sächsischen Landtag, nach 1933 mehrfach verhaftet, war Mitgründer und 1.Vorsitzender der LDP in Sachsen, stieg nach verschiedenen anderen Ämtern

mitabstimmen durften[44] und schließlich auch durch eine Anordnung der SMAD, die dafür sorgte, daß die Dienstgrade der ehemaligen Angehörigen der NSDAP und der sonstigen NS-Organisationen, die den Ausschluß vom Stimmrecht mit sich brachten, um eine Stufe höher gesetzt wurden[45]. Dadurch wurde die Gesamtzahl der Stimmberechtigten also wiederum erhöht. Letzten Endes ergab sich nur eine sehr geringe Anzahl von Personen, die tatsächlich nicht am Volksentscheid teilnehmen durften; nach einer Aufstellung aus dem Büro des Landesabstimmungsleiters waren davon nicht einmal 0,4 % der sonst Wahlberechtigten in Sachsen betroffen[46].

Die Umgehung eines Volksbegehrens Die Einwirkung von Kastner und Hickmann zeigt schon, daß spätestens seit dem 19. März 1946 die Parteien des antifaschistisch-demokratischen Blocks an der Vorbereitung des Volksentscheides beteiligt wurden. Nachdem die beiden Parteivorsitzenden bereits - wie erwähnt - in der Frage des Stimmrechtes erfolgreich ihren Einfluß zur Geltung gebracht hatten, taten sie dies auch noch in einem anderen bedeutsamen Punkt. Hätte man sich ohne Änderungen an die erwähnten gesetzlichen Bestimmungen aus der Weimarer Zeit gehalten, wäre es zur formal korrekten Herbeiführung eines Volksentscheides notwendig gewesen, zuvor ein Volksbegehren durchzuführen, bei dem mindestens ein Zehntel der Stimmberechtigten die Durchführung des Volksentscheides durch Eintragung in eine Liste innerhalb einer bestimmten Frist hätten verlangen müssen. Es liegt auf der Hand, daß dieses Verfahren einigermaßen aufwendig und vor allem zeitraubend war. So war man in der Landesverwaltung offenbar bestrebt, das vorausgehende Volksbegehren zum umgehen; zu diesem Zweck wurde in den § 5 des Entwurfs zur Verordnung über Volksbegehren und Volksentscheid nach Absatz 1 („Tritt einem zugelassenen Volksbegehren mindestens ein Zehntel der Stimmberechtigten bei, so muß die Landesverwaltung den Volksentscheid herbeiführen".) ein zweiter Absatz mit folgendem Wortlaut angefügt:"Wird ein Volksbegehren von einem Antragsteller eingebracht, dessen Mitgliederzahl es unter Berücksichtigung der politischen Lage glaubhaft erscheinen läßt, daß mindestens ein Zehntel der Stimmberechtigten dem Volksbegehren beitreten wird, so kann die Landesverwaltung ohne Abstimmung über das Volksbegehren sofort den Volksentscheid herbeiführen".

Als antragsberechtigt wurden bereits in § 2 „jede der Parteien des antifaschistisch-demokratischen Blocks und der Freie Deutsche Gewerkschaftsbund" (FDGB) ausgewiesen[47]. Faktisch hätte dies nichts anderes bedeutet, als daß das Antragsrecht gemäß § 5, Absatz 2 mit Blick auf die Parteien auf die gerade in der Gründungsphase

---

1950 zum stellvertretenden Ministerpräsidenten der DDR auf, floh 1956 nach geheimdienstlicher Tätigkeit für die Bundesrepublik in diese; vgl. Broszat/Weber, SBZ-Handbuch, S.931 bzw. 944.

44 Vgl. SächsHSTA Dresden LRS MP 1430, Bl.351 bzw. 359-365.
45 Vgl. SächsHSTA Dresden LRS MP 1430, Bl. 400.
46 Vgl. SächsHSTA Dresden LRS MP 1431, Bl. 145.
47 Vgl. SächsHSTA Dresden LRS MP 1430, Bl. 359 f.

befindliche SED[48] beschränkt gewesen wäre, denn durch die Zusammenzählung der (im Frühjahr 1946) rund 156.000 sächsischen KPD-Mitglieder mit den damals in etwa 185.000 SPD-Angehörigen des Landes[49] bestand nur für sie die Aussicht das notwendige Quorum von einem Zehntel der Stimmberechtigten erreichen zu können[50]. Hier nun intervenierten Kastner und Hickmann erneut. In einem wiederum gemeinsamen Schreiben vom 23. März 1946 vertraten sie den Standpunkt, daß grundsätzlich daran festgehalten werden müsse, daß einem Volksentscheid ein Volksbegehren voranzugehen habe. Da aber augenblicklich noch die Gefahr eines „reaktionären Mißbrauchs" eines Volksbegehrens bestehe, fanden sie sich bereit, der Herbeiführung eines Volksentscheides ohne ein solches zuvor „unter Zurückstellung aller sonstigen Bedenken" zuzustimmen - nicht aber im Sinne der Regelung des zitierten Verordnungsentwurfs der Landesverwaltung. Vielmehr schlugen sie eine Neufassung von Absatz 2 des § 5 vor[51] und in dem von ihnen gewünschten Sinn wurde der Verordnungsentwurf auch geändert und dann beschlossen. In §5, Absatz 2 hieß es jetzt: „Wird ein Volksbegehren von allen Parteien des antifaschistisch-demokratischen Blocks und dem Freien Deutschen Gewerkschaftsbund gemeinschaftlich eingebracht, so gilt die Voraussetzung des Absatz 1 ohne Abstimmung als erfüllt"[52]. Tatsächlich wurde dann der Volksentscheid vom 30. Juni 1946 von den Blockparteien und dem FDGB im Sinne des Absatz 2 gemeinsam beantragt[53], also die Abhaltung eines Volksbegehrens umgangen. Immerhin hatten aber die Spitzen von CDU und LDP dafür Sorge getragen, daß dergleichen nicht ohne das Einverständnis aller zugelassenen Parteien erfolgen konnte. Kastner und Hickmann hatten dies ausdrücklich als „die selbstverständliche Folge des allgemein anerkannten Grundsatzes der Parität der Blockparteien"[54] bezeichnet. Wie realistisch dieser Anspruch zu diesem Zeitpunkt war, wird unten zu sehen sein.

Am 26. März 1946 wurde nach Einfügung der genannten Änderungen von einem aus Vertretern der Blockparteien, des FDGB und der Landesverwaltung bestehenden Ausschuß die - scheinbar - endgültige Fassung der Verordnung beschlossen. Rund eine Woche nach der beschlußfassenden Kommissionssitzung wurde die so entstan-

---

48 Die Fusion von KPD und SPD wurde am 21./22. April 1946 vollzogen; vgl. dazu und zur Vorgeschichte Kleßmann, Doppelte Staatsgründung, S.135 ff.

49 Vgl. Staritz, Gründung der DDR, S.92.

50 Nach einer Aufstellung des Landesabstimmungsleiters lag die Zahl der schließlich beim Volksentscheid Stimmberechtigten bei knapp 3, 6 Millionen , zunächst war man aber von einer niedrigeren Zahl ausgegangen; vgl. SächsHSTA Dresden LRS MP 1431, Bl. 145 bzw. 101.

51 Vgl. SächsHSTA Dresden LRS MP 1430, Bl. 356 f.

52 SächsHSTA Dresden LRS MP 1430, Bl.359.

53 Die offizielle gemeinsame Antragstellung erfolgte am 25. Mai 1946 (s.u.); vgl. SächsHSTA Dresden LRS MP 1430, Bl. 38 f.

54 SächsHSTA Dresden LRS MP 1430, Bl. 357.

dene Verordnung vom Präsidium der Landesverwaltung einstimmig und unverändert angenommen und unter dem Datum des 4. April 1946 mit den Unterschriften von Präsident Friedrichs, dem Ersten Vizepräsidenten Fischer und schließlich dem Justitiar des Präsidialbüros Geyer ausgefertigt[55]. Damit war offenbar die juristische Grundlage geschaffen, um überhaupt einen Volksentscheid durchführen zu können; über dessen eigentlichen Inhalt war noch nicht verhandelt worden .

Die Version des ZK der SED Entgegen dem Augenschein hatte aber die Verordnung zur Herbeiführung des Volksentscheids noch gar nicht ihre endgültige Fassung erhalten. Mit dem Datum des Präsidialbeschlusses vom 4. April 1946, also scheinbar in der Form, die in der letzten diesbezüglichen Besprechung zwischen Landesverwaltung und Blockparteien festgelegt worden war, wurde die Verordnung publiziert. Die schließlich veröffentlichte Fassung war aber keineswegs identisch mit der, die die Zustimmung von Blockparteien und FDGB erhalten hatte. Vielmehr stößt man bei Durchsicht der Akten unvermittelt auf ein lapidares Schreiben aus dem SED-Zentralkomitee, Abteilung Landespolitik, noch mit dem nur provisorisch geänderten Briefkopf des KPD-Zentralsekretariates. Es ist an Rudolf Friedrichs gerichtet, datiert vom 6. Mai 1946 und besteht aus nur einem Satz: „Anbei übersenden wir 3 Exemplare des endgültigen Entwurfs"[56]. In der Anlage zu diesem Schreiben findet sich dann die Verordnung über Volksbegehren und Volksentscheid, ausgehandelt zwischen den Blockparteien Sachsens mit der sächsischen Landesverwaltung, von dieser offiziell ausgefertigt, unterzeichnet von Rudolf Friedrichs und Kurt Fischer - und mit diversen Änderungen aus dem ZK vom Mai 1946, aber unter Beibehaltung der Datierung vom 4. April des Jahres. Vorgenommen wurden in Berlin einige kleinere redaktionelle Änderungen, aber auch nicht unerhebliche inhaltliche Modifikationen. Artikel I, § 3, Absatz 2 lautete in der Originalfassung vom 4. April: „Zum Volksbegehren zugelassen werden können nur solche Gesetzentwürfe, die sich im Rahmen der Zuständigkeit der Landesverwaltung halten"[57]. Die ZK-Version liest sich wie folgt: „Zum Volksbegehren zugelassen werden können nur solche Gesetzentwürfe, die sich auf den demokratischen Aufbau beziehen und sich im Rahmen der Zuständigkeit der Landesverwaltung halten"[58]. Über den Sinn dieser Einfügung kann im Augenblick nur spekuliert werden. Möglicherweise sollte dem Einwand vorgebeugt werden, eine Entscheidung über einen so tiefgreifenden Eingriff in Eigentumsrecht und Wirtschaftsstruktur - und darauf zielte der Volksentscheid ja letztlich ab - dürfe gar nicht regional beschlossen werden. So aber konnte man den Volksentscheid als dem „demokratischen Aufbau" dienlich und also zulässig deklarieren. Tatsächlich ist

---

55 Vgl. SächsHSTA Dresden LRS MP 1429/1, Bl. 17 bzw. 1430, Bl. 369-375.
56 SächsHSTA Dresden LRS MP 1430, Bl.394.
57 SächsHSTA Dresden LRS MP 1430, Bl. 359.
58 SächsHSTA Dresden LRS MP 1430, Bl. 395.

ja in der DDR-Geschichtswissenschaft bis zuletzt daran festgehalten worden, Bodenreform und Volksentscheid als wichtigste Etappen der „antifaschistisch-demokratischen Umwälzung" zu interpretieren[59]. Freilich wird diese Argumentationslinie bei der genauen Analyse der Vorgeschichte des Volksentscheids ad absurdum geführt: Es waren nicht die Blockparteien, die über die Grundlagen des Volksentscheids mit all seinen absehbar weitreichenden Konsequenzen letztgültig entschieden, sondern das ZK der SED. Dieser Entscheidungsvorgang wurde zweifellos bewußt verschleiert, indem die ursprüngliche Datierung der Verordnung beibehalten wurde.

Die Einflußnahme von SMAD und SED-Führung Damit hatte die Verordnung aber immer noch nicht ihre letzte Form erhalten. Bereits am 12. April 1946 hatte Friedrichs die unveränderte Fassung vom 4. April in deutscher und russischer Sprache mit der Bitte um Bestätigung an den Chef der Sowjetischen Militäradministration in Sachsen gesandt[60]. Unklar ist noch, ob die SMAS die Angelegenheit von sich aus an die SMAD in Karlshorst weitergereicht hat oder ob diese sie aktiv an sich gezogen hat. Jedenfalls wurde die wirklich definitive Fassung der Verordnung in einer Besprechung am Sitz der SMAD am 23. Mai 1946 beschlossen. Daß sich die Besatzungsmacht die letzte Entscheidung in dieser Sache vorbehielt, ist nicht weiter verwunderlich - auch in den anderen Besatzungszonen war dies damals nicht anders. Bemerkenswert ist jedoch, wer an der Besprechung vom 23. Mai teilgenommen hat: Aus Dresden waren Rudolf Friedrichs und Kurt Fischer angereist, zwei SED-Vertreter in der sächsischen Landesverwaltung. Ferner war aus der SED-Führung des Landes Otto Buchwitz mitgekommen, der nicht dem Präsidium der Landesverwaltung angehörte[61]. Außerdem waren die Berliner SED-Spitzenfunktionäre Walter Ulbricht und Max Fechner zugegen, die formal betrachtet mit Entscheidungen auf sächsischer Landesebene gar nichts zu tun hatten[62]. Seitens der SMAD nahmen neben Generalleutnant Bokow, der Gesandte Semjonow und Oberst Tjulpanow teil[63] - und damit einige der wichtigsten politischen Köpfe und KPdSU-Funktionäre in

---

59   Vgl. Badstübner, Geschichte der DDR, S.47 ff.

60   SächsHSTA Dresden LRS MP 1430, Bl. 378-393.

61   Otto Buchwitz, geb. 1879, seit 1898 SPD-Mitglied, Reichstagsabgeordneter ab 1924, 1933 emigriert, 1940 in Dänemark verhaftet und vom NS-Regime inhaftiert, war seit Juli 1946 sächsischer SPD-Vorsitzender, dann seit April 1946 SED-Landesvorsitzender; vgl. Broszat/Weber, SBZ-Handbuch, S.880. Buchwitz hatte sich zuvor stark für die Fusion von SPD und KPD eingesetzt; vgl. Staritz, Gründung der DDR, S.28.

62   Ulbricht, schon in der Weimarer Republik einer der führenden kommunistischen Funktionäre und dann besonders wichtig in der Exilleitung der KPD in Moskau, war zu diesem Zeitpunkt Mitglied des SED-Zentralsekretariates und stellvertretender SED-Vorsitzender. Max Fechner, ursprünglich SPD-Mitglied, gehörte ebenfalls dem SED-Zentralsekretariat an; vgl. Broszat/Weber, SBZ-Handbuch, S.1046 bzw. S.897. Fechner gehörte wie Buchwitz zu den eifrigen Befürwortern des Zusammenschlusses von SPD und KPD, vgl. Staritz, Gründung der DDR, S.83 f.

63   SächsHSTA Dresden LRS MP 1430, Bl. 400.

Karlshorst[64]. Dieses Gremium also traf die zuletzt gültige Entscheidung über die sächsische Verordnung über Volksentscheid und Volksbegehren. Die Verordnung wurde bei dieser Gelegenheit ein letztes Mal geändert, wiederum ohne ihre Datierung auf den 4. April 1946 zu korrigieren. Die Änderungen bezogen sich auf die Heraufsetzung des Wahlalters von 20 auf 21 Jahre gemäß einem grundsätzlichen Beschluß des Alliierten Kontrollrates, außerdem wurden die Dienstgrade der vom Stimmrecht ausgeschlossenen ehemaligen NS-Funktionäre um eine Stufe heraufgesetzt. Über diese Änderungen wurden die sächsischen Landratsämter und Stadträte, denen bereits am 30. März 1946 ein Entwurf der Verordnung zugegangen war, am 15. Mai durch das Innenressort unter Hinweis auf die für diese Fassung erteilte Zustimmung der SMAD in Kenntnis gesetzt. Zugleich wurden diese Stellen über verschiedene Fragen zur technischen Abwicklung des Volksentscheids informiert[65]. Nicht nach außen erkennbar war jedoch, daß es die kommunistische Führungsspitze in der SBZ war, nicht das Gremium der Blockparteien in Sachsen, die der Verordnung ihre letzte, gültige Form gegeben hatte.

3. Die Entstehung des Gesetzentwurfs zum Volksentscheid

LDP-Protest Während dieser Vorgänge hinter den Kulissen wurden die Blockparteien, nachdem sie scheinbar an der juristischen Vorbereitung des Volksentscheides gleichberechtigt beteiligt worden waren, nunmehr bei der Formulierung des Enteignungsgesetzes, das inhaltlich den Gegenstand des Volksentscheides ausmachen sollte, erneut hinzugezogen. Am 29. März 1946 wurde in einer von den Blockparteien und der Landesverwaltung beschickten Kommission der erste Entwurf einer „Verordnung[66] über die Enteignung von Naziverbrechern" beschlossen. Der Entwurf hatte nur einen einzigen Artikel mit folgendem Wortlaut: „Zu Gunsten des Bundeslandes Sachsen werden entschädigungslos enteignet:

a) Betriebe und Unternehmungen, die als Kriegsinteressenten anzusehen sind oder die Naziverbrechern, aktivistischen Nazis oder Kriegsinteressenten gehören oder am 8. Mai 1945 gehörten;

---

64   Bokow hatte als politischer Offizier Karriere gemacht und war Mitglied des „Kriegsrates" der SMAD, der innerhalb dieser zentrale politische Führungsfunktionen wahrnahm. Semjonow war Berufsdiplomat, ein glänzender Deutschland-Kenner und damals stellvertretender politischer Berater des SMAD-Chefs. Tjulpanow war ebenfalls politischer Offizier und leitete die Informationsabteilung innerhalb der Politischen Verwaltung der SMAD; vgl. Foitzik, Jan: Die Sowjetische Militäradministration in Deutschland (SMAD), in: Broszat/Weber, SBZ-Handbuch, S.7-70; S.20 ff.

65   Vgl. SächsHSTA Dresden LRS MP 1431, Bl. 153-159.

66   Erst kurz vor dem Volksentscheid war nicht mehr von einer Verordnung, sondern einem Gesetz zur Enteignung die Rede; vgl. unten S. 18 ff.

b) Rechte, Beteiligungen und sonstige Ansprüche an Betrieben und Unternehmungen, soweit sie Naziverbrechern, aktivistischen Nazis oder Kriegsinteressenten gehören oder am 8. Mai 1945 gehörten"[67].

Wenige Tage später wurde dieser Entwurf den Landesleitungen der Parteien und des FDGB zugeleitet. Offensichtlich wurde gleichzeitig, noch bevor eine definitive Einigung mit und zwischen den Blockparteien erreicht worden war, mit der konkreten Vorbereitung des Volksentscheides begonnen. Die dem von Fritz Selbmann geleiteten Wirtschaftsressort unterstehenden lokalen „Ämter für Betriebsneuordnung" wurden mit der Erstellung von Listen der zu enteignenden Betriebe beauftragt. Daraufhin nun sah sich der sächsische LDP-Vorsitzende Kastner zu einer energischen Intervention veranlaßt. Am 24. April 1946 übermittelte er dem Präsidenten der Landesverwaltung Friedrichs die Abschrift eines Briefes an Selbmann, in dem er scharf gegen die Vorgehensweise bei der Erstellung der Enteignungslisten protestierte. Er sei, so Kastner, vom LDP-Kreisvorstand Bautzen davon in Kenntnis gesetzt worden, daß das dortige „Amt für Betriebsneuordnung" von Selbmann offenbar angewiesen worden sei, in die zu erarbeitende Liste „alle diejenigen Betriebe aufzunehmen, die sich irgendwie zur Verstaatlichung eignen, gleichgültig ob sie bisher durch Befehl 124 erfaßt wurden oder nicht." Er zweifle nicht an der Richtigkeit dieser Mitteilung, und dies würde bedeuten, daß das Bautzener Amt - und womöglich auch die entsprechenden Dienststellen in anderen Landesteilen - von Voraussetzungen ausgingen, „die der Absprache zwischen dem Präsidium [der Landesverwaltung] und den vier Blockparteien einschließlich der Freien Deutschen Gewerkschaft [sic] [...] diametral entgegenlaufen." Anschließend zitierte Kastner den obigen Verordnungsentwurf und betonte, daß gar kein Zweifel daran bestehen könne, daß Präsidium und Blockparteien sich „eindeutig und ausschließlich" auf die abgesprochene Formulierung geeinigt hätten. Der LDP-Vorsitzende fuhr dann wörtlich fort: „Es besteht Übereinstimmung zwischen uns, dass die für den Volksentscheid vorgesehenen Massnahmen ausschliesslich politischen Charakter in dem eben umrissenen Rahmen haben, nicht aber den Gedanken einer irgendwie gearteten allgemeinen Sozialisierung in sich tragen.

Einigkeit herrschte auch darüber, dass die Feststellung der Eigenschaft als Kriegsinteressent besondere, nur ausnahmsweise als gegeben anzusehende Voraussetzungen hat, für die Ihrerseits [gemeint ist Selbmann] noch klare Richtlinien zugesagt waren. Nach Ihren Ausführungen, denen ich zugestimmt habe, waren Kriegsinteressenten etwa diejenigen, die schon vor dem Kriege und vor allem während des Krieges in besonderer Weise aus der Rüstungsarbeit Vorteile gezogen oder aber in den besetzten Gebieten solche zu erlangen sich bemüht haben. [...] Da also offensichtlich, und wie ich annehmen muß, nicht nur das Amt für Betriebsneuordnung in

---

Bautzen bei der Aufstellung der von Ihnen auf Grund unserer Abreden angeforderten Listen von völlig mißverständlichen Voraussetzungen ausgeht, halte ich mich, um einen Leerlauf zu vermeiden für verpflichtet, darauf hinzuweisen *eiligst* das Erforderliche zur Richtigstellung zu veranlassen."[68]

KPD-Taktik der partiellen Kooperation Hier wird deutlich, daß wenigstens seitens des KPD-/SED-Funktionärs Selbmann mit dem Volksentscheid offensichtlich von vornherein andere, oder besser: sehr viel weitergehende Absichten verbunden waren, als bei zumindest einem Teil der anderen politischen Kräfte Sachsens. Kaum anzunehmen ist, daß es sich bei Selbmanns Intention einer weitreichenden Verstaatlichung um einen Alleingang von ihm gehandelt hat - oben war ja bereits zu sehen, daß die Idee zum Volksentscheid ohnehin aus der KPD-Führung kam und daß dann an der Vorbereitung des sächsischen Volksentscheides für die Öffentlichkeit nicht sichtbar die Spitzenfunktionäre von SED und KPdSU in Berlin beziehungsweise in Berlin-Karlshorst entscheidend beteiligt waren. Von Beginn also bestand die Diskrepanz zwischen der nach außen hin - auch und besonders gegenüber den Blockparteien und der sächsischen Bevölkerung - deklarierten Zielsetzung des Volksentscheides, nämlich angeblich als Bestrafung derer, die sich unter der NS-Diktatur individuell schuldig gemacht hatten und dem viel umfassenderen Konzept einer auf die völlige Umstrukturierung der sächsischen Wirtschaft zielenden umfassenden Sozialisierung. Die politische Führung der SMAD hielt es offenbar zu diesem Zeitpunkt nicht für angezeigt, ihre eigentlichen Absichten offenzulegen. Dahinter mögen zum einen deutschlandpolitische Rücksichten mit Blick auf das Verhältnis zu den anderen Besatzungsmächten gestanden haben, zum anderen spielte sicher auch das Konzept der „Blockpolitik" eine Rolle, auf das sich auch die anderen kommunistischen Parteien in den Ländern, die sich nunmehr im Machtbereich der Roten Armee befanden, zunächst festgelegt hatten[69]. Die dabei verfolgte Taktik der partiellen Kooperation mit Kräften auch aus dem „bürgerlichen" Lager zugleich mit der „zuverlässigen" Besetzung der politischen Schaltstellen ist ja seit langem bekannt[70]. So kann es auch nicht überraschen, daß es bei der Vorbereitung und Durchführung des Volksentscheides in Sachsen nichts anderes geschah - nur besteht jetzt die Möglichkeit, dies aus den Akten mit der wünschenswerten Klarheit zu belegen. Die Regisseure hießen damals Selbmann, Fischer, auch Buchwitz und Ulbricht, Semjonow und Tjulpanow, weniger Friedrichs - andere durften ihren umgrenzten Part, soweit opportun, mitspielen, so auch LDP-Chef Kastner.

---

68   Vgl. SächsHSTA Dresden LRS MP 1431, Bl. 10-12; Hervorhebung im Original gesperrt.

69   Vgl. Staritz, Gründung der DDR, S.68 ff.

70   Vgl. Vogelsang, Thilo: Das geteilte Deutschland (= dtv-Weltgeschichte des 20. Jahrhunderts), 13. Aufl., München 1973; S.54 ff.

Offenkundig kamen seine Einwände bei der Besprechung zwischen dem Präsidium der Landesverwaltung, den Blockparteien und dem FDGB am 30. April 1946 zur Sprache. Hier bestand zunächst Klarheit darüber, daß auf die zu erarbeitenden Enteignungslisten keine Betriebe gesetzt werden könnten, die von der SMA beansprucht würden. Ferner sollte geprüft werden, welche beschlagnahmten Betriebe ihren Eigentümern zurückgegeben werden sollten; die von den „unteren Organen" aufzustellenden Listen sollten in jedem Falle aber „von den Vertretern der politischen Parteien und Gewerkschaften mit dem Präsidium der Landesverwaltung beraten und endgültig aufgestellt" werden; diese Listen seien dann verbindlich und rechtzeitig vor dem Volksentscheid öffentlich bekannt zu machen[71]. Am gleichen Tag noch beriet eine mit den beteiligten politischen Kräften vereinbarte Kommission über die Richtlinien, die den Enteignungen zugrundezulegen war. Allerdings war auch hier sogleich für ein Übergewicht der SED Sorge getragen.

„Naziverbrecher" Fritz Selbmann figurierte in der Kommission zwar als Vertreter der Landesverwaltung, dürfte aber gemeinsam mit den beiden SED-Repräsentanten Koenen und Kaden von vornherein gegenüber je einem CDU- und einem LDP-Vertreter bestimmend gewesen sein. Dieses Gremium stellte folgende Definition auf: „Im Sinne der Verordnung über die Enteignung von Naziverbrechern gelten als:
1.) Naziverbrecher:
    a) alle Personen, die Verbrechen gegen die Menschlichkeit im Sinne des Gesetzes Nr. 10 des Alliierten Kontrollrates begangen oder diese unterstützt haben;
    b) alle Personen, die unter Ausnutzung der ihnen infolge ihrer Anhängerschaft an das nationalsozialistische Regime zugekommenen politischen und wirtschaftlichen Machtstellungen sich Vorteile verschafft und andere benachteiligt haben;
    c) alle Personen, die durch Denunziation anderer deren Verfolgung durch das Naziregime veranlaßt haben."
Laut Nr. 2 waren ferner alle die Personen betroffen, die durch die zuvor ergangene Verordnung über Volksbegehren und Volksentscheid vom Stimmrecht ausgeschlossen waren, mithin also sämtliche ehemaligen NS-Funktionäre von einem bestimmten Dienstgrad an.
Als „Kriegsinteressenten" wurde folgender Personenkreis umrissen:
„[...]a) alle Personen, die in der Zeit vom 1. September 1939 bis zum 8. Mai 1945 eine führende Stellung in kriegswichtigen Wirtschaftsorganisationen der deutschen Wirtschaft oder in den Verwaltungsorganisationen der von der deutschen Wehrmacht besetzten Gebieten inne gehabt [sic] haben;

---

71   Vgl. SächsHSTA Dresden LRS MP 1431, Bl. 13.

b) alle natürlichen oder juristischen Personen, die vor Ausbruch des Krieges aus Gewinnsucht an der Aufrüstung der deutschen Wehrmacht aktiv teilgenommen haben und sich insbesondere um die wirtschaftliche Nutzbarmachung der von ihnen geführten oder verwalteten Unternehmen für die Zwecke des Krieges eingesetzt haben;

c) alle natürlichen oder juristischen Personen, die während des Krieges sich in besonderem Masse um die Ausführung von Rüstungsaufträgen bemüht haben und sich für die Steigerung der Produktion von Rüstungsmitteln eingesetzt haben;

d) alle natürlichen oder juristischen Personen, die während des Krieges sich an der wirtschaftlichen Ausbeutung der von der deutschen Wehrmacht besetzten ausserdeutschen Länder beteiligt haben, insbesondere durch die Unterhaltung von wirtschaftlichen Unternehmungen in diesen Ländern, durch die gewinnsüchtige Wegführung von Rohstoffen, Fertigwaren und Maschinen aus diesen Ländern, oder durch die Vernichtung von wirtschaftlichen Werten in den von der deutschen Wehrmacht besetzten ausserdeutschen Gebieten;

e) alle natürlichen oder juristischen Personen, die sich während des Krieges in besonderem Masse um die Zuweisung von ausländischen Arbeitskräften für Rüstungszwecke, die von der deutschen Wehrmacht besetzten ausserdeutschen Gebieten angehörten, bemüht und sie in erheblichem Umfang in der Rüstungsproduktion beschäftigt haben, oder sich einer menschenunwürdigen Behandlung von ausländischen Arbeitskräften, die aus von der deutschen Wehrmacht besetzten Gebieten deportiert wurden, schuldig gemacht haben"[72].

Kritik von LDP-Chef Kastner   Damit waren nun in der Tat konkrete Voraussetzungen geschaffen, den Volksentscheid im Sinne einer gezielten Bestrafungsaktion, individuell gegen Personen gerichtet, die sich unter dem NS-Regime schuldig gemacht hatten, durchzuführen. Eine derartige Intention war durchaus auch im Sinne der Entnazifizierungsvorstellungen der Westalliierten[73]. Zweifellos wäre es nunmehr, hätte tatsächlich die Absicht bestanden, die Listen der zu enteignenden Betriebe gemäß der inzwischen zustandegekommenen Parteieinigung aufzustellen, notwendig und sinnvoll gewesen, die mit dieser Aufgabe befaßten lokalen Stellen von den nun zu berücksichtigenden Definitionen so rasch als möglich in Kenntnis zu setzen. Zuständig dafür wäre kein anderer gewesen als Fritz Selbmann, der besagte Definitionen ja miterarbeitet hatte, demnach über die Ergebnisse der Arbeit der Parteienkommission bestens im Bilde war. Selbmann hat offensichtlich gleichwohl nichts dergleichen

---

72   Vgl. SächsHSTA Dresden LRS MP 1431, Bl. 15-17.
73   Vgl. Vogelsang, Geteiltes Deutschland, S.49 f.

getan. Am 16. Mai 1946 nämlich - also gut zwei Wochen nachdem die Einigung über die Begriffsbestimmungen zustande gekommen war - erhielt Präsident Friedrichs diesmal direkt ein geharnischtes Schreiben von LDP-Chef Kastner. Dieser hielt es offenkundig nicht für zweckmäßig, sich erneut an den eigentlich zuständigen Selbmann zu wenden. Kastners Schreiben ist ohne Zweifel ein Schlüsseldokument zum Verständnis der Vorgänge um den Volksentscheid. Kastner wörtlich: „Es bestand und besteht bei allen Beteiligten die auch förmlich erklärte Übereinkunft darüber, daß dem Volksentscheid die Betriebe ausschließlich derjenigen Personen unterworfen werden dürfen, die zweifelsfrei als Kriegsverbrecher, Naziverbrecher und Kriegsinteressenten im Sinne der am 30.4. beschlossenen Begriffsbestimmungen anzusprechen sind. Die unteren Organe haben jedoch die vorbereitenden Listen für die dem Volksentscheid zu unterziehenden Betriebe ohne Kenntnis der Begriffsbestimmungen aufgestellt. In der Folge davon sind fast überall im Lande Listen aufgestellt worden die den feierlichen und förmlichen Vereinbarungen des Präsidiums und der Blockparteien nicht entsprechen und widersprechen. Ein auf der Grundlage dieser Listen durchgeführter Volksentscheid würde allen Vereinbarungen des Präsidiums und der Blockparteien widersprechen und uns - was wir schon wiederholt erklärt haben - die Zustimmung zu der ganzen Aktion unmöglich machen". Kastner kritisierte die Eigenmächtigkeit der SED und verlangte von der Landesregierung erneute Verhandlungen mit den Blockparteien, um die bisherigen Vorentscheidungen zur Enteignung bestimmter Firmen zu überprüfen[74]. Die direkte Reaktion der Landesregierung bleibt indessen eher undeutlich. Jedenfalls wurde das von dem LDP-Vorsitzenden geforderte aufwendige und gewiß zeitraubende Verfahren der völligen Neuberatung der Enteignungslisten auf unterer Ebene nicht in Gang gebracht. Die dem Volksentscheid zugrundeliegenden Enteignungslisten sind offensichtlich nicht gemäß den gemeinsam erarbeiteten Richtlinien von Landesverwaltung, Blockparteien und FDGB aufgestellt worden. Als „Liste A" wurde die Liste mit den zu enteignenden Betrieben bezeichnet; „Liste B" enthielt diejenigen Unternehmen, die gemäß SMAD-Befehl Nr.124 beschlagnahmt worden waren und den nicht oder nur minder belasteten Eigentümern zurückgegeben werden sollten; „Liste C" schließlich führte Betriebe auf, die beschlagnahmt unter sowjetische Kontrolle standen. Der Volksentscheid war demnach definitiv keine Bestrafungsaktion gegen Schuldige des NS-Regimes, obwohl er gegenüber den Zeitgenossen stets als solche deklariert wurde[75]. Die DDR-Geschichtswissenschaft aber hielt bis zuletzt an der Darstellung des Volksentscheids als „Bestrafung der Bank- und Konzernherren" fest[76].

---

74   SächsHSTA Dresden LRS MP 1431, Bl. 18-20.

75   Vgl. hierzu auch die offiziellen Stellungnahmen von Landesverwaltung und Parteien, unten S.37 ff.

76   Vgl. Badstübner, Geschichte der DDR, S.65. Die Banken waren im übrigen vom Volksentscheid überhaupt nicht betroffen; sie waren zwar schon im Juli 1945 von der SMAD geschlossen worden, wurden aber erst wesentlich später formell enteignet, vgl. Kleßmann, Doppelte Staatsgründung,

Weitere Vorbereitungen des Volksentscheids SMAD-Chef Sokolowski ordnete mit Befehl Nr. 154/181 vom 21. Mai 1946 an, daß alles gemäß den früheren Befehlen 124 und 126 beschlagnahmte Eigentum in die Verfügung der deutschen Landes- beziehungsweise Provinzialverwaltungen zu übergeben sei - ausdrücklich ausgenommen wurden allerdings alle solchen Vermögenswerte, die Reparations- und Besatzungszwecken dienen, ferner kriegswichtige Betriebe, die zerstört werden sollten und schließlich alles Vermögen, das durch die falsche Anwendung der genannten Befehle irrtümlich beschlagnahmt worden war. Dieses sollte nach dem Willen Sokolowskis zurückerstattet werden, der Marschall verlangte mit Bezug auf diesen Teil des Befehls von den deutschen Stellen ausdrücklich eine genaue Prüfung[77]. So erhielt auch Landesverwaltung Sachsen vorläufigen Zugriff auf einen großen Teil der Industrie des Landes.

Die Vorbereitung des Volksentscheids ging indessen ohne Pause weiter. Scheinbar war zunächst daran gedacht, dessen offizielle Ankündigung in Form eines gemeinsamen Kommuniques von Landesverwaltung, Blockparteien und FDGB vorzunehmen. So wurde ebenfalls noch am 21. Mai 1946 ein fertiger Text dazu von allen Mitgliedern des Präsidiums der Landesverwaltung sowie den Partei- und Gewerkschaftsvertretern (Buchwitz und Koenen für die SED, Kastner und Hickmann für die LDP bzw. CDU, Gruner für den FDGB) unterzeichnet. Einleitend hieß es darin, daß die Blockparteien beabsichtigten, „auf demokratischem Wege mit dem Mittel des Volksentscheides die Enteignung der Betriebe und Unternehmen durchzuführen, die als Kriegsinteressenten anzusehen sind oder die Naziverbrechern, aktivistischen Nazis oder Kriegsinteressenten gehören." Die entsprechenden Listen würden gemeinschaftlich aufgestellt und in Zweifelsfällen überprüft. Dann folgte als diesbezüglich „unumstößliche Richtlinie" die oben erläuterte Definition von „Naziverbrechern". Von besonderem Interesse ist der letzte Absatz des Kommuniques; er lautete ursprünglich: „Der Volksentscheid richtet sich also ausschließlich gegen Naziverbrecher, aktivistische Nazis und Kriegsinteressenten. Das sind diejenigen, die das deutsche Volk ins Unglück gestürzt haben und denen ein für alle Mal die Möglichkeit genommen werden muß, erneut Unheil über das deutsche Volk und die Welt zu bringen. Der Volksentscheid hat also nichts mit der grundsätzlichen Stellung zum Privateigentum zu tun: er ist keine wirtschaftliche Maßnahme, sondern ein bedeutsamer Schritt zur Sicherung des Friedens." Im letzten Satz wurde dann noch eine bezeichnende Veränderung vorgenommen: der Satzteil „[...] hat also nichts mit der grundsätzlichen Stellung zum Privateigentum zu tun [...]" wurde gestrichen; der

---

S.83.
77   Vgl. SächsHSTA Dresden LRS MP 1431, Bl. 24.

neue letzte Satz lautete: „Der beabsichtigte Volksentscheid ist also keine wirtschaftliche Maßnahme: er ist ein bedeutsamer Schritt zur Sicherung des Friedens"[78].

Die offizielle Beantragung des Volksentscheids   In der Zwischenzeit gewannen die Vorbereitungen zum Volksentscheid weiter an Tempo. Unter dem Datum des 25. Mai stellten die drei Blockparteien und der FDGB bei der Landesverwaltung Sachsen den offiziellen Antrag auf Durchführung eines Volksentscheides über den beigefügten Gesetzentwurf. Weiterhin war dem Antrag ein gemeinsamer Aufruf der Antragsteller beigefügt. Die ersten beiden Artikel des Gesetzentwurfs „über die Übergabe von Betrieben von Kriegs- und Naziverbrechern in das Eigentum des Volkes", der dann tatsächlich so zur Abstimmung gestellt wurde, hatte folgenden Wortlaut:

„Artikel 1. Das ganze Vermögen der Nazipartei und ihrer Gliederungen und die Betriebe und Unternehmungen der Kriegsverbrecher, Führer und aktiven Verfechter der Nazipartei und des Nazistaates, wie auch die Betriebe und Unternehmungen, die aktiv den Kriegsverbrechern gedient haben, und die der Landesverwaltung Sachsen übergeben wurden, werden als enteignet erklärt und in das Eigentum des Volkes überführt.

Artikel 2. Die gewerblichen Betriebe, die durch dieses Gesetz zum Eigentum des Volkes erklärt werden und in einer besonderen Liste benannt sind, gehen aufgrund dieses Gesetzes in das Eigentum der Landesverwaltung Sachsen oder der Selbstverwaltungen der Stadt- und Landkreise , sowie der Stadt- und Dorfgemeinden oder auch der Genossenschaften oder Gewerkschaften über."

Laut Artikel 3 sollten die nicht unter Artikel 2 fallenden Betriebe an Privatpersonen verkauft werden, der Erlös hieraus sollte laut Artikel 5 den „Waisen, Witwen, Umsiedlern, Bombengeschädigten und Invaliden" zugute kommen; Artikel 6 beauftragte die Landesverwaltung Sachsen mit der Durchführung des Volksentscheids[79].

„An das sächsische Volk !"   In einer rasch hergestellten Sondernummer der Gesetzsammlung der Landesverwaltung wurde auch der gemeinsame Aufruf „An das sächsische Volk !" der als Antragsteller auftretenden Parteien und des FDGB abgedruckt. Unterzeichnet war dieser von Otto Buchwitz, Wilhelm Koenen, Paul Gruner, Hermann Kastner und Hugo Hickmann[80]: „[...] Die sowjetische Besatzungsbehörde hat die von ihr in grosser Zahl beschlagnahmten und enteigneten Betriebe von Kriegsverbrechern sowie aktiven Verfechtern der faschistischen Kriegspolitik dem Volke zur Verfügung gestellt. [...] Durch den Volksentscheid soll zum Ausdruck gebracht

---

78   Vgl. SächsHSTA Dresden LRS MP 1431, Bl. 25-29.

79   Vgl. SächsHSTA Dresden LRS MP 1431, Bl. 38-39.

80   Vgl. SächsHSTA LRS MP 1431, Bl. 46-48; das Original des Parteienaufrufs ist nicht datiert, es ist
      aber zu vermuten, das dieser zugleich mit dem Antrag der Parteien auf den Volksentscheid verfaßt
      und unterschrieben wurde.

werden, dass diese Betriebe für immer dem friedlichen Aufbau dienen sollen"[81]. Der Parteienaufruf legte also gleichfalls Nachdruck darauf, daß es sich beim Volksentscheid um eine politisch bedingte Bestrafungsaktion handelte und er zielte offensichtlich nicht zuletzt darauf ab, Ängsten vor weitergehenden Verstaatlichungsabsichten den Boden zu entziehen. Bemerkenswert ist auch der enthaltene Bezug auf die „nationale Notwendigkeit" - der Volksentscheid sollte also auch im Kontext einer noch auf Deutschland als Ganzes ausgerichteten Politik plausibel erscheinen und nicht etwa als eine spaltende Angelegenheit.

Aufruf der Landesregierung Auf eine beruhigende Wirkung zielte auch das Kommunique der Landesverwaltung, welches - ebenfalls datiert auf den 27. Mai 1946 - die regierungsoffizielle Begründung des Volksentscheids lieferte und das zugleich mit dem Parteienaufruf der Öffentlichkeit übergeben wurde. Es hieß u.a. darin: „Durch den Volksentscheid sollen die wahren Schuldigen an dem nazistischen Regime und dem vom Nazismus heraufbeschworenen imperialistischen Raubkrieg bestraft und ihnen die wirtschaftlichen Machtmittel genommen werden, das deutsche Volk nochmals in einen verbrecherischen Krieg mit allen seinen verhängnisvollen Folgen für das deutsche Volk und die Völker Europas zu stürzen." Es sei der gemeinsame Wille von Landesverwaltung, Blockparteien und FDGB, den Volksentscheid nicht etwa zu richten „gegen die kleinen Mitläufer des Nazismus, sondern gegen die wirklichen Kriegsverbrecher und aktivistischen Nazis, die die Schuld an dem heutigen Elend des deutschen Volkes tragen." Daher habe man sich entschlossen, solche „gewerblichen Unternehmen, die sequestriert oder beschlagnahmt waren, die jedoch nicht in erheblichem Maße belastet sind", den früheren Eigentümern zurückzugeben. Zunächst würden also 1931 Betriebe solcher Art zurückerstattet, deren Liste würde sich aber wahrscheinlich noch um eine „ansehnliche Zahl" verlängern. Ohne Zweifel handelte die Landesverwaltung bei solchen Akionen stets im vollen Einverständnis mit der Besatzungsmacht.

In der nervös und hektisch wirkenden Vorbereitungszeit des Volksentscheids lastete auf den Mitgliedern der Landesverwaltung zusätzlich der massive Druck der sowjetischen Reparationsforderungen. Wirtschaftsfunktionär Selbmann wies seine Präsidiumskollegen in der Sitzung vom 31. Mai mit größtem Nachdruck darauf hin, „dass das Reparationssoll für das II.Quartal unbedingt erfüllt werden müsse, dass die SMA hierauf bestehe und dass es im politischen und wirtschaftlichen Gesamtinteresse des Landes liege, die Erfüllung durch verständnisvolle eigene Mitarbeit zu ermöglichen und nicht Zwangsmassnahmen der SMA herauszufordern." Um den Reparationsverpflichtungen nachkommen zu können, würde in der nächsten Zeit , so Selbmann weiter, „eine Reihe drastischer Massnahmen erforderlich." Möglicherweise hoffte er darauf, daß die Erfüllung der sowjetischen Forderungen nach einem positiven Aus-

---

81 SächsHSTA LRS MP 1431, Bl. 49-50.

gang des Volksentscheids und den dadurch ermöglichten unmittelbaren Zugriff der Landesverwaltung auf einen großen Teil der industriellen Produktionskapazität Sachsens erleichtert würde. In jedem Falle ging Selbmann von einem Erfolg des Volksentscheides aus, denn er erwähnte gegenüber seinen Präsidiumskollegen noch, daß in seinem Ressort die konkreten Planungen, die zur Übernahme der zu enteignenden Betriebe notwendig waren, bereits im Gange seien[82]. Kurz darauf erwirkte Selbmann noch eine erhebliche Erweiterung seiner Eingriffsrechte in die sächsische Wirtschaft: Sein Ressort wurde ermächtigt, Erzeugungsverbote für nicht näher benannte „industrielle Gegenstände", die derzeit entbehrlich seien, zu erlassen - mithin wurde ihm das Recht einer potentiell recht weit gehenden Produktionssteuerung zugestanden, noch bevor ein großer Teil der sächsischen Industrie ohnehin in staatliche Hände überging. Ferner durfte Selbmann mit einschneidenden „Verwaltungsstrafen" gegen Firmen vorgehen, die der ihnen gegenüber dem Wirtschaftsressort auferlegten Berichtspflicht nicht oder in nicht ausreichendem Maße nachkamen[83]. Zu den erweiterten Eingriffsrechten kam also noch die Ausdehnung der Kontrollbefugnisse des Staates in der Wirtschaft, zugleich aber wurde, wie beschrieben, in den offiziellen Stellungnahmen zum bevorstehenden Volksentscheid immer wieder bekundet, daß dieser keine „wirtschaftliche Maßnahme", also kein ordnungspolitischer Eingriff sei .

4. Interne Berichte über die Haltung der sächsischen Bevölkerung

Erste Bespitzelungen   Vermutlich mit dem Beginn des Monats Juni[84] wurden vom Landesnachrichtenamt - das unter der Leitung von Richard Gladewitz[85] stand - Stimmungsberichte über die Haltung der sächsischen Bevölkerung zum Volksentscheid erarbeitet. Die Art und Weise der Informationssammlung bestand offenbar zumeist darin, daß der Inhalt mehr oder minder zufällig mitgehörter Passantengespräche in der Straßenbahn, an Haltestellen, am Arbeitsplatz und so weiter in ganz unterschiedlichen Städten und Ortschaften Sachsens notiert wurde. Offene Befragungen sind so gut wie nie vermerkt; es handelte sich also um eine offenkundige Bespitzelung. Gerichtet sind die Berichte stets unter der ausdrücklichen Etikette „Streng vertraulich !" an Rudolf Friedrichs persönlich. Nicht erkennbar ist, ob er sie

---

82   Vgl. SächsHSTA Dresden LRS MP 1429/1, Bl. 24b.

83   Vgl. SächsHSTA Dresden LRS MP 1429/1, Bl. 31/31b.

84   In den gesichteten Akten des Staatsarchivs Dresden sind Berichte enthalten, die mit dem 13. Juni 1946 beginnen. Die Berichte sind numeriert und der erste enthaltene Bericht trägt bereits die Nummer 9. Da im Anschluß daran bis zum Tag der Abstimmung fast täglich Berichte vorgelegt wurden, ist anzunehmen, daß bereits zuvor in dieser kurzen Folge berichtet wurde, nach der Numerierung zu schließen also etwa mit Anfang Juni 1946 beginnend.

85   Gladewitz war ein in Spanien und der französischen Resistance kampferprobter KPD-Funktionär; er wurde später in West-Berlin wegen seiner Verwicklung in eine Menschenraub-Affäre verhaftet, vgl. Broszat/Weber, SBZ-Handbuch, S.910.

auch anderen Präsidiumsmitgliedern der Landesverwaltung zugänglich gemacht hat; immerhin ein deutliches Indiz dafür, daß er dies nicht getan hat ist, daß die Berichte in den Präsidiumssitzungen an keiner Stelle erwähnt werden. Ob Friedrichs wenigstens seinen SED-Genossen die Informationen aus den Stimmungsberichten offengelegt hat, kann ebenfalls nicht mit Sicherheit gesagt werden, seine Rolle bis hierher läßt es aber unwahrscheinlich erscheinen, daß er dies nicht getan hat. Zudem war das Landesnachrichtenamt Kurt Fischer unterstellt, und es ist wiederum nicht anzunehmen, daß eine so wichtige Angelegenheit am Ressortchef vorbeilief. Darüber hinaus schließlich wurde schon von Zeitgenossen bemerkt, daß seitens der SED der Volksentscheid nicht zuletzt dazu diente, sich ein Stimmungs- und Meinungsbild aus der Bevölkerung zu verschaffen[86]. Besonders geeignet dazu waren zweifellos die im Vorfeld des Volksentscheids gesammelten Informationen.

Von Skepsis bis Ablehnung Der Gesamteindruck von der Haltung der Bevölkerung Sachsens in den letzten Wochen vor dem Abstimmungstag fällt heterogen aus. Zwar finden sich in den Stimmungsberichten immer wieder auch positive Stellungnahmen zum geplanten Volksentscheid, offenbar gab es aber auch viel Skepsis bis hin zur offenen Ablehnung[87]. Nicht selten wird auch von einem nur geringen Interesse von Teilen der Bevölkerung berichtet, oft mit dem Hinweis, daß die Versorgungslage weit größere Bedeutung habe als die bevorstehende und mit großem Aufwand angekündigte Abstimmung. Im folgenden werden einige typische Abschnitte aus verschiedenen Stimmungsberichten wiedergegeben. So schrieb der nicht namentlich genannte Berichterstatter Mitte Juni 1946: „Ich habe die Feststellung gemacht, dass trotz aller Aufklärung viele Leute überhaupt nicht wissen, warum der VE [Volksentscheid] durchgeführt wird. Manche Leute meinen, dass, nachdem bestimmte Betriebe enteignet sind, der später durch die Arbeiterkraft erzielte Gewinn nicht der Allgemeinheit zu Gute kommt, sondern dass die Treuhänder oder sonstige Verwalter sich daran bereichern".

Angst vor Entlassung Die längst in Aussicht gestellten Enteignungslisten wurden von Fritz Selbmanns Ressort erst am 17. Juni verschickt[88], dürften also auf keinen Fall vor dem 18. Juni zur Kenntnis der Abstimmungsberechtigten gekommen sein, örtlich wohl noch später. Auch die Angst, daß nach der Verstaatlichung der Betriebe weitere Demontagen durch die Besatzungsmacht und Entlassungen drohten, taucht immer wieder auf. Zweifellos in Reaktion auf derartige Besorgnisse wurde Selbmann in der Präsidiumssitzung vom 20. Juni 1946 beauftragt, „unverzüglich in einem Interview Aufklärung darüber [zu] geben [..], daß die enteigneten Betriebe weiter geführt werden unter Beibehaltung ihrer bisherigen Arbeiter und Angestell-

---

86   Vgl. Braun, Abstimmungen und Wahlen, S.383.

87   Die Stimmungsberichte insgesamt finden sich in SächsHSTA Dresden LRS MP 1430, Bl.243 ff.

88   Vgl. SächsHSTA Dresden LRS MP 1431, Bl. 116.

ten"[89]. Aber selbst wenn nicht gleich an Entlassungen gedacht wurde, standen doch viele der künftigen Staatsregie in einem großen Teil der Wirtschaft mißtrauisch gegenüber. Die diesbezügliche Skepsis ging bis in die Reihen der SED, die ja noch nicht die rigoros auf Einheitlichkeit getrimmte Kaderpartei war[90]. So wird ein SED-Mitglied mit folgender Äußerung zitiert: „Ich halte nichts davon, wenn die Betriebe verstaatlicht werden. Es wird dadurch jeglicher Konkurrenzkampf ausgeschaltet. Den haben wir aber dringend nötig, um wirtschaftlich wieder ins Geschäft zu kommen. Es wird wahrscheinlich auch so sein, daß, wenn die Verstaatlichung durchgeführt wird, der Westen noch weniger Anstrengungen machen wird, mit uns ins Geschäft zu kommen. [...]"[91]. Allgemein kann wohl von einer „diffusen Stimmungslage" ausgegangen werden; wesentlich wurde die Haltung der meisten Zeitgenossen bis zumindest 1948 bestimmt durch die tägliche Sorge um Ernährung, Kleidung, Unterkunft undsoweiter, dazu kam das Bangen um noch nicht heimgekehrte Kriegsgefangene und Vermißte[92]. Bezeichnenderweise gibt einer der hier untersuchten Stimmungsberichte Äußerungen von sächsischen Frauen wieder, deren Männer sich noch in Gefangenschaft befanden: „Wir gehen nicht zum Volksentscheid, solange unsere Männer noch nicht zuhause sind. Solange wir noch hungern müssen, haben wir kein Interesse daran"[93].

Mit Blick auf diese fraglos ungeschminkten Stimmungsberichte, die gewiß nicht zufällig als „streng vertraulich" behandelt wurden, erscheint es einigermaßen fragwürdig, wie man zu der Auffassung gelangen kann, daß Vorbereitung und Durchführung des Volksentscheides „in Form einer sich immer mehr ausdehnenden und an Dynamik zunehmenden *revolutionären Massenbewegung*" erfolgt sein sollen, wie dies Rolf Badstübner behauptet, und zwar als „das Ergebnis der Politik der SED, ihrer ideenreichen Initiativen, ihrer Entschlossenheit und Kampfkraft und der von ihr gemeisterten Dialektik von Klassenkampf und Bündnis"[94]. Ergebnis der Politik der SED: gewiß, und in welcher „demokratischen" Art und Weise herbeigeführt, das haben wir bereits gesehen, - nur ohne „Massenbewegung". Eine solche zu behaupten, ist nicht die Konsequenz quellenkritischer geschichtswissenschaftlicher Analyse, sondern die offenkundige Folge der ideologisch inspirierten Herstellung eines Geschichtsbildes, dessen Inhalt schon feststeht, bevor der erste Aktendeckel geöffnet wird. So groß auch insgesamt die von Christoph Kleßmann angeschnittenen Quellenprobleme bei der Beurteilung der Stimmung der deutschen Bevölkerung in der

---

89 Vgl. SächsHSTA Dresden LRS MP 1429/1, Bl. 32b.
90 Zur Entwicklung der SED zur stalinistischen Kaderpartei vgl. Staritz, Gründung der DDR, S.141 ff. und S.151 ff.
91 SächsHSTA Dresden LRS MP 1430, Bl. 266.
92 Vgl. Kleßmann, Doppelte Staatsgründung, S.53 ff.
93 SächsHSTA Dresden LRS MP 1430, Bl. 286.
94 Badstübner, Geschichte der DDR, S.67; Hervorhebung im Original.

unmittelbaren Nachkriegszeit sein mögen[95] - die Berichte, die der Landesverwaltung Sachsen im Sommer 1946 vertraulich vorgelegt wurden, dürften wohl hinreichen, um Badstübners „revolutionäre Massenbewegung" aus der wissenschaftlichen Geschichtsschreibung ins Reich der Phantasie zu verbannen.

Die Lage unmittelbar vor der Abstimmung Der letzte Stimmungsbericht, der Präsident Friedrichs am 28. Juni 1946, also zwei Tage von der Abstimmung, vorgelegt wurde, zeigt noch einmal in aller Deutlichkeit, wie disparat die Meinungslage der Bevölkerung war. Die in der Bevölkerung geäußerte Vermutung, daß kurzfristige Maßnahmen zur Verbesserung der Versorgungslage die Haltung zum Volksentscheid positiv beeinflussen sollten, war im übrigen durchaus berechtigt. So wurde in der Präsidiumssitzung der Landesverwaltung vom 20. Juni 1946, die sich eingehend mit der bevorstehenden Abstimmung befaßte, einstimmig beschlossen „noch vor dem Volksentscheid eine Verteilung von Tabakwaren durchzuführen"[96]. Der Erfolg derartiger Maßnahmen dürfte jedoch nur begrenzt gewesen sein, denn aus Chemnitz wurde gegen Ende Juni berichtet: „Die für den Volksentscheid angesetzten Versammlungen wurden durchweg schlecht besucht. Plakate für den Volksentscheid sind in mehreren Fällen böswillig übermalt oder abgerissen worden." Offenkundig gab es also auch Formen mehr oder minder offenen Widerstrebens gegen die geplante Abstimmung. Die Unsicherheit hinsichtlich des tatsächlich zu erwartenden Umfangs der Verstaatlichung wurde zweifellos dadurch bestärkt, daß die Veröffentlichung der Enteignungslisten, wie bereits erwähnt, sehr spät erfolgte; Klagen über die zumindest örtlich noch immer nicht erfolgte Publikation der Listen ziehen sich bis gegen Ende Juni 1946 hin[97].

Um die Betriebe, die zurückgegeben werden sollten, machte das Wirtschaftsressort absichtlich ein politisches Geheimnis: Die Liste dieser Unternehmen sollte ausdrücklich nicht veröffentlicht werden, vielmehr seien die Eigentümer zum Zwecke der Rückerstattung persönlich zu benachrichtigen und zur Lokalbehörde einzubestellen. Die Rückgabe sollte dann „in feierlicher Form unter Aushändigung der von der Landesverwaltung ausgestellten Urkunde" erfolgen. Fritz Selbmann sorgte auch dafür, daß die wieder eingesetzten Eigentümer eine unverhohlene Drohung mit auf den Weg bekamen; sie sollten nämlich nachdrücklich darauf hingewiesen werden, daß die „Rückgabe einen Akt der Großherzigkeit und des Vertrauens darstellt, das die Landesverwaltung den früheren Eigentümern der nunmehr zurückgegebenen Vermögenswerte entgegenbringt. Es ist darauf hinzuweisen, daß die Landesverwaltung erwartet, daß die betreffenden Eigentümer dieses Vertrauen rechtfertigen, daß aber andererseits die Landesverwaltung, falls dieses Vertrauen nicht gerechtfertigt

---

95   Vgl. Kleßmann, Doppelte Staatsgründung, S.37 ff.
96   SächsHSTA Dresden LRS MP 1429/1, Bl. 32b.
97   Vgl. SächsHSTA Dresden LRS MP 1430, Bl. 330.

wird, Mittel zur Verfügung habe, um auch in Zukunft einen Mißbrauch des Eigentumsrechtes an gewerblichen Unternehmen zu unterbinden"[98].

Sowjetische Vorbehaltsrechte   Schließlich gab es in der gleichen Rundverfügung des Wirtschaftsressorts vom 17. Juni 1946 an die lokalen Behörden noch einen letzten, besonders bedeutenden Punkt. Die Landräte und Stadtverwaltungen erhielten neben den Enteignungs- und Rückgabelisten noch eine weitere Aufstellung von Betrieben, „die ihren Eigentümern nicht zurückgegeben werden, jedoch aus einer Reihe wichtiger Gründe, die teilweise mit Fragen großer politischer Bedeutung zusammenhängen, nicht auf den A-Listen zur Enteignung vorgeschlagen werden können. Es handelt sich dabei durchweg um die größten und wichtigsten Betriebe, die auch nach dem Volksentscheid beschlagnahmt bleiben und mit deren Rückgabe an die Eigentümer wahrscheinlich in keinem Falle zu rechnen ist." Die Eigentümer dieser Betriebe, so die Verfügung weiter, seien davon zu unterrichten, daß in den betroffenen Unternehmen ohne die Zustimmung der SMAS keinerlei Maßnahmen ergriffen werden dürften. Ferner dürften diese Betriebe zwar auch öffentlich bekannt gemacht werden, dies dürfe aber nicht in unmittelbarem Zusammenhang mit der Liste A geschehen. Auch für sie sollten, soweit noch nicht geschehen, bis zum 29. Juni Treuhänder eingesetzt werden[99].

Das heißt nichts anderes, als daß die bedeutendsten Industriebetriebe Sachsens von vornherein vom Volksentscheid gar nicht betroffen waren, daß sich vielmehr die Sowjetische Militäradministration die Verfügung über diese weiterhin vorbehielt, daß mithin gerade die wichtigsten Teile der sächsischen Industrie nicht Gegenstand des - wie es in dem oben zitierten Parteienaufruf hieß - „Aktes besonderer Hochherzigkeit", mit dem die Besatzungsmacht die beschlagnahmten Betriebe der Landesverwaltung übergeben hatte, waren. Zweifellos waren diese Unternehmen von Anfang an für Reparationsleistungen beziehungsweise die spätere Umwandlung in Sowjetische Aktiengesellschaften vorgesehen. Nach verschiedenen vorbereitenden Schritten schon seit Ende 1945 lief die Umwandlung von einigen Hundert Betrieben in SAG im Herbst 1946 an; alle SAG hatten 1947 nach DDR-Angaben einen Anteil von 19,5 % an der industriellen Brutto-Produktion der SBZ, westliche Schätzungen gehen bis zu 27 %[100]. Gegenüber der sächsischen Bevölkerung wurde der Umfang der von der Sowjetunion beanspruchten Betriebe aber im Vorfeld des Volksentscheids verschleiert, denn deren Benennung durfte ja, wie gesehen, nur getrennt von den Volksentscheid-Listen erfolgen. Die Formulierung auf der Liste der eben nicht vom Volksentscheid betroffenen Betriebe lautete einigermaßen undeutlich: „Die nachstehend verzeichneten Unternehmen verbleiben unter Zwangsverwaltung und

---

98   SächsHSTA Dresden LRS MP 1431, Bl. 116.

99   Vgl. SächsHSTA Dresden LRS MP 1430, Bl. 117.

100   Vgl. Foitzik, SMAD, S.31 f.

unter Kontrolle der Sowjetischen Militäradministration, ohne hierdurch der Gesamtwirtschaft des Landes Sachsen verloren zu gehen.[101] „ In der Tat gingen die SAG der „Gesamtwirtschaft" Sachsens nicht verloren, waren doch die Länder der SBZ generell verpflichtet, für deren mögliche Defizite aufzukommen - allerdings ohne das Recht auf Einsicht in die Bücher und auch ohne Steuern von diesen Betrieben zu erhalten.[102] Für die Enteignung der wichtigsten sächsischen Unternehmen im Rahmen der „antifaschistisch-demokratischen Revolution" gab es also jedenfalls keinerlei demokratische Legitimation, da sie gar nicht Gegenstand des Volksentscheides waren - sofern man diesen als demokratisch herbei- und durchgeführt betrachten möchte.

Politische Beschwichtigungsversuche Die Landesverwaltung Sachsen war sichtlich bemüht, der befohlenen Wirtschaftsordnung einen demokratischen Anstrich zu geben. In einer weiteren Deklaration vom 22. Juni versuchte sie, den Eindruck zu erwecken, daß keinesfalls mit dem Volksentscheid durch einen sächsischen Alleingang eine Vorentscheidung in Richtung auf eine künftige Spaltung Deutschlands getroffen würde. Ferner wurde behauptet, durch Verfügung des Chefs der SMAD seien „alle beschlagnahmten Betriebe und sonstigen Vermögenswerte in die Verfügungsgewalt der Landesverwaltung gegeben worden." Dabei handelte es sich um eine gezielte Desinformation der Bevölkerung, denn es ging beim Volksentscheid ja längst nicht um alle Betriebe; daß die größten und wichtigsten Unternehmen für die Zwecke der SMA reserviert blieben, wurde eben gezeigt. Dies war natürlich nicht eigentlich geheimzuhalten, im Vorfeld des Volksentscheides wurde diese Tatsache aber offenkundig zumindest verschleiert. Ein Teil der enteigneten Betriebe würde, wie es aus der Landesverwaltung weiter hieß, wieder an Privatpersonen verkauft werden; an dieser Stelle wurde in der veröffentlichten Form eine wichtige Änderung gegenüber den früheren Versionen vorgenommen. In der Endfassung wurde der Satz eingefügt: „Damit wird neues Privateigentum geschaffen." und zwar in besonders auffälliger Form: es handelt um den einzigen Satz des Textes, der als eigener Absatz eingerückt und zudem unterstrichen ist[103]. Dies zielte offensichtlich erneut auf die verbreitete Furcht vor einer umfassenden Verstaatlichung, die von der Landesverwaltung ohne Zweifel mit Sorge hinsichtlich des Erfolges des Volksentscheides gesehen wurde. Kurz zuvor hatte nämlich Rudolf Friedrichs in einem Stimmungsbericht beispielsweise lesen können, ein Arbeiter habe sich folgendermaßen geäußert: „Mit dem Volksentscheid beginnt es, später wird einem das Häuschen und der Schrebergarten auch noch weggenommen werden"[104]. Wenig später wurde berichtet, nicht selten sei

---

101 Vgl. SächsHSTA Dresden LRS MP 1433; hier die vollständigen Listen, nicht paginiert.
102 Vgl. Foitzik, SMAD, S.32.
103 Vgl. SächsHSTA Dresden LRS MP 1431, Bl. 128.
104 SächsHSTA Dresden LRS MP 1430, Bl. 285.

zu hören, „den Volksentscheid will doch nur die Besatzungsmacht, damit sich unsere wirtschaftlichen Verhältnisse denen der russischen [sic] anpassen"[105].

Rückgabeaktion als Propagandatrick   Scheinbar wurden derartige Äußerungen von der Landesverwaltung sehr ernst genommen, denn eines ihrer wichtigsten und ausgesprochen hektisch betriebenen Anliegen unmittelbar vor der Abstimmung war es, dem Eindruck einer durch den Volksentscheid eingeleiteten allgemeinen Sozialisierung entgegenzuwirken. So kündigte sie in ihrer Deklaration vom 22. Juni 1946 auch noch einmal aufwendig und ausführlich die Rückgabe bisher beschlagnahmter Betriebe und anderer Vermögenswerte an ihre minder oder gar nicht belasteten Eigentümer an. Es hieß dort, rund 1900 solcher Betriebe würden zurückgegeben und dann folgte eine lange Liste mit Beispielen aus allen sächsischen Stadt- und Landkreisen. Am 21./22. Juni 1946 erschien die Deklaration der Landesverwaltung in allen großen Tageszeitungen Sachsens[106]. Die Landesverwaltung setzte auch alles daran, wenigstens einen Teil der Rückgaben von Betrieben noch vor dem Abstimmungstermin durchführen zu lassen. Zwei Tage nachdem die Deklaration veröffentlicht worden war, ging nämlich den sächsischen Landratsämtern und Stadtverwaltungen ein dringliches Rundschreiben zu: Die lokalen Behörden wurden mit diesem Präsidentenschreiben angewiesen, unbedingt dafür zu sorgen, daß in jedem sächsischen Kreis, zusätzlich zu den in der Deklaration genannten Betrieben noch „eine größere Anzahl" von Eigentümern ihre beschlagnahmten Vermögenswerte zurückerhielt, und zwar vor dem 30. Juni. Zu diesem Zweck seien unverzüglich Kommissionen aus Vertretern der Behörden, der Blockparteien und des FDGB zu bilden; diese sollten ohne jeden Aufschub ihre Tätigkeit aufnehmen und in den ihnen geeignet erscheinenden Fällen bis zum 26. Juni die Rückgabe-Bescheide zustellen - für die Zusammenstellung und Konstituierung der Kommissionen, die Einzelfallprüfungen, Beschlußfassungen und Benachrichtigungen der Eigentümer durften demnach nicht mehr als anderthalb, höchstens zwei Tage gebraucht werden. Und außerdem sollten jeweils 50 bis 60 Fälle bearbeitet werden, die über den ganzen jeweiligen Zuständigkeitsbereich der Kommissionen verteilt sein und auch alle Berufsgruppen erfassen sollten[107].

Parallel zur Deklaration der Landesverwaltung wurde auch eine Erklärung des von Kurt Fischer geleiteten Landesabstimmungsausschusses publiziert, die offenbar ebenfalls darauf abzielte, in der Bevölkerung vorhandene Verunsicherungen zu beruhigen. Es hieß darin, gegenüber „böswilligen Ausstreuungen, die durch die Erinnerung an die schamlosen Praktiken des Nazi-Terrors Verwirrung im Volke anrichten" - tatsächlich war in den Stimmungsberichten erwähnt worden, daß es Äußerungen gab, die die Werbung für den Volksentscheid mit der „Goebbels-Propaganda" ver-

---

105   SächsHSTA Dresden LRS MP 1430, Bl. 308.
106   Vgl. SächsHSTA Dresden LRS MP 1430, Bl. 127.
107   Vgl. SächsHSTA Dresden LRS MP 1431, Bl.137-138.

glichen[108] - müsse betont werden, daß sich die im Volksentscheid manifestierende „Abrechnung“ des sächsischen Volkes mit den „unheilvollen Kräften des Militarismus und Faschismus [...] auf demokratischer Grundlage in voller Freiheit und unter den Augen der gesamten Öffentlichkeit“ vollziehe. Damit waren die Vorbereitungen der Landesverwaltung abgeschlossen

ULRICH KLUGE: **Die Ergebnisse des Volksentscheids vom 30. Juni 1946**

Auf den ersten Blick schien die historische Analyse des Volksentscheids überflüssig zu sein, denn die Abstimmungsergebnisse liegen unmißverständlich auf der Hand:

Abbildung 6:

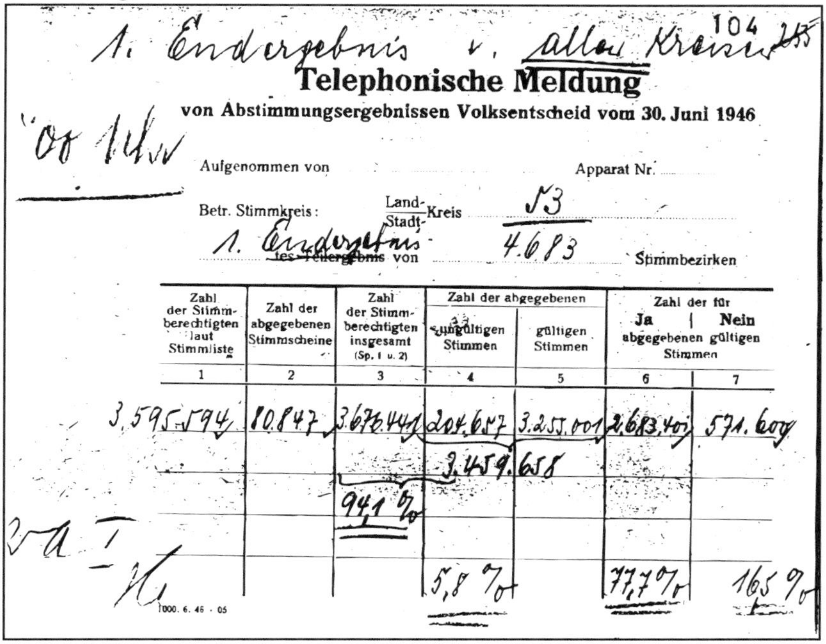

1. Endergebnis v. allen Kreisen 104

Telephonische Meldung

von Abstimmungsergebnissen Volksentscheid vom 30. Juni 1946

Aufgenommen von ... Apparat Nr. ...

Betr. Stimmkreis: Land-/Stadt-Kreis 53

1. Endergebnis ~~tes Teilergebnis~~ von 4.683 Stimmbezirken

Zahl der Stimmberechtigten laut Stimmliste	Zahl der abgegebenen Stimmscheine	Zahl der Stimmberechtigten insgesamt (Sp. 1 u. 2)	Zahl der abgegebenen ungültigen Stimmen	Zahl der abgegebenen gültigen Stimmen	Zahl der für Ja abgegebenen gültigen Stimmen	Zahl der für Nein abgegebenen gültigen Stimmen
1	2	3	4	5	6	7
3.595.594	10.847	3.676.441	204.657	3.255.001	2.683.401	571.609
			3.459.658			
		94,1 %				
			5,8 %		77,7 %	16,5 %

1000. 6. 46 - 05

---

108 Vgl. SächsHSTA Dresden LRS MP 1430, Bl. 291.

Die Suche nach signifikanten Abweichungen erwies sich als vergeblich:

Abbildung 7:

Gesamtergebnis des Volksentscheides am 30. Juni 1946

	Stadtkreise		**Landkreise**	
Stimmberechtigte	1.563.319		2.130.192	
abgegebene Stimmen	1.432.002	(91,60%)	2.029.063	(95,25%)
JA-Stimmen	1.104.979	(77,16%)	1.581.498	(77,94%)
NEIN-Stimmen	251.032	(17,53%)	321.990	(15,87%)
ungültige-Stimmen	75.992	(5,31%)	125.575	(6,19%)

Die Zusammenstellung der Abstimmungsergebnisse aus den Landkreisen (siehe Abb. 8) bietet ein fast gleichförmiges Bild. Der höhere Prozentsatz an Nein-Stimmen im Landkreis Meißen reichte für ein fundiertes Untersuchungsergebnis ebensowenig aus wie der hohe Ja-Stimmenanteil im Landkreis Schwarzenberg (siehe Abb. 9).

Abbildung 8:

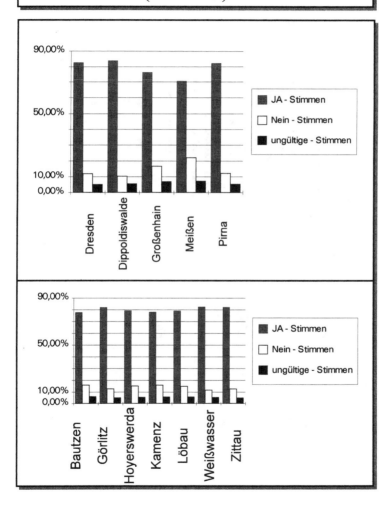

Abbildung 9:

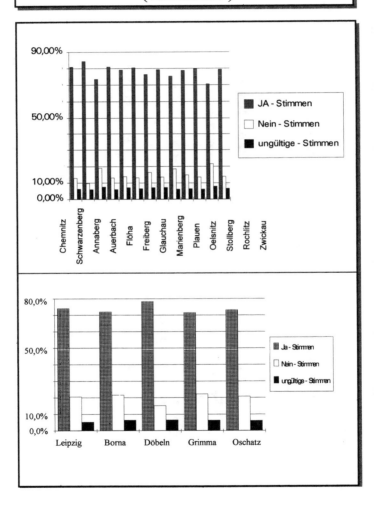

Abbildung 10:

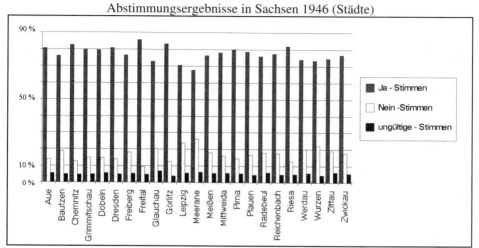

Volksentscheid!
Abstimmungsergebnisse in Sachsen 1946 (Städte)

Abbildung 11:

Ergebnis der Neuwahlen zu den Betriebsräten in Sachsen 1946

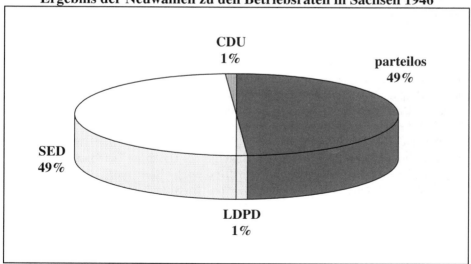

Wahlbasis: 20.009 Betriebe mit 1.094.166 Arbeitern.
Zahl der Betriebsräte: 55.065

Beide Feststellungen treffen auch auf die Ergebnisse in den Städten zu, wie der vergleichweise höhere Nein-Stimmen-Anteil in Meerane, Leipzig und Wurzen bzw. der höhere Ja-Stimmenanteil in Freital, Chemnitz, Görlitz und Riesa zeigen (siehe Abb. 10): In allem scheint sich das Bild vom „roten Sachsen" zu bestätigen. Dieses Klischee diente vielfach zur Begründung eines Vorurteils. Es dürfte sich alsbald von selbst auflösen, wenn man dreierlei in Rechnung stellt: Erstens die Hektik der Vorbereitungen zum Volksentscheid, zweitens die Diskrepanz zwischen dem Ergebnis und den negativen, zumindest diffusen Meinungen im Vorfeld der Abstimmung und drittens das Ergebnis der sächsischen Betriebsratswahlen im Juli 1946, also nur kurze Zeit nach dem Volksentscheid (siehe Abb. 11).

Mit Blick auf die überwiegend positive Haltung der sächsischen Bevölkerung zum Volksentscheid hätte besonders in den Betrieben, um die sich die Abstimmungsaktion drehte, für die SED sehr viel günstiger ausfallen müssen. Zum Klischee der politischen Harmonie in Sachsen am 30. Juni 1946 paßte außerdem nicht der parlamentarische Einspruch der Landtagsfraktionen von CDU und LDP Ende 1946.[109] Die Politiker verlangten hierin von der Landesregierung, 300 enteignete Betriebe zurückzugeben, um so die „großen Gesetzlosigkeiten" während der Enteignungsaktion zu revidieren. Auch die wirtschaftliche und soziale Lage nach dem Volksentscheid, insbesondere von Herbst 1946 bis Sommer 1947, stand in einem eigentümlichen Kontrast zur Aufbruchstimmung, die sich mit dem erfolgreichen Volksentscheid ursprünglich verband. Die Frage nach den Ursachen für den Widerspruch zwischen positivem Plebiszit und negativer Reaktion der Bevölkerung drängt sich auf. Das Augenmerk richtet sich zunächst auf das Verhältnis zwischen Sowjetischer Militäradministration und Sächsischer Landesregierung. Die Quellen gestatten auf den ersten Blick folgende Arbeitshypothese: Der kurzfristig beschlossene und mit hohem Propagandaaufwand vorbereitete Volksentscheid stellt eine von Landesregierung und Blockparteien gemeinsam unternommene „Flucht nach vorn" dar, weil der Druck der sowjetischen Reparationsforderungen die sächsische Wirtschaft im Kern zu lähmen drohte.

Zunächst einiges zum wirtschaftlichen Hintergrund: Die dritte Demontagewelle von insgesamt vier Wellen bildete das wirtschaftspolitische Szenarium, vor dem sich der sächsische Volksentscheid abspielte. Die von der SMAD vorbereiteten und ohne Verzögerung durchgeführten erneuten Demontagen begannen im März 1946 und dauerten bis gegen Ende des Jahres 1946.[110] Parallel dazu betrieb die SMAD die

---

109   Sächsisches Hauptstaatsarchiv Dresden; Landesregierung Sachen, Ministerium für Wirtschaft, Nr.XXI-XXVI sowie Sächsischer Landtag, Stenographische Protokolle, 1. Wahlperiode, Sitzung am 17.1.1947.

110   R. Karlsch, Allein bezahlt ? Die Reparationsleistungen der SBZ/DDR 1945-1953, Berlin 1993,

Spaltung der ostdeutschen Industrielandschaft unter eigentums- und verfügungs-
rechtlichem Gesichtspunkt. Auch mit der Gründung der Sowjetischen Aktiengesellschaften (SAG) verließen die sowjetischen Behörden ihren Kurs der „destruktiven
Demontagepolitik" (Karlsch) nicht grundsätzlich. Der Vorsatz, die Demontagen zu
stoppen, zumindest jedoch einzudämmen, indem die sächsische Regierung die
Werke zugunsten des Landeseigentums enteignet, entstand behördlich im Zusammenhang mit der Demontage der Firma Hoesch während der Demontagewelle im
Spätherbst 1945.[111] Weitere Details bleiben einer Spezialstudie vorbehalten. Nur
noch dieses: Weitere sowjetische Forderungen im Frühjahr 1946 und die hohen So-
zialkosten der sächsischen Stadt- und Landkreise zugunsten von Flüchtlingen, Vertriebenen und Arbeitslosen in Millionenhöhe trieben die „außerordentlichen Ausga-
benbedürfnisse" der Landesregierung in die Höhe. Neue Geldquellen galt es zu finden, und damit ist auch bereits die Frage nach dem wirtschaftspolitischen Haupt-
grund des Volksentscheids gestellt, die nach vorliegenden Erkenntnissen folgendermaßen beantwortet werden kann:
Das Eigentumsrecht via Plebiszit garantierte der sächsischen Landesregierung die
notwendige Sanierung der überstrapazierten Staatsfinanzen, zumal 1.002 der Verwaltung des Landes Sachsen solchermaßen unterstellten Betriebe, und zwar ohne die
379 zum Verkauf vorgesehenen Betriebe, immerhin einen Wert von über 1 Mrd. RM
repräsentierten. Mit dem Volksentscheid glaubte die Regierung eine Anzahl demon-
tageverdächtiger Betriebe aus der Gefahrenzone der sowjetischen Behörden gerückt
zu haben. Ob sie auch die künftigen Investitionskosten kalkulierte, bleibt indessen
eine offene Frage. Die Koppelung des wirtschaftspolitischen Hauptgrunds des
Volksentscheids an den parteipolitischen Charakter des Plebiszits ließ eine nennenswerte Opposition in Sachsen gegen die suggestive Frage (siehe Abb. 12) erst gar
nicht aufkommen. Wo immer die SED-Führung im positiven Abstimmungsausgang
ein Votum für ihre Partei herauslas, war es zugleich ein Votum der Abstimmenden
für den Erhalt ihrer Arbeitsplätze in den enteigneten Betrieben. Minister Selbmann
mußte auf Beschluß der Landesregierung eine Arbeitsplatzgarantie öffentlich abgeben.[112] Die Demontagen gingen weiter. Im Sommer 1947 hatten Land und Bevölkerung die Folgen der Kältewelle des Winters 1946/47 noch immer nicht überwunden;
zahlreiche Betriebe schlossen für mehrere Monate. Die Sowjetische Militäradministration Sachsens ordnete wegen der säumigen Reparationslieferungen eine Gene-
ralvisitation der 33 wichtigsten Industriebetriebe des Landes an.[113] Die Betriebe ar-

---

S.61 und 68-74.

111 Sächsisches Hauptstaatsarchiv Dresden; Landesregierung Sachsen, Ministerpräsident Nr.1429/1,
Bl.5b.

112 Ebda., Bl. 24-24b

113 Siehe Einzelheiten hierzu in der zumindest detailreichen Studie von R. Stasiak, Der Kampf der
Werktätigen im Land Sachsen unter Führung der SED um die Festigung der volkseigenen Industrie

beiteten mit Verlusten, die Belegschaften protestierten auf ihre Weise, sie meldeten sich krank oder legten Bummelschichten ein (siehe Abb. 13).

Abbildung 12:

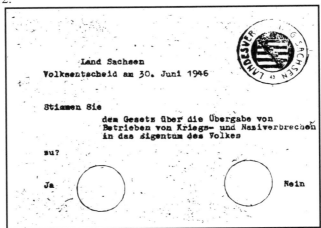

Abbildung 13:

Fehlzeiten der Belegschaftsmitglieder in der Industrie Sachsens von Januar bis Oktober 1947 (in Prozent)

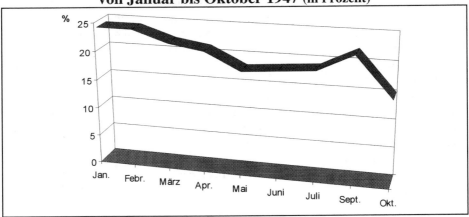

und die Hilfe der sozialistischen Besatzungsorgane in der Periode von Ende 1946 bis Mitte 1948. Diss. Ms. (o.J.) Pädagogische Hochschule „Karl Friedrich Wilhelm Wander" Dresden.

Allein zwischen Januar und Oktober 1947 fehlte jeder 4. bis 5. Arbeiter an seinem Platz im Betrieb; die Unfallziffern schnellten zwischen 1946 und 1947 um 36,5% in die Höhe. Hungerdemonstrationen zum 1. Mai 1947 drohten. Auf illegalen Flugblättern tauchten die Argumente aus der Zeit des Volksentscheides wieder auf. Aus ihnen sprach die Furcht vor der weiteren Zerstörung von Arbeitsplätzen durch Demontagen.

Schlußbemerkungen[114]

Der Volksentscheid in Sachsen im Juni 1946, nach dem Wort des Zeitzeugen Hermann Kastner als „Prüfstein für die politische Lauterkeit der Führenden" betrachtet, wirft ein bezeichnendes Licht auf die Machtverhältnisse in der SBZ und späteren DDR. Die Sowjetische Militäradministration und die kommunistischen Parteifunktionäre waren die eigentlich treibenden Kräfte hinter dem Volksentscheid. Die Erkenntnis, daß die deutschen Landes- und Provinzialverwaltungen zumindest in der ersten Nachkriegszeit praktisch Exekutivorgane der SMA waren, ist nicht neu[115], wir finden dies hier lediglich bestätigt. Die „Blockpolitik", will heißen die vordergründige Beteiligung auch „bürgerlicher" Kräfte an den Entscheidungsvorgängen im Rahmen der „antifaschistisch-demokratischen Revolution" war Fassade, mögen sich auch die Vertreter der liberalen und christlichen Parteien damals noch zeitweilig in der Illusion der „selbstverständlichen Parität der Blockparteien" gewiegt haben. Für die Übertragung des Ergebnisses des Volksentscheides - die von vornherein geplante Verstaatlichung des Teils der sächsischen Industrie, auf dem nicht die schwere Hand der, auch das sei noch einmal gesagt, moralisch sicherlich in gewissem Umfang gerechtfertigten sowjetischen Reparationsansprüche lag - auf den Rest der SBZ sah man dann ja auch gänzlich von einer plebiszitär anmutenden Legitimation ab und vollzog diese auf dem Verordnungswege[116].

Die SED hielt wohl vergleichbare Aktionen nicht mehr für nötig, da eines ihrer Hauptanliegen, nämlich die Testfunktion des Volksentscheides hinsichtlich der Arbeitsfähigkeit des frisch aus SPD und KPD vereinigten Parteiapparates sowie hinsichtlich der Stimmungslage der Bevölkerung[117] als erfüllt angesehen werden konnte. Die von Rolf Badstübner postulierte und im offiziellen DDR-Geschichtsbild festgeschriebene „revolutionäre Massenbewegung" hat es nicht gegeben. Immerhin konnten die zweifellos aufmerksamen kommunistischen Kader von damals aber sehen, daß die Bevölkerung in ihrer Mehrheit zwar auch durch massiven Propaganda-Einsatz nicht in „revolutionäre" Stimmung zu versetzen war, daß aber zugleich die herrschende Erschöpfung und die drängenden existentiellen Sorgen der Menschen in

---

114   Von Winfrid Halder und Ulrich Kluge.
115   Vgl. Foitzik, SMAD, S.44.
116   Vgl. Kleßmann, Doppelte Staatsgründung, S.109.
117   Vgl. Braun, Wahlen und Abstimmungen, S.383.

dem zerstörten Land breiteren Widerstand gegen die angestrebte Umformung der Wirtschaft nicht erwarten ließen.

Die Stimmungsberichte von damals besitzen in ihrer Furcht vor dem zerstörerischen Wirtschaftskurs „der Russen und Kommunisten" geradezu prophetischen Charakter. Im sächsischen Wirtschafts- und Sozialbereich unserer Tage zeigen sich die Spuren der Vergangenheit in eindringlicher Schärfe. Bodenreform und Volksentscheid 1945/46 bildeten wichtige Stationen auf einem Weg deutscher Wirtschaftsentwicklung, der unter den besonderen Bedingungen der nationalstaatlichen Teilung vom gemeinsamen Erbe des in der Weimarer Republik begründeten Sozialstaates wegführte.

RAINER KARLSCH

DIE AUSWIRKUNGEN DER REPARATIONSENTNAHMEN AUF DIE WETTBEWERBSFÄHIGKEIT DER WIRT- SCHAFT IN DER SBZ/DDR

1. Einleitung
2. Die Demontagen - eine Modernisierungschance für die Industrie?
3. Wiederherstellung der Wirtschaft innerhalb von 5 Jahren?
4. Die Produktion von Reparationsgütern - ein sowjetisches Konjunkturprogramm für die Wirtschaft der SBZ/DDR?
5. Verlust der Wettbewerbsfähigkeit durch Reparationsleistungen?

1. Einleitung

Die größeren Reparationsverluste der mitteldeutschen Wirtschaft wurden oft als ein, wenn nicht gar der entscheidende Faktor für den industriellen Rückstand der DDR gegenüber der Bundesrepublik angesehen. Sie waren jedoch nur einer unter mehreren Faktoren. Für das erste Nachkriegsjahrzehnt müssen zumindest vier andere erwähnt werden: die Unterschiede in der industriellen Struktur zwischen beiden Teilen Deutschlands, die permanente Abwanderung von industriellen Arbeits-, insbesondere Fachkräften, die durch die Systemtransformation im Osten Deutschlands entstandenen Reibungen und Effizienzverluste sowie der kalte Krieg, in dem die beiden Teile Deutschlands nicht neutral sein konnten.[1]

Welcher der genannten Faktoren der wichtigste für die offenkundigen Startnachteile der DDR-Wirtschaft war, ist nicht eindeutig zu bestimmen, zumal die genannten Probleme eng miteinander verknüpft waren und sich teilweise überlagerten.

Während Fisch[2] und Wahl/Merkel[3] die Reparationsleistungen als den entscheidenden Faktor für die Rückstände der DDR gegenüber der Bundesrepublik benennen,

---

1   Vgl. Wolfram Fischer, Bergbau, Industrie und Handwerk in der Nachkriegszeit. Bundesrepublik und DDR 1914-1970, in: Handbuch der deutschen Wirtschafts- und Sozialgeschichte, Bd. 2, Stuttgart 1976, S. 834

2   Jörg Fisch, Reparationen nach dem zweiten Weltkrieg, München 1992

3   Vgl. Stefanie Wahl, Wilma Merkel, Das geplünderte Deutschland - Die wirtschaftliche Entwicklung im östlichen Teil Deutschlands von 1949 bis 1989, Bonn 1991

kommen die meisten andere Autoren, so u.a. Priewe/Hickel[4], Maier[5], und Baar, Karlsch, Matschke[6] zu der Schlußfolgerung, daß die strukturelle Innovationsschwäche des planwirtschaftlichen Systems sowjetischer Prägung noch weit größere Verluste verursacht hat. Bis Mitte der 50er Jahre ist den Reparationen die größte Bedeutung beizumessen, obwohl die Produktivitätsprobleme der Staatsbetriebe bereits davor nicht zu verkennen waren. Später, insbesondere seit der zweiten Hälfte der siebziger Jahre, resultierte die wirtschaftliche Rückständigkeit der DDR hauptsächlich aus den grundsätzlichen Mängeln des hochzentralisierten Wirtschaftssystems. Ist eine möglichst vollständige Erfassung aller Reparationsleistungen der SBZ/DDR[7] noch immer mit großen methodologischen und quellenseitigen Problemen verbunden, so gilt dies ebenso für die Einschätzung der Wettbewerbsfähigkeit der DDR-Wirtschaft nach Abschluß der Reparationsperiode. In welchem Maße die Leistungsfähigkeit der Wirtschaft durch den Reparationstransfer beeinträchtigt wurde, soll im Mittelpunkt der folgenden Ausführungen stehen.

2. Die Demontagen - eine Modernisierungschance für die Industrie?

Allgemein akzeptiert wird die „Modernisierungsthese" für die westdeutsche Wirtschaft, wonach erst die Demontagen und Produktionsverbote zum Abbau bzw. zur Stillegung von Überkapazitäten geführt und umfangreiche Neuinvestitionen erforderlich gemacht haben.[8]

Die Analyse der Demontagestruktur im westlichen Reparationsgebiet zeigt, daß vor allem solche Industriezweige abgebaut wurden, die in den Jahren 1936 bis 1944 am stärksten expandierten.[9] Von den Demontagen gingen demnach in der britischen und amerikanischen Zone kaum einseitige Belastungen des industriellen Kapitalstocks

---

4   Vgl. Jan Priewe, Rudolf Hickel, Der Preis der Einheit, Frankfurt/M. 1991, S. 70ff.

5   Vgl. Harry Maier, Die Innovationsträgheit der Planwirtschaft in der DDR - Ursachen und Folgen, in: Deutschland-Archiv (DA) 1993/7

6   Vgl. Lothar Baar, Rainer Karlsch, Werner Matschke, Kriegsfolgen und Kriegslasten Deutschlands. Zerstörungen, Demontagen und Reparationen, Expertise Berlin 1993

7   Vgl. Rainer Karlsch, Umfang und Struktur der Reparationsleistungen der SBZ/DDR 1945-1953. Stand und Probleme der Forschung, erscheint 1995 in: Christoph Buchheim (Hg.), Die Nachkriegslasten der SBZ/DDR

8   Vgl. Walter Först, Die Politik der Demontage, in: Walter Först (Hg.), Entscheidungen im Westen 1945-1949, Berlin/Köln 1977, S. 139ff.; Alan Kramer, Die britische Demontagepolitik am Beispiel Hamburgs 1945-1950, Hamburg 1991, S. 455

9   Vgl. Werner Abelshauser, Wirtschaft in Westdeutschland 1945-1948. Rekonstruktion und Wachstumsbedingungen in der amerikanischen und britischen Zone, Stuttgart 1975, S. 123f.

aus.[10] Anders verhielt es sich in der französischen Besatzungszone, die nach der SBZ die verhältnismäßig größten Demontageverluste erlitt.[11]

Obwohl in neueren Arbeiten, bezogen auf einzelne westdeutsche Industriezweige (Stahl- und Walzwerke)[12], für eine stärkere Beachtung der volkswirtschaftlichen Verluste plädiert wird, dürfte sich an den bisherigen Einschätzungen der insgesamt eher marginalen Wirkungen der Demontagen in der Bizone wenig ändern. Neuere Forschungen betonen außerdem das Überwiegen von sicherheitspolitschen Motiven bei den britischen Demontagen und messen dem Konkurrenzmotiv eher untergeordnete Bedeutung bei.[13]

Inwiefern von den Demontagen in der westdeutschen Industrie ein Zwang zur Modernisierung der betroffenen Werke ausging, kann an dieser Stelle nicht ausführlich dargelegt werden. Zur Verdeutlichung des Problems sei jedoch ein instruktives Beispiel erwähnt, das zugleich die Unterschiede im Rekonstruktionsprozeß beider deutschen Teile erkennen läßt.

Mit dem Petersberger Abkommen vom 22.11.1949 wurde die Demontagefrage für Westdeutschland zu einem leidlichen Ende gebracht und der Umfang der Demontageliste nochmals reduziert. Im Rahmen dieses Abkommens hatten die Alliierten auf die ursprünglich beabsichtigte Demontage aller sieben Fischer-Tropsch Anlagen, d.h. der auf der Synthesegasverwertung basierenden Treibstoffwerke, verzichtet. Dennoch erreichten sie ihre Stillegung durch ein weitgehendes Verbot der synthetischen Erzeugung von Treibstoffen. Die großen Betreiber der Fischer-Tropsch Anlagen, wie die Ruhrchemie AG, reagierten auf das bis 1951 bestehende Produktionsverbot mit dem Übergang von der Kohle- zur Petrochemie.[14] Ein auf längere Sicht unrentabler, der Autarkiepolitik der NS-Zeit geschuldeter Sonderweg in der Entwicklung der chemischen Industrie wurde dadurch rechtzeitig beendet.[15]

Anders im Osten Deutschlands. Der Schwerpunkt der Syntheseanlagen lag zwar im rheinisch-westfälischen Industriegebiet, doch in Mitteldeutschland waren mit dem

---

10 Vgl. Werner Abelshauser, Wirtschaftsgeschichte der Bundesrepublik Deutschland 1945-1980, Frankfurt/M. 1983, S. 26; Alan Kramer, a.a.O., S. 444f.

11 Vgl. Mathias Manz, Stagnation und Aufschwung in der französischen Besatzungszone von 1945 bis 1948, Ostfildern 1985

12 Vgl. Helmut Fiereder, Demontagen in Deutschland nach 1945 unter besonderer Berücksichtigung der Montanindustrie, in: Zeitschrift für Unternehmensgeschichte (ZfU) 1989/4, S. 209ff.

13 Vgl. Alan Kramer, a.a.O.

14 Vgl. Manfred Rasch, Ruhrchemie AG 1945-1951: Wiederaufbau, Entnazifizierung und Demontage, in: Technikgeschichte 1987/2, S. 101ff.

15 Von zeitgenössischen Beobachtern wurde das alliierte Produktionsverbot für Synthesebenzin indessen weniger als Chance denn als Bestrafung empfunden. Vgl. bspw. Gustav-Wilhelm Harmssen, Am Abend der Demontage, Bremen 1951, S. 117f.

BRABAG Werk in Schwarzheide und dem Lützkendorfer Werk der Wintershall AG
Mitte der 30er Jahre besonders große Fischer-Tropsch Anlagen aufgebaut worden.
Die Anlage der Wintershall AG in Lützkendorf, ohnehin stark zerstört, wurde kom-
plett demontiert. Das Werk in Schwarzheide, ebenfalls erheblich beschädigt, wurde
im Frühjahr 1946 teilweise demontiert.[16] Der Wiederaufbau des Schwarzheider
Werkes, das von Mitte 1946 bis 1953 zur sowjetischen Aktiengesellschaft (SAG)
„Synthese" gehörte, erfolgte auf Basis der alten Technologie.[17]
Ein Ausstieg aus der Kohlechemie fand in Schwarzheide erst Mitte der 60er Jahre
statt. So blieben in den dreißiger Jahren aufgebaute (unwirtschaftliche) Autarkiean-
lagen wesentlich länger als in Westdeutschland erhalten. Diese Zweige der chemischen Industrie verursachten hohe Kosten und schwere ökologische Schäden.
Auch in anderen Bereichen der Industrie in der SBZ/DDR wurden teils aus Mangel
an Alternativen, teils aus bewußtem Autarkiestreben, in den 30er Jahren entwickelte
und auf die Nutzung einheimischer Rohstoffe gerichtete kostenintensive Technologien beibehalten (z.b. Mansfelder Kupferbergbau, Teerverarbeitungswerke).
Die westdeutschen Erfahrungen in Stichworten zusammengefaßt: große Widerstände
gegen die alliierte Demontagepolitik, Abbau von Überkapazitäten, geringe volkswirtschaftliche Wirkungen der Entnahmen und rasche Erholung der Wirtschaft von
den Kriegs- und Nachkriegsfolgen, sollten nicht zu vereinfachenden Analogieschlüs-
sen hinsichtlich der Demontagefolgen in der SBZ verleiten. Zweifelsohne sind Fragen berechtigt, inwiefern der Abbau von industriellen Kapazitäten auch eine Chance
für die Modernisierung der Wirtschaft im Osten Deutschlands darstellte und ob die
Kapitalverluste nicht durch den Zustrom von über 4,2 Millionen Flüchtlingen, Vertriebenen und Heimkehrern kompensiert wurden.[18] Dabei dürfen allerdings nicht die
wesentlich höheren Demontageverluste und vergleichsweise ungünstigen Rahmenbedingungen für die Wirtschaft der SBZ/DDR außer acht gelassen werden.
Gemeinsamkeiten in der Demontagefrage gab es zwischen West- und Ostdeutschland gerade dort, wo man es am wenigsten vermutet - beim Widerstand gegen den
„industriellen Kannibalismus" der Besatzungsmächte. Zwar endeten die Versuche,
die sowjetische Demontagepolitik zu beeinflussen, oft erfolglos, doch immerhin ge-

---

16   Noch vor Kriegsende hatte die Unternehmensleitung der BRABAG im Rahmen der Operation
      „Kolibri" wichtige Produktionsanlagen ausbauen und in kleinere Orte verlegen lassen. Vgl. René
      Matthé, Zur Nachkriegsentwicklung des Treibstoffwerkes Schwarzheide der Braunkohle-Benzin-
      Aktiengesellschaft (BRABAG), Belegarbeit Humboldt-Universität zu Berlin 1992
17   Vgl. Friedrich Matschke, Die Entwicklung der Mineralölindustrie der DDR, Manuskript Berlin
      1988, S. 3
18   Vgl. Wolfgang Zank, Wirtschaft und Arbeit in Ostdeutschland, München 1988 sowie Albrecht
      Ritschl, An exercise in futility: East german economic growth and decline 1945-1989, Manuskript
      München 1994

lang in zahlreichen Fällen der Erhalt eines industriellen Grundstocks bzw. die Abwendung von Totaldemontagen.[19]

Weit mehr Unterschiede als Gemeinsamkeiten zwischen der britischen und amerikanischen Zone und der SBZ sind hingegen beim Umfang und den längerfristigen Folgen der Demontagen zu konstatieren.

Obwohl vor dem Krieg der Industrialisierungsgrad Mitteldeutschlands deutlich über dem Reichsdurchschnitt lag, obwohl im Krieg zusätzliche Kapazitäten gerade dort geschaffen worden waren und obwohl der Produktionsrückgang infolge des alliierten Luftkrieges eher niedriger ausfiel als in Westdeutschland, sank durch die Demontagen die industrielle Kapazität der SBZ - bezogen auf die Bevölkerung - deutlich unter die der westlichen Besatzungszonen.[20]

Insbesondere die Wirkungen der ersten Demontagewellen erschienen zeitgenössischen Beobachtern verheerend und gaben im In- und Ausland Anlaß zu schlimmsten Befürchtungen. So hielten amerikanische Volkswirte bereits im Sommer 1946 die Wirtschaftsstrukturen der SBZ für „tief erschüttert" und befürchteten für den Fall des Zonenzusammenschlusses schwerwiegende Probleme für ganz Deutschland (Stichwort: Transferleistungen).[21]

Die sowjetische Demontagepraxis läßt den Schluß zu, daß die sowjetische Führung längere Zeit auf einen deutschlandpolitischen Kompromiß hoffte und zuvor einen möglichst großen Reparationsanteil aus ihrer Zone entnehmen wollte.[22]

Die Demontagen waren zuerst auf die Zerstörung des rüstungswirtschaftlichen Potentials gerichtet, was die besonders hohe Zahl von Totaldemontagen in den Industriezweigen Flugzeugbau, Metallurgie, Mineralölindustrie, Werkzeugmaschinenbau und Feinmechanik/Optik belegt. (Siehe auch die Tabellen im Anhang) In diesen Bereichen erfolgten die Entnahmen ohne Rücksicht auf die sich dadurch vertiefenden strukturellen Disparitäten in der SBZ.

---

19 Vgl. Rainer Karlsch „Arbeiter schützt Euere Betriebe - Widerstand gegen Demontagen in der SBZ, in: Internationale Wissenschaftliche Korrespondenz zur Geschichte der Arbeiterbewegung (IWK) 1994.

20 Vgl. Wolfram Fischer, a.a.O., S. 834

21 Vgl. Bundesarchiv (BArch), Stiftung Archiv der Parteien und Massenorganisationen der DDR (SAPMO), Nachlaß Grotewohl, NL 90/337

22 Vgl. Rolf Badstübner, Wilfried Loth (Hg.), Wilhelm Pieck - Aufzeichnungen zur Deutschlandpolitik 1945-1953, Berlin 1994

Industriezweige mit den höchsten absoluten Demontageverlusten in der SBZ (inclusive Baulichkeiten und Vorräte)[23]

Branche	Demontageverlust (in Mio. RM)	Kapazitätsverlust (in %)
1. Treibstoffwerke	650	90
2. Brikettwerke	374	37
3. Optische Industrie	313	75
4. Leichtmetallhalbzeuge	224	95
5. Braunkohlenindustrie	210	35
6. Metallurgie	208	87
7. Nichteisenmetallind.	204	87
8. Flugzeugindustrie	200	100
9. Flugzeugmotoren	187	100
10. Papierindustrie	167	30
11. Werkzeugmaschinenind.	154	75
12. Elektroindustrie	135	80
13. Spinnereien/Webereien	111	25
14. Druckgewerbe	90	22
15. KfZ-Industrie	72	80

Die Demontagen trafen zuerst die Branchen, die während der Aufrüstungs- und Kriegswirtschaft den größten Zuwachs erzielt hatten (Hydrierwerke, Leichtmetallproduktion, Feinmechanik/Optik, Flugzeugindustrie, Metallurgie und Werkzeugmaschinenbau).[24]
Allerdings läßt die Übersicht ebenfalls deutlich werden, daß die demontagebedingten Einschnitte auch Branchen wie die Textil- und Druckindustrie betrafen, deren Produktionsvolumen bereits während des Krieges abgenommen hatte. Selbst Industrien, die gemäß dem alliierten Industrieniveauplan vom März 1946 keinen Beschränkungen unterlagen wurden demontiert. Auffällig ist in diesem Zusammenhang der hohe Anteil mittelständischer Unternehmen und Kleinunternehmen in den Demontagelisten („erste große Enteignungswelle").
Das größte Ausmaß erreichten die Demontagen in der SBZ in Sachsen. Dort wurden nach einer sowjetischen Aufstellung 979 Betriebe abgebaut. Aus ihnen wurden ca.

23	Zusamengestellt nach: Die Demontagen in der sowjetischen Besatzungszone (Mitteldeutschland), unveröff. Gutachten des Bundesamtes für gewerbliche Wirtschaft, Eschborn 1959. Die im Gutachten angegebenen Zahlen für die Kapazitätsverluste sind nur bedingt aussagefähig, da sie sich in einigen Branchen auf den Stand von 1936 und in anderen auf den Stand von 1943/44 beziehen.

24	Vgl. Rolf Wagenführ, Die Industrie der Sowjetischen Besatzungszone, unveröff. Manuskript, in: BArch, Abteilung Potsdam, G-2, Nr. 13573

358 000 Maschineneinheiten, darunter 115 000 Werkzeugmaschinen entnommen.[25] Im Vergleich dazu lagen die Zahlen der aus der französischen Besatzungszone entnommenen Werkzeugmaschinen bei 45 000 und die 1947 geplanten Entnahmen aus der Bizone bei 90 000.[26]

In dem Bericht der SMA Sachsen heißt es zu den strukturellen Folgen der Demontagen: „In jedem Industriezweig wurden die bedeutendsten Betriebe mit der modernsten Technologie demontiert. Kleinere Betriebe unterlagen in der Regel nicht der Demontage, sofern sie nicht im Hinblick auf die erzeugte Produktion oder ihre Ausstattung von einmaligem Wert waren oder als spezialisierte Betriebe der Rüstungsindustrie angesehen werden mußten ... Während früher der Maschinenbau und die metallverarbeitende Industrie eine dominierende Rolle spielten und Betriebe der Textil- und Leichtindustrie an zweiter Stelle standen, erhöhte sich als Folge der Demontagen der Anteil der Textil- und der Leichtindustrie nahezu auf das Doppelte. In entsprechender Weise stieg auch der Anteil des Bergbaus und der Erzförderung, der Papierherstellung und -verarbeitung, der holzverarbeitenden Industrie und der Baustoffproduktion."[27]

Die sächsische Industrie hatte demzufolge durch die Demontagen ein Teil ihres ursprünglichen Profils eingebüßt. Dennoch blieb Sachsen die wichtigste Industrieregion in der SBZ/DDR. Von einem „Zurückfallen in die Bedeutungslosigkeit"[28] kann nicht gesprochen werden, wohl aber von lange nachwirkenden Disparitäten in der Industriestruktur.

Die Demontagen in ausgesprochenen Engpaßbereichen (Metallurgische Werke, Aluminiumwerke, Reifenwerke, pharmazeutische Industrie, Blechwaren- und Schraubenindustrie, Werkzeugmaschinenindustrie) sind letztlich nur im Kontext des Potsdamer Abkommens verständlich. Nach der Mitte 1946 beginnenden Trendwende in der sowjetischen Reparationspolitik mußten genau diese Bereiche, in denen die umfangreichsten Entnahmen stattgefunden hatten, schwerpunktmäßig wieder aufgebaut werden.

Zum Problemkreis Demontagen bleibt festzuhalten: In der SBZ haben die Demontagen das industrielle Potential weitaus einschneidender reduziert als die unmittelbaren Kriegszerstörungen. In der SBZ und in Ostberlin wurden von 1945 bis Mitte 1948

---

25   Vgl. Kurt Arlt, Die militärische und ökonomische Entwaffnung in Sachsen 1945 bis 1948. Aus einem zusammenfassenden Bericht der sowjetischen Militärverwaltung vom Oktober 1948, in: Militärgeschichtliche Mitteilungen (MGM) 1993/2, S. 403

26   Vgl. Helmut Fiereder, a.a.O., S. 232; Mathias Manz, a.a.O., S. 48

27   Kurt Arlt, S. 408

28   Vgl. Ebenda

mindestens 2 000 bis 2 400 Betriebe demontiert.[29] Über die Hälfte davon total. Unter Demontage fielen vor allem die neuesten und bestausgerüsteten Werke. Der Inlandswert der Demontagen in der SBZ belief sich nach Schätzungen des Bundesamtes für gewerbliche Wirtschaft auf ca. 6,1 Mrd. RM.[30] Im Vergleich dazu wird in den zuverlässigsten Schätzungen der Inlandswert der Demontagen in den Westzonen mit 2,4 bis 3,0 Mrd. RM angegeben.[31] Das Bruttoanlagevermögen sank in der SBZ bis 1948 auf 70 bis 82 v.h. (1936=100) und lag damit nach Abschluß der Demontagen deutlich unter den Stand in der Bizone im Jahr 1948 (111 v.H., 1936=100).[32] Noch weiter zurück gingen die industriellen Kapazitäten, wobei jedoch berücksichtigt werden muß, daß bereits die Entnahme einzelner besonders wichtiger Maschinen bzw. Anlagen, nachhaltige Kapazitätseinbußen hervorrufen konnte. Insofern kann eine vorrangig am Kapazitätsbegriff orientierte Bewertung der Demontagen leicht zu einer Unterschätzung der noch vorhandenen Potentiale führen.

Einen „verkappten Segen" stellten die Demontagen für die SBZ nicht dar. Ihr Ausmaß war wesentlich größer als in den Westzonen und zudem wurden der Wirtschaft der SBZ bis 1953 durch die Reparationsentnahmen aus der laufenden Produktion permanent Investitionsgüter entzogen.

Trotzdem konnte die „Rumpfwirtschaft" der SBZ die kurzfristigen Demontagefolgen erstaunlich rasch überwinden. Der im In- und Ausland befürchtete Wirtschaftskollaps blieb aus. Doch je weiter der Wiederaufbau vorankam, desto nachteiliger machten sich die durch die Spaltung Deutschlands und die Demontagen in Engpaßbereichen hervorgerufenen Strukturdefizite bemerkbar. Eine Modernisierungschance bestand, wie im folgenden noch erläutert wird, noch am ehesten für die Grundstoffindustrie.

3.   Wiederherstellung der Wirtschaft innerhalb von 5 Jahren?

Es gehörte zu den Dogmen der DDR-Geschichtsschreibung, daß die Wirtschaft im Osten Deutschlands mit Beendigung des Zweijahrplans Ende 1950 den Vorkriegs-

---

29   Vgl. Rainer Karlsch, Allein bezahlt? Die Reparationsleistungen der SBZ/DDR 1945-1953, Berlin 1993, S. 85

30   Vgl. Die Demontagen in der sowjetischen Besatzungszone (Mitteldeutschland), unveröff. Gutachten des Bundesamtes für gewerbliche Wirtschaft (BAW), Eschborn 1959. Die Berechnungen des BAW werden durch Archivalien aus dem Landesarchiv Magdeburg zum Umfang der Demontagen in der Provinz Sachsen in der Tendenz bestätigt.

31   Vgl. Christoph Buchheim, Die Wiedereingliederung Westdeutschlands in die Weltwirtschaft 1945-1958, München 1990, S. 86; Alan Kramer, a.a.O., S. 444f.

32   Vgl. Rainer Karlsch, Umfang und Struktur der Reparationsleistungen, a.a.O.

stand (1936) der Industrieproduktion wieder erreicht habe.[33] Bis zu einem gewissen Grade schlossen sich auch westliche Beobachter dieser Sicht an.[34]
Der These vom raschen Abschluß der Wiederherstellungsperiode lag jedoch ein statistisches Material zugrunde, mit dem das Nachkriegswachstum eindeutig zu hoch ausgewiesen wurde. Ungeachtet dessen sind die folgenden Angaben des Statistischen Jahrbuchs der DDR von vielen Autoren, die sich mit dem Nachkriegswachstum der SBZ befaßten, immer wieder zitiert worden.[35]

Bruttoproduktion der DDR-Industrie nach Erzeugnishauptgruppen 1936, 1946 bis 1950 (Meßwerte in Mio. Mark)[36]

Erzeugnishauptgruppen	1936	1946	1947	1948	1949	1950
Grundstoffindustrie	5,76	3,02	4,06	5,51	6,47	7,73
Metallverarb. Industrie	4,71	1,37	2,35	2,93	4,26	5,69
Leichtindustrie	6,23	2,77	2,88	4,38	4,97	6,47
Lebensmittelindustrie	4,40	1,74	2,05	2,25	2,70	3,46
Gesamte Industrie	**21,11**	**8,89**	**11,34**	**15,07**	**18,40**	**23,34**
Index 1936=100	100	42	54	71	87	111

Auf die vorstehenden Berechnungen wurde von Ulbricht auf dem III. Parteitag der SED im Juli 1950 zurückgegriffen. Der von ihm auf 111 v.H. (1936=100) bezifferte Stand der Industrieproduktion hält indessen einer kritischen Prüfung nicht stand. Die Absicht war offensichtlich, das Wachstum in der DDR sollte gegenüber dem Wachstum in der Bundesrepublik in einem besonders günstigen Licht erscheinen. Die fragwürdigen Berechnungsmethoden der DDR-Statistik wurden zuerst von Grünig[37] und Stolper[38] grundsätzlich in Frage gestellt.

---

33 Vgl. z.B. Geschichte der DDR, Berlin 1981, S. 128; Jörg Roesler, Wiederherstellungsperiode und Wirtschaftspläne 1945 bis 1949/50, in: Jahrbuch für Geschichte der sozialistischen Länder Europas, Bd. 21/1, Berlin 1977, S. 103ff. Differenziertere Einschätzungen finden sich bei Horst Barthel, Die wirtschaftlichen Ausgangsbedingungen der DDR, Berlin 1979, S. 160f.

34 Vgl. z.B. Harald Winkel, Die Wirtschaft im geteilten Deutschland 1945-1970, Wiesbaden 1974, S. 172. Vorsichtiger urteilte Hermann Weber, Geschichte der DDR, München 1985, S. 214f., der in Anlehnung an DIW-Statistiken erst für 1952 die Überschreitung des Vorkriegsstandes vermutete.

35 Vgl. Werner Krause, Die Entstehung des Volkseigentums in der Industrie der DDR, Berlin 1958, S. 108; Jörg Roesler, Die Herausbildung der sozialistischen Planwirtschaft in der DDR, Berlin 1978, S. 8; Horst Barthel, a.a.O., S. 151ff.; Harald Winkel, a.a.O., S. 181; Manfred Melzer, Anlagevermögen, Produktion und Beschäftigung der Industrie im Gebiet der DDR von 1936 bis 1978 sowie Schätzung des künftigen Angebotspotentials, DIW Berlin 1980, S. 170; Werner Matschke, Die industrielle Entwicklung in der Sowjetischen Besatzungszone Deutschlands (SBZ) 1945 bis 1948, Berlin 1988, S. 246ff.

36 Vgl. Statistisches Jahrbuch der DDR 1955, Berlin 1955, S. 154f. Der vielzitierte Index beruht sowohl auf Preisen des Jahres 1944 als auch auf Preisen der Jahre 1947/48. Nur für die Jahre 1946 und 1947 stellen die Zahlen des Statistischen Jahrbuchs Realgrößen dar.

**Index der West- und Ostdeutschen Industrieproduktion nach Stolper
(Preisbasis 1936)[39]**

Jahr	Industrieproduktion DDR	DDR	BRD
1936	7,786	100,0	100,0
1950	5,863	75,3	113,0
1951	6,838	85,3	134,4
1952	7,418	95,3	144,2
1953	8,517	109,5	157,2

Unter Zugrundelegung der Berechnungen von Grünig und Stolper hat Zank den folgenden Index gebildet, der das tatsächliche Nachkriegswachstum nach dem gegenwärtigen Stand der Erkenntnisse gut widerspiegelt.

Real-Index der Industrieproduktion der SBZ/DDR 1946-1950 (1936=100)[40]

1946 = 42	1947 = 54	1948 = 60	1949 = 68	1950 = 75

Demnach dauerte die Wiederherstellung der Wirtschaft wesentlich länger als 5 Jahre.

Diese These soll im folgenden anhand der Entwicklung der wichtigsten Branchen überprüft werden. Bereits die folgende Übersicht deutet darauf hin, daß von einer Wiederherstellung der Wirtschaft Ende 1950 keine Rede sein kann.

Die Wiedererreichung des Vorkriegstandes gelang zuerst in der Kohle- und Energiewirtschaft. Die Braunkohlenproduktion überschritt schon 1946 den Stand von 1936, wurde durch die Demontagen 1947 nochmals zurückgeworfen, und überstieg dann 1948 wieder das Volumen von 1946. Die Brikettproduktion wuchs dabei noch schneller als die Braunkohlenförderung.

Ausschlaggebend für die rasche Wiederherstellung waren: der trotz der Demontagen noch immer hohe Anlagenbestand, das Überwiegen der Kohlenförderung gegenüber der Erschließung neuer Vorkommen, der Mehreinsatz von Arbeitskräften und die gezielte Förderung der Kohleindustrie als Schlüsselindustrie für den Wiederaufbau durch die SMAD und die deutschen Behörden.[41]

37   Vgl. Ferdinand Grünig, Volkswirtschaftliche Gesamtrechnung für die sowjetische Besatzungszone, in: Vierteljahreshefte zur Wirtschaftsforschung 1950/1, S. 16ff.

38   Vgl. Wolfgang Stolper, The Structure of the East German Economy, Cambridge/Mass. 1960

39   Vgl. Wolfgang Stolper, a.a.O., S. 242

40   Vgl. Wolfgang Zank, a.a.O., S. 193

41   Vgl. Werner Matschke, a.a.O., S. 265ff.; Horst Barthel, a.a.O., S. 152ff.; Sächsisches Staatsarchiv Leipzig (StAL), SAG-Kombinat Böhlen, Nr. 2 und 3. Bereits Ende April 1945 wurden die Böhlener Tagebaue und das Kraftwerk wieder in Betrieb genommen und im März 1946 wurde der Belegschaftsstand von 1943 bereits deutlich überschritten.

Index der Produktion ausgewählter Erzeugnisse 1950 (1936=100)[42]
(Jahr des Wiedererreichens des Standes von 1936 im Klammern)

Erzeugnis	1950	Erzeugnis	1950
Koks	274	Kunstseide	72 (1951)
Kali	140	Radios	68 (1951)
Elektroenergie	139	Landmaschinen	65 (1953)
Braunkohle	136	Seifen	60 (1958)
Ätznatron	121	Lederschuhe	52 (1953)
Eisen	111	Papier	52 (60erJ.)
Stickstoffdünger	101	Kupfer	38 (1953)
Zement	84 (1952)	Fotoapparate	25 (1954)
Stahl	82 (1951)	Motorräder	18 (1955)
Schwefelsäure	81 (1952)	PKW-Produktion	11 (60erJ.)
Garne	80 (1953)	LKW-Produktion	5 (1957)

Trotz der Steigerung der Produktion 1948 knapp über das Vorkriegsniveau hinaus, blieb die Kohleversorgung kritisch und die geringe Produktivität des Bergbaus ein großes Problem. D.h. die Wirkungen der Demontagen, vor allem der Abbau der modernsten Förderanlagen, waren länger spürbar, als es allein die Produktionszahlen vermuten lassen. Fehlende Technik wurde durch den Mehreinsatz von Arbeit sowie die Nutzung der vorhandenen Anlagen bis an die Grenze des Möglichen kompensiert. Ende der 40er Jahre, und damit zeitiger als in anderen Bereichen, setzte in der Kohlenindustrie eine teilweise Erneuerung der Investitionsgüter ein.

In der Energiewirtschaft stand hingegen bis Mitte der 50er Jahre die Instandhaltung der vorhandenen Anlagen im Vordergrund.[43]

Innerhalb von fünf Jahren konnten die Verluste in der Metallurgie ausgeglichen werden. Im Oktober 1947, d.h. nachdem sich der Mangel an Stahl- und Walzwerkserzeugnissen als entscheidendes Hemmnis für den Wiederaufbau und damit auch für die Produktion von Reparationsgütern abzeichnete, hatte die SMAD den Aufbau der Metallurgie in der SBZ gestattet. Zudem konnten die Tendenzen zur Separierung der Besatzungszonen, und damit auch zum Ausbleiben von Stahllieferungen aus den Westzonen, von der Leitung der SMAD nicht länger übersehen werden. Sie mußte ihre ursprünglich ablehnende Haltung zum Aufbau neuer Stahl- und Walzwerke in der SBZ revidieren.[44] Nach der SMAD-Entscheidung vom Oktober

42   Vgl. Statistisches Jahrbuch der DDR 1955, Berlin 1955, S. 154f. sowie Wolfgang Stolper, a.a.O., S. 242

43   Vgl. Wolfgang Mühlfriedel, Klaus Wießner, Die Geschichte der Industrie der DDR, Berlin 1989, S. 114

44   Vgl. BArch, Abteilung Potsdam, G-2, Nr. 1044, Bl. 114ff.

1947 wurden die Stahl- und Walzwerke in Henningsdorf und Riesa wieder aufgebaut.

Zu Beginn des Neuaufbaus der Schwarzmetallurgie existierte nur noch im thüringischen Unterwellenborn ein veraltetes Hochofenwerk, das seit Februar 1946 wieder Roheisen herstellte. Allein dieses Werk konnte bis 1949 den Produktionsstand von 1936 überbieten, den rasch wachsenden Bedarf der SBZ jedoch nicht länger decken. Ein zweites schwarzmetallurgisches Programm wurde deshalb Ende 1949 vorbereitet.[45] Es umfaßte den Aufbau des Eisenhüttenkombinates Ost (EKO), das Niederschachtofenwerk Calbe, die Großkokerei Lauchhammer sowie den Ausbau von Roh- und Walzstahlkapazitäten in Brandenburg, Döhlen und Gröditz. Die Roheisenerzeugung überschritt 1948 das Vorkriegsniveau und die Rohstahl- sowie Walzstahlproduktion 1951.[46]

Der Wiederaufbau der Schwarzmetallurgie trug Züge einer Erneuerung, wobei der breitgefächerte Wiederaufbau alter Werke sowie der Aufbau weiterer Werke an neuen Standorten zu einer kostenintensiven Branchenstruktur führte. Für eine kleine Volkswirtschaft wäre eine Beschränkung auf wenige Standorte langfristig sicher sinnvoller gewesen, der Kostenaspekt spielte jedoch auch in der Stahlindustrie der DDR nur eine untergeordnete Rolle. Eindeutig dominierte das Bestreben, rasch die Industriestruktur zu komplettieren und damit soweit als möglich unabhängig von Lieferungen aus dem Westen zu werden.

Komplizierter als der Neubau der Stahlwerke hatte sich die Ausrüstung der Walzwerke gestaltet. Zum Teil erhielt die SBZ Demontagegut zurück (Kirchmöser, Riesa), zum Teil konnten Aggregate aus den Westzonen (Hennigsdorf) bezogen werden.

Der bis 1951 abgeschlossene Wiederaufbau der Eisen- und Stahlindustrie und ihre bis Mitte der 50er Jahre dauernde Erweiterung beanspruchte einen Großteil der außerordentlich knappen Investitionsmittel. So entfielen im Jahr 1949 fast 1/3 aller zentral gesteuerten Investitionen auf die Metallurgie.[47]

Lediglich des Maschinenbau verzeichnete mit ca. 40 % einen noch höheren Anteil. Diese beiden Bereiche hatten, wie bereits erwähnt, einen Großteil ihrer Kapazitäten durch die Demontagen verloren. D.h. ihr Wiederaufbau, dem auch im Hinblick auf die Teilungsfolgen höchste Priorität zukam, absorbierte bis Anfang der 50er Jahre nahezu 2/3 aller staatlichen Investitionen.

---

45   Vgl. Ulrich Hartmann, Wolfgang Mühlfriedel, Zur Entwicklung der schwarzmetallurgischen Industrie in der DDR von 1946 bis 1955, in Jahrbuch für Wirtschaftsgeschichte (JWG) 1988, Sonderband: Industriezweige in der DDR 1945 bis 1985, S. 271ff.

46   Vgl. Ulrich Hartmann, Wolfgang Mühlfriedel, a.a.O., S. 278f.

47   Vgl. Zentralverordnungsblatt 1949, Teil I, Nr. 49, S. 424

Für die hochentwickelten Bereiche der verarbeitenden Industrie, der Leichtindustrie und der chemischen Industrie blieben hingegen kaum Mittel übrig. Folglich ist der Wiederaufbau der in hohem Maße demontagegeschädigten schwerindustriellen Bereiche durch weitere Substanzverluste in den anderen Industriezweigen und im Transportwesen erkauft worden. Barthel spricht daher bis Ende 1948 von einer „negativen Akkumulation", d.h. von einem fortdauernden Substanzverlust durch Verschleiß und Verringerung der Bestände.[48] An dieser Tatsache ändern auch die in den Statistiken nicht erfaßten Investitionen im SAG-Sektor wenig. Auch dort wurden die Investitionen hauptsächlich in den Grundstoffbereich sowie in den Uranbergbau und den Schiffbau gelenkt.[49] Die chemische Industrie überschritt wertmäßig bereits 1948 den Vorkriegsstand, was jedoch nicht darüber hinwegtäuschen sollte, daß mengenmäßig der Stand von 1936 noch nicht erreicht war.[50] Überschritten wurde das mengenmäßige Niveau von 1936 bei den wichtigsten chemischen Grundstoffen zwischen 1950-1952 und bei Fertigprodukten, wie Rohfilmen, Seifen, Lacke und Farben, teilweise erst Mitte der fünfziger Jahre und später.[51]

Die Textilindustrie gehörte zu den wichtigsten Branchen in Mitteldeutschland. Bereits während des Krieges schrumpfte ihre Produktion und nach dem Krieg wurde ein Teil der bestausgerüsteten Werke demontiert.[52] Rohstoff- und Energieengpässe legten zunächst nach 1945 erhebliche Kapazitäten brach. Ab Mitte 1946 lieferte die Sowjetunion Wolle und Baumwolle in die Zentren der sächsischen und thüringischen Textilindustrie, die zu großen Teilen für das Reparationskonto arbeiteten.

Die Textilindustrie insgesamt erreichte im Verlauf des Jahres 1951 das Vorkriegsniveau, einzelne Zweige wie die Garn- und Baumwollgewebeproduktion erst Anfang 1953.[53]

Nach den Angaben der DDR-Statistik überschritten die Zweige der metallverarbeitenden Industrie zwischen 1949 und 1950 den Vorkriegsstand.[54] Diese Angaben vernachlässigen jedoch bewußt die Preisauftriebstendenzen. Tatsächlich dürften die feinmechanisch/optische Industrie, die elektrotechnische Industrie und der Maschinenbau erst zwischen 1950 und 1952 den Vorkriegsstand erreicht haben.

---

48 Vgl. Horst Barthel, a.a.O., S. 142ff.

49 Vgl. BArch, Abteilung Potsdam, E-1, Nr. 31583, Plan der Kapital-Investitionen der SAG-Betriebe in Deutschland für 1950, Bl. 98

50 Vgl. Werner Matschke, a.a.O., S. 276f.

51 Vgl. Statistisches Jahrbuch der DDR 1955, Berlin 1956, S. 162f.

52 Vgl. Jörg Roesler, Veronika Siedt, Michael Elle, Wirtshaftswachstum in der Industrie der DDR 1945-1970, Berlin 1986, S. 30ff. und 64ff.

53 Vgl. Ebd., S. 38 sowie Statistisches Jahrbuch der DDR 1955, Berlin 1956, S. 166

54 Vgl. Ebd., S. 155

Besonders lange dauerte die Wiederherstellung im Bereich des Maschinenbaus, einschließlich des Fahrzeugbaus.

Die Demontagen hatten alle Zweige des Maschinenbaus weit zurückgeworfen, wobei der Kraftfahrzeugbau mit ca. 80 %, der Werkzeugmaschinen- und Textilmaschinenbau sowie die Schreib- und Rechenmaschinenindustrie mit 80 bzw. 65 %, die größten Kapazitätsverluste verzeichneten.[55] Dementsprechend langsam lief die Produktion, zusätzlich behindert durch fehlende Rohstoffe, wieder an.

So kann es nicht verwundern, wenn der für die Rekonstruktion der Wirtschaft besonders wichtige Werkzeugmaschinenbau erst 1956 den Vorkriegsstand wieder erreichte.[56] Beim technischen Niveau konnte in der metallverarbeitenden Industrie der Vorkriegsstand gehalten werden, aber die Verarbeitungsqualität und die Produktivität sanken.

Auch der Polygraphiemaschinenbau und der Lok- und Waggonbau erholten sich nur langsam von der Lähmungskrise. Erst 1948/49 begann der Neubau von Schienenfahrzeugen, auf Grundlage sowjetischer Reparationsforderungen, wieder eine größere Rolle zu spielen.[57] Ungefähr 1952/53 dürfte der Vorkriegsstand wieder erreicht worden sein.

Mitte der 50er Jahre lag die PKW-Produktion in der DDR erst bei 1/3 des Standes von 1936 und auch die LKW- und Motorrad-Produktion hatten den Vorkriegsstand noch nicht überschritten. Damit gehörte der Fahrzeugbau zu den Branchen, die sich von den Demontagen nicht mehr gänzlich erholen konnten und ihre Konkurrenzfähigkeit weitestgehend eingebüßt hatten. Wenn im KfZ-Bau der DDR noch etwas neues kam, dann in der Motorradindustrie, die Mitte der 50er Jahre zumindest teilweise an die herausragenden Leistungen der 20er/30er Jahre anzuknüpfen vermochte.[58]

Der Automobilbau blieb hingegen noch längere Zeit gelähmt.[59] Wirtschaftspolitische Fehlentscheidungen der SED-Führung taten in der Folgezeit ein übriges, um das Know how dieser einstmals führenden mitteldeutschen Branche auf Dauer zu ruinieren.

Gleiches trifft auch auf das Eisenbahnwesen zu. Das Schienennetz in der SBZ wurde, bezogen auf den Stand von 1938 insgesamt um 48 % verringert. Der Anteil

---

55   Vgl. Werner Matschke, a.a.O., S. 280

56   Vgl. Jörg Roesler, Renate Schwärzel, Veronika Siedt, Produktionswachstum und Effektivität in Industriezweigen der DDR 1950-1970, Berlin 1983, S. 38ff.

57   Vgl. Jörg Roesler, Veronika Siedt, Michael Elle, a.a.O., S. 84

58   Vgl. Peter Kurze, Christian Steiner, DKW-Auto Union-MZ 1922-1994, Bremen 1994

59   Vgl. Ralph Steger, Ökonomische Aspekte der Transformation von der zentralen Plan- zur sozialen Marktwirtschaft am Beispiel des Fahrzeugbaus in den neuen Bundesländern, Diss. HUB 1994, S. 47ff.; Peter Satorius, Automobilbau in Thüringen/Sachsen, in: Süddeutsche Zeitung 17., 23. und 30. Dezember 1993

von zwei- und mehrgleisigen Strecken sank von 28 % (Stand 1942) auf weniger als 10 % (Stand 1956).[60] Infolgedessen gingen die Transportleistungen 1946 auf 1/4 des Standes von 1936 zurück und erreichten 1950 erst etwas mehr als die Hälfte des Vorkriegsstandes.[61]

Die nachhaltigsten Beeinträchtigungen verursachte die Demontage des „zweiten Gleises". Bestandteil der Demontage des zweiten Gleises war auch der weitgehende Abbau der sehr modernen Einrichtungen für den elektrischen Betrieb. Es vergingen Jahrzehnte bis die DDR mit einer „zweiten Elektrifizierung" der Eisenbahnstrecken begann.

In großem Umfang wurden auch Güterwagen und Lokomotiven als Beutegut entnommen. Zunächst überführten britische und amerikanische Truppen aus den bis Ende Juni 1945 von ihnen besetzt gehaltenen Teilen der SBZ mindestens 1 500 Lokomotiven, 2 500 Personenwagen und mehrere Tausend Güterwagen in ihr Besatzungsgebiet.[62] Auch die Sowjetunion entnahm rollendes Material als Beutegut, so daß der Waggonbestand in der SBZ bis Ende 1945 noch weiter reduziert wurde.

Ein „Rückkauf" von Lokomotiven und Waggons wurde im Rahmen eines Abkommens („Kriegsbeuteabkommen") zwischen der UdSSR und der DDR vom 29.6.1950 vereinbart. Der „Rückkauf" begann Mitte 1951. Bis Ende 1952 wurden ca. 45 000 Güter- und Personenwagen zurückgekauft, der Wagenpark der Deutschen Reichsbahn erhöhte sich damit um ca. ein Drittel.[63]

Leistungskennziffern der deutschen Bahnen 1950 im Vergleich zu 1936[64]

	Westzonen		SBZ	
	1936	1950	1936	1950
Lokomotivbestand		9122 (85%)	6800	2600 (38%)
Güterwagen	362460	262372 (72%)	139100	76923 (55%)
Arbeitskräfte	.	.	188000	250000 (133%)
Gütertransporte (Mio.t/km)	48660	48048 (99%)	22052	16870 (77%)

Eine Modernisierung des Eisenbahnfuhrparks scheiterte in der SBZ/DDR nicht allein an den Kriegs- und Beuteverlusten, sondern auch an der bis 1948 andauernden

---

60   Vgl. Jörg Schmalz, Reparationen und Rekonstruktion bei der Deutschen Reichsbahn, Diplomarbeit, HUB 1994, Anhang
61   Vgl. Gustav-Wilhelm Harmssen, Am Abend der Demontage. Sechs Jahre Reparationspolitik, Bremen 1951, S. 78
62   Vgl. Jörg Schmalz, a.a.O., S. 5. Ein Teil des beschlagnahmten rollenden Materials stammte aus Schlesien und Ostpreußen.
63   Vgl. Ebd., S. 17
64   Zahlen zusammengestellt nach: Ebenda, S. 38ff.

Lähmungskrise des Lok- und Waggonbaus und danach an der weitgehenden Einbeziehung dieser Branche in die Lieferverpflichtungen a Konto Reparationen. Neben den reparationsbedingten Schwierigkeiten litt der Wiederaufbau bei der Deutschen Reichsbahn unter den Vorbehalten der Planungsbehörden gegenüber dem Transportwesen. Gemäß der marxistischen Wirtschaftstheorie und der sowjetischen Wirtschaftspraxis lag das Hauptgewicht der Aktivitäten der Planer auf der Entwicklung der Schwerindustrie, wohingegen die volkswirtschaftliche Bedeutung des Transportwesen sträflich unterschätzt wurde. Beeinflußt wurde das Denken und Handeln der Planer in der SBZ zweifellos durch die sowjetische Wirtschaftspraxis. Der folgende Ausspruch eines hohen SMAD-Offiziers illustriert diesen Sachverhalt:"...die Eisenbahn macht Vorschläge, wobei die Produktion auf den Transport Rücksicht nehmen muß. Wir sind hier Vorkämpfer einer sozialistischen Volkswirtschaft...aber doch keine Kutscher. (General Wojewudskij)"[65]
Sowohl in den Westzonen als auch in der SBZ war der 1947 zu verzeichnende Produktionseinbruch in erheblichem Maße auf den Transportengpaß zurückzuführen gewesen. Doch während die westzonalen Wirtschaftsverwaltungen im Februar 1947 eine Konzentration der Ressourcen auf das Verkehrswesen beschlossen, blieben ähnliche Schritte in der SBZ aus.[66]
Es bleibt festzuhalten, daß die SBZ/DDR praktisch in allen Bereichen des Transportwesens (Eisenbahn, Auto, Flugverkehr) nach Beendigung der Demontagen ihre Wettbewerbsfähigkeit im Vergleich zur Bundesrepublik eingebüßt hatte und zudem noch in den 50er/60er Jahren von der Substanz zehrte.
Der mit großer Konsequenz betriebene Abbau von Rüstungskapazitäten führte zum weitgehenden Wegfall der Produktion von schweren Rüstungsgütern. Im Gegensatz zur Entwicklung in der Bundesrepublik ist in der SBZ/DDR, trotz der seit Mitte 1948 nachgewiesenen „verdeckten Aufrüstung" und späterer konzeptioneller Überlegungen zum Wiederaufbau einer Bomberproduktion, keine nennenswerte Produktion von schweren Rüstungsgütern mehr aufgenommen worden.[67] Damit fehlte der Wirtschaft ein nicht zu unterschätzender Wachstumsbereich.
Mitte der 50er Jahre begonnene Versuche zur zivilen Nutzung und Reaktivierung von Know how in der Flugzeugindustrie scheiterten 1960/61 an technischen Problemen, ungelösten Marktfragen und einer mangelhaften Zulieferstruktur.
Zum Problem der Wiederherstellungsperiode sei abschließend noch auf einen Index von Stolper verwiesen, der die Schwerpunkte des Wirtschaftswachstums in der SBZ/DDR bis 1950 sehr gut verdeutlicht.

---

65 Zitiert in: Ebd., S. 27
66 Vgl. Wolfgang Zank, a.a.O., S. 25
67 Vgl. Bruno Thoß (Hg.), Volksarmee schaffen - ohne Geschrei! Studien zu den Anfängen einer „verdeckten Aufrüstung" in der SBZ/DDR 1947-1952, München 1994

Stand der Industrieproduktion 1950 Index (1936=100)[68]

Grundstoffindustrie	=	109,8	
Metallverarbeitende Industrie	=	66,8	(1953)
Lebensmittelindustrie	=	65,8	(1953)
Leichtindustrie	=	47,5	(60er J.)

Demnach hatte 1950 nur die Grundstoffindustrie das Vorkriegsniveau überschritten. Die in hohem Maße demontagegeschädigte metallverarbeitende Industrie konnte erst 1953 den Stand von 1936 wieder erreichen. Gleiches trifft auf die Lebensmittelindustrie zu. Letztere hatte weniger unter den Demontagen, denn unter dem weitgehenden Ausbleiben von Investitionen gelitten. Noch weiter zurückgeblieben war die Leichtindustrie. Deren Wiederherstellung war in einzelnen Branchen Mitte der 50er Jahre noch nicht abgeschlossen.

Wenn die These vom Abschluß der Wiederherstellungsperiode den Tatsachen entsprochen hätte, dann wären die Reparationsleistungen, hauptsächlich die Demontagen, in der Tat eher von marginaler Bedeutung gewesen. Eine Wirtschaft, der es gelungen wäre, trotz ungünstiger äußerer und innerer Umstände, innerhalb von 5 Jahren wieder an den Vorkriegsstand anzuknüpfen, hätte so zerstört und demontagegeschädigt gar nicht gewesen sein können.

Das dem nicht so war, wie die DDR-Geschichtsschreibung Glauben machen wollte, hat die vorstehende Analyse gezeigt.

Die nach den Währungsreformen in den Westzonen und der SBZ immer deutlicher werdenden Unterschiede im Konsumniveau sind auf diesem Hintergrund verständlich.[69]

Verwiesen werden soll in diesem Zusammenhang auch darauf, daß die Währungsreform in der SBZ, die den Verantwortlichen zum Teil außer Kontrolle geriet, wesentlich inkonsequenter durchgeführt wurde als in dem Westzonen, was zu einer vergleichsweise viel zu hohen Geldmenge führte.[70]

Bei den meisten Konsumgütern erreichte die DDR erst Mitte der 50er Jahre den Vorkriegsstand, so daß die Rationierung schließlich erst 1958 aufgehoben werden konnte. Auch der Pro-Kopf-Konsum von Lebensmitteln überschritt erst Mitte der 50er Jahre den Stand von 1936.

---

68   Vgl. Wolfgang Stolper, a.a.O., S. 252f.

69   Vgl. Michael Wildt, Privater Konsum in Westdeutschland in den 50er Jahren, in: Axel Schildt, Arnold Sywottek (Hg.), Modernisierung im Wiederaufbau. Die westdeutsche Gesellschaft der 50er Jahre, Bonn 1993 S. 275ff. sowie Jörg Roesler, Privater Konsum in Ostdeutschland 1950-1960, in: Ebd., S. 290ff.

70   Vgl. BArch, Abteilung Potsdam, DN-1 (alt), Nr. 3186, Bl. 498f. Bereits am 30.10.1948 signalisierte die Hauptverwaltung Finanzen in einem Schreiben an Ulbricht das Problem der zu hohen Geldmenge und legte ihm indirekt nahe, bei den Sowjets um ein zeitweiliges Reparationsmoratorium zu bitten.

Demnach hatte sich im Reparationszeitraum (1945-1953) zwischen beiden deutschen Teilen nicht nur eine „Investitionslücke" sondern auch eine „Konsumschere" aufgetan. Die Rückstände im Osten Deutschlands waren nicht allein den höheren Reparationsbelastungen geschuldet, sondern auch Folge eines ineffizienten Wirtschaftssystems und einer einseitigen Wirtschaftspolitik, der allerdings unter den gegebenen Bedingungen eine gewisse Zwangsläufigkeit innewohnte.

Fassen wir die bisherige Analyse zusammen: Von den Folgen der Demontagen und einer einseitigen Wirtschaftspolitik konnten sich die Flugzeugindustrie, die Autoindustrie und das Eisenbahnwesen nicht mehr erholen.

Besonders nachhaltig in ihrer Leistungsfähigkeit beeinträchtigt wurden auch der Werkzeugmaschinenbau und ein großer Teil der Leichtindustrie. Diese Branchen erreichten erst Mitte der 50er Jahre den Vorkriegsstand und blieben damit deutlich hinter der Leistungsfähigkeit anderer Industrieländer zurück. Die Rückstände waren jedoch noch nicht uneinholbar, zumal die Betriebe dieser Branche über große Traditionen und gut qualifizierte Stammbelegschaften verfügten. Verschiedentlich, so zum Beispiel bei der Produktion von Fotoapparaten (Pentacon Dresden, Zeiss-Ikon Dresden), Filmen (Orwo Wolfen), Büromaschinen (Planeta Radebeul) und Motorrädern (MZ Zschopau, Simson Suhl) konnten ab Mitte der 50er Jahre in den Nachkriegsjahren verloren gegangene Marktpositionen zurückgewonnen werden. Unter den Bedingungen einer teilautarken Zentralverwaltungswirtschaft und der bis Anfang der 60er Jahre beibehaltenen Investitionskonzentration auf die „Schornsteinindustrien" war ihre internationale Wettbewerbsfähigkeit auf längere Sicht jedoch kaum zu gewährleisten.

4. Die Produktion von Reparationsgütern - ein sowjetisches Konjunkturprogramm für die Wirtschaft der SBZ/DDR?

Ende 1945 häuften sich bei der SMAD die alarmierenden Nachrichten. Infolge der vom Moskauer Sonderkomitee geleiteten Demontageaktionen drohte in der SBZ ein „ökonomisches Vakuum" zu entstehen, so der Stellvertretende Chef der SMAD und Wirtschaftsfachmann Konstantin I. Kowal.[71] Daran konnte der SMAD, verantwortlich für die Erfüllung der Reparationspläne, nicht gelegen sein. Sie bereitete einen Kurswechsel in der Reparationspolitik vor (Demontagestopps, Rückgabe von Demontagegütern, Bildung von sowjetischen Aktiengesellschaften). Die Ende 1945 beginnende Hinwendung zu einer Politik des Wiederaufbaus, vorrangig im Interesse der sowjetischen Reparationsforderungen, hatte ambivalente Wirkungen.

---

71 Vgl. Jochen Laufer, Konfrontation oder Kooperation? Zur sowjetischen Politik im Alliierten Kontrollrat 1945-1948, in: Studien zur Geschichte der SBZ/DDR (Hg. von Alexander Fischer) Schriftenreihe der Gesellschaft für Deutschlandforschung, Bd. 38, Berlin 1993, S. 6f.

Nach der rigoros betriebenen militärischen und wirtschaftlichen Entwaffnung Deutschlands besann sich die sowjetische Führung auf eine flexiblere Besatzungs- und Reparationspolitik. Die Fortsetzung des Krieges mit ökonomischen Mitteln fand 1946/47 ihr Ende. Der Mitte 1947 drohende Wirtschaftskollaps konnte abgewendet werden.

Zweifellos hat der Mitte 1946 vollzogene Übergang zu einer Reparationspolitik, die vorrangig aus Entnahmen aus der laufenden Produktion orientierte, entscheidend zur Wiederbelebung der Wirtschaft der SBZ beigetragen (Siehe Tabellenanhang). So war die Resonanz aus der Wirtschaft auf die Aufforderungen der SMAD, Angebote für die Produktion von Reparationsgütern einzureichen, außerordentlich groß.[72] Der Grund dafür dürfte hauptsächlich in der Furcht der Unternehmen vor Demontagen zu suchen sein. Die Unternehmen, die über Reparationsaufträge verfügten, besaßen größere Überlebenschancen. Nicht zuletzt boten Reparationsaufträge die Chance, im Bewirtschaftungssystem eine bevorzugte Stellung einzunehmen. Von den Reparationsaufträgen ging ein Zwang zur Enthortung aus. Sie wirkten als Initialzündung für die Wiederbelebung der Wirtschaft.

In diesem Zusammenhang wurde von der DDR-Geschichtsschreibung insbesondere die Rolle der sowjetischen Aktiengesellschaften (SAG) hervorgehoben.[73] Sie waren Mitte 1946 durch die Überführung von mehr als 200 der größten Industriewerke in sowjetisches Eigentum gebildet worden.

Zugutegehalten wurde der sowjetischen Seite, daß diese Werke nicht demontiert, sondern ausgebaut wurden. Betont wurden des weiteren die positiven Effekte für den Arbeitsmarkt sowie der Aufbau eines neuen großen Marktes für Industriegüter in der Sowjetunion. Die Verklärung der Rolle der SAG für die Wirtschaft der SBZ/DDR gipfelte in der These von den SAG als „Schulen des Sozialismus".[74] Die kurzfristig positiven Effekte der Reparationsproduktion erschöpften sich jedoch rasch. Auf längere Sicht mußte der gegenwertlose Entzug von Fertiggütern die Wirtschaft der SBZ/DDR weiter schwächen.

Das Ausmaß der Entnahmen aus der laufenden Produktion ist in der Vergangenheit deutlich überschätzt worden.[75] Bisherige Vermutungen über Reparationslieferungen in Höhe von 35 Mrd. Mark[76] haben sich nicht bestätigt und beruhen auf Dop-

72 Vgl. Rainer Karlsch, Allein bezahlt?, a.a.O, S. 170

73 Zum aktuellen Forschungsstand vgl.: Rainer Karlsch / Johannes Bähr, Die sowjetischen Aktiengesellschaften (SAG) in der SBZ/DDR - Bildung, Oranisation und Probleme ihrer inneren Entwicklung, in: Karl Lauschke / Thomas Welskopp (Hrsg.), Mikropolitik in Unternehmen. Arbeitsbeziehungen und Machtstrukturen in industriellen Großbetrieben des 20. Jahrhunderts, Essen 1994

74 Vgl. Wolfgang Mühlfriedel, SAG-Betriebe - Schulen des Sozialismus, in: Jahrbuch für Wirtschaftsgeschichte (JWG) 1980/IV, S. 159ff.

75 Vgl. Rainer Karlsch, Allein bezahlt?, a.a.O., S. 193ff.

76 Vgl. Die Reparationen der Sowjetischen Besatzungszone in den Jahren 1945 bis Ende 1953, Bonn

pelzählungen sowie zweifelhaften Quellen.[77] Nachweisen lassen sich bisher Aufwendungen für direkte Reparationslieferungen in Höhe von ca. 11,5 Mrd. Mark (zu laufenden Preisen). Auf dem Reparationskonto erfolgten die Gutschriften jedoch grundsätzlich nur zu Preisen des Jahres 1944.

Neben den anerkannten Reparationslieferungen nutzen die Sowjets noch zahlreiche Kanäle für „indirekte" Entnahmen. Ihren Umfang zu bestimmen fällt außerordentlich schwer. Nach dem derzeitigen Kenntnisstand können die direkten und indirekten Entnahmen aus der laufenden Produktion insgesamt mit ca. 15 Mrd. Mark (zu laufenden Preisen) angegeben werden. Die sich auf ca. 17 Mrd. Mark (zu laufenden Preisen) belaufenden Besatzungskosten sind dabei nicht berücksichtigt.[78]

Unabhängig davon, ob sich nach Auswertung russischer Archivalien noch Korrekturen an der Reparationsbilanz ergeben, sollten die strukturellen Effekte der Reparationsproduktion stärker beachtet werden. Von den Verschiebungen in der Industriestruktur gingen nachhaltige Wirkungen aus.

Bereits 1949 entfielen 3/4 aller Reparationslieferungen auf Erzeugnisse des Maschinen- und Schwermaschinenbaus und des Schiffbaus. Infolge der sowjetischen Reparationsforderung wurden in der SBZ/DDR Wirtschaftsstrukturen geschaffen, die es zuvor in Mitteldeutschland nicht oder nur marginal gegeben hatte. Diese Strukturen waren von Anfang an material- und kostenintensiv und bedurften massiver Subventionen.

Stark vereinfacht: im Norden, an der Ostseeküste wurden große Schiffbaukapazitäten aufgebaut, die fast ausschließlich für den sowjetischen Markt produzierten. In den mitteldeutschen Industriegebieten (Sachsen, Sachsen-Anhalt und Thüringen) ist die Produktion schwerindustrieller Güter bevorzugt entwickelt worden. Insbesondere die großen Hersteller von Eisenbahnwaggons, Transportanlagen, Kränen, Walzwerksausrüstungen sowie Schmieden- und Pressen gerieten in eine dauerhafte Abhängigkeit vom sowjetischen Markt. Teile des Südens schließlich hatten bis 1990 unter den ökologischen und sozialen Folgen des Uranbergbaus der SAG Wismut zu leiden.[79]

Die Umprofilierung von industriellen Strukturen erfolgte in den ersten Jahren hauptsächlich über die SAG-Betriebe und nach Gründung der DDR in zunehmendem Maße über den Außenhandel.

Bereits eine knappe Analyse der Produktionsprofile der SAG-Betriebe läßt die Schwerpunkte der sowjetischen Industriepolitik erkennen.

1954

77 Vgl. Rainer Karlsch, Umfang und Struktur der Reparationsleistungen, a.a.O.
78 Vgl. Rainer Karlsch, Allein bezahlt?, a.a.O., S. 193ff., 217ff.
79 Vgl. Rainer Karlsch, „Ein Staat im Staate." Der Uranbergbau der Wismut AG in Sachsen und Thüringen, in: Aus Politik und Zeitgeschichte, 3. Dezember 1993

Ausgewählte Anteile der SAG-Betriebe am Produktionswert der SBZ im Jahr 1951[80]

Uranbergbau	=	100	v.H.
Stickstoff	=	100	v.H.
Synthetischer Kautschuk	=	100	v.H.
Hüttenaluminium	=	100	v.H.
schwere Elektromaschinen	=	90	v.H.
Benzin	=	85	v.H.
Waggonbau	=	80	v.H.
Wälzlager	=	70	v.H.
chemische Industrie insg.	=	52	v.H.
Metallurgieeinrichtungen	=	40	v.H.
Briketts	=	40	v.H.
Schwermaschinenbau	=	37	v.H.

Deutlich wird die mit den SAG-Betrieben erreichte Kontrolle über alle strategisch bedeutsamen Güter. So gehörten alle großen Werke der Kohlechemie ebenso zum SAG-Sektor, wie die größten Braunkohlengruben.[81] Mit Inbesitznahme fast aller Betriebe zur Erzeugung von synthetischem Treibstoff hatten die Sowjets die Benzinerzeugung weitgehend monopolisiert. Das wichtigste Benzinwerk der SBZ, das Werk in Böhlen, lieferte neben Normalbenzin und Diesel auch „AT-Benzin" zur Weiterverarbeitung als Fliegerbenzin.[82]

Der Mehrzahl der SAG-Kombinate waren Großkraftwerke angegliedert, auf die ca. 1/3 der Energieerzeugung der SBZ/DDR entfielen.

Alle großen Chemiewerke der SBZ/DDR (Leuna-Werke Merseburg, Stickstoffwerk Piesteritz, Buna-Werk Schkopau, Elektrochemisches Bitterfeld, Farbenfabrik Wolfen, Filmfabrik Wolfen, Eilenburger Celluloidwerk) wurden bis 1952/53 ebenfalls in SAG zusammengefaßt.

Eine bevorzugte Stellung im SAG-Sektor nahm der Schwermaschinenbau ein. Ungefähr 4/5 aller noch vorhandenen Kapazitäten des Schwermaschinenbaus wurden 1946/47 in sowjetisches Eigentum überführt. Die Produktionsanteile der SAG-Betriebe des Schwermaschinenbaus geben dabei ihre Schlüsselstellung nicht vollständig wieder, da die Produktion der zahlreichen deutschen Zulieferer als deutsche Produktion ausgewiesen wurde. Zu den wichtigsten, vor dem Krieg weltbekannten Her-

---

80 Zahlen auszugsweise zusammengestellt nach: Die sowjetische Hand in der deutschen Wirtschaft, Bonn 1952, S. 53
81 Vgl. zum folgenden: Ebd., S. 36ff.
82 Vgl. StAL, Bestand SAG Benzinwerk Böhlen

stellern gehörten: Krupp-Gruson, Otto Gruson und Wolf-Buckau in Magdeburg, Polysius Dessau, Henry Pels in Erfurt sowie die Zeitzer Maschinenfabrik. Zu den größten SAG gehörte die SAG Kabel. In dieser SAG waren die bekanntesten deutschen Werke des Elektromaschinen- und Apparatebaus sowie die großen Berliner Kabelwerke zusammengeschlossen.

Auch die Waggonfabriken in Dessau, Ammendorf und Weimar befanden sich in sowjetischem Besitz und die verbliebenen Werke in Werdau, Gotha sowie Bautzen arbeiteten ebenfalls vorrangig für den sowjetischen Markt.

In sowjetischer Hand befanden sich des weiteren die modernsten Kalibergwerke und die drei größten Zementwerke. Mit dem Walzwerk für Buntmetalle in Hettstedt besaß die UdSSR das Monopol für Kupfer und Kupferlegierungen in der SBZ/DDR.

Gefördert wurde hauptsächlich der schwerindustrielle Sektor. Dies dürfte sowohl mit dem Industrialisierungsbedarf der sowjetischen Wirtschaft als auch dem Dogma vom vorrangigen Wachstum der Schwerindustrie zusammenhängen.

Der leidgeprüften Bevölkerung der Sowjetunion kamen die Reparationslieferungen der SBZ/DDR kaum zugute. Nur bis 1948 wurden in nennenswertem Umfang Produkte der Leicht- und Lebensmittelindustrie a Konto Reparationen geliefert. Danach dominierten Ausrüstungen für die metallurgische Industrie, energetische Ausrüstungen, Schiffe und Eisenbahnwaggons.

Ohnehin vorhandene Tendenzen zur Einbindung in den osteuropäischen, vor allem sowjetischen Markt, wurden durch die Produktion von Reparationsgütern noch verstärkt. Die von der SMAD/SKKD und den deutschen Wirtschaftsbehörden Ende der 40er und in den 50er Jahren betriebene Strukturpolitik war den traditionellen Stärken der mitteldeutschen Wirtschaft geradezu entgegengesetzt und hat ihre Wettbewerbsfähigkeit nachhaltig beeinträchtigt.

5. Verlust der Wettbewerbsfähigkeit durch Reparationsleistungen?

Wie bereits dargelegt, hatte sich die Wirtschaft im Osten Deutschlands Mitte der 50er Jahre, gemessen an quantitativen Kriterien, von den Folgen des Krieges, der deutschen Teilung und der Reparationen erholt. Doch wie war ihre Leistungsfähigkeit im Hinblick auf qualitative Kriterien und die verbliebenen Innovationspotentiale einzuschätzen? Eine abschließende Antwort darauf kann an dieser Stelle nicht gegeben werden, zumal dafür noch industrie- und technikgeschichtliche Untersuchungen fehlen. Einige der wichtigsten Probleme sollen jedoch angedeutet werden.

Die technikgeschichtlich herausragenden 20er und 30er Jahre hatten auch im mitteldeutschen Wirtschaftsraum zum Ausbau bedeutender Forschungs- und Entwicklungskapazitäten geführt.

Nach Kriegsende wurde ein Teil der in Mitteldeutschland angesiedelten Forschungskapazitäten im Zuge der Demontagen zerstört bzw. nachhaltig geschädigt. Zu den weltbekannten Unternehmen, die ihr Sachkapital und nahezu alle wissenschaftlichen

Einrichtungen verloren gehörten u.a.: Carl Zeiss Jena, Schott Jena, Zeiss-Ikon Dresden und alle Werke der Flugzeugindustrie. Auch reine Forschungseinrichtungen, wie die Physikalisch Technische Reichsanstalt in Weida oder die TU Dresden verloren wertvolle Laboreinrichtungen und Bibliotheken.

Andere Zentren industrieller Forschung blieben hingegen relativ intakt. Sofern sich die Sowjets von ihrem Erhalt und Ausbau den schnellen Transfer von Know how versprachen, insbesondere auf militärisch interessanten Gebieten, wurden dort sowjetisch geleitete Konstruktions- und Ingenieurbüros eingerichtet. Diese Büros dienten primär dem Technologietransfer, ermöglichten aber zugleich auch die Fortführung von Forschungsarbeiten, die eigentlich alliierten Verboten unterlagen.[83] Nicht selten wurden mit Hilfe der Konstruktions- und Ingenieurbüros sowie den SAG-Betrieben alliierte Produktionsverbote zumindest zeitweilig umgangen. Ob dies ausschließlich dem sowjetischen Interesse am Know how Transfer oder auch der deutschen Wirtschaft zugute kam, bedarf noch der Klärung.

Erste Fallstudien über das Wirken der Sonderkonstruktionsbüros bzw. Versuchs- und Konstruktionsbüros (Wissenschaftlich-technische Büros) belegen, daß dort beachtliche Forschungspotentiale konzentriert wurden. Als ein zweifellos herausragendes Beispiel sei auf das beim Berliner Oberspreewerk gebildete Forschungszentrum verwiesen. Dieses Zentrum expandierte innerhalb von 1 1/2 Jahren von 15 auf 2300 Mitarbeiter.[84] Der Betriebsleitung gelang es, ein zum damaligen Zeitpunkt in Deutschland einmaliges Zentrum der Röhren- und Hochfrequenztechnik aufzubauen. Bereits 1945 konnte das Werk die Arbeiten zur Fernsehentwicklung wieder aufnehmen. Trotz aller gravierenden Probleme in der Nachkriegszeit, im Zusammenhang mit der Systemtransformation und der Teilung Berlins, war das Werk für Fernmeldewesen, nach der Entlassung aus sowjetischer Verwaltung Mitte 1952, das größte Bildröhrenwerk Europas und der erste Betrieb in Deutschland, der eine Großserienproduktion von Bildröhren aufgenommen hatte.[85]

Die Analyse der Reparationsleistungen sollte folglich nicht dazu verleiten, das trotz aller Kriegs- und Nachkriegsverluste noch immer beachtliche wissenschaftlich-technische Potential der SBZ/ DDR-Wirtschaft zu unterschätzen. Maschinen und Anlagen konnte die Besatzungsmacht zerstören bzw. entnehmen, das vorhandene technisch-technologische Wissen blieb jedoch erhalten und stellte die wichtigste Voraus-

---

83 Vgl. Wolfgang Mühlfriedel, Die Anfänge der zentralistischen Planung der wissenschaftlich-technischen Arbeit in der DDR, in: JWG 1990/2, S. 17ff.; Johannes Bähr, Das Oberspreewerk - ein sowjetisches Zentrum für Röhren- und Hochfrequenztechnik in Berlin (1945-1950), Manuskript Berlin 1994; Burghard Ciesla, Die intellektuellen Reparationen Deutschlands an die alliierten Siegermächte, Konferenzbeitrag, Mannheim März 1994

84 Vgl. Johannes Bähr, a.a.O., S. 9

85 Vgl. Ebd., S. 22

setzung für den erfolgreichen Wiederaufbau und die Rekonstruktion der Wirtschaft in der SBZ/DDR dar.

Nachteilig für das Innovationspotential wirkte sich zweifellos der von sowohl von den Westalliierten als auch der Sowjetunion systematisch betriebene Abzug von „Spezialisten" aus. So wurden von amerikanischen Spezialkommandos im Juni 1945 allein aus Thüringen mindestens 1300 Wissenschaftler, Ingenieure und Techniker mitgenommen.[86] Noch größere Ausmaße erreichte die Mitnahme deutscher Spezialisten im Oktober 1946. Im Rahmen der sowjetischen Geheimoperation „Ossawakim" wurden fast 2500 „Spezialisten" in die UdSSR verbracht.

Der Umfang der Migration fiel dabei weniger ins Gewicht, als der Umstand, daß es sich bei den mitgenommenen Wissenschaftlern um Spitzenkräfte, vor allen aus der angewandten Forschung handelte.

Die Rückkehr der „Spezialisten" erfolgte zwischen 1949 und 1955. Doch im Gegensatz zur Migration und zum Know how Transfer von Deutschland in Richtung USA, gingen von der Migration in Richtung Sowjetunion kaum Impulse für die deutsche Wirtschaft aus.[87] Die deutschen „Spezialisten" arbeiteten in der Sowjetunion zumeist isoliert an Einzelvorhaben, oft im Bereich der Militärtechnik. Nach ihrer Rückkehr konnten sie an solche Projekte nicht mehr anknüpfen und mußten von vorn beginnen.

Noch weitaus nachhaltiger als durch die alliierte Mitnahme von „Spezialisten" wurde das Human capital in der SBZ/DDR durch die permanente Abwanderung von Fachkräften in Richtung Westen ausgedünnt. In vielen Wirtschaftsbereichen konnte auf Grund dessen bis Ende der 50er Jahre die Besetzung von Stellen in Forschung und Entwicklung mit entsprechend qualifiziertem Personal nicht gewährleistet werden. Bspw. lag die Zahl von Hochschulabsolventen in der chemischen Industrie der DDR in den gesamten 50er Jahren unter dem Vorkriegsstand.[88]

Gravierende Probleme für die mitteldeutsche Wirtschaft resultierten aus der Zonenteilung und der damit vielfach verbundenen Zerreißung von traditionellen Lieferbeziehungen.[89] Bis Anfang der fünfziger Jahre erreichte der innerdeutsche Handel lediglich knapp 10 % des interregionalen Handels der Vorkriegszeit.

Neben diesen Problemen erwuchsen der Rumpfwirtschaft im Osten Deutschlands aus der Teilung jedoch noch andere, bisher wenig beachtete Schwierigkeiten. So verlegten alle vordem in Mitteldeutschland ansässigen Konzernzentralen ihren Sitz nach Westen. Nur einige können an dieser Stelle genannt werden: Agfa AG für Photofabrikation (von Wolfen nach Leverkusen), Carl Zeiss (von Jena nach Ober-

---

86   Vgl. Ulrich Albrecht, Andreas Heinemann-Grüder, Arend Wellmann, a.a.O., S. 43ff.

87   Vgl. Burghard Ciesla, a.a.O.

88   Vgl. Rainer Karlsch, Das Chemieprogramm der DDR 1959-1965, Manuskript Berlin 1990

89   Vgl. Wirtschaftsprobleme der Besatzungszonen, DIW Berlin 1948

kochen) Zeiss-Ikon AG (von Dresden nach Stuttgart), Deutsche Continental und Gasgesellschaft (von Dessau nach Hagen), Deutsche Solvay AG (von Staßfurt nach Hannover). Mit der Verlagerung der Zentralen war auch der Weggang der Führungskräfte und das Abwandern von Spitzenkräften aus Forschung- und Entwicklung verbunden.

Eine erste Fluchtwelle von Wirtschaftseliten in Richtung Westen begann in den letzten Kriegswochen und setzte sich mit dem Abzug der Westalliierten aus Teilen von Mecklenburg, Sachsen, Sachsen-Anhalt und Thüringen Ende Juni 1945 fort. Die Angst vor Repressalien der neuen Besatzer und erste rigorose Entnazifizierungsaktionen ließ dann bis Jahresende auch Teile des mittleren Managements folgen. In den folgenden Jahren gehörte der Weggang von qualifizierten Kräften zu den größten Problemen der DDR-Betriebe. Die mittelstandsfeindliche Politik der SED tat ein übriges, um leistungswillige und kreative Menschen aus der SBZ/DDR zu verdrängen. Obwohl es in der SBZ in den Nachkriegsjahren keinesfalls an Arbeitskräften mangelte, tat sich daher sehr zeitig ein empfindlicher Mangel an Wirtschaftsfachleuten auf.

Nicht nur die „geteilten Unternehmen" hatten unter der Zonenautarkisierung zu leiden. Probleme bekamen vor allem auch die Produktionsstätten, die von ihren Forschungs- und Absatzabteilungen in Westdeutschland bzw. Westberlin getrennt wurden. Dies betraf zum Beispiel die Buna-Werke in Schkopau und die Ostberliner Standorte des Schering Konzerns.

Die Abwanderung von Spezialisten und Fachkräften war in erster Linie Folge des undemokratischen Systems im Osten Deutschlands und gehört deshalb nicht in den Kontext der Reparationen. Welche Bedeutung die Elitenflucht für die wirschaftliche Entwicklung der SBZ/DDR hatte, ist bisher noch nicht umfassend untersucht worden. Fallstudien für Einzelunternehmen weisen darauf hin, daß eine Reihe von Forschungszweigen in Osten Deutschlands durch die Flucht von Fachkräften nach Kriegsende zu stagnieren begannen. Im Gegensatz dazu gingen für die westdeutschen Unternehmen Impulse von den zugewanderten Fachkräften aus der SBZ/DDR aus.[90]

Die in der industriellen Struktur der SBZ/DDR angelegten, technisch-technologischen und personellen Möglichkeiten für das Wiederanknüpfen an technische Spitzenleistungen konnten aus politischen Gründen und aus Gründen der Trägheit des zentralistischen Wirtschaftssystems nicht ausgeschöpft werden.[91]

---

90 Wichtige Anstöße für die Kunststofforschung in den chemischen Werken Hüls gingen von einer Gruppe von Chemikern aus, die 1946/47 aus dem Buna-Werk Schkopau kamen. (Vgl. Unternehmensarchiv der Hüls AG, Nr. 10)

91 Beispiele dafür führen an: Wolfgang Mühlfriedel, a.a.O.; André Steiner: Technikgenese in der DDR am Beispiel der Entwicklung der numerischen Steuerung von Werkzeugmaschinen, in: Technikgeschichte, Bd. 60/3, Berlin 1993

Auf dem Hintergrund des kalten Krieges und der Übernahme des sowjetischen Wirtschaftsmodells wurde in der DDR eine Wirtschaftspolitik betrieben, die den traditionellen Stärken der mitteldeutschen Wirtschaft nahezu entgegengesetzt war.

Die Spaltung Deutschlands und die sowjetischen Reparationsforderungen führten bis Ende der 50er Jahre zum schwerpunktmäßigen Aufbau der Schwerindustrie (Metallurgie, Energiewesen) sowie zu einer teilweisen Neuprofilierung des Maschinenbaus. „Der forciert betriebene Anlagenbau und der Bau von Universalwerkzeugmaschinen führte vielfach von den Hauptrichtungen des technischen Fortschritts weg."[92] Dennoch zeigte die Konzentration des F/E-Potentials auf die Bereiche der Grundstoffindustrie auf ausgewählten Gebieten durchaus beachtliche Ergebnisse.

Die unter ungünstigen Bedingungen neu aufgebauten Werke gehörten zu den klassischen „Schornsteinindustrien". Die Schwarzmetallurgie produzierte auf Basis sowjetischer Anlagen und zurückgegebener Demontagegüter bestenfalls auf durchschnittlichem technisch-technologischem Niveau. Auch der bis Mitte der 50er Jahre stark profilierte Schwermaschinenbau gehörte nicht zu den technisch fortgeschrittensten Bereichen der Wirtschaft.

Die Ende der 40er und in den 50er Jahren in der DDR hergestellten Erzeugnisse waren weitgehend Rekonstruktionen aus der Vorkriegs- und Kriegszeit. Neukonstruktionen und neuartige Verfahren bildeten die Ausnahme.[93]

Bereits in der Übergangsphase zur längerfristigen Wirtschaftsplanung zeichnete sich eine einseitige Orientierung des Wirtschaftssystems auf den Produktionsausstoß ab.[94] Selbst die angestrebte Forschungskoordinierung zwischen den Staatsbetrieben einer Branche kam kaum voran. Von der Wirtschaftsbürokratie oftmals kleinlich bevormundet und reglementiert, stießen die Forschungs- und Entwicklungsabteilungen in den Betrieben alsbald an die Grenzen der Planwirtschaft. Deren Mechanismen standen der raschen Einführung neuer Techniken und Technologien geradezu entgegen.

6. Resümee

Die Konkurrenzfähigkeit der Wirtschaft im Osten Deutschlands wurde im Reparationszeitraum nachhaltig geschwächt. Einzelne Wirtschaftsbereiche bzw. -zweige (Eisenbahnwesen, Automobilbau, Flugzeugbau) vermochten sich von den Demontagen nicht mehr gänzlich zu erholen.

---

92   Wolfgang Mühlfriedel, a.a.O., S. 159
93   Vgl. Wolfgang Mühlfriedel, Zur technischen Entwicklung in der Industrie der DDR in den 50er Jahren, in: Axel Schildt/Arnold Sywottek (Hg.), Modernisierung im Wiederaufbau. Die westdeutsche Gesellschaft der 50er Jahre, Bonn 1993, S. 157
94   Vgl. Jörg Roesler, Herausbildung der Planwirtschaft, a.a.O., S. 196f.

Die Wiederherstellung der Wirtschaft dauerte in der SBZ/DDR infolge der wesentlich höheren Nachkriegslasten länger als im Westen Deutschlands. Sie konnte in der Industrie im wesentlichen erst Mitte der 50er Jahre abgeschlossen werden. Dies war hauptsächlich den Belastungen durch Demontagen und Lieferungen aus der laufenden Produktion geschuldet, hing aber auch mit den Teilungsfolgen und den Defekten des planwirtschaftlichen Systems zusammen.

Die SBZ/DDR hat von 1945 bis 1953 die höchsten im 20. Jahrhundert bekannt gewordenen Reparationsleistungen erbringen müssen.[95] Dies mußte schwerwiegende Auswirkungen auf die Leistungsfähigkeit der Wirtschaft haben, zumal die Struktur der sowjetischen Reparationsforderungen von den Hauptrichtungen des technischen Fortschritts wegführte.

Wenn es der DDR-Wirtschaft in den 50er Jahren dennoch gelang, beachtliche Wachstumsraten zu erreichen, so vor allem aufgrund der in den 20er und 30er Jahren eingeführten Basisinnovationen, die nach dem Krieg voll zur Wirkung kamen. Die fünfziger Jahre waren technikgeschichtlich weltweit keine besonders innovative Zeit. Das Nachkriegswachstum beruhte hauptsächlich auf der Ausschöpfung und Verbesserung der vorhandenen Techniken und Technologien. Joachim Radkaus auf die westdeutsche Industrie bezogene Feststellung, daß die Wiederaufbauphase noch einmal eine große Zeit der qualifizierten Handarbeit war[96], trifft ebenso auf die Industrie in der SBZ/DDR zu.

Die Wirtschaftsentwicklung in der SBZ/DDR wurde im ersten Nachkriegsjahrzehnt mit mehreren schweren Problemen konfrontiert: hohe Reparationslasten, Flucht der Wirtschaftseliten, Folgen der deutschen Teilung sowie den Schwächen des planwirtschaftlichen Systems sowjetischer Prägung. Dies mußte nahezu zwangsläufig zu einer Systemüberforderung führen.

Mitte der 50er Jahre zeichneten sich in der Industrie der DDR die Anzeichen einer Krise ab.[97] Die Wachstumsraten sanken und die Anzahl der mit Verlust wirtschaftenden Staatsbetriebe stieg.

Die Krisensymptome und die Innovationsschwäche der Wirtschaft wurden von der SED-Führung durchaus wahrgenommen. Zwischen 1954 und 1957 setzte eine Diskussion über das Wesen und die Hauptrichtungen der wissenschaftlich-technischen Veränderungen in der Welt ein („zweite industrielle Revolution", „industrielle Umwälzung"). Zu einem grundsätzlichen Wandel des Wirtschaftssystems in der DDR führten diese Diskussionen jedoch nicht.

---

95   Vgl. Jörg Fisch, Reparationen nach dem zweiten Weltkrieg, München 1992, S. 202

96   Vgl. Joachim Radkau, a.a.O., S. 138

97   Vgl. Wolfgang Mühlfriedel, a.a.O., S. 164ff.

ANHANG

Aufgliederung der Demontagewerte des Landes Sachsen-Anhalt nach Industriegruppen (Stand 31.12.47)

Chemie	=	490,3	Mio. RM
Maschinenbau	=	365,4	Mio. RM
Brennstoff/Mineralöl/Elektroenergie	=	302,1	Mio. RM
Eisen/Blech- und Metallwarenind.	=	125,5	Mio. RM
Stahl/Dampfkessel- und Apparatebau	=	97,4	Mio. RM
Nahrungs- und Genußmittel	=	78,2	Mio. RM
Metallurgie	=	76,6	Mio. RM
Bergbau (ohne Kohle)	=	69,3	Mio. RM
Zellstoff-und Papierindustrie	=	24,0	Mio. RM
Sonstige			
Insgesamt	=	**1696,2**	Mio. RM

Quelle: zusammengestellt nach Landeshauptarchiv (LHA) Magdeburg, Rep. K, Ministerium für Wirtschaft (MfW), Nr. 4793

Auswahl wichtiger Werke in Sachsen-Anhalt, die komplett oder teilweise demontiert wurden (Stand Februar 1947 nach Angaben der betroffenen Firmen)

wichtigste demontierte Werke	Demontage in %	Wert (Mio.RM)
Stahl- und Eisenwerke		
Mitteldeutsche Stahlwerke Lauchhammer	90-100	44,4
Ferrowerk GmbH, Dr. Wacker Mückenberg	100	17,0
Wintershall AG Krumpa	25	13,5
Junkers Werke		
Junkers Werke Schönebeck	100	60,1
Junkers Werke Aschersleben	100	47,3
Junkers Werke Dessau	100	37,9
Junkers Werke Bernburg	100	24,4
Junkers Werke Köthen	100	19,9
Junkers Werke Magdeburg	100	16,5
Junkers Flugzegwerke,Staßfurt-Leopoldshall	100	8,0
Junkers-Flugzeug und Motorenwerk Halberstadt	100	5,1
Junkerswerke Aken	100	3,3
Junkers Werke, Schachtanlage 5,Gr. Schierstedt	?	?

Junkers Werke GmbH, Kaloriferbau Dessau	70	0,2
andere Flugzeugwerke		
AGO-Flugzeugwerke GmbH Oschersleben	100	5,4
Siebel Werke, Flugzeugfabrik Halle	95	10,9
IG-Werke		
Leichtmetallwerk Aken	100	?
Aluminiumwerke Bitterfeld und Aken	100	19,8
Werk Staßfurt	100	37,0
IG Farben Frose	90	16,5
IG Teutschenthal	keine Angaben	
IG Kraftwerk Thalheim	keine Angaben	
IG Farbenfabrik Wolfen	keine Angaben	
IG Werk I Bitterfeld IG Werk II Bitterfeld (Aluminium)	keine Angaben	
IG Werk Süd Bitterfeld (Magnesium) IG Werk Nord (Ätznatron)	keine Angaben	
Bayerische Stickstoffwerke Piesteritz	keine Angaben	
Ammoniakwerk Merseburg, Leuna	keine Angaben	
Eilenburger Celluloidfabrik	47	2,4
andere Chemiewerke		
Deutsche Solvay-Werke Bernburg	100	45,7
Sodafabrik Staßfurt	100	5,3
Chemowerk Bückenberg	100	20,1
Elektrochem. Werke Ammendorf	70	12,0
WASAG Chemie AG, Coswig	78	8,7
Maschinenfabriken		
R. Stock & Co. Maschinenfabrik Stoltberg/Harz	100	18,2
Franz Braun AG, Werkzeugmaschinenfabrik Zerbst	100	6,6
Zuckerfabriken		
Zuckerfabrik Gröningen	100	8,0
Zuckerfabrik Delitzsch	100	6,8
Zuckerraffinerie Tangermünde	100	6,1
Zuckerfabrik Wegeleben	100	5,6
Zuckerfabrik Gommern	100	4,4
Polte Metallwarenfabrik Magdeburg	100	39,6
Vereinigte Oelfabriken Hubbe & Fahrenholz Magdeburg	100	7,9
dito. Chemische Fabrik	100	14,4

Silva-Metallwerk Magdeburg	100	8,0
Famo, Fahrzeug- und Apparatebau Schönebeck	100	18,8
Preussag Bohrverwaltung Schönebeck	100	10,7
Salzwerke		
Salzwerke Westeregeln - Schachtanlage Hadmersleben	100	20,9
- Schachtanlage Tarthun	100	31,7
Leipziger Leichtmetallwerk Rackwitz	100	13,7
Weise & Söhne Pumpenfabrik Halle	100	6,5
Bubiag Kraftwerk II Mückenberg	100	9,2
Ammendorfer Papierfabrik	100	6,3
Oscar Dietrich GmbH, Papierfabriken Weissenfels	100	13,9
andere Werke		
Deutsche Maizena AG Barby	100	15,9
Lutherwerke Staßfurt	100	5,0
Bamag Dessau Werke I und II	90	6,8
Elektrowerke AG, Kraftwerk Elbe Vockerode	100	31,1
Gebr. Sachsenberg AG, Schiffs- und Maschinenbau	100	12,6
Siemens-Apparatebau Beensdorf	100	35,2

Quelle: zusammengestellt nach LHA Magdeburg, Rep. K, MfW, Nr. 6089, Bl. 2ff.

Leistungskennziffern ausgewählter SAG-Betriebe
Leuna-Werk

Leuna-Werk: Umsatz und Absatz 1949 bis 1958 (in Mio. DM-Ost)

Jahr	Um-satz	Konto Gewinne Regauft.		Repara-tionen	Feld-postein-heiten	Wismut AG	andere SAG	Inter-zonen-handel	DIA
1949	273	4,3		2,8	.	.	0	1,8	25,6
1950	337	8,5		0	.	.	.	19,8	56,7
1951	413	3,6		0,2	13,9	0	119,9	5,4	75,1
1952	485	9,2	R	0,7	23,3	0	101,4	13,8	71,4
1953	574	8,3	R	9,7	26,5	0	48,4	29,7	108,5
1954	690	5,6	R	0	0	11,4	0	51,2	159,0
1955	723	11,6	R	0	0	13,6	0	45,1	163,3
1956	662	13,4	R	0	0	21,3	0	190,0	
1957	683	15,7	R	0	0	19,6	0	190,0	
1958	739	20,3	R	0	0	11,9	0	71,5	118,7

- Die Umsätze enthalten nicht die Erlöse aus dem Verkauf von Elektroenergie.
- In der Spalte "Konto Gewinne" wurden ab 1952 die Umsätze aus Regierungsaufträgen (R) eingesetzt. Diese Positionen sind nicht identisch. Während die Erlöse des Kontos Gewinne der SAG-Verwaltung zuflossen, ist die Verwendung der Erlöse aus den "Regierungsaufträgen" unklar.
- DIA = Deutscher Industrie- und Außenhandel

Leuna-Werk Umsatz und Absatz 1949 bis 1958 (in %)

Jahr	Um-satz	Konto Gewinne Regauft.	Repara-tionen	Feld-postein-heiten	Wismut AG	andere SAG	Inter-zonen-handel	DIA
1949	100	1,6	1,0	.	0	.	0,7	9,4
1950	100	2,5	0	.	0	.	5,9	16,8
1951	100	0,9	0,1	3,4	0	29,0	1,3	18,2
1952	100	1,9	0,1	4,8	0	20,9	2,8	14,7
1953	100	1,4	1,7	4,6	0	8,4	5,2	18,9
1954	100	0,8	0	0	1,7	0	7,4	23,0
1955	100	1,6	0	0	1,9	0	6,2	22,6
1956	100	2,0	0	0	3,2	0	28,7	
1957	100	2,3	0	0	2,9	0	27,8	
1958	100	2,7	0	0	1,6	0	9,7	16,1

Quelle: Werksarchiv Leuna AG, Jahresberichte 1949 bis 1958

Schätzung sämtlicher Leistungen des SAG-Betriebes Filmfabrik Wolfen 1946-1953 für die Besatzungsmacht (in Mio. RM/M und in %)

Jahr	Bruttoproduktion (Verkaufspreis)	Reparationsleistungen	in %
1946	70,0	44,0	63 %
1947	91,8	47,0	52 %
1948	126,5	30,0	24 %
1949	182,6	38,0	21 %
1950	220,0	30,0	14 %
1951	256,2	20,0	8 %
1952	275,0	20,0	7 %
1953	297,1	40,0	13 %

Quelle: Betriebsarchiv Wolfen, Abt. Rechnungswesen lfd., Bundesarchiv, Abteilung Potsdam (BAP), C-2, Nr. 2 106

Realisierung der Produktion des SAG-Betriebes Schumann & Co. Armaturen- und Apparatebau Leipzig (in Mio. Mark, lfd. Preise)

	1946/2	1949	1950	1951	1952
Reparationen	1,01	7,21	14,8	-	-
Binnenmarkt	1,67*	4,35	7,8	7,96	11,19
Betriebe der SAG		7,72	3,0	4,66	4,65
für Rechnung Gewinn in SU		-	0,6	2,08	0,31
Export für Rechnung Handelsabkommen mit UdSSR		0,57	2,7	15,12	18,42
Lieferungen in Drittländer		0,10	0,1	0,13	0,69
Summe		19,95	29,0	29,95	35,26

* inclusive aller anderen

**Realisierung der Produktion des SAG-Betriebes Schumann & Co., Armaturen-
und Apparatebau Leipzig (in %)**

	1946/2	1949	1950	1951	1952
Reparationen	37,7%	36,7%	51,0%	0	0
Binnenmarkt	52,3%	22,3%	27,0%	26,6%	31,7%
Betriebe der SAG		38,8%	10,5%	15,6%	13,2%
für Rechnung Gewinn in SU		-	2,1%	6,9%	0,9%
Export für Rechnung Handelsabkommen mit UdSSR		2,9%	9,3%	50,5%	52,2%
Lieferungen in Drittländer		0,3%	0,3%	0,4%	1,9%

Quelle: Sächsisches Staatarchiv Leipzig (StAL), SAG Schumann & Co., Armaturen- und
    Apparatebau Leipzig, Nr. 77, 78

**Kommerzielle Tätigkeit des SAG-Betriebes Eilenburger Celluloid Werk (in
Mio. M, Preisbasis 1944)**

	1946/2.	1947	1948	1949	1950	1951	1952	1953
Insgesamt	7,1	18,1	30,5	35,8	44,2	53,7	61,7	74,6
Reparationen	0,1	0,2	0,7	2,0	-	-	-	0,2
Konto Gewinn	-	-	0,3	0,1	0,2	0,7	0,7	1,7
Export Dritte	-	-	-	-	1,3	5,4	7,2	8,8
Kompensation	-	-	-	0,2	0,1	0,1	-	-
Handel UdSSR	-	-	-	-	0,9	-	1,5	2,7

Kommerzielle Tätigkeit des SAG-Betriebes Eilenburger Celluloid Werk (in %)

	1946/2.	1947	1948	1949	1950	1951	1952	1953
Insgesamt	100	100	100	100	100	100	100	100
Reparationen	1,4	1,0	2,3	5,6	-	-	-	0,3
Konto Gewinn	-	-	1,0	0,3	0,5	1,3	1,1	2,3
Export Dritte	-	-	-	-	2,9	10,1	11,7	11,8
Kompensation	-	-	-	0,6	0,2	0,2	-	-
Handel UdSSR	-	-	-	-	2,0	-	2,4	3,6

Quelle: StAL, SAG Eilenburger Celluloid Werk, Nr. 239

Leistungskennziffern des SAG Betriebes Krupp-Gruson, Magdeburg 1947 bis 1953 (Produktion und Umsatz in Mio. RM/M)

Jahr	Produktion Soll	Produktion Ist	Umsatz	Maschinen-bestand	Belegschafts-stärke
1947	16,2	17,5	20,3	1504	3957
1948	19,0	24,6	34,3	1626	4698
1949	43,7	51,7	72,2	1666	7241
1950	64,2	72,3	118,7	1847	8917
1951	79,0	96,3	150,6	1940	9268
1952	142,0	142,3	189,2	1913	10229
1953	257,0	259,0	253,0	2128	11549

Quelle: Hans Otto Gericke, Manfred Wille, Betriebsgeschichte des Stammwerkes VEB Schwermaschinenbau "Karl Liebknecht" Magdeburg, Teil 3 (1949-1961) Magdeburg 1983, S. 30

Belegschaftsentwicklung des Elektrochemischen Kombinates Bitterfeld 1933 bis 1948 (Stichtag jeweils 1.1.)

	1933	1936	1939	1942	1944	1945	1946	1947	1948
Arbeiter	3047	4630	5955	8718	13699	14263	6016	8193	9483
Akademiker	111	141	187	193	199	213	140	140	136
Techniker	70	131	259	364	396	404	201	215	263
Kaufleute	222	351	525	864	1138	1044	479	536	614
Meister	99	164	206	259	287	296	200	221	308
sonst. Ang.	32	72	53	50	213	257	63	116	.
Gesamt	3581	5489	7185	10448	15902	16477	7099	9421	10804
auf 1 Akad. entf. Arb.	27,5	32,8	31,8	45,2	68,7	67,0	43,0	58,5	69,6

Quelle: Landesarchiv Merseburg, SAG EKB, Nr. 5394

OSKAR SCHWARZER

„DIE WÄHRUNG DER DDR BERUHT ... AUF DER GESUNDEN GRUNDLAGE DER SOZIALISTISCHEN GESELLSCHAFTSORDNUNG"

WECHSELKURSE ZWISCHEN MARK DER DDR UND D-MARK[*]

Nach 1989 wurden zwei Koeffizientenreihen für den Vergleich von Daten der beiden deutschen Währungen erstellt. Während der Beratungen des Rentenüberleitungsgesetzes wurde die nachfolgend als *RÜG-Koeffizient* bezeichnete Datenreihe im Bonner Ministerium für Arbeits- und Sozialordnung erstellt. 1991 präsentierten Wilma Merkel und Stephanie Wahl einen zweiten Koeffizienten zum Vergleich gesamtwirtschaftlicher Daten. Mit dem *Freiverkehrskurs* im Sortenhandel hatte als dritte lange Reihe bereits seit 1949 ein Vergleichsmaßstab bestanden. Das von den DDR-Behörden als Devisenkurs betrachtete *interne Umrechnungsverhältnis*, das nach 1989 bekannt wurde, kommt noch hinzu.

Abb. 1: Umrechnungskoeffizienten zwischen D-Mark und Mark der DDR
Juli 1948 - Juni 1990 / DM je 100 M

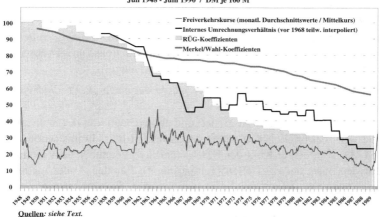

Quellen: *siehe Text.*

In der Abbildung sind die vier Reihen dargestellt. Angesichts der stark unterschiedlichen Trends ergibt sich notwendigerweise eine Analyse und Prüfung.

*   Ich danke Ernst Dürr, Wolfgang Harbrecht, Ernst Heuß und Albrecht Ritschl für hilfreiche Kommentare einer früheren Fassung. Titelzitat entnommen aus ZPA IV A 2/6.08/79.

I. Analyse der verfügbaren Koeffizientenreihen

1. Das interne Umrechnungsverhältnis

Für die DDR war es eine politische Raison, am Umtauschverhältnis DDR-Mark zu DM gleich 1 zu 1 festzuhalten. Die offizielle Kursfestlegung der DDR-Mark im Vergleich zur DM war somit politisch verursacht - „ausgehend von den spezifischen Bedingungen in den Beziehungen zur BRD". Die wirtschaftlichen Vorteile aus dieser Kursrelation „wurden im nichtkommerziellen Bereich und in den Verhandlungen über die Bezahlung von Leistungen der DDR aufgrund von Regierungsvereinbarungen wirksam"[1].

In Begründungsunterlagen für das Politbüro wurde 1988 in einer Anlage die Entwicklung des Wechselkurses der Mark zu kapitalistischen Währungen thematisiert. Darin heißt es[2]:

> „Der Kurs der Mark der DDR zu kapitalistischen Währungen resultiert aus dem Verhältnis des Niveaus der Binnenpreise zum Niveau der Weltmarktpreise für unsere exportierten Erzeugnisse.
>
> Der Kurs spiegelt den Wert unserer Währung auf dem Weltmarkt wider, ist Ausdruck der internationalen Kaufkraft unserer Währung.
>
> Der Kurs und seine Entwicklung werden in erster Linie dadurch bestimmt, *wie sich Produktivität und Kosten sowie das wissenschaftlich-technische Niveau unserer Erzeugnisse im Vergleich mit den Konkurrenzerzeugnissen des Weltmarktes entwickeln* und wie es gelingt, die Produktions- und Exportstruktur entsprechend den Weltmarktbedingungen zu gestalten."

Die sogenannte Devisenertragskennziffer wurde demnach als Produktivitätsmaß betrachtet.

Bis zum Jahresende 1956 galt zusätzlich und abweichend von der Kreuzpreisrelation DM-US-$ der ursprünglich von der Sowjetischen Militäradministration in Deutschland (SMAD) festgelegte Kurs der DDR-Währung gegenüber dem Dollar von 2,22 zu 1 (auf der Basis der offiziellen Goldparitäten). Für den Außenhandel der DDR insgesamt und vor allem mit der beginnenden Exportausweitung in das 'kapitalistische / nichtsozialistische Wirtschaftsgebiet' (künftig: westliche Ausland) ergaben sich daraus immer mehr Probleme.

> „Für die Exportbetriebe traten bei der Kursfestlegung 1 M gleich 1 DM von Anfang an dort Stützungen auf, wo das innere Preisniveau der DDR über dem Preisniveau der DM lag. ... Gleichzeitig war auch die Kursfestlegung der ka-

---

1 Bundesarchiv, Abt. Potsdam (BAP) DE-1 56756, Anlage 1, S. 9. Abgedruckt in dem Quellenanhang in: Oskar Schwarzer, Das ordnungspolitische Experiment der sozialistischen Zentralplanung am Beispiel der SBZ/DDR: Eine Effizienzanalyse (1945-1989), Stuttgart 1997 (in Vorbereitung).

2 BAP DE-1 56756, Anlage 2 (Hervorhebung O.S.).

pitalistischen Währungen auf der Basis des offiziellen Goldgehaltes nicht durch entsprechende Preisniveauvergleiche mit den jeweiligen Ländern ökonomisch begründet. Der innere Preis für eine Ware, für die ein US-$ erzielt wurde, lag über 2,22 M und der Ausgleich für den Betrieb erfolgte durch Stützungen aus dem Staatshaushalt"[3].

So wurden im Staatshaushaltsplan für Außenhandelspreisausgleiche insgesamt für das Jahr 1955 ca. 3,8 Mrd. Ostmark (= 10,5% des Staatshaushalts) bei einem Gesamtexportvolumen von ca. 9,2 Mrd. M aufgewendet[4]. Im Jahre 1954 verbuchte das Ministerium der Finanzen 1.009 Mio M Einnahmen aus Preisüberschüssen Import und Ausgaben für Preisausgleiche Export in Höhe von 4.447,5 Mio M[5]. Um den Staatshaushalt nicht durch absehbare Subventionssteigerungen aufzublähen, beschloß das Politbüro zwei Maßnahmen: Künftig sollten Exportgüter-Subventionen netto, d.h. ohne indirekten Steueranteil und unter direkter Verwendung der Import-Verbrauchsabgaben aus dem Staatshaushalt bezahlt werden. Dies reduzierte das Volumen des Staatshaushalts um 1,8 Mrd. Ostmark. Eine weitere Reduzierung um 400 Mio. Ostmark aus Mitteln des Staatshaushaltes sollte dadurch erreicht werden, daß die Verbrauchsabgaben für Tee und Kaffee künftig direkt ohne Berücksichtigung von Staatshaushaltsbuchungen den Exportsubventionen zugeführt werden sollten[6] (Verletzung des Bruttoprinzips öffentlicher Haushalte!).

Kurz nachdem die DM ihre Konvertibilität erlangte, wurde für die Planung und Abrechnung des Außenhandels zum 1. Januar 1959 die 'Valutamark' eingeführt[7].

---

3 Ebenda, S. 4.

4 Für VEAB-Preisausgleiche (Subventionen in Höhe der Preisdifferenz zwischen hohen, aber garantierten Erzeugerpreisen, die von Volkseigenen Erfassungs- und Aufkaufbetrieben im Rahmen des doppelten Preissystems in der Landwirtschaft bezahlt wurden und den herabsubventionierten Endverkaufspreisen für die Bevölkerung) wurden etwa 8 % des Staatshaushaltes (= 2,96 Mrd), und für Ausgaben für die erweiterte Reproduktion (Investitionen, Umlaufmittelzuführungen, Staatsreserve) ca. 12,5% eingeplant. Für gesellschaftliche Konsumtion (ohne Forschung: später wird sie den nichtproduktiven Leistungen zugeordnet!) waren 28,3% und für staatliche Verwaltung 4% vorgesehen. Dazu kamen Sonderausgaben von 9% (Stiftung Archiv der Parteien und Massenorganisationen der DDR im Bundesarchiv- Zentrales Parteiarchiv der SED [ZPA] J IV 2/2/436, Bl. 20f.).

5 ZPA J IV 2/2/436, Bl. 97.

6 ZPA J IV 2/2/457, Bl. 56 u. 68. Die in der Haushaltsreform von 1951 geschaffene Einheit des Finanzsystems wurde dafür verwendet, den Staatshaushalt zu entlasten. Aus diesem Beispiel wird deutlich, daß es gerade bei Subventionsmaßnahmen in der DDR problematisch ist, Zuführungen und Stützungen einer Kategorie zu saldieren und dann mit einem so errechneten Nettobetrag weiterzurechnen.

7 Die Valutamark war ursprünglich als Touristen-Ostmark am 7.1.1958 eingeführt worden (Pick's Currency Yearbook, New York 1970, S. 209). 1959 erfolgte auch die Preisreform im RGW, derzufolge die zwischenstaatlichen Verrechnungspreise sich an dem Durchschnitt vergleichbarer Weltmarktpreise der jeweils letzten 5 Jahre orientierten. Auch die Anfänge des Euromarktes lassen sich in dieses Jahr datieren. Dieser entstand aus der 'automatischen' Finanzierung der Zahlungsbilanz-

„Dabei wurde das <u>Verhältnis 1 M = 1 DM</u> weiterhin aus politischen Gründen <u>beibehalten und praktisch für alle weiteren Kurse bestimmend.</u> Der Bezug auf den offiziellen Goldgehalt der Mark wurde aufgehoben und diese Währungen wurden - ausgehend von dem Verhältnis 1 Mark = 1 DM in ihrem Kurs zur Mark der DDR so bewertet, wie ihr internationaler Kurs zur DM war."

Dies sollte im „Wertausdruck 'Valutamark'" zum Ausdruck kommen. Die VM entsprach damit nominal einer DM[8]. Die Höhe des Außenhandelserlöses der verkauften DDR-Waren auf den Weltmärkten war damit sowohl an die auf den Weltmärkten erzielbaren Preise[9] als auch an das Schicksal der DM als Leitwährung[10] der DDR gebunden.

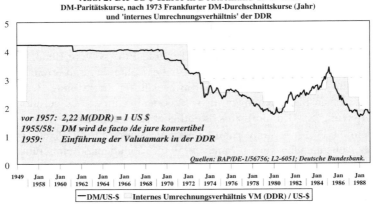

Abb. 2: Die US $-Kurse in Deutschland 1949-1989
DM-Paritätskurse, nach 1973 Frankfurter DM-Durchschnittskurse (Jahr)
und 'internes Umrechnungsverhältnis' der DDR

vor 1957: 2,22 M(DDR) = 1 US $
1955/58: DM wird de facto /de jure konvertibel
1959: Einführung der Valutamark in der DDR

Quellen: BAP/DE-1/56756; L2-6051; Deutsche Bundesbank.

━ DM/US-$ ▨ Internes Umrechnungsverhältnis VM (DDR) / US-$

---

defizite der USA (ZPA IV A 2/6.08/79: Information über Probleme des Euro-Geldmarktes, 20.8.1971) und aus Goldverkäufen der Sowjetunion (Lutz Köllner, Chronik der deutschen Währungspolitik 1871-1991, Frankfurt/M. 1991, S. 192). Seit den sechziger Jahren war der Euromarkt eine maßgebliche Kreditquelle für die RGW-Länder. Seit dieser Zeit versuchte die DDR auch eine Valutareserve aufzubauen (Paul Günther Schmidt, Internationale Währungspolitik im sozialistischen Staat, Stuttgart 1985, S. 228, Anm. 8).

8   So wurde es auch bis in die 1970er Jahre hinein im Westen interpretiert. Hansjörg Buck, Umkehr zur administrativen Befehlswirtschaft als Folge nicht behobener Steuerungsdefekte der Wirtschaftsreformkonzeption, in: Bruno Gleitze u.a., Das ökonomische System der DDR nach dem Anfang der siebziger Jahre, Berlin 1971, S. 103, Fn 65. Die Verwirrung des eindeutigen Zusammenhangs - 1 VM gleich 1 DM und Richtungskoeffizient als Reduktions-Quotient ergibt den 'Wechselkurs' der DDR-Mark zur DM - erfolgte durch die Einbeziehung der völlig überbewerteten Rubel-'Wechselkurse' in Moskau gegenüber westlichen Währungen als Kreuzwechselkurs. Vgl. DDR-Handbuch 1985, Art. Währung/Währungspolitik, S. 1453.

9   In den Preisverhandlungen spielten natürlich auch Importangebote im Zuge der Verrechnung, entweder in bestehenden Swing-Vereinbarungen, wie mit vielen westeuropäischen Ländern oder im Zuge von Kompensationsgeschäften eine Rolle.

10 Dieser Begriff wird in Quellen des Ministeriums für Außenhandel (MAh) explizit verwendet.

Damit eine Zentralplanung auf längere Sicht stabile Verhältnisse für die Betriebe schafft, müssen die vorgegebenen Kennziffern zum Betriebsablauf passen und über die durchschnittliche Betriebsperiode hin konstant gehalten werden. Für den Außenwirtschaftsverkehr bedeutet dies die Vorstellung von stabilen Kursverhältnissen gegenüber den wichtigsten konvertiblen Währungen, die zur Abwicklung verwendet werden. Deshalb orientierten sich die meisten RGW-Länder am US-Dollar und die DDR wegen ihrer spezifischen Lage an der DM.

Allerdings wurde das interne Umrechnungsverhältnis der Mark der DDR gegenüber westlichen Währungen, vor allem dem US-$ nicht automatisch mit dem Schwanken des Frankfurter Devisenkurses geändert. Die Anpassungen erfolgten nach unterschiedlich langen Reaktionszeiten. Zwei Gründe wurden angeführt:

a)   Die Zwänge der Zentralplanwirtschaft erforderten es, den Wechselkurs für Planungszwecke über längere Zeiträume stabil zu halten. Andernfalls wäre die Kontrolle über die Betriebe verloren gegangen[11].

b)   Währungsturbulenzen an kapitalistischen Finanzmärkten wurden als vorübergehende Krisen interpretiert. Selbst in der zweiten Hälfte der 80er Jahre waren DDR-Verantwortliche noch überzeugt, daß das westliche Ausland (in der DDR-Terminologie 'NSW') über kurz oder lang wieder zu festen Wechselkursen zurückkehren müßte. Da man sich von kapitalistischen Krisen befreit zu haben glaubte, war es unnötig, ja sogar falsch, den relativen Verschiebungen der Währungsstruktur im Außenhandel jeweils sofort Umbewertungen der Bilanzen folgen zu lassen. Es gab jedoch bereits spätestens 1979 Warnungen aus dem MAh: „Der Außenhandel vollzieht sich als Austauschprozeß in Wert- bzw. Preisform und nicht in Gebrauchswertform. Der statistische Ausweis muß dem Rechnung tragen. D.h., da Veränderungen von Kursrelationen das Ergebnis realer ökonomischer Prozesse sind, ist es grundsätzlich <u>nicht</u> zulässig, Änderungen der tatsächlichen Kurse in der Statistik zu eliminieren, um eine fiktive AH-Entwicklung (zu künstlich starr gehaltenen Kursen) auszuweisen (Ein solches Vorgehen ist höchstens zusätzlich, als eine Art von 'Hätte-Rechnung' zu akzeptieren.)"[12].

Mit der Umgestaltung der Kursverhältnisse 1959, der 1965 der Übergang von der Rubel-Rechnung in VM-Rechnung in der publizierten Außenhandelsstatistik folgte, war eine organisatorische Vereinheitlichung und Vereinfachung der Außenhandels-

---

11   „Die internen Umrechnungsverhältnisse bleiben grundsätzlich für ein Planjahr unverändert, wodurch eine gleiche Bewertung der Ex- und Importe in der Plandurchführung, Abrechnung und wirtschaftlichen Rechnungsführung für das gesamte Planjahr gewährleistet wird" (BAP L-2/6054: VD 171/79, S. 13).

12   Ebenda, S. 15.

planung und -abrechnung erfolgt. „Ökonomisch begründete Umrechnungsverhältnisse der Mark der DDR zu den kapitalistischen Währungen wurden jedoch damit
nicht geschaffen", weil das Verhältnis eins zu eins zur DM keine ökonomische Basis
hatte. Die Kostensituation in den Betrieben der DDR hatte sich kontinuierlich gegenüber dem Aufwand bundesdeutscher Produzenten verschlechtert. Um die formale
Bilanzierung der Betriebe mit Exportgüterproduktion zu gewährleisten, mußten, abhängig vom Wechselkursniveau der DM gegenüber den anderen Fakturierwährun-
gen vom Staatshaushaltskonto in der Notenbank 'Preisausgleiche' auf die Konten
der Betriebe umgebucht werden[13].

Für Exportwaren in das westliche Ausland schätzte Abeken 1958 die Kosten-Erlös-
Differenz auf ca. 5-10 %[14], da Inlandspreise „im groben Durchschnitt ... in der SBZ
nicht sehr viel höher [liegen] als in der Bundesrepublik". 1962 betrug der durchschnittliche Inlandsaufwand für Exportwaren in den Westen 1,17 MDN (Mark der
Deutschen Notenbank, d.h. in nicht-konvertibler Binnenwährung) je 1 VM (Valutamark, d.h. Rechnungsäquivalent für die DM) und 1965 zwischen 1,50[15] und 1,64
MDN[16]. Walter Ulbricht nannte 1963 einen Produktivitätsrückstand von ca. 25%[17].

---

13 Allerdings waren die Preisausgleiche, die für verkaufte Waren gewährt wurden, nur eine Seite des
    Exportgeschäfts. 1962 beispielsweise wurde festgestellt: „Ein großer Teil der für den Export pro-
    duzierten Erzeugnisse ist jedoch in die Bestände bei den Außenhandelsunternehmen eingegangen.
    ... 70% dieser Bestände sind Überplanbestände. ... Über die Hälfte der Überplanbestände entfallen
    auf ... Maschinenexport, Chemieausrüstungen, Werkzeugmaschinen/Metallwaren, Heimelektrik
    und Elektrotechnik" (ZPA IV 2/6.08/57, Bl. 8). Hier deutet sich bereits an, was Ende der sechziger
    Jahre Realität wurde. Eigene Technologieerzeugnisse fanden im Westen kaum noch Absatz. Und
    noch schlimmer kam es für die Ostblockländer auf der Importseite. Hochtechnologie war seit Ende
    der sechziger Jahre im Rahmen des sozialistischen Welthandel nicht mehr zu kaufen und war zu-
    meist westlichen Ursprungs. Hier zeigte sich ein sehr wichtiger Schwachpunkt des Sowjetsystems.
    Vom militärisch-industriellen Komplex der Sowjetunion gab es keinen Wissenstransfer in die zi-
    vile Fertigung hinüber.
14 Gerhard Abeken, Die Kaufkraft der DM-Ost, in: Zeitschrift für das gesamte Kreditwesen, 1958, 9.
    Jg., H. 44, S. 9f.
15 BAP DE-1/56505 (VVS B 5/2-348/66, S. 59).
16 ZPA IV A2/2.021/691, Bl. 24. Der in diesen Daten erkennbare Wettbewerbsverlust korrespondiert
    mit den Ergebnissen eines Reallohnvergleichs, die das Zentrale Forschungsinstitut für Arbeit in ei-
    ner Analyse 1968 festgestellt hat: Bereits ab 1954, jedoch verstärkt ab 1958 und in den sechziger
    Jahren beschleunigt sich die Produktivitätssteigerung in der westdeutschen Industrie" (ZPA IV
    A2/6.08/130, Zentrales Forschungsinstitut für Arbeit, Entwurf zu einem Vergleich der Arbeiter-
    löhne der Industrie zwischen DDR und Westdeutschland, 26.3.1968, S 9f.: „Nach Veröffentlichun-
    gen des WWI der westdeutschen Gewerkschaften wird jedoch selbst die Nominallohnentwicklung
    ab 1954 von der der Arbeitsproduktivität übertroffen, in den letzten Jahren bis zu 14 Prozent".).
    Diese Feststellung paßt zu den Ergebnissen von Joachim Radkau, der aus bundesrepublikanischer
    Sicht in der zweiten Hälfte der fünfziger Jahre die Wende in der technischen Entwicklung sieht
    (Joachim Radkau, „Wirtschaftswunder" ohne technologische Innovation?. Technische Modernität
    in den fünfziger Jahren, in: Axel Schildt / Arnold Sywottek (Hrsg.), Modernisierung im Wieder-

Dieser Wert paßt nahtlos in diesen Trend und dürfte mit dieser Methode berechnet worden sein.

Jede Aufwertung der DM gegenüber anderen Währungen, wie sie nach 1968 immer häufiger erfolgten, war de facto eine Abwertung der Mark der DDR, da sich die Binnenpreise nicht entsprechend änderten. Dabei hatte das Kursverhältnis DM-US $ strategische Bedeutung, da etwa die Hälfte des gesamten Außenhandels mit dem westlichen Ausland in Dollar abgewickelt wurde[18].

Ab 1971 wurde die ex post bezahlte effektive Preisstützung aus dem Staatshaushalt durch den ex ante festgelegten und den Kombinaten bekannten Kursbestandteil 'Richtungskoeffizient' ersetzt. Die Staatliche Plankommission (SPK) war der Ansicht, daß dadurch

„ökonomisch begründete Kurse in der wirtschaftlichen Rechnungsführung der Kombinate und Betriebe wirksam" seien. „Stützungen aus dem Staatshaushalt werden nur noch bei Exporten gezahlt, deren Rentabilität unter dem volkswirtschaftlichen Durchschnitt liegt".

Von den Kombinaten waren in diesem Sinne Ende der achtziger Jahre im Export in sozialistische Länder ca. zwei Drittel rentabel, im NSW-Export etwas weniger (ca. 62%). Export-Rentabilität bedeutete allerdings in der DDR-Terminologie, daß, ausgehend vom volkswirtschaftlichen Durchschnitt, der einzelne Betrieb bzw. die einzelnen Waren bewertet wurden. Die Exportrentabilität für das westliche Ausland war so beispielsweise für einen Betrieb positiv, wenn er weniger Stützungen aus dem Staatshaushalt benötigte, als der sog. Richtungskoeffizient (Riko) vorsah. Der Riko stand zuletzt für das NSW auf 340 % Aufschlag auf die in VM berechneten Exporterlöse von 1 DM = 1 VM, d.h. der kalkulierte durchschnittliche Inlandsaufwand je erlöster Valutamark im gesamten NSW-Export betrug zuletzt 4,40 DDR-Mark. Um diesen Wert streuten die Ergebnisse sehr stark, wie nachfolgende Darstellung zeigt:

---

aufbau. Die westdeutsche Gesellschaft der 50er Jahre, Bonn 1993, S. 129-154.

17   zitiert nach DIW, Handbuch DDR-Wirtschaft, Reinbek 1985, S. 141. Das DIW schätzte den Produktivitätsstand der DDR 1975 auf 59% der Bundesrepublik (ebenda, S. 144).

18   Vgl. BAP/L-2/6051-54.

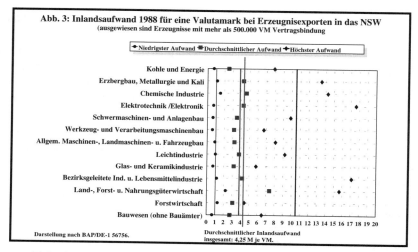

Abb. 3: Inlandsaufwand 1988 für eine Valutamark bei Erzeugnisexporten in das NSW
(ausgewiesen sind Erzeugnisse mit mehr als 500.000 VM Vertragsbindung

Darstellung nach BAP/DE-1 56756.

Durchschnittlicher Inlandsaufwand
insgesamt: 4,25 M je VM.

Tab. 1: Inlandsaufwand in Mark für eine Valutamark bei dem Erzeugnisexport der Bereiche ... in das NSW 1988
(ausgewiesen sind Erzeugnisse mit einer Vertragsbindung von über 500.000 Valutamark / Jahr)

	∅-Aufwand	Höchster Aufwand	Niedrigster Aufwand
Ministerium für Kohle und Energie	2,50	7,90	0,72
Min. für Erzbergbau, Metallurgie und Kali	4,26	13,50	1,12
Min. für chemische Industrie	4,62	14,26	1,50
Min. für Elektrotechnik /Elektronik	4,24	17,60	0,71
Min. für Schwermaschinen- und Anlagenbau	3,47	9,85	0,65
Min. für Werkzeug- und Verarbeitungsmaschinenbau	3,15	6,70	0,60
Min. für Allgemeinen Maschinen-, Landmaschinen- und Fahrzeugbau	3,22	8,08	0,90
Min. für Leichtindustrie	3,77	9,20	0,99
Min. für Glas- und Keramikindustrie	3,17	5,81	0,71
Min. für Bezirksgeleitete Industrie und Lebensmittelindustrie (ohne BWR)	4,18	17,12	1,16
Min. für Land-, Forst- und Nahrungsgüterwirtschaft	7,41	15,69	2,22
Min. für Forstwirtschaft	3,06	4,46	1,29
Min. für Bauwesen (ohne Bauämter)	2,74	6,53	0,65
∅-Aufwand insgesamt:	4,25		

Für einen Weltmarktvergleich interessant ist in der Abbildung die Kostenlinie bei einer Mark. Diese bedeutet, daß zumindest produktionskostendeckende Verkaufserlöse auf den Weltmärkten erreicht werden konnten.

Als Datenreihe des Ministeriums für Außenhandel stehen die DDR-internen Umrechnungssätze für Exportgüter in das nichtsozialistische Wirtschaftsgebiet seit 1968 zur Verfügung[19]. Die Inlandsaufwendungen bei Exportgütern in das westliche Ausland standen 1970 bei 1,86 DDR-Mark und zuletzt in einer Relation von 4,40 DDR-Mark für eine Valutamark bzw. DM. Vor 1968 können für einige Jahre die bereits erwähnten einzelnen Jahresnennungen als Stützpunkte einer Kurve dienen.

In Abbildung 1 ist die Entwicklung des internen Umrechnungsverhältnisses dargestellt. Der rapide Abfall gegen Ende der 1980er Jahre hat mit der Verschuldung und dem daraus folgenden Zwang zu tun, um jeden Preis zu verkaufen. So betrug die Schuldendienstrate der DDR als Quotient des jährlich zu leistenden Schuldendienstes für eingegangene Auslandsverbindlichkeiten in internationaler Liquidität in Relation zu den Devisenerlösen aus Exporten - im Idealfall maximal 25% - zuletzt etwa 150%[20]. Die SPK kam zum Schluß: „Allein ein Stoppen der Verschuldung würde im Jahre 1990 eine Senkung des Lebensstandards um 25 - 30 % erfordern und die DDR unregierbar machen. Selbst wenn das der Bevölkerung zugemutet würde, ist das erforderliche [und auch absetzbare, O.S.] Endprodukt in dieser Größenordnung nicht aufzubringen"[21].

Die Verschuldung resultierte nach Ansicht der Autoren der Expertise von 1988 für das Politbüro, Ernst Höfner[22] und Horst Kaminsky[23], aus dem gestiegenen Importüberschuß im Untersuchungszeitraum. Daraus hätte ein Produktivitätszuwachs entstehen sollen, der zur Exportsteigerung und Rückzahlung geführt hätte. Außerdem wurde im Inland mehr verteilt als geplant war. Die in den 1980er Jahren gestiegenen Exportüberschüsse (zwischen 1981 und 1987 16 Mrd. VM) reichten nicht mehr aus, um allein die Valutaaufwendungen für Zinsen und Kreditkosten (35,6 Mrd. VM) zu decken, so daß die saldierten Valutaverbindlichkeiten weiter anstiegen. „Im Jahre 1987 wurden für die Bezahlung der Zinsen und Kreditkosten rd. 5 Mrd. Valutamark aufgewendet, was die Bereitstellung von 20 Mrd. M Exportwaren zu inneren Preisen erforderlich machte und in gleicher Höhe den Staatshaushalt belastete. Das ist eine Größenordnung, die rd. 40 % des Jahresexports für 1987 in das nichtsozialistische Wirtschaftsgebiet beträgt und den jährlichen Zuwachs an produziertem Nationalein-

---

19 Es wurde also nur bis zur Industriepreisreform zurückgerechnet. Für die Gründe siehe unten, Kap. II.

20 Analyse der ökonomischen Lage der DDR mit Schlußfolgerungen, 27. 10. 1989, S. 11, abgedruckt in: Das Parlament, 13. September 1994, S. 13f.

21 Ebenda.

22 Minister der Finanzen, seit 1981.

23 Präsident der Staatsbank, seit 1974.

kommen beträchtlich überschreitet. Zur Finanzierung der Zins- und Tilgungsmaß-
nahmen mußten neue Kredite aufgenommen werden, was zu einem weiteren Anstei-
gen der Valutaverbindlichkeiten gegenüber dem NSW geführt hat"[24]. Damit war die
DDR de facto illiquide.

2. Der Berliner Freiverkehrskurs (Sortenkurs)

Die zweite Außenberührung der DDR-Währung war der Sortenkurs, der von DDR-
Offiziellen als 'Schwindelkurs' bezeichnet wurde. Die Freiverkehrsnotiz (Geld-,
Brief- und Mittelkurs) für den Sortentausch legte vor 1968 das Westberliner Landes-
finanzamt für den Berliner 'Nahverkehr' amtlich fest[25]. Im August 1948 stand der
Kurs auf 47,62 DM für 100 Ostmark. Er sank bis Dezember 1948 auf 27,40 DM und
bis 1961 auf knapp 23 DM. Anschließend pendelte er um ein Niveau von ca. 30 DM
bis 1967. Unter der Annahme, daß die Vier-Sektoren-Stadt Berlin und die dort ge-
bildeten Relationen repräsentativ für den Vergleich sind, ergibt sich als erste grobe
Interpretation, daß sich in der Reichsmarkzeit zwischen 1945 und Juli 1948 die
(Konsumenten-)Kaufkraft in der SBZ halbiert hat. Die vor allem zu Zwecken der
Machtsicherung und der Schwächung der privaten Wirtschaftsbetriebe[26] durchge-

---

24   BAP DE 1/56756.

25   Die Notierung für den Sortentausch wurde ursprünglich zur Umrechnung der beiden parallel in
      Groß-Berlin nach Juli 1948 umlaufenden Währungen vom Landesfinanzamt für Steuerzahlungs-
      zwecke festgesetzt und erstmals am 1. April 1949 (rückwirkend bis Juli 1948) veröffentlicht. Sie
      bildeten die Grundlage für den Geldhandel der Berliner Wechselstuben, die sich zuerst Ende Juli
      1948 als nichtamtlicher Markt an Anordnung der Militärbehörden konstituiert hatten. Mit dem
      Jahresende 1967 wurde das 'Gesetz über den Ost-Markumtausch' aufgehoben und die amtliche
      Kursfeststellung eingestellt. Danach gab es nur noch Freiverkehrsnotierungen der Banken.

26   So heißt es in einem Lehrbuch der DDR (Autorenkollektiv: Das Finanzsystem der DDR, Berlin
      1962, Seite 17): „Entscheidend sind aber die Unterschiede, wie die Lasten des Geldschnittes auf die
      verschiedenen Klassen und Schichten der Bevölkerung verteilt werden". Im einzelnen waren dies
      vor allem folgende Maßnahmen: 1. Kontenumwertung VEB mit 1:1, dagegen privat mit 10:1; 2.
      Konten über RM 5000,- wurden auf Spekulationsgewinne überprüft; 3. Es erfolgte keine Berück-
      sichtigung von buchungstechnisch offenen Posten bei der Kontensperre am Stichtag 9. Mai 1945
      bei Banken und Verrechnung in Richtung ehemals besetzte Gebiete. Bezahlte, aber nicht mehr ver-
      rechnete Geschäftsvorgänge vor der Kapitulation blieben so falsch eingestellt.; 4. Aufgerechnete
      Plus- und Minussalden waren nach dem 14. August 1945 nicht mehr ausgleichbar; 5. Gesperrte
      private Altgutbaben wurden in die Altguthaben-Ablösungsanleihe zwangsweise umgewandelt. Die
      vorgesehene Tilgung lag bei 25 Jahresraten, erstmalig 1959 . Bei über RM 3000,- erfolgte die -
      objektiv nicht nachvollziehbare - Überprüfung auf Kriegsgewinn; 6. Private Schuldverpflichtungen
      gegenüber Banken blieben mit 1:1 bestehen, da es sich hierbei um VE-Konten [Volkseigene Kon-
      ten bei verstaatlichten Banken] handelte. Darunter fielen auch Kredite, die sowohl vor als auch
      nach dem 8. Mai 1945 ausgereicht worden waren. Für inzwischen enteignete Betriebe (VEB's)
      galten die von den früheren Privatbetrieben aufgenommenen Kredite als erloschen, nicht aber für
      die ehemaligen Eigentümer. 7. Einzug der Schuldbeträge gemäß SMAD-Befehl Nr. 66 vom 9.
      März 1946 angewiesen. (Stundungsvereinbarungen möglich). 8. Die Währungsumstellung erfaßte
      nicht die Kriegsschäden. Bei privaten Personengesellschaften oder Einzelunternehmen mußten die

führte Währungsumstellung im Osten in Verbindung mit einer Intensivierung der Zentralplanwirtschaft minderte dann die Kurswerte weiterhin.

Aus Abbildung 1 läßt sich erkennen, daß zwischen 1958 und 1964 beide Kurven - Internes Umrechnungsverhältnis und Freiverkehrsnotiz - unabhängig voneinander sind. Ab 1965 bis ins Jahr 1989 hinein haben beide Reihen langfristig gesehen den gleichen Verlauf. Der tendenzielle Verfall resultiert aus einem Überangebot an DDR-Währung, die zwecks Devisenbeschaffung nur aus der DDR selbst zufließen konnten. Mit der Grenzöffnung - die Monatskurse zeigen diese Entwicklung genauer - beginnt der Markt zu reagieren, in der DDR herrscht praktisch Parallelwährung, läßt den Sortenkurs über den kommerziellen Kurs hinaus steigen bis zum Niveau der erwarteten Umstellung.

Dies ist sehr interessant für die erste Phase der Kurve zwischen 1948 und 1950. Auch damals bestand in West-Berlin ein reagibler Markt, da beide Währungen umliefen. Auch wenn das Sortenkursniveau kaum einen Hinweis auf das Niveau eines Produktivitätsvergleichs der Gesamtwirtschaften zuläßt, so kann man trotzdem annehmen, daß der scharfe Einbruch zwischen 1948 und 1950 Rückschlüsse auf einen produktivitätsbestimmten Wechselkursverlauf in dieser Zeit zuläßt. Ein Lohnvergleich in dieser Zeit ergibt diesen Einbruch nicht, da die Löhne in der DDR zu dieser Zeit unabhängig von der Produktivität waren. Dies wurde mehrmals beklagt (siehe unten, S. 191ff.).

3.   Die Koeffizientenreihe des Renten-Überleitungsgesetzes (RÜG)

Im Rentenüberleitungsgesetz von 1991 wurde ein Koeffizient veröffentlicht, der auf der Basis der Beitragsbemessungsgrundlagen der Umstellung der Renten in den neuen Bundesländern galt[27]. Unter der Prämisse einer rechnerischen Identität der beiden deutschen Währungen ergibt sich somit aus den Daten des RÜG (als ein dem

---

Kriegsschäden an Stelle des Verlust- und Gewinnkontos über das Kapitalkonto, bei Kapitalgesellschaften über die Bildung von Wertausgleichsposten finanziert werden (Runderlaß Nr. 148 der Deutschen Zentral-Finanzverwaltung vom 16.Januar.1947) Der Ausgleich, dann generell über das Kapitalkonto erfolgte Ende 1952 (Anweisung des Ministeriums der Finanzen Nr. 216/52 vom 29. Oktober 1952). In den Akten heißt es dazu in einer Stellungnahme lapidar: „Vorschriften über Konkurseröffnung müssen unserer Ansicht nach unbedingt vorgesehen werden, resp- erlassen werden schon im Hinblick auf den Wertausgleichsposten, der diese Frage bei der Veröffentlichung der Anordnung Nr. 148 der früheren Zentralfinanzverwaltung offen liess resp. nicht klar definierte" (BAP C-15/137, Bl. 26.) (Zusammengestellt nach P. Frenzel, Die rote Mark, Herford 1989 und Mitteilung von H. Hoffmann, Dresden.).

27   Gesetz zur Herstellung der Rechtseinheit in der gesetzlichen Renten- und Unfallversicherung (Renten-Überleitungsgesetz - RÜG), Anlage 10: Werte zur Umrechnung der Beitragsbemessungsgrundlagen des Beitrittsgebiets. Als Verdienst zählen hierbei „der beitragspflichtige Arbeitsverdienst, die versicherungspflichtige Einkünfte sowie der Verdienst, für den Beiträge zur freiwilligen Zusatzrentenversicherung oder freiwillige Beiträge zur Rentenversicherung ... gezahlt worden sind" (§ 256a RÜG).

Richtungskoeffizienten ähnlicher Reduktionskoeffizient) ein Lohnvergleich auf der Basis durchschnittlicher Einkommen auf Beitragsbasis[28]. Da im rentenversicherungspflichtigen Entgelt der DDR-Arbeitnehmer ca. 5-7 % des Bruttolohnes ebenso wie die Prämien nicht enthalten waren, ergibt sich für 1989 eine Differenz von ca. 20 % zum höheren Durchschnittslohn im produzierenden Bereich, wie er im Statistischen Jahrbuch der DDR publiziert wurde. Wie noch zu zeigen ist, beschreiben die Daten der RÜG-Reihe als Trendlinie für die Entwicklung der *Arbeits*einkommen den gesamten Zeitraum ähnlich wie Zeitreihen, welche aus internen Angaben der DDR errechnet werden können.

4.   Der Umrechnungskoeffizient von Merkel/Wahl

Einen weiteren Trend haben Wilma Merkel und Stefanie Wahl 1991 für eine Neuberechnung des Bruttoinlandsproduktes der DDR auf DM-Basis seit 1950 geschätzt[29]. Um die in Binnenwährungsgrößen ausgewiesenen Wertangaben in international vergleichbare Größen zu überführen, wurde ein „spezieller Umrechnungskoeffizient entwickelt, in den mehrere quantitative und qualitative Faktoren eingingen. Hierzu gehören u.a. Unterschiede in Niveau, Lebensdauer und Qualität der Erzeugnisse und Leistungen der einzelnen Wirtschaftsbereiche zwischen dem östlichen und westlichen Teil Deutschlands, durch das Subventionssystem und die Kaufkraftabschöpfung verursachte Preisverzerrungen in der DDR, Produktivitätsrückstände gegenüber der BRD sowie in begrenztem Umfang Schwankungen in den offiziellen Wechselkursverhältnissen zwischen der Mark der DDR und der DM"[30]. Zur Methode ist hier anzumerken, daß letztendlich der Datenhintergrund nicht ausreichend nach Gewicht und Konsistenz der Teilreihen deutlich wird. Vermutlich wäre deshalb ein Bandbreitenvorschlag sinnvoller gewesen. Vergleicht man den Koeffizienten mit den Ergebnissen der Währungsumstellung, so scheint es, daß der Koeffizient durch die beiden Grenzwerte 1946 = 1 und 1990 = 0,56 (summarisches Ergebnis der Währungsumstellung von 1 DM = 1,81 M) determiniert und relativ mechanisch abgezinst wurde.

Das große Verdienst der Publikation von Merkel/Wahl ist die Aufbereitung einer Reihe zur Entwicklung eines Bruttoinlandsprodukts der DDR zwischen 1950 und

---

28   Ostdurchschnittsentgelte für die Rentenversicherung, welche als Orts-Daten verwendet wurden, sind das rentenversicherungspflichtige Entgelt des Bruttolohnes in der DDR. Das bedeutet: ca. 5-7% des Bruttolohnes waren versicherungsfrei. Ebenso versicherungsfrei waren die Prämien. Diese waren bis ca. 1980 ziemlich konstant. Seit den 80er Jahren wird es ziemlich unübersichtlich (Auskunft BM f. Arbeit und Sozialordnung, Bonn).

29   Wilma Merkel / Stefanie Wahl, Das geplünderte Deutschland, Bonn 1991. Verf. hat von Frau Merkel Einblick in ihre Arbeitsunterlagen erhalten. An dieser Stelle sei Ihr noch einmal herzlich dafür gedankt.

30   Merkel / Wahl, S. 47.

1989. Allerdings fehlt darin der Anteil der sogenannten X-Bereiche[31]. Dies dürfte der wichtigste Grund für die Unterscheidung zur Berechnung des Inlandsproduktes 1980-1989 durch das Statistische Amt der DDR 1990 gewesen sein. Noch zu klären sind ebenso die Differenzen der Anfangsjahre, da sich die DIW-Schätzungen von 1972[32], die letztendlich auf den Analysen um 1950 beruhen, auf einem signifikant höheren Niveau bewegen. Um die BIP-Reihe von Merkel/Wahl um die Kostenbestandteile der X-Bereiche über den gesamten Zeitraum zu erhöhen, bedarf es noch weiterer Archivalien, da diese Werte grundsätzlich nicht durch die Staatliche Zentralverwaltung für Statistik berechnet wurden. Einen möglichen Ersatzindikator bietet allerdings die Entwicklung des Personalbestandes der X-Bereiche.

II. Theoretisches zum Währungsvergleich

Als Modell bildet die einfache Kaufkraftparitätentheorie eine Beziehung zwischen Wechselkurs und innerem Preisniveau ab. Die erweiterte Kaufkraftparitätentheorie stellt kausale Beziehungen zwischen Preisniveauänderungen im In- und Ausland und dem Wechselkurs der inländischen Währung her[33]. Bei gravierenden strukturellen Abweichungen der Länder bezüglich Produktions- und Nachfragebedingungen kommt es allerdings regelmäßig zu Abweichungen zwischen der Entwicklung der Konsumentenkaufkraft und der der Wechselkurse. Bei monetär verursachten Änderungen in einem System flexibler Wechselkurse bleibt auf lange Sicht die Kaufkraftparität der Währungen erhalten, solange die güterwirtschaftlichen Strukturen vergleichbar bleiben[34]. Zum Modell für die Bestimmung kaufkraft-gestützter Wechselkurse zwischen zwei Währungen gehören also mehrere Faktoren:

- Relation der Geldmengen und der Preisniveaus
- Wechselkurse
- Relation der Produktivitäts- und Lohnniveaus

Das inländische Preisniveau korreliert deutlich mit der Entwicklung des Lohnniveaus und beide sind wiederum abhängig von der Produktivitätsentwicklung. Läßt man Kapitalverkehr außer acht, so spiegelt der intervalutarische Wechselkurs die Kaufkraftrelation der Menge der handelbaren Güter als Ergebnis ihres Absatzes auf Märkten, wobei die *terms of trade* relativ konstant bleiben. Die marktmäßig erzielten Preise bestimmen für den Bereich der handelbaren Güter deren Kostenniveau, d.h. den Produktivitätsstand, um konkurrenzfähig zu bleiben. Das Preisniveau bei nichthandelbaren Gütern ist dem Modell nach proportional dem inländischen Lohnniveau. Da bei nichthandelbaren Gütern, wie beispielsweise Dienstleistungen, die Arbeitsproduktivität verschiedener Länder eher vergleichbar ist, entspricht ein Wech-

---

31   U.a. Schutz- und Sicherheitsbereiche sowie geheime Sektoren der Wirtschaft.
32   Siehe Fn 44.
33   Rasul Shams, Wechselkurstheorie und Wechselkurspolitik, München 1985, S. 31.
34   Alfred Kruse, Außenwirtschaft, Berlin 1958, S. 263.

selkurs, der sich auf handelbare Güter bezieht, in zunehmendem Maße nicht der Kaufkraftrelation, wie der Anteil der nichthandelbaren Güter an der Gesamtsumme aller Güter steigt.

Für das angestrebte Ergebnis, einen angemessenen Umrechnungskoeffizienten zwischen DDR-Währung und - repräsentativ für westliche Währungen - DM zu finden, müssen deshalb die angesprochenen Indikatoren untersucht werden. Zuvor muß allerdings der Begriff der relativen Kaufkraft im Systemvergleich präzisiert werden. Zum einen kann ein kaufkraftgestützter Wechselkurs infolge der Preisverzerrungen in sozialistischen Ländern sich nicht auf eine Konsumentenkaufkraft-Parität stützen und zum anderen hatte intervalutarisch wirksame Kaufkraft in sozialistischen Ländern nur der Staat, der gleichfalls versuchte, die nachfragekräftige Kaufkraft seiner Bürger im Inland zu begrenzen. Zur Bestimmung der kaufkräftigen Geldmenge wurde in der DDR lediglich der Geldfonds, also im wesentlichen der Bargeldumlauf berücksichtigt, d.h. gut 80% der Geld- und Kreditbilanz des Staates blieben unberücksichtigt[35]. Sucht man deshalb eine Maßgröße zur Bestimmung von Wechselkursen zwischen den Systemen, um die Wertangaben sozialistischer Länder mit denen von Ländern mit konvertiblen Währungen vergleichbar zu machen, so kann man sinnvoll nur gesamtwirtschaftliche Produktivitäten oder Einkommen vergleichen.

Seit 1931 gab es in Deutschland eine Binnenwährung mit Devisen- und später Außenwirtschaftskontrollen. Beides wurde im Laufe der Jahre zur Zwangswirtschaft ausgebaut. Mit dem Preis- und Lohnstop von 1936, dem Neuen Finanzplan von 1938 und dem neuen Bankgesetz von 1939 waren die finanziellen Kriegsvorbereitungen abgeschlossen. Es bestand eine vollständig manipulierte Währung, losgelöst von allen mechanischen oder materiellen Bremsen. Das finanzielle Ergebnis des Zweiten Weltkriegs stellte sich dar als ein Geldüberhang von über 90% des Geldvolumens.

Die Währung der sowjetischen Besatzungszone (SBZ) und später der DDR blieb eine Binnenwährung. Dazu übernahm die DDR die durch die sowjetische Militäradministration fortgeführten Lohn- und Preisstops in der Fassung von 1944 (SMAD-Befehl Nr. 9/1945) sowie die bestehende Außenhandelszwangswirtschaft, die rasch in ein Außenhandelsmonopol des Staates ausgebaut wurde. Nach westlichen Schätzungen verblieb nach dem Geldumtausch von 1948 ein großer Geldüberhang.

Die Währung in den Westzonen war in den ersten drei Nachkriegsjahren ebenso eine reine Binnenwährung. Mit der Währungs- und Wirtschaftsreform von 1948 wurde der Geldüberhang beseitigt, die meisten Preisvorschriften und Bewirtschaftungsmaßnahmen beendet sowie der Lohnstop aufgehoben. Im Zuge der westeuropäischen Reintegration wurde auch der Außenhandel liberalisiert. Den Abschluß dieser Ent-

---

35 BAP DE-1 56756, Anlage 6.

wicklung bildete der Übergang zur unbeschränkten Konvertibilität der DM zum Ende des Jahres 1958. Die Währungen in beiden Gebieten waren Kaufkraftwährungen, d.h. sie waren tatsächlich - trotz definierter Goldparität - abhängig von der institutionellen Gestaltung der Geld- und Währungspolitik, der Entwicklung der wirtschaftlichen Produktivität, der Einkommensentwicklung und Außenwirtschaftseinflüssen, die alle indirekt oder direkt auf das Preisniveau einwirkten. Unter der Voraussetzung, daß das Preisniveau reagibel ist auf Veränderungen der ihm zugrundeliegenden Daten, bildet sich ein Wechselkursniveau als die Relation der beiden Preisniveaus. Unter einem rigiden Preisstop-System ist ein solcherart gebildeter Wechselkurs nicht mehr aussagefähig. Alternativ bieten sich Vergleiche von Basisdaten (Produktivitäts-, Einkommensentwicklung) zur Bildung von entsprechenden Koeffizienten an. Weitere Möglichkeiten ergeben sich formal aus der Wechselkurstheorie (siehe oben, S. 185). Der Wechselkurs spiegelt die Kaufkraftparität bei gleichbleibenden Terms of Trade. Ist der Wechselkurs nun fixiert, so kann die Entwicklung der ToT als Wechselkursrelation interpretiert werden. Der hier angewandte Umkehrschluß gilt natürlich ebenfalls für einen Vergleich von aussagefähigen Preisniveau-Daten der DDR.

Um die Wirtschaftsentwicklung der DDR mit derjenigen der Bundesrepublik vergleichen zu können, bedarf es eines quantitativen Maßstabes. Hierfür sind verschiedene Möglichkeiten gegeben. Zum einen kann man die Anfangsjahre nach 1945 in den beiden Räumen auf der gemeinsamen Grundlage von Daten der Zwischenkriegszeit vergleichen; zum anderen läßt sich dieses Verfahren auch für die Jahre 1989/90 unter Verwendung der Entwicklungslinien von 1989-1991 anwenden. Ungelöst bleibt dabei der Entwicklungsgang dazwischen, für dessen Vergleich geeignete Koeffizientenreihen mit Wechselkursqualität vor 1990 nicht bekannt waren.

Wechselkurse sind Preise und ebenso ist für einen (gesamtwirtschaftlichen) Produktivitätsvergleich die Kenntnis über die Entwicklung der jeweils dahinterstehenden Preisniveaus von Bedeutung. Hier zeigt sich nun, daß die DDR-Preisgeschichte zwei Phasen kennt.

Bis in die Mitte der sechziger Jahre standen die Industriepreise in keinerlei Relation zu den zugrundeliegenden Kosten. So stellte Günter Mittag in einem Referat beim Politbüro fest, daß erst mit der Industriepreisreform[36] eine reale Erfassung der Kosten möglich sei. „Als Ergebnis der Industriepreisreform und der Umbewertung der Grundmittel liegen nunmehr Angaben über die tatsächlichen Aufwendungen in unserer Volkswirtschaft und ihren Zweigen vor, die die tatsächlichen ökonomischen Ergebnisse einigermaßen real widerspiegeln"[37]. So sah man es auch in der SPK[38]. Zu-

---

36 Zur Industriepreisreform siehe auch Erich Rohr, Die Industriepreisreform in der DDR (1964-1967), Berlin 1971.

37 Stenografische Niederschrift der 13. Tagung des Zentralkomitees des SED vom 15. bis 17. Sep-

vor war dies offenbar kaum möglich. Im Zuge der Reformen, die mit dem Namen Neues Ökonomisches System verbunden waren, wurde der Richtungskoeffizient eingeführt. In Berechnungen aus den 1980er Jahren wird der Riko regelmäßig nur bis in das Jahr 1968 zurück aufgelistet. Dies deutet darauf hin, daß durchgehende Vergleiche aus späterer Perspektive kaum durchgeführt wurden. Ein Indiz für die realistischere Einschätzung der Kostensituation ist die massive Korrektur des Inlandsaufwands-Koeffizienten / Riko zwischen 1965 und 1968 von 0,65 auf 0,45.

Wissenschaftshistorisch deckt sich die Zäsur mit dem Generationenwechsel bei den DDR-Forschern[39] ebenso wie dem Umstand, daß der Mauerbau den Informationsfluß drastisch reduzierte. Die Generation, die das Kriegsende und den Wiederaufbau bewußt erlebt hatten, trat ab und mit ihr ging allmählich und in größerem Ausmaß die Fähigkeit verloren, aus den verfügbaren Daten zutreffende Entwicklungen in der Wirtschaft der DDR zu erkennen.

Nachfolgend sollen für die drei Zeitabschnitte - vor 1967, 1968-1989 und 1989/90 unter Verwendung bisher erarbeiteter Vergleichsmaßstäbe und aus inzwischen zugänglichen Quellen aus den Archiven der ehemaligen DDR die verschiedenen Wechselkurskoeffizienten zwischen der Mark der DDR und der D-Mark zusammengestellt und mit den eingangs vorgestellten langen Reihen abgeglichen werden.

III. Die Ausgangslage 1945-1965/67

1. Zur Produktivitätsentwicklung

Gesamtwirtschaftlich betrachtet war die Produktivität in der späteren Bundesrepublik 1936 um etwa 6% höher als in der späteren DDR. Allerdings kam es dann bis 1943 zu massiven Investitionen in großindustrielle Anlagen und Infrastruktur in Mitteldeutschland, die zum Ergebnis hatten, daß die gesamte Faktorproduktivität gegenüber anderen Landesteilen deutlich anstieg. Für die Bewertung der Ausgangslage nach 1945 ist dieser Tatbestand notwendigerweise zu berücksichtigen.

---

tember 1966, Berichterstatter: Günter Mittag - ZPA DY 30/IV/2/1/345, Bl. 38.

38   BAP DE-1/56505: VVS B 5/2 - 348/66, S. 58.

39   Vgl. dazu Klaus Schroeder / Jochen Staadt, Der diskrete Charme des Status-quo: DDR-Forschung in der Ära der Entspannungspolitik, in: Klaus Schroeder (Hrsg.), Geschichte und Transformation des SED-Staates. Beiträge und Analysen, Berlin 1994, S. 309-346, hier S. 316.

Tab. 2: Sozialprodukt pro Kopf 1946 auf der Basis 1936 = 100[40]:

SBZ	82,4 %
Britische Zone	68,2 %
Amerikanische Zone	76,3 %
Französische Zone	25,6 %
Berlin	73,1 %

Ausgangspunkt aller Sozialproduktschätzungen war die industrielle Nettoproduktion, die als Indikator für die Gesamtentwicklung galt. Bruno Gleitze, der bis Ende 1948 Präsident der Zentralverwaltung für Statistik in der SBZ war[41], hat die Ergebnisse zusammengestellt.

Tab. 3: Industrielle Nettoproduktion je Einwohner in RM/DM
(Kaufkraft von 1939)

	Berlin/ West-B.	Westdeutsch- land	Mitteldeutsch- land/SBZ	Ostdeutsch- land	Deutschland insgesamt
1936	643	510	546	220	485
1944	703	635	761	310	622
1948	196*	251	293+		259#
1950	266*	444	420+		429#

* nur West-Berlin; + SBZ einschl. Ost-Berlin; # ohne Ostdeutschland.
Quelle: Bruno Gleitze, Sowjetzonenwirtschaft in der Krise, Köln 1961, S. 7.

Im Zentralkomitee der SED ging man davon aus, daß der Bedarf an Beschäftigten je Mio. RM Produktionswert von 230 Beschäftigten im Jahre 1936 auf 380 im Jahre 1947 gestiegen sei[42]: In dieser Schätzung sind die SAG-Betriebe nicht enthalten, die nach Gleitze 1952 auf jeden Fall den westdeutschen Produktivitätsstand hatten[43]. Am gesamten Produktionsvolumen der SBZ hatten diese Betriebe einen Anteil von ca. 20-25%, der allerdings in allen Berechnungen ausgespart blieb, da die Produktion in sowjetischen Händen verblieb. Ebenfalls sind die Infrastruktur- und Dienstleistungsbereiche nicht enthalten, die gerade in kleinen Ländern mit hochentwickelter Arbeitsteilung eine zentrale Größe für die gesamtwirtschaftliche Produktivität darstellen. Beide sind sowohl durch Reparationen als auch vor allem durch den Umbau des Wirtschaftssystems beeinträchtigt worden.

---

40 ZPA IV A 2/6.08/86, Bl. 128.
41 Hermann Achim Reinhardt, Bruno Gleitze als Statistiker und Wirtschaftswissenschaftler in den Jahren 1945 - 1952. Mag.-Arb. Bamberg 1994, S. 11.
42 ZPA IV 2/6.02/84, Bl. 37.
43 Bruno Gleitze, Stand der Entwicklung im mitteldeutschen Wirtschaftsraum, in: Deutsches Institut für Wirtschaftsforschung (DIW), Vierteljahreshefte zur Wirtschaftsforschung 1952, S. 70.

Das Deutsche Institut für Wirtschaftsforschung (DIW) hat 1972 in einem Gutachten an das Bundesfinanzministerium die Daten noch einmal zusammengestellt[44]. Danach ergab sich auf Grund der DIW-Materialien folgende gesamtwirtschaftliche Produktivitätsrelation (Verwendungsrechnung) für 1946-1955 (SBZ/DDR als Anteil an Westdeutschland/BRD):

Tab. 4: Die Entwicklung der Produktivität in Ostdeutschland (=SBZ/DDR)

(jeweils als Anteil derjenigen von Westdeutschland = 1)

1946	1947	1948	1949	1950	1951	1952	1953	1954	1955
1,1	1	0,91	0,83	0,84	0,86	0,87	0,87	0,88	0,87

Ab 1951 wurde im Handelsverkehr zwischen der DDR und der Sowjetunion ein Dollarkurs von 5 DM-Ost für einen Dollar vereinbart[45]. Als Kreuzwechselkurs ergibt sich eine Relation von 0,84, die zu dieser Reihe sehr gut paßt. Die offiziell von der DDR publizierte Dollarparität von 2,22 wurde im Verkehr mit westlichen Ländern[46] verwendet, entbehrte jedoch jeglicher ökonomischen Basis.

Zu einem vergleichbaren Ergebnis führen die Daten von Horst Barthel für die Entwicklung des Nationaleinkommens zwischen 1945 und 1950 auf der Basis von 1936[47]. Vergleicht man sie dem Trend nach mit der Industrieproduktion im Westen, so ergibt sich ein Niveau von 0,782 für 1950[48]. Der von Walter Ulbricht 1963 genannte Produktivitätsrückstand von ca. 25%[49] wurde bereits erwähnt.

2.   Zur Preis- und Lohnentwicklung

Das Preisniveau der DDR orientierte sich am Lohnniveau. Dies galt von Anfang an. In einem Bericht zum gegenwärtigen Stand der Preispolitik in der Ostzone von 1948 wurden die Grundsätze erläutert[50]:

---

44   DIW, Kriegsschäden und Nachkriegsbelastung in der Bundesrepublik Deutschland und in der DDR. Gutachten im Auftrage des Bundesministeriums für Finanzen, Bonn. Bearbeitet von Doris Cornelsen, Maria Elisabeth Ruban und Dieter Teichmann, Berlin 1972. Ich danke Herrn Karlsch für den Hinweis auf dieses Gutachten und das Überlassen von Kopien.

45   Lothar Baar, Rainer Karlsch, Werner Matschke, Kriegsfolgen und Kriegslasten Deutschlands: Zerstörungen, Demontagen und Reparationen, Berlin 1993, S. 95.

46   Westliche Länder werden in DDR-Quellen zuerst als KIL (Kapitalistische Industrieländer) und später als NSW (Nichtsozialistisches Wirtschaftsgebiet) im Gegensatz zum sozialistischen Wirtschaftsgebiet (SW) bezeichnet.

47   Horst Barthel, Die wirtschaftlichen Ausgangsbedingungen der DDR, Berlin (Ost) 1979, S. 145.

48   Albrecht Ritschl, An Exercise in Futility: East German Economic Growth and Decline, Tab. 9,10 (Manuskript).

49   zitiert nach DIW, Handbuch DDR-Wirtschaft, Reinbek 1985, S. 141. Das DIW schätzte den Produktivitätsstand der DDR 1975 auf 59% der Bundesrepublik (ebenda, S. 144).

50   BAP/ZSTA C-15/712, Bl. 2 (siehe Schwarzer, Experiment/Quellenanhang).

„1. Die Summen der Preise des Sozialprodukts müssen die Summen aller volkswirtschaftlich anzuerkennenden Kosten des Sozialprodukts decken. 2. Die Relation zwischen Löhnen und Preisen darf nicht zu Lasten der Löhne verschlechtert werden".

In einer Richtlinie der Hauptverwaltung Finanzen vom Sept. 1948 heißt es weiter[51]: „Der Lohn ist das Fundament der gesamten Wirtschafts- ‚Finanz- und Preispolitik, wird er verändert, so erzwingt er ihren Umbau. Die Entwicklung im Tarifwesen ist soweit fortgeschritten, dass die bisher abgeschlossenen neuen Tarife etwa 70% der arbeitenden Bevölkerung der SBZ erfassen. Nach Auskunft der Hauptverwaltung Arbeit und Sozialfürsorge wird der Umfang der darin niedergelegten Lohnerhöhungen gegenüber dem Stand des Jahres 1944 etwa 25% betragen. Die noch abzuschließenden Verträge werden diesen Prozentsatz nicht verändern".

Allerdings wurde auch festgestellt, daß sich das Lohnniveau in den ersten Jahren unabhängig vom Produktivitätsniveau entwickelte. Erst nach 1961 konnte das geändert werden.

„... Hinzu kommt, daß die Produktivität gegenüber 1944 gesunken ist. Alle mit dieser Frage vertrauten Fachleute schätzen den Überhang übereinstimmend auf 30-40%. Er wirkt sich in einer Erhöhung der Produktionskosten in entsprechendem Umfange aus. Die Vorstellung, daß etwa alle Kosten- und Lohnerhöhungen aus vorhandenen Gewinnspannen aufgefangen werden könnten, ist falsch, weil ihr Gesamtumfang die Höhe der Gewinnspannen überschreitet.

Wenn der Staat Träger der gesamten Wirtschaft ist, so hat er praktisch unbegrenzte Ausgleichsmöglichkeiten. Die Notwendigkeit der Kostendeckung beim einzelnen Erzeugungsbetrieb tritt dann zurück. Wenn auch die Voraussetzungen hierfür in der sowjetischen Besatzungszone noch nicht in vollem Umfange gegeben sind, so kann doch von dieser Möglichkeit auf dem Sektor der Volksbetriebe schon Gebrauch gemacht werden. In diesem Zusammenhang bedürfen die Auswirkungen auf den Zweijahr-Plan einer besonderen Erwähnung. Wenn in den Zweijahr-Plan mit den gegenwärtig bestehenden Relationen zwischen Löhnen, Preisen und Kosten eingegangen wird, so besteht die Gefahr, dass die Ergebnisse des Zweijahres-Planes verwässert und sowohl die Produktionserhöhung als auch die Kostensenkung wertmäßig für die Öffentlichkeit nicht fühlbar werden. Ausserdem ist die Lohnerhöhung, die

---

51   BAP/ZSTA C-15/712, Bl. 16.

als Endziel am 31.12. für 1950 erreicht sein soll, praktisch schon vor Eintritt in den Zweijahr-Plan überschritten"[52].

Das Niveau der 'freien' Preise im Ostsektor Berlins - Schwarzmarkt und HO - lag 1949/50 etwa 3-5mal so hoch wie im Westen der Stadt[53]. Bei einem Vergleich der Ergebnisse westdeutscher (B. Gleitze) und ostdeutscher (Zentrales Forschungsinstitut für Arbeit) Berechnungen zeigt sich eine sehr hohe Übereinstimmung sowohl in der Lohn- als auch Preisentwicklung[54].

Aus der Untersuchung des Zentralen Forschungsinstituts für Arbeit der DDR geht hervor, daß 1950 folgende Relationen bestanden[55]:

Tab. 5 a: Nominal- und Reallöhne 1950		
	BRD	DDR
Nominallöhne Industrie	240,- DM	256,- M
Reallöhne auf der Basis 1938	102	47

Das Statistische Bundesamt gibt für die Entwicklung des Lebenshaltungskostenindex auf der Basis 1938 = 100 einen Wert von 155,8 für 1950 in der Bundesrepublik an[56]. Daraus läßt sich das für die Lebenshaltung relevante Preisniveau der DDR für 1950 auf der gemeinsamen Basis von 1938 bestimmen[57]:

Tab. 5 b: Bestimmung der Niveaus der Lebenshaltungskosten in der DDR					
Basis 1938 = 100	1950			1966	
	BRD	DDR		BRD	DDR
Nominallöhne Industrie	158,5	169,0		556	371
Preisindex Lebenshaltung	155,8	359,6		223,4	226
Reallöhne Industrie	102,0	47,0		249	164

Die Konsumenten-Kaufkraftrelation betrug 1950 demnach grob geschätzt etwa 0,43 DM für 1 Mark und 1966 ergab sich eine rechnerische Parität.

---

52   Ebenda. „ ... Diese Lohnpolitik ermöglichte keine Korrektur vorhandener oder neu entstandener Disproportionen, sondern sanktionierte und verstärkte sie" (ZPA IV A2/6.08/130, Zentrales Forschungsinstitut für Arbeit, Entwurf zu einem Vergleich der Arbeiterlöhne der Industrie zwischen DDR und Westdeutschland, 26.3.1968, S. 6, siehe Schwarzer, Experiment/Quellenanhang).

53   BAP ZSTA C-15/714, Bl. 134-140 (siehe Schwarzer, Quellen).

54   ZPA IV A 2/6.08/130: Lohnvergleich DDR-Westdeutschland vom 15.12.1968 (siehe Schwarzer, Experiment/Quellenanhang).

55   ZPA IV A2/6.08/130.

56   Statistisches Bundesamt (Hrsg.), Bevölkerung und Wirtschaft 1872-1972, Stuttgart 1972, S. 250.

57   Der in der Tabelle rechnerisch bestimmte Wert des Lebenshaltungskostenindex der DDR - das 2,3-fache des Indexstandes in der BRD -, hatte natürlich nur eine eingeschränkte Bedeutung für die Nachfragebedingungen in der DDR, da die (offizielle) Lebensmittelrationierung erst 1958 vollständig aufgehoben wurde.

Zu fast identischen Ergebnissen kam Gleitze[58] (siehe Tab. 6). Das DIW schätzte für 1950 die Konsumenten-Kaufkraft (unter Berücksichtigung der Einkommen aus gesellschaftlichen Fonds) auf 58% des westdeutschen Wertes, zu Jahresbeginn 1957 dagegen auf 78%. Das Preisniveau 1956 insgesamt bewegte sich in der DDR auf einem 50 % höheren Niveau. Seit den 70er Jahren wurde eine Übereinstimmung des Preisniveaus der Lebenshaltung für einen 4-Personen-Arbeitnehmerhaushalt mit einer Fehlermarge von ± 10 v.H. bei gekreuzten Warenkörben festgestellt. Damit ergab sich eine Konsumentenkaufkraft-Parität von 1 zu 1[59]. Problematisch bei dieser Sicht sind natürlich die Unterschiedlichkeit der Warenkörbe sowie die Qualitäts- und Verfügbarkeitsunterschiede.

Abb. 4: Lebenshaltungskosten bei Vollversorgung einer vierköpfigen Arbeitnehmerfamilie in West- und Mitteldeutschland
- Mittlere Verbrauchergruppe,
Ausgabenstruktur 1950, Preise von 1938 -

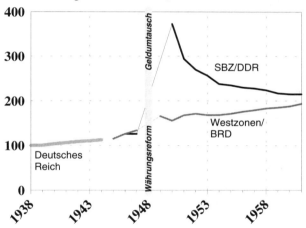

Ohne die Preise des "grauen" und "schwarzen" Marktes vor der Währungsreform. **Quelle**: Bruno Gleitze, Sowjetzonen-Wirtschaft in der Krise, Köln 1961, S. 30.

---

58 Dies zeigt auch, wie gut man in den 1950er Jahren im Vergleich zu später im Westen noch Bescheid wußte.

59 Vgl. Gerlinde Sinn / Hans-Werner Sinn, Kaltstart. Volkswirtschaftliche Aspekte der deutschen Wiedervereinigung, München ³1993, S. 65ff.; DIW, div. Untersuchungen. Der DDR-Preisindex zur Lebenshaltung (Endverkaufspreise Inland) stieg von 1970 auf 1987 von 100 auf 120 % (Preisbasis 1987). Der entsprechende BRD-Lebenshaltungskostenindex stieg von 51,1% auf 99,9 % bei einer Preisbasis von 1985. Aus diesem Vergleich wird die Problematik der Annahme gleicher Kaufkraft-Verhältnisse nach 1970 deutlich.

Tab. 6: Durchschnittslöhne und Lebenshaltungskosten in Ost- und Westdeutschland 1938-1967					
	Index für die Lebenshaltung BRD	Durchschnittslohn aus unselb- ständiger Arbeit BRD (DM)	Index für die Lebenshaltung DDR	Arbeitseinkom- men nominal je Monat DDR in M (Industrie)	Relation der Arbeitsein- kommen
1938	100,0		100		1
1950	155,8	243	373	278/256	0,46
1951	168,0	283	294	313	0,63
1952	171,5	305	270	335	0,70
1953	168,5	323	257	362	0,73
1954	168,7	340	238	393	0,82
1955	171,5	367	235	403	0,80
1956	176	396	230	413	0,80
1957	179,5	417	228	423	0,80
1958	183,4	444	224	436	0,80
1959	185,2	469	217	451	0,82
1960	187,9	513	215	478	0,81
1961	193,6	565	215	496	0,79
1962	198,0	616	213	500	0,75
1963	204,0	653	212	514	0,76
1964	208,7	711	212	524	0,73
1965	215,8	775	212	538	0,71
1966	223,4	831	212	551	0,70
1967	226,5	857	212	562	0,70

Zum DDR-Nominaleinkommen müssen z.B. 1960 noch 170 M und 1965 195 M geldlose Leistungen aus gesellschaftlichen Fonds *je Haushalt* hinzugerechnet werden.
Quellen: Bruno Bleitze, Sowjetzonenwirtschaft in der Krise, Köln 1961, S. 29. Statistisches Bundesamt, Bevölkerung und Statistik 1872-1972, Stuttgart 1972, S. 250,263. ZPA IV A 2/6.08/130: Lohnvergleich DDR-Westdeutschland, passim.

Tab. 7: Kaufkraftbereinigte Nettodurchschnittseinkommen der Arbeitnehmer der DDR in Relation zu denen der Bundesrepublik[60]

1950	1960	1966	1969/70	1975/77	1982/83
0,42	0,77	0,62	0,55	0,49	0,44

Insgesamt gesehen zeigen die Ergebnisse der Produktivitäts- und der Einkommensschätzungen für die ersten 20 Jahre nach dem Zweiten Weltkrieg völlig unterschiedliche Trends. Die ersten Werte einer angestrebten Koeffizentenreihe kann aus den geschilderten Gründen deshalb nicht die Lohnseite liefern, sondern nur die Produktivitätsentwicklung.

IV. Produktivitäts-, Preis- und Einkommensentwicklung in den siebziger und achtziger Jahren

Verschiedene Faktoren bewirkten, daß ab den 1970er Jahren der Kenntnisstand über die wirtschaftliche Situation der DDR im Westen abnahm[61]. Dies drückte sich beispielsweise in den Produktivitätsschätzungen aus. Die Bandbreite der Einschätzung des Produktivitätsstandes der DDR in Relation zur Bundesrepublik für 1980 betrug beispielsweise zwischen 40 und 80%[62].

Nach Öffnung der Archive wurde es möglich, DDR-amtliche Daten für einen Vergleich zu nutzen. Das interne Umrechnungsverhältnis wurde bereits angesprochen. Allerdings liefert dieses für die Zeit nach 1973 nurmehr grobe Anhaltspunkte, da es mit der DM im Weltwährungssystem floatete.

In den bereits mehrfach angesprochenen Unterlagen für das Politbüro von 1988 ist auch die Entwicklung des Preisniveaus thematisiert.

Die Preisentwicklung in der DDR seit 1950 ist im Statistischen Jahrbuch der DDR 1990 im Ansatz dargestellt worden. Demnach hatte der Index der Industrieabgabepreise auf Basis 1970 zwischen 1950 und 1970 folgende Tendenz:

Tab. 8 a: Die Entwicklung der Industrieabgabepreise 1950 - 1970[63]				
1950	1955	1960	1965	1970
95,8	88,6	93,2	100,3	100

In nachfolgender Tabelle sind die Indexwerte der Preisniveau-Komponenten der DDR 1970-1987 dargestellt:

---

60   1950 berechnet nach Bruno Gleitze, Sowjetzonen-Wirtschaft in der Krise, Köln 1961, S. 29 und ZPA IV A2/6.08/130, Bl. 5. 1960ff.: DIW (Hrsg.), Handbuch DDR-Wirtschaft, Reinbek 1985, S. 279, 388f.

61   Vgl. Schröder/Staadt, Der diskrete Charme des Status quo.

62   Merkel/Wahl, S. 30.

63   StatJbDDR 1990, S. 305ff.

Tab. 8b: Die Entwicklung der Preisniveau-Komponenten der DDR 1970-1987[64]		
	1970	1987
Einzelhandelspreise, Leistungspreise und Tarife	100	120,7 (= 136 Mrd. M)
Industrie-, Bau- u. Agrarpreise, Verkehrstarife	100	158,0 (= 707 Mrd. M)
Preisvolumen insgesamt	100	150,5 (= 843 Mrd. M)
davon Binnenpreise von NSW-Exportgütern	100	163,0 (= 49,9 Mrd. M)
Bruttolohnentwicklung in der Industrie[65]	*100*	*163*

Aus der Tabelle wird deutlich, daß die binnenwirtschaftliche Preisentwicklung im NSW-Export zwischen 1970 und 1987 nur unwesentlich über der Preisentwicklung aller Waren mit Ausnahme des Teils dieser Waren liegt, die durch Subventionen für den Verbrauch der Bevölkerung verbilligt wurden. In ähnlicher Weise ist - nicht weiter verwunderlich - eine Kongruenz zwischen Lohnniveau und Preisniveau zu konstatieren. Nach der Industriepreisreform hing das Preisniveau an den Realeinkommen der Bevölkerung, d.h. den Nettoarbeitseinkommen zuzüglich den indirekten Einkommen aus gesellschaftlichen Fonds. Ein daraus berechneter Wechselkurskoeffizient dürfte sehr zuverlässig sein. Einen solchen Koeffizienten hatte das DIW von Anfang an berechnet (siehe oben, Tab. 7), allerdings nie als Wechselkurskoeffizient verwendet.

Rechnet man die insgesamt verfügbaren Indexzahlen auf 'vergleichbare' Werte um (Basis 1938), ergeben sich folgende Relationen:

---

64   BAP DE-1/56756, S. 23f., 32.
65   Quelle: StatJbDDR 1990, S. 52.

Tab 9: Preisniveaukoeffizienten zwischen DDR und Bundesrepublik						
Basis 1938=100	BRD: BSP-Index	BRD: LHK-Index	DDR: IAP-Index	DDR: EVP-Index	PPN-Relation	*KPN-Relation*
1950	164,0	155,8	186,0	359,6	0,88	*0,43*
1955	191,0	171,5	172,0	235,0	0,90	*0,73*
1960	221,2	187,9	181,0	215,0	0,82	*0,87*
1965	266,4	215,8	194,7	212,0	0,73	*1,02*
1970	321,1	245,0	194,2	245,0	0,61	*1,00*
1975	438,6	327,9	194,3	253,6	0,44	*1,29*
1980	535,4	397,0	231,2	268,8	0,43	*1,48*
1985	628,4	479,5	290,6	288,6	0,46	*1,66*
1987	661,7	504,9	295,5	294,0	0,45	*1,72*

LHK: Lebenshaltungskosten; IAP: Industrieabgabepreise; EVP: Einzelhandelsverkaufspreise;
PPN: Produktivitätsgebundenes Preisniveau; KPN: Konsumentenpreisniveau.

Bei der Darstellung der Relationen in obenstehender Tabelle wurde der Tatsache Rechnung getragen, daß die DDR sowohl den Wechselkurs gegenüber der Bundesrepublik unveränderlich fixiert hatte, als auch mittels der Zentralplanwirtschaft den Geldumlauf in Relation zur Gütermenge im buchungstechnisch relevanten Segment der Volkswirtschaft bewußt anpaßte. Die Kaufkraftparitäten-Gleichungen lassen sich unter diesen Voraussetzungen nur dann auflösen, wenn die entsprechenden DDR-Gleichungsteile mit dem Kehrwert multipliziert werden. Dieser ergänzende Faktor ist in der Tabelle bei der Berechnung des produktivitätsgebundenen Koeffizienten ab dem Jahr 1955 verwendet worden. Aus der Gegenüberstellung dieser Reihe mit dem nominalen Konsumentenpreisniveau-Vergleich wird die Unmöglichkeit deutlich, eine aussagefähige gesamtwirtschaftliche Konsumentenkaufkraftparität zu bestimmen (vgl. oben, Fn. 59). Wie aus Tab. 8b allerdings deutlich wird, war der dem EVP-Index zugrundeliegende Anteil der subventionierten EV-Preise am gesamten Preisvolumen der DDR gering.

V. Die Preisentwicklung 1990 in der DDR bis zur Währungsunion und in den neuen Bundesländern

Das Statistische Bundesamt hat ermittelt, daß der Preisindex der Erzeugerpreise gewerblicher Produkte (Inlandsabsatz) zwischen 1989 und Oktober 1990 von 100 auf ca. 63 zurückging. Auf diesem Niveau verblieb er das gesamte Jahr 1991[66]. Die Re-

---

66   Statistisches Bundesamt (Hrsg.), Zur wirtschaftlichen und sozialen Lage in den neuen Bundesländern, Sonderausgabe August 1992, S. *42.

duktion des Preisniveaus ist ein Ergebnis der Währungsumstellung von durchschnittlich 1,81 Mark je DM. Für eine einheitliche Bezugsgrundlage zum Vergleichen kann nur eine Währung
verwendet werden. Multipliziert man deshalb den Index, wie er für das II. Halbjahr
1990 ermittelt wurde (63 v.h.), mit dem durchschnittlichen Umstellungssatz, so
zeigt sich, daß - in DDR-Währung ausgedrückt - das Preisniveau 1990/II um 14
Punkte gestiegen *wäre*. In einer groben Annäherung kann daraus geschlossen werden, daß deshalb ein konsumentenorientierter Umstellungssatz von etwa 2,05 (0,48
DM je Mark) realistischer gewesen *wäre*. Dieses Ergebnis korrespondiert mit der
Kalkulation der Bundesbank, daß durch die Währungsunion arithmetisch ein Geldüberhang von 8 Prozent entstanden ist[67].

Beintama/van Ark und van Ark haben jüngst vergleichende Schätzungen der *effek-
tiven* Stundenproduktivität in den Industrien der beiden deutschen Staaten vorgelegt.
Darin kommen sie zum Ergebnis, daß die ostdeutsche Industrie 1987 28,6% der Produktivität der westdeutschen erreicht haben soll[68]. Auf der Basis von Beschäftigten
kamen sie zum Wert von 30,5%.

Nach der Bruttoinlandsprodukt-Berechnung des Statistischen Bundesamtes erwirtschaftete 1989 in der DDR ein Erwerbstätiger nominal 36200 Mark (Preisbasis
1985)[69]. In der Bundesrepublik war der entsprechende Wert 80900 DM. Dies entspricht einem produktivitätsgestützten Umrechnungsquotienten von 0,45, mit dem
das nominale BIP der DDR in DM überführt werden kann[70].

---

67   Horst Siebert, Das Wagnis der Einheit, Stuttgart 1992, S. 21.

68   Nienke Beintama / Bart van Ark, Comparative Productivity in East and West Germany Manufactu-
      ring before Reunification,Research Memorandum 550 (GD-5), Groningen 1993 (Manuskript). Bart
      van Ark, Reassessing Growth and Comparative Levels of Performance in Eastern Europe: The Ex-
      perience of Manufacturing in Czechoslovakia and East Germany, Paper for the 3rd EACES-confe-
      rence, 8-10 September 1994, Budapest (Manuskript).

69   BIP: 353,24 Mrd. Mark der DDR (Statistisches Bundesamt, Zur Sozialproduktsberechnung der
      Deutschen Demokratischen Republik, Wiesbaden 1990); 9,747 Mio. Erwerbstätige (Statistisches
      Bundesamt, Sonderreihe mit Beiträgen für das Gebiet der ehemaligen DDR, Heft 14: Erwerbstätige
      1950 bis 1989, Wiesbaden 1994).

70   Nicht einbezogen sind hierin Unterschiede im Preis/Leistungs-Verhältnis, den Produktqualitäten,
      dem Mitteleinsatz, der Absatzfähigkeit der Güter und nicht zuletzt Verzerrungen im Preis- und Ab-
      gabensystem der DDR. Anderen Faktoren wie beispielsweise Horten von Beständen in den Kom-
      binaten der DDR, die man ohne Berücksichtigung ihrer Absetzbarkeit als Produktivitätsreserven
      interpretieren könnte, stehen wahrscheinlich mindestens ebenso hohe, echte Reserven in Unter-
      nehmen in westlichen Ländern gegenüber.

Tab. 10: Produktivitätsgestützter Umrechnungskoeffizient 1989				
BRD		**DDR**		**Umrechnungs-koeffizient DDR / BRD**
BIP (Mrd. DM)	Erwerbstätige	BIP (Mrd. M)	Erwerbstätige	
2237	27,7 Mio.	353	9,75 Mio.	45 %

Rechnet man die Nominalwerte mit diesem Koeffizienten um, so ist das entsprechende *Ergebnis in bundesdeutscher Währung* für eine vergleichbare gesamtwirtschaftliche Produktivität 16200 DM. Dies entspricht 20% des westdeutschen Wertes. Mit dem offiziellen Umstellungssatz von 0,56 umgerechnet ergeben sich 22%. Ein Faktor von ca. 0,22 war wiederum die sogenannte Devisenrentabilität, also der Koeffizient, mit dem die DDR ihren Produktivitätsabstand zu den nicht-sozialistischen Ländern auf der Basis der Valutamark (die nominal der DM entsprach) gemessen hat.

Gesamtwirtschaftlich würde bei Berücksichtigung der nach 1982 wegen der Liquiditätsprobleme absinkenden Devisenertragskennziffer als Wechselkurskoeffizient eine Unterbewertung eintreten. Dies entspräche dem Tatbestand des sogenannten Balassa-Theorems[71]. Es ist allerdings eher unwahrscheinlich, ebenso, daß den DDR-Behörden diese Unterbewertung bewußt war. Vielmehr scheint man vor allem froh darüber gewesen zu sein, daß man mit der Devisenertragskennziffer einen 'objektiven Maßstab' hatte, mit dem der Produktivitätsabstand eingeschätzt werden konnte. Es spricht sogar einiges dafür, daß diese Außenhandelskennziffer neben der Entwicklung der Realeinkommen eine wichtige Rolle bei der Gestaltung des Niveaus aller Industrieabgabepreise spielte.

Der dem Niveau nach 1989/90 'passende' Umstellungskurs - die Bundesbank dachte ausgehend von dem Vergleich der Bruttolöhne selbst an etwa 40 bis 50%[72] - ent-

---

71   Vgl. dazu Bela Balassa, The Purchasing-Power Parity Doctrine: A Reappraisal, in: Journal of Political Economy 72, 1964, S. 584-596. Die aktuellste Untersuchung zum Thema Kaufkraftparitäten und Wechselkurse hat die Deutsche Bundesbank in den Monatsberichten 1993 publiziert (Entwicklung und Bestimmungsfaktoren des Außenwerts der D-Mark, in: Deutsche Bundesbank. Monatsberichte, November 1993, S. 41-60). Danach stimmten Kaufkraftparitäten und Wechselkurse der DM zu den wichtigsten internationalen Währungen im wesentlichen überein. Dies deutet darauf hin, daß zwischen Ländern, die stark in die Weltwirtschaft verflochten sind, kaum noch signifikante Preisniveauunterschiede bei nichthandelbaren Gütern bestehen. Das Balassa-Theorem wird damit in seinem Wirkungsbereich deutlich eingeschränkt. Ob es bei einem Systemvergleich zu richtigen Schlußfolgerungen führt, erscheint vor dem Hintergrund der herausgearbeiteten Kurven ebenfalls zweifelhaft. Siehe dazu auch die Bewertung von Erich Klinkmüller, Die Sowjetunion ist keine Supermacht, Berlin 1988, S. 12-26.

72   Monatsberichte der Deutschen Bundesbank, Juli 1990, S. 15.

sprach einem Quotienten der verfügbaren Einkommen ebenso wie demjenigen der nominalen Preisniveaus von westlichem Sozialprodukt und östlichen Industrieabgabepreisen auf einer gemeinsamen Basis (siehe oben, Tab. 9).

VI. Die Entwicklung der Außenhandelspreisindices der DDR

Die Entwicklung zwischen Import- und Exportpreisindex (Terms of Trade) klaffte in dem Maße auseinander, wie die DDR den Anschluß an die internationale Entwicklung verlor. Das Charakteristikum der DDR-Außenwirtschaft gegenüber westlichen Ländern war nicht nur die wesentlich schnellere Erhöhung der Importpreise gegenüber den Exportpreisen. Die annähernde Konstanz der Exportpreise bedeutete vielmehr relativ zur Preisentwicklung auf den Weltmärkten den Verfall der Wettbewerbsfähigkeit, der sich im Überwiegen von wenig intelligenzintensiven Produkten beim Export widerspiegelte[73].

Abb. 5:
Die Entwicklung der Terms of Trade der DDR 1950-1989
(Export-/Importpreise), Basis 1950 = 100

RÜG-Koeffizeint zum Vergleich

Quelle: Staatl. Zentralverwaltung für Statistik, div. Publ.
Siehe Schwarzer, Experiment/Quellenanhang.

Für die Bewertung der eingangs vorgestellten Datenreihen enthält die Koeffizientenreihe der Terms of Trade der DDR gegenüber allen anderen Ländern eine wesentliche Aussage: Die Übereinstimmung ist am größten zwischen dem Rentenüberleitungskoeffizienten und dem TOT-Koeffizient.

VII. Ergebnis

Die folgende Abbildung zeigt noch einmal die angeführten Datenreihen und eine aus der Zusammenschau als wahrscheinlich erkannte Bandbreite einer Wechselkurs-Koeffizientenreihe.

Daraus zeigt sich, daß die Merkel/Wahl-Kurve bis etwa 1960 den Verlauf ähnlich darstellt, aber höher im Bereich des Lohnniveaus liegt, von dem festgestellt wurde, daß es wesentlich höher als das Produktivitätsniveau sei. Die Daten für den Exporterlös/Inlandsaufwand für Waren, die in das westliche Ausland geliefert wurden, deu-

---

73   Vgl. STATISTISCHES BUNDESAMT, Sonderreihe mit Beiträgen für das Gebiet der ehemaligen DDR, Heft 9: Umsätze im Außenhandel 1975 und 1980 bis 1990, Wiesbaden 1993.

ten darauf hin, daß die Betriebe, die ins westliche Ausland exportierten, länger ein vergleichbares Produktivitätsniveau behielten, als andere[74]. Nach 1961 wurde das Lohnniveau dem externen Maßstab 'Exporterlöse/Inlandsaufwendungen' angepaßt, der mit Ausnahme einiger starker Wechselkursschwankungen zwischen DM und Dollar bis 1982 einen relativ guten Maßstab hergibt. Ab den siebziger Jahren war das DDR-Preisniveau reagibler geworden. Auch dieser Maßstab liegt dann im Rahmen des vorgeschlagenen Niveaus.

In der folgenden Abbildung ist eine Bandbreite dargestellt, in der - mit Ausnahme der Merkel/Wahl-Reihe ab Mitte der 1960er Jahre - das Bündel der herausgearbeiteten Koeffizientenreihen verläuft.

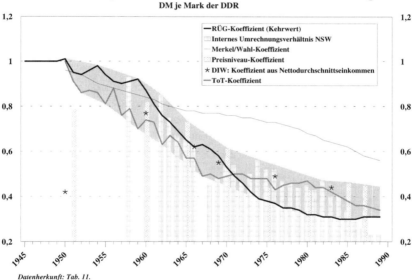

Abb. 6: Umrechnungskoeffizienten zwischen den beiden deutschen Währungen
DM je Mark der DDR

Datenherkunft: Tab. 11.

Im Vergleich zur Reihe von Merkel/Wahl stellt der hier vorgeschlagene Koeffizientenverlauf praktisch ein Spiegelbild entlang einer Geraden als Mittelwert dar, die 1989 bei knapp 50% endet. Als gröbster Maßstab, ohne Berücksichtigung von Beschleunigungsphasen des Leistungsabfalls, dürfte diese Erkenntnis für viele Schätzungen ausreichend sein, zumal die Differenz unter Nutzung selbst von

---

74   Dies bestätigen auch die Beispiele aus der Leichtindustrie, die Träger dieses Exports war. siehe Jürgen Schneider, Von der nationalsozialistischen Kriegswirtschaftsordnung zur sozialistischen Zentralplanung in der SBZ/DDR, in diesem Band, Kap. 3.2.

Extremwerten der beiden Kurven im realen Ergebnis innerhalb einer Bandbreite von 10% liegen dürfte. Und dies ist ein Wertebereich, der beim Thema Vergleichsergebnisse angesichts der immensen Unterschiede fast zu vernachlässigen ist. Die gegenläufigen Wendepunkte, welche die beiden Kurvenverläufe determinieren, liegen in den 1960er Jahren, also in der Zeit, in der in der DDR das Preisniveau reagibler wurde. Es wäre interessant, ob in der DDR-Statistik der langen Zeitreihen zum Vergleich dieser sehr schwer vergleichbaren Zeitabschnitte mit sogenannten 'Hätte-Preisen' - die in Quellen über den gesamten Zeitraum häufiger Erwähnung finden - zum Glätten der Reihen gearbeitet wurde, wie dies für international publizierte Daten etwa im RGW-Jahrbuch oder für die UNO auch üblich war. Durch diese Verwendung geplanter 'Gebrauchswertpreise' anstatt realer 'Tauschwerte' wurde eine Kontinuität suggeriert, die es gar nicht gab.

Der Kurvenverlauf der hier favorisierten Bandbreite der Koeffizientenreihe zeigt einen permanenten Abfall, wobei zwei Extremphasen herausragen: die unmittelbare Nachkriegsphase und die Zeit nach 1961. In beiden Phasen erbrachte eine Verschärfung der ordnungspolitischen Restriktionen eine relative Leistungsabsenkung.

Hier spielen in der ersten Phase sicher auch die Reparationen eine gewisse Rolle, entscheidend war jedoch die Umgestaltung der Wirtschaftsordnung durch ihren massiven Bruch mit allen bewährten unternehmerischen und betrieblichen Traditionen der Vergangenheit. Partiell wurde dies auch bereits in den fünfziger Jahren erkannt. So beklagte sich Willy Rumpf 1956: Es fehlt eine

> „wirklich operative Anleitung ..., die an Stelle einer Vielzahl von Verordnungen, Beschlüssen, Direktiven und Berichten die Aufmerksamkeit der Funktionäre in den Betrieben auf die wesentlichen Aufgaben umlenkt, die Eigenverantwortung hebt und die wirtschaftliche Rechnungsführung festigt"[75].

> „Während auf dem Gebiet der Produktion der volkseigenen Wirtschaft alle Anstrengungen für den wissenschaftlich-technischen Fortschritt unternommen werden, ist festzustellen, daß auf dem Gebiet der Verwaltungsarbeit im Staatsapparat und in den Betrieben insbesondere in den letzten 10 Jahren ein ausgesprochener Rückschritt eingetreten ist. Hinzu kommt, daß an den Verwaltungsschulen und den Berufs-, Fach- und Hochschulen der früher üblich gewesene Unterricht über Arbeitsorganisation in der Verwaltung, Büroorganisation und Bürotechnik im Jahre 1947 abgeschafft wurde. Ohne eine breite Schicht von Menschen, die mit den in Deutschland gemachten Erfahrungen auf dem Gebiet der Arbeitsorganisation in der Verwaltung, Büroorganisation und Bürotechnik vertraut sind und sie weiterentwickeln, läßt sich keine Verbesserung in der Verwaltungsarbeit und Struktur erreichen"[76].

---

75   ZPA, Pb-Protokoll v. 15.3.1955: J IV 2/2/411, Bl. 25f., in: Schwarzer, Experiment/Quellenanhang.
76   ZPA J IV 2/2/457, Bl. 75 (Arbeitsunterlage Politbüro 1956), in: ebenda.

Das Ergebnis der Umgestaltung - wirtschaftlich aktive Menschen wurden in ihrer Leistungsentfaltung gehindert - führte zum Massen-Exodus, und *dieser* Verlust an Humankapital überwog die Reparationsfolgen bei weitem. Dazu kam, daß durch die Umgestaltung des Bildungswesens und der -inhalte die nachwachsende Generation im kaufmännischen Bereich tatsächlich bei annähernd Null ihre Berufserfahrung begann.

Zwei Aspekte waren entscheidend für den Niedergang der DDR-Kaufkraft:

1. Das nichtsozialistische Wirtschaftsgebiet erreichte Produktivitätsfortschritte, in deren Gefolge Güter und Dienstleistungen 'made in GDR' oder aus anderen sozialistischen Ländern zu einheimischen Kostenpreisen am Weltmarkt nicht mehr abgesetzt werden konnten. Da andererseits notwendige Technologie nur aus dem Westen zu beziehen war[77], benötigte man internationale Liquidität, um die Differenz zwischen den Kosten der gewünschten Importe, zu denen ab den 1970er Jahren noch Komsumgüterimporte in großem Ausmaß kamen, und den Erträgen für verkaufte 'Bezahlware' zu decken. Die zwangsläufige Devisenverschuldung, die in der ersten Hälfte der sechziger Jahre begann, bekam die DDR nie in den Griff.

2. Komplementär zu den gesamtwirtschaftlichen Produktivitätsfortschritten im Westen stagnierte die vergleichbare Leistung in der DDR oder sank gar ab. Die DDR hat, selbst bei optimistischer Bewertung, jedoch mit realistischen Wechselkursen in eine konvertible Währung umgerechnet, den Produktivitätsstand der Zeit vor 1945, wenn überhaupt, dann nie signifikant überschritten. Wahrscheinlicher ist die pessimistische Variante, die sich aus der Verwendung des RÜG-Koeffizienten als Wechselkurs und den Inlandsproduktdaten von Merkel/Wahl bzw. dem Statistischen Bundesamt ergibt: ein Sechstel der bundesdeutschen Arbeitsstundenproduktivität. Bildhaft ausgedrückt bedeutet dies einen Produktivitätsstand wie etwa 1914.

Solange die Kriegsschäden behoben werden mußten, d.h. mit alter Technik Instandhaltung und Reparatur betrieben werden mußte, solange war ein adäquater Anstieg der Produktivität festzustellen. War *in der Industrie* ursprünglich eine Zuwachs-Relation zwischen Arbeitsproduktivität und Arbeitseinkommen von 5

---

77   So hieß es in einer Information über Hochleistungs-Elektro-Stahlwerke 1970: „Die Marktinformationen ergaben, daß weder in der UdSSR noch in sonstigen Ländern des SW derartige Anlagen in Betrieb sind, noch produziert werden." Dagegen arbeitete 1969 jeweils eine Anlage in den USA und in Westdeutschland voll funktionsfähig. Ausschreibungsaufforderungen gingen an drei westdeutsche und eine schwedische Firma. Die Anlage sollte in zwei Etappen von 14 (1. Ofen mit 125.000 to Jahreskapazität) und weiteren 11 Monaten abnahmefertig sein. Der erste Termin wurde in der Information ausdrücklich als Kampftermin bezeichnet. ZPA J IV A2/2.021/731, Bl. 14-17. In den Folgejahren vereinbarten die RGW-Länder eine gemeinsame Importplanung für Hochtechnologie aus dem Westen.

zu 1 geplant[78], so reduzierte sich diese Relation bald auf Werte zwischen 2 und
1; 1987 war das Verhältnis sogar in Mark der DDR bewertet unter 1 gerutscht.
Berücksichtigt man, daß in der durchschnittlichen Arbeitseinkommenskurve
die 'zweite Lohntüte' in der DDR fehlt[79], so kann man den SPK-Verantwortli-
chen nur zustimmen, wenn sie als Hauptaufgabe ab 1990 feststellten: „Die
grundlegende Aufgabe der neuen Wirtschaftspolitik besteht darin, Leistung und
Verbrauch wieder in Übereinstimmung zu bringen"[80]. Das nur durch außerge-
wöhnliche Umstände zu erklärende Mißverhältnis zwischen Leistung und Lohn
war ein Phänomen der gesamten DDR-Zeit und ist folglich nur durch den Sy-
stemdefekt der sozialistischen Zentralplanwirtschaft und seine nicht-intendier-
ten Folgen zu erklären. Dies sahen die Verantwortlichen, wenn überhaupt, allerdings erst nach 1989 ein[81].

---

78   Z.B. ZPA J IV 2/2/431, Bl. 23. In Mark-Rechnung wurde diese Relation in den fünfziger Jahren
     kurzfristig auch einigemal erreicht. Allerdings heißt es in einem Gutachten: „Bis 1961 war das
     Entwicklungsverhältnis zwischen Arbeitsproduktivität und Durchschnittslohn unbefriedigend. Ver-
     stärkt wurde dieser Umstand durch z.t. mangelhafte Plandisziplin und Lohnkontrolle, wodurch der
     geplante Durchschnittslohn z.T. erheblich überschritten wurde. Begünstigend wirkten dabei die
     Mängel in der Normenarbeit." (ZPA IV A2/6.08/130, Zentrales Forschungsinstitut für Arbeit, Ent-
     wurf zu einem Vergleich der Arbeiterlöhne der Industrie zwischen DDR und Westdeutschland,
     26.3.1968, S. 7.

79   Die Subventionen für Grundbedarf, Tarife und Mieten - als 'zweite Lohntüte' - machten 1988 noch
     einmal 64% des Durchschnittslohns aus. Heinz-Dieter Haustein, Die notwendige Beschleunigung
     des Wachstumstempos der industriellen Arbeitsproduktivität und die Bewertung der lebendigen
     Arbeit, in: Wirtschaftswissenschaft 38, 1990, S. 209.

80   Analyse der ökonomischen Lage der DDR mit Schlußfolgerungen, (Politbüro-Sitzung vom
     31.10.89), S. 13.

81   Vgl. dazu exemplarisch Erich Honecker, Moabiter Notizen, Berlin 1994 und Günter Schabowski,
     Abschied von der Utopie. Das deutsche Fiasko des Marxismus, Stuttgart 1994.
     Nach Eugen Schmalenbach, Der freien Wirtschaft zum Gedächtnis, Köln 1949, S. 81, handelte es
     sich bei der Zentralplanwirtschaft „vielmehr in erster Linie um die Sicherung der politischen
     Macht. Denn das ist leicht einzusehen, daß eine politische Macht, die sich gegen Angriffe von
     Gegnern schützen muß, in der zentralen Wirtschaftslenkung durch die dazu nötige Bürokratie eine
     mächtige Waffe in die Hand bekommt. Die wirtschaftslenkende Bürokratie vermag durch ihre
     ausführenden Organe leicht feststellen, ob und wo Widerstände gegen ihre Macht auftreten. Und
     kann sie vernichten, noch bevor sie Kraft gewinnt". Nichts anderes ist während der sozialistischen
     Umgestaltung Ende der 1940er Jahre geschehen.

Tabelle 11: Verfügbare Koeffizienten

I. DIW-Schätzung 1946-1955; II. RÜG-Koeffizient (Kehrwert); III. ToT-Koeffizient; IV. Internes Umrechnungsverhältnis NSW; V. Merkel/Wahl-Koeffizient; VI. Preisniveau-Koeffizient; VII. DIW: Koeffizient aus Nettodurchschnittseinkommen;

	I.	II.	III.	IV.	V.	VI.	VII.
1945	1,00	1,00		1,00			
1946	1,10	1,00					
1947	1,00	1,00					
1948	0,91	1,00					
1949	0,83	1,00					
1950	0,84	1,01	1,00		0,96		0,42
1951	0,86	0,95	0,91		0,95	0,79	
1952	0,87	0,94	0,86		0,94		
1953	0,87	0,96	0,87		0,92		
1954	0,88	0,98	0,86		0,90		
1955	0,87	0,94	0,81		0,89		
1956		0,91	0,88		0,88		
1957		0,90	0,76		0,87		
1958		0,91	0,79	0,93	0,86		
1959		0,92	0,70		0,85		
1960		0,87	0,74		0,84	0,82	0,77
1961		0,81	0,73		0,83		
1962		0,76	0,63	0,85	0,81		
1963		0,73	0,67	0,75	0,80		
1964		0,69	0,64	0,67	0,79		
1965		0,65	0,57	0,65	0,78	0,73	
1966		0,62	0,57	0,63	0,78		0,62
1967		0,63	0,49		0,77		
1968		0,61	0,50	0,45	0,77		
1969		0,58	0,48	0,48	0,77		0,55
1970		0,53	0,49	0,54	0,76	0,61	
1971		0,49	0,50	0,54	0,76		
1972		0,46	0,50	0,47	0,75		
1973		0,42	0,48	0,50	0,75		
1974		0,39	0,48	0,56	0,74		
1975		0,38	0,48	0,52	0,73	0,44	
1976		0,37	0,43	0,52	0,73		0,49
1977		0,35	0,45	0,47	0,72		
1978		0,35	0,46	0,46	0,71		
1979		0,34	0,46	0,44	0,70		
1980		0,32	0,47	0,45	0,68	0,43	
1981		0,32	0,44	0,43	0,67		
1982		0,31	0,44	0,47	0,65		
1983		0,31	0,42	0,40	0,64		0,44
1984		0,30	0,40	0,40	0,63		
1985		0,30	0,38	0,34	0,62	0,46	
1986		0,30	0,36	0,29	0,60		
1987		0,31	0,36	0,26	0,58	0,45	
1988		0,31	0,35	0,23	0,57		
1989		0,31	0,34	0,23	0,56		

FRANZ BÖHM / WALTER EUCKEN / HANS GROßMANN-DOERTH
UNSERE AUFGABE [1]

Die Klagen darüber, daß Rechtswissenschaft und Nationalökonomie hinter den Ereignissen herhinken, daß sie nicht gestalten helfen, daß sie keine geistigen Mächte
mehr seien, sind heute überaus verbreitet. Eine solche Kritik nicht beachten, heißt
den Ernst der Lage gründlich verkennen. Denn es ist wahr, daß in Deutschland beide
Wissenschaften die grundsätzlichen Entscheidungen rechts- und wirtschaftspolitischer Art nicht mehr wesentlich beeinflussen. Wer behauptet, das sei immer so gewesen, irrt. Rechtswissenschaft und Nationalökonomie waren gestaltende Mächte,
welche z. B. den Neubau der Rechts- und Wirtschaftsordnung, wie er sich seit Ende
des 18. Jahrhunderts in allen Kulturstaaten vollzog, stark beeinflußten. Erst im Verlauf des 19. und des beginnenden 20. Jahrhunderts haben sie ihre Führerstelle im
öffentlichen Leben allmählich verloren.

Die Folgen dieser Entthronung beider Wissenschaften waren - darüber kann kein
Zweifel mehr sein - außerordentlich schädlich. Die Männer der Wissenschaft sind
durch ihren Beruf und ihre Position außerhalb der wirtschaftlichen Interessen die
einzigen objektiven, unabhängigen Ratgeber, die der staatlichen Wirtschaftspolitik
und der öffentlichen Meinung einen zutreffenden Einblick in die schwierigen Zusammenhänge des Wirtschaftslebens geben und damit die Grundlage für die wirtschaftspolitische Urteilsbildung liefern können. Sie sind auch die einzigen, welche
auf Grund einer genauen Kenntnis dieser Zusammenhänge, die durch dauernd neue
theoretische Durchdringung sich ständig erweitert und verfeinert, sich ein sachliches,
von eigenen unmittelbaren wirtschaftlichen Interessen unabhängiges Urteil über
zweckmäßige wirtschaftliche Maßnahmen bilden und solche in Vorschlag bringen
können.

Verzichtet die Wissenschaft auf diese Rolle oder wird sie ihr aberkannt, dann treten
andere, weniger berufene Ratgeber an ihre Stelle - die Interessenten. Sie sind sicherlich sachverständig für die technischen Details ihres Berufszweiges, aber sie sind
ebenso sicher nicht sachverständig und können es nicht sein in der Beurteilung der
gesamtwirtschaftlichen Zusammenhänge; und sie sind außerdem durch ihre wirtschaftliche Interessenlage gebunden, was in aller Regel unbewußt dazu führt, daß sie
das Wohlergehen ihres Berufszweiges mit dem der Gesamtwirtschaft verwechseln.

Hört der Staat auf sie, dann treten an Stelle von wirtschaftspolitischen und rechtlichen Entscheidungen, die auf einer genauen Kenntnis der großen ordnenden Prinzipien des Wirtschaftslebens beruhen, sich in diese Gesamtordnung einfügen und von

---

1   in: Franz Böhm, Die Ordnung der Wirtschaft als geschichtliche Aufgabe und rechtsschöpferische
     Leistung, Stuttgart-Berlin 1937, S. VII-XXI. Die Herausgeber danken für die Genehmigung zum
     Wiederabdruck.

ihr aus ihren Sinn erhalten, Entscheidungen, die dem Systemgedanken der gegebenen Wirtschaft entgegenlaufen und aus einer geregelten Ordnung ein Chaos zu machen tendieren - ein Prozeß, der in den einzelnen Schriften dieser Reihe von verschiedenen Seiten beleuchtet werden wird. "Was wir heute überall auf der Welt erleben", schrieb A. Forstmann 1935, "ist nichts weiter als eine kaum überbietbare Bankerotterklärung der Methode, volkswirtschaftliche Probleme größten Ausmaßes aus der Froschperspektive privatwirtschaftlicher Erfahrungen" lösen zu wollen.

Die Herausgeber halten es deshalb nicht nur im Interesse der Wissenschaft, sondern weit mehr noch im Interesse des Wirtschaftslebens der deutschen Nation für die dringendste Aufgabe, die den Vertretern der Rechtswissenschaft und der Nationalökonomie gestellt ist, daran mitzuarbeiten, daß die beiden Disziplinen wieder den ihnen gebührenden Platz im Leben der Nation einnehmen. Mit dazu beizutragen, ist ein Ziel dieser Schriftenreihe.

Wie aber kann dieses Ziel erreicht werden? Was muß getan werden, um die beiden Wissenschaften wieder zu gestaltenden Mächten zu machen? - Die eigentliche Antwort enthalten die Untersuchungen der Reihe selbst; denn niemals kann das wissenschaftliche Programm ersetzen, was nur die Arbeit am Gegenstand zu leisten vermag. Was in diesen einleitenden Worten gesagt werden kann, betrifft weniger den Inhalt der Arbeit als vielmehr die geistige Haltung, mit der an diese Aufgabe herangegangen werden muß. Wollen wir aber über sie klar werden, dann müssen wir uns zunächst die Ursachen der Entthronung von Rechtswissenschaft und Nationalökonomie als führende Mächte im Leben der deutschen Nation vergegenwärtigen.

Rechtswissenschaft und Nationalökonomie wurden während des 19. Jahrhunderts in Deutschland von derjenigen geistigen Bewegung ergriffen, die stark das gesamte wissenschaftliche und außerwissenschaftliche Denken durchdrang: vom Historismus. An Gegenströmungen hat es auch in Deutschland nicht gefehlt, aber er hat sich bis heute behauptet. Der Historismus ist weit mehr als eine wissenschaftliche Ansicht; er bezeichnet eine bestimmte wissenschaftliche Haltung. Romantik und historische Schule haben in beiden Wissenschaften den Glauben an ein natürliches System des Rechts und der Wirtschaft zerstört. In ihrem durchaus berechtigten Streben, die Realität und das Leben selbst zu erfassen, mußten sie auf die Veränderlichkeit aller menschlichen Institutionen, der menschlichen Vorstellungen und Ideen stoßen. Der Entwicklungsgedanke durchdrang auch diese Wissenschaften. Daß ein solches Erfassen von Recht und von Wirtschaft in ihrem geschichtlichen Werden den Horizont der Wissenschaft mächtig erweiterte, soll keineswegs bestritten werden. Hier liegt ein unbestreitbares Verdienst von Männern wie Savigny, List und andern. Aber die historische Bewegung brachte beide Wissenschaften auch in schwere Gefahren, die sich anfänglich schwach, später stark geltend machten und ihre Stellung, ja ihre Existenz ernsthaft bedrohen. Sie verloren sozusagen den archimedischen Punkt, von dem aus die Wirklichkeit erfaßt werden kann.

Das Recht wächst "mit dem Volke fort", sagte Savigny, "bildet sich aus mit demselben und stirbt endlich ab, so wie das Volk seine Eigentümlichkeit verliert". "Durch innere, stillwirkende Kräfte, nicht durch die Willkür eines Gesetzgebers" solle das Recht fortgebildet werden, so meinte er und sprach damit seiner Zeit und eigentlich jeder Zeit den Beruf zur Gesetzgebung ab. Dieses Vertrauen auf die inneren, stillwirkenden Kräfte schien harmlos zu sein, in Wahrheit erwies es sich - wie die folgende Entwicklung lehrte - als überaus gefährlich: Relativismus und Fatalismus wucherten aus ihm empor und bestimmten die rechtspolitische Haltung vieler Generationen deutscher Juristen bis zum heutigen Tage.

Relativismus: Der juristische Historismus verlor allmählich jeden Halt, er sah nur noch den geschichtlichen Wechsel des Rechtsstoffes und gelangte schließlich zu der Auffassung, daß die Rechtsidee dem Rechtsstoff ohne weiteres folge. So wurde auch die Rechtsidee relativiert und büßte damit ihre Würde ein. Die inneren, stillwirkenden Kräfte, welchen nach Savignys Ansicht die Rechtsbildung zukommen sollte, haben im Laufe des 19. Jahrhunderts ihren Charakter gründlich geändert: Massive, wirtschaftliche Machtgruppen größten Ausmaßes entstanden und gestalteten Recht in höchst einseitiger Weise. Man denke etwa an die Schaffung von Lieferungs- und Zahlungsbedingungen durch derartige Machtgruppen, die wichtige Teile des geltenden Schuldrechts für weite Gebiete der Wirtschaft außer Kraft setzten. Rechtswissenschaft und Rechtsprechung ließen sich - von wenigen Ausnahmen abgesehen - diese überaus schädliche Entwicklung gefallen. Dieses selbstgeschaffene Recht der Wirtschaft schien aus der geschichtlichen Entwicklung mit Notwendigkeit herauszuwachsen; es wurde und wird von gewandten und sachkundigen Geschäftsjuristen vertreten. Wie konnte eine Jurisprudenz, welche nur die geschichtliche Entwicklung verabsolutierte und welche im übrigen keine grundsätzlichen Normen mehr kannte, derartige Mißbildungen als solche erkennen? Alle echte Rechtskritik der Wissenschaft mußte bei einem derartigen Relativismus verkümmern.

Damit berühren wir bereits die andere Gefahr, welcher die historische und auch die rechtssoziologische Schule erlagen: den Fatalismus. Savigny hatte in seinem Kampf gegen naturrechtliche Anschauungen immer wieder behauptet, daß die Auffassungen und der Wille des Juristen an die Anschauungen und Lebensverhältnisse seines Volkes und seines Zeitalters gebunden seien. Die Geschichte lehrt, daß er hiermit teilweise, aber eben nur teilweise recht hatte. In Niedergangszeiten der Jurisprudenz - wie etwa im römischen Reich nach Diokletian - haben die Juristen in der Tat keine schöpferische Kraft gezeigt; in ihren starken Epochen indessen - wie in den ersten beiden nachchristlichen Jahrhunderten - waren es gerade die römischen Juristen, welche die Rechtsanschauungen und die Rechtsinstitutionen ihres Zeitalters und ihres Volkes gestalteten und damit auch seine Lebensverhältnisse tiefgreifend beeinflußten. Savignys juristischer Fatalismus entsprach aber dem Geiste seiner Zeit und des folgenden Jahrhunderts. Insbesondere die wirtschaftlichen Tatsachen erschienen

den Juristen dieser Epoche als unabänderliche Tatsachen, denen sich das Recht anzupassen habe. Auf Grund der vorherrschenden Anschauung, daß "das jeweilige
Privatrecht als die Ordnung der privaten Beziehungen der Staatsbürger zueinander
stets den Geist der jeweiligen sozialen und wirtschaftlichen Seinslage darstellt"
(Geiler), kann die rechtspolitische Aufgabe der Wissenschaft lediglich darin bestehen, jeweils die neueste soziale und wirtschaftliche Seinslage festzustellen und Vorschläge zur Anpassung des Rechts an diese Seinslage zu machen. Der Jurist vermag
bei einer solchen fatalistischen Haltung den wirtschaftlichen Verhältnissen nur zu
folgen, er fühlt nicht die Kraft, sie zu gestalten. Die Bildung von Kartellen z. B.
wurde vom Reichsgericht seit der richtunggebenden und verhängnisvollen Entscheidung vom 4. 2. 1897 als eine unabänderliche Tatsache hingenommen und gar nicht
der Versuch gemacht, durch eine entschiedene Kartell-Rechtsprechung die Ordnungsgedanken der Gewerbeordnung zur Geltung zu bringen. Oder man denke an
das Aktienrecht, wo es wirtschaftlichen Machtgruppen gelang, zwingendes staatliches Recht praktisch auszuschalten. Nur weil Rechtswissenschaft und Rechtsprechung von der Sorge erfüllt waren, stets die faktische wirtschaftliche Entwicklung
als Fatum hinzunehmen, konnte diese Zersetzung des Aktienrechts erfolgen, deren
schlimme Folgen das deutsche Volk dann zu tragen hatte.
"Der Kapitalismus hat zu allen Zeiten Mittel und Wege gefunden, um de lege, prae-
ter legem und contra legem sich durchzusetzen." Mit diesen Worten hat Werner
Sombart - wie so oft - einer weitverbreiteten Zeitstimmung Ausdruck gegeben. Er
sprach als Nationalökonom. Denn auch in der Nationalökonomie hat sich bekanntlich das historische Denken in Deutschland durchgesetzt und hat ebenfalls eine fata-
listisch-relativistische Haltung vieler Gelehrtengenerationen erzeugt. Genauer gesehen gab und gibt es innerhalb der historischen Nationalökonomie eine Gruppe, die
sich stärker durch den Fatalismus bestimmen läßt, und eine zweite, die mehr durch
den Relativismus gekennzeichnet ist - zwei Gruppen allerdings, die sich in vielen
Punkten berühren.
Die erstere hat ihre stärksten Impulse durch Marx empfangen, wenn sie auch keineswegs auf Marx zurückgeht. Marx glaubte an ein Entwicklungsgesetz der heutigen
Gesellschaft. Bei ihm mischen sich Historismus und Naturalismus. "Auch wenn eine
Gesellschaft dem Naturgesetz ihrer Bewegung auf die Spur gekommen ist", sagt er
im Vorwort zum "Kapital", "- und es ist der letzte Endzweck dieses Werks, das ökonomische Bewegungsgesetz der modernen Gesellschaft zu enthüllen - kann sie na-
turgemäße Entwicklungsphasen weder überspringen noch wegdekretieren. Aber sie
kann die Geburtswehen abkürzen und mildern". Die mit Notwendigkeit im Kapitalismus wirkenden Entwicklungstendenzen festzustellen, ihre Durchsetzung zu erleichtern und damit den Todesgang des Kapitalismus abzukürzen - mehr vermögen
weder Wissenschaft noch Politik Es war nicht Marx allein, der einem solchen fatalistischen Entwicklungs- oder Untergangsglauben in weiten Kreisen zum Siege ver-

half. Noch heute ist er für viele die selbstverständliche Grundlage ihrer Haltung - bis hin zum "Tat-Kreis", von dem vor 1933 so starke Wirkungen auf die jüngere Generation ausgingen. Die Symptome des Neuen, das zum Durchbruch drängt, frühzeitig zu erkennen, danach die Zukunft zu erwarten, und dieser Zukunft - mag sie auch unerfreulich aussehen - vorzuarbeiten, wird hier als einzige Aufgabe anerkannt. Aus dieser fatalistischen Geschichtsauffassung ergibt sich die Haltung der müden Resignation, die allerdings oft die heroische Geste liebt. "Voraussehen, welchen Weg das Schicksal für sie gewählt hat", bleibt zum Beispiel für Spengler die letzte große Aufgabe der abendländischen Kultur. Fatalismus und Skepsis liegen stets nahe beieinander. Zwecklos oder närrisch erscheint es bei solcher Grundhaltung, sich dem ehernen Gang der Ereignisse entgegenzustellen oder sich für eine Idee einzusetzen.

Wir sind Historiker genug, um den historistischen Fatalismus als das zu nehmen, was er ist: als das Schwächezeichen gewisser Intellektueller. Weil ihr Geist sich unsicher fühlt, bringen sie nicht mehr die Kraft auf, an die Gestaltung der Dinge heranzugehen, und ziehen sich deshalb in die Rolle des Beobachters zurück. Zur Begründung ihrer Haltung arbeiten sie regelmäßig mit historischen Konstruktionen und Doktrinen, die in höchstem Maße unrealistisch sind. Verkannt wird vor allem die ungeheure Vielheit der geschichtsbildenden Kräfte, und so ist es kein Zufall, daß sich die Prognosen der Fatalisten, auf die sie ihr ganzes Denken und Wollen richten, fast immer als unrichtig erweisen. Ganz unzulässige Vereinfachungen des Geschichtsbildes vollzieht schon Marx, der nur dadurch zu seiner fatalistischen Entwicklungslehre kommen konnte, daß er die technisch-ökonomische Entwicklung als allein bestimmend für das gesamte geschichtliche Werden ansah, so daß alles soziale, politische, geistige Leben als "Überbau" erscheint. Damit hat Marx ebenfalls weit über den Kreis seiner nächsten Anhänger hinaus gewirkt: "Nun müssen wir uns klar machen, daß im allgemeinen politische Ereignisse für den Verlauf der wirtschaftlichen Entwicklung nicht bestimmt sind, daß aber im besonderen die Entwicklung des Kapitalismus von den großen politischen Revolutionen der letzten Jahrhunderte so gut wie völlig unabhängig ist" (Sombart). Zweifellos ist die These historisch falsch. Sie verrät eine Blindheit gegenüber der Wucht politisch-staatlicher Tatsachen, die in Erstaunen setzt. In Zeiten Napoleons, Steins, Bismarcks z. B. bis zum großen Krieg, zu den Friedensverträgen, die ihn abschlossen, und zu den neuesten staatlichen Strukturwandlungen haben die außen- und innenpolitischen Ereignisse den Verlauf der wirtschaflclichen Entwicklung entscheidend bestimmt. Aber es bedarf einer undoktrinären, wahrhaft universalen Geschichtsbetrachtung, um die Wechselwirkungen staatlicher und wirtschaftlicher Geschehnisse richtig zu sehen und zu bemerken, daß sie in den verschiedenen Ländern und Zeiten sich verschiedenartig gestalten - je nach der Stärke der Kräfte, die auf staatlich-politischer Seite und auf Seite der Wirtschaft tätig waren und sind. Alles das vermag ein willkürlich vereinfachender Historismus nicht wahrzunehmen. Sein Fatalismus läßt sich zwar nicht aus der geschichtlichen Erfahrung begründen. Aber er schwächt die Kraft der Wissenschaft, eine Lebensmacht zu sein. Wie kann der Geist die Tatsachen gestalten, wenn er sich selbst vor dem Gang der Tatsachen verneigt?

Der deutsche nationalökonomische Historismus hat - darauf deuteten wir schon hin - auch einen anderen, stärkeren Stamm entwickelt, den wir kurz den relativistischen nannten. An der Spitze dieser Gruppe stand Schmoller, der das wirtschaftliche Denken weiter und wichtiger Teile des deutschen Volkes bis heute - unmittelbar und durch seine Schüler - nachhaltig beeinflußt hat. Schmoller trieb Wirtschafts- und vor allem Sozialpolitik, er wollte die Nationalökonomie zu einer "moral-politischen Wissenschaft" machen, er nahm Stellung zur Arbeiterfrage, zur Reform der Gewerbeordnung, zur Wohnungsfrage, zur Schutzzollfrage und dergleichen. Er glaubte nicht an einen zwangsläufigen Ablauf der Geschichte, in die niemand erfolgreich eingreifen kann, und er rief oft und gern nach dem Staat.

Trotzdem gab er seiner Zeit keineswegs das, was sie brauchte. Schmoller ist wesentlich daran mitschuldig, daß in Deutschland die Nationalökonomie ihre frühere Kraft verlor, wahrhaft gestaltend zu wirken. Wir haben uns zu fragen, woran das lag.

Erstens: Als im Jahre 1872 Schmoller und seine Freunde angesichts der Zuspitzung der Arbeiterfrage ihr sozialpolitisches Programm in Eisenach entwickelten, da war es noch der große Zug der grundsätzlichen Auseinandersetzung mit den bestehenden Verhältnissen, der ihnen Kraft und Einfluß sicherte. Hier wurde die Sozialverfassung als Ganzes zur Diskussion gestellt. Aber dieser Mut grundsätzlichen Fragens ging rasch verloren. Man lese etwa Schmollers Rede über die Reform der Gewerbeordnung vom Jahre 1877, in der er sich insbesondere mit der freien Konkurrenz auseinandersetzte. Nur ja keine grundsätzliche Entscheidung, sondern Entscheidung von Punkt zu Punkt - das ist dort seine Hauptsorge. Jetzt erschien ihm grundsätzliches Denken doktrinär, eine Verwechselung, die schwere Schaden stiftete. Die ungeheuere Mannigfaltigkeit des historischen Werdens und der historischen Tatsachen beeindruckte ihn so stark, daß er als Relativist glaubte, jeder Gesamtentscheidung ausweichen zu müssen. Auch hierin steht er in seiner und in der heutigen Zeit keineswegs allein. Fast überall wurde allmählich grundsätzliches Denken durch punktuelles Fragen und Denken verdrängt. Damit glaubten Schmoller und seine Anhänger eine realistische Haltung einzunehmen und einer Realpolitik die Wege zu ebnen.

In Wahrheit zerstörten sie die Grundlage, von der aus die Nationalökonomie realpolitisch zu den großen Fragen praktischer Wirtschaftspolitik Stellung nehmen kann. Bereits die Problemstellung ist regelmäßig zu eng. Kennzeichnend ist z. B. die Haltung, welche Schmoller und seine Schule zu den Monopolbildungen einnahmen, die seit den letzten Jahrzehnten des vorigen Jahrhunderts die deutsche Volkswirtschaft in wachsendem Maße durchzogen. Die grundsätzliche und gleichzeitig praktisch entscheidende Frage, ob durch die Monopolbildungen nicht die Gesamtordnung der Wirtschaft zerstört wird, wurde nur gestreift, nicht ernsthaft gestellt. Hätte man es getan, so hätte man erkannt, was die Durchsetzung der Wirtschaft mit privaten Machtgruppen bedeutet, man hätte brauchbare, wirtschaftspolitische Maßnahmen vorschlagen, die ganze Diskussion auf ein anderes Niveau heben und viele schwere Schäden, die sich später herausstellten, voraussehen können. Dann hätte die Wissenschaft in diesem Punkte ihre Pflicht erfüllt. Aber die historische Schule beugte sich in echt relativistischem Opportunismus vor der Tatsache der Monopole, vermied es, das Kernproblem aufzuwerfen und blieb an der Oberfläche haften. So ist es kein Zufall, daß das letzte halbe Jahrhundert in Deutschland zwar reich an Monopolbildungen, aber arm an brauchbaren, tiefgreifenden Auseinandersetzungen mit dem Monopolproblem seitens der Wissenschaft ist.

Die Energie der Problemstellung ist es gerade, was die Wissenschaft vom Alltagsdenken wesentlich unterscheidet; dadurch, daß die historische Schule das grundsätzliche Fragen verlernte, vermochte sie auch nicht mehr wesentlich über die Alltagserfahrung herauszukommen.

Zweitens: In seinem Streben, die geschichtliche Realität in ihrem fortwährenden Wechsel unmittelbar zu erfassen und sie nie aus dem Auge zu verlieren, wußte Schmoller nichts mit dem abstrakten Denkapparat der nationalökonomischen Theorie anzufangen. Er sah nicht, daß ohne dessen Verwendung keine wahren Erkenntnisse über die Zusammenhänge der wirtschaftlichen Wirklichkeit erzielbar sind. Zwar gibt es mehrere, häufig zitierte Worte von ihm, aus denen seine Hochachtung vor der theoretischen Forschung hervorgeht. Aber auf solche Erklärungen kommt es nicht an, sondern allein auf die Forschung selbst. Das Verhängnisvolle war aber, daß unter seiner Führung die deutschen Nationalökonomen verlernten, die Theorie zu gebrauchen, sie zu verbessern und nationalökonomische Analysen durchzuführen. Deshalb verlernten sie auch, die wirtschaftliche Realität in ihren Zusammenhängen zu verstehen. Das heißt: sie wurden wirklichkeitsfremd und begingen gerade denjenigen Fehler, den sie am meisten verabscheuten. Denn die Wirklichkeit ist nicht ein Haufen nebeneinanderstehender Tatbestände. Und so bildete sich ein Typ des deutschen Nationalökonomen heraus, der noch heute weit verbreitet ist: Er strebt zur wirtschaftlichen Wirklichkeit hin, aber er kennt sie nicht; er hat Respekt vor theoretischer Forschung, aber er kann selbst nichts mit ihr anfangen; er will die Wirtschaft gestalten helfen, aber er kann es nicht, weil er die wirtschaftlichen Zusammenhänge nicht durchschaut. Eine solche Nationalökonomie mußte vor allen großen, wirtschaftspolitischen Problemen versagen: etwa vor der deutschen Inflation oder der Transferfrage.

Die Nationalökonomie Schmollerscher Prägung hat die Tatsache, daß sie alles in allem mit der allgemeinen Relativierung den Boden unter den Füßen verlor, nicht stark empfunden. Bewußt oder unbewußt gewährte ihr der weit verbreitete Glaube an den allgemeinen Fortschritt eine Stütze. Es war kein Zufall, daß Schmoller sein größtes Werk, die Allgemeine Volkswirtschaftslehre, mit einem feierlichen Bekenntnis zum allgemeinen Fortschrittsglauben abschloß. "Der Mensch ist körperlich, geistig und moralisch unendlich fortgeschritten", sagte er und zeigte damit, wie sehr er als Kind seiner Zeit die dämonischen Leidenschaften und egoistischen Instinkte der Menschen, mit denen jede Wirtschaftspolitik zu rechnen hat, unterschätzte. Epochen des Verfalls würden - so meinte er - auch in Zukunft nur von vorübergehender Dauer sein. Die Gefahren des Chaos sah er nicht. Aus diesem Fortschrittsglauben, nach dem die tatsächliche Entwicklung der Wirtschaftsordnung und des Wirtschaftsablaufs mit Notwendigkeit schließlich doch zum Besseren führt, erklärt sich letzten Endes aller Opportunismus.

In beiden Wissenschaften - in Jurisprudenz und Nationalökonomie - vollzog und vollzieht sich also in Deutschland ein ähnliches Schauspiel: Sie verlieren mit vordringender Historisierung ihren Halt, Rechtsidee und Wahrheitsidee werden relativiert, den wechselnden Tatsachen und Meinungen passen sie sich bereitwillig an. Jede von ihnen hört damit auf, eine geistige und sittliche Macht zu sein. Sie werden zu Trabanten. Um so erfolgreicher konnten wirtschaftliche Machtgruppen ihre Interessen zur Geltung bringen. Die Auffassungen der Wissenschaft pflegen allmählich über die Universitäten in weitere Kreise der Richter, Verwaltungsbeamten usw. zu dringen, die nun auch von der opportunistischen, ungrundsätzlichen Haltung der Gelehrten ergriffen wurden. Nur soweit in beiden Wissenschaften dem Historismus Widerstand geleistet wurde, bewahrten sie Selbstsicherheit und Kraft. Das muß um so schärfer betont werden, als die Kritik, die neuestens an beiden Wissenschaften in Deutschland geübt wird, zum Teil aus dem Geiste des Historismus heraus erfolgt und deshalb wertlos ist.

Durch die kritische Auseinandersetzung ist die Aufgabe bezeichnet, die vor uns liegt. Wir brauchen nur unsere Kritik ins Positive zu wenden, um die Linie klarzulegen, in der wir arbeiten müssen, wenn wir Rechtswissenschaft und Nationalökonomie den ihnen gebührenden Platz wieder erobern wollen.

Erstens: Daß rationales Denken und schöpferisches Handeln unvereinbare Gegensätze seien, daß das Denken die Energie und damit den Erfolg der Tat hemme, ist eine Überzeugung, die seit Nietzsches Lehre vom Herrenmenschen und dessen schöpferischen Urinstinkten in weite Kreise gedrungen ist. "Immer wissenlos", wie auch gewissenlos, wünscht sich Nietzsche den heldisch Handelnden. Blind gegen rationale Erwägung soll er sich dem Dämon seiner Leidenschaft überlassen.

Die ganze Antithese ist schief, sie findet in der Geschichte keine Bestätigung, sie muß verhängnisvoll wirken. Ein Friedrich der Große hätte den Gedanken, der Staatsmann oder Feldherr könne die Dinge zu klar sehen, als völlig absurd abgewiesen. Ihn beunruhigte es, wenn er sie nicht klar genug erfassen und die Zusammenhänge nicht zuverlässig durchdenken konnte. Alle Großen der politischen und militärischen Weltgeschichte haben sich ebenso verhalten. Dadurch gerade wurden sie groß, daß ihre irrationale Kraft des Wollens und ihre Kraft der Vernunft zusammen

Schwierigkeiten bewältigten, die unüberwindbar schienen. Nur der innerlich Schwache sieht in der Ratio eine Bedrohung, wird durch sie unsicher und zwiespältig, stürzt sich aus Angst vor der nüchternen Welt der Tatsachen und der Vernunft in den Rausch des Irrationalen, in fiebernde Begeisterung. Der Starke aber fühlt einen Kraftzuwachs, wo immer er die Vernunft verwenden kann: Bei Erhellung des Dunkels, das den Handelnden umgibt, und bei Einsatz seiner Machtmittel. - Aus dieser Überzeugung heraus, die sich auf die geschichtliche Erfahrung stützt, wollen wir die wissenschaftliche Vernunft, wie sie in der Jurisprudenz und in der Nationalökonomie zur Entfaltung kommt, zum Aufbau und zur Neugestaltung der Wirtschaftsverfassung zur Wirkung bringen.

Zweitens: Dem Historismus, der - wie näher geschildert - mit seiner relativistischen Unverbindlichkeit Schiffbruch litt, setzen wir das grundsätzliche Denken gegenüber. Es besteht darin, die Einzelfragen der Wirtschaft als Teilerscheinungen einer höheren Einheit zu sehen. Da sämtliche Gebiete der Wirtschaft aufs engste miteinander verknüpft sind, ist diese grundsätzliche Betrachtung die einzige, die der Sache gerecht wird. Die Behandlung aller konkreten rechts- und wirtschaftspolitischen Fragen muß an der Idee der Wirtschaftsverfassung ausgerichtet sein. Dadurch wird die relativistische Haltlosigkeit und das fatalistische Hinnehmen der Fakten überwunden.

Drittens: Radikale Ablehnung des Historismus, der in keiner Form zu retten ist, heißt nicht, daß wir die geschichtlichen Sachverhalte mißachten. Gerade dadurch, daß wir mit grundsätzlichen Fragen an sie herantreten, werden wir die Geschichte besser verstehen, werden tiefer dringen und aus ihr mehr lernen, als es der Historismus tat. Die geschichtliche Erfahrung - besonders der Gegenwart, der letzten Jahrzehnte und der letzten Jahrhunderte ist die Grundlage, von der wir auszugehen haben. "Von den Herren, die von der Geschichte nichts wissen wollen, wird die Geschichte auch nichts wissen wollen« (H. Grimm).

Durch den Nebel frei schwebender Ideologien hindurch muß zu den Tatbeständen und zu den Erfordernissen der Sache selbst vorgestoßen werden. Ideologien von Wirtschaftspropheten, Dogmen, die den Tatsachen Gewalt antun, genialische Gedankengebäude, die sich der denkerischen Kontrolle entziehen, sind ebenso unbrauchbar wie die Ideologien von Interessenten, mit denen sie sich nicht selten berühren. Alle Begriffsspekulationen, die sowohl in der Rechtswissenschaft wie in der Nationalökonomie gerade heute eine große Rolle spielen, wirken verhängnisvoll, weil sie zu Doktrinarismus und Wirklichkeitsfremdheit verführen. Nicht juristische oder wirtschaftliche Begriffe, sondern Tatsachen sind zu untersuchen. Konkrete Probleme sind es, die bewältigt werden müssen. Die Angst vor der Realität, über die Bismarck spottete, muß gerade auf unserem Felde überwunden werden. Wirklichkeitsnah und grundsätzlich zugleich; nur aus dieser Spannung heraus können die Probleme der Wirtschaftsverfassung erfaßt und einer Lösung zugeführt werden.

Viertens: Die Wirtschaftsverfassung ist als eine politische Gesamtentscheidung über die Ordnung des nationalen Wirtschaftslebens zu verstehen. Nur die Ausrichtung an dieser Idee gibt die Handhabe, wirklich zuverlässige und schlüssige Grundsätze für die Auslegung vieler Teile des öffentlichen oder privaten Rechts zu gewinnen. Dies gilt nicht bloß für die grundlegenden Gesetze, sondern insbesondere auch für Spezialgesetze wirtschaftlichen Charakters. Bisher ist z. B. die Konkursordnung vorwiegend unter prozeßrechtlichen Gesichtspunkten behandelt worden. Aber dieser Blickpunkt ist zweifellos einseitig und erschließt keineswegs den vollen Sinn des Gesetzes. Es ist vielmehr durchaus notwendig, das Konkursrecht als Teil der Wirtschaftsverfassung zu verstehen. Und zwar als einen wichtigen Teil; denn das Konkursrecht bestimmt, wann und wie Unternehmungen aus der bestehenden Verkehrswirtschaft ausscheiden. Nur wer die Ordnungsprinzipien dieser Wirtschaft begriffen hat, kann auch das Konkursrecht richtig verstehen, dessen Bestimmungen und dessen Handhabung wiederum ungemein wichtig für das Funktionieren der gesamten Wirtschaftsverfassung und die Produktionslenkung sind. Gerade auch der praktische Jurist darf diese wirtschaftsverfassungsrechtliche Erfassung des Rechts nie ignorieren. Für das Schuldrecht, das Sachenrecht, das Familienrecht, das Arbeitsrecht, das Verwaltungsrecht und alle anderen Rechtsgebiete gilt - mutatis mutandis - das gleiche. Ebenso muß sich auch die Rechtspolitik bei der gesetzgeberischen Weitergestaltung des Rechts stets die Grundgedanken der Wirtschaftsverfassung gegenwärtig halten.

Die Aufgabe aber, die Rechtsordnung als Wirtschaftsverfassung zu begreifen und zu formen, ist nur lösbar, wenn sich der Jurist der Ergebnisse wirtschaftswissenschaftlicher Forschung bedient. Wenn es z. B. der praktische oder wissenschaftliche Jurist mit einer Frage des unlauteren Wettbewerbs zu tun hat, so genügt es keineswegs, daß er den ethischen Auffassungen des Kaufmannsstandes nachspürt und ausgehend von dem "Anstandsgefühl aller billig und gerecht Denkenden" die eine Gruppe von Wirtschaftskampfmitteln für gerade noch erlaubt, die andere für eben noch rechtswidrig erklärt. Vielmehr ist gerade hier das wirtschaftsverfassungsrechtliche Durchdenken des Problems dringend nötig, denn der freie Wettbewerb ist ein wesentliches Ordnungsprinzip der heutigen deutschen Wirtschaft. Der freie Wettbewerb darf nicht etwa unter fälschlicher Berufung auf angebliche Unlauterkeit unterbunden werden, er darf andererseits aber auch nicht in wirklich unlauteren Wettbewerb entarten. Wie die Grenze zwischen unlauterem und erlaubtem Wettbewerb zu ziehen ist, wo freier Wettbewerb vorliegt, wo nicht, wo beschränkter Wettbewerb, wann Leistungswettbewerb und wann Behinderungswettbewerb gegeben ist, wann Preisunterbietungen dem Ordnungsprinzip widersprechen, wann nicht - kann nur auf Grund der Untersuchungen der verschiedenen Marktverfassungen entschieden werden, welche die Wirtschaftswissenschaft durchführt. Das Zusammenwirken beider Wissenschaften, das in dieser Hinsicht noch sehr viel zu wünschen übrig läßt, ist schlechthin notwendig.

Die Klagen über die Spezialisierung der Einzelwissenschaften richten sich gegen die Wissenschaften von gestern. Überall sind starke Kräfte am Werk, welche diese Spezialisierung überwinden. Und zwar ist es die Arbeit an den Problemen selbst - nicht freischwebende, methodologische Reflexion -, welche die Einzelwissenschaften wieder auf einer neuen Ebene verbindet. Heute stehen nicht mehr Physik, Chemie, Mineralogie, Physiologie und andere Naturwissenschaften nebeneinander, sondern die Arbeit am Problem zwang die Physiologen, Methoden und Ergebnisse der Chemie, die Mineralogen und Chemiker, physikalische Methoden zu verwenden. Auch im weiten Raum der Geisteswissenschaften vollzieht sich allenthalben ein Annäherungsprozeß der Einzelwissenschaften. Die Zerspaltung der Geschichtswissenschaften in politische, Wirtschafts-, Geistes-, Kirchen-, Kunsthistorie erwies sich als unhaltbar. Je tiefer die Forschung wieder geschichtliche Probleme anfaßt, um so stärker wird sie zu universaler Geschichtsbetrachtung gedrängt. Rechts- und Wirtschaftswissenschaft stehen ebenfalls an verschiedenen Stellen unter dem Zeichen des Annäherungsprozesses. Auch diejenigen Probleme, um die sich die Arbeiten unserer Reihe drehen, erfordern Einsatz der Denkmethoden und Forschungsergebnisse beider Wissenschaften. Nicht in dem Sinne, daß wir - um mit Kant zu sprechen - "ihre Grenzen ineinanderlaufen" lassen. Kant hatte ganz recht, wenn er hiervon "nicht eine Vermehrung, sondern Verunstaltung der Wissenschaften" erwartete. Jede muß ihre Eigenart behalten, wenn sie etwas leisten soll. Aber wo die Sache den Einsatz von beiden verlangt, muß es geschehen. Auch hierdurch hoffen wir Herausgeber, das Wort der echten Wissenschaft kräftiger zur Geltung zu bringen.

WILFRIED SCHULZ
ADOLF LAMPE UND SEINE BEDEUTUNG FÜR DIE „FREIBURGER KREISE" IM WIDERSTAND GEGEN DEN NATIONALSOZIALISMUS

Vorbemerkung
1. Einführung
2. Adolf Lampes Lebensweg
   2.1 Jugend und Studium
   2.2 Frühe wissenschaftliche Laufbahn
   2.3 Lampe gegen den Nationalsozialismus in München
   2.4 Lampes frühes Eintreten gegen den Nationalsozialismus in Freiburg
   2.5 Die „Allgemeine Wehrwirtschaftslehre"
   2.6 Verhaftungen durch die Gestapo
   2.7 Die Fortsetzung der Arbeit nach dem Krieg
   2.8 Lampes Verhaftung durch französische Militärs
   2.9 Die Rothenburger Hochschullehrertagung 1947
   2.10 Lampes Ruf nach Bonn
3. Adolf Lampes Lebenswerk
   3.1 Adolf Lampe als Wissenschaftler
   3.2 Lampe und die Freiburger Kreise
   3.3 „Freiburger Konzil"
   3.4 „Freiburger Bonhoeffer-Kreis"
   3.5 „Arbeitsgemeinschaft Erwin von Beckerath"
   3.6 Das Fortwirken der „Arbeitsgemeinschaft Erwin von Beckerath" nach dem Krieg
4. Schlußbetrachtung

Der Verfasser ist Frau Dr. Christine Blumenberg-Lampe für ihre Mithilfe und für zahlreiche Hinweise sehr dankbar. Der Konrad-Adenauer-Stiftung ist er für die Möglichkeit der Einsichtnahme in Archivmaterial zu Dank verpflichtet. Auskünfte der noch lebenden Beteiligten und ihrer Nachkommen halfen an mancher Stelle, Sachverhalte um die Arbeit der „Freiburger Kreise" zu klären. Kritische Anmerkungen von Hans Möller und Knut Borchardt halfen dem Verfasser, als Nicht-Historiker manche Aussagen zu präzisieren. Dipl.-Kffr. Carola Jungwirth dankt er für ihre Mitarbeit beim Verfassen dieses Beitrags und für viele konstruktiv-kritische Anmerkungen.

Die Professoren Adolf Lampe, Constantin von Dietze und Walter Eucken (v.l.n.r.)
auf einer Exkursion bei Freiburg ca. 1943 (Photo Privatbesitz).

In Freiburg gab es im Zeitraum von der Reichspogromnacht am 9. November 1938 bis Anfang September 1944 drei im wesentlichen unabhängig voneinander arbeitende Widerstandskreise gegen den Nationalsozialismus. Diesen drei Kreisen, dem „Freiburger Konzil", dem „Freiburger Bonhoeffer-Kreis" (auch: Arbeitskreis „Freiburger Denkschrift") und der „Arbeitsgemeinschaft Erwin von Beckerath" (AG E.v.B.) gehörten gemeinsam die Freiburger National-ökonomie-Professoren Constantin von Dietze, Walter Eucken und Adolf Lampe an. Der Geschichtsprofessor Gerhard Ritter nahm an den beiden erstgenannten Kreisen teil.

Eine graphische Darstellung der Freiburger Widerstandskreise veranschaulicht die personelle Zusammensetzung und skizziert die Geschichte der drei Kreise. *(Vgl. dazu Abb. 1 „Die Freiburger Kreise" vor S. 239.)*

1. Einführung

Die „Freiburger Kreise", ihre Denkschriften und Ausarbeitungen haben in den letzten Jahren vermehrt Beachtung und Anerkennung gefunden. Hierzu trug nicht zuletzt die 1988 von den Freiburger Hochschulen und dem Stadtarchiv zusammengestellte Ausstellung „Der 'Freiburger Kreis'. Widerstand und Nachkriegsplanung" und der dazugehörige informative, ansprechende Katalog bei (Vgl. Rübsam/ Schadek (1990), passim.). Auch die Denkschrift der Evangelischen Kirche in Deutschland (EKD) „Gemeinwohl und Eigennutz - Wirtschaftliches Handeln in Verantwortung für die Zukunft" (Vgl. Kirchenamt der EKD (1991), S. 34.) nimmt Bezug auf die „Freiburger Kreise". Auf der EKD-Synode 1992 in Suhl wurde die Ausstellung gezeigt. Nach und nach verweist auch die nationalökonomische Literatur bei der Aufarbeitung der Ursprünge unserer Sozialen Marktwirtschaft auf die Bedeutung der „Freiburger Kreise" für diese Wirtschaftsordnung. Veröffentlichungen zum deutschen Widerstand sind kaum noch denkbar, ohne daß diese Widerstandsgruppen Erwähnung finden. Sie stehen jedoch nach wie vor in ihrer Bekanntheit im Schatten anderer Widerstandskreise wie etwa des „Kreisauer Kreises". Es bleibt Aufgabe der Historiker, die „Freiburger Kreise" entsprechend ihrer Bedeutung vor allem für die Nachkriegszeit - die Wirtschaftspolitik, die Theologie (Vgl. Blänsdorf (1991), passim.), die Rechtspolitik, die Erwachsenenbildung bis hin zur Gründung der evangelischen Akademien (Vgl. Nübel (1993), S. 26.) - zu erforschen und zu würdigen. [1]

---

1   So sucht der Leser z.B. in dem jüngst erschienenen Buch „Geschichte der Wirtschaftspolitik", (Vgl. Tilly (1993), passim.) jeglichen Hinweis auf die Freiburger noch vergeblich. Lediglich Müller-Armack (S. 204) und „Ludwig Erhard (FDP)" (sic!, S. 206) werden von dem Wirtschaftshistoriker Tilly erwähnt. Andererseits geht der Ex-DDR-Autor Kurt Finker bereits in seinem 1978 erschiene-

Was für die „Freiburger Kreise" im allgemeinen gilt, trifft auf Adolf Lampe, eine der
führenden Persönlichkeiten der Kreise, im besonderen zu. Weniger etwa als die
Namen von Walter Eucken, Heinrich von Stackelberg, Günter Schmölders, Erwin
von Beckerath, Erich Preiser ist der Name Adolf Lampes bislang in der nationalökonomischen Dogmengeschichte bekannt geworden und erhalten geblieben.
Hier soll versucht werden, Lampes Bedeutung als Initiator, Mitbegründer, Schriftführer und Mitglied der drei „Freiburger Kreise" aufzuzeigen, indem sein Leben in
großen Zügen nachvollzogen und auch sein Wirken (und seine Wirkung) im Nachkriegsdeutschland deutlich gemacht wird. Es soll keine vollständige Darstellung dieses interessanten und auch spannungsreichen Wissenschaftlerlebens erfolgen, vielmehr soll herausgestellt werden, in welcher Weise ein Wissenschaftler unter Einsatz
seiner Gesundheit und seines Lebens bereit war, für seine Überzeugung einzu-
stehen[2].

2. Adolf Lampes Lebensweg

2.1 Jugend und Studium

Adolf Lampe wurde am 8. April 1897 in Frankfurt geboren[3]. Er wuchs in einer groß-
bürgerlichen Kaufmannsfamilie auf. Die weltoffene, liberale Atmosphäre seines El-
ternhauses prägte ihn. Sein Elternhaus lag in direkter Nachbarschaft der Westend-
Synagoge. Die freundschaftliche Begegnung mit jüdischen Mitbürgern war selbstverständlich und machte ihn schon früh immun gegen jede Art von Rassenideologie.
Adolf Lampe hatte eine unbeschwerte Kindheit und Jugend, von der er zeitlebens
zehrte. Der Ausbruch des ersten Weltkrieges beendete diese Jahre[4].
Im August 1914 legte Lampe in Frankfurt die Kriegsnotreifeprüfung ab und trat am
5. September als Kriegsfreiwilliger in den Heeresdienst ein (Vgl. NL Lampe ACDP
I-256-A047.). Mit nur wenigen Unterbrechungen gehörte er bis zum Ende des Krieges mobilen Truppenteilen an verschiedenen Fronten an. Er war kein begeisterter

---

nen Buch „Graf Moltke und der Kreisauer Kreis" zumindest auf die Einbindung der Freiburger
Kreise in die anderen Widerstandskreise und die Nachkriegsplanung ein (Vgl. Finker (1978), S.
171 f.). Der Widerstand von deutschen Nationalökonomie-Professoren wird nun auch in der angelsächsischen Literatur zur Kenntnis genommen (Vgl. z.B. Kasper/Streit (1993) und Konow (1994),
S. 161.).

2   Die Auswertung von A. Lampes umfangreichem Nachlaß und eine umfassende Würdigung seines
     Lebenswerkes stehen noch aus. Der Nachlaß befindet sich, wie weiteres Material zu den „Freibur-
     ger Kreisen", im Archiv für Christlich Demokratische Politik (ACDP) in Sankt Augustin bei Bonn.

3   Zu den Lebensdaten vgl. NL Lampe ACDP I-256 passim, i. b. I-256-A003.2, A007, K042, K046,
     A047.

4   Grabrede von Pfarrer René Wallau, 16. Februar 1948, in: Zum Gedächtnis an Prof. Dr. Adolf
     Lampe, vervielf., NL Lampe ACDP I-256-K046.

Soldat und trug schwer am Kriegsalltag, trotzdem hielt er es als ein guter Deutscher für seine Pflicht, dem Vaterland zu dienen[5]. Er wurde zum Leutnant der Reserve der Kavallerie befördert, erhielt beide Eisernen Kreuze und wurde einmal verwundet (Vgl. NL Lampe ACDP I-256- A047.).

Seit Wintersemester 1914 war Lampe pro forma immatrikuliert. Erst nach Kriegsende begann er im Oktober 1918 in Frankfurt/Main mit dem Studium der Germanistik. Seit Anfang 1919 warb Lampe unter alten Kriegsteilnehmern an der Universität und trat selbst am 13. März in das Freikorps „Feldmarschall Hindenburg" ein, das sich aus Resten seiner letzten Kampftruppe zusammensetzte. Bis zum 30. September 1919 tat er dort Dienst, zunächst als Werbe- und später als Unterrichtsoffizier (Vgl. NL Lampe ACDP I-256- A047.). Zum Wintersemester 1919 kam er an die Universität Frankfurt zurück und nahm, nachdem er bereits im Frühjahr Vorlesungen bei Adolf Weber gehört hatte, das nationalökonomische Studium auf. Seit Ende 1919 war Lampe an führender Stelle für die „Freie Arbeitsgemeinschaft nationaler Studentengruppen" (Vgl. NL Lampe ACDP I-256- A047.) tätig und hatte maßgeblichen Anteil an deren Eintreten für Feldmarschall von Hindenburg, dem er auch später die Treue hielt. Er formulierte und unterschrieb eine Ehrenerklärung für ihn, die er mit einem scharfen Angriff auf einen Professor verband und hängte sie in der Frankfurter Universität aus. Dies trug ihm ein consilium abeundi und die Streichung eines Semesters ein (Vgl. NL Lampe ACDP I-256-A047.).

Erstmals war Lampe öffentlich und kompromißlos für eine von ihm als gerecht empfundene Sache eingetreten, ohne auf mögliche persönliche Folgen zu achten. Nicht zuletzt damit verbundene Erfahrungen ließen ihn zwar für alle Zukunft auf parteipolitische Tätigkeiten verzichten, sie hinderten ihn jedoch nicht, seine Stimme immer dann vernehmbar zu erheben, wenn es darum ging, von ihm empfundenes Unrecht abzuwenden und vor Gefahren zu warnen, selbst wenn es ihn und die Seinen gefährdete. Lampe suchte und vertrat die Wahrheit, er sah und bekämpfte, was er für Verlogenheit hielt und schreckte gelegentlich auch vor persönlichen Angriffen nicht zurück[6].

2.2 Frühe wissenschaftliche Laufbahn

Zum Sommersemester 1921 ging Lampe mit Adolf Weber, bei dem er bereits im vierten nationalökonomischen Semester seine Dissertation begonnen hatte, nach

---

5   Vgl. Schreiben Lampes an den „Vorstand der Nationalsozialistischen Arbeiterpartei" vom 3. März 1923 (Schreiben NSDAP), NL Lampe ACDP I-256-A003.2, sowie die „Einführungsvorlesung zum Sommersemester 1933", NL Lampe ACDP I-256-K-033.

6   So die Ausführungen des ehemaligen ev. Studentenpfarrers Herbert Wettmann, der „einen großen Streit" zwischen dem „aktiven und impulsiven" Lampe und Erik Wolf schlichten mußte (Wettmann am 25. 6. 1994 in Freiburg/Brg. und in einem Telephonat am 28.6.1994, Aufzeichnungen des Verf.).

München. Am 3. Februar 1922 promovierte Weber ihn mit dem Thema: „Versuche zur Theorie des Unternehmergewinns" (Vgl. Lampe (1922).).

„Adolf Weber war in Frankfurt und München sein treuverehrter Meister, der Lampes Studien und Berufswahl sowie die Form des wirtschaftstheoretischen Denkens mit seiner scharfen Ausrichtung auf praktische Ergebnisse maßgebend bestimmt hat." (Beckerath (1962), S. 40.)

Die fast ausschließlich stenographierte Korrespondenz zwischen Lehrer und Schüler füllt einen ganzen Aktenordner (Vgl. NL Lampe ACDP I-256-A063.). Der wissenschaftliche und familiäre Kontakt riß nie ab.

Bereits in seinen Studienjahren machte Adolf Lampe deutlich, wie wichtig ihm die Konfrontation der Wissenschaft mit praktischen Ergebnissen und Erfahrungen war. Obwohl Lampe bereits seit dem Sommersemester 1921 als Assistent bei Adolf Weber tätig war, trat er am 1. August 1922 als wissenschaftlicher Mitarbeiter in die Handelskammer München ein. Hier organisierte er den Wirtschaftsdienst neu und befaßte sich mit aktuellen Wirtschaftsproblemen. Während dieser Zeit behielt er die Assistentenstelle bei A. Weber bei. Vom August 1923 bis Ende April 1924 war er der Handelskammer nur noch als beratender Volkswirt verbunden und konzentrierte sich auf seine Assistententätigkeit an der Universität. Ab 1. Oktober 1923 war er an der Universität München als etatmäßiger Vollassistent angestellt. Gleichzeitig nahm er eine Dozententätigkeit an der Verwaltungsakademie München auf (Vgl. NL Lampe ACDP I-256-A048.). Diese Verbindung von wissenschaftlichem und praktischem Arbeiten behielt Adolf Lampe bei und beeinflußte damit später in Freiburg auch Stil und Arbeitsweise in der Fakultät.

2.3 Lampe gegen den Nationalsozialismus in München

In die Münchener Assistentenzeit fällt die erste Auseinandersetzung Lampes mit dem Nationalsozialismus. Im Seminar von A. Weber, das auch der spätere Stellvertreter Hitlers, Rudolf Hess, als Student besuchte, hielt er ein gegen die NS-Ideologie gerichtetes Referat über die Zinslehre des Nationalsozialismus[7]. Lampe verfolgte zusammen mit einigen guten Freunden, alle Schüler von Adolf Weber, interessiert, aber voller Sorge die Entwicklung der nationalsozialistischen Partei. Sie besuchten häufig NSDAP-Veranstaltungen und versuchten, als Diskussionsredner aufzutreten[8]. Lampe brachte dies bereits 1923 im Bürgerbräukeller in München die ersten Konfrontationen mit dem Saalschutz ein. Sein Protestschreiben an die NSDAP wurde ausweichend beantwortet (Vgl. NL Lampe ACDP I-256-A003.2 (Schreiben NSDAP).).

---

7   Vgl. Adolf Lampe, Anlage zum Fragebogen des Rektorats der Universität Freiburg vom 17.6.1947 (Rektorat), NL Lampe ACDP I-256-A003.2.

8   Vgl. z.B. Brief Lampes an seine Eltern vom 14.11.1923. NL Lampe ACDP I-256-K045/2.

Gleichzeitig bemühte er sich in seiner Funktion

> „als Referent an der Industrie- und Handelskammer München - leider vergeblich -, das Unternehmertum gegen den Dogmatiker der NSDAP, den Diplomingenieur Gottfried Feder (nachmaligen Staatssekretär) zu mobilisieren. Nach Fehlschlagen dieser Bemühungen versuchte ich Feder in einer längeren Korrespondenz zur Diskussion im Seminar Weber herauszufordern. Feder wich der Herausforderung schließlich mit unzulänglicher Begründung aus."[9]

Diese ersten intensiven, wenngleich fruchtlosen Auseinandersetzungen mit dem Nationalsozialismus bestimmten den weiteren Lebensweg Lampes. Als wichtiges Ereignis kam hinzu, daß Lampe den Marsch auf die Feldherrenhalle am 9. November 1923 in München erlebte. Schon damals erkannte er, welche Gefahr von Hitler ausging. Er schrieb an seine Eltern: „Hitler habe ich wohl von vornherein richtig beurteilt. Er ist ein kleingeistiger ehrgeiziger Schurke. Denn für mein Empfinden liegt das Verbrechen auf seiner Seite"[10].

Am 29. April 1925 wurde Lampe von der Staatswirtschaftlichen Fakultät der Universität München mit der Schrift „Zur Theorie des Sparprozesses und der Kreditschöpfung" (Vgl. Lampe (1926).) habilitiert. In ihr setzte er sich mit den wirtschaftspolitischen Aussagen der NSDAP auseinander. Er erhielt die venia legendi für Volkswirtschaftslehre und Finanzwissenschaft. Zunächst blieb Lampe als Privatdozent an der Universität München.

Im August 1925 heiratete Adolf Lampe Gertrud Schmitt, eine Tochter des Weingutbesitzers Georg Schmitt aus Nierstein. Zum Wintersemester 1926 wurde Lampe als außerordentlicher Professor an die Universität Freiburg berufen. Hier blieb er bis zu seinem frühen Tod am 9. Februar 1948.

2.4 Lampes frühes Eintreten gegen den Nationalsozialismus in Freiburg

Die Berufung nach Freiburg war auf besonderen Wunsch und Betreiben von Geheimrat Diehl erfolgt (Vgl. NL Lampe ACDP I-256-If Z31.). Er hoffte, in Adolf Lampe seinen Nachfolger gefunden zu haben. Dementsprechend förderte er den jungen Kollegen.

Bereits in diesen ersten Lehr- und Forschungsjahren Lampes in Freiburg wurde sichtbar, wieviel Lampe daran lag, einen Praxisbezug in seine Lehrtätigkeit hineinzubringen. So regte er Praktikervorträge und -seminare sowie eine Berufsberatung für Volkswirte an und bemühte sich darum, auch aktuelle politische Fragen in seinen Vorlesungen zu erörtern. Beispielhaft hierfür ist, daß er 1930 kurzerhand

---

9   Adolf Lampe, Anlage zum Fragebogen des Military Government of Germany, 25. Februar 1946 (Military Government), NL Lampe ACDP I-256-A003.2. Vgl. dazu auch Korrespondenz Adolf Lampe/Gottfried Feder, März bis Juni 1923, NL Lampe ACDP I-256-K046.

10   Brief Adolf Lampe an seine Eltern, 11. November 1923, NL Lampe ACDP I-256-045/2.

„Vorlesungen über die wirtschaftspolitischen Programme der größeren deutschen Parteien ... in Abweichung vom Lehrplan, mit Rücksicht auf den ersten großen Wahlerfolg der Nationalsozialistischen Partei bei den Reichstagswahlen" (NL Lampe ACDP I-256-A003.2 (Rektorat).) angesetzt hat.

In der Folgezeit intensivierte Lampe seinen zunächst auf rein wirtschaftspolitische Argumentationen gestützten Kampf gegen die Nationalsozialisten. So veröffentlichte er Artikel gegen die Zinsknechtschaftslehre von Gottfried Feder[11]. Auf diesem Gebiet konnte sich Lampe als Fachmann auf eine offene Diskussion einlassen (Vgl. NL Lampe ACDP I-256-A003.2 (Schreiben NSDAP).). Außerdem hielt er 1932 acht Wahlreden an verschiedenen Orten in Baden für Hindenburg und damit gegen die Kandidatur Hitlers zur Reichspräsidentenwahl (Vgl. NL Lampe ACDP I-256-A003.2 (Military Government).).

In diesem Kampf gegen Hitler legte sich Lampe u.a. auch mit seinem Kollegen Gerhard Ritter an, der ihm, obwohl Vorsitzender der Freiburger Hindenburgausschüsse, zu halbherzig für Hindenburg eintrat. Aus der „Evangelischen Akademikervereinigung" trat Lampe 1932 demonstrativ aus, weil sie sich nicht genügend für Hindenburg einsetzte (Vgl. Matthiesen (1993), S. 1227.). Nicht zuletzt mit diesen Aktivitäten legte Lampe den Grundstein für seine spätere Verfolgung durch die NSDAP.

Bereits im Mai 1933 wurde Lampe zum ersten Mal denunziert und zunächst unter den §4 des Berufsbeamtengesetzes (politische Unzuverlässigkeit) gestellt. Er mußte daraufhin täglich mit seiner Entlassung rechnen, weigerte sich aber dennoch, der NSDAP beizutreten. Nach einem halben Jahr wurde das Verfahren niedergeschlagen. Ihm sollten bis zum Ende des Dritten Reiches zwölf weitere politische Verfahren folgen (Vgl. NL Lampe ACDP I-256-A003.2 (Rektorat) und (Military Government).).

Allerdings forderte Lampe das eine oder andere Verfahren auch durch seine kompromißlose, radikale und provokative Haltung selbst heraus und trieb seine Opposition auf die Spitze. Als Beispiel hierfür sei auf das Verfahren aufgrund der Auseinandersetzung mit dem Studentenführer Ottokar Lorenz, seinerzeit Gebietsführer der HJ Berlin und gleichzeitig Reichsfachschaftsleiter der Volkswirte, verwiesen. Ute Frevert berichtet:

> „Als ihm (Lampe) ein jüngerer Kollege Namens Ottokar Lorenz, strammer Nationalsozialist und scharfer Kritiker einer liberalen Wirtschaftstheorie, wie sie Lampe vertrat, 1934 vorwarf, er sei wissenschaftlich nicht qualifiziert und habe sich nicht einmal mit den einfachsten Fragen seines Faches beschäftigt,

---

11 Lampe kritisierte die nationalsozialistische Währungs- und Kredittheorie in seiner Habilitationsschrift (1926) und schrieb 1931 einen Artikel gegen die Zinsknechtschaftslehre Gottfried Feders in der Zeitschrift „Die Sparkasse" (Vgl. NL Lampe ACDP I-256-A003.2 (Rektorat) und (Military Government).).

suchte er ihn zunächst auf dem Dienstweg, später durch eine persönliche Aussprache von der Haltlosigkeit seiner Kritik zu überzeugen. Lorenz jedoch blieb stur und weigerte sich, eine Ehrenerklärung für Lampe abzugeben, weshalb dieser ihm eine Forderung auf schwere Säbel überbringen ließ. Auch darauf ging Lorenz mit dem Argument, er habe dienstlich gehandelt, nicht ein, setzte aber seine politisch motivierte Rufmordkampagne gegen den offenbar unzureichend angepaßten und gleichgeschalteten Professor fort, so daß dieser in der Folgezeit gravierende Behinderungen seiner beruflichen Tätigkeit hinnehmen mußte. Durch die Unangreifbarkeit seiner politischen Gegenspieler aufs höchste gereizt, schrieb Lampe im Januar 1937 an den Freiburger Dozentenschaftsführer, nachdem er ihn um Namen und Adressen seiner Informanten gebeten hatte: 'Der nächste Denunziant, den ich zu fassen kriege, steht vor meiner Pistole. Ich habe als Familienvater und Versorger meiner Eltern gewiß unter persönlichen Gesichtspunkten wenig Berechtigung, mich der Gefahr, von irgendeinem besser zielenden Lumpen erschossen zu werden, auszusetzen. Es geht aber nicht um persönliche Gesichtspunkte, sondern ausschließlich darum, daß bestimmten unsauberen Elementen um Deutschlands Willen das Handwerk gelegt wird. Solange der Einzelne sich nicht zur letzten Wehr setzt, kann der Staat, ungeachtet aller deutlichen Willensansätze hierzu, dieses feige Gesindel nicht ausrotten! Für Deutschland habe ich mein Leben jahrelang eingesetzt und ich werde mich gewiß nicht scheuen dürfen, es jetzt für einige Minuten zu tun!" (Frevert (1991), S. 262 f. und vgl. auch NL Lampe ACDP I-256-A006.)

Frevert bezeichnet dies als „...seltene(s) Dokument persönlich-politischer Zweikampfbereitschaft" (Frevert (1991), S. 263.). Diese aus einer „radikal-intellektuellen" Gegnerschaft zum Nationalsozialismus entspringende Haltung sei typisch für Adolf Lampe gewesen (Wettmann in einem Telephonat am 28.6.1994, Aufzeichnungen des Verf.). Er machte sich und seiner Umgebung das Leben nicht leicht. Oft mußte seine Frau, die ihn auch in seiner wissenschaftlichen Arbeit begleitete, ausgleichend eingreifen. Nicht selten brachte Adolf Lampe sich und seine Familie auch offenen Auges und manchmal unnötigerweise in Gefahr. Nicht umsonst galt er in Freiburg als „ehrlich bis zum Selbstmord"[12]. Typisch für Lampe war auch, daß er 1940 nach dem Einmarsch der deutschen Truppen in Holland und Belgien beim Wehrbezirkskommando in Freiburg erschien, dort sein Offizierspatent zurückgab und erklärte, daß er nur noch als gemeiner Soldat eingezogen zu werden wünsche. Vorsichtshalber tat er dies auch noch schriftlich kund (Vgl. NL Lampe ACDP I-256-A047.).

---

12 Gertrud Lampe teilte dem Verf. in einem Telephonat am 26. 6. 1994 mit, daß Frhr. von Schwerin als erster diesen Ausspruch getan habe.

Lampe wollte keinesfalls nur im Stillen Widerstand leisten, sich in die innere Emigration zurückziehen. Auch hier glaubte er, Vorbild sein zu müssen (Vgl. NL Lampe ACDP I-256-A003.2.). Lampe versuchte von Anfang an, insbesondere auch auf seine Studenten Einfluß zu nehmen. So hielt er zu Beginn des Sommersemesters 1933 eine wirtschaftspolitische Einführungsvorlesung, die einzige seiner Lehrveranstaltungen, die er schriftlich ausarbeitete und ablas. Sie ist ein Dokument mutigen Bekennens und der Abgrenzung gegenüber dem Nationalsozialismus[13].

Aber auch im Freundes- und Familienkreis warnte Lampe vor dem Nationalsozialismus. Nicht immer gelang ihm die Überzeugungsarbeit. So blieb beispielsweise sein um fünf Jahre älterer Bruder[14] bis zum Schluß ein begeisterter Anhänger von Adolf Hitler und war mit diesem auch persönlich verbunden.

Als der badische Gauleiter, Robert Wagner, nach 1933 allen Nationalsozialisten die Diskussion mit Adolf Lampe ausdrücklich untersagt hatte (Vgl. NL Lampe ACDP I-256-A003.2 (Military Government).), war diesem die Möglichkeit der öffentlichen Auseinandersetzung genommen. Dies nahm Lampe zum Anstoß, neue Praxisprojekte ins Leben zu rufen: So gründete er die „Volkswirtschaftliche Gesellschaft", zusammen mit der Industrie- und Handelskammer (IHK) das „Oberbadische Wirtschaftsinstitut" (Vgl. NL Lampe, ACDP I-256-A009.) und das sogenannte „Gemeinschaftsseminar". Die Volkswirtschaftliche Gesellschaft war ein nicht-öffentlicher Kreis von Wirtschaftspraktikern, Nationalökonomen, Assistenten und Studenten (Vgl. ebd. A008.). Im Gemeinschaftsseminar trafen sich Juristen und Nationalökonomen, die besonders das Verhältnis von Wirtschaft und Staat ausführlich diskutierten (Vgl. Blumenberg-Lampe (1991), S.209.).

All diese Veranstaltungen wurden durch politischen Druck beeinträchtigt: Entweder sie mußten unterbrochen werden oder sie wurden eingestellt.

Eine weitere Wurzel sowohl des Freiburger Widerstandes als auch der Freiburger Schule war das „Diehl-Seminar". Es tagte seit dem Wintersemester 1934/35 bis zum

---

13   „Entgegen sonstiger Gewohnheit lese ich das, was ich Ihnen heute in diesem Sinne sagen will, vom Blatt ab. Es geschieht, um meine Darlegungen gegen jede etwa doch möglich missverständliche Auslegung zu sichern. ... In dieser Stunde der äussersten Bedrohung sind neue Männer an das Ruder des Staatsschiffes getreten. Es kann und darf nicht sein, dass sie der Gefahren nicht Herr würden, denn es kann keinem Denkenden zweifelhaft sein, dass hinter einem solchen unvorstellbaren Misserfolg die Furchtbarkeit eines bolschewistischen Zerfalles liegt, der Deutschland für <u>unabsehbare</u> Zeiten aus der Weltgeschichte ausstreichen würde. ... Massgebend ... (für Lampes Eintreten für von Hindenburg war ..., Anm. W.S.) meine fachwissenschaftliche Erkenntnis, dass die Verwirklichung der damals von der nationalsozialistischen Partei noch allerwärts verfochtenen Feder'schen Geld- und Kreditlehren mit Sicherheit eine neue Inflation heraufbeschwören müsse." NL Lampe ACDP I-256-K-033.

14   Hanns Lampe (1893-1955) hat eine Schrift mit dem Titel „Deutschlands Befreiungskampf aus den Klauen der internationalen jüdischen Hochfinanz" verfaßt - mehr als ein „schlimmer Schlag" für den Vater (Vgl. Brief des Vaters Willy Lampe an Adolf Lampe vom 5.1.1932, in Privatbesitz.).

Tode von Geheimrat Diehl im Frühjahr 1943 in dessen Privatwohnung. Offiziell im Vorlesungsverzeichnis, allerdings nur bis zum Wintersemester 1938/39, angekündigt, widmete es sich dem Thema „Der Einzelne und die Gemeinschaft" (Vgl. Diehl (1940), passim.). Es nahmen nur regimekritische Professoren, Assistenten und einige Studenten teil. Sie gehörten den verschiedensten Fakultäten an und fanden sich dann teilweise im „Freiburger Konzil" wieder. Im „Diehl-Seminar" ging dann auch das 1936 eingestellte „Gemeinschaftsseminar" auf (Vgl. Blumenberg-Lampe (1991), S. 208 f. und Ott (1994), S. 132 ff.).

2.5 Die „Allgemeine Wehrwirtschaftslehre"

Neben der Lehrtätigkeit, die er vermehrt auch der Finanzwissenschaft widmete, vernachlässigte Lampe die Forschung nicht. Allerdings waren seine Veröffentlichungsmöglichkeiten beschränkt, da er als politisch unzuverlässig galt (vgl. S. 227 unten) und zu keinerlei politischen Konzessionen bereit war. So verlegte er sich auf die Gutachtertätigkeit und veröffentlichte Aufsätze. Aus einer dieser Gutachtertätigkeiten entstand 1938 eine seiner wichtigsten Schriften, die „Allgemeine Wehrwirtschaftslehre" (AWL) (Vgl. Lampe (1938).). Zu ihrer Vorgeschichte schreibt Lampe:

„Im April 1933 nahm ich Fühlung mit meinem letzten Kompanieführer vom ersten Weltkrieg, der inzwischen Major im Generalstab geworden war (Major Hermann Foertsch, im Kriege m.W. zuletzt als General Chef des Stabes der Heeresgruppe Löhr). Herr F., der durchaus meine Ansichten teilte, bemühte sich sehr, mir Verbindungen zum Wehrstab zu erschliessen. Mein Ziel war, dort die ungeheuren kriegswirtschaftlichen Schwierigkeiten, mit denen Deutschland zu rechnen hatte, eindringlich darzustellen und klarzumachen, daß diese nicht durch zwangswirtschaftliches Herumkommandieren von Generalstäblern überwunden werden könnten. Auf diese Weise wünschte ich mein Teil zur Hemmung derjenigen Kreise beizutragen, die deutlich genug auf Krieg abzielten. Nachdem es ganz kurze Zeit - im Herbst 1937 (handschriftlich korrigiert: 1936, W.S.) - so aussah, als ob der Chef des Wehrstabes, der damalige Oberst Thomas, sich meiner Denkweise erschliessen wollte, wurde mir brieflich eröffnet, daß meine Lehren - der herrschenden Meinung durchaus widersprächen, und daß man sich deshalb (!!) nicht weiter dafür interessieren könne."[15]

Nach einem Artikel „Praktische Wehrwirtschaftswissenschaft" in 'Der Deutsche Volkswirt' (Heft 4, 20. 8. 1937, S. 2295 - 2298.), in dem Lampe die militärische Führung „vor der blinden Anerkennung der politischen Führung zu warnen" (ebd.) versuchte, wurde er „durch den zuständigen Referenten des Wehrwirtschaftsstabes

---

15   NL Lampe ACDP I-256-A003.2 (Military Government). Vgl. außerdem den Brief von Foertsch an
     Lampe vom 3. Juni 1934, NL Lampe ACDP I-256-034/4.

im Auftrage des Chefs dieser Behörde" gewarnt, daß Lampe „selbst bei einer noch
so großen taktischen Korrektur mit politischen Angriffen schärfsten Ausmaßes"
(rechnen müsse, W.S.)[16]. Dennoch veröffentlichte Lampe 1938 sein Werk
„Allgemeine Wehrwirtschaftslehre" (AWL) im Verlag Gustav Fischer, Jena[17].
Wegen seiner AWL wurde Lampe am 15. 3. 1946 durch die französischen Besat-
zungskräfte aufgrund einer Denunziation interniert. Die „Badischen Nachrichten"
schreiben am 19. 3. 1946 hierzu: „Amtsenthebung Professor Dr. Lampes: Von
zuständiger Seite wird mitgeteilt: „Dr. Lampe, Professor der Wirtschaftswissenschaften an der Universität Freiburg, ist mit dem 15. März 1946 seines Amtes
enthoben worden. Dr. Lampe war ein Theoretiker des totalen Krieges und somit ein
Wegbereiter für die Vorbereitung des Angriffskrieges. In seinem Buche »Allgemeine Wehrwirtschaftslehre«, das er 1938 schrieb, befürwortete er die maximale
Ausnutzung der Kriegsgefangenen und Konzentrationslager für Refraktäre. Er ist ein
erbitterter Gegner der Demokratie, seine Amtsenthebung drängte sich aus diesem
Grunde auf. Außerdem veranlaßte Herr General Schwartz, Délégué Supérieur pour
le Gouvernement Militaire du Pays de Bade, die Internierung von Dr. Lampe. Auf
Grund seiner von ihm entwickelten Theorien konnte dieser Gegner der Demokratie
nicht länger in Freiheit gelassen werden." Nahezu gleichlautend berichtet die „Badische Zeitung" vom 19. 3. 1946 (Vgl. NL Lampe I-256-A003.2.). Wollte Lampe
wirklich, wie die französischen Besatzungstruppen als Begründung für eine 3 1/2
monatige Internierung 1946 argwöhnten, den Krieg militärökonomisch vorbereiten?
Es ist zu vermuten, daß die Franzosen, wie auch viele andere, über die Lektüre des
Titels „Allgemeine Wehrwirtschaftslehre" nicht hinausgekommen sind und dennoch
ihr abwertendes Urteil bildeten. Liest man jedoch Lampes AWL, etwa auch die
Buchbesprechung von Triebenstein (Vgl. Triebenstein (1968), passim.), letztlich vor
allem aber die handschriftliche Widmung in der AWL an seine Frau, geschrieben in
der ersten Kriegsstunde des Septembers 1939, so wird deutlich, daß dieses Werk ein
Anti-Kriegsbuch war. Ein Abschnitt aus dieser Widmung lautet:

> „Als ein Buch über Probleme des Krieges sollte es dem Frieden dienen durch
> den Nachweis der Ungeheuerlichkeit aller Kriegsopfer. Seine Stimme war zu
> schwach; sie ist überhört worden. Ich gebe noch immer nicht letzte Hoffnun-
> gen auf irdischen Wandel des Geschehens auf. Wenn aber das nach menschli-
> chem Ermessen Schlimmste über unsre Heimat kommt, dann wollen wir daran
> denken, wie oft schon Böses zum Guten geführt hat und wollen fest und un-

---

16   Brief von Beutler an Lampe vom 28. Januar 1937 (NL Lampe ACDP I-256-034/4.).
17   Die Korrespondenz zwischen Adolf Lampe und Gustav Fischer weist nach, wie enttäuscht der
      Verleger war über den mißlungenen Versuch zu mahnen (Vgl. NL Lampe ACDP I-256-K034/4.).
      Bemerkenswert ist, daß 1942 eine Übersetzung der AWL in das Japanische beabsichtigt war (Vgl.
      Lizenzvertrag Verlag Fischer, NL Lampe ACDP I-256- K034/4.).

beirrt den Weg des Glaubens weiterverfolgen, ..." (Kopie in NL Lampe ACDP I-256-K034/4.)

So stellte sich Adolf Lampe als ein weitsichtiger Wissenschaftler heraus: Vor dem Krieg warnte er vor diesem in seiner AWL, im Krieg dachte er voraus an die Wirtschaft und Gesellschaft nach dem Ende des Krieges - für beides wurde er durch die französische Besatzungsmacht bzw. durch die Nationalsozialisten mit Haft bestraft.

2.6 Verhaftungen durch die Gestapo

Constantin von Dietze und Adolf Lampe wurden am 8. September, Gerhard Ritter am 2. November 1944 verhaftet (Vgl. Rübsam/Schadek (1990), S. 123 ff.). Ihnen drohte die Verurteilung durch den Volksgerichtshof. Die Anklage gegen Constantin von Dietze und Walter Bauer war bereits am 9. April 1945 fertiggestellt (Vgl. Rübsam/Schadek (1990), Auszug aus der „Anklageschrift, geheim", S. 139 f.), die Untersuchungen gegen Lampe waren jedoch noch nicht abgeschlossen. Roland Freisler, der Vorsitzende des Volksgerichtshofs, kam bei einem Bombenangriff am 3. Februar 1945 zu Tode. Diesem Umstand ist es wohl zu verdanken, daß alle drei Freiburger Professoren am 25. April 1945 die Freiheit wiedererlangten und zu ihren Familien, wenn auch auf großen Umwegen und gesundheitlich angegriffen, zurückkamen (Vgl. Rübsam/Schadek (1990), S. 123 ff., und Blumenberg-Lampe (1973), S. 46.).

Zu den Umständen seiner Haft schreibt Lampe in seinem Fragebogen für das Military Government:

„Aufgrund von Aussagen Dr. Goerdelers bin ich dann am 8.Sept.44 verhaftet und in das Zellengefängnis Lehrter Str. (Nr. 3, Gestapo-Gefängnis in Berlin-Moabit, Anm. des Verf.) verbracht worden. Von Anfang Oktober bis Ende November 1944 war ich im Gefängnis des Konzentrationslagers Fürstenberg (Mecklenburg) zur Durchführung der Vernehmungen. Nach ihrem Abschluss wurde ich wieder in das Gefängnis Lehrter Str. verbracht, um dort meiner Verurteilung durch den Volksgerichtshof entgegenzusehen. Die Zerstörung des Volksgerichtshofes verzögerte die Durchführung aller schwebenden Verfahren, so daß ich am 25.April bei Annäherung der Russen an das Gefängnis meine Freiheit zurückgewann. Ohnedem wäre ich als einer der wirtschaftspolitischen Berater Dr. Goerdelers zweifellos schwer bestraft worden, obwohl es mir gelungen war, die Aufdeckung meines Wissens um die Zielsetzungen Dr. Goerdelers zu umgehen. Über das Attentat selbst war ich nicht unterrichtet und ich hätte diese Form des Umsturzes auch - als mit Geboten des Christentums unvereinbar - entschieden abgelehnt." (NL Lampe ACDP I-256-A003.2. (Military Government).)

2.7 Die Fortsetzung der Arbeit nach dem Krieg

Adolf Lampes Rückkehr nach Freiburg verzögerte sich. Er wollte Kontakt zu den Alliierten aufnehmen, um ihnen jene Unterlagen zu übergeben, die er gemeinsam mit seinen Kollegen im Geheimen für die Zeit nach Hitler in Freiburg vorbereitet hatte. So machte er auf dem ohnehin beschwerlichen Rückweg von Berlin einen Umweg über Jena, wo er Erich Preiser aufsuchte, um Gutachten der AG E.v.B. mitzunehmen, und über Höchst bei Frankfurt/Main. Es gelang Lampe, im Mai 1945 zum Leiter der Abteilung Economics beim Military Government of Germany in Höchst vorzudringen. Er übergab ihm einige Gutachten der AG E.v.B. und bot ihm die Mitarbeit der in ihr versammelten Professoren an. Nach einigem Zögern erhielt Lampe den Auftrag, zusammen mit den Kollegen für die Amerikaner ein Gutachten über „Inflation Control" zu erarbeiten (Vgl. Blumenberg-Lampe (1988), S. 107 f.).

Die Rückkehr von Lampe nach Freiburg verzögerte sich aber auch aus gesundheitlichen Gründen. Die Haft hatte zu sehr an seiner ohnehin schwachen Gesundheit gezehrt, schwere Herzanfälle zwangen ihn, in Jena und Heidelberg längere ärztliche Betreuung in Anspruch zu nehmen und in Karlsruhe einen Krankenhausaufenthalt einzulegen (Vgl. Rübsam/Schadek (1990), S. 141 ff. und Blumenberg-Lampe (1973), S. 132 ff.).

Am 20. Juni 1945 erreichte Lampe Freiburg. Er gönnte sich keine Ruhe. Ihn drängte es, beim Wiederaufbau, sei es der Universität, sei es des Wirtschaftslebens, sei es des Staates zu helfen und die während des Dritten Reiches geheim erarbeiteten Pläne und Vorschläge in die Tat umzusetzen. Neben den Arbeiten an dem Gutachten für die Amerikaner zusammen mit den Freiburger Kollegen der AG E.v.B. stellte er sich bereits im Juli 1945 auf Bitten der französischen Militärregierung für die Arbeit in einer Kommission zur Verfügung. Diese sollte „... die Erarbeitung von Gutachten für die politische Reinigung (an der Universität Freiburg, Zusatz d. Verf.) - ein mühsames und quälendes Geschäft, da zahlreiche Fälle zu behandeln waren, der wichtigste und prominenteste jedoch Martin Heidegger ... „ (Ott (1988), S. 299.) zum Ziel haben. Aufgabe war die politische 'Bereinigung' der Universität. Lampe widmete sich gerade dem Fall Heidegger mit besonderer Intensität, wie Ott ausführlich schildert (Vgl. Ott (1988), S. 301 ff.) und hatte maßgeblichen Anteil am Ergebnis: Ohne Lampes entschiedenes Auftreten gegen Heidegger hätte dieser seinen Lehrstuhl kaum verloren. Diese Arbeit von Lampe schildert treffend ein Zitat aus der Ansprache des Rektors bei dessen Beisetzung:

> „Lampe trat alsbald auch in den Senat ein und wirkte mit aller Hingabe in dem Senatsausschuss für die politische Bereinigung der Universität. Hatte er vor 1945 den verbrecherischen Nationalsozialismus kompromisslos und furchtlos bekämpft, so war er auch jetzt darauf bedacht, dass an der Universität kein Platz für Lehrer blieb, die sich durch Gefügigkeit unwürdig gemacht

hatten. Aber in heissem Willen zur Gerechtigkeit gestand er jedem Beschuldigten Gehör und Verteidigung zu. Wo ihm falsche Verdächtigungen oder auch nur irrige Beurteilungen vorzuliegen schienen, da nahm Lampe sich des Betroffenen mit aller Energie an. Keinesfalls wollte er die Hand dazu bieten, dass harmlose Menschen, dass etwa auch die Frauen und Kinder der Schuldigen ins Elend gestossen werden sollten. Ihm ging es um eine wirkliche und ehrliche Bereinigung nicht nur der Universität, sondern unseres gesamten öffentlichen Lebens."(NL Lampe ACDP I-256-K046.)

Das erwähnte Währungsgutachten für die Amerikaner wurde Anfang August 1945 formuliert. Es war weitgehend eine Aktualisierung der Ausarbeitungen der AG E.v.B. aus den Jahren 1942 bis 1944 zu diesem Thema. Bis zum Herbst 1945 wurde das Gutachten mehrfach mit amerikanischen Wirtschaftsoffizieren diskutiert, die sich für eine enge Zusammenarbeit mit der Arbeitsgemeinschaft aussprachen. Hieraus wurde jedoch aus ungeklärten Ursachen nichts (Vgl. Fässler (1988), S. 92.)[18].

Seit August 1945 hatten die Freiburger Mitglieder der Arbeitsgemeinschaft jedoch Kontakt zur französischen Militärregierung, die sie Ende November 1945 als „Comité d'Études Economiques de Fribourg" berief (Vgl. Fässler (1988), S. 92.). Wie die Franzosen auf die Freiburger Arbeitsgemeinschaft gestoßen sind, ist ungeklärt. Die Vermutung liegt nahe, daß Lampe an sie herangetreten war, da er seit der Entlassung aus der Haft nicht müde wurde, die Ausarbeitungen der AG E.v.B. zur Wirkung zu bringen.

Das Comité d'Études erstellte verschiedene Gutachten, zumeist auf Grundlage der Ausarbeitungen der AG E.v.B. Diese behandelten die Analysen der politischen und wirtschaftlichen Lage, beispielsweise der Agrarpolitik, des Interzonenhandels, der Währungssanierung, sowie Fragen der Sozialpolitik, der Verstaatlichung von Monopolunternehmen u.ä.. Den Freiburgern selbst lag insbesondere die Währungsfrage am Herzen. So überarbeiteten sie für die Franzosen das für die Amerikaner erstellte Gutachten. Bis zum Frühjahr 1946 wurden etwa 20 Gutachten angefertigt.

Die überraschende Internierung Lampes durch die Franzosen unterbrach die Gutachtertätigkeit, die jedoch nach der Rehabilitierung von Lampe im Juli 1946 wiederaufgenommen wurde. Sie kam aber zu keinem fruchtbaren Ergebnis und wurde im Sommer 1947 enttäuscht eingestellt (Vgl. Fässler (1988), S. 93 f und Blumenberg-Lampe (1973), S. 132 ff.). Wiederum war der Versuch Lampes gescheitert, die Vorarbeiten der AG E.v.B. in politisches Handeln umzusetzen.

---

18 Möglicherweise waren die Amerikaner, wie auch die anderen beiden Westalliierten, zunächst mehr an Bestrafung und Sühne interessiert und wollten zudem nach dem Colm-Dodge-Goldsmith-Plan vom 20. 5. 1946 bei der Währungsreform vorgehen (Vgl. Möller (1961), S. 214 -254, i. b. Fußnote 29.).

2.8 Lampes Verhaftung durch französische Militärs

Über die Verhaftung Lampes durch die Franzosen berichtet der Rektor:

„Lampes rastlose Tätigkeit wurde nicht Wenigen unbequem. Manch einer befürchtete wohl auch Gefährdung der eigenen Position. Plötzlich wurde vor
nunmehr fast zwei Jahren Lampe die Wirkungsmöglichkeiten abermals genommen. Bitter traf ihn, traf uns alle dieser unerwartete, durch falsche Be-
zichtigungen ausgelöste Schlag. Die Glaubensstärke, die innere Grösse und
Festigkeit, die Lampe gerade damals bewies, waren bewundernswert. Nicht
wenig an Geduld und Standhaftigkeit war (sic: waren) notwendig, bis Lampe
zunächst die persönliche Freiheit und dann sein Amt wiedererhielt." (NL
Lampe ACDP I-256-K046.)

Wenn die Gründe für die Verhaftung auch nie endgültig geklärt wurden, so ist sicher, daß sie auf eine Denunziation im Zusammenhang mit seiner AWL (1938) zurückgeht. Der Darstellung von Triebenstein ist nichts hinzuzufügen:

„Letztlich unverständlich hingegen bleibt seine Festnahme im März 1946
durch die französische Militärregierung und seine Einlieferung in das Konzentrationslager Betzenhausen bei Freiburg bis Ende Juli 1946, die mit der
Autorenschaft der AWL begründet wurde. Allein die Tatsache, daß Lampe im
September 1944 unter anderem auch wegen dieses Buches verhaftet und ihm
sein Freiburger Lehrstuhl aberkannt wurde, hätte die französische Besatzungsmacht, die dies bei sorgfältiger Vorprüfung wissen mußte, immerhin
stutzig machen müssen. Weit gefehlt: sie sperrte diesen mutigen Mann, der
nicht erst seit 1933 ein erklärter Gegner des Nationalsozialismus gewesen war
..., mit eben diesen seinen politischen Gegnern zusammen ein - und entließ
ihn wiederum aus seinem Amt als Hochschullehrer! Diese zweifache Haft
unter zermürbenden Bedingungen im Laufe von drei Jahren untergrub Lampes
Gesundheit: er starb am 9. Februar 1948. Mit Fug und Recht wird man daher
sagen können, daß die „Allgemeine Wehrwirtschaftslehre" sein „Schicksalsbuch" gewesen ist." (Triebenstein (1968), S. 33f.)

Allerdings konnte auch nie ganz ausgeschlossen werden, daß die Verhaftung Adolf
Lampes nicht auch mit seiner Haltung im „Fall Heidegger" zusammenhing. Dieser
stand unter dem besonderen Schutz seines Freundes Jean Paul Sartre, der sich intensiv bei der Militärregierung für Heidegger einsetzte (Vgl. Ott (1988), S. 308 f.).

2.9 Die Rothenburger Hochschullehrertagung 1947

Seit Frühjahr 1947 wurde ein weiterer Versuch unternommen, insbesondere die währungspolitischen Vorstellungen der AG E.v.B. umzusetzen. Gemeinsam mit Gerhard
Albrecht aus Marburg, einem Mitglied des AG E.v.B., versuchte Lampe im September 1947 auf der Rothenburger Hochschullehrertagung, die der Wiedergründung des

„Vereins für Socialpolitik"[19] gewidmet war, das Thema Währungspolitik im Sinne der AG E.v.B. zu diskutieren und ein Papier für Ludwig Erhard zu erarbeiten. In Rothenburg wurden jedoch Thesen für ein wirtschaftspolitisches Sofortprogramm, die Adolf Lampe formuliert und mit Gerhard Albrecht erörtert hatte, höchst kontrovers und zunächst ergebnislos diskutiert. Erst im Dezember 1947 war es im schriftlichen Diskussionsverfahren gelungen, 48 Unterschriften von Nationalökonomen für dieses von G. Albrecht überarbeitete Thesenpapier zusammenzubringen (Vgl. Möller (1961), „Lampe-Plan", S. 350, Fußnote 47.). Diese Thesen waren den meisten zu liberal, zu marktwirtschaftlich, undurchführbar. Dennoch hatten sie später eine gewisse Bedeutung für die Währungsreform von 1948 (Vgl. Blumenberg-Lampe (1988), S. 110 f.).

Die Diskussionen auf der und um die Rothenburger Tagung trugen Lampe mehrere Glaukom-Anfälle und eine erneute Augenoperation ein. Sein rastloses Eintreten für die in der AG E.v.B. diskutierten wirtschafts- und gesellschaftspolitischen Ziele ging über seine physische und psychische Kraft. Seiner Lehrtätigkeit an der Universität Freiburg konnte er nur eingeschränkt nachkommen (Vgl. NL Lampe ACDP I-256-K046.). Dennoch setzte Lampe seine Arbeit im Sinne der Rothenburger Thesen, in denen eine enge Zusammenarbeit zwischen Politikern und Theoretikern in kleineren Arbeitsgemeinschaften dringend angeraten wurde, fort. Lampe hoffte, wissenschaftliche Beiräte bei den Ministerien einrichten zu können. Die AG E.v.B. diente ihm wiederum als Vorbild.

Seit September 1947 bestand die Absicht, für Dr. Semler, den „Bizonenwirtschaftsminister", ein Beratungsgremium zusammenzurufen. Franz Böhm, Adolf Lampe schon lange vor der AG E.v.B. eng verbunden, hielt auf Bitten von Adolf Lampe den Kontakt über Staatssekretär Walter Strauß zu Semler. Es gelang Lampe, nahezu alle Mitglieder der AG E.v.B. in den sich konstituierenden Wissenschaftlichen Beirat berufen zu lassen (Vgl. Abb. 3, S. 246). Dieser Vorläufer des Wissenschaftlichen Beirats beim Bundeswirtschaftsministerium, in dem Erwin von Beckerath ab 1950 bis zu seinem Tode im November 1964 den Vorsitz innehatte, kann in der Tat als eine Art Nachfolger der AG E.v.B. angesehen werden (Vgl. Kloten (1986), S. 14.). Adolf Lampe war bis zu seinem Tod Mitglied in diesem Vorläufer-Gremium. Er glaubte sich am Ziel, Politik und Praxis einander nahebringen zu können (Vgl. Kloten (1986), S. 13 ff. und Blumenberg-Lampe (1973) 150 ff.).

---

19   Der „Verein für Socialpolitik", die größte und renommierteste Vereinigung von deutschsprachigen Nationalökonomen, hatte sich unter dem am 30. Juni 1935 zum Vorsitzenden gewählten C. v. Dietze (Vgl. Boese (1939), S. 281.) selbst aufgelöst, um der nationalsozialistischen „Gleichschaltung" zu entgehen. Der Wortlaut des - bei einer Stimmenthaltung - einstimmigen Beschlusses war: „Die Mitgliederversammlung vom 25. April 1936 schließt sich dem Antrag des Vorsitzenden an, durch Auflösung des Vereins für Sozialpolitik Platz für eine neue Organisation zu schaffen" (Boese (1939), S. 291.).

2.10 Lampes Ruf nach Bonn

Ende 1947 hatte Lampe weiteren Anlaß zur Annahme, daß die langjährige Zusammenarbeit in der AG E.v.B. fruchtbringend fortgesetzt werden könne. Die Bemühungen von Erwin von Beckerath, Lampe als Nachfolger des verstorbenen Heinrich von Stackelberg nach Bonn zu berufen, hatten zum Erfolg geführt. In den Berufungsverhandlungen war es Lampe gelungen, für damalige Verhältnisse großzügige Arbeitsmöglichkeiten zu vereinbaren. Er hatte berechtigte Hoffnungen, die Früchte seiner langjährigen Forschungs- und Lehrtätigkeit ernten zu können (Vgl. NL Lampe ACDP I-256-IfZ 31, hier auch Korrespondenz zur Berufung.). Mitte Februar 1948 wollte er den endgültigen Vertrag mit der Universität Bonn unterschreiben, die Abschiedsvorlesung in Freiburg war bereits gehalten, als er plötzlich und unerwartet in der Nähe von Göttingen starb.

Dort fand eine Begegnung der Überlebenden des 20. Juli 1944 statt. Sie hatten sich in der Stiftung „Hilfswerk 20. Juli 1944" zusammengefunden, an deren Aufbau Lampe großen Anteil nahm und dessen spätere ehrenamtliche Geschäftsführerin seine Frau Gertrud wurde. Lampe hatte u. a. angeregt, daß sich das Hilfswerk nicht nur auf karitativer, sondern auch auf staatsbürgerlicher Ebene aktiv betätigen solle. Er hatte eine „Aufbaugruppe Goerdeler" ins Leben gerufen, in der er die seinerzeit vorgedachten Ziele verwirklichen wollte. Sie sollte die Arbeit in einer Partei ersetzen (Vgl. NL Lampe ACDP I-256-K035/4 und Toyka-Seid (1994), S.162 f.).

Die Göttinger Zusammenkunft hat wohl zu viele Erinnerungen in Lampe wachgerufen. Auf einem Mittagsspaziergang durch den Wald starb er. Man fand ihn tot zusammengesunken an einer Friedhofsmauer. Die „Freiburger Kreise" hatten ihren „nimmermüden Motor"[20] verloren. Dennoch sind ihre Vorarbeiten, wenn auch sicher langsamer, als wenn Lampe weiter für sie hätte werben können, zu Anerkennung und Wirkung gekommen.

3. Adolf Lampes Lebenswerk

3.1 Adolf Lampe als Wissenschaftler

Lampes Bedeutung für die „Freiburger Kreise" wird hier dargelegt. Seine Würdigung als Wissenschaftler steht jedoch noch aus.

> „Adolf Lampe lebt in der Erinnerung der Fachwelt als Finanzwissenschaftler sowie als ein Wirtschaftspolitiker von erstaunlicher Vielseitigkeit und Produktivität, der die Währungs-, Kredit- und Lohnpolitik meisterhaft beherrschte und zudem die selten gepflegte reiche Problematik des Handels wie kein

---

20 Walter Eucken, Worte bei der Beisetzung von Prof. Dr. Adolf Lampe am 16. Februar 1948, in: Zum Gedächtnis an Prof. Dr. Adolf Lampe, NL Lampe ACDP I-256-K046.

anderer in Deutschland durchforscht und zur Darstellung gebracht hat"
(Beckerath (1949), S. 603).

Zu Lampes Werk schreibt Erwin von Beckerath:

„Überschaut man die Züge des Bildes im ganzen: das Talent zur theoretischen
Durchleuchtung von Wirtschaftsformen und -problemen, die allseitig-liebe-
volle Versenkung in Einzelheiten, den ökonomischen Takt in der Sichtung
und Bewertung der bereitstehenden Mittel, so ist klar, daß Begabung und
Ausbildung Adolf Lampes auf die „theoretische Wirtschaftspolitik" hin-
drängten. Dieses Thema wurde denn auch von ihm mit leidenschaftlichem Ei-
fer ergriffen und rückte in den letzten Lebensjahren mit steigendem Maße in
den Mittelpunkt seines Arbeitens. Es war ihm nicht vergönnt, ein abgeschlos-
senes Werk über diesen großen Gegenstand der Nachwelt zu hinterlassen.
Zahlreiche Entwürfe und Ausarbeitungen sind im Nachlaß enthalten; sie zeigen deutlich, daß der Bogen kühn und weit gespannt war. Zwar hielt Lampe
durchaus daran fest, daß ... die Wirklichkeit der Wirtschaft mit Hilfe der
Theorie erfaßt werden solle und die verfügbaren Mittel auf ihre Wirkung hin
genau zu prüfen seien. Das Neue, was in den hinterlassenen Manuskripten
immer wieder hervorbricht, ist der Gedanke, auch die Ziele der Wirtschaftspolitik nicht einfach den Politikern zu überantworten, sie vielmehr in die
Kompetenz der Wirtschaftswissenschaft selber einzubeziehen. Lampe ...
glaubte, es müßte sich eine (man möchte sagen: transzendente) Formel finden
lassen, die das „Ordnungsziel ... der Wirtschaftspolitik, losgelöst von Raum
und Zeit, enthalte". Das besagt nichts anderes als die Fixierung eines Zieles,
welches für alle Wirtschaftsordnungen in gleicher Weise gültig ist. Stellt man
sich vor, daß die freie Marktwirtschaft, wie Lampe oft betonte, durch ihre historische Entwicklung verzerrt ist, so müßte es möglich sein, sie mit ihrer
„idealen" Gestalt zu vergleichen, die genau der geforderten Formel entspräche, und es wäre dann die „Ordnungsaufgabe" des Politikers, durch geeignete
Maßnahmen die entartete Wirklichkeit dem „Urbild" wieder anzugleichen. Ich
bin skeptisch, ob es je gelingen kann, Ziele und Mittel der Wirtschaftspolitik
allgemein verbindlich im Sinne einer „reinen" Theorie, welche Lampe offenbar anstrebte, aufzustellen; ich glaube vielmehr, es bleibt auch in der Zukunft
die Hauptaufgabe der theoretischen Wirtschaftspolitik, „zweckadäquate" und
- im Sinne der einmal vorhandenen Wirtschaftsform - „systemgerechte" Mittel
der Zielverwirklichung auszuarbeiten, zugleich jedoch in der kritischen Bewertung der Wirtschaftssysteme (darin würde ich Lampe im Grundsatz zustimmen) weniger zurückhaltend zu sein als es in der Vergangenheit nur zu oft
der Fall war." (Beckerath (1949), S. 604 f.)

3.2 Lampe und die Freiburger Kreise

Aus dem bisher Dargestellten lassen sich zwei wesentliche Komponenten für Adolf Lampes Bereitschaft zum Widerstand ableiten: Seine politische Integrität hatte er als Gegner der Nationalsozialisten unter Beweis gestellt und durch seine praktische und theoretische Erfahrung war er in der Lage, die nach Kriegsende auf Deutschland zukommenden drängenden wirtschaftlichen Probleme zu erfassen. Seine Beweggründe, tatsächlich Widerstand zu leisten, lagen in seiner tiefverwurzelten christlichen Überzeugung sowie in seinem Streben nach Freiheit, Gerechtigkeit und Menschenwürde[21]. Wie ausgeführt hat Lampe in den letzten zehn Jahren seines Lebens einen Großteil seiner Schaffenskraft den „Freiburger Kreisen" gewidmet. Entstehungsgeschichte, Arbeitsweise und Zusammensetzungen sowie die Denkschriften und Gutachten der Kreise wurden bereits in der Literatur mehrfach dargestellt (Vgl. dazu Rübsam-Haug (1994), S. 114 ff.). Verwiesen sei u.a. auf die Dissertation der Tochter von Adolf Lampe, Chr. Blumenberg-Lampe, und die von ihr vorgenommene Edition der Gutachten der AG E.v.B (Vgl. Blumenberg-Lampe (1973) und (1986).). Auch die Denkschriften des „Freiburger Konzils" und des „Freiburger Bonhoeffer-Kreises" (Vgl. Hauf (1984), S. 629 ff.) sind veröffentlicht (Vgl. Abb. 2, S. 245). Auf diese Schriften und die jeweiligen Literaturangaben sei verwiesen. Die Grafik zu den drei Freiburger Kreisen ergänzt den nun folgenden Überblick über sie, wobei jeweils auf die Bedeutung von Adolf Lampe für die einzelne Widerstandsgruppe besonders eingegangen wird.

Siehe Abb. 1: Die Freiburger Kreise[22] (Faltblatt)

Viererlei hebt die Freiburger Kreise aus den übrigen Gruppen des deutschen Widerstandes heraus:

1. Kein anderer Widerstandskreis wurde wie das „Freiburger Konzil" als Reaktion auf die Reichspogromnacht vom 9. November 1938 gegründet.
2. Es gibt keine anderen Gruppen oder Kreise von Universitätsprofessoren im Widerstand.
3. Keine anderen Widerstandskreise sind durch ähnlich viele Denkschriften, Gutachten und Korrespondenzen dokumentiert.

---

21 Im Dritten Reich gab es nur wenige Widerstandskämpfer, die in den Gestapo-Verhören die Judenverfolgung als einen Grund ihres Widerstandes angaben; einer von ihnen war Adolf Lampe (Vgl. Jacobsen (1961), S.470.).

22 Anregung zu unserer Darstellung gab die der Mengenlehre verpflichtete Veranschaulichung in Kluge (1988), S. 21, Graphik: Ruth Bausenhart. Für die Ausführung unserer Kreisdarstellung ist der Verf. Frau Karin Högner, für die Verarbeitung des Textes Frau Elfriede Ostheimer zu Dank verpflichtet. Die Gestaltung des schattierten inneren Kreises soll in der Graphik andeuten, daß v. Dietze, Eucken und Lampe an allen Kreisen, Gerhard Ritter jedoch nicht an der AG E.v.B. teilnahmen. Die Ehefrauen des engeren Kreises nahmen weder am „Bonhoeffer-Kreis" noch an der AG E.v.B. teil.

4. Am „Freiburger Konzil" nahmen sowohl Professoren als auch evangelische Pfarrer zusammen mit ihren Ehefrauen sowie katholische Theologen regelmäßig teil[23].

Die gelegentlich geäußerte Behauptung, kein anderer Widerstandskreis habe eine annähernd vergleichbare Bedeutung für die Nachkriegsordnung, insbesondere die Wirtschaftsordnung, gehabt, wäre noch weiter wissenschaftlich zu untermauern (Vgl. Abb. 3, S. 246). Hier nun einige Ausführungen zur Entstehung und Eigenart der einzelnen Kreise:

3.3 „Freiburger Konzil"

Nicht nur als Nationalökonom, sondern auch als Mitglied der Bekennenden Kirche, der er von Anfang an eng verbunden war, versuchte Lampe den Nationalsozialismus im allgemeinen und Adolf Hitler im besonderen zu bekämpfen. Sein Gemeindepfarrer, Kreisdekan Otto Hof, sagte am Grab von Adolf Lampe:

„Das Erkennen und der Glaube wurden unmittelbar zur Tat. So stand er mit in dem Kreis von christlichen Professoren und Pfarrern, die sich um die Frage mühten, welche Aufgaben dem Christen durch sein Stehen in der Welt gestellt sind, und außerdem hielt es der Universitätsprofessor nicht für ein zu geringes Ding, im Dienste des Hilfsvereins in seinem Bezirk von Haus zu Haus zu gehen und die Gemeindemitglieder zu besuchen. Auch die Studentengemeinde weiß von Diensten, die der Heimgegangene ihr erwies ...["24].

---

23 Die Teilnahme der in den Widerstand eingebundenen Ehefrauen im „Freiburger Konzil" ging vor allem auf das lebhafte Engagement und die tiefe religiöse Bindung dieser Frauen zurück, sollte aber auch - so die Aussage von Ruth von Marschall, Tochter des Juristen Fritz Freiherr Marschall von Bieberstein, am 14. Mai 1994 in Basel (ähnlich ihr Bruder, Wolfgang von Marschall, in einem Brief vom 27. Mai 1994 an den Verf.) - der Tarnung der Treffen als gesellschaftliche Zusammenkünfte dienen. Bei jedem Klingeln an der Haustür seien die Versammelten aufgeschreckt und hätten einen Besuch der Gestapo befürchtet.

24 NL Lampe ACDP I-256-K046. Den Kontakt zur Freiburger ev. Studentengemeinde hatte Lampe 1932 über den damals 28-jährigen Studentenpfarrer Wettmann gefunden. Wettmann beschreibt in einem Brief an den Verfasser, welche Umwege notwendig gewesen seien, um kontroverse Diskussionen weiterführen zu können: „Seiner (Lampes, Anm. W.S.) Initiative war es zu verdanken, daß der „Hauskreis Lampe" den Studentenpfarrer Wettmann ermunterte und bestärkte, die Aufnahme in die Reiter SS zu beantragen. Die schnell wachsende Zahl der Parteigenossen im Ev. Kirchengemeinderat der Stadt Freiburg, die zu ihrer Unterstützung den Oberstumbannführer Pfarrer (Fritz, W.S.) Kölli als Gemeindepfarrer (in die zu den Deutschen Christen zählende Ludwigskirche, vgl. Rübsam/Schadek (1990), S. 39 ff, Anm. W.S.) nach Freiburg holten, beschwor die Gefahr der Überführung der Gesamtgemeinde zu den Deutschen Christen. Als Mitglied der Reiter SS konnte Wettmann die notwendige Diskussion unbeschwerter einbringen. Wegen kontroverser theologischer Diskussion mit dem Oberstumbannführer wurde er (Wettmann, Anm. W.S.) ca. ein halbes Jahr später ehrenvoll aus der Standarte wieder entlassen. Sein Schritt hatte Erfolg. Gedeckt durch den „Hauskreis Lampe" u. mit Zustimmung von Kirchenältesten konnte er Martin Niemöller zu einer Kundgebung in die Christuskirche nach Freiburg holen." (Brief Herbert Wettmanns an den

Dieser Kreis von christlichen Professoren, Pfarrern und ihren Ehefrauen nannte sich „Freiburger Konzil". Er entstand spontan im Anschluß an die Reichspogromnacht. Am 9. November 1938 tagte das Diehl-Seminar. Auf ihrem Heimweg sahen die Teilnehmer die Zerstörungen und Verwüstungen jüdischer Geschäfte und der Synagoge in Freiburg. Am 10. November rief deshalb Adolf Lampe seinen Kollegen Constantin von Dietze an. Sie waren sich einig, daß sie als Christen nicht zu Greueltaten wie den Judenverfolgungen schweigen dürften. Es war mit ziemlicher Sicherheit Lampe, der von Dietze vorschlug, einen Kreis von Gleichgesinnten zusammenzurufen. So entstand durch Lampes Initiative das „Freiburger Konzil", das sich Ende November 1938 erstmals in seiner Wohnung traf.

Auch in diesem Kreis war Lampe eine der treibenden Kräfte. Fortan trafen sich Nationalökonomen, Juristen und Historiker der Universität Freiburg, die den Nationalsozialismus ablehnten, und Pfarrer der Bekennenden Kirche sowie einige Katholiken - so der spätere Erzbischof Wendelin Rauch - etwa alle vier Wochen in einer der Privatwohnungen[25]. Es wurden Fragen des Naturrechts aus evangelischer und katholischer Sicht behandelt, es ging um christliche Ethik und das Recht oder gar die Pflicht des Christen zum Widerstand gegen den Tyrannen. Im Mittelpunkt stand das Gehorsamsgebot aus Römer 13[26]. Sehr bald entstand eine Denkschrift „Kirche und Welt. Eine notwendige Besinnung auf die Aufgaben des Christen und der Kirche in unserer Zeit" (Vgl. Hauf (1984), S. 629 ff. und Abb. 2, S. 245). Diese Denkschrift wurde der Bekennenden Kirche in Berlin und einigen vertrauenswürdigen Bekenntnisgemeinden in Baden und Württemberg übergeben und dort diskutiert.

Teilnehmer dieses Konzils waren u.a. die Nationalökonomen Constantin von Dietze, Walter Eucken und Adolf Lampe sowie der Historiker Gerhard Ritter.

3.4 „Freiburger Bonhoeffer-Kreis"

Der engere Kreis der Freiburger sowie weitere Widerstandskämpfer (s. Abb.1, vor S. 239) arbeiteten von Oktober 1942 bis Anfang 1943 im Auftrag der 'Vorläufigen Leitung der Bekennenden Kirche' und auf Vermittlung von Dietrich Bonhoeffer an einer Denkschrift für den ersten Weltkirchentag nach dem Kriege. Diese „Kerngruppe" des Konzils fand sich zum „Freiburger Bonhoeffer-Kreis" zusammen, dort aber ohne Ehefrauen. Im Spätsommer 1942 hatte Dietrich Bonhoeffer bei einem Besuch in Freiburg gebeten, eine Denkschrift zu verfassen. Die Schrift sollte die „Grundsät-

---

Verf. vom 2.7.1994.).

25   Die Tagungsorte in Freiburg sind anschaulich auf einem Stadtplan dargestellt und abgebildet in der Ausstellung „Der Freiburger Kreis" und wiedergegeben in Rübsam/Schadek (1990), S. 69 f.

26   Vgl. Der Brief des Paulus an die Römer, 13. Kapitel, Vers 1 und 2: „Jedermann sei untertan der Obrigkeit, die Gewalt über ihn hat. Denn es ist keine Obrigkeit ohne von Gott; wo aber Obrigkeit ist, die ist von Gott verordnet. Wer sich nun der Obrigkeit widersetzt, der widerstrebt Gottes Ordnung; die aber widerstreben, werden über sich ein Urteil empfangen."

ze einer gesunden, auf christlicher Grundlage ruhenden Außen- und Innenpolitik ... mit besonderem Hinblick auf die Sicherung des künftigen Weltfriedens und auf die Neugestaltung des deutschen Staatslebens nach dem Kriege" (In der Stunde Null (1979), S. 27. Vgl. auch Bauer (1963), S.87 ff.) behandeln. Sie trug den Titel „Politische Gemeinschaftsordnung. Ein Versuch zur Selbstbesinnung des christlichen Gewissens in den politischen Nöten unserer Zeit".

Der Entwurf war im November 1942 auf einer Geheimtagung in Freiburg unter Vorsitz von Carl Goerdeler diskutiert worden. An dieser Tagung nahmen - neben den Freiburgern - einige Mitglieder der Berliner Bekennenden Kirche, so Otto Dibelius und Walter Bauer, teil. Der württembergische Bischof Wurm hatte Helmut Thielicke entsandt. In dieser Denkschrift wird der Versuch unternommen, den Weg aus der Diktatur in eine freiheitliche Ordnung zu weisen. Den wirtschaftspolitischen Teil hat Lampe maßgeblich beeinflußt (Vgl. In der Stunde Null (1979), S. 128 - 145: Anhang 4, Wirtschafts- und Sozialordnung. Und Hauf (1984), S. 753 ff.). Dieser „Freiburger Bonhoeffer-Kreis" wurde nach dem 20. Juli 1944 der Gestapo bekannt.

3.5 „Arbeitsgemeinschaft Erwin von Beckerath"

Die grundsätzlichen Überlegungen des „Freiburger Bonhoeffer-Kreises" nahm der dritte Freiburger Kreis, die Arbeitsgemeinschaft Erwin von Beckerath, auf und versuchte, sie in konkrete wirtschaftspolitische Vorschläge umzusetzen.

Die AG E.v.B. hat allerdings eine besondere Vorgeschichte, die hier kurz dargestellt werden soll. So soll erstens gezeigt werden, wie es zu der Zusammenarbeit von Eucken, Jessen, Lampe und v. Stackelberg kam. Zweitens soll deutlich gemacht werden, wie lange schon an Problemlösungen, die für die Bundesrepublik nach Kriegsende äußerst wichtig waren, gearbeitet worden war.

Von besonderer Bedeutung war die Mitarbeit Lampes an einem Gutachten zur „Kriegsfinanzierung"[27]. Es wurde 1939 im Auftrag des Reichswirtschaftsministeriums von einem Professoren-Ausschuß erstellt, der im Harnackhaus, dem Gästehaus der Universität Berlin, mehrere Monate lang tagte. Ihm gehörten u.a. Walter Eucken, Jens Jessen, Adolf Lampe und Heinrich von Stackelberg an. Diese Gemeinschaftsarbeit brachte die Professoren auch menschlich näher, ließ Vertrauen wachsen (Vgl. (Rübsam/Schadek (1990), S. 91 f.).

Die vier Professoren trafen sich im November 1940 in größerem Kreise und mit anderem Auftrag wieder. Im Rahmen der 1933 gegründeten „Akademie für deutsches Recht" wurde der Nationalökonom Jens Jessen 1940 als Leiter der Klasse IV „Zur

---

27   „Kriegsfinanzierung". Gutachten erstattet am 9. Dezember 1939 von Berkenkopf/ Münster, Eucken/ Freiburg, Hasenack/Leipzig, Jessen/Berlin, Lampe/Freiburg, Frhr. v. Stackelberg/Berlin, Stucken/Erlangen, Teschemacher/Tübingen (Vgl. NL Lampe ACDP I-256-K025. Vgl. auch Rübsam/Schadek (1990), S. 91 f. und Triebenstein (1968), S. 47 ff.). Das Gutachten ist teilweise veröffentlicht (Vgl. Möller (1961), S. 25-37.).

Erforschung der völkischen Wirtschaft" berufen[28]. Er nahm die Aufgabe gerne an, da ihm damit die Gelegenheit eröffnet wurde, die im 1936 aufgelösten „Verein für Sozialpolitik" versammelten regimekritischen Nationalökonomen wieder zusammenzuführen. Ihm oblag es, Mitglieder und Leiter der Arbeitsgemeinschaften und Unterausschüsse der Klasse IV zu berufen. Unter anderem setzte er eine „Arbeitsgemeinschaft für Volkswirtschaftslehre" unter Erwin von Beckerath/Bonn ein, die am 24. November 1940 zunächst in München ihre Tätigkeit aufnahm. Die „Arbeitsgemeinschaft für Preispolitik" unter Günter Schmölders/Köln (Vgl. Schmölders (1942) und auch Blumenberg-Lampe (1973), S. 30 ff.) veröffentlichte bereits 1942 ihre Ergebnisse. Warum diese in weiten Teilen regimekritische Schrift ohne Folgen blieb, konnte nie ganz geklärt werden. Beide Arbeitsgemeinschaften haben für die Gestaltung der Nachkriegsordnung Bedeutung erlangt.

Die „Arbeitsgemeinschaft Volkswirtschaftslehre" hatte es sich zur Aufgabe gemacht, wirtschaftspolitische Fragen grundsätzlicher Art zu erörtern und sich dabei an aktuelle politische Aufgaben anzulehnen. Diese Arbeit gestaltete sich aus mehreren Gründen schwierig. Es wurden zwar Unterausschüsse gegründet, diese nahmen aber nur zögerlich ihre Arbeit auf. Bis März 1943 hatte die Arbeitsgemeinschaft nur zweimal getagt. Allerdings lag inzwischen umfangreiches Arbeitsmaterial des Freiburger Unterausschusses vor, als die Arbeitsgemeinschaft Volkswirtschaftslehre am 1. März 1943 durch die Leitung der Akademie für Deutsches Recht geschlossen wurde, da sie nicht kriegswichtig sei.

Einigen Ausschüssen, möglicherweise auch der „Arbeitsgemeinschaft Volkswirtschaftslehre", wurde die Weiterarbeit in privatem Kreis nahegelegt (Vgl. Blumenberg-Lampe (1973), S. 30 ff.), was unter der Bezeichnung „Arbeitsgemeinschaft Erwin von Beckerath" geschah. Ihr gehörten regimekritische Professoren aus ganz Deutschland an[29]. Sie entwarfen zwischen März 1943 und September 1944 Pläne für die Wirtschaftsordnung nach dem Kriege.

Einige Mitglieder der Arbeitsgemeinschaft hatten Kontakte zu anderen Widerstandsgruppen, so zu dem „Kreisauer Kreis", zu Jakob Kaiser und über den engeren Kreis der Freiburger zur Bekennenden Kirche und insbesondere zu Carl Goerdeler. Für ihn und seine Nachkriegsregierung waren, was nur wenige wußten, die Zukunftspläne bestimmt (Vgl. NL Lampe ACDP I-256-A003.2 (Military Government).). Lampe hielt ihn informiert, sandte ihm die Arbeitspapiere. Über Lampe war Goerdeler auch

---

28   Dies erfolgte „unter maßgeblichem Einfluß von Reichswirtschaftsminister (zugleich Präsident der Deutschen Reichsbank, Walther, Anm. W.S.) Funk ...". (Kluge (1988), S. 31.).

29   Diese Professoren wurden von Erwin von Beckerath stets auf Vorschlag oder nach Rücksprache mit Adolf Lampe berufen. Darin liegt einer der entscheidenden Bedeutungen, die Adolf Lampe für die AG E.v.B. hatte, da nur gemeinsam von E. v. Beckerath und von Lampe gebilligte Mitglieder in die AG E.v.B. kamen (Vgl. NL Lampe ACDP I-256-A017).

an der Diskussion beteiligt. Gleiches gilt für den Grafen Yorck von Wartenburg (Vgl. Blumenberg-Lampe (1973), S. 48 ff.).

Die Mitglieder tagten auf Einladung von Erwin von Beckerath im privaten Kreis in Sitzungen ab dem 21./22. 3. 1943 in Freiburg weiter. Für all diese Sitzungen wurden Referate, Protokolle und Gutachten für die Wirtschaft nach dem Zusammenbruch des Dritten Reiches angefertigt, welche diskutiert und redigiert wurden. Die Gutachten beschäftigten sich mit - so eine Zusammenstellung von Norbert Kloten - (Vgl. Kloten (1986), S. 17.)

- dem Wiederaufbau und der Friedenswirtschaft,
- der Arbeits- und Lohnpolitik,
- der Konzentration und der Wirtschaftsordnung,
- der Finanz- und der Steuerpolitik,
- der Währungsordnung,
- der Wohnungsbaupolitik und
- der Agrarpolitik.

In der Arbeitsgemeinschaft trafen sich neben den Freiburger Professoren auch Kollegen von anderen Universitäten. Adolf Lampe war laut Walter Eucken „die wesentlich treibende Kraft, der dauernd wirkende Motor" (NL Lampe ACDP I-256-K046.). Er diente dem Kreis als „Schriftführer", stellte sein Sekretariat zur Verfügung und übernahm den Hauptteil der Gutachtertätigkeit: Wann immer ein Arbeitsgemeinschaftsteilnehmer säumig war und seinen Gutachterbeitrag nicht pünktlich lieferte, legte Lampe selbst ein Papier zu diesem Thema vor.

Ziel der Arbeitsgemeinschaft war, ein Gemeinschaftsgutachten vorzulegen, in dem „ein wenigstens einigermaßen klar umrissenes wirtschaftspolitisches Programm zu entwerfen (sei, W.S.), ... um das Unsere zur Vermeidung eines vollendeten Chaos beizutragen"[30]. „... die Grundlinien einer Übergangswirtschaft aus dem Krieg in den Frieden und die Gestaltung einer neuen Wirtschaftsordnung nach dem Zusammenbruch des Regimes ..." (v. Beckerath (1949), S. 602.) sollten besprochen werden. Die Teilnehmer wollten eine freiheitlich-soziale Wirtschaftsordnung entwerfen.

Ab Frühjahr 1943 bis September 1944 entstanden 45 Gutachten, die 460 Druckseiten füllen. Der Wiederaufbau der Friedenswirtschaft, der nach Ansicht aller Gutachter nur ein Wiederaufbau der Marktwirtschaft (nach einem verlorenen Krieg, Anm. W.S.) sein konnte, wurde intensiv vorbereitet (Vgl. NL Lampe ACDP I-256-A003.2 (Military Government).). Die Themen Übergangswirtschaft, Währungssanierung, Arbeits- und Lohnpolitik, Konzentration, Finanz-, Steuer- und Sozialpolitik wurden ausführlich erörtert[31]. Die Gutachten der AG E.v.B. gingen damals sowohl an Carl

---

30   Brief von Adolf Lampe an Günter Schmölders vom 8. 3. 1943, NL Lampe ACDP I-256-A017.

31   Auch die Nationalsozialisten planten für die Zeit nach dem - allerdings gewonnen gedachten - Krieg: So wurden in den ersten Monaten des Jahres 1942 in Berlin Vorträge gehalten, u.a. von

Goerdeler als auch an Peter Graf Yorck von Wartenburg und damit an den „Kreisauer Kreis" (Vgl. Winterhager (1985), S. 140 f.).

Kurz bevor das abschließende Gutachten Mitte September 1944 fertiggestellt werden konnte, wurden Constantin von Dietze und Adolf Lampe im Zusammenhang mit dem Attentat vom 20. Juli verhaftet. Selbst im Gestapo-Gefängnis diskutierten sie heimlich schriftlich ihre Pläne und Vorschläge weiter (Vgl. Rübsam/Schadek (1990), S.135 f.). Aber erst 1986 wurden die Gutachten und die auf ihnen fußenden Nachkriegsgutachten in einer kritischen Edition veröffentlicht[32].

Damit sind nun alle Ausarbeitungen der drei Freiburger Kreise veröffentlicht. Die Aufstellung in Abb. 2 soll dies veranschaulichen:

- Walther Funk, Reichswirtschaftsminister und Präsident der deutschen Reichsbank: „Das wirtschaftliche Gesicht des neuen Europa",
- Dr. Horst Jecht, o. Professor an der Wirtschaftshochschule Berlin: „Die Entwicklung zur europäischen Wirtschaftsgemeinschaft",
- Dr. Bernhard Benning, Direktor bei der Reichs-Kredit-Gesellschaft, Berlin: „Europäische Währungsfragen",

die abgedruckt sind in dem Buch: Europäische Wirtschaftsgemeinschaft (!) (Vgl. Verein Berliner Kaufleute und Industrieller ... (1942).).

32 Vgl. Blumenberg-Lampe (1986), S. 40 - 604. Eher durch einen Zufall kamen diese geheimen Gutachten aus dem 2. Weltkrieg noch an das Licht der Öffentlichkeit: Während eines Doktorandenkolloquiums des Freiburger Wirtschaftstheoretikers und Dogmenhistorikers Karl Brandt überredete und überzeugte der Verfasser Anfang 1970 im Gasthof „Erzherzog Albrecht" nach einigen Viertele Freiburger Weins die Tochter von Adolf Lampe, Frau Chr. Blumenberg-Lampe, ihr eigentliches Dissertations-Wunschthema zu bearbeiten, nämlich die Geschichte der Freiburger Kreise. Sie allein habe Zugriff auf einen Großteil der Freiburger Gutachten, die von ihrer Mutter, Gertrud Lampe, gerettet und verwahrt worden seien. Und nur sie als Tochter von Adolf Lampe habe das Entree zu den anderen überlebenden Teilnehmern der AG E.v.B., ihren Witwen und Nachkommen. Ergebnis war die heute vielzitierte Dissertation mit dem Titel „Das wirtschaftspolitische Programm der ‚Freiburger Kreise' - Entwurf einer freiheitlich-sozialen Nachkriegswirtschaft. Nationalökonomen gegen den Nationalsozialismus", 1973. Eine Edition der Gutachten selbst war damals bereits geplant. Um den Bestand der unwiederbringlichen Originalgutachten zu sichern, ließ der Verf. im März 1979 sämtliche bis dahin ausfindig gemachten Exemplare mehrfach fotokopieren und binden. Die Originale übergab der Verf. anschließend dem Institut für Zeitgeschichte in München; sie lagern nun im ACDP der Konrad-Adenauer-Stiftung in St. Augustin. Die Gesamtedition der Gutachten erfolgte bei Klett-Cotta unter dem Titel „Der Weg in die Soziale Marktwirtschaft" (Vgl. Blumenberg-Lampe (1986).). Mit diesem Werk wurden somit erst nach 42 Jahren die Ausarbeitungen der Arbeitsgemeinschaft veröffentlicht. Diese zeitliche Verzögerung trug dazu bei, daß in weiten Kreisen der Öffentlichkeit, ja selbst der Nationalökonomie und der Geschichtswissenschaft, die Ideen, die Konzeptionen, das Wirken und der Widerstand der Teilnehmer der Freiburger Arbeitsgemeinschaft noch zu wenig bekannt sind.

Widerstandskreise	Ausarbeitungen	Veröffentlichungsorte
Freiburger Konzil (Dezember 1938 - September 1944)	„Kirche und Welt. Eine notwendige Besinnung auf die Aufgaben des Christen und der Kirche in unserer Zeit." (1938/1939)	Hauf, Reinhard (Bearb.); Denkschriften des „Freiburger Kreises", in: Klaus Schwabe, Rolf Reichardt (Hrsg.), Gerhard Ritter: Ein politischer Historiker in seinen Briefen, Boppard **1984**, S. 635 - 654
Freiburger Bonhoeffer-Kreis (auch: Arbeitskreis Freiburger Denkschrift; Oktober 1942 - Januar 1943), lebte nach Kriegsende von 1945 - 1948, wenn auch in veränderter Zusammensetzung, wieder auf.	„Politische Gemeinschaftsordnung. Ein Versuch zur Selbstbesinnung des christlichen Gewissens in den politischen Nöten unserer Zeit" (Januar 1943)	In der Stunde Null. Die Denkschrift des Freiburger „Bonhoeffer-Kreises." Eingeleitet von Helmut Thielicke, mit einem Nachwort von Philipp von Bismarck, Tübingen **1979**, S. 25 - 151 (Hier wird die Denkschrift in der Fassung von 1945 editiert.) und bei Hauf, Reinhard, (Bearb.) in: Schwabe/Reichardt (Hrsg.) (1984), S. 655 - 775. (Hier in der Fassung von 1943.)
Arbeitsgemeinschaft „Erwin von Beckerath" (März 1943 - September 1944), lebte nach Kriegsende von 1945 - 1948, wenn auch in veränderter Zusammensetzung, wieder auf.	45 Gutachten, Referate und Protokolle zum Übergang von einer Kriegs- in eine Friedenswirtschaft mit den Themen: - Wiederaufbau und Friedenswirtschaft (21) - Arbeits- und Lohnpolitik (6) - Konzentration, Wirtschaftsordnung (5) - Finanz- und Steuerpolitik (5) - Währungsordnung (6) - Wohnungsbaupolitik (1) - Agrarpolitik (1)	Der Weg in die Soziale Marktwirtschaft. Referate, Protokolle, Gutachten der Arbeitsgemeinschaft Erwin von Beckerath 1943 - 1947. Bearbeitet von Christine Blumenberg-Lampe, mit einem Vorwort von Norbert Kloten, Stuttgart **1986**.

Abb. 2: Zusammenstellung aller Ausarbeitungen der drei „Freiburger Kreise"

3.6 Das Fortwirken der „Arbeitsgemeinschaft Erwin von Beckerath" nach dem Krieg

Die im Krieg erstellten Gutachten waren nach dem Attentatsversuch auf Hitler am 20. Juli 1944 vernichtet, versteckt, verschollen (Vgl. Blumenberg-Lampe (1973), S.166 f.). Die amerikanischen und französischen Besatzungsmächte hatten letztlich kein Interesse an den Ausarbeitungen der Freiburger für die Gestaltung der Nachkriegswirtschaft gezeigt; die Vergeltung und nicht die Kooperation waren zunächst im Vordergrund westalliierter Besatzungspolitik gestanden (Vgl. Rübsam/Schadek (1990), S. 151). Und dennoch flossen die Gedanken der Freiburger zum Aufbau einer Nachkriegswirtschaft auf ganz andere und doch sehr wirksame Weise in die (wirtschafts-)politische Diskussion bis weit in die 1960-er Jahre ein: Franz Böhm, Walter Eucken, Adolf Lampe, Erich Preiser und Theodor Wessels wurden zu einer Tagung am 23./24. Januar 1948 in Königstein im Taunus eingeladen, um den „Wissenschaftlichen Beirat bei der 'Verwaltung für Wirtschaft des vereinigten

Wirtschaftsgebiets'" zu bilden (Vgl. Blumenberg-Lampe (1973), S. 152.). In der März-Sitzung 1948 stieß Erwin v. Beckerath hinzu, der von 1950 - 1964 den Vorsitz des Wissenschaftlichen Beirats beim Bundeswirtschaftsministerium innehatte. Die Kontinuität von der „Arbeitsgemeinschaft für Volkswirtschaftslehre" (1940 - 1943) über die AG E.v.B. (März 1943 - September 1944) bis hin zum Wissenschaftlichen Beirat (ab 1948) ist somit durch die Professoren gegeben, die an den Arbeitsgemeinschaften und dann am Beirat nacheinander teilnahmen. Da Lampe bereits im Februar 1948 und Eucken 1950 verstarben, konnten ihre Einflüsse allein schon aus zeitlichen Gründen nicht mehr so groß sein wie die anderer Teilnehmer. So bestimmte z.b. der Rechtsprofessor Franz Böhm die Diskussion um die Wiedergutmachung mit Israel, den Lastenausgleich und vor allem die Wettbewerbsordnung sowie die Formulierung des Gesetzes gegen Wettbewerbsbeschränkungen 1957 wesentlich mit (Vgl. Hollerbach (1988), S. 88 f.), wenn er sich auch ein schärferes Kartellgesetz gewünscht hätte. Freiburger Vorarbeiten wurden hier unmittelbar in Gesetzesnormen gegossen. „Die Arbeit der Jahre 1943 und 1944 war somit nicht vergebens, wenn ihr auch (lange Jahre, Anm. W.S.) die öffentliche Anerkennung versagt blieb." (Blumenberg- Lampe (1973), S. 153.)

Teilnehmer	Arbeitsgemeinschaft Volkswirtschaftslehre	Arbeitsgemeinschaft Erwin v. Beckerath	Wissenschaftlicher Beirat
Erwin v. Beckerath	ja	ja	ja
Franz Böhm		ja	ja
Constantin v. Dietze	ja	ja	
Walter Eucken	ja	ja	ja
Adolf Lampe	ja	ja	ja
Erich Preiser	ja	ja	ja
Günter Schmölders	ja	ja	
Heinrich Freiherr v. Stackelberg	ja	ja	
Theodor Wessels	ja	ja	ja
Gerhard Albrecht		ja	
Fritz Hauenstein		ja	

Abb. 3: Die Teilnehmer der 'Arbeitsgemeinschaft Erwin von Beckerath', deren Zugehörigkeit zu der 'Arbeitsgemeinschaft Volkswirtschaftslehre' und zum 'Wissenschaftlichen Beirat' *(Vgl. Blumenberg-Lampe (1973), S. 32. ff, S.152 und S. 163.).*

4. Schlußbetrachtung

Unsere Abhandlung über die Freiburger Kreise soll noch ein weiteres zeigen: Oft wird zu vorschnell geschlossen, daß Professoren 1933 bis 1945 durch ihr Bleiben in Deutschland ihr Einverständnis mit dem Nationalsozialismus ausgedrückt hätten. Die Abwanderung in das Ausland wäre ja ihre Alternative gewesen. Es soll mit der Darstellung des Wirkens und der Wirkung der Freiburger Kreise jedoch gezeigt werden, daß oppositionelles Denken und Handeln von Professoren während des Dritten Reichs auch in Deutschland stattfand.

Zumindest einer (Adolf Lampe)[33] ist bereits 1923 offen gegen die wirtschaftspolitischen Vorstellungen der Nationalsozialisten aufgetreten, andere waren nach Hitlers Machtergreifung im Jahr 1933 (C. v. Dietze, W. Eucken, vgl. Ott (1994), S. 131 f.), manche noch später gegen den Nationalsozialismus eingestellt und haben Widerstand geleistet. Weitere Professoren der Volkswirtschaftslehre wie Jens Jessen und Heinrich von Stackelberg zeigten anfangs Sympathien für Gedanken des Nationalsozialismus, waren sogar Mitglieder der NSDAP und der SS, wandten sich jedoch in den 30-er Jahren - spätestens nach der Reichspogromnacht oder nach Kriegsbeginn - vom Nationalsozialismus ab und stießen zum Widerstand (Vgl. Möller (1992), S. 19* und S. 22*.).

Aus christlicher Überzeugung wollten die Professoren und Kirchenmänner das NS-Regime nicht durch Tyrannenmord beseitigen (Vgl. NL Lampe ACDP I-256-A003.2 (Military Government).), aber sie wollten ihren Beitrag leisten, die Regierung zu stürzen. In diesem Sinn dachten sie eine neue Wirtschafts- und Gesellschaftsgestaltung für die Zeit nach dem Nationalsozialismus vor, das hieß für die Zeit nach einem verlorenen Krieg. Das galt als Hochverrat. Diese mutigen Männer mußten klar die Gefahren von Verhören und Inhaftierungen bis hin zur Exekution bei Entdecken ihres Wirkens voraussehen - dennoch taten sie es, erlitten Folter (Vgl. Brief C. v. Dietze vom 28.10. 1944 in: Rübsam/Schadek (1990), S.132.) und einer - Jens Jessen - fand am 30. November 1944 den Tod (Vgl. Möller (1992), S.20* und Blumenberg-Lampe (1986), S. 612.). Adolf Lampe und C. von Dietze „... konnten in der kurzen Phase des Machtvakuums am 25. April entlassen werden, sich während der Schlußkämpfe in Berlin in Sicherheit bringen und am 8. Mai 1945 die Hauptstadt in Richtung Elbe verlassen." (Ott (1994), S.130.

---

33   Vgl. Briefe an seine Eltern, z.B. vom 14.11.1923, NL Lampe ACDP I-256-K045/2.

Literaturverzeichnis

Bauer, Walter (1963); Erinnerung an schwere Zeit; In: Sonderdruck aus der Festschrift zum 65. Geburtstag von Hans Asmussen; Stuttgart/Berlin/Hamburg 1963, S. 87 - 92.

Beckerath, Erwin v. (1949); Adolf Lampe; In: Zeitschrift für die Gesamte Staatswissenschaft, Bd. 105, Heft 4/1949, S. 602 - 614. Wiederabgedruckt als: Beckerath, Erwin v. (1962); Adolf Lampe und Heinrich von Stackelberg; In: Lynkeus. Gestalten und Probleme aus Wirtschaft und Politik; Tübingen 1962, S.39 - 51.

Blänsdorf, Agnes (1991); Gerhard Ritter 1942 - 1950. Seine Überlegungen zum kirchlichen und politischen Neubeginn in Deutschland; In: Geschichte in Wissenschaft und Unterricht, Zeitschrift des Verbandes der Geschichtslehrer Deutschlands; 42. Jg. 1991, I. S. 1 - 21, II. S. 67 - 90.

Blumenberg-Lampe, Christine (1973); Das wirtschaftspolitische Programm der „Freiburger Kreise". Entwurf einer freiheitlich-sozialen Nachkriegswirtschaft. Nationalökonomen gegen den Nationalsozialismus; Berlin 1973.

Blumenberg-Lampe, Christine (Bearb.) (1986); Der Weg in die Soziale Marktwirtschaft. Referate, Protokolle, Gutachten der Arbeitsgemeinschaft Erwin von Beckerath 1943 - 1947; Stuttgart 1986.

Blumenberg-Lampe, Christine (1988); Währungsreform und Freiburger Kreise; In: Freiburger Universitätsblätter - Wiederhergestellte Ordnungen: Zukunftsentwürfe Freiburger Professoren 1942 - 1948; Heft 102, Dezember 1988, S. 105 - 111.

Blumenberg-Lampe, Christine (1991); Oppositionelle Nachkriegsplanung: Wirtschaftswissenschaftler gegen den Nationalsozialismus; In: Die Freiburger Universität in der Zeit des Nationalsozialismus; hrsg. v. Eckhard John et al., Freiburg/Würzburg 1991, S. 207 - 219.

Diehl, Karl (1940); Der Einzelne und die Gemeinschaft; Jena 1940.

Fässler, Peter (1988); Das Comité d'Études - Die Gutachtertätigkeit Freiburger Nationalökonomen für die Alliierten; In: Freiburger Universitätsblätter - Wiederhergestellte Ordnungen: Zukunftsentwürfe Freiburger Professoren 1942 - 1948; Heft 102, Dezember 1988, S. 91 - 103.

Finker, Kurt (1978); Graf Moltke und der Kreisauer Kreis; Berlin/Ost 1978.

Frevert, Ute (1991); Ehrenmänner. Das Duell in der bürgerlichen Gesellschaft; München 1991.

Hauf, Reinhard (Bearb.) (1984); Denkschriften des „Freiburger Kreises"; In: Schwabe, Klaus; Reichardt, Rolf (Hrsg.); Gerhard Ritter: Ein politischer Historiker in seinen Briefen; Boppard 1984, S. 629 - 654.

Hollerbach, Alexander (1988); Zu Leben und Wirken Franz Böhms; In: Freiburger Universitätsblätter - Wiederhergestellte Ordnungen: Zukunftsentwürfe Freiburger Professoren 1942 - 1948; Heft 102, Dezember 1988, S. 81 - 89.

In der Stunde Null (1979); Die Denkschrift des Freiburger „Bonhoeffer-Kreises". Politische Gemeinschaftsordnung; ein Versuch zur Selbstbesinnung des christlichen Gewissens in den politischen Nöten unserer Zeit. Eingeleitet von Helmut Thielicke, mit einem Nachwort von Philipp von Bismarck. Tübingen 1979, S. 25 - 151.

Jacobsen, Hans-Adolf (Hrsg.) (1961); „Spiegelbild einer Verschwörung". Die Opposition gegen Hitler und der Staatsstreich vom 20. Juli 1944 in der SD-Berichterstattung („Kaltenbrunner Berichte"), Bd.1, Stuttgart 1961.

Kasper, Wolfgang; Streit, Manfred (1993); Lessons from the Freiburg School. The Institutional Foundation of Freedom and Prosperity. The Center for Independent Studies, Australia and New Zealand, CIS occasional papers 44, St. Leonards NSW/Australia 1993.

Kirchenamt der EKD (Hrsg.) (1991); Gemeinwohl und Eigennutz - wirtschaftliches Handeln in Verantwortung für die Zukunft; Eine Denkschrift der Evangelischen Kirche in Deutschland, im Auftrag des Rates der Evangelischen Kirche in Deutschland, 3. Aufl., Gütersloh 1991.

Kloten, Norbert (1986); Vorwort; in: Blumenberg-Lampe (1986), S. 9 - 17.

Kluge, Ulrich (1988); Der „Freiburger Kreis" 1938 - 1945 - Personen, Strukturen und Ziele kirchlich-akademischen Widerstandsverhaltens gegen den Nationalsozialismus; In: Freiburger Universitätsblätter - Wiederhergestellte Ordnungen: Zukunftsentwürfe Freiburger Professoren 1942 - 1948; Heft 102, Dezember 1988, S. 19 - 40.

Konow, James (1994); The political economy of Heinrich von Stackelberg; In: Economic Inquiry, Vol. 32, January 1994, S. 146 - 165.

Lampe, Adolf (1922); Versuche zur Theorie des Unternehmergewinns; München 1922, nicht veröffentlicht, NL Lampe ACDP I-256-K029/3.

Lampe, Adolf (1926); Zur Theorie des Sparprozesses und der Kreditschöpfung; Jena 1926.

Lampe, Adolf (1938); Allgemeine Wehrwirtschaftslehre; Jena 1938.

Matthiesen, Michael (1993); Gerhard Ritter. Studien zu Leben und Werk bis 1933; Band 1, Egelsbach/Köln/New York 1993.

Möller, Hans (1961); Zur Vorgeschichte der Deutschen Mark. Die Währungsreformpläne 1945 - 1948; Basel 1961.

Möller, Hans (1992); Heinrich von Stackelberg - Leben und Werk; In: Kloten, Norbert; Möller, Hans (Hrsg.); Heinrich Freiherr von Stackelberg, Gesammelte wirtschaftswissenschaftliche Abhandlungen; Regensburg 1992, Bd. I, Teil I, S. 1* - 65*.

Nübel, Ulrich (1993); Freiburger Ausstellung macht Politik, 'Widerstand und Nachkriegsplanung'; In: Freiburger Forum, Nr. 19, November 1993, S. 24 - 26.

Ott, Hugo (1988); Martin Heidegger. Unterwegs zu seiner Biographie; Frankfurt/New York 1988.

Ott, Hugo (1994); Der „Freiburger Kreis"; In: Lill, Rudolf; Kißener, Michael (Hrsg.); 20. Juli 1944 in Baden und Württemberg; Konstanz 1994, S. 125 - 153.

Rübsam, Dagmar; Schadek, Hans (Hrsg.) (1990); Der „Freiburger Kreis". Widerstand und Nachkriegsplanung 1933 - 1945; Freiburg 1990.

Rübsam-Haug, Dagmar (1994); Widerstand und Nachkriegsplanung - Der „Freiburger Kreis" als Beispiel kirchlich-akademischen Widerstands gegen den Nationalsozialismus; In: Schnabel, Thomas (Hrsg.); Formen des Widerstandes im Südwesten 1933 - 1945 - Scheitern und Nachwirken; Ulm 1994, S.114 - 123.

Schmölders, Günter (Hrsg.) (1942); Der Wettbewerb als Mittel volkswirtschaftlicher Leistungssteigerung und Leistungsauslese; Schriften der Akademie für Deutsches Recht; Heft 6, Berlin 1942.

Schwabe, Klaus; Reichardt, Rolf (Hrsg.) (1984); Gerhard Ritter: Ein politischer Historiker in seinen Briefen; Boppard 1984.

Tilly, Richard H. (Hrsg.) (1993); Geschichte der Wirtschaftspolitik, München und Wien 1993.

Toyka-Seid, Christine (1994); Gralshüter, Notgemeinschaft oder gesellschaftliche Pressure Group? Die Stiftung „Hilfswerk 20. Juli 1944" im ersten Nachkriegsjahrzehnt. In: Überschär, Gerd (Hrsg.); Der 20. Juli 1944: Bewertung und Rezeption des deutschen Widerstandes gegen das NS-Regime; Köln 1994, S. 157 - 169.

Triebenstein, Olaf (1968); Adolf Lampes „Allgemeine Wehrwirtschaftslehre". Einige Betrachtungen zur Geschichte dieses Buches; In: Schmollers Jahrbuch; 88. Jg., 1. Heft 1968, S. 31 - 49.

Verein Berliner Kaufleute und Industrieller und der Wirtschaftshochschule Berlin (Hrsg.) (1942); Europäische Wirtschaftsgemeinschaft; Berlin 1942.

Winterhager, Wilhelm Ernst (Bearb.) (1985); Der Kreisauer Kreis. Porträt einer Widerstandsgruppe. Begleitband zu einer Ausstellung der Stiftung Preußischer Kulturbesitz; Berlin 1985.

Erst nach Fertigstellung des Artikels wurden dem Verfasser die folgenden Arbeiten bekannt, die hier nicht mehr ausgewertet und zitiert werden konnten:

Rieter, Heinz, Matthias Schmolz (1993); The ideas of German Ordoliberalism 1938-45: pointing the way to a new economic order. In: The European Journal of the History of Economic Thought 1:1 Autumn 1993.

Grossekettler, Heinz (1987); Der Beitrag der Freiburger Schule zur Theorie der Gestaltung von Wirtschaftssystemen. Volkswirtschaftliche Diskussionsbeiträge der Westfälischen Wilhelms-Universität Münster. Beitrag Nr. 90. Erweitertes deutsches Manuskript eines Vortrages, der am 20. 6. 1987 auf der HES-Tagung in der Harvard Business School gehalten wurde.

Fröhlich, Jörg (1991); Die Nachkriegsplanungen deutscher Nationalökonomen. Die Arbeitsgemeinschaften „Volkswirtschaftslehre" und „Erwin von Beckerath" 1940-44. Unveröff. Magisterarbeit am Historischen Seminar der Universität Freiburg i.Br. (Prof. Dr. Bernd Martin).

LUDWIG G. BRESS

WALTER EUCKEN UND DIE MAKROMORPHO-LOGIE - DER DEUTSCHE WEG ZWISCHEN STRUKTUR UND EVOLUTION

1. Die nationalen Wurzeln der ökonomischen Analyse.

Die heute einheitlich erscheinenden Standards des ökonomischen Denkens, die eine klare Unterscheidung von reiner Theorie und angewandter Theorie herbeigeführt haben, bildeten sich aus unterschiedlichen nationalen Wurzeln heraus. Vor 60 Jahren begann erst die große Synthese der Ansätze, die die bis dahin festzustellenden nationalen Eigenarten der ökonomischen Ausbildung charakterisierten, wobei drei große Ökonomen herausragen, die zu Beginn der großen produktionstechnischen und sozialen Auseinandersetzung mit dem realen Kommunismus (1946/50) gestorben waren: KEYNES, EUCKEN und SCHUMPETER. Es war die institutionelle Einordnung der ökonomischen Lehrstühle, die neben kulturellen Traditionen in gewisser Weise auch die Forschungsrichtung und inhaltliche Formulierung des Gegenstandes und der Methoden durch ihre Hauptvertreter prägte. Während in Deutschland die Einordnung in die Staatswissenschaften dominierte, bevorzugten die Franzosen die Doktrinenlehre und die Angelsachsen die literarische Anbindung, die ein Erbe der Moralphilosophie war. Die deutschsprachige Nationalökonomie war mehr als die historische Schule, die unter dem Ansturm der geschichtsphilosophisch argumentierenden marxistischen Ökonomie einen sozialpolitischen Zweig ausbildete, der durch seine konträre ethische Zentrierung die Herausbildung der reinen Theorie förderte, wie sie von Mathematikern und Ingenieuren ausging. Ordnen wir die Wirtschaft in jene komplexen Handlungsfelder der menschlichen Zivilisation ein, wie sie uns auch in der Technik und Medizin gegenübertreten, so sind die vielfältigen Ansätze und Auffaltungen der Fragestellungen in den Wirtschaftswissenschaften eben dem geschichtlichen Schicksal der modernen Wirtschaftsgesellschaft angemessen, wie sie sich als Verbund von Wirtschaft und Technik, Wirtschaft und Politik in den letzten 100 Jahren herausgebildet hatten. Dabei stehen dem Theoretiker zwei Schnittflächentableaus gegenüber, in denen er sich denkerisch bewegen kann:

	Struktur			Wertestruktur	
T	*mikro/makro*	**M**	**V**	*individualistisch*	**P**
H	MAKROMORPHOLOGIE	**O**	**E**	DYNAMIK	**O**
E		**D**	**R**		**L**
O	MAKROZYKLIZITÄT	**E**	**L**	EVOLUTION	**I**
R		**L**	**A**		**T**
I	MAKROÖKONOMIE	**L**	**U**	STATIK	**I**
E		**E**	**F**		**K**
	mikro/makro			*offene*	
	Prozess			**Gestaltung**	

Es gibt nun keinen komplexen Theorieansatz, wenn wir vom marxistischen absehen, der den Anspruch erhoben hätte, Mikro- und Makroebene, Struktur und Prozess, Statik und Dynamik, Wertestruktur und Gestaltung, Politik und Realverlauf zu einem Aussagesystem zu verbinden. Es gab dagegen paradigmatische Wechsel, die sich als eigenständige Aussagensysteme durchsetzen mußten, so mutieren die systemvergleichenden Protagonisten des Kalten Krieges zu Adepten der evolutorischen Ökonomie. Es ist heute schick, in der Schumpeter-Gesellschaft Mitglied zu werden und von „Schumpeter-Theoremen" zu sprechen. Theoretiker und Akteure stehen sich in einer Wirtschaftsweise gegenüber, die dynamisch und evolutionär in der Zeitachse neue Konfigurationen von Wirtschaft und Technik, Sozialstruktur und Politik hervorbringt. Dabei entfaltet sich ein Gegensatz zwischen dem Gestaltungsziel der Politik und den Strukturmöglichkeiten sowie dem Prozessverlauf in der Zeit. Das können wir mustergültig anhand der Transformationsprozesse sozialer Systeme studieren, die durch den Zusammenbruch des kommunistischen Systems freigesetzt wurden. Die Akteure sind die eigentlichen datenschaffenden Dynamiker, die sich in genau definierbaren kulturellen Bedingungen bewegen. Es ergeben sich nun drei unterschiedliche Fragestellungen für die ökonomische Analyse, die jeweils von WALTER EUCKEN, JOSEPH ALOIS SCHUMPETER und MAYNARD KEYNES angegangen wurden. Es waren die Fragen nach der Funktionsweise von Wirtschaftsordnungen, nach der Statik und Dynamik[1] im Evolutionsprozess von Technik und Wirtschaft und nach den makroökonomischen Relationen des wirtschaftlichen Wachstums.

---

1   1991 erschien in Moskau das Buch von Nikolaj D. Kondratjew über Statik und Dynamik [Osnownyje problemy ekonomitscheskoj statiki i dinamiki], das er noch vor seinem Tode 1938 verfaßt hatte. – Stanislaw Menschikow: Die Theorie der langen Wellen und das Schicksal des Kapitalismus. In: Probleme des Friedens und des Sozialismus. 8(1988), S. 1090-1096 schildert das Ende

A. Wie vermitteln sich Prozeß und Struktur als Subjektivität und Objektivität.

B. Wie vermitteln sich Statik und Dynamik der Wirtschaft als Evolution und Zyklizität.

C. Wie vermittelt sich die makroökonomische Struktur in Politik und Wirtschaft.

Die 20er und 30er Jahre erweisen sich heute als eine neue Sattelzeit, wie sie schon einmal gegen Ende des 18. Jahrhunderts bestand und zur klassischen Nationalökonomie führte.[2] Die Vorbereitung der sozialen Revolution zwischen 1950 und 1990 war ein komplexer Vorgang, der in der Zeit um die Jahrhundertwende seinen Anfang nahm. Hier hinein fallen die spezifischen Prägungsbedingungen von EUCKEN und SCHUMPETER: als Repräsentanten von Morphologie und Evolution.

JOHN MAYNARD KEYNES	1883-1946
JOSEPH ALOIS SCHUMPETER	1883-1950
(Geburtsjahr = Todesjahr von KARL MARX)	
WALTER EUCKEN	1891-1950
FRIEDRICH AUGUST VON HAYEK	1899-1992

Maßgebliche Impulse für die fundamentale Umorientierung der ökonomischen Theorie um die Jahrhundertwende gingen von der Wiener Moderne aus, während die 30er Jahre maßgeblich durch die Entwicklung in Deutschland geprägt wurden. Alles überdeckend war der Gestaltungsdruck in den 30er Jahren, als es erstmals zu einer tiefgreifenden horizontalen und vertikalen Desintegration der ökonomischen und sozialen Strukturen kam.[3] Von hier ausgehend sind die unterschiedlichen theoretischen Fragen beantwortet worden. Die politische Isolierung durch den Nationalsozialismus förderte auf dem Hintergrund der philosophischen und methodologischen Entwicklung in Deutschland die Lösung des strukturellen und prozessualen Ordnungsproblems. WALTER EUCKEN wuchs in einer ganz spezifischen geistigen Infrastruktur auf, die in bezug auf SCHUMPETER nicht nur verschieden, sondern auch eine kleine

---

von Kondratjew.

2   Vgl. dazu Michael Hüther: Die sattelzeitgerechte Entstehung der Nationalökonomie. Ein Beitrag zur Dogmengeschichte. In: Jahrb. für Nationalökonomie und Statistik, Bd. 205(1989)2, S. 150-161.

3   Vgl. dazu auch Harold James: Deutschland in der Weltwirtschaftskrise. 1924-1936. DVA Stuttgart 1988 [The German Slump, Oxford University Press 1986].

Zeitverschiebung von 8 Jahren aufwies, F.A. von Hayek wies nochmals eine Zeit-verschiebung von 8 Jahren zu EUCKEN und 16 Jahre zu SCHUMPETER auf. Während SCHUMPETER seine Hauptprägung noch vor dem I. Weltkrieg empfing, war der Zu-sammenbruch des Kaiserreiches und die Instabilität der Weimarer Republik für EUCKEN und VON HAYEK prägend. Eine große Rolle spielte die Definition des Zeit-geistes durch Nietzsche und das allgemeine Gefühl des geistigen Verfalls in Anleh-nung an den Nihilismus und die Massengesellschaft. Die moralische Regeneration der Gesellschaft war zum Beispiel ein wichtiges Programm von Rudolf Eucken, aber unter Ausklammerung von Nietzsche.

2. Die philosophische Entwicklung zur Moderne in Deutschland.

Die spekulative Philosophie des deutschen Idealismus war im System der Hegel-schen Philosophie zu sich selbst gekommen. „Wissenschaft" war das Bemühen, die Schöpfung noch einmal zu denken: Alles Wissen ist ein organisches Ganzes, sie wird aus dem Innersten des Menschen selbsttätig geschaffen und sie dient nur der Wahrheit und nicht endlichen Zwecken.[4] Mit der Gründung der Berliner Universität 1810 schien diese ein institutionelles Gehäuse gefunden zu haben, das der objektive Geist als Preußischer Staat stiftete. 1893 proklamierte RUDOLF VIRCHOW als Rektor der Berliner Universität unter dem Motto: „Die Gründung der Berliner Universität und der Übergang aus dem philosophischen in das naturwissenschaftliche Zeitalter" den Abschied von der spekulativen Philosophie. Mit dem Aufstieg der Naturwissen-schaften hatte sich der Nominalismus in eine Führungsposition gebracht und die Vorherrschaft der Hegelschen Philosophie gebrochen. Die neuen rational angeleite-ten Handlungsbereiche sollten indes selbst die Spekulation ausheben: *Materie und Kraft*, der *Ursprung der Bewegung*, die *Entstehung des Lebens*, die *zweckmäßige Einrichtung der Natur*, das *Werden der Sinnesempfindung* und *des Bewußtseins*, das *vernünftige Denken und die Sprache*, die *Willensfreiheit* [die 7 Welträtsel bei EMIL DU BOIS-REYMOND] sollten nun die Objekt-Domäne von Fachdisziplinen auf der Basis des Empirismus werden. Im Vordergrund einer allgemeinen Volksbildung sollte ein methodisches Denken stehen, das an demjenigen Material studiert werden solle, an dem es sich vollzieht (VIRCHOW). Das Wissen als System logisch-abstrak-ten Denkens wurde systematisch von der mythischen Spekulation eines vorgedach-ten Welt-Plans befreit. Aber es blieb die entmythologisierte Kulturwelt, die gegen-über den nachfolgenden Generationen einen objektiven Charakter angenommen

---

4 Zur ökonomischen Dimension der Hegelschen Philosophie vgl. Birger P. Priddat: Hegel als Öko-nom. (= Volkswirtschaftliche Schriften, Heft 403), Berlin 1990.

hatte. Die spekulative Philosophie, besonders die Phänomenologie erweist sich dabei als die Erklärung der Innenwelt, die auch empiristisch hingenommen werden muß. Diese Innenwelt ist als revolvierender Schöpfungsakt fertig und zugleich unfertig im Werden, also offen. Insofern ist die Subjekt-Objekt-Subjekt-Beziehung konstitutiv für die Erkenntnisprozesse im Deutschen Idealismus. Jedes Individuum, das für sich eine Denk-Potenz repräsentiert, ist zugleich eingebunden in die historische Leistung der vorherigen Generationen und durch diese geprägt. Es gibt also keine Schöpfung ab ovo im Sinne absoluter Subjektivität, aber die Selbstreferenz der internen Struktur muß dabei der Intentionalität der Sachen folgen und nicht einer fremden Subjektivität (Entfremdung), wie sie für den Stalinismus oder die Tyrannei der NS-Zeit typisch war. Der Rückgriff auf einen Weltplan oder auf ein überindividuelles politisches Subjekt mußte zu einer Verbiegung der Intention führen, wie es uns in den kommunistischen Staaten der vergangenen Gegenwart mit schrecklichen Folgen gezeigt wurde. Die biologisch-psychischen Lebensgesetze und Kulturkonstanten bilden dabei eine Einheit, die aus dem Menschen selbst entspringt. Der Mensch als Gattungswesen ist also Individuum und Kulturkontext zugleich: Der historische Prozeß verfestigt sich in einer Struktur, ein Ansatz, den NIKLAS LUHMANN zum Zentrum seiner Systemtheorie gemacht hat. Es war eine Leistung der sich aufbauenden Phänomenologie, daß sie die Möglichkeiten des Menschen auf bestimmte invariante Formen beschränkte, die sich im Prozeß des Werdens jeweils neu binden und dadurch jeweils anders aussehen. Die Basis der Gleichförmigkeit sind die Lebensgesetze, die auch zugleich Leistungsgesetze sind. Die Subjekt-Objekt-Einheit erweist sich dabei als Strukturzusammenhang oder Ordnung, der oder die aus Strukturzentren oder Teilordnungen bestehen. Damit ist intentional der Rückgriff auf die Naturwissenschaft und die Konstituierung einer Einheit aller Wissenschaften vollendet. Die frühe ontologische Perspektive auf der Basis unorganisierter Komplexität ging über zur analytischen Perspektive der organisierten Komplexität und mündete schließlich in die funktional-konstruktivistische Perspektive mit einer selektiven Komplexität, die auch den Weg zur Makrozyklizität der Evolutorik freimachte.

3. Der Universalienstreit als theoretische Infrastruktur für W. Eucken.

Der Siegeszug der unter dem Cartesianischen Weltbild stehenden technischen Zivilisation begünstigte die Entstehung rein artifizieller Denkweisen, damit ist gemeint, Theorien als mathematische Modelle zu entwerfen, nach denen die Wirklichkeit mit gleichsam artifiziellen Apparaten und Verfahren zu gestalten sei. Die zivilisatorischen Erfolge und Möglichkeiten waren einzigartig, erstmals war es real, den Müßiggang für die Vielheit ohne Sklaverei zu ermöglichen und die Konsumzeit für alle auszudehnen. Die Entstehung großmächtiger Produktionsapparate, Verkehrssysteme und Kommunikationsmittel gehen auf mit hoher Reputation ausgestattete Erfindungen zurück, mathematisch-technische Begabungen gelten als herausragend, die Vermittlung hoch abstrakter Darstellung und Denkweisen als Ideal der Bildung und Erziehung. Die komplexen Handlungsfelder Medizin und Technik reagierten entsprechend mit der Einführung von Anwendungswelten, wenn wir von den Referendiaten der Juristen und Pädagogen absehen. Ordnen wir die Wirtschaft in die Systematik der großen Handlungsfelder ein, so stellen wir wohl einen Ausgang der Theoriebildung von der Anwendung her fest, daß heißt, eine Einbindung in den historischen und politischen Zusammenhang, aber der Trend zur Verwissenschaftlichung im Sinne der Naturwissenschaften war nicht aufzuhalten: Das komplizierte Handlungssubjekt der Wirtschaft trat nun nicht mehr asketisch in der Produktion auf, sondern triebzentriert auf Märkten, es wurde auf eine mathematisierbare psycho-physiologische Substanz und eine ideale funktionale Umfeldbeziehung reduziert. So entstand analog der Theorie idealer Gase in der Physik die Theorie der idealen Preise auf der Basis einer psychologischen Substanz, dem Nutzen. Der Kampf um die Reputation des Historisch-literarischen und Mathematisch-physikalischen brach als Methodenstreit aus, da nur so geklärt werden konnte, was vom Standpunkt des ökonomischen Erkenntnissubjektes als ökonomische Wissenschaft bezeichnet werden könnte.

Das Denken in idealen Wesenheiten besitzt auf Grund der Nähe zur Philosophie eine große Faszination im Gegensatz zu den widrigen Welten der Anwendung, wo die Enttäuschung über berückende Theorien und der Widerstand der Objekte lauern. Es ist daher zweckmäßig, sich mit dem vorgegebenen philosophischen Umfeld zu befassen, das diese Auseinandersetzung über den Rang der Deduktion und den der Erfahrung bestimmte. Das zentrale Thema der deutschen Philosophiegeschichte, das bis in unser Jahrhundert hineinwirkte, war der Universalienstreit. Darauf fußen die Ansätze der Philosophie bis in die heutige Zeit. Unsere geistige Welt ist durch Allgemeinbegriffe strukturiert, die die Frage aufwerfen, woher haben wir die Begriffe? Im Universalienstreit standen sich die Realisten [= Nominalisten] und Nominalisten [= Realisten] gegenüber, die z.B. im Tübinger Universitätsgebäude unterschiedliche Eingänge benutzten. Eine sonderbare Vertauschung von Begriff und Intention! Ist die Wirklichkeit durch Nomina (Individualbegriffe) oder durch Realia (Gattungs-, Sammel- und Ordnungsbegriffe) abzubilden, das ist die Frage.

a) Der nominalistisch-empiristische Denkansatz:

Er bedeutet, daß jeder Begriff das Ergebnis eines Abstraktionsprozesses ist. Er ist ein jeweils nominales Abbild der Realität (*universalia sunt nomina rerum*):[5]

(1) Abgleich der Außenwelt mit Bewußtseinsbildern

(2) Vergleich von Realität und internem Bild

(3) Abzug von gemeinsamen Merkmalen der Vielheit

(4) Isolierung der Merkmale

(5) Zusammenfassung der Merkmale

(6) Konstruktion eines Gebildes

(7) Gewinnung eines Typus

(8) Begriff

Es handelt sich hier um ein induktives Verfahren der Begriffsbildung durch einen geistigen Prozeß, der so den Begriff zu einer geistigen Vorstellung macht. Die darauf fußenden Systeme nennen wir Erfahrungswissenschaft. Es kommt so zu einer Destillation der in allen Individualitäten vorhandenen Substanz: Der Denkprozeß erzeugt die Substanz (Nous) als überindividuelle göttliche Kraft. - Es ist ein implizites Aufdecken der Substanz, der *Dynamis* und *Entelechie* (ARISTOTELES*). Dieses Vorgehen des Schauens der Außenwelt durch unsere Innenwelt mündete schließlich unter Anlehnung an KANT in den Strukturalismus. „Schließlich wurde die Möglichkeit einer wahren Erkenntnis der Wirklichkeit von Kant sozusagen im Keim vernichtet, als er Raum und Zeit als Anschauungsformen des Erlebenden in den Bereich des subjektiv Phänomenalen rückte und somit alle Vorstellung oder gar Darstellung einer unverfälschten ontischen Wirklichkeit unmöglich machte."[6]

Unter konstruktivistischen Gesichtspunkten erzeugt der Mensch seine Erkenntnismittel und die Gegenstände seiner Erkenntnis in einem Akt der Selbstreferenz, so daß es keine Existenz von Gegenständen im ontologischen Sinne gibt, sondern nur kognitive Externalitäten. Wer also keinen Erkenntnisakt in Gang setzt, nimmt auch keine Gegenstände wahr, sie sind nicht existent, weil er keine Gedanken hat. Werden Probleme nicht erkannt, diese nicht gedacht, so passiert auch nichts. Es ist daher für Handlungsbereiche gefährlich, das Denken von Problemen zu verbieten, weil sich kein Diskurszusammenhang herausbilde. Erkenntnisprozesse selbst *bilden* danach nicht ab, um mehr oder weniger eine Isomorphie zwischen dem Begriff und dem

---

5   Kant, Logik I, 1 ° 1.

6   Es handelt sich hier um den altorientalischen Begriff für das Göttliche, für die Substanz und Weltkraft [netjer] aller Einzelgötter.

objektiven Gegenstand herzustellen, sondern um zu handeln und die Gegenstände nach den Regeln der *Viabilität* zu erzeugen. „Da wir ja nur zu gut wissen, daß in unserer Erlebenswelt Dinge, Zustände und Verhältnisse keineswegs immer so sind, wie wir sie haben möchten, können wir uns kaum in jenen Solipzismus flüchten, wonach nur existiert, was wir uns vorstellen. Statt einer ikonischen Beziehung der Übereinstimmung oder Widerspiegelung können wir hier die Beziehung des Passens einsetzen. Das heißt, daß wir in der Organisation unserer Erlebniswelt stets so vorzugehen trachten, daß das, was wir da aus Elementen der Sinneswahrnehmung und des Denkens zusammenstellen - Dinge, Zustände, Verhältnisse, Begriffe, Regeln, Theorien, Ansichten und, letzten Endes, Weltbild --, so beschaffen ist, daß es im weiteren Fluß unserer Erlebnisse brauchbar zu bleiben verspricht."[7] Damit ist die klassische Relation zwischen Ontologie und Erkenntnistheorie aufgelöst und in einen Handlungszusammenhang transformiert. Mit der Erfassung der Außenwelt als geschaffenes Konstrukt sehen wir uns selbst. Mit den Begriffen handhaben wir die Außenwelt in einem revolvierenden Rückgriff auf unsere inneren Erkenntnisstrukturen.[8]

Das Begriffsdenken kann nun so aufgefaßt werden, daß die Konstruktion eines Begriffsfundus (*genus proximum* und *differentia specifica*) die Frage einer inneren Hierarchie des Denkens aufwirft. Kann eine Konstruktion von Begriffen erfolgen auf der Basis eines Denkens um des Denkens willens? Können mathematische Axiome aus Abstraktionsprozessen gewonnen werden, ohne jemals aus Erfahrungen destilliert worden zu sein? Ist das die Welt der Realien? Das induktive Begriffsdenken führt innerhalb einer Pyramide bis hin zu einer reinen Denksportaufgabe, die in scholastischen Exerzitien enden könnte. Aus der Erzeugung eines Oberbegriffes durch Abstraktion folgt, daß es keine Möglichkeit gibt, deduktiv aus Oberbegriffen durch hinzufügen der *differentia specifica* wieder die Empirie zu konstruieren. Man müßte also immer zugleich die abstrahierten Teilklassen im Gedächtnis haben, was aber nicht Basis einer Theorie, die den Vorzug des Allgemeinen hat, sein könnte. *Apperzeptionen* (Wahrnehmungen) sind Sinnesempfindungen und Begriffe, die nach Kant zusammengehören. Lösen sich nun die Begriffe von der sinnlichen Auflösung, wie es zum Beispiel im mathematischen Modell der Fall ist, so treten spezifische

---

7   Ernst von Glasersfeld: Konstruktion der Wirklichkeit und des Begriffs der Objektivität. In: Einführung in den Strukturalismus. (= Veröff. der Carl Siemens Stiftung, Bd. 5), Serie Piper 1165, München Zürich 1992, S. 11.

8   Unser Gehirn ist eine Hard-ware-Konfiguration, die sich zugleich die Soft-ware schafft und diese wieder in einem Akt der Selbstreferenz in die Konfiguration rückverlagert oder anpaßt, d.h. konstruiert. Darauf fußt der Strukturalismus und sein Paradigma der Vialität (Anpassung).

Anwendungsprobleme auf, die erklären, warum „reine Theorien" methodische Probleme aufwerfen müssen.

Das induktive Empordenken erfolgt auf der Basis einer Intention, die den Deduktionsprozeß als Prinzip steuert. Alle Stufen werden durchwebt vom Prinzip des Überindividuellen, dem alle Individuen gehorchen müssen. Aus dem Prinzip folgt die Idee des Gesetzes als Pantheismus (Ptahotep des sumerischen Altreiches). Worte sind nun die Nomina für die Bezeichnung der Realia, die in unserer Vorstellung konstruiert wurden. Begriffe unterliegen indes einer Definition, um unterscheiden zu können, welche Worte das gleiche meinen. Betrachten wir nun die Theoriebildung, so kann man eine begriffliche oder empirische Vorstellung haben und diese dann durch Konvention bezeichnen. Die Geschichte der modernen Natur- und Geisteswissenschaften ist durch die nominalistisch-empiristische Denkhaltung gepägt. Das Emporsteigen zur Theorie und das Absteigen zur Wirklichkeit auf Grund von Prinzipien führt die Erfahrung der Außenwelt und die Innenerfahrung zur Erfahrungswissenschaft zusammen.

b) Der Begriffsrealismus:

Die Gegenposition zum *Nominalismus* wird vom *Begriffsrealismus* eingenommen. Die eigenständige Entität der Begriffe beruht auf der Tatsache, daß die Menschheit über einen Fundus akkumulierter Begriffsbestände verfügt, die nicht jedesmal bei der Anwendung wieder empirisch gefunden werden müssen. Die neuronalen Strukturen sind Programmierungsmaterial der Erkenntnis oder das kulturelle Gedächtnis.[9] Im Zentrum der kulturellen Entwicklung steht die Schrift, die in Ägypten zur Erfindung des Staates, in Israel zur Erfindung der Religion und in Griechenland zur Disziplinierung des Denkens führte. Drei bis vier Generationen bilden ein achtzigjähriges Nahgedächtnis mit Zeitzeugen und einer Halbwertschwelle von 40 Jahren. Der empirisch erarbeitete Bestand wurde durch Plato transzendiert und apriori begründet. Der Platonismus wird durch die Entstehung virtueller Welten rehabilitiert! Die Ideen als Erkenntnisprinzip liegen der Erkenntnis voraus, danach ist die „Idee ein Erkenntnisbegriff der ohne einen in möglicher Erfahrung aufweisbaren Gegenstand – und deshalb der demonstrativen Erkenntnis unzugänglich – doch aus dem innersten Wesen der Vernunft als Prinzip der Weltauffassung hervorgeht." (Kant) Der deutsche Idealismus ist in der Tat die Zusammenfassung spezieller Bildungserlebnisse der

---

9   Vgl. dazu Jan Assmann: Das kulturelle Gedächtnis. Beck-Verlag München 1992. -- Edgar Sieanert: Oral Tradition and Innovation -- New Wine in Old Bottless [Sammelband] 1991. -- Walter Wimmel: Die Kultur holt uns ein. 1981. - Irenäus Eibl-Eibesfeld: Wider die Mißtrauensgesellschaft. Piper-Verlag München 1994. - Nicholas Rescher: Warum sind wir nicht klüger. Der evolutionäre Nutzen von Dummheit und Klugheit. S. Hirzel Stuttgart 1994.

christlichen Welterfassung auf der Basis des „Wortes" als metaphysische Wesenheit und nicht als Nomina. *Universalia* sind eine sakrale Einheit von Wort, Begriff und Realität. Die Pyramide, bis zu der sich der Mensch also empordenken kann, beginnt bei Gott, eine Nullstelle im mathematischen Sinne, die alles Zukünftige ableitfähig macht. Die Erfassung der Wirklichkeit wird zu einer Frage der Verbalinspiration von Offenbarungen, wie sie in der Bibel vorliegt. Der Begriff *Logos* steht aber nicht für *Wort*, sondern für die metaphysische Dimension des Demiurgen, der die Welt schafft, Inhalt der ontologischen Substanz, wie sie bei Hegel als Panlogismus auftritt, später dann in den Verlautbarungen des Politbüros als Abbild der Realität. Wahrheit entspringt der göttlichen Erleuchtung oder der Identität mit der Intention, die der Logos hat. Nach aristotelischer Auffassung baut sich so das System der Entelechie auf: Der Begriff als *ante res* (Idee Gottes), das Wesen als *in rebus* (Substanz des Individuellen) und das Bewußtsein als *post res*. Die Begriffe werden direkt von Gott bezogen, der in immerfort währendem Bemühen sein Geschäft des Hervortreibens als Arbeit verrichtet. Der Mensch nimmt die Vielfalt auf und reduziert diese empordenkend bis hin zur Idee, die subjektive Dialektik reproduziert kategorial die objektive Logik der Phänomene. Die Dinge an sich ruhen in der Einfachheit des Wesens, während die Erscheinungen vielschichtig und heterogen sind.

   c)   Die Transzendentale Phänomenologie:

Die begriffsrealistische Phänomenologie ist die Logik unserer Innenwelt, der Versuch, die innere Struktur unseres Denkens zu entschlüsseln, wobei das Problem auftaucht, wo sind die Übergänge zur Außenwelt, die von den Bewußtseinsinhalten wegführen und das Material der Erkenntnis erschließen: die Natur, die Gesellschaft und das Denken. Sobald wir Begriffe bilden, die die Dinge an sich bezeichnen, können wir diese nur denken. Sobald wir uns diese vorstellen, müssen wir uns diese konkret auflösen. Wir können nicht die Menschheit oder den Wald anschaulich denken, es würde unsere intentionale Kapazität übersteigen, jeden konkreten Menschen oder Baum zu denken. Der Übergang des Begriffs in die Imagination des Empirischen ist also beschränkt.

Der Typus als nominalistischer Ordner hilft uns dabei, die Dinge zu ordnen und den Begriff auszufüllen. Ziehen wir also von den konkret definierten Dingen systematisch vom genus proximum die differentia spezifica ab, so gelangen wir auf immer höhere Begriffsebenen, die eine Konvention über die Abstraktionsebene voraussetzen; so werden zum Beispiel Typenbegriffe gefunden. Auf der unteren Ebene befinden sich die Erfahrungen, die in Formen hineingehoben werden und auf einer noch höheren Ebene zu einer Struktur synthetisiert werden. Da wir nur in Wörtern denken können, befinden wir uns im Käfig der Begriffsgeschichten, die dazu führten, daß jeder Begriff von uns konkret und abstrakt gedacht werden kann, was nicht für alle Kulturen zutrifft. Die Fähigkeit zur Überlagerung des Konkreten durch das Abstrakte erlaubt eine transzendentale Phänomenologie, vorausgesetzt, das Wort bringt im Bewußtsein die Wirklichkeit in Erscheinung. Die abstrakte Begriffsvorstellung muß die Imagination realer Besonderheiten auslösen. So ist es in der Ordnungstheorie möglich, Teilordnungen zu nennen, die in der Kombination zu einem Strukturbild zusammengefügt, ein konkretes Problem lösen. HEGEL hat als radikaler Logos-Denker die Grundgedanken seiner „Phänomenologie des Geistes" folgendermaßen ausgedrückt:[10]

„Sie faßt die verschiedenen Gestalten des Geistes als Stationen des Weges in sich, durch welchen er reinen Wissens als absoluter Geist wird. Es wird daher in den Hauptabteilungen dieser Wissenschaft, die wieder in mehrere zerfallen, das Bewußtsein, das Selbstbewußtsein, die beobachtende und die handelnde Vernunft, der Geist selbst, als sittlicher, gebildeter und moralischer Geist und endlich als religiöser in seinen unterschiedenen Formen betrachtet. Der dem ersten Blick sich als Chaos darbietende Reichtum der Erscheinungen des Geistes ist in eine wissenschaftliche Ordnung gebracht, welche sie nach ihrer Notwendigkeit darstellt, in der die unvollkommenen sich auflösen und in höhere übergehen, welche ihre nächste Wahrheit sind. Die letzte Wahrheit finden sie zunächst in der Religion und dann in der Wissenschaft, als dem Resultat des Ganzen."

Die Bedeutung des Hegelschen Systems besteht nun darin, daß Hegel das Wissen seiner Zeit in einer gewaltigen Begriffspyramide angeordnet hat, an deren Spitze er selbst als Inkarnation des Weltgeistes stand, als derjenige, der die Konstruktion noch überblickt und denkt und nicht als ontische Entfaltung seines Ego. Der Weltgeist hat sich des Philosophen Hegels bedient, um sich aus den Phänomen (Entfremdung) heraus zu sich selbst emporzudenken.

d) Die Transformatoren:

WILHELM DILTHEY (1833-1911) bewirkte eine Transformation der idealistischen Objektivität in eine empirische und leistete damit den eigentlichen Beitrag für die Überwindung des Hegelschen Systems durch Anpassung (Vialibität). Basis der Umorientierung waren solide Geschichtskenntnisse, die es ihm gestatteten, die Kulturwelt geistig zu umfassen. Dadurch wurde die Geisteswissenschaft selbst zu einer Erfahrungswissenschaft, wobei diese die Geschichte als Experimentierfeld ansieht, wie die Naturwissenschaften die Natur. Während die Natur erklärt wird, komme es darauf an, das Seelenleben zu verstehen, deren Realität wir unmittelbar erfahren. Die

---

10   Intelligenzblatt der Jenaischen Allgemeinen Literatur Zeitung vom 28. Oktober 1807.

Geisteswissenschaften haben einen psychologischen Zugang: (1) Assoziation, Reproduktion, Apperzeption auf induktivem Weg. (2) Konstituierung des Typus als psychische Wesensschau und Anordnung. Aus der Geschichte wird bei DILTHEY historisches Bewußtsein.

EDUARD SPRANGER (1882-1963) verstärkt den Ansatz von DILTHEY in Richtung auf das Verstehen des geistigen Strukturzusammenhanges aus der Sicht der Psychologie. Das Individuum ist aus dem Kulturkontext zu verstehen, so wie die Holistiker heute von Einfaltung des Individuums sprechen. Seine *Idealtypen* oder Grundeinstellungen klassifizieren das Individuen in: den Machtmenschen, den ökonomischen Menschen, den sozialen und ästhetischen Menschen, den religiösen und theoretischen sowie biologischen Menschen. Auch hier wird die Methode der Isolierung und Idealisierung streng empiristisch angewandt. Man könnte heute von spezifischen Begabungen sprechen, die den biologisch einheitlichen Menschen differenzieren: in motorische, literarische, mathematische, kommerzielle, musische und ästhetische Begabungen.

JAKOB VON UEXKÜLL (1864-1944) verstärkte durch die Biologie die Rolle der Einzelwissenschaften, wie sie bei SPRANGER und DILTHEY zum Ausdruck kommen. Die Subjekt-Objekt-Beziehung erscheint nun als eine Umweltbeziehung, die in einem größeren Zusammenhang zu sehen ist. Dieser Ansatz wurde dann später als vernetztes Denken (VESTER) oder auch als kybernetische Rückkopplung (Fließgleichgewichte) weiterentwickelt. Das alte Thema des Organischen erfuhr eine empirische Fundierung und leitete über zur Idee der Volkswirtschaftwirtschaft als ein System von Teilordnungen, das in sich die Möglichkeit des Gleichgewichts trägt. Diese ganzen Ansätze haben sich zu großen Bedeutungen entwickelt. Die menschliche Eigenwelt steht nicht außerhalb der biologischen Gesetze, wie die heutigen ökologischen Probleme zeigen.

MAX SCHELER (1874-1928) und EDMUND HUSSERL (1859-1938) sind wichtige Transformatoren der spekulativen Ontologie zur transzendentalen Phänomenologie. Es sind noch einige Betrachtungen über die kategoriale Strukturanalyse auf der Basis der spekulativen Ontologie anzustellen, wie sie uns vom Hegelianismus übermittelt ist. Was sollen wir heute vom Platonismus und Hegelianismus halten? Durch die Computersimulation ist es uns heute möglich, Welten und Situationen visuell zu erzeugen, die nie real, sondern nur artifiziell als geistiges Produkt des Programmierers existierten: Platonismus? Sehen wir nur die Schatten? Funktioniert der Computer nach den Regeln unserer Innenwelt? Enden seine Möglichkeiten an der Intentionalität der Begriffsbildung, am Gemüt der Vernunft? Muß ein Computer nach den Regeln der Phänomenologie konstruiert werden? Je mehr wir artifiziell geistige Prozesse apparativ nachbilden, wird auf dem Bildschirm der Begriff als Objektivation des Programmierers zelebriert. Die Handhabung des Programms ist der Nachvollzug des Vorgedachten eines Demiurgen, haben wir heute eine transzendentale Industrie im Sinne der Phänomenologie?

MAX SCHELER hat nun in seiner materialen Wertethik die Absolutheit des Begriffs auf die Werte übertragen, die aus transzendentaler Begründung objektiv gelten. Ganz im Sinne der transzendentalen Phänomenologie schaut das Individuum den Wert und entnimmt die Aufgabe, diesen Wert als ein Sollen zu verstehen und die innere Disposition danach auszurichten. Hier wird die Programmsteuerung der Handlungsabläufe angesprochen, wie sie allgemein in Computern angelegt ist. Die Setzung des Unwertes zwingt zur Gewissens-Entscheidung des Sollseienden. Es ergibt sich so wie im Reich der Ideen ein hierarchisches Wertsystem, das für alle verbindlich wird. In aristotelischer Manier ergibt sich eine Hierarchie der Wertklassen, an deren Ende die eudämonistischen Triebe stehen, die aber Inbegriff des ökonomischen Paradigmas sind. Durch die Ästhetisierung unserer Gesellschaft und das Vordringen neuer Bewertungen kommt es zu einer Verschiebung der Wertklassen. Die gegenwärtige Ökonomie begreift heute die Bedeutung der Handlungsanleitung durch Normensysteme, die die Subjektivität objektivieren. Schichten sich die Normensysteme um durch Abbruch der Kommunikation zwischen der Objektwelt und dem Subjekt, so kommt es zu Fehlsteuerungen in der Gesellschaft.

EDMUND HUSSERL steht ganz in der Tradition der transzendentalen Phänomenologie, wenn er davon ausgeht, daß nicht nur die Erfahrungswelt, sondern auch die Phantasie eine Quelle der Begriffsbildung ist, die sich intuitiv vermittelt. Der Ansatz ist streng reduktiv-deduktiv von einer Begriffspyramide ausgehend und diagnostiziert jeden überlieferten Begriff (Eidos) als intuitiv geschaute Wesenheit (Ideation), auf Grund dessen die Bedeutung als Intention erschlossen wird. Dieses Erschließen von Bedeutungen ist ontologisch gesehen eine Kette von subjektiven Akten, die sich an die Hierarchie von Evidenzen anlehnen. Analog dem Abstraktionsprozeß im Empirismus verfährt der Einklammerungsprozeß (phänomenologische Reduktion) im Bereich der Bewußtseinsrealitäten: Da die Realität nur durch Bedeutungen erfaßt werden kann, nehmen die Intentionen den Charakter von Prinzipien an, die die Subjektivität letzlich aufgehen lassen in das oberste Prinzip der Existenz, in die letzte Ursache des Actus purus (Transzendentes Ego im Gegensatz zu Descartes). Das Seiende sind die Bewußtseinserlebnisse, die ein Gebilde der transzendentalen Subjektivität konstituieren. Das Denken wird damit selbst gedacht und zurückgedacht, aber nicht als Selbstschaffung wie bei DESCARTES, sondern als Generator zur Aufdeckung von Bewußtseinsvorkommnissen, die an den reinen Formen abgearbeitet werden. Das

Geschaute wird begrifflich gefaßt, weil die zur Einsicht gelangenen Zusammenhänge apriorisch vorgegeben sind.

Unter Anlehnung an SPRANGER und DILTHEY haben wir hier einen psychologischen
Zugang (Akte als Konstituierung von Bewußtseinswirklichkeit) zur Intentionalität
der Evolution, Autopoisis oder Selbstreferenz im modernen Sinne. Das Selbstbewußtsein muß wie bei Sartre in Resignation münden, selbst nur denkendes Prinzip
zu sein, die *Natur* im Sinne von Nous oder dem *Ding an sich* oder dem *Weltwillen*
oder dem *Ich* oder dem *transzendenten Ego* oder der *Dynamis* bedient sich nur der
Subjektivität um selbst in der Entwicklung offen sein zu können. Die Rückfrage in
die Existenz begründet die Existenzphilosophie von FICHTE ausgehend bis hin zu
HUSSERL, SARTRE, HEIDEGGER, KIERKEGAARD und JASPERS. Eine Hegelianische
Variante stellt die Entwicklung dar, wie sie die Frankfurter Schule unter ADORNO
und HORKHEIMER mit der negativen Dialektik repräsentiert.

Wir stehen hier vor dem modernen Problem menschlicher Möglichkeiten im Gebrauch der Sachen, deren inneren Zusammenhang wir glauben erkannt zu haben. Der
Zusammenbruch des Kommunismus als größten Versuch der Selbstschaffung und
die ökologische Katastrophe weisen darauf hin, wohin es führt, wenn die empiristi-
sche Manipulationswut nicht transzendental zurückgebunden wird und/oder der
Mensch selbst die „Nullstelle" einnehmen will. Es kann mit gewisser Berechtigung
gesagt werden, daß NIKLAS LUHMANN mit seinem Systementwurf der moderne Versuch ist, den spekulativen Idealismus zu beerben, was er strikt ablehnen würde. Aber
so weit sind wir noch nicht, wenn wir die Euckensche Ordo-Lehre noch als konven-
tionelle Terminologie ansehen, die Luhmannsche dagegen bereits als die des Infor-
mationszeitalters, aber beide sind gleichen Ursprungs: Die Frage nach der Rückbe-
züglichkeit des Erkannten und den möglichen Handlungsspielräumen auf Grund eigenen Geworfenseins in einem Kontext des Status quo, mehr nicht.*11*

4. **Walter Eucken und die deutsche Lösung.**

Die sozialen und politischen Verwerfungen im Zuge der Auflösung der Weimarer
Republik schufen eine andere Problemlage, als sie vor dem ersten Weltkrieg in
Österreich bestand.*12* Es ist ein Unterschied, ob theoretische Vorprägungen in die
Praxis umgesetzt werden wie bei SCHUMPETER oder ob die Praxis in die theoretische

---

11   Eine neue Analyse von Zygmunt Bauman: Moderne und Ambivalenz. Das Ende der Eindeutigkeit.
      [Aus dem Engl.] Junius Verlag Hamburg 1992.

12   Es ist keineswegs so, daß die Diskussionen in Wien die Entwicklung in Deutschland ignoriert hät-
      ten. Indirekt kann man aus den jetzt veröffentlichten „Wiener Lieder zu Philosophie und Ökono-
      mie" von Felix Kaufmann [Gustav Fischer Verlag Stuttgart/Jena 1992], schließen, was im „Mises-
      Seminar" diskutiert wurde.

Bildung eingeht wie bei EUCKEN. Entscheidend für ihn war indes, daß er nicht wie SCHUMPETER isoliert war, sondern auf eine Gruppe von Wissenschaftlern der Akademie für Deutsches Recht zurückgreifen konnte, die die Konzeption der sozialen Marktwirtschaft schließlich umsetzten.[13] Von Beginn an war die Entwicklung der theoretischen Konzeption eingebunden in politische Strebungen liberaler Ökonomen. Wilfried Schulz [Hochschule der Bundeswehr München] organisierte eine bemerkenswerte Ausstellung über den „Freiburger Kreis"[14]. Er wies auf die zentrale Bedeutung von C. von Dietze, W. Eucken, A. Lampe und G. Ritter hin, die drei Diskussions- und Arbeitskreise: Freiburger Konzil, Arbeitsgemeinschaft Erwin von Beckerath und Arbeitskreis Freiburger Denkschrift maßgeblich zu beeinflussen. „Die Verbindungen der Nationalökonomen in den Widerstand reichten weit. ... ... Einzelne Nationalökonomen pflegten die Kontakte, so Günter Schmölders, Gerhard Albrecht, Peter Graf York von Wartenberg, Constantin von Dietze, Walter Eucken, Adolf Lampe und Franz Böhm, um einige zu nennen. Immer ging es darum, für die Zeit nach Hitler umzudenken und eine freiheitliche Nachkriegsordnung vorzubereiten."[15]

Ziehen wir einen Vergleich zu SCHUMPETER, so ist seine Stellungnahme zu den politischen Problemen nach dem II. Weltkrieg eingebunden in die akademische Auseinandersetzung um „Kapitalismus, Sozialismus und Demokratie"[16], eine Weiterführung der Lenkungsdebatte in den 20er Jahren. Eine Problemlage, die heute nach entscheidenden praktischen Erfahrungen des Systemvergleichs in den letzten 50 Jahre wieder aufgenommen werden könnte. In Deutschland ging es nach 1945 um ganz andere grundsätzliche Entscheidungen, die sozialphilosophisch fundiert werden mußten.[17]

---

13 Vgl. dazu Christine Blumenberg-Lampe: Das wirtschaftspolitische Programm des „Freiburger Kreises". Entwurf einer freiheitlich-sozialen Nachkriegswirtschaft, Nationalökonomen gegen den Nationalsozialismus. Berlin 1973. Ders.: Wirtschaftsordnung aus dem Widerstand. In: Soziale Marktwirtschaft. Bilanz und Pespektive. (= Hersg. Bundeszentrale für Politische Bildung), S. 81ff. Desweiteren DAS PARLAMENT, 21/22(1988) und Beilage 17 und 23(1988) zum Thema Soziale Marktwirtschaft. – Ders. (Bearb.): Der Weg in die soziale Marktwirtschaft. Referate, Protokolle, Gutachten der Arbeitsgemeinschaft Erwin von Beckerath 1943 bis 1947. Stuttgart 1986.

14 Vgl. dazu „Der Freiburger Kreis" [Sonderdruck] Hochschulkurier. Informationen Berichte Analysen. – Der „Freiburger Kreis". Widerstand und Nachkriegsplanung 1933 bis 1945. Katalog einer Ausstellung, hrsgg. von Dagmar Rübsam u. Hans Schadek. Verlag Stadtarchiv Freiburg i.Br. 1990.

15 Ch. Blumenberg-Lampe, a.a.O., S. 81.

16 New York 1942.

17 Vgl. Egon Edgar Nawroth: Die Sozial- und Wirtschaftsphilosophie des Neoliberalismus. Heidelberg 1961. - Alfred Bürgin: Zur Soziogenese der Politischen Ökonomie. Metropolis Marburg/L. 1993.

„Die geistigen Wurzeln der Sozialen Marktwirtschaft als Leitbild der Wirtschafts- und Sozialordnung reichen zwar bis Adam Smith und John Stuart Mill zurück. Dennoch führt vom klassischen Liberalismus kein direkter Weg zu dieser Wirtschaftsform. Die eigentliche Entstehungsgeschichte der Sozialen Marktwirtschaft beginnt in den dreißiger Jahren und läßt zwei Wurzeln erkennen.

Die erste Wurzel bildet die sogenannte Freiburger Schule, zu der unter anderen die Nationalökonomen Walter Eucken, und Leonhard Miksch sowie die Wirtschaftsjuristen Franz Böhm und Hans Großmann-Doerth zählen. Böhm, Eucken und Großmann-Doerth eröffneten 1937 eine Schriftenreihe mit dem programmatischen Titel „Ordnung der Wirtschaft". Im gleichen Jahr veröffentlichte Miksch sein Buch „Wettbewerb als Aufgabe. Die Grundsätze der Wettbewerbsordnung".

Die zweite Wurzel geht auf neoliberale Sozialökonomen wie Alexander Rüstow und Wilhelm Röpke zurück. Bereits 1932 hatte Rüstow in einem Referat vor dem Verein für Socialpolitik neoliberale Prinzipien formuliert, als er einen starken Staat forderte, der über den Interessengruppen steht, eine an wirtschaftliche und sozialen Zielen orientierte marktwirtschaftliche Ordnung errichtet und sie vor Denaturierung durch Konzentration, Monopolbildung und Interessengruppen schützt. ....

Beiden geistigen Wurzeln der Sozialen Marktwirtschaft ist die Erkenntnis gemeinsam, daß der im 19. Jarhundert praktizierte, staatlich kaum gezügelte wirtschaftspolitische Liberalismus zur Entwurzelung der Menschen und zur Vermassung, zur Ausbeutung der einen durch die anderen, zur Vermachtung der Wirtschaft geführt hatte und daß die Zeit wirtschaftspolitischer Experimente und staatlicher Interventionen nach dem ersten Weltkrieg weder eine wirtschaftliche noch eine politische Stabilisierung zu sichern vermocht hatte. Diese Erkenntnisse waren Anlaß für die Suche nach einer neuen Ordnung, bei der sich die geistigen Urheber der Sozialen Marktwirtschaft von ganz bestimmten anthropologischen und gesellschaftspolitischen Wertvorstellungen leiten ließen."

Die deutsche Lösung bei der Schaffung einer Makromorphologie bestand also in einer gewollten Verbindung von Theorie und Politikberatung, die u.a. dazu führte, daß sich der politische Gestaltungswille nicht in aktionistische Experimente umsetzte, sondern in ein konsistentes Programm der Ordnungsgestaltung. Dem kam entgegen, daß die Fragestellungen interdisziplinär angegangen wurden und auch eine ethische und methodologische Fundierung vorgenommen wurde, die sich der Auseinandersetzung mit dem Marxismus stellte. Hier amalgierte eine lange theoretische Tradition, die in dem Band „Grundtexte zur Sozialen Marktwirtschaft"*18* nachgezeichnet wurde. Die methodologischen Diskussionen und Wendungen in den 20er Jahren, die sich mit den Namen HUSSERL, WINDELBAND, RICKERT, LOTZE, DILTHEY, SCHELER und M. WEBER verbinden, unterstützten die Orientierung auf die Tatsachenwelt der Wirtschaft, die bei SCHUMPETER als Makrodynamik eine ganz andere Entwicklung nehmen sollte. In beiden Fällen stand das Problem der Konjunkturforschung im Hintergrund der Analyse. Die Entstehung der „Grundlagen der Nationalökonomie" war das Ergebnis einer theoretischen Verarbeitung des ökonomischen und methodischen Wissens der 20er und 30er Jahre durch WALTER EUCKEN.*19* So übersieht er keineswegs das Problem der Dynamik und der Evolution ökonomischer Systeme in seiner Abgrenzung von der historischen Schule und der reinen Theorie. Eine wichtige Vermittlung scheinen dabei die „Kapitaltheoretischen Untersuchungen" zu sein, aber methodisch hat EUCKEN gegen SCHUMPETERS Positivismus, wie er die statistische Analyse sieht, einige Vorbehalte.*20*

5.   Die generative und mentale Einordnung.

J. A. SCHUMPETER und J. M. KEYNES gehören der gleichen Altersklasse an, W. EUCKEN war 8 Jahre jünger. KEYNES starb 1946, SCHUMPETER und EUCKEN 1950, zu Beginn eines wirtschaftspolitischen Take-off, der die in den 20er Jahren angelegte Systemauseinandersetzung nach 40 Jahren entscheiden sollte. Ihr Leben fällt genau in eine soziale und konzeptionelle Zäsur der kommerziellen Gesellschaft*21*, die sich mit dem Begriff der Moderne verbindet, und deren Ergebnisse, in den 20er Jahren ausgereift, die Entwicklung von 1950 bis in die Gegenwart bestimmen sollten. Während KEYNES von SCHUMPETER noch gewürdigt wurde, kommt WALTER EUCKEN bei SCHUMPETER nur im Zusammenhang mit der Kapitaltheorie in einer Fußnote und im Zusammenhang mit einer Schilderung der Volkswirtschaftslehre in totalitären Staaten vor. Die analytischen Gehalte der Ordnungstheorie von WALTER EUCKEN sind nicht erfaßt, gleichwohl vermutete er ein Verständnis im amerikani-

---

18   W. Stützel, Ch. Watrin, H. Willgeroth und K. Hohmann: Grundtexte zur Sozialen Marktwirtschaft. Zeugnisse aus zweihundert Jahren ordnungspolitischer Diskussion. [Ludwig-Erhard-Stiftung], Gustav Fischer Verlag Stuttgart/ New York 1981.

19   Vgl. dazu die Anmerkungen in den Grundlagen, so auch die Erfassung der Auffassungen von Schumpeter.

20   Anmerkung 66 in den Grundlagen.

21   Unter Anlehnung an Schumpeter halte ich diesen Begriff „kommerzielle Gesellschaft" für angemessener als der ideologisch belastete Begriff „Kapitalismus". Hinzuweisen ist auch auf die Einmaligkeit Europas: Hans Albert: Europa, die Ausnahme. In: Wirtschaftswoche Nr. 39 vom 21. Sept. 1984 [DER VOLKSWIRT - Wissenschaft], S. 156-167.

schen Bereich.[22] Ein Vergleich dieser Ökonomen ist an dieser Stelle auch nicht beabsichtigt. Im letzten Kapitel seiner posthum veröffentlichten *Geschichte der ökonomischen Analyse* behandelt SCHUMPETER noch KEYNES und die moderne Makroökonomie in unfertiger Weise.[23]

> „Seine Analyse schien die intellektuelle Achtbarkeit der Anti-Sparabsichten
> wiederherzustellen; und die daraus folgenden Implikationen formulierte er in
> Kap. 24 seiner *General Theory*. Daher zog seine wissenschaftliche Botschaft
> außer vielen der besten Geister der ökonomischen Fachwelt auch jene Autoren
> und Schwätzer am Rande der Wirtschaftswissenschaften an, die aus der *Gene-
> ral Theory* nichts anderes entnahmen als die *Neue Volkswirtschaftslehre* des
> Ausgebens, und für die er die glücklichen Zeiten von Mrs. Marcet (vgl. Teil
> III, Kap. 4) zurückbrachte, in denen jedes Schulmädchen lernte, sich durch
> den Gebrauch weniger einfacher Begriffe mit Sicherheit in allen Ecken und
> Winkeln des unendlichen komplexen Organismus der kapitalistischen Gesell-
> schaft zu bewegen."[24]

SCHUMPETER sah seine Zeit folgendermaßen: „So befand sich die kapitalistische Gesellschaft auf dem Wege zu ihrer eigenen neuen Zivilisation, bis sie von der sinnlo-
sesten Katastrophe 1914-18 überrascht wurde, die die Ordnung der Welt umstieß."[25]
Einem Wandel unterlagen auch Philosophie und Religion in Richtung auf einen ethischen Utilitarismus und evolutionären Materialismus (CONDORCET, COMTE), während die Religion stillschweigend aufgegeben wurde. Die Intellektuellen gaben die
Religion allmählich und ohne Schärfen auf, so SCHUMPETER, nur mit dem Unterschied, daß sie auf dem Kontinent dem Agnostizismus/Nihilismus verfielen, in
England dagegen auf den Fundus der anglikanischen Theologie diese Ablösung vornehmen konnten.[26] Es war zugleich eine Periode der schwindenden Überzeugungen
und des Aufbruchs der Geschichtskritik. Zugleich breitete sich das Interesse an den

---

22   Vgl. dazu Geschichte der ökonomischen Analyse, S. 1105 Fußnote 51, sowie 1401 ff.

23   Ebenda, S. 1422-1439.

24   Ebenda, S. 1423. Kommentierend schreibt Schumpeter: „Erstens bietet Keynes' Werk eine ausge-
     zeichnetes Beispiel für unsere These, daß die Vision der Fakten und Bedeutungen - im Prinzip -
     dem analytischen Werk grundsätzlich vorausgeht, das dann in einer endlosen Wechselwirkung von
     Geben und Nehmen diese Vision zu konkretisieren beginnt.", S. 1424. Auf ihn führt er auch den
     modernen Stagnationismus zurück. „Hansen [Full Recovery or Stagnation, N.Y. 1938] entwickelte
     und erweiterte die Lehre von der reifen oder stagnierenden Wirtschaft zum Teil auf anderen
     Grundlagen als Keynes." S. 1425. Vgl. auch Anmerkung 35. Eine Übersicht gibt Romain Kern: Die
     Lehre von der wirtschaftlichen Stagnation, Diss. Freiburg/Schweiz 1948. J. Steindl: Matury an
     Stagnation in American Capitalism. Chicago 1945.

25   Ebenda, S. 943.

26   Vgl. ebenda, bezug Schumpeters auf Keynes, Fußnote 25, S. 943.

Naturwissenschaften aus, das sich in einer Popularisierung des Evolutionalismus einen Weg bahnte.[27] Die Vorliebe für einen destruktiven Nihilismus begleitete die Umorientierung der Intellektuellen[28] in der bürgerlichen Gesellschaft und führte zur gedanklichen Vorbereitung des Totalitarismus.

SCHUMPETER, KEYNES und EUCKEN unterscheiden sich in der Verarbeitung dieses Prozesses aber wesentlich durch die nationale Einfärbung der wissenschaftlichen Sozialisation: KEYNES kommt aus der angelsächsischen Tradition der mikroökonomischen Neoklassik, die er als Makroökonomie in Richtung auf die Wachstumstheorie öffnete, während SCHUMPETER ganz im Bann der Wiener und Lausanner Schule steht, die er auf der Grundlage seiner vorauslaufenden Studien über die Evolution des kapitalistischen Systems ökonometrisch als Makrodynamik der ökonomischen Analyse öffnete. WALTER EUCKEN schließlich setzt in Deutschland die Tradition der historischen Schule fort, um diese in Richtung auf eine ökonomische Kybernetik (Makromorphologie) unter dem Begriff ORDO-Liberalismus zu modernisieren, indem er das Verhältnis von Theorie und Geschichte auf der Basis der Phänomenologie löste. EUCKEN hatte dabei eine andere methodologische Basis als SCHUMPETER, sie war stark durch die Problemlage der Biologie und Psychologie in Deutschland/Österreich beeinflußt worden, so durch die Gestalt- und Lebensphilosophie seines Vaters RUDOLF EUCKEN.[29] Auf der Basis der Phänomenologie wurde das Vermächtnis der Wiener Schule als *Ablauftheorie* in das Strukturmodell der Wirtschaftslenkung integriert. Drei Ökonomen[30] drei verschiedene Ansätze (MAKROÖKONOMIE, MAKRODYNAMIK und MAKROMORPHOLOGIE) und drei unterschiedliche nationale Schicksale, aber ein ökonomischer Systemansatz. EUCKEN und SCHUMPETER eint zusätzlich die methodische Doppelnatur: Theorie und Geschichte in Form der Evolution und der Morphologie ökonomischer Systeme analytisch zu erfassen.[31]

---

27 Schumpeter weist auf den naiven Laissez-faire Herbert Spencers hin, alles diesem Prinzip unterwerfen zu wollen. „Aber kein anderes Wort als ‚einfältig' beschreibt den Mann, der den Laissez-faire-Liberalismsu so weit treibt, daß er das Gesundheitswesen, das staatliche Erziehungswesen, das öffentliche Postwesen u.a. mißbilligte und nicht erkannte, daß er dadurch sein Ideal lächerlich machte und daß seine Schriften in der Tat als Satire auf die Politik, die er befürwortete, hätten dienen können." Ebenda, S. 945, Fußnote 28. Der in Deutschland bedeutungsvolle Thomismus sollte erst in den 20er Jahren seine volle Ausbildung erfahren, ebenda, Fußnote 29.

28 Schumpeter weist hier auf George Sorel hin.

29 Nobelpreisträger, Lebensphilosophie. Zeitgenosse von Nietzsche.

30 Theologisch gesprochen: Drei Personen: Vater, Sohn, Heiliger Geist (Schumpeter [Makrodynamik], Keynes[Makroökonomie] und Eucken [Makromorphologie]), 2 Naturen: Vater, Sohn (Theorie und Geschichte), ein Gott Die wirtschaftliche Analyse (Modell und Wirklichkeit).

31 Hinzuweisen ist auf die Abschiedsvorlesung von Ernst Heuss, Universität Erlangen-Nürnberg, abgedruckte Fassung „Wo steht die deutschsprachige Nationalökonomie? in: NZZ vom 8. Juni 1991,

Mit gewisser Berechtigung könnte man unter Anlehnung an REINHART KOSELLEK von einer neuen Sattelzeit[32] sprechen, die den Übergang in eine breite wissenschaftlich kalkulierte soziale Regulation der industriell geprägten und monetär gesteuerten Zivilisation kennzeichnet. Der Unterschied zwischen KEYNES und EUCKEN einerseits und SCHUMPETER andererseits besteht darin, daß die ersteren durch ihre Systemüberlegungen, unter starkem sozialen Anschauungsdruck stehend, eine operative Wirtschaftspolitik als Umfeld unternehmerischer Entscheidungen unter der Fragestellung „Funktionselemente und System-Ablauf" ermöglichten, während SCHUMPETER der inneren Dynamik von Technik und Wirtschaft, sowie Wirtschaft, Psychologie und Soziologie unter der Fragestellung „Technologisch-kommerzielle Struktur und Entscheidungszeitachse des Unternehmers" in einem ökonometrisch-statistischen und zugleich auch mentalen Kontext nachging. Es ging ihm um die Bedingungen der *Evolution* ökonomischer Strukturen, deren Fragestellung nichts mit geschichtsphilosophischer Deutung zutun hat, obwohl beide Ansätze sich des historischen Materials bedienen. Er hatte daher auch eine distanzierte Einstellung zur sozialpolitischen Ausrichtung der Wirtschaftspolitik, wie sie in Deutschland vor WALTER EUCKEN vertreten wurde, weil sie zu wenig theoretisch war. In beiden Fällen haben wir eine Hinwendung zur Analyse des ökonomischen Alltags. Angesichts des sozialen Problemdrucks in den 20er und 30er Jahren gewannen KEYNES und EUCKEN im Gegensatz zu SCHUMPETER die stärkeren theoretischen Optionen, die ja nach der ordnungspolitischen Spaltung der Welt durch die Oktoberrevolution 1917 in Rußland eine wesentlich größere politische Bedeutung erlangen sollten. Konzeptionell wurde dieser ordnungspolitische Schlagabtausch auf dem Feld der Funktionstüchtigkeit alternativer Gesellschaften entschieden, das zugleich für den Sozialismus die historische Legitimation als moderne Gesellschaft sein sollte. Unter dem Aspekt einer übergreifenden Betrachtung können wir zu der Auffassung kommen, daß der strukturelle Sieg der kommerziellen Gesellschaft über die bürokratische Gesellschaft des Kommunismus evolutionäre Gründe hat. So wie in der Kapitaltheorie, die physische und monetäre Dimension schließlich auf eine Zeitachse projiziert wurde, so muß vermutlich die jeweilige Struktur eines Systems auf die Zeitachse der Evolution der industriellen Zivilisation fokussiert werden. Die Legitimation großer sozialer Eingriffe in geschichtlich entstandene Strukturen war das große Thema der Moderne und nicht unbedingt die Bedingungen der inneren Evolution des Systems. Dazu war es aber notwendig, die entsprechenden wissenschaftlichen Instrumente der

---

Nr. 129, S. 19.

32   Vgl. dazu Michael Hüther , a.a.O., S. 150-161.

morphologischen und funktionalen Abläufe bereitzustellen, die auf der Basis der Geschichtsphilosophie und eines politisierten Wertbegriffes nicht zu gewinnen waren. Im politisierten Wertbegriff standen einerseits die Verteilungswirkungen des Marktmechanismus im Vordergrund, während andererseits der Allokationsaspekt durch die mystische Erzählung des großen Planes ersetzt werden sollte. Da der Marxismus das Erbe der Geschichtsphilosophie des Deutschen Idealismus angetreten hatte, mußte die Frage nach dem warum, nach den inneren Zusammenhängen als Inbegriff des Theoretisierens in den Sog der ideologischen Auseinandersetzung geraten, wie sie ja insbesondere durch Sir RAYMOND POPPER und FRIEDRICH AUGUST VON HAYEK initiiert wurde. Die methodisch als Historismus auftretende Orientierung war nichts anderes als die Frage nach der historischen Perspektive und Legitimität der kommerziellen Gesellschaft, die offensichtlich notwendige Wandlungen durchmachen mußte, um die „eingebaute" soziale Selbstzerstörung der bürgerlichen Gesellschaft staatlich zu blockieren. Unzweifelhaft war die Frage nach der Funktion und dem Ablauf von Wirtschaftsprozessen von unmittelbarer Bedeutung, die im technischen Sinne auf den Einsatz von wirtschaftspolitischen Mitteln setzte, wogegen die Frage nach der physischen Struktur und zyklischen Zeitachse des Wirtschaftsprozesses eine strategische Frage war, die der ersteren vorgelagert ist. Während bei KEYNES und EUCKEN der Entwurf idealer Wesenheiten (Modell und Ordnung) und die darauf aufbauenden politischen Empfehlungen für die Konstruktion und die Steuerung von Wirtschaftssystemen (Wirtschaftsordnungen) im Vordergrund standen, war für SCHUMPETER die ökonometrische Analyse des Realablaufes und der Zyklizität im Wirtschaftsablauf entscheidend. Da in marxistischer Tradition dieser methodische Ansatz der Realanalyse eine politisch-weltrevolutionäre Umdeutung erhielt, als Geheimwissenschaft objektiver Weltprozesse galt, war er von Beginn an Verdächtigungen ausgesetzt und stigmatisiert. Umgekehrt war der funktional-technische Ansatz der Markt/Preis-Analyse in der nichtmarxistischen Ökonomie der Verdächtigung und Stigmatisierung durch die marxistische politische Ökonomie ausgesetzt, die weltanschaulichen Folgen aus der objektiven Werttheorie (Ausbeutungsthese) neutralisieren zu wollen, um den Monopolkapitalismus vor dem Untergang zu retten. Die Bedeutung von SCHUMPETER besteht nun darin, die Struktur- und Zeitanalyse der kommerziellen Gesellschaft jenseits dieser ideologischen Kontroversen, auf deren Hintergrund erst die Funktions- und Ablaufprozesse wirtschaftspolitisch einen Sinn erhalten, vorangetrieben zu haben. Dazu war es notwendig, eine gewisse Unabhängigkeit im Denken bewahrt zu haben, was ja voraussetzte, sich aus der ideologischen Kontroverse auszuklinken. SCHUMPETER, der sich dem operativen Zwang zur Ausarbeitung der ideologischen und pragmatischen Funktion der ökonomischen Theorie nicht unterwerfen wollte, mußte zwangsläufig mit seinem Konzept der historisch/ökonometrischen Analyse in das Gravitationsfeld der ideologischen Verdächtigung geraten, einen verdeckten Marxismus[33] zu betreiben, während die andere Seite[34] von den Auffassungen eines Bourgeois-Sozialisten sprach. Diese Phase der Auseinandersetzung um die Schlüssigkeit des größten Sozialexperiments der Menschheit, der Übergang in den Sozialismus, ist heute zu Ende, und man sollte annehmen, daß die Ideologisierung methodischer Ansätze damit auch ihren Sinn verloren hat. Die während des Kalten Krieges auf die Spitze getriebene wechselseitige Stigmatisierung der Funktions- und Ablauftheorie einerseits und Struktur- und Zeitachsentheorie andererseits, hat in den sich weltanschaulich gegenüberstehenden Systemen Defizite aufgerissen, die im sozialistischen Lager auf Grund der eigentlich operativen Bedeutung der Funktions- und Ablauftheorie zu einem allseitigen ökonomischen Ruin führte, während das kein Konzept für die historische Einordnung der gegenwärtigen Vorgänge auf der Basis der Struktur- und Ablaufanalyse bereitstellen kann. Welche Bedeutung die strategische Struktur und Zeitachsentheorie wirklich hat, zeigt sich heute unter dem Druck, eine Transformationstheorie zu entwickeln, die da ja einen Strukturwandel entlang einer Zeitachse denkerisch zu begleiten hat. Es hat sich in den Neuen Ländern gezeigt, daß die Einführung des Marktes vom Standpunkt der Funktion und des Ablaufes keine Frage beantworten kann, wie lange es dauert, bis ineffiziente Struktur revitalisiert sind.

Es fällt auf, daß es lediglich KEYNES und EUCKEN vergönnt war, indirekt über ihre Theorie eine eigene Denk-Schule begründet zu haben. Ohne diese beiden Ökonomen wäre eine erfolgreiche Wirtschaftspolitik unter den Bedingungen erbitterter weltanschaulicher Kämpfe nach 1950 nicht möglich gewesen. Man kann sogar sagen, daß der erfolgreiche Ausgang des großen konzeptionellen Ringens um eine Alternative zur kommerziellen Gesellschaft ohne KEYNES und EUCKEN nicht möglich gewesen wäre. Es waren zwei unterschiedliche Ansätze in der Wirtschaftspolitik, beiden war

---

33 Vgl. dazu: U. Weinstock. Das Problem der Kondratieff-Zyklen. (= Schriftenreihe des ifo-Instituts für Wirtschaftsforschung, Nr. 58), Berlin 1964. - Zur Neuauflage der Diskussion über die langen Wellen in den 70er Jahren: Die langen Wellen der Konjunktur. Beiträge zur marxistischen Konjunktur- und Krisentheorie [Parvus, Kautsky, Trotzkij, Kondratieff u. Mandel], Edition Prinkipo Berlin 1972. - Eine moderne Analyse: Die Gezeiten der Weltwirtschaft. J.W. Forrester: Nach jeder Depression ein neuer Aufschwung? In: Bild der Wissenschaft, Nr. 2, 1982. - H.D. Haustein u. E. Neuwirth: Long Waves in World Industrial Production, Energy Consumption, Innovations, Inventions, and Patents and their Identification by Spectral Analysis. (= Working Paper -82-9, Jan. 1982 [IIASA], Laxenburg, Austria. - L. Bress: Technologische Evolution im Systemwettstreit. Ein Systemvergleich auf der Basis langfristiger Entwicklung von Technik und Wirtschaft. Erlangen 1983.

34 Kurt Braunreuther: Der moderne Bourgeoissozialismus des Joseph Alois Schumpeter, in: Wirtschaftswissenschaft, 3(1957), S. 418f.

aber die Einsicht in die Rolle des Staates bei der Regulierung des Marktes gemeinsam.

Welche Rolle spielte SCHUMPETER in diesem Dreigestirn von Ökonomen? In Deutschland gelang ihm keine vergleichbare Wirksamkeit, erst zu seinem einhundertjährigen Geburtstag wurde 1983 eine *Schumpetergesellschaft* gegründet. Wenn nun gefolgert wird, SCHUMPETER sei der Ökonom der 90er Jahre[35], so kann daraus eine zweifache Folgerung gezogen werden: Erstens, daß nach dem Ende des Systemvergleichs die historisch-strukturellen Probleme der kommerziellen Gesellschaft als Weltgesellschaft zunehmen, und zweitens, daß die Analyse langfristig auftauchender Problembündel, so die Umsetzung des bekannten technologischen Wissens in neue technologische Strukturen, wieder aktuell geworden ist. Der Aufbruch in neue Strukturen muß mental durch dynamische Unternehmer geleistet werden, die aber keinen entsprechenden institutionellen Rahmen vorfinden, weil die wirtschaftlichen Prozesse juristisch voll reguliert worden sind, um die Steigerung des Sozialprodukts in den letzten Jahren hoheitlich zur Stabilisierung sozialer Strukturen zu vernutzen. Heute steht die Deregulation auf der Tagesordnung, weil die Einsicht unumgänglich ist, daß jetzt nicht mehr staatlich organisierte weltanschauliche Systeme um die Dominanz kämpfen, sondern kulturelle Welten, wo der dynamische Unternehmer und nicht der Staat gefragt ist. Das ist aber originär eine Lage, wie sie SCHUMPETER in seiner Theorie der Entwicklung beschrieben hat. Es ist falsch, SCHUMPETER neoklassisch ausdeuten oder kritisieren[36] zu wollen, also aus einer falschen Einordnung heraus ihm die Ansätze angliedern zu wollen, die gerade seine Unterscheidung zur Makromorphologie ausmachen. Die in den 20er Jahren angesetzte Lenkungsdebatte dominierte für 50 Jahre des Systemvergleich und wird nun kulturanthropologisch erweitert zur evolutorischen Frage nach dem Schicksal der industriellen Zivilisation im Zeitalter der virtuellen nachgutenbergischen Galaxie.

6. Die Rezeption zwischen Entstehung, Begründung und Wirkung

Basiswerke der ökonomischen Theorie müssen aus drei verschiedenen Blickwinkeln gesehen werden: Aus dem des Entstehungs-, des Begründungs- und des Wirkungszusammenhanges. Je nach der Orientierung des Theoretikers werden die Schwerpunkte der Analyse auch verschieden sein. Von besonderem Interesse ist die Wirkungsgeschichte einer Theorie, wenn es sich um eine wirtschafts- und gesellschafts-

---

35 Schumpeter oder Keynes? Zur Wirtschaftspolitik der neunziger Jahre. Springer Verlag Heidelberg, New York, Tokio 1984.- Vgl. dazu auch Klaus O.W. Müller: Joseph A. Schumpeter. Ökonom der 90er Jahre. Erich Schmidt-Verlag Berlin 1990.

36 S. Knetsch: Lange Konjunkturwellen und Wirtschaftsentwicklung. Diss. Marburg/Lahn 1959. -- K. Schelle: Die langen Wellen der Konjunktur. Diss. Tübingen 1951.

politische Theorie handelt. Die Entstehungsgeschichte interessiert nur Spezialisten, wie sie für die kategoriale Durchbildung der theoretischen Schule als Begründungszusammenhang von Bedeutung ist. Der Entstehungszusammenhang einer Theorie umfaßt nicht nur die spezielle Sozialisation des Wissenschaftlers, sondern auch die Umfeldbedingungen des Zeitgeistes. Theoriegeschichten werden immer dann geschrieben, wenn die Wissenschaft selbst ein gewisses Maß der analytischen Erschöpfung erreicht hat und die hier ausdifferenzierte Methodik öde geworden ist. Es kommt dann zu einer Destruktion, die über eine neue Methode neue Sachanalysen vorbringen muß. Das führt zu einem neuen Begründungszusammenhang, der aber keineswegs immer als ein Auftrag der Praxis angesehen werden darf, sondern aus der geistigen Lage geschöpft wird, wobei der geistigen Veranlagung ein besonderes Gewicht zukommt.

ANDRÉ KOSTOLANY machte in seinem Buch «Kostolanys Börsenseminar. Für Kapitalanlager und Spekulanten» die launische Bemerkung „Die großen Volkswirte der Geschichte -- Thomas Morus, Adam Smith, David Ricardo, John Maynard Keynes und andere -- waren alle große Denker. Sie gaben keine Prognosen, sondern stellten Theorie auf, um die Politik ihrer Regierungen beeinflussen zu können. Darum hieß auch ihr Fach in allen Sprachen (außer der deutschen) politische Ökonomie. Die Volkswirte von heute dagegen sind Buchhalter und Statistiker."[37] So standen an der Schwelle zur klassischen Ökonomie wirtschaftspolitische Erörterungen, ehe die «reine Theorie» nach 1871 zur «Theorie idealer Preise» mutierte. Die platonische Modellorthodoxie und der historische Eklektizismus mit klassischer Soße waren für EUCKEN der Anlaß, zur politischen Dimension der ökonomischen Theorie zurückzukehren. FRIEDRICH A. LUTZ schrieb über Euckens Beitrag zur Nationalökonomie: „Auch in der Stellung zur Wirtschaftspolitik unterschieden sich die Nationalökonomen. Die Majorität, unter dem Einfluß der mächtigen Forscherpersönlichkeit Max Webers, betrachtete es nicht mehr als Aufgabe des Nationalökonomen, der Wirtschaftspolitik Ziele zu setzen, die ja nie werturteilsfrei gesetzt werden können; seine Aufgabe läge nur darin, Mittel und Wege anzugeben, auf denen die von den Politikern gesetzten Ziele zu verwirklichen seien. Es gab aber immer eine Minorität, die daran festhielt, daß die Nationalökonomen Stellung nehmen müßten, auch zu diesen Zielen selbst."[38] Die wissenschaftliche Beratung der Politik geht heute noch vom szientistischen Modell aus, das den Politikern die Entscheidung überläßt. Dem normativen Modell wird nicht nur das szientistische, sondern auch das pragmatische

---

37   Econ-Verlag Düsseldorf-Wien 1986, S. 175.
38   Grundsätze [UTB 1572], a.a.O., S. 382.

Modell des kritischen Rationalismus (Stückwerktechnologie) gegenübergestellt. Obwohl der Sachverständigenrat für die Beurteilung der wirtschaftlichen Entwicklung zur normativen Enthaltung verpflichtet ist, gibt er Empfehlungen in normativer Absicht aus wissenschaftlicher Verantwortung. In den 30er Jahren war diese Beratungstechnologie noch unterentwickelt. Er betont zu *Eucken*: „Man muß die Gestalt *Euckens* gegen diesen Hintergrund sehen. In dem Zustand der methodologischen Verwirrung, die bis in die neueste Zeit der deutschen Nationalökonomie als Erbe des Methodenstreites bemerkbar ist, war eine einfache Rezeption notwendig, vor allem die Klärung der Fragen, was die Aufgabe der Nationalökonomie ist, was sie leisten kann, wie sich der wirtschaftliche Lebensbereich zu den anderen Lebensbereichen und deshalb auch die Wirtschaftswissenschaft zu den anderen Wissenschaften verhält, und nicht zuletzt auch, was sie der Wirtschaftspolitik zu bieten hat. *Walter Eucken* hatte diese einfache, große Konzeption, und seine außerordentliche Wirkung - besonders sein Einfluß auf die Wirtschaftspolitik - sind neben seiner Persönlichkeit vor allem der Tatsache zu danken, daß er ein solches festgefügtes «Weltbild» in sich trug, das aus einem Guß war. ... ... Die Aufgabe der Nationalökonomie blieb für *Eucken* immer die Erklärung der wirtschaftlichen Wirklichkeit." Von besonderer Bedeutung für Eucken war auch sein Elternhaus, wo berühmte Geister des Stefan-George-Kreises Residenz hielten und auch durch seinen Vater *Rudolf Eucken* wesentliche ethische Impulse vermittelt worden sein dürften.

Rudolf Eucken wurde am 5. Januar 1846 in Aurich (Ostfriesland) geboren. Er studierte in Göttingen Philologie und Philosophie unter *Lotze* und *Teichmüller*. Er promovierte mit 20 Jahren über die «Sprache Aristoteles», in Berlin war er bei *Trendelenburg*, arbeitete an Gymnasien (Husum und Berlin). 1871 erhielt er einen Ruf nach Basel für Pädagogik und Philosophie, wo seit 1869 *Nietzsche* lehrte. Nietzsche hatte sich auf die Nachfolge von Dilthey nach dessen Weggang beworben, aber die Professur bekam Rudolf Eucken zugesprochen. Prägend für *Rudolf Eucken* war der Verlust der Ideale und der aufkommende naturalistische Realismus sowie Neopositivismus, alles eine Folge des Wohlergehens nach 1871. „Ohne eine moralische Regeneration und eine durch sie erfolgreiche Verjüngung und Kräftigung sind wir den ungeheuren Aufgaben der weltgeschichtlichen Lage bei weitem nicht gewachsen; sie kann aber nur aus der Tiefe kommen." [Sinn und Wert des Lebens] 1876 erhielt er einen Ruf nach Jena, wo er 46 Jahre lehrte. 1908 erhielt er den Nobelpreis für Literatur. Es mutet modern an, wenn er schreibt: „Soll die geistige Evolution der Menschheit das Hauptergebnis haben, daß der Mensch darin sich selbst zerstört und sich alles Wertes beraubt, indem er sich nur als ein etwas begabteres Tier versteht?" [Zur Sammlung der Geister, 1913] Seine Stufenlehre ist durch *Hegel* beeinflußt, am

Ende steht die Stufe der Geistigkeit. Die Probleme der Welt ging er aus historischem Verständnis an, so auch die Entwicklung in Europa und China [mit *Carsun Chang*: Das Lebensproblem in China und Europa, 1921]. 1920 wurde der *Eucken-Bund* gegründet und die Verbreitung seiner Gedanken des ethischen Aktivismus geschah durch die Zeitschrift «Die Tatwelt». Sein Programm war der Kampf gegen die geistige Verflachung und den Nihilismus nach dem Ersten Weltkrieg. Die Prägung von *Walter Eucken* kommt aus den in seinem Elternhaus gepflegten Denktraditionen des deutschen Idealismus, aus seinem Streben nach Ordnung und Sittlichkeit.[39]

„*Walter Eucken* wurde am 17. Januar 1891 als Sohn des Philosophen *Rudolf Eucken* in Jena geboren. Er studierte Nationalökonomie, Geschichte und Philosophie in Jena, Bonn und Kiel und promovierte 1913 in Bonn mit einer Arbeit über «Die Verbandsbildung in der Seeschiffahrt». Am 1. Weltkrieg nahm *Walter Eucken* von 1914 bis 1918 an der Front teil. Er habilitierte sich 1921 an der Universität Berlin mit einer Untersuchung über «Die Stickstoff-Frage». Diese Arbeit brachte ihn zu der Erkenntnis, daß mit den Methoden der sogenannten historischen Schule die Probleme, die die Wirklichkeit stellt, nur unzureichend erfaßt werden können. So suchte er neue Wege. Auf dem Höhepunkt der Inflation schrieb er seine «Kritischen Betrachtungen zum deutschen Geldproblem» (1923). 1934 folgten die «Kapitaltheoretischen Untersuchungen» mit der wichtigen Einführung «Was leistet die nationalökonomische Theorie?». 1925 hatte er einen Ruf an die Universität Tübingen. 1927 an die Universität Freiburg angenommen. 1939 vollendete er die «Grundlagen der Nationalökonomie». Wegen seiner ablehnenden Haltung gegenüber dem Nationalsozialismus war er ständig gefährdet. Doch gelang es ihm, sich der Verhaftung zu entziehen. Die «Die Grundsätze der Wirtschaftspolitik» sind sein zweites Hauptwerk. Es wurde nach seinem Tode von *Edith Eucken* und *K.Paul Hensel* herausgegeben. Neben einer langen Reihe von Aufsätzen in wissenschaftlichen Fachzeitschriften, hat *Walter Eucken* das kleine Buch «Nationalökonomie wozu?» (1938) geschrieben und in Gemeinschaft mit *Franz Böhm* das Jahrbuch «Ordo» herausgegeben (1938), das ebenso wie die ganze von ihm mit *Böhm* und *Grossman-Doerth* begründete «Freiburger Schule» der Schaffung einer menschenwürdigen und freiheitlichen Ordnung von Wirtschaft und Ordnung dienen soll. Am 20. März starb *Walter Eucken* auf einer Vortragsreise in London." [6. Aufl. UTB 1572, 1990].[40]

---

39 Vgl. auch J. Kromphardt: Konzeptionen und Analysen des Kapitalismus.[UTB 1017], Göttingen 1980. -- Zur modernen Systemanalyse: D. Baecker: Information und Risiko in der Marktwirtschaft. Suhrkamp Frankfurt/M. 1988.

40 Grundsätze der Wirtsschaftspolitik.

Sehen wir uns den Begründungszusammenhang der Ordnungstheorie an, so fällt auf, daß EUCKEN theoretische Grundprobleme in eine metaökonomische Interdependenz einbindet. Es geht dabei um die Interdependenz von Staat und Wirtschaft, von Wirtschafts- und Sozialordnung. Das von der Theorie gelieferte Paradigma des Gleichgewichts wurde von Eucken vom Standpunkt der Entstehung des Gleichgewichts gesehen und nicht vom Standpunkt der Abweichung vom Gleichgewicht und deren Wiederherstellung durch staatliche Intervention. Er nahm damit die Königsfrage der Ökonomie auf: Wie stellt sich eine gleichgewichtige Proportionalität zwischen Angebot und Nachfrage, zwischen den Zielen und den Mitteln her, die das Ergebnis bewußten Gestaltens ist. Ihm ging es um die Lösung des Koordinationsproblems durch gleichgewichtige Ordnungsformen, die das wirtschaftliche Handeln nicht denaturieren. Zu Beginn der Überlegungen steht also die Frage, welche Funktion der Staat zu übernehmen hat: Intervention oder Gestaltung. EUCKEN nimmt eine andere Position ein als *F.A. von Hayek*, der der angelsächsischen Moralphilosophie und Staatsauffassung und nicht der kontinentalen verpflichtet war. Entsprechend unterschiedlich mußten auch die wirtschaftspolitischen Empfehlungen sein. Die Würdigung der «Grundlagen der Nationalökonomie» fiel zusammen mit der Laudatio auf *F.A. von Hayek*[41] zu seinem 90. Geburtstag. Er konnte 70 Jahre die theoretische Diskussion beeinflussen [19 Bücher, 30 Broschüren und 300 Aufsätze]. Seine theoretischen Leistungen erstrecken sich auf die Geld- und Kapitaltheorie, Währungsverfassung und Konjunkturtheorie [20er und 30er Jahre], die Auseinandersetzung mit Keynesscher Interventionspolitik und mit der Staats- und Rechtsphilosophie. Die Untersuchung der institutionellen Grundlagen prägen die 40er Jahre und die Distanz zum Wohlfahrtsstaat die neuere Zeit der 70er und 80er Jahre. Ein Grunddissens besteht in der Auffassung, wie die bürgerliche Gesellschaft als eine Gemeinschaft von Individuen, die in Freiheit handeln, zu steuern ist und wie die Grundprämissen der Anthropologie anzusetzen sind. Ist ein grundsätzliches Mißtrauen in das sittliche Vermögen des Menschen angebracht, so daß Ordnung eine permanente Aufgabe institutioneller Regelungen darstellt oder ist die Selbstorganisation von Basisprämissen wie Freiheit und Privateigentum zwingend. Die Kontrolle der politischen und ökonomischen

---

41 geb. 8. Mai 1899 in Wien, gest. 23. März 1992 in Freiburg. Nobelpreis 1974 mit Gunnar Myrdal. Vgl. dazu Kurt R. Leube: Friedrich A. Hayek zum 90. Geburtstag.[Ordo, 40, a.a.O., S. XXI-XXV] und Artur Woll: Freiheit durch Ordnung: Die gesellschaftspolitische Leitidee im Denken von Walter Eucken und Friedrich A. von Hayek. In: ebenda, S. 87-97. -- Reinhold Niebuhr: Ein Warner vor der Knechtschaft. Zum Tode von Friedrich August von Hayek. In: liberal, Vj.Hefte für Politik und Kultur [hrsgg. für Friedrich Naumann-Stiftung], S. 74-80. -- Gilbert A. Gratzel: Freiheit und Eigentum: Ein Essay über Locke, Montesquieu, Smith und Rousseau. In: Ebenda, S. 86-95.

Macht erwies sich ebenso als ein grundlegendes Problem wie die Gefahren aus einer unbegrenzten Demokratie.

Der Anbruch der bürgerlichen Gesellschaft, ein historischer Akt, begann mit der These von *John Locke*, daß die Regierung im Auftrage der Regierten handelt (1679). Ansatzpunkt ist die Idee von einem harmonischen Urzustand der Gleichheit aller Menschen, ausgehend von einer naturalistischen Definition des Menschen als sich reproduzierendes Wesen, das durch keine wie auch immer geartete Kultur daran gehindert werden darf, sich die Naturressourcen anzueignen. Der Staat ist unter diesen Gesichtspunkten die Organisation, die durch Vertrag entstanden, Leben, Freiheit und Eigentum der Bürger zu schützen hat. Die zentrale Idee des Naturrechts ist ein metasozialer Übergriff in die Geschichtslosigkeit und damit in die Anthropologie: Europäische Erfindung und Mutation als Maß der gesellschaftlichen Organisation. Damit wurde jeder historisch begründeten Legitimität von Macht der Boden entzogen, Recht war das, was der Anthropologie des Menschen als Naturwesen entsprach. Der Monarch war eine kulturelle Erfindung und daher ein Tyrann. Der Machtanspruch der Monarchie deckte sich nicht mehr mit dem bürgerlichen Zivilisationsbegriff: Niemand darf Untertan sein, das Gewaltmonopol entsprang nur dem Gesetz, das im Parlament freier Bürger gesetzt wurde. Die Rückverlagerung des Rechts in die Hände des Bürgers setzte sich über die soziale Gliederung der Gesellschaft hinweg, obwohl sie gerade an die soziale Gliederung der vorbürgerlichen Gesellschaft anknüpfte, die einfach entrechtet wurde. Der Staat wird vom Standpunkt der Zweckmäßigkeit gesehen, wie es für den amerikanischen Institutionalismus und die neue politische Ökonomie repräsentativ ist.[42] Das ist nicht die Position *Euckens*, der den Staat als Garant des Wettbewerbs überindividuell verankert sieht, ein Wirkung des Kantianismus. Die bürgerliche Gesellschaft als technische Wirtschaftsgesellschaft strebt nach Vereinheitlichung aller Erklärungsmuster ihrer Legitimität. Die sieht bei *F.A. von Hayek* eben anders aus als bei *Walter Eucken*, der seine Ordnungstheorie aus einer Idee des Sozialen ableitet und nicht aus der niedrigen Dienstwertklasse eudämonistischer Triebe.

Die Kontinentale Staatsauffassung ist geprägt durch die Ideen des *Charles-Louis de Secondat, Baron de la Bréde et de Montesquieu*, die Gewalten zu teilen («De l´Esprit des lois», 1748) und die sozialen Gegensätze zwischen den Ständen auszugleichen. Er wollte die Revolution vermeiden, konnte aber die Entmachtung des Adels nicht

---

42   Vgl. dazu Helmut Leipold: Das Ordnungsproblem in der ökonomischen Institutionenlehre.[Ordo 40], S. 129-145.

aufhalten. Die Freiheit sah er ständig durch das Parlament des Pöbels gefährdet, Adel und König sollten zur Kontrolle der Macht beitragen.

Die Whigs sollten in England auch nicht die Gewaltenteilung durchsetzen, es endete jedenfalls der Gegensatz von König und Parlament im Gegensatz von regierender Partei und Opposition, konservativen Tories und liberalen Whigs, die keinesfalls Demokraten waren. Die Whigs, zu dessen Protagonisten *von Hayek* gehörte, waren die verbürgerlichten Adligen, sie waren die Aristokraten in der Tradition der römischen Antike. Die Moralphilosophie der Vernunft war das entscheidende Erbe der Liberalen, die in *Adam Smith* ihren Propheten fanden. Die *Hobbes*sche Meinung vom Kampf Aller gegen Alle wurde ersetzt die anthropologische Axiomatisierung des Eigeninteresses, das im Wettbewerb durch die anderen Eigeninteressen kontrolliert wird. Die bürgerliche Gesellschaft wird so zu einem Organismus, der sich nach eigenen Gesetzen selbst steuert. Liberalismus war letztendlich die Doktrin, die dem Staat die Aufgabe zuwies, die Existenz der Besitzenden zu schützen, während die Bildungspolitik palliativ die elenden Massen vergeistigen soll. Die Sozialutopie von *Rousseau* schließlich rundet mit dem Anknüpfen an die Ungleichheit der Besitzenden die Verheißung des moralischen Verfalls durch Privateigentum ab. Der Fortschritt führte zu einem Sittenverfall, da die natürliche Unschuld durch das Laster verloren ging. Er lehnt daher die Zivilisation als Gegensatz zur Natur ab und sein Staatsideal ist das Kantönli, kleinbürgerlich moralistisch egalisiert.

Der Wirkungszusammenhang der Theorie liegt im Kontext des Begründungszusammenhanges der Theorie. Die angelsächsische Sozialphilosophie entspricht dem kulturellen Kontext der amerikanischen Gesellschaft, die eine puritanische fundamentalistische Aufklärungsgesellschaft ist und wegen des fehlenden historischen Königtums die Transzendenz des Staates im Amt nicht kennt, sondern nur die moralische Identität des Präsidenten oder Funktionsträgers als Individuum mit dem zu repräsentierenden Gesetz. Daher kommt es in den USA zu den illustren gesinnungs- und moralpolizeilichen Explorationen bei den Anhörungen über die Zustimmungsfähigkeit zur Übernahme staatlicher Funktionen, die in einer permissiven Gesellschaft Züge von Bigotterie und Heuchelei annehmen.

Der kontinentale Zugang zur Wirtschaftspolitik erschließt sich über die Bedeutung der Sozialpolitik für die politische Stabilität als wichtiger Parameter für die wirtschaftliche Effizienz der Gesellschaft. Der Staat hat hier eine aktive Funktion, die den Rahmen für die Strukturdaten vorgibt. Entscheidend dabei ist, daß die wirtschaftspolitischen Maßnahmen als Strukturproblem gesehen werden, das zu lösen ist und nicht, daß die Wirtschaftspolitik einem historischen Ziel zu dienen hat. Bringen wir die Grundsätze der Wirtschaftspolitik auf den Punkt, so ergeben sich folgende Prämissen:

(1) Es gibt keine isolierten Wirkungen.

(2) Die Teilordnungen sind vom Standpunkt der Gesamtordnung zu sehen.

(3) Die Daten sind nicht ständig zu ändern.

(4) Einmal getroffene Entscheidungen binden im Sinne von Freiheit und Notwendigkeit.

(5) Die geschichtliche Situation erfordert eine jeweils andere Ordnungskonfiguration.

(6) Die freigesetzten Tendenzen sind vorurteilsfrei zu analysieren, da nur so sichtbar wird, was selbst verschuldet wird.

(7) Die gestaltende Rechtsordnung muß sich an Prinzipien orientieren, die eine Stetigkeit hervorbringen, aber zugleich eine Anpassung an neue Daten ermöglichen.

Alles in Allen kann gesagt werden, daß nach der Auffassung von *Eucken* äußerst präzise jene Faktoren zu beachten sind, die zukünftige Optionen begrenzen:

«Damit ist ein wesentlicher Punkt erreicht. Der Mensch kann frei sein, wenn er nur denkend ermittelt, welche Konsequenzen sich aus den von ihm geschaffenen Bedingungskonstellationen ergeben.

Unsere Untersuchung bestätigte den Satz von Helmholtz: „Übrigens hat sich bisher die Wirklichkeit der treu ihren Gesetzen nachforschenden Wissenschaft immer noch viel erhabener und reicher enthüllt, als die äußersten Anstrengungen mythischer Phantasie und metaphysischer Spekulation sie auszumachen wußten." ... -- Damit ändert sich auch die Aufgabe der Wissenschaft wesentlich. ... ... Doch indem sich die Wissenschaft von der Ideologie zu den Fakten wendet und indem sie den geschichtlichen Moment voll zu Geltung kommen läßt, dient sie in eigenartiger Weise der Sache der Freiheit. ... So kann die Wirtschaftspolitik die Wirklichkeit gestalten und der Gefahr widerstehen, vom Geschichtsstrom weggetragen zu werden. Sie kann nur frei werden, wenn das Denken in Ordnungen das Denken in historischen Zwangsläufigkeiten verdrängt.»[43]

Die Gestaltungsprämissen der Wirtschaftspolitik wurden nach 1950 über die Rechtsebene umgesetzt.[44] Sie standen ganz im Bann der Systemkonkurrenz und mündeten

---

43   W. Eucken: Grundsätze der Wirtschaftspolitik. [UTB 1572], S. 224.

44   Vgl. dazu G. Gutmann, W. Klein und S. Paraskewopoulos: Die Wirtschaftsverfassung der Bundesrepublik Deutschland. [UTB 427], Stuttgart 1976.

schließlich in das deutsche Modell des wirtschaftlichen Erfolges. Im angelsächsischen Bereich wirkten mehr die Empfehlungen von F.A. von Hayek, die teilweise bis in die Transformation der ehemaligen sozialistischen Länder hineinreichen. Zu beobachten ist ein Verlust des Gefühls für die Konsistenz der Teilordnungen und die zentrale Rolle des Geldsystems für die funktionsfähige Koordination der Wirtschaftsprozesse. Die wirtschaftspolitische Theorie, dem Zeitalter der Experimente entsprungen[45], geht in ein neues Zeitalter der Experimente über.

Grundsätzliche Fragen ergeben sich in struktureller Absicht aus der Tatsache, daß die Demokratie selbst in Deutschland denaturiert ist. Die Parteien haben sich den Staat zur Beute gemacht, indem sie nicht mehr um das Gemeinwohl kämpfen, sondern um den Machterhalt um jeden Preis. In gewisser Weise haben wir eine ähnliche Situation, wie sie Rudolf Eucken vorgefunden hatte: Anzeichen von Nihilismus und Unfähigkeit der politischen Klasse. Es muß eine neue Form von Moralismus gefunden werden, nachdem der moralische Rigorismus der 68er selbst kontraproduktiv geworden ist, seitdem diese selbst an der Macht beteiligt sind. Die Politik wird funktional im Sinne einer Karrieremaximierung gesehen, weil der Politiker keinen Lebenslauf, nur noch Dasein besitzt.[46] Das Verschwinden des Kommunismus als diszipinierender Gegenpart wirft neuartige Probleme über das Schicksal der freien Gesellschaft und die Frage auf, wer maßgeblich das Banner der Freiheit tragen wird, wer ist moralisch unverbraucht, um glaubwürdig zu sein. Francis Fukuyama, ein japanischer US-Bürger [geb. 1952], ehemaliger stellvertretender Abteilungsleiter des Planungsstabes im US-Außenministeriums, warf 1989 [The National Interest] in den USA die These vom Ende der Geschichte auf, weil nach der durchdringenden Kraft von Demokratie und Marktwirtschaft eine weitere visionäre Idee undenkbar ist. Er stützt sich dabei auf die Geschichtsphilosophie Hegels, der in der Tat im Aufkommen der bürgerlichen Gesellschaft die Freiheit zusichkommen sah. Der objektive Geist war an sein Ziel gekommen. Betrachten wir das Verhalten der gegenwärtigen politischen Klasse gegenüber dem Transformationsprozeß, so stellen wird eben die ahistorische Denkart fest, alles wird juristisch-administrativ angegangen, die Wiedervereinigung und die Einheit Europas. Aber der Weltgeist denkt sich was anderes

---

45   Vgl. dazu E. Tuchtfeldt: Das 20. Jahrhundert als Zeitalter der Experimente.[Ordo 40], S. 283-300. - - O. Schlecht: Macht und Ohnmacht der Ordnungspolitik -- Eine Bilanz nach 40 Jahren Sozialer Marktwirtschaft. Ebenda, S. 303-320. -- P. Oberender: Der Einfluß ordnungstheoretischer Prinzipien Walter Euckens auf die deutsche Wirtschaftspolitik nach dem Zweiten Weltkrieg: Eine ordnungspolitische Analyse. Ebenda, S. 321-349.

46   Vgl. dazu H. Hamm-Brücher: Wider die Selbstgerechtigkeit. Nachdenken über Sein und Schein der Westdeutschen. München/Zürich 1991 [Serie Piper, Bd. 845].

aus im Hegelschen Sinne und präsentiert eine neues Tableau der Herausforderung für die Politik der USA. Die Dialektik von Herr und Knecht interpretiert Fukuyama neu[47], wenn er als zentrale Triebfeder die Anerkennung in den Mittelpunkt stellt. Er verläßt damit die vertikale Interpretation von Macht und wendet sich der horizontalen Kooperation in der Gesellschaft zu. In gewisser Weise wird dadurch die Ordo-Idee bestätigt, die ja ein unverrückbares Vermächtnis des deutschen Idealismus ist. Die Transformationstheorie, die von einer kulturellen Dominanz des Marktkalküls ausgeht, ist in diesem Sinne unhistorisch und rein strukturell für alle Kulturen vorgeben. Von daher gesehen hat die These von Fukuyama viel für sich. Bemerkenswert ist weiterhin, daß die die Transformation tragenden politischen Eliten ebenfalls die Probleme unhistorisch sehen, obwohl in der Weltpolitik die Völker zurückfallen in alte historische Schemata. Auf der einen Seite eine Handlung aus dem Strukturbewußtsein und auf der anderen Seite eine dynamische Bewegung der historischen Prozesse. Die Lage ist vom heutigen Standpunkt nicht einheitlich zu interpretieren. Ein Vorgehen, das der Weltgeist dankenswerter Weise offenläßt.

---

47   Vgl. Francis Fukuyama: Das Ende der Geschichte. -- Wo stehen wir? München 1992.

Alfred Müller-Armack
WIRTSCHAFTSPOLITIK ALS BERUF
(1918-1968)*

I.

Ein Bericht über einige Etappen meines Lebens, in denen ich öffentlich wirken konnte, entspringt nicht einem vornehmlich biographischen Interesse. Sicherlich erfreut es rückschauend, an einigen großen Themen unserer Wissenschaft gerade in den Anfängen ihrer Entwicklung beteiligt gewesen zu sein und auch noch ein Stück zu ihrer Verwirklichung haben beitragen zu können. Allzu nahe läge freilich die Versuchung, damit der persönlichen Eitelkeit zu dienen, die ein so mächtiger Motor aller biographischen Bemühungen ist. In einer zunehmend versachlichten Welt sehe ich den Sinn eines solchen Berichtes jedoch in erster Linie darin, den Gang der Entstehung der Probleme, ihre Lösungsmöglichkeiten, ihre Erfolge wie auch ihr Scheitern darzustellen. Mir scheint das Biographische, das ich dem folgenden Bericht zugrunde lege, nur so weit berechtigt, als dort, wo man in der Nähe beobachten konnte, manche Fakten und Entwicklungen der letzten fünfzig Jahre, also der Zeit nach dem Ersten Weltkrieg, besser sichtbar werden. Was mich interessiert, ist die Begegnung mit den Problemen des gesellschaftlichen und wirtschaftlichen Lebens und die Folge menschlicher Begegnungen, sowohl in der deutschen als auch in der internationalen Wirtschaftspolitik, die in Verhandlungen und Gesprächen ein Stück der neuen Form, die zu unserer heutigen europäischen wie nationalen Gesamtordnung führten, vor unseren Augen entstehen ließ.

Wirtschaftspolitik als Beruf, so könnte das Gesamtthema lauten, unter dem meine wissenschaftliche und wirtschaftspolitische Arbeit stand. Immer war ein Stück pragmatischen Willens in meinen wissenschaftlichen Bemühungen enthalten, immer stand, was ich praktisch erstrebte und wohl auch mit anderen erreichte, unter dem Zeichen einer durch Jahrzehnte hindurch geführten wissenschaftlichen Vorbereitung, die einen langen Atem erfordert.

Unmittelbar nach dem Ersten Weltkrieg, im Jahre 1919, hielt Max Weber vor einem sehr kleinen akademischen Auditorium zwei Vorträge „Wissenschaft als Beruf" und „Politik als Beruf". Als Aufsätze gedruckt, haben sie seither zwei Generationen von Wissenschaftlern als Orientierung gedient. „Wissenschaft als Beruf" war der Appell Max Webers an die junge Generation, statt intuitiver Schau sich der asketischen Arbeit einer wertfreien Wissenschaftsanalyse hinzugeben, die bewußt Verzicht leistet,

---

*   Vortrag bei der Metallgesellschaft und den Lurgi-Gesellschaften in Frankfurt/Main am 23. Oktober 1968. Erstmals veröffentlicht in: Wirtschaftspolitische Chronik, Heft 1, 1969, S. 7-28. Die Herausgeber danken für die Genehmigung zum Wiederabdruck.

unmittelbar dem praktischen Handeln zu dienen. Die Möglichkeit, Werte und Wert-
ziele in einer normativen Wissenschaft selbst zu entwickeln, wurde brüsk abgelehnt.
Das Pathos einer wertfreien Wissenschaft, die den Wissenschafter selbst aus dem
Engagement für die Dinge der Welt herauszieht, gilt vielen Jüngeren heute noch als
das A und O ihrer wissenschaftlichen Arbeit, wenn auch, wie ich glaube, seit der
Phänomenologie Schelers längst ein anderer Weg gewiesen wurde. Doch mag das
auf sich beruhen. „Politik als Beruf" war Webers meisterhafte Zusammenschau seiner soziologischen Darstellung der Phänomene charismatischer, traditioneller und
rationaler Formen der Macht. Der Politiker, so sah ihn Max Weber, war abgeschnitten von der Möglichkeit, als Wissenschafter Maßstäbe seines Handelns zu gewinnen.
Er mußte gleichsam in einem Akt blinder Option Ziele und Wertmaßstäbe seines
Handelns durch eine politische Entscheidung für sich als gültig setzen. Auf der anderen Seite, so Max Weber, erlag er mit dem Entstehen der modernen Massengesellschaft immer mehr dem Zwang einer stetig wachsenden Bürokratisierung, in der
Weber das dominierende Schicksal jeglicher neuzeitlichen politischen Form, mochte
sie im Osten oder im Westen beheimatet sein, sah.

Das Leben in der Wissenschaft wie das Leben für die Politik war in seiner Darstellung getragen von dem Erlebnis des *Berufs*. Beruf als Berufung im lutherischen
Sinne hatte Weber in seiner Religionssoziologie mit spürbarer innerer Anteilnahme
als eine religiös fundierte Gebundenheit des Menschen an jene soziale Stelle, in der
er sich vorfindet oder in der sich sein Leben bewegt, gesehen. Wissenschaft ist mehr
als objektive Analyse, sie ist ein Stück Lebensaskese, die bewußt darauf verzichtet,
ihre Ziele weiter zu stecken. Auch das Leben des „Politikers" - Max Weber hat
selbst einige kurze Versuche gemacht, in die Politik zu gehen - steht für ihn unter
den hohen Maßstäben, die nur durch ein echtes Sich-Berufen-Fühlen den Politiker
zu seinem Tun legitimiert.

Max Weber würde wahrscheinlich gezögert haben, die Wirtschaftspolitik als Beruf
anzuerkennen. Der Lebensbereich Wissenschaft stand seit Jahrhunderten fest. Daß
Politik unser Schicksal sei, ist seit Napoleon in immer neuen Variationen versichert
worden und ging in das Fühlen einer Generation ein. Sicher hat es Wirtschaftspolitik
als technisches Mittel der Politik schon seit eh und je gegeben, bestimmt seit den
Ansätzen des Merkantilismus, der theoretischen Begründung des klassischen Liberalismus und den leidenschaftlichen Kontroversen um Freihandel und Schutzzoll, die
das ganze 19. Jahrhundert beherrschten. Aber erst der Ausgang des Ersten Weltkrieges, der die politischen Formen in Europa grundlegend umstürzte, vollzog eine Umwertung, in der statt nationaler und dynastischer Kräfte die *Wirtschaftspolitik* in die
vorderste Reihe der gesellschaftlich relevanten Tatsachen einrückte. Seither rivali-
siert sie mit der sogenannten reinen Politik um den Vorrang im öffentlichen Leben.
Walter Rathenaus Wort, die Wirtschaft sei unser Schicksal, wies auf diesen Wandel
hin, der sich mit dem Ende des Ersten Weltkrieges vollzog. Wer mit der akademi-

schen Jugend, die 1919, wie auch ich, die deutschen Universitäten bezog, nach neuen Wegen aus dem Chaos der nationalen Selbstzerstörung und Inflation suchte, verschrieb sich dieser neuen Macht. Sie schien nach dem Scheitern der Politiker der Vergangenheit berufen, ein neues Zeitalter heraufzuführen. Unternehmer wie Hugo Stinnes und Rathenau wurden zu politischen Missionen berufen. Die Männer, denen es gelang, die katastrophale Geldentwertung durch die Stabilisierung der Rentenmark abzustoppen, gewannen legendäres politisches Ansehen.

Unsere Generation der jüngeren Nationalökonomen empfand es als schmerzliches Versagen ihrer Wissenschaft, daß diese unter dem Einfluß der historischen Schule so wenig Fähigkeit bewiesen hatte, die Phänomene der galoppierenden Inflationierung seit 1918 zutreffend ökonomisch zu diagnostizieren, und drängten dazu, eine Wirtschaftspolitik zu entwickeln, deren theoretisches Fundament sie von wenigen Ansätzen her erst eigentlich selbst entwickeln mußten, da auch die ökonomische Theorie der Grenznutzenlehre und die dominierende Geldtheorie Knapps keinen Zugang zu einer wissenschaftlich inspirierten Wirtschaftspolitik gaben.

Eines Ereignisses muß noch gedacht werden: 1917 ergriff die Kommunistische Revolution das Zarenreich und etablierte im Osten eine sich seither festigende politische Ordnung, deren Kern bis heute der orthodoxe Glaube an die wirtschaftspolitische Ideologie eines im Grunde durchschnittlichen deutschen Nationalökonomen des 19. Jahrhunderts wurde. Der dialektische Materialismus, die Mehrwerttheorie, die wissenschaftlich gemeinte Prognose von ökonomischen Entwicklungsgesetzen, die den Kapitalismus des Westens zum Einsturz bringen sollten, eine die geistigen und politischen Vorstellungen entwertende Ideologienlehre wurde so zentral in den Mittelpunkt des politischen Selbstverständnisses des Ostens gerückt, daß seither von Jahrzehnt zu Jahrzehnt die große Weltpolitik in die Spannung der letzten ökonomischen Alternative, freiheitliche Wirtschaftsorganisation oder Kollektivmus, geriet.

II.

Meine ersten wissenschaftlichen Arbeiten standen vor diesem Hintergrund. Der erste wissenschaftliche Gehversuch meiner Dissertation galt der Frage, ob, wie es Marx und mit ihm viele andere sozialistische und nicht-sozialistische Theoretiker behauptet hatten, die periodischen und zyklischen Krisen Zwangsläufigkeiten unserer Wirtschaftsordnung seien, die auf die Dauer den endgültigen Zusammenbruch der Wirtschaftsordnung bedeuteten, die man damals unter dem geistigen Einfluß von Werner Sombart und Max Weber als Kapitalismus bezeichnete. Anfang der 30er Jahre ging man dazu über, dieses arg strapazierte, aber noch in der angelsächsischen Literatur häufig angewendete Wort des Kapitalismus durch die neutraleren Begriffe Verkehrswirtschaft oder Marktwirtschaft zu ersetzen. Meine Antwort bewegte sich auf den Bahnen des Sayschen Arguments, der Kapitalismus sei nicht durch absolute, sondern nur durch relative Überproduktionen bedroht und durch neue Impulse zur

Mehrproduktion immer wieder ins Gleichgewicht zu bringen. 1925 erschien meine Habilitationsschrift „Ökonomische Theorie der Konjunkturpolitik", der erste Versuch auf diesem Gebiete, das heute als Grundterminus der Wirtschaftspolitik nicht nur in der Bundesrepublik in aller Munde ist. Gleichzeitig haben damals im Rahmen allgemeiner Konjunkturdarstellungen Röpke und spezieller zur Kreditpolitik Alfons Schmitt die wissenschaftliche Diskussion über diesen Gegenstand begonnen.

Die Situation war damals mehr als eigenartig, insofern als von einem Konjunkturzyklus im Vorkriegssinne gar nicht mehr die Rede sein konnte. Die Inflation bis 1924 überdeckte alles. Die dann beginnende Aufbauperiode seit 1924 ließ, nicht anders als es seit 1948 war, das Konjunkturphänomen zurücktreten, so daß die Geschäftswelt glaubte, man könne sich bei der Konjunkturpolitik mit dem begnügen, was vor dem Ersten Weltkrieg der allgemeine Glaube der Kaufleute war, es sei eben nur nötig, in einer Rezession einige Geduld aufzubringen, es werde sich dann nach kurzer Zeit aufgrund des zyklischen Charakters der Schwankungen alles wieder ins Gleichgewicht bringen lassen. Man nahm mit gläubigem Vertrauen Zusicherungen amerikanischer Nationalökonomen, die nach Deutschland kamen, entgegen, es sei bei dem schnellen Aufbau der amerikanischen Wirtschaft nach dem Kriege die Erwartung einer ewigen Hochkonjunktur durchaus begründet, zumal die seit 1919 entwickelten neuen Konjunkturbarometer, vor allem das des Harvard-Institutes, an dem Verlauf statistischer Reihen ablesen lasse, daß international keine Gefahr im Verzuge sei. So kann es nicht weiter überraschen, daß bei der allgemeinen Neigung, auch für die weltwirtschaftliche und Währungs-Reorganisation auf die alten Prinzipien der Vorkriegszeit zurückzugreifen, den ersten deutschen konjunkturpolitischen Versuchen, die sich ausschließlich in den Arbeiten junger Nationalökonomen niederschlugen, wenig Beachtung geschenkt wurde, schon gar nicht von den Politikern und von der staatlichen Verwaltung. Die Nationalökonomen waren damals noch eine schwache Minorität in der Verwaltung, und uns Jüngeren blieb kaum mehr übrig, als literarisch ein Handwerkszeug für eine Rezessionsbekämpfung bereitzulegen, das angesichts der allgemeinen Lage einigermaßen nutzlos schien. Der Einfluß der wirtschaftspolitischen Wissenschaft war damals zu gering, um sich in der Praxis Geltung zu verschaffen.

1929 wurde die Welt von der Katastrophe der Weltwirtschaftskrise überrascht. Der Kurszusammenbruch an der New Yorker Börse, der Zusammenbruch von Banken und Großunternehmungen in Deutschland und Österreich kündeten eine Krise an, die man zuerst noch glaubte auf den monetären Bereich beschränken zu können. Abwertung und Devisenzwangsbewirtschaftung folgten. In Deutschland hoffte die Regierung, mit Deflationsmaßnahmen und Bindung von Preisen und Gehältern der Lage Herr werden zu können. Die Stärke der wirtschaftlichen Krise führte zur zunehmenden Zersetzung der ohnehin schwachen und zersplitterten Weimarer Demokratie. Die politische Krise verstärkte andererseits wieder die wirtschaftliche. So begann das, was wir heute als Eskalation der Krise bezeichnen würden. Einer schob dem anderen die Schuld zu. Noch 1946 versicherte mir der frühere preußische Finanzminister Höpker-Aschoff auf Spaziergängen, die wir damals um Münster herum häufig machten, die Wissenschaft habe versagt und alles wäre anders gekommen, wenn wir damals schon einen Keynes gehabt hätten. Grotkopp hat in seinem Buch über „Die große Krise" mit Recht darauf hingewiesen, daß die ja erst 1936 erschienene Beschäftigungstheorie von Keynes ihre deutschen Vorgänger besaß, von denen Keynes selbst wohl keine Kenntnis hatte, als er zehn Jahre später seine Theorie publizierte[1]. Aber es traf mich doch, einem Vorwurf zu begegnen, den ich angesichts der Bemühungen derer, die mit mir in den 20er Jahren die Konjunkturtheorie entwickelten, für ungerechtfertigt hielt.

Von 1929 bis 1933 währte die Zeit einer konjunkturpolitischen Tatenlosigkeit. In ihr ging die Saat des politischen Radikalismus unheimlich auf, und es ist wohl nicht zu viel gesagt, daß unterlassene Konjunkturpolitik die Chance, die Demokratie in Deutschland zu retten, damals vollends vertat. Das, was nach 1933 als sogenannte nationalsozialistische Arbeitsbeschaffung praktiziert wurde, war nichts anderes als eine sehr grobe, aber, wie zugegeben werden muß, insbesondere in ihren Anfängen sehr wirksame Form staatlicher Kredit- und Beschäftigungsexpansion. Sie trug, was nicht zu leugnen ist, dazu bei, das Prestige des Nationalsozialismus in den Kreisen zu stärken, die sich von der Krise bedroht fühlten - und diese Bedrohung war allgemein. Viele glaubten, angesichts dieses wirtschaftlichen Erfolges die Beigabe von Rassentheorie und Rassenpolitik, von totalitärer Regierungsführung usw. übersehen zu können.

Ich habe mir damals gelobt, wenn je wieder unter anderen Konstellationen eine ähnliche Lage eintreten würde, nicht müde zu werden, die bewußte Ausbildung eines modernen Instrumentariums der Konjunkturpolitik zu fordern. Die wissenschaftliche Kontinuität der konjunkturpolitischen Arbeit wurde durch den Nationalsozialismus jäh unterbrochen. Alles, was seine Wurzeln in der liberalen Ökonomie hatte, wurde als geistig überwunden abgelehnt, so daß dem, der seine geistige Freiheit bewahren wollte, nichts anderes übrig blieb, als auf andere Gebiete hinüberzuwechseln. Für mich eröffnete sich, da mich neben den ökonomischen Problemen die kultursoziologische Forschung seit je interessierte, der Ausweg zur Religionssoziologie. Fast zwanzig Jahre habe ich daran gesetzt, diese Betrachtung in Fortführung der Max Weberschen Protestantismustheorie über die Zeitschwelle, bei der Max Weber stehen geblieben war, ins 17., 18., 19. und 20. Jahrhundert fortzuführen und gleichzeitig auch den europäischen Osten, den Bereich der byzantinisch-griechischen Ostkirche, zu untersuchen. Unmittelbar vor dem Zweiten Weltkrieg schloß ich „Die Ge-

---

1   Wilhelm Grotkopp, Die große Krise, Lehren aus der Überwindung der Wirtschaftskrise 1929/32, Düsseldorf 1954, S. 8f.

nealogie der Wirtschaftsstile" ab, die neben dem Buch über „Das Jahrhundert ohne Gott", das nach dem Kriege erschien, und der „Religionssoziologie des europäischen Ostens" eine weite Resonanz fand. Die These von der Kraft der großen religiösen Systeme in der Weltgeschichte bis hin in die Bereiche von Wirtschaft und Politik stellte eine Auseinandersetzung und Gegenthese dar, die in gleicher Weise sich gegen den dialektischen Materialismus des Marxismus wie gegen die Rassentheorie des Nationalsozialismus richtete. So empfanden es viele Leser, die mir schrieben, wie sehr sie durch dieses Buch zu einer neuen Sicht der historischen Fakten gelangten.

Nicht nur in Deutschland, sondern in allen Ländern, die von der Weltwirtschaftskrise betroffen waren, wurde in Vollbeschäftigungspolitik experimentiert. Freilich zeigte sich bald, daß nicht nur versäumte Konjunkturpolitik schwerste Gefahren mit sich führen kann, sondern daß auch in einer falsch praktizierten Konjunkturpolitik nicht minder schwere Gefahren liegen. Die beinah als wirtschaftspolitische Glaubenslehre angesehene Vollbeschäftigungspolitik vieler Länder ließ diese *den* Punkt übersehen, an dem die Einstellung konjunkturpolitischer Maßnahmen erforderlich ist. Die Droge der Kreditexpansion im Übermaß gegeben, führte fast in allen europäischen Ländern zu einer Inflationierung der Währungen, denen die Entliberalisierung des Außenhandels und die Devisenzwangswirtschaft auf dem Fuße folgte, so daß am Ende als Ergebnis jener Vorgang stand, den Wilhelm Röpke als „Desintegration der Weltwirtschaft", als Rückkehr zu nationaler Autarkie bezeichnete, wenn man nicht gar zu nicht minder gefährlichen und unrealistischen Großwirtschaftsraum-Phantasien der totalitären Staaten seine Zuflucht nahm. In Deutschland war 1936 der Punkt erreicht, an dem die Vollbeschäftigung der Produktionsfaktoren spürbar wurde durch eine bei steigender Ausgabenexpansion der öffentlichen Hand unabweisbare Preissteigerung. Der Lohn- und Preisstopp von 1936 ist die Wegmarke des Beginns der zurückgestauten Inflation, des Preisstopps, der Bindung an die Arbeitsplätze, des kompletten Ausbaus eines Wirtschaftsdirigismus. Man pries als dessen Vorzug damals, daß man nahtlos ohne Änderung des Systems in die Kriegswirtschaft von 1939 übergehen konnte. Dieses System hat den Nationalsozialismus um drei Jahre überlebt. Erst 1948 konnte die wirtschaftspolitische Wende eingeleitet werden.

Man macht sich heute kaum eine rechte Vorstellung, was es damals für einen jungen Wissenschafter bedeutete, in einer Welt zu leben, die mit den vergangenen Ergebnissen unserer Forschung kurzen Prozeß machte, sie verdammte und den Liberalismus der Nationalökonomen im weitesten Sinne als total überholt verurteilte. Man glaubte, in den Kostenpreisen der Kriegswirtschaft ein besseres Mittel gefunden zu haben, den Markt zu organisieren. Man zögerte nicht, auch in den Kreisen mancher Wissenschafter, die Devisenbewirtschaftung, die Autarkie, den Bilateralismus als eine überlegene Organisationsform anzubieten. Bis in die Kreise der Unternehmer hinein ging diese geistige Lähmung, die aller freien Organisation von vornherein ein tiefes Mißtrauen entgegenbrachte.

Die Kriegswirtschaft mochte noch so schlecht funktionieren, die Märkte sich leeren, die Kartenzuteilung immer dürftiger werden, es blieb das Bewußtsein in weiten Kreisen, die Armut, die aus der Kriegszerstörung hervorging, sei nicht mit den Mitteln eines freien Marktes zu beheben.

In jener Zeit, in der sich die Niederlage des Nationalsozialismus den Weiterblickenden klar abzeichnete, sind an den verschiedensten Stellen innerhalb der deutschen Wirtschaft Versuche zu verzeichnen, die Politik der Nachkriegszeit, die, darüber war man sich klar, in erster Linie die Wirtschaftspolitik eines Staates ohne Machtmittel war, auf einer freieren Organisation, eben der einer wettbewerblichen Marktwirtschaft, aufzubauen. Das geschah in einem Kreise um Jessen und Walter Eucken. Ich selbst gründete 1940 ein textilwirtschaftliches Institut, die Forschungsstelle für *Allgemeine* und Textile Marktwirtschaft, in der ich mir nach Beratung mit Ludwig Erhard, der damals Leiter der Forschungsstelle für Konsumwirtschaft in Nürnberg war, ausdrücklich neben der fachlichen Spezialisierung die Ausarbeitung allgemeiner marktwirtschaftlicher Konzepte vorbehielt. Von jenseits der Grenzen ermutigte uns Wilhelm Röpkes „Gesellschaftskrisis der Gegenwart", in wenigen Exemplaren aus der Schweiz hereingebracht und begierig als eine Stimme der freien Welt von uns aufgenommen, in diesen Bemühungen.

Es muß als ein Erfolg weniger Wirtschaftswissenschafter angesehen werden, daß in der damaligen Zeit die schwache Flamme des Wettbewerbsgedankens in die Zeit nach dem Zusammenbruch hinübergerettet wurde. Alle, die sahen, daß die wirtschaftlichen Schwierigkeiten des Nationalsozialismus, die übrigens wesentlich zu seinem militärischen Untergang beitrugen, Mängel einer versagenden dirigistischen Organisation waren, begriffen zugleich, daß die Weiterführung einer solchen Ordnung keinen Erfolg versprach. Freilich, in den Jahren 1945 und 1946 dominierten bei uns in sehr offen geführten Diskussionen die wissenschaftlichen Berater der englischen Labour-Party, die uns klarzumachen suchten, daß angesichts des kompletten Warenmangels, des Fehlens der notwendigsten Gebrauchsgüter, eben nur eine zentral gesteuerte Wirtschaftslenkung möglich sei. So blieb in den Jahren 1945, 1946 und 1947 bis zur Mitte des Jahres 1948 wirtschaftspolitisch alles beim alten. Es war aber gleichzeitig die Phase eines geistigen Ringens um eine neue Form der Wirtschaftspolitik. Daß die damalige Zeit berufen war, eine neue Form der Wirtschaftspolitik herauszubilden, war eine Überzeugung, die wissenschaftlich aus einer schonungslosen Destruktion des vorhandenen Dirigismus hervorging. Es war ein mühevolles Geschäft, gegen die Woge der Abwehr in der deutschen Öffentlichkeit anzukommen. Jeder Versuch, eine neue Konzeption zu entwickeln, wurde als Verkennung unserer geschichtlichen und politischen Lage und als Empfehlung gefährlicher Experimente angesehen. Noch während des Krieges schrieb ich damals eine

Reihe von Denkschriften und die Hauptpartien meines 1946 erschienenen kleinen Buches „Wirtschaftslenkung und Marktwirtschaft", in dessen zweitem Teil der Versuch unternommen wurde, der Wettbewerbswirtschaft eine neue Legitimation zu geben, indem man den Akzent auf ihre allen Schichten zugute kommende Produktivitätsüberlegenheit und auf die Möglichkeit legte, sozialen Fortschritt besser als in einem versagenden Dirigismus zu verwirklichen. Die Arbeitsbedingungen für einen Wirtschaftspolitiker mit Konzeptionen waren damals etwas seltsam. In einem kleinen Kloster in Ellwick an der holländischen Grenze entstanden Studien, Denkschriften und zuletzt auch das Buchmanuskript, ohne daß im Anfang die Möglichkeit bestand, es zu veröffentlichen. Noch während des Krieges war es allzu gefährlich, solche Denkschriften über den engsten Kreis persönlicher Freunde hinaus zu verbreiten. Nachher fehlten Druckmöglichkeiten und Drucklizenz. Der Besitz eines Rotaprint-Apparates und eines guten Vorrates an Papier machte es mir möglich, an ein paar hundert wichtige Adressen diese Denkschrift zur Begründung der Notwendigkeit einer Währungs- und Wirtschaftsreform und zur Propagierung der *Sozialen Marktwirtschaft* herumzuschicken und in Vorträgen einer damals sehr aufmerksamen Hörerschaft vorzulegen, was anfangs als phantastisch und bedenklich betrachtet wurde, dann aber zunehmend Resonanz fand.

Die Erfahrungen der Zeit nach dem Ersten Weltkrieg hatten mich persönlich gelehrt, wie gefährlich es ist, in veränderter Situation einfach am Vergangenen anzuknüpfen. So waren die Währungsschwierigkeiten der 20er Jahre das traurige Ergebnis einer gedankenlosen Ignorierung der Verschiebungen, die im Goldstandard inzwischen eingetreten waren. Der Gedanke der Sozialen Marktwirtschaft war der Versuch, eine Synthese zwischen freiheitlich-unternehmerisch-martkwirtschaftlicher Organisation auf der einen Seite und den sozialen Notwendigkeiten der industriellen Massengesellschaft von heute zu finden. Man hat den Gedanken der Sozialen Marktwirtschaft im Anfang freundlich-ironisch belächelt. Ich habe Jahre hindurch im nachsichtigen Lächeln vieler meiner Kollegen hinnehmen müssen, es sei ein guter Wahlslogan. Zugegeben ein Slogan, mit dem mehrere erfolgreiche Wahlen der späteren Bundesregierung gewonnen wurden, aber er hätte sich, wäre er nur dies gewesen, sicherlich verschlissen. So, wie ich durch Jahrzehnte den Gedanken der Konjunkturpolitik immer wieder in die internationale Diskussion gebracht habe, war es meine Passion, als Wirtschaftspolitiker diese spezifische Ordnungsidee als eine irenische Formel zwischen den auseinanderlaufenden Fronten der Interessentengruppen durchzusetzen. So sehr man bereit war, vor allem nach der Währungsreform, den Namen aufzunehmen, blieb es gleichwohl doch einer Minorität überlassen, die Ausgestaltung der Sozialen Marktwirtschaft und die vertiefte Ergründung ihres theoretischen Fundaments zu erarbeiten und diese Formel als das zu sehen, als was sie gemeint war: als eine der wenigen wirtschaftspolitischen Formeln, die der Westen als seine zeitgerechte

Antwort der Herausforderung des östlichen Kollektivismus entgegenzusetzen vermag.

III.

Seit Ludwig Erhard 1948 mit der Währungsreform den mutigen Schritt zur Auflösung der Güterbewirtschaftung vollzog, begann eine Periode von zwei Jahrzehnten, in der es wirklich möglich war, Wirtschaftspolitik als Passion zu betreiben aus der Überzeugung heraus, daß die konsequente Verfolgung dieses Gedankenstromes zu sichtbaren Erfolgen führte. Der deutsche Wiederaufbau begann. Über seine Erfolge zu sprechen, erübrigt sich, seit auch die Gegner dieses Gedankens mehr und mehr auf die neue Linie einschwenkten.

Im Oktober 1952 brachte mich ein kurzfristiger Entschluß Ludwig Erhards, dem ich nach dreitägiger Bedenkzeit Folge leistete, in die Leitung der Grundsatzhauptabteilung des Bundeswirtschaftsministeriums, dem ich dann seit 1958 als Staatssekretär für die europäische Integration bis zum Ausscheiden Erhards als Wirtschaftsminister im Oktober 1963 angehörte. Die anderthalb Jahrzehnte seit der Währungsreform können als die fruchtbarste Zeit angesprochen werden, die unter dem Zeichen internationaler Liberalisierung und der Ausgestaltung der Sozialen Marktwirtschaft in der Bundesrepublik standen. Es muß anerkannt werden, daß die amerikanische Hilfe des Marshall-Planes die Startmöglichkeiten in diese neue Epoche erleichterte, aber während viele europäische Länder die auch ihnen zuteil gewordene Hilfe wirkungslos durch eine unklare Wirtschaftspolitik vergeudeten, gelang es in der Bundesrepublik, mit ihrer Hilfe einen Prozeß anzustoßen, dessen Erfolge bald unbestritten waren und im Ausland als deutsches Wirtschaftswunder allgemeine Anerkennung fanden. Wir haben diesen Ausdruck „Wirtschaftswunder" nie für sonderlich glücklich gehalten, beruhten doch die Erfolge einer konsequenten Liberalisierung und einer entsprechenden Ausbreitung des Wettbewerbsgedankens auf wissenschaftlichen Einsichten, die schon vor der Währungsreform ermöglichten, die positiven Wirkungen einer Anwendung solcher Prinzipien vorweg zu bestimmen. Die deutsche Entwicklung wurde dabei getragen von der Tendenz einer zunehmenden Liberalisierung, zu der sich unter der Führung der Vereinigten Staaten die europäischen Länder, die in der OEEC zusammengefaßt waren, zusammenfanden. Noch war die Devisenbewirtschaftung, das Relikt der seit der Weltwirtschaftskrise aufgebauten Zwangswirtschaft im Außenhandel, ein arges Hemmnis, für das die Teilkonvertibilität der europäischen Zahlungsunion eine gewisse Milderung brachte. Unermüdlich sind in den 50er Jahren Ludwig Erhard und Wilhelm Röpke für die Zurückführung der Währung zur vollen Konvertibilität eingetreten. Ich selbst konnte als Leiter der deutschen Delegation in der OEEC für diese Fragen durch lange Verhandlungen beitragen. Aber erst später, im Dezember 1958, kurz nach dem Scheitern der sogenannten Maudling-Verhandlungen über die Große Freihandelszone, fand man den Mut, die Konvertibilität fast aller europäischen Währungen wiederherzustellen und damit auch den internationalen Zahlungsverkehr in marktwirtschaftliche Bahnen zu lenken. Diese Zeit einer gedanklich in neue Wege bewußt einlenkenden Wirtschaftspolitik zeigte die vollen Möglichkeiten einer im Gegensatz zum punktuellen Interventionismus auf einer klaren Ordnungskonzeption aufgebauten Wirtschaftspolitik. Wenn heute abwertend diese Zeit als eine Epoche des Hineinwachsens in eine Wohlstandsgemeinschaft charakterisiert wird, so ist das zweifellos viel zu wenig. Die soziologische, wirtschaftliche und politische Seite werden dabei übersehen. Die Eingliederung von 11 Mio. Flüchtlingen, die von außen in die Bundesrepublik kamen, ist ein Faktum, das nicht nur ökonomisch gesehen werden kann. Die Entstehung einer weltwirtschaftlichen Kooperation auf der Basis zunehmender Liberalisierung überwand unwiderruflich die Zeit, in der nationaler Protektionismus glaubte, sich durch Grenzziehungen und Schutzzölle am besten helfen zu können. Daß im Herzen Europas eine Phase relativer sozialer Entspannung und Entpolitisierung bisherige Konfliktmöglichkeiten gesellschaftlicher Art milderte, daß an die Stelle politischer Entscheidungen die versachlichte Form von Marktentscheidungen trat, ist ein nicht zu übersehendes Faktum.

Die deutsche Wettbewerbswirtschaft fand im Gesetz gegen Wettbewerbsbeschränkungen ihren gesetzgeberischen Niederschlag. Durch Jahre hindurch war dieses Gesetz in den Verhandlungen des Deutschen Bundestages, an dessen Beratungen ich teilnahm, umstrittenster Gegenstand zwischen den Vertretern einer ordnungspolitischen Konzeption einerseits und manchen Kreisen der Industrie andererseits. Das Ergebnis war ein Kompromiß, an dessen Konzessionen die Vertreter einer rein theoretischen Konzeption sehr viel auszusetzen fanden, zu der sich aber die im parlamentarischen Raum operierenden Wirtschaftspolitiker bereitfinden mußten, um überhaupt zu einem Ergebnis zu gelangen. Rückschauend wird man feststellen müssen, daß dieses Gesetz die ausgesprochene Kartellfreudigkeit, die die 20er Jahre beherrschte, gezügelt hat, ohne die Wettbewerbsfähigkeit der deutschen Industrie nach außen zu schwächen. Die durch ein Jahrzehnt hindurch sich herauskristallisierenden Überschüsse der deutschen Zahlungsbilanz stellen dieses Faktum, glaube ich, überzeugend unter Beweis.

Mir brachte die Arbeit im Bundeswirtschaftsministerium die Erfahrung ein, daß es für die Wirtschaftspolitik nur nützlich sein kann, sich der Ergebnisse der Wissenschaft zu bedienen, sofern diese bereit ist, die Fakten und Daten, mit denen der Wirtschaftspolitiker rechnen muß und die ihn nicht selten zu Kompromissen zwingen, zu berücksichtigen. So hat sich die Mitarbeit der Wissenschaftlichen Beiräte bei den verschiedenen Ministerien als überaus nützlich erwiesen. Die Wissenschaft gewann Anschauungsstoff, die Wirtschaftspolitik Orientierungsziele für ihr Handeln. Das bedeutet nicht, daß das Verhältnis zwischen Wissenschaft und Wirtschaftspolitik seither völlig spannungslos blieb. Nur zu häufig begegnet man heute wissenschaftlichen Theoremen und Arbeiten, die, seit die Mode der Mathematisierung ungehemmt um sich griff, der Wirtschaftspolitik selbst kaum von Nutzen sind. Es ist nicht leicht, Wirtschaftspolitik als Ordnungspolitik so wie ich mir eine moderne Wirtschaftspolitik denke, zu betreiben, ohne daß der wissenschaftlich denkende Wirtschaftspolitiker in sich dauernd die Spannungen zwischen wissenschaftlichen Einsichten und dem konkret Realisierbaren auszugleichen hätte.

Neben dem Kampf um die Durchsetzung des Gedankens der Sozialen Marktwirtschaft in der Bundesrepublik stand meine wirtschaftspolitische Arbeit seit 1952 im Zeichen der Bemühungen, das durch seinen Nationalismus in der Vergangenheit fast zerstörte Europa wirtschaftlich und politisch zusammenzuführen. Erste Verhandlungen über eine wirtschaftliche und politische Einigung wurden in Rom im Jahre 1953 begonnen, seit schon mehrere Jahre vorher die Montanunion ein erstes Teilmodell einer solchen Einigung verwirklicht hatte.

Die 1954 zum Scheitern gebrachte Europäische Verteidigungsgemeinschaft lähmte die Impulse zu einer militärisch-politischen Einigung. Sie fachte aber andererseits im gleichen Jahre die Diskussion an, auf dem Umwege über eine wirtschaftspolitische Einigung zu versuchen, einen neuen Weg zu finden. Die Konferenz von Messina im Juni 1955 brachte die Entscheidung, daß die sechs Länder der Montanunion den Versuch unternehmen sollten, über eine wirtschaftliche Integration auch zu einer späteren politischen europäischen Union zu gelangen. Die Verhandlungen des Vertrages über die Gründung der Europäischen Wirtschaftsgemeinschaft und Euratom konnten 1957 zum Abschluß gebracht werden. Die Meinungen über die Frage, ob die Wirtschaftspolitik überhaupt die Basis einer politischen Integration sein könne und in welcher Form sie zu erfolgen habe, gingen dabei erheblich auseinander. Unstreitig ist, daß seither die Errichtung eines Gemeinsamen Marktes zwischen den sechs Ländern der EWG und die nach dem Scheitern der Maudling-Verhandlungen 1958 in Gang gebrachte Gründung der EFTA ihr handelspolitisches Konzept in der Niederlegung von Zollbarrieren und der Liberalisierung des inneren Verkehrs durchzusetzen vermochte, während der Gedanke einer politischen Union bis heute unerfüllt blieb. Vielleicht stoßen wir hier auf die Grenze, von der Wirtschaftspolitik her auch internationale Beziehungen zum gemeinsamen politischen Handeln voranzutreiben. Man war sich aber gleichfalls im unklaren, in welcher Form zweckmäßig internationale Integration zu betreiben sei. Wilhelm Röpke hat unermüdlich darauf hingewiesen, daß internationale Kooperation sich zweckmäßig am Modell jener weltweiten Zusammenarbeit, wie sie vor dem Ersten Weltkrieg bestanden hatte, orientieren sollte. Die europäischen Integrationsbemühungen seit 1953 waren von dem, wie ich glaube, realistischeren Gedanken getragen, daß eine Zusammenführung der Märkte mehr als nur multilaterale Absprachen über Zollsenkung und Währungsliberalisierung enthalten müsse, daß vielmehr die neue Aufgabe der Integration darin zu sehen sei, dem Zusammenschluß der Märkte einen konkreten institutionalisierten

Rahmen zu geben, in dem es möglich ist, eine allgemeine wirtschaftspolitische Koordination der beteiligten Staaten herbeizuführen. Daß damit die Gefahr einer gewissen Bürokratisierung und möglicherweise auch eine Blockierung des Fortschritts durch ein einzelnes Mitglied gegeben ist, sah man damals noch nicht so deutlich, wie es heute sichtbar ist.

Seit dem Beginn der europäischen Integration habe ich an der Seite Ludwig Erhards unentwegt die Auffassung vertreten, es müsse die europäische Integration alle gegenwärtig sich in zwei Blöcken gegenüberstehenden EWG- und EFTA-Staaten in sich vereinigen. Dieser Gedanke entspricht so sehr den Notwendigkeiten einer gemeinsamen wirtschaftlichen Organisation gegenüber dem Osten, daß er nicht aus der Diskussion zu bringen ist. Bis November 1958 habe ich als Leiter der deutschen Delegation den Versuch unternommen, die EWG mit einer gesamteuropäischen Freihandelszone in Verbindung zu bringen. Der Plan scheiterte 1958 am Veto der französischen Regierung. In der Folgezeit wurden andere Pläne ausgearbeitet, bis sich herauskristallisierte, daß eine realistische Möglichkeit nur in dem Beitritt der EFTA-Staaten zur EWG bestehen könne. Von 1961 bis Februar 1963 wurden in einer der größten diplomatischen Verhandlungen, die je stattgefunden hat, die Möglichkeit und die Form eines Beitritts Großbritanniens zur EWG bis, wie ich glaube, in die unmittelbare Nähe konkreter Lösungen geführt. Das Veto de Gaulles brachte im Februar 1963 alles zum Scheitern und veranlaßte mich persönlich, Erhard, der mit mir voll einer Meinung war, zu bitten, mich von meiner Aufgabe als Staatssekretär für europäische Angelegenheit zu entbinden. In der Folgezeit unternahm ich durch Denkschriften, die ich unterbreitete, den Versuch, Ersatzlösungen und Übergangsformen vorzuschlagen, die aber alle scheiterten oder gar nicht erst realistisch verhandelt wurden. Ich glaube, daß der Stil kontinuierlichen Verhandelns mit den schwierigsten Partnern, der rückblickend das Wunder der Einigung über den EWG-Vertrag ermöglichte, inzwischen ein anderer geworden ist, der, wie die Zwischenzeit gezeigt hat, jedoch wenig Chancen hat, Erfolge zu zeitigen. Die gegenwärtige Praxis, durch allgemeine Erklärungen für den Beitritt Englands und der übrigen EFTA-Staaten einzutreten und dann doch das französische Veto als unvermeidlich hinzunehmen, verspricht wenig Erfolg. Ob die Zeit zu spät ist, heute Frankreich durch permanente Verhandlungen zur Vorlage eigener Vorstellungen zu veranlassen und durch zäh geführte Gespräche zu neuen Kompromissen zu gelangen, ist schwer zu entscheiden.

Das älteste Thema meiner wissenschaftlichen Arbeit, die Konjunkturpolitik, schien in den ersten Jahren der Ausgestaltung der Sozialen Marktwirtschaft nicht sonderlich aktuell. Der Wiederaufbau Europas führte durch mehr als anderthalb Jahrzehnte zu einer beständigen Expansion, in der die Gefahr rezessiver Entwicklungen in den europäischen Ländern nicht mehr als bedrohlich empfunden wurde. Auch in der Wissenschaft erfolgte eine Umorientierung von der Konjunkturbeobachtung und Konjunkturforschung zur *Wachstumspolitik*, in der vieles, was an konjunkturpolitischen Erfahrungen in der Vergangenheit enthalten war, in Vergessenheit geriet. Gleichwohl, die Wirtschaft im Überfluß ist, wie die Rezessionen in den Vereinigten Staaten in der Nachkriegszeit gezeigt haben, noch immer von Rückschlägen bedroht.

Parallel mit dem Aufbau der neuen europäischen Organisation unternahm ich den Versuch, bei der Umgründung der OEEC zur OECD dieser Institution die Aufgabe eines zentralen Konjunktur-Boards zu geben und gleichzeitig für die europäischen Länder einen gewissen „Kodex des richtigen konjunkturpolitischen Verhaltens" beim Eintreten von krisenhaften Störungen aufzuerlegen. Eine zentrale Finanzmasse zur Intervention an den jeweils benötigten Stellen wäre nicht minder erwünscht gewesen. Hier hatte ich die Autorität Marjolins auf meiner Seite. Gleichwohl scheiterten diese Versuche an dem Widerstand der Amerikaner, die in der OECD keine weitergehenden Verpflichtungen auf sich nehmen wollten und sich damit begnügten, gewisse Zielprojektionen als wünschenswert zu beschließen; ein reichlich theoretisches Unterfangen. Die EWG hat 1960 auf mein Betreiben hin einen Konjunkturpolitischen Ausschuß gebildet, dessen Vorsitz ich bis 1963 innehatte. Er sollte dem Ziele dienen, innerhalb der EWG für eine Koordinierung der Konjunktur- und Wachstumspolitik zu sorgen. Von einem positiven Ansatz im Ministerratsbeschluß des Jahres 1964 ist leider keine weitere Wirkung in dieser Richtung ausgegangen. Der europäische Wirtschaftspolitiker wird hier noch ein nur angepflügtes Feld für seine weitere Arbeit finden. Meine stete Mahnung in der Bundesrepublik, für eine *Institutionalisierung und Instrumentalisierung der Konjunkturpolitik* zu sorgen, blieb leider durch größere Rivalitäten unverwirklicht, von der sehr fruchtbaren Arbeit eines konjunkturpolitischen Ausschusses, den ich 1958 zwischen den Ressorts gebildet hatte, abgesehen. Erst die Rezession der Jahre 1966 und 1967, die für alle Wachstumsfanatiker reichlich überraschend kam, hat hier einen Wandel geschaffen und die Bundesrepublik veranlaßt, ihr ursprünglich auf Währungsstabilität allein gerichtetes Gesetz zu einem „Gesetz zur Förderung der Stabilität und des Wachstums der Wirtschaft" mit konjunkturpolitischen Institutionen auszugestalten. Der verhältnismäßig schnelle Einsatz der beiden konjunkturpolitischen Haushalte im Jahre 1967 dürfte der Grund dafür gewesen sein, daß diese überraschende Rezession im deutschen Wirtschaftsleben im Jahre 1968 verhältnismäßig schnell überwunden werden konnte.

Gelingen hier und Scheitern dort mischen sich so im Bild der Wirtschaftspolitik. Wer Wirtschaftspolitik als Beruf empfindet, wird sich nicht zufrieden geben können, irgendeine Konzeption erfolgreich durchgesetzt zu haben. Er wird sich gleichzeitig dem steten Wandel der Gesamtsituation gegenüber sehen und feststellen müssen, daß Hoffnungen, die er hegte, zwar erfüllt wurden, daß aber hinter der Erfüllung neue Probleme auftreten.

1960 habe ich in einem Aufsatz über die gesellschaftspolitischen Aufgaben der Sozialen Marktwirtschaft auf die Notwendigkeit hingewiesen, die Soziale Marktwirtschaft in eine neue zweite Phase hinüberzuführen, in der andere Aufgaben gelöst werden müssen. Ich ging von der Feststellung aus, daß offensichtlich die Labilität der Gesellschaft in einer Wirtschaft bei steigendem Wohlstande nicht abnimmt, wie wir alle gehofft und gewünscht hatten. Die moderne Massengesellschaft ist vielmehr bedroht von Ungleichgewichten, die von der gütermäßigen Versorgung unabhängig sind, ja geradezu, wie die Wohlstandskriminalität zeigt, von ihr mitgeschaffen werden. Das Tempo des wirtschaftlichen Fortschritts, die Mobilität, zu der er die einzelnen zwingt, ist so erheblich, daß der einzelne sich in seiner Position bei aller gütermäßigen Ausstattung dennoch unsicher fühlt und vieles zu geschehen hat, um durch Ausbildungsförderung und Forschung den Wechsel des Arbeitsplatzes zu erleichtern. Dahinter steht das große Problem, die durch die moderne Industrialisierung in Bewegung geratene, z.T. chaotisch gewordene Umwelt unserer Städte neuzugestalten; Eigentum in breiteste Schichten hineinzubringen, also *Gesellschaftspolitik* zu betreiben. Ob mit solchen Mitteln die beinah in allen Ländern der Welt spürbare Unruhe unserer modernen Massengesellschaft gebändigt werden kann, ist eine Frage, die wir uns vorlegen müssen. Der Wirtschaftspolitiker wird das tun müssen, was er als seinen Auftrag empfindet, aber er wird gleichzeitig die Grenzen zu sehen haben, die diese Aufgabe vom Wirtschaftspolitischen her nicht ohne weiteres lösbar erscheinen lassen.

IV.

Im Rückblick auf die letzten fünfzig Jahre deutscher und europäischer Wirtschaftspolitik wird man sagen können, daß sich die Funktion der Wirtschaftspolitik und der Beruf des Wirtschaftspolitikers grundlegend geändert haben. Ich meine hier nicht so sehr das Vordringen der Wirtschaftswissenschafter in Unternehmungen und Verwaltungen. War vor dem Ersten Weltkriege die Nationalökonomie noch ein ausgesprochenes Minoritätsstudium, so ist seit 1919 ein kontinuierliches Hineinwachsen der Wirtschaftswissenschaften gegenüber dem lang und zäh verteidigten Monopol der Juristen festzustellen. Noch in den 20er und 30er Jahren wurde dem akademischen Lehrer der Nationalökonomie von Studenten die zweifelnde Frage vorgelegt, ob denn dieses Studium zu beruflichem Erfolge führen könne. Das ist seither anders geworden, und ich entsinne mich trotz der großen Studentenzahlen in Köln kaum eines Falles in den letzten Jahren, daß ich um berufliche Vermittlung von Examenskandidaten angegangen wurde, es sei denn, daß einige besonders Ehrgeizige gleich eine Stellung im Wirtschaftsministerium oder bei der Europäischen Kommission oder der Weltbank vermittelt haben wollten.

Das, was die letzten fünfzig Jahre gebracht haben, ist eine vertiefte Einsicht in die Gesamtbedeutung der Wirtschaftspolitik. Schon der Wechsel der Ideen von Rathenaus und Wissels planwirtschaftlichen Vorstellungen über den liberalen Interventionismus der 20er Jahre hin zur Praktizierung und Dogmatisierung nationalsozialisti-

scher Wirtschaftspolitik hat in dieser Zeit an jedem Beteiligten ein Kaleidoskop verschiedener Möglichkeiten vorüberziehen lassen. Im Kriege und in der ersten Nachkriegszeit nach 1945 hat Deutschland die gefährliche Wirkung einer falschen Wirtschaftspolitik mit einer experimentellen Klarheit vor Augen geführt bekommen, daß
wir hier einen wissenschaftlichen Fundus haben, den wir zum Nutzen der übrigen
Welt gleichzeitig in die internationale Diskussion stellen müssen. Die Schwere der
Niederlage und die totale Zerstörung des deutschen Marktes haben uns eine konzentrierte Lektion über die Konsequenzen einer falschen Wirtschaftspolitik erteilt. Wir
haben, wie es Röpke formulierte, die Verpflichtung, diese Erfahrungen zum Nutzen
der übrigen Welt auszuwerten. Noch in den 20er Jahren konnte Ludwig von Mises,
der unentwegt und für die Jüngeren sehr eindrucksvoll die Fahne des Altliberalismus
hochhielt, sich kritisch mit dem Interventionismus auseinandersetzen. Erst durch die
Entwicklung vor dem und im Zweiten Weltkrieg gewann die Wirtschaftspolitik eine
so elementare Bedeutung als menschlich politische Grundentscheidung. Es fand sich
eine Gruppe von Nationalökonomen zusammen, die bei verschiedensten Auffassungen dadurch gekennzeichnet waren, daß sie für die Aufgaben der Wirtschaftspolitik
passioniert waren. Ich nenne Hayek, dessen Buch „Der Weg zur Knechtschaft"
überzeugend darlegte, daß geistig-politische Freiheit wirtschaftliche Freiheit voraussetze. Die Stimme Wilhelm Röpkes klang aus der Schweiz herüber. Er war der unermüdliche Interpret eines leidenschaftlichen Einsatzes für die wirtschaftliche Freiheit. In Deutschland begegneten sich die Anhänger der sogenannten Freiburger
Schule. Walter Eucken, der beharrlich seinen als richtig erkannten Weg verfolgte,
Leonhard Miksch, der Mann genialischer Einfälle, und Franz Böhm, mit anderen,
die, wie Ludwig Erhard und ich, von der Marktforschung her schon während des
Krieges auf ihre Weise die Mechanik des Wettbewerbsmarktes, die von der öffentlichen Meinung bestritten wurde, wiederentdeckten. Auf der einen Seite stand der primär ökonomisch orientierte Gedanke des Ordo-Liberalismus, auf der anderen Seite
Vertreter einer mehr gesellschaftspolitischen Gesamtkonzeption, wie sie Rüstow in
seinen Aufsätzen vertrat und ich selbst in meinen Schriften zur Sozialen Marktwirtschaft. Röpke sah sich mit Rüstow in der Mont-Pèlerin-Gesellschaft in die Rolle
nicht unverdächtiger Außenseiter verdrängt, während allgemein in dieser internationalen Gesellschaft liberaler Nationalökonomen die Vorstellung einer Wettbewerbsordnung dominierte. Ich habe den Differenzen innerhalb dieser bedeutenden
Gesellschaft nie sonderliches Gewicht beigelegt, obwohl ich es dennoch als einen
Mangel oder eine Schwäche ansah, daß so viele bedeutende Namen aus aller Welt
sich zusammenfanden, ohne daß der Versuch gemacht wurde, eine Generallinie festzulegen, wie man den Ordnungsgedanken der Wirtschaftspolitik unserer freien Welt
verteidigen wollte.

Darin liegt, wie ich glauben möchte, eine Schwäche der liberalen Wirtschaftspolitik
beschlossen, daß sie sich zwar kritisch mit abweichenden Systemen beschäftigt, aber

dem Gedanken, wie die nach dem Zweiten Weltkriege in Deutschland gefundene und praktizierte Wirtschaftsordnung geistig zu vertiefen, zu erweitern und zu verteidigen sei, weiter keine große Bedeutung beimißt. So kommt es, daß die gegenwärtige offizielle Wirtschaftspolitik in Bonn etwas mokant auf die wirtschaftspolitische Arbeit der letzten zwei Jahrzehnte zurückschaut und ihr mangelnde Mathematisierung, das Fehlen planender Vorausschau und ähnliches vorwirft und auch moniert, daß die meisten Vertreter dieser älteren Schule den Verfeinerungen der neuesten Nationalökonomie einiges Mißtrauen entgegenbringen. In anderthalb Jahrzehnten praktischer Wirtschaftspolitik im In- und Ausland lernte ich, in welcher Bewußtseinsschicht erfolgreiche Wirtschaftspolitik allein betrieben werden kann und daß das Band der Verständigung abreißt, wenn die wirtschaftspolitische Diskussion ihre Grundvoraussetzung, den Doppelaspekt wissenschaftlicher und praktischer Arbeit, aus dem Auge verliert.

Es ist für den Wirtschaftspolitiker, der sich um das Zustandekommen des deutschen Wiederaufbaus bemüht hat, eine triste Erfahrung zu sehen, wie denjenigen Schichten, die an den Erfolgen der Wohlstandsgesellschaft bedenkenlos teilnehmen, unsere Wirtschaftsordnung als Spätkapitalismus abtun, d.h. wohl im Sinne der Sombartschen Terminologie als eine Phase geistiger Erschöpfung. Gleichwohl ist niemals in früherer Zeit die technisch-wirtschaftliche und unternehmerische Entwicklung so rasant gewesen wie heute. Ich will hier nicht auf Begriffe wie Establishment und gesellschaftskonforme Umwandlung eingehen, die den heutigen jugendlichen Revolutionären vorschweben. Diese Utopisten verkennen, daß nie in der Geschichte die Beseitigung des Mangels aller Schichten in den europäischen Industriestaaten und damit eine echte Entpolitisierung so weit geglückt ist wie in diesem System einer Sozialen Marktwirtschaft, die sozialen Fortschritt mit einer allgemeinen Wohlstandssteigerung durch zwei Jahrzehnte hindurch verbunden hat.

Nun wird sicher die Konjunkturpolitik gerade für den engagierten Wirtschaftspolitiker nichts Festes sein. Immer neu begegnen wir, wie Toynbee es formulierte, der Herausforderung wechselnder Situationen, die je eine Antwort erheischen. Dort, wo die offizielle deutsche Wirtschaftspolitik, die das Kommen der Rezession Anfang 1966 noch glatt abstritt, sich konjunkturpolitischer Instrumente bediente, waren sie identisch mit dem, was in der konjunkturpolitischen Literatur als „deficit spending" bezeichnet wurde, und sicher sind es nicht nur die heutigen Leiter der deutschen Wirtschaftspolitik gewesen, die die Durchführung und Vergrößerung der beiden konjunkturpolitischen Programme forderten und so zur verhältnismäßig schnellen Überwindung der Rezession beitrugen.

Nach dem Kriege ist in der Bundesrepublik ein neues wirtschaftspolitisches Ordnungsgefüge geschaffen worden. Die die weltwirtschaftlichen Beziehungen durchsetzenden Liberalisierungsbemühungen taten ein übriges, diesen Gedanken zu verstärken. Aber wer sich kritisch als Wirtschaftspolitiker auf die erreichte Position besinnt, stößt auf bedenkliche Schwächen. Diese liegen einmal darin, daß wir den Gedanken der Sozialen Marktwirtschaft, dem sich auch die SPD nach einem anderthalb Jahrzehnte währenden Ablösungsprozeß von den marxistisch-dirigistischen Vorstellungen in ihrem Godesberger Programm angeschlossen hat, nach außen nicht verteidigen. Wir unterlassen es, die Entwicklungsländer auf die Funktionsweise dieser Ordnung hinzuweisen und setzen der ihnen angeborenen Tendenz, sich dirigistischer Mittel zu bedienen, kaum eine milde Mahnung entgegen. Eine nicht von einer geschlossenen Gruppe - eine solche gibt es nach dem Tode so vieler Neoliberaler nicht mehr - verteidigte Ordnung ist in der freien Welt der Kritik, den Gehässigkeiten und den Angriffen der im Gros nach links tendierenden Intellektuellen ausgesetzt, und wir sehen, daß in den studentischen Auseinandersetzungen der letzten Monate der streng ökonomische Gedankengang durch utopische sozialphilosophische Begriffe ersetzt wurde. Die Verteidigung unserer Ordnung verlangt den Einsatz geistiger Mittel. Hier kann ich nur feststellen, daß unsere Parteien zwar sich gern der erfolgreichen Termini noch bedienen, aber kaum bereit sind, sich auf den Weg eines tieferen Nachdenkens über Aufgabe und Zukunftsmöglichkeiten solcher Sozialordnungen zu begeben.

Dieser bekennerischen Schwäche der Wirtschaftsordnung des Westens steht das Phänomen des östlichen Kommunismus entgegen. Der Kommunismus scheint vordergründig nichts anderes zu sein als ein politisches System, in dem bestimmte wirtschaftspolitische Ziele gesetzt werden, die ein von vielen Vorbildern und Anregern, wie Ricardo und Hegel, abhängiger deutscher Nationalökonom, Karl Marx, verabsolutierte. Sein Versuch einer Gesamtdynamik der Wirtschaft muß wissenschaftlich anerkannt werden. Er ist aber mit zu vielen Irrtümern behaftet, wie man seit langem weiß, um als klassisch gelten zu können. Alle wissenschaftliche Kritik hat dieser zu höchster staatlicher Geltung erhobenen wirtschaftspolitischen Zielsetzung von der Expropriation der Expropriateure, vom zwangsläufigen Zusammenbruch des kapitalistischen Systems usw. jedoch nichts anzuhaben vermocht.

Das eigentliche Wesen des Ostens wird von all denen verkannt, die annehmen, mit einer Steigerung des Lebensstandards im Osten und gar mit gewissen Liberalisierungen im Wirtschaftssystem werde eine langfristige Annäherung der Systeme erfolgen. Man weist mit Recht darauf hin, daß man im Osten Klassenunterschiede kenne, daß bestimmte Versorgungsmöglichkeiten den Wohlhabenden und Funktionären vorbehalten sind, daß man das System und die Technik der Wirtschaftspolitik sehr häufig sogar ändere, man weist darauf hin, daß der Osten der orthodoxen Kirche nicht allzu große Hemmnisse in den Weg legt, aber man übersieht dabei, ungeschichtlich wie wir heute denken, daß dieses kommunistische System die vorläufige Endphase eines Säkularisationsprozesses ist, der seit dem 17. Jahrhundert in der deutschen und europäischen Geistesgeschichte mit stets wechselnden Inhalten und Idolen, zuerst in der Literatur, dann im Theater und in der Philosophie, zuletzt in der

Massenkultur, spürbar ist und den Satz auszusprechen erlaubt, daß der Mensch die
Freiheit, Gott zu leugnen, erkauft mit dem Zwang, diese Welt durch Götzen und
Dämonen bevölkert zu sehen. Der Kommunismus ist, darin befinde ich mich in Bezug auf die Analyse des Säkularisationsprozesses in meinem Buch „Religion und
Wirtschaft" in Übereinstimmung mit dem Franzosen Monnerot, der diesen Charakter
des Kommunismus als Ersatzreligion beschrieben hat. Wenn man der privaten
Frömmigkeit in der für den Staat ungefährlichen Form der Ostkirche Raum gewährt,
wenn man sich am Kultur- und Sportaustausch mit dem Westen beteiligt, so besagt
das wenig gegenüber der zentralen Dogmatik des Kommunismus, in der man Häre-
sie so wenig zu dulden vermag wie es in vielen Kirchen in der Vergangenheit geschah. Man fällt der materialistischen Geschichtsauffassung selbst zum Opfer, wenn
man meint, Warenaustausch und Touristenverkehr könnten an dieser Situation etwas
ändern. Überrascht sein über das Vorgehen der Sowjets in der Tschechoslowakei
kann eigentlich nur derjenige, der diese säkularisierte Glaubensauffassung, die permanent mit dem Begriff des Abweichlers, des Diversanten arbeitet und den überführten Anhängern reuige Schuldbekenntnisse auferlegt, nicht kennt. Man muß,
glaube ich, diese Struktur eines wirtschaftspolitischen Glaubenssystems im Osten bis
hin nach China ganz sehen, um die Aufgabe, die wirtschaftliche und wirtschaftspolitische Ordnung des Westens zu behaupten, klar zu verstehen. Der Westen kann es
sich nicht erlauben, gleichmütig beliebige Kritik nihilistischer Revolutionäre an seiner Ordnung hinzunehmen. Die Vorstellung, man müsse selbst seine Grundordnung
als flexibel begreifen, um so einen Ausgleich zum Osten herbeizuführen, ist bare
Schönfärberei.

Wer eine so nüchterne Tatsache wie die Wirtschaftspolitik mit vollem Engagement
betreibt, wird zwangsläufig zu dem Punkte geführt, an dem es nicht mehr darum
geht, die einzelnen Fragen auszugliedern, ihre Differenzierung zu berücksichtigen
und das Instrumentarium zu verfeinern. Er wird vielmehr die Grenze zum Metaöko-
nomischen überschreiten. Sie ist in den letzten beiden Jahrzehnten dadurch überschritten worden, daß eine Gruppe von Nationalökonomen, die ich nannte, die Wirtschaftspolitik als gesellschaftliche Aufgabe begriff.

Was sich in unserem Zeitalter, wenn wir dieses halbe Jahrhundert nehmen, vollzog,
war, daß sich die Wirtschaftspolitik von der pragmatischen Einzelintervention zur
bewußt gestalteten Gesamtordnung entwickelte. Die Auseinandersetzung zwischen
Ost und West ist so ein im letzten geistiger Gegensatz zwischen einer orthodox-
dogmatischen Wirtschaftspolitik als Glaubensersatz und einer freien Position, als die
ich die Soziale Marktwirtschaft begreifen möchte. In ihr ist eine irenische, die Menschen zusammenführende, ihre Konflikte überbrückende Sozialformel zu sehen. So
ist der Beruf des Wirtschaftspolitikers im letzten dadurch bestimmt, daß er die wesentlichen Grundalternativen, die augenblicklich Ost und West in Spannung halten,
im Bewußtsein der jungen Generation festhält, damit wir nicht im gefährlichen

Quietismus unterlassen, was in dieser Lage unausweichlich ist, dem geistigen Stand-ort des Ostens die klare Antwort entgegenzusetzen, wie Wirtschaftspolitik und Ge-sellschaftspolitik in einer freien Ordnung auszusehen haben und praktiziert werden können.

Blicken wir auf die letzten fünfzig Jahre deutscher und europäischer Wirtschaftspo-litik zurück, so sehen wir, daß die entscheidenden Anstöße von Ideen bestimmt wur-den, die sich oft in einem langsamen Werdeprozeß in der breiten Wirklichkeit der politischen und wirtschaftlichen Organisation durchsetzten. Um gegenüber dem Osten zu bestehen und ihn recht zu begreifen, bedarf es eines steten Engagements des Wirtschaftspolitikers, der den Sinn und den geistigen Anspruch der Idee einer freien und sozialen Ordnung wachsam behütet.

Franz Böhm

DIE BEDEUTUNG DER WIRTSCHAFTSORDNUNG FÜR DIE POLITISCHE VERFASSUNG*

Kritische Betrachtungen zu dem Aufsatz von Ministerialrat Dr. Adolf Arndt über das „Problem der Wirtschaftsdemokratie in den Verfassungsentwürfen"

I.

„Die Menschen haben die Atombombe erfunden, aber sie haben es noch nicht zustandegebracht, ihre Wirtschaft zu ordnen." Man kann dem Freiburger Nationalökonomen Walter Eucken , von dem dieser Satz stammt, nur recht geben. Auch der Verfasser des Aufsatzes über das Problem der Wirtschaftsdemokratie geht von dieser Erkenntnis aus.

Ihn interessiert die Frage der Wirtschaftsordnung allerdings nicht so sehr um ihrer selbst willen als vielmehr wegen des Zusammenhangs, in dem das Problem der politischen Gesamtverfassung steht. Wenn man den Grundgedanken des Aufsatzes in einem Schlagwort zusammenfassen wollte, so könnte man sagen: Ohne gerechte Wirtschaftsordnung keine Demokratie. Denn solange die Menschen in Angelegenheiten ihrer Bedarfsversorgung, ihres Einkommens und ihrer beruflichen Beschäftigung von der Willkür eines Teils ihrer Mitmenschen abhängen, solange sie sich im wirtschaftlichen Alltag dem Machtwillen von Privatpersonen, Privatgesellschaften und Privatverbänden beugen müssen, solange nützt es ihnen nicht viel, wenn sie als Wähler oder Gewählte an der Staatsgewalt teilnehmen dürfen oder durch die Verfassung gegen Willkürakte der Staatsgewalt geschützt werden. Wir verlangen von der Staatsgewalt nicht nur, daß sie ihre eigenen Machtgelüste bändigt und sich beim Gebrauch ihrer legitimen Machtmittel an feste Grenzen und Grundsätze bindet, sondern auch, daß sie wildgewachsene Machtballungen entweder zerstört oder aber in Zaum hält, jedenfalls nicht duldet, daß irgendwo in ihrem Bereich Macht ohne genaue Rechenschaftslegung ausgeübt wird.

Arndt verlang deshalb eine Ordnung der Wirtschaft - oder, wie er sich ausdrückt, eine Ordnung des *Eigentums* -, die uns von der Not und von der Furcht (d. h. von ökonomischen Abhängigkeiten) befreit. Und zwar verlangt er diese Ordnung deshalb, damit wir vom Ökonomischen her überhaupt erst einmal instand gesetzt werden, politisch freie Menschen zu sein. Es handelt sich für ihn nicht um Ökonomie, sondern um Ethik und Politik, nicht um eine Ordnung, die das wirtschafliche Zu-

---

*   in: Die staatliche Einwirkung auf die Wirtschaft, hg. und eingeleitet von Ulrich Scheuner, Dokumentationen zum öffentlichen Recht, Band 2), Athenäum Verlag, S. 85 - 107 [erstmals in: Süddeutsche Juristenzeitung, 1946, S. 141 - 149, Verlag Lambert Schneider, Heidelberg]. Die Herausgeber danken für die Genehmigung zum Wiederabdruck.

sammenwirken zweckmäßig ordnet, sondern um eine Ordnung, die dieses Zusammenwirken so ordnet, daß es jedem möglich wird, von seinen wichtigsten und feierlichsten Grundrechten einen sittlich-politischen Gebrauch zu machen, nämlich „von den Freiheiten des Lebens, des Glaubens und der Rede".

Mit diesem Anspruch tritt Arndt an die das Wirtschaftsleben betreffenden Grundrechtsartikel des bayerischen, württembergisch-badischen und hessischen Verfassungsentwurfs heran. Er stellt die Frage, ob diese Grundrechtsartikel mehr bieten als Zukunftsprogramme und Zukunftsversprechungen, ob sie m. a. W. schon eine aktuelle und konkrete Rechtssatzung, eine echte verfassungspolitische Gesamtentscheidung über unsere künftige Wirtschaftsordnung enthalten.

Es ist immer ein großes Verdienst, wenn in einer Angelegenheit von wichtiger Lebensbedeutung radikal gefragt wird. Wie fruchtbar und richtig die Fragestellung Arndts ist, das zeigt sich schon daran, daß uns in ihrem Lichte die Unzulänglichkeit der süddeutschen Grundrechtsartikel auch ohne weitere Kommentare offenbar wird. Wenn uns Arndt von etwas überzeugt hat, so davon, daß den Urhebern der drei Verfassungsentwürfe eine klare Vorstellung und eine entschiedene politische Konzeption gefehlt hat. Sie haben sich an überkommene Vorbilder gehalten, haben je nach ihrer politischen Gesamthaltung unter den historischen Grundrechten eine Auswahl getroffen, aber ihren Zusammenstellungen fehlt das geistige Band und die sachlich-politische Überzeugungskraft.

II.

Bis hierher kann man dem Verfasser beipflichten.

Wie ist es nun aber im einzelnen mit seiner Kritik an den überkommenen Wirtschaftsordnungen bestellt? Hat er eine klare Vorstellung von ihren Baugedanken, von ihren Schäden? In welchem Umfang und aus welchen Gründen haben sie versagt? Sind sie reformfähig oder handelt es sich um unheilbare Mängel, die in ihrer verfehlten Gesamtanlage begründet sind? Woher stammt die Macht, die einem Teil der Wirtschaftenden aus den Bezirken des Privatrechts und seiner Einrichtungen zuströmt, wie sieht sie aus, worin besteht der Mißbrauch, welches sind seine typischen Formen? Kann diese Macht mit Mitteln der Gesetzgebung, der Rechtsprechung oder der Verwaltung zerstört oder zurückgebildet werden? Genügt eine Reform des Privatrechts, vielleicht nur ein Wandel in der Rechtsauslegung oder muß das öffentliche Recht, der verwaltungsmäßige Staatseingriff bemüht werden?

Und welches sind die Vorstellungen des Verfassers über eine künftige Wirtschaftsordnung?

Wenn wir den Arndtschen Aufsatz nach diesen Richtungen hin prüfen, so können wir folgendes feststellen: Arndt hat zwar eine sehr bestimmte und radikale Ansicht darüber, von welchem Typus unsere künftige Wirtschaftsordnung sein muß: er hält es für ausgemacht, daß nur eine *Planwirtschaft* in Betracht kommt. Aber im übrigen bleibt er uns alle und jede Rechenschaft schuldig. Zwar versucht er seine Entscheidungen zugunsten der Planwirtschaft zu begründen, aber diese Begründung, die mit wenigen Sätzen abgetan wird, beruht auf einem Irrtum und weist außerdem den schweren Fehler auf, daß sie nicht gewonnen wird auf Grund eines gedanklichen Eindringens in die Sachverhalte, sondern aus dem bloßen Spiel mit einem Wort. Dieses Wort ist die „Wirtschaftsdemokratie".

Wir werden gleich sehen, wo der Fehlschluß liegt, der dem Verfasser unterlaufen ist. Bevor wir aber zur Sache selbst übergehen, müssen wir uns mit dem Verfahren auseinandersetzen, das er beobachtet. Und zwar sehen wir uns dazu deshalb genötigt, weil wir diesem Verfahren überaus häufig begegnen, wo immer Juristen zur Frage der Wirtschaftsordnung das Wort ergreifen. Worin aber besteht dieses Verfahren? Sehr einfach darin, daß man die Frage, für welches Wirtschaftssystem sich die Rechtsordnung entscheiden und wie sie dieses System rechtstechnisch ausbauen soll, zu lösen versucht, ohne sich mit dem zu regelnden Gegenstand, nämlich mit der Wirtschaft und ihren möglichen Ordnungen wissenschaftlich zu befassen. Da der Jurist zu diesem Behuf einer anderen Wissenschaft, nämlich der Nationalökonomie bedürfte, in der er nicht zuhause ist und die ihm sehr häufig nicht liegt, hält er nach Notbehelfen Umschau, die es ihm gestatten, dem Problem sozusagen von außen her beizukommen, sei es mit moralischen, sei es mit politischen, sei es mit staatsrechtlichen oder aber mit rechtsphilosophischen Gesichtspunkten. Ja er geht sogar noch weiter. Er will nicht nur - als Jurist - für seine Person ins Gespräch kommen und seine juristischen Argumente ohne genaue Kenntnis der zu regelnden Lebensverhältnisse zur Geltung bringen, sondern er wünscht zugleich einer Begegnung mit Nationalökonomen auszuweichen. Zu diesem Behuf erklärt er die Männer der Wirtschaftswissenschaften für „Sachverständige", „Fachleute", „Wirtschaftsexperten" u. dgl., die auf dem Korridor zu warten haben, bis sie in den Saal gerufen werden, um auf bestimmte Fragen gutachtlich zu antworten, und die vielleicht überhaupt nicht gebraucht werden. Man erklärt, die zu lösende Frage sei in ihrem ganzen Umfang eine politische oder ethische oder philosophische oder staatsrechtliche; es handle sich gar nicht um ökonomische Zusammenhänge, die im Grunde ja bloß reine Zweckmäßigkeitszusammenhänge oder gar Kausalzusammenhänge seien. Die wirtschaftswissenschaftliche Seite des Problems wird sozusagen zu einer banausischtechnisch-fachmännischen Angelegenheit dritten und vierten Ranges erklärt. Und damit geht dann die Entscheidung darüber, welches Wirtschaftssystem sich mit einer bestimmten politischen Verfassung, z. B. also mit der Demokratie verträgt, in die wissenschaftliche Kompetenz des Juristen, des Staatsrechtlers über; er bedarf weder der Methoden noch der Ergebnisse, noch endlich des Anschauungs- und Erfahrungsmaterials der Nationalökonomen, um zu einem schlüssigen Urteil zu gelangen. In eben diesen Fehler scheint mir der Verfasser verfallen zu sein. Er schreibt:

„Nicht um Ökonomie, sondern um Ethik handelt es sich, nicht um Wirtschaftsme-
thoden, sondern um Politik. Wirtschaften läßt sich auf die eine oder andere Weise;
jede wird ihre Vorzüge und Nachteile haben, aber in beiden stecken Entwicklungsmöglichkeiten; doch nicht das wird hier zu entscheiden sein, worüber sich Wirtschaftsexperten streiten könnten, sondern der Verfassungsgesetzgeber wird das für
die Zukunft, für Leben und Tod des Volkes rechtskräftige Urteil zu fällen haben: wie
um der Freiheiten des Lebens, des Glaubens und der Rede, um der Freiheit von Not
und der Freiheit von Furcht willen das Eigentum zu ordnen ist, ob die Demokratie
auch Wirtschaftsdemokratie sein muß."
Arndt hält also die Frage, ob die Demokratie Wirtschaftsdemokratie und die Wirtschaft infolge dessen Planwirtschaft sein muß, für eine Angelegenheit, die infolge
ihrer hochpolitischen Beschaffenheit die „Wirtschaftsexperten" (d. h. also unpoliti-
sche pouvoir neutres - s. Carl Schmitt -) nichts angeht, die ihrem Streit entzogen
bleiben muß.
Es ist nun sehr notwendig, einmal überzeugend und unmißverständlich klarzustellen,
daß es so nicht geht. Gerade weil jedes Wirtschaftssystem von ganz bestimmten Ent-
artungsgefahren bedroht ist, weil bei jedem von ihnen die Frage der wilden Macht-
bildung und des Machtexzesses eine verhängnisvolle Rolle spielt, weil also die Entscheidung zugunsten des einen oder anderen oder eines vermischten Systems und die
Art seiner Verwirklichung weitreichende politische, rechtliche und moralische Folgen hat, weil es zudem in der Tat die spezifische Aufgabe des Juristen ist, vor allem
die außerökonomischen, rechtlichen, ethischen und politischen Gesichtspunkte zur
Geltung zu bringen, gerade deshalb muß Klarheit darüber bestehen, daß der Jurist,
wenn er seiner Aufgabe gewachsen sein will, die *ökonomische Seite des Gesamtpro-
blems* als die hauptsächliche Seite wenigstens in ihren elementarsten Zusammenhängen beherrschen muß. Wirtschaften heißt: Mangel überwinden. Und arbeitsteilig
wirtschaften heißt: den Mangel mit gemeinsamen Kräften überwinden. Aufgabe der
Wirtschaftsverfassung ist es, die bestmöglichen Voraussetzungen dafür zu schaffen,
daß die am Wirtschaftshergang beteiligten Rechtsgenossen *sinnvoll* zusammenwirken und daß das Ergebnis ihres Zusammenwirkens nach einem Schlüssel verteilt
wird, der sich vor dem Richterstuhl der sozialen *Gerechtigkeit* verantworten läßt.
Das Ineinandergreifen der Verrichtungen aller Beteiligten bei der Erzeugung und
Verteilung des Sozialprodukts, das und nichts anderes ist zunächst der vom Recht
geregelte oder zu regelnde *Tatbestand*. Über diesen Tatbestand muß man Bescheid
wissen, wenn man beurteilen will, ob die geltende Regelung des Rechts zweckmäßig
oder unzweckmäßig, gerecht oder ungerecht, sittlich oder unsittlich ist, welche anderen Möglichkeiten der Regelung noch zu Gebote stehen und welche von ihnen den
Vorzug verdient.
Während nun aber zahllose Tatbestände, die von der Rechtsordnung geregelt werden, von verhältnismäßig einfacher, unmittelbar anschaulicher Art sind, so daß der

Jurist keines besonderen Spezialwissens, keiner außerjuristischen wissenschaftlichen Schulung bedarf, um sie zu verstehen und zu beurteilen (- hierfür reicht vielmehr in der Regel seine Alltagserfahrung, seine Allgemeinbildung, sein gesunder Menschenverstand und seine Phantasie aus -), so liegen doch die Dinge in jenen Fällen anders, die dadurch gekennzeichnet sind, daß der vom Recht zu regelnde Tatbestand ein *sozialer Gesamttatbestand*, d. h. ein ganzer Ausschnitt aus dem gesellschaftlichen Zusammenwirken der Menschen (Wirtschaft, Erziehung, Gesundheitspflege) ist und daß es sich auf Seiten des Rechts nicht so sehr um einzelne Rechtssätze und Rechts-Einrichtungen, als vielmehr um politische *Gesamtentscheidungen*, also um *Teilverfassungen* sozialer Arbeitsvorgänge handelt. Das gilt insbesondere für den Gesamttatbestand „Wirtschaft". Es ist der Grundfehler fast aller Laien, daß sie unter Wirtschaft ein „Gebilde" verstehen und daß sie dieses Gebilde personifizieren (Wirtschaft = IG Farben + Vereinigte Stahlwerke + AEG + Großbanken + Börse). Der von der rechtlichen Regelung erfaßte Gesamtsachverhalt „Wirtschaft" ist aber kein Gebilde, sondern ein *Arbeitsvorgang*. Dieser Arbeitsvorgang aber ist von so unübersehbar zusammengesetzter und verwickelter Beschaffenheit, daß er sich von der sinnlichen Wahrnehmung und Anschauung in seiner Gesamtheit absolut und unerbittlich entzieht. Es ist völlig ausgeschlossen, mit Hilfe der Alltagserfahrung zu einer Einsicht in die Ordnungszusammenhänge dieses Arbeitsvorganges zu gelangen. Der gesunde Menschenverstand, unsere Allgemeinbildung, unsere Vorstellungskraft lassen uns hier vollkommen im Stich. Nur grundsätzliches und radikales Fragen, wie es für wissenschaftliches Denken kennzeichnend ist, hilft uns hier weiter. Wir Juristen bedürfen dann also einer außerjuristischen Wissenschaft, um den Tatbestand, mit dem wir uns zu beschäftigen haben, soweit zu verstehen, daß wir ihn juristisch beurteilen können, ihn juristisch in den Griff bekommen. Wir müssen ihn nationalökonomisch aufbereiten, um ihn verfassungsrechtlich zu meistern. Wenn wir uns aber dieser Notwendigkeit zu entziehen versuchen, wenn wir glauben, wir könnten die Wahl zwischen Planwirtschaft und einem anderen Wirtschaftssystem, also etwa dem sogenannten freien Spiel der Kräfte, treffen, ohne uns für den ökonomischen Sachverhalt zu interessieren, handeln wir etwa wie Rosenkranz und Güldenstern, als sie versuchten, mit ganz bestimmten politischen Absichten, aber ohne innere Anteilnahme am Gegenstand ihres Interesses das Geheimnis von Hamlets Schwermut zu enthüllen. Wir müssen uns dann aber auch darauf gefaßt machen, daß uns „die Wirtschaft" die gleiche Lektion erteilt, die Hamlet seinen beiden Schulfreunden mit Hilfe der Flöte zuteil werden läßt: „Seht ihr nun, was für ein nichtswürdiges Ding ihr aus mir macht? Ihr wollt auf mir spielen, ihr stellt euch, als kennet ihr meine Griffe, ihr wollt in das Herz meines Geheimnisses dringen, ihr wollt mich von der tiefsten Note bis zum Gipfel meiner Stimme hinauf prüfen - und in dem kleinen Instrument hier steckt viel Musik, eine vortreffliche Stimme, trotzdem könnt ihr es nicht zum Sprechen bringen. Glaubt ihr, daß ich leichter zu spielen bin wie eine Flöte? Nennt mich was für ein Instrument ihr wollt; ihr könnt mich zwar verstimmen, aber nicht auf mir spielen."

III.

Wie sieht nun die Begründung aus, mit der Arndt seine Entscheidung zugunsten der Planwirtschaft rechtfertigt? Versuchen wir, uns den Gedankengang noch einmal im Zusammenhang zu vergegenwärtigen.

Der Verfasser sagt, es gelte, die „Macht" in den Dienst der Grundrechte zu stellen. (I). Dabei ergibt sich aus dem, was zuvor gesagt ist, daß Arndt bei der „Macht" nicht an die Macht des Staates denkt (- gegen die den Bürger zu sichern verfassungsgeschichtlich der Sinn der Grundrechte war -), sondern an die *Macht von Privatpersonen*, insbesondere an die Macht von *Eigentümern an Produktionsmitteln*. Arndt fordert also, daß in Zukunft die Grundrechte *auch gegen private Machtträger* gesichert werden sollten. Dieser Forderung wird man nicht nur ohne jeden Vorbehalt beipflichten müssen; es gilt vielmehr zu betonen, daß es sich hier um eine *verfassungspolitische Aufgabe allererster Ranges und größter Dringlichkeit* handelt.

Aus diesem Grunde, meint Arndt, habe man in der Zeit der Weimarer Republik die „Wirtschaftsdemokratie" verlangt. Später sei der Nationalsozialismus gekommen und habe den Begriff verfälscht. Unter dem Eindruck der dadurch angerichteten Verwirrung verstehe man heute vielfach unter Wirtschaftsdemokratie eine Wirtschaft, die *„in sich"* selbst demokratisch verfaßt sei, also sich im Zustand der *„Selbstverwaltung"* befinde. Wirtschaftliche Selbstverwaltung aber bedeute Eigenleben der Wirtschaft im Staat, Freiheit der Wirtschaft vom Staat.

Eine solche Wirtschaft jenseits der demokratischen Politik und frei von der demokratischen Politik dürfe jedoch die Demokratie nicht dulden. Für das wahre politische Verständnis habe daher der Begriff Wirtschaftsdemokratie eine ganz andere Bedeutung und zwar besage er: *Unterordnung der Wirtschaft unter die politische Demokratie*, Gewalt der demokratischen Politik auch über die Wirtschaft. Dies sei auch nach der Entstehungsgeschichte des Wortes der eigentliche Sinn des Begriffes Wirtschaftsdemokratie gewesen. (I, Schlußabschnitt).

Der Verfasser unterbricht an dieser Stelle seinen Gedankengang, um sich in den Abschnitten II bis V vor allem mit dem Eigentumsbegriff und dem Grundrecht der Eigentumsfreiheit auseinanderzusetzen. Er nimmt den Faden erst zu Beginn des Abschnitts V wieder auf. Hier wird dann allerdings gleich in den ersten Zeilen Planwirtschaft gefordert.

Man könnte glauben, daß in den Argumentationen des Verfassers an dieser Stelle einige Zwischenglieder fehlen. In Wirklichkeit läßt sich aber der Gedankengang leicht rekonstruieren. Arndt meint, der Verfassungsgesetzgeber habe nur die Wahl zwischen Planwirtschaft und dem „freien Spiel der Kräfte". Freies Spiel der Kräfte aber bedeute Freiheit der Wirtschaft vom Staat, Selbstverwaltung der Wirtschaft und infolgedessen das Gegenteil von Wirtschaftsdemokratie. Gewalt der demokratischen Politik auch über die Wirtschaft jedoch, - d. h. echte Wirtschaftsdemokratie - bedeute *staatliche Wirtschaftslenkung*, d. h. aber *Planwirtschaft*. Über die Art der staatlichen Wirtschaftslenkung sagt der Verfasser nicht viel; aber was er sagt, zeigt, daß er sich dabei eine *sehr straffe, umfassende und totale Wirtschaftssteuerung* vorstellt. Denn er ist nicht einmal mit dem Artikel 113 Abs. 1 des bayrischen Verfassungsentwurfs zufrieden, obwohl diese Bestimmung mit aller wünschenswerten Deutlichkeit sagt: „Die Volkswirtschaft wird nach einem einheitlichen Plan durch die Staatsregierung geleitet". Arndt wünscht vielmehr genau zu wissen, um was für eine Art von Plan es sich da handelt und worauf er sich erstreckt. Offenbar ist sein Mißtrauen durch den Artikel 122 geweckt worden, der die zentrale Verteilung der Kredite an die einzelnen Unternehmungen durch den Staat vorsieht. Der Verfasser scheint zu befürchten, daß sich Bayern mit der zentralen Kreditverteilung begnügen könnte; er ist offenbar - zweifellos in gründlicher Verkennung der wirklichen Zusammenhänge und der modernen Lenkungstechnik - der Meinung, daß das eine zu milde und liberale Methode des zentralen Lenkens sei. Die ganze Wirtschaft muß es sein.

So der Gedankengang des Verfassers.

Ihm ist folgendes entgegenzuhalten:

Zunächst einmal *historisch*. Arndt befindet sich vor allem in einem Irrtum darüber, welchen Inhalt der Begriff „Wirtschaftsdemokratie" zur Zeit des Weimarer Staates gehabt hat. Hiermit aber verhält es sich folgendermaßen:

Unter der Bezeichnung „Wirtschaftsdemokratie" hat der Allgemeine Deutsche Gewerkschaftsbund im Jahre 1928 der Öffentlichkeit eine Programmschrift vorgelegt (herausgegeben von Fritz Naphtali, erschienen in der Verlagsgesellschaft des Allgemeinen Deutschen Gewerkschaftsbundes GmbH, Berlin). In der Einleitung („Begriff und Wesen der Wirtschaftsdemokratie") heißt es auf Seite 14 (der 2. unveränderten Auflage von 1928):

„Kurz zusammengefaßt darf man sagen, daß es zwei Wege sind, die in der Forderung der Wirtschaftsdemokratie sich kreuzen: der eine geht aus von der Kritik der Unzulänglichkeit der politischen Demokratie, der andere von der Kritik der wirtschaftlichen Autokratie. Wirtschaftsdemokratie ist einerseits eine Art der Demokratie, d. h. die wirtschaftliche Demokratie im Unterschied und in Ergänzung zur politischen Demokratie, andererseits ist sie eine Form der wirtschaftlichen Verfassung, die demokratische Verfassung der Wirtschaft im Unterschied und im Gegensatz zu der wirtschaftlichen Autokratie".

Wir sehen, es verhält sich genau umgekehrt, wie Arndt annimmt. In der Weimarer Republik verstand man unter Wirtschaftsdemokratie nicht die Herrschaft der politischen Demokratie über die Wirtschaft - die Verfasser der Programmschrift hielten die politische Demokratie vielmehr aus ganz bestimmten Gründen, die dort näher ausgeführt sind, für nicht geeignet, diese Herrschaft auszuüben -, sondern in der Tat eine Verfassung der Wirtschaft selbst. U. zw. eine Verfassung, die wir mit viel besserem Recht als eine „Selbstverwaltung" der Wirtschaft ansprechen dürfen, als dies dem sogenannten „freien Spiel der Kräfte" gegenüber zulässig sein würde. Die Verfasser der Programmschrift unterscheiden nämlich zwei Formen der kapitalistischen Wirtschaft, erstens den unorganisierten, individualistischen Kapitalismus der freien Konkurrenz und zweitens den organisierten Kapitalismus der kapitalistischen Riesenorganisationen und monopolistischen Marktbeherrschung durch Kartelle, Trusts usw. An diese zweite Form des Kapitalismus, die man am besten als *vermachtete Verkehrswirtschaft* bezeichnen sollte, will die „Wirtschaftsdemokratie" des Allgemeinen Deutschen Gewerkschaftsbundes anknüpfen. Die Absicht geht dahin, den Riesenorganisationen, Kartellen, Marktverbänden und Konzernen, die man ihrer wirtschaftsorganisierenden Tendenz wegen beizubehalten wünscht, den „autokratischen" Charakter zu nehmen u. zw. dadurch, daß man sie einzeln und in sich selbst mit demokratischen parlamentarischen Verfassungen ausstattete. So dachte man sich z. B. die Leitung der Kartelle in die Hand kleiner parlamentarischer Gremien verlegt, die sich aus Vertretern der Unternehmer, der Arbeiter und der Konsumenten (Konsumvereine) zusammensetzen sollten. Von diesen Gremien sollten dann die Preise, Kontingente, Lieferbedingungen usw. bestimmt werden und zwar im Wege der Verhandlung, wobei für den Fall der Nichteinigung an die Möglichkeit einer staatlichen Zwangsschlichtung gedacht war. Also eine vermachtete Verkehrswirtschaft mit dezentralisierter, intern demokratischer Willensbildung und subsidiärer Staatsschlichtung in Ausnahmefällen. Obwohl die Verfasser der Programmschrift an verschiedenen Stellen von „Planwirtschaft" als einem anzustrebenden Ziel sprechen, wird man die „Wirtschaftsdemokratie" in dieser Gestalt doch wohl kaum als Planwirtschaft ansprechen dürfen; denn von einem zentralen Wirtschaftsplan ist hier nicht die Rede. Es handelt sich vielmehr um einen Pluralismus von Wirtschaftsplänen, von denen jeder für sich, und ohne Rücksicht auf die anderen kartellierten oder nicht kartellierten Märkte und ihre Pläne, im Wege des internen Kompromisses zwischen den unmittelbar Beteiligten ausgehandelt werden sollte. *Kartelle mit parlamentarischer Verfassung* - so etwa sah die Grundlösung des Ordnungsproblems im Programm der Wirtschaftsdemokratie aus.

Soviel zur Vorgeschichte des Begriffs „Wirtschaftsdemokratie". Nun aber zur sachlichen Kritik der Arndtschen Beweisführung selbst. Arndt meint, es widerspreche dem Wesen einer politischen Demokratie - oder besser, es gefährde den Bestand und die Zielsetzung einer politischen Demokratie, wenn sie „der" Wirtschaft „Selbstverwaltung" gewähre und dulde, daß „die" Wirtschaft ein Sonderdasein frei vom Staate führe. Aus diesem Grunde müsse der demokratische Staat die Wirtschaft unmittelbar steuern und zwar durch einen zentralen Wirtschaftsplan, der verfassungsrechtlich ähnlichen Bestimmungen zu unterwerfen sei wie etwa der jährliche Haushaltsplan.

Hierzu ist folgendes zu sagen:

1. Selbstverwaltung setzt einen Träger voraus. „Die" Wirtschaft ist kein möglicher Träger von Selbstverwaltungsrechten, denn sie ist kein handlungsfähiges Gebilde, es sei denn, der Gesetzgeber macht sie dazu. Bisher war sie es nicht, auch nicht im nationalsozialistischen Staat.

2. Von Selbstverwaltung spricht man, wenn Angelegenheiten der öffentlichen Verwaltung nicht vom Staat, sondern von einem engeren, nur die unmittelbar Beteiligten umfassenden Verband besorgt werden. Ob nun aber von oben und außen her der Staat eine Gemeinde oder eine Universität verwaltet oder ob sich Gemeinden und Universitäten selbst verwalten - in beiden Fällen wird jedenfalls *„verwaltet"*. D. h. in beiden Fällen wird nach einem umfassenden und einheitlichen *Plan* verfahren. Gerade dieses Merkmal aber fehlt bei der Wirtschaft. Die Wirtschaft hat sich, - wenigstens seitdem es eine moderne Industriewirtschaft gibt, - niemals in diesem Sinne selbst „verwaltet". Im ersten Weltkrieg und dann wieder seit 1936 ist die deutsche Wirtschaft - zuerst in bescheidenem, später in breitestem Umfang vom *Staat* aufgrund eines zentrales Planes gesteuert worden. Im Jahrhundert vor dem ersten Weltkrieg und später wieder in den Jahren zwischen 1923 und 1936 existierte dagegen überhaupt kein die Wirtschaft im ganzen steuernder Plan und auch kein Wille, der einen solchen Plan aufgestellt und vollzogen hätte. Während dieser ganzen Zeiträume wurde die Wirtschaft durch das *Preissystem* gesteuert. D. h. - juristisch gesprochen - nicht durch einen Plan, sondern durch ein *Verfahren*. Es gab nicht einen übergeordneten, einheitlichen und umfassenden Plan, wohl aber gab es *zahllose Teil-Wirtschaftspläne* und zwar die Wirtschaftspläne von Millionen von Haushalten und Hunderttausenden von Betrieben. Diese Wirtschaftspläne waren einander nicht subordiniert, sondern koordiniert; sie spielten sich aufeinander ein durch die Vermittlung des Preissystems, das seinerseits wieder das Ergebnis eines teils von der Rechtsordnung vorgesehenen, teils rein faktisch beobachteten Verfahrens war. Es ist durchaus unzulässig und bedeutet eine völlige Auflösung fester juristischer und politischer Begriffe, wenn man einen solchen Einpendelungsvorgang als „Selbstverwaltung" bezeichnet.

3. Eine Wirtschaft, die nicht durch einen zentralen Willen, sondern durch das Preissystem oder ein andere Koordinationsverfahren gesteuert wird, braucht keinesfalls eine Wirtschaft zu sein, die „frei vom Staat" oder abseits vom Staat ein „Eigenleben" führt. Die eigenartige Vorstellung, als vergebe sich der Staat etwas, als begehe er einen Verrat an seiner Führungsmission, wenn er es zulasse, daß wichtige soziale Lebensbereiche auf andere Weise als durch unmittelbaren Staatsbefehl und direkte politische Weisung gelenkt werden, hat sich seit dem Auftreten von Carl Schmitt bei vielen Staatsrechtlern geradezu zu einer Art von Zwangsvorstellung verdichtet. Man sollte sich heute von dieser Zwangsvorstellung freimachen. Nicht so sehr wegen ihres undemokratischen Ursprungs als vielmehr deswegen, weil sie auch in demokrati-

scher Fassung letzten Endes doch vor allem an unsere autoritären, totalitären, despo-
tischen Machtinstinkte appelliert. Wer von dieser Idee besessen ist, erblickt in jeder
Freiheit, in jeder Autonomie, in jedem „Eigenleben" eine Gefahr für die politische
Einheit, für die politische und soziale Ordnung, für den Erfolg politischer Planungen, für die Autorität der Staatsgewalt und für die „Integrationskraft" von Staatsver-
fassungen. Es ist ein durchaus despotischer, tyrannischer Geist, der dieser Haltung
zugrundeliegt: „Die wenig Bäume, nicht mein Eigen, vergällen mir den Weltbesitz!"
Es liegt aber jener Vorstellung außerdem auch noch ein Irrtum zugrunde. Nämlich
eine viel zu grobe und enge Auffassung von den Möglichkeiten, Formen und Methoden politischen Führens. Leider handelt es sich hier um einen typisch deutschen
Irrtum. Um den Irrtum nämlich, als gebe es nur einen einzigen Weg, politische Absichten und Pläne zu verwirklichen und zwar den Weg der *unmittelbaren Aktion*, des
unmittelbaren Befehls, der *unmittelbaren Repräsentation*. Nur wo es zugeht wie in
einer Anstalt oder auf einem Kasernenhof, vermag dieses Denken Ordnung und
Autorität wahrzunehmen. Welche Verblendung! Welche Blindheit gegenüber den
feineren, weisheitsvolleren, kultivierteren, menschenwürdigeren, intelligenteren Methoden politischen Führens! Kann man denn nicht auch auf mittelbare, indirekte
Weise die Menschen lenken? Hat man das nicht seit jeher getan, zu Zeiten mit ganz
ungewöhnlichem Erfolg? Hat sich der Staat nicht immer wieder zu seinem eigenen
Ruhm und zum Nutzen seiner Bürger auf die *organisierende Kraft* gewisser Einrichtungen, z. B. des Privatrechts, also etwa des Tausches (Prinzip des Entgeltlich-
keitsverhältnisses von Leistung und Gegenleistung), der strengen Haftung für Geschäftsschulden, des Wettbewerbs und - nicht zuletzt - auch des Privateigentums
verlassen? Oder man denke daran, welche geradezu erstaunliche politische Steue-
rungskraft einer guten *Währungsordnung und Geldverfassung* innewohnt. In Zeiten
guten Funktionierens wird sich allerdings nur der geschultere Geist dieser etwas
verwickelten Ordnungszusammenhänge bewußt; sobald aber gröbere Störungen im
Geldwesen eintreten, also z. B. im Falle einer Inflation oder einer Deflation, dann
spürt schließlich jeder einzelne von uns in seinem Alltagsdasein, daß irgendwo in
der Lenkung etwas Unheilvolles geschehen sein muß, daß hier offenbar ein Ordnungsfaktor plötzlich ausgefallen ist.

4. Es verhält sich also keineswegs so, daß eine Wirtschaft, die nicht vom Staat durch
Befehl oder direkte Aktion gesteuert wird, schon aus diesem Grunde dem staatlichen
Einfluß und der politischen Einwirkung überhaupt entzogen wäre. Die zentrale Wirtschaftssteuerung auf Grund eines zentralen Wirtschaftsplanes ist vielmehr nur *eine*
wirtschaftspolitische Gestaltungsmöglichkeit *unter mehreren*. Und zwar handelt es
sich bei ihr um die *vermessenste* und zugleich *gröbste* Art wirtschaftlichen Führens.
Daneben gibt es die Möglichkeit, die wirtschaftlichen Abläufe mittels eines *rechtlich
geordneten Verfahrens* und mittels einer klug berechneten Einwirkung auf *Außen-
weltsfaktoren* mittelbar zu beeinflussen. Es ist dies eine Methode des Führens, bei

der sich der Staat allerdings von vornherein selbst ganz bestimmte, in der Logik des jeweils gewählten Verfahrens begründete *Beschränkungen* auferlegt, also, wenn man so will, eine bescheidenere Form, seinen politischen Willen zur Geltung zu bringen. Viele Staatsrechtler der neueren Schule können sich schlechterdings nicht von dem Vorurteil frei machen, daß solche Selbstbescheidung für einen Staat etwas Schmachvolles sei. Sie sind so verdorben durch die Gewöhnung an das moderne Dreinfahren mit Propaganda und Organisationswut, daß sie gar keinen Blick mehr dafür haben, um wieviel höher eine Staatskunst steht, die sich jener anderen, bloß mittelbar einwirkenden Lenkungsmethoden mit Geschick und folgerichtiger Beharrlichkeit zu bedienen weiß, ja daß sie selbst beim Blick auf die Geschichte gar nicht wahrnehmen, welche bedeutenden Dauererfolge sich zuweilen mit ihrer Hilfe haben erzielen lassen.

Ob und wann die indirekte Lenkungstechnik zum Erfolg führt, hängt allerdings von der Ordnungskraft des gewählten Verfahrens sowie davon ab, ob es gelingt, diejenigen äußeren Verhältnisse zu schaffen, die gegeben sein müssen, wenn das Verfahren seine ihm innewohnenden ordnenden Eigenschaften voll entfalten soll. Es ist aber kein Grund einzusehen, warum man einem Staat die Auswahl zwischen den verschiedenen, an sich möglichen und erfolgversprechenden Ordnungssystemen verkümmern will. Und vollends unverständlich scheint es mir zu sein, warum sich gerade eine Demokratie eine solche Beschränkung ihrer politischen Handlungs- und Ermessensfreiheit sollte gefallen lassen.

5. Und nun komme ich zu dem gewichtigsten Einwand, den ich gegen die Behauptung Arndts zu erheben habe, daß nämlich für eine Demokratie nur Planwirtschaft in Frage komme. Die Planwirtschaft oder - um den wissenschaftlich exakteren Ausdruck zu gebrauchen - die „Zentralverwaltungswirtschaft"[1] ist nämlich unter allen möglichen Wirtschaftssystemen dasjenige, das sich *am wenigsten mit der Freiheit verträgt*. Arndt selbst scheint das zu sehen; denn er schreibt, es sei die Aufgabe des „demokratischen Wirtschaftsplans", „über die Verwendung der Arbeitskraft des Volkes und der Grundstoffe, die der Allgemeinheit gehören, zu bestimmen". Das bedeutet aber nicht mehr und nicht weniger, als daß der demokratische Wirtschaftsplan über *schlechthin alles* zu bestimmen hat; denn Arbeitskräfte, Kohle, elektrischen Strom, Benzin und Eisen braucht jeder Friseur, Hosenträgerfabrikant und Taxi-Unternehmer. Man kann sich gar nicht eindringlich genug vergegenwärtigen, daß es in der Zentralverwaltungswirtschaft nur einen einzigen Planträger gibt, nämlich den Staat, und nur einen einzigen Wirtschaftsplan, nämlich den politischen Zentralplan. Alle Wirtschaftstätigen - mit Ausnahme derer, die den Zentralplan feststellen -, sind bloße ausführende Organe, bloße Planvollstrecker; soweit sie überhaupt Bewegungsfreiheit haben, handelt es sich um die Ermessensfreiheit des unter-

---

1   S. W. Eucken, Die Grundlagen der Nationalökonomie, 4. Aufl. Jena 1944, S. 97, 153ff.

gebenen Funktionärs, um die Freiheit zu sinngemäßen Gehorsam in Anpassung an unvorhersehbare Lagen, niemals aber um Autonomie, auch nicht um die bescheiden- ste Privatautonomie[2]. Der Auftrag, nach einem Zentralplan zu regieren, macht die Staatsgewalt zur totalen Herrin über den wirtschaftlichen Alltag eines jeden von uns, erlaubt es ihr, nein, zwingt sie dazu, uns bis in unsere Feierabendsfreuden und Wohnküchen hinein zwangszubewirtschaften. Denn darüber müssen wir uns klar sein: das staatliche Monopol der Produktionsplanung zieht unvermeidlich auch die Freiheit der Konsumwahl in Mitleidenschaft, wie wir es bereits während des zweiten Vierjahresplans zu fühlen bekommen haben, als es plötzlich mitten im Frieden keine Anzüge mehr gab und die Butter und der Kaffee knapp wurden.

Wenn also der Verfasser behauptet, nur die Planwirtschaft vertrage sich mit der De- mokratie, so möchte ich dieser Behauptung die gegenteilige These entgegensetzen: *Die Planwirtschaft ist das sichere und unvermeidliche Ende der Demokratie.* Denn dieses System mutet dem Staat eine Aufgabe zu, die bis zum heutigen Tage noch niemals in der Geschichte von Menschen gelöst worden ist; von der man mit sehr triftigen Gründen bezweifeln muß, daß sie für menschliche Kräfte überhaupt lösbar ist. Wenn sie aber - und sei es auch nur sehr im Groben - lösbar sein sollte, dann muß der Staatsgewalt eine Machtvollkommenheit - und zwar eine *Blanko*machtvoll- kommenheit - eingeräumt werden, mit der verglichen sich das Hitlersche Ermächti- gungsgesetz von 1933 beinahe konstitutionell ausnimmt und vor der unsere Grund- rechte dahinschmelzen werden wie Schnee in der Tropensonne. Es ist schlechter- dings unmöglich, diese Aufgabe in den Formen parlamentarischen Regierens zu be- wältigen. Die einzige große Macht, die bisher das System der zentralen Wirtschafts- steuerung bewußt, aus Grundsatz und zwar *im Dienst sozialistischer Zielsetzungen* verwirklicht hat, nämlich Sowjetrußland, ist kein parlamentarisch regiertes Staats- wesen; die innere Verfassung der Sowjetrepubliken beruht auf dem Ein-Partei-Sy- stem und räumt der Exekutivgewalt umfassende Dauervollmachten ein. Über die Leistungsfähigkeit des Systems läßt sich auf Grund des bisher vorliegenden und zu- gänglichen Erfahrungsmaterials kein schlüssiges Urteil gewinnen; die Dinge befin- den sich hier immer noch im Stadium des geschichtlichen Großversuchs.

Bei den anderen Wirtschaftsnationen aber war die Zentralverwaltungswirtschaft bis- her entweder überhaupt nicht oder nur vorübergehend und improvisationsweise ver- wirklicht. Und zwar war sie hier die *typische Wirtschaftsordnung des Krieges und der Aufrüstung.* In dieser Erscheinungsform hat sich das zentrale Steuerungssystem

---

2 Bloß bei der Wahl des Arbeitsplatzes und bei Konsumentscheidungen kann dann noch echte Auto- nomie vorkommen. Arbeiter und Konsumenten können dann unabhängige Wirtschaftspläne auf- stellen. Wie weit sie aber mit ihren freien und autonomen Plänen kommen, hängt vollständig vom Belieben des Staates ab, der sowohl als Nachfrager nach Arbeit, wie auch als Anbieter von Gütern und Leistungen, eine totale Monopolstellung innehat. Er kann auf die Pläne seiner Bürger reagie- ren, braucht es aber nicht.

indessen schlecht bewährt; es hat sich als eine auf lange Sicht wenig leistungsfähige Ordnung erwiesen. Es sind schlechterdings keine Vorteile wahrzunehmen, die den Nachteil aufwögen, der darin liegt, daß hier die Gesamtheit der wirtschaftenden Staatsbürger jedesmal in den Zustand einer drückenden, politisch und moralisch verhängnisvollen Staatshörigkeit überführt worden sind. Im Gegenteil: Raubbau, Korruption, Geldzerrüttung, Zerstörung des Gefühls für die Grenzen des Möglichen bei den verantwortlichen Leitern des Staats und eine gigantische Fehlleitung von Kapitalien und Arbeitskräften -, so stellt sich nach unseren deutschen Erfahrungen die geschichtliche Bilanz der Planwirtschaft dar.

Es kann kein Zweifel daran bestehen, daß es in erster Linie die planwirtschaftlichen Enttäuschungen aus der Zeit des ersten Weltkrieges und der Demobilmachungswirtschaft waren, die in den ersten Jahren nach der Marktstabilisierung die freien Gewerkschaften veranlaßt hat, nach einem die zentrale Steuerung überflüssig machenden Ausweg zu suchen, und daß sie geglaubt haben, in der „Wirtschaftsdemokratie" einen solchen Ausweg gefunden zu haben. Wir dürfen aber vermuten, daß auch noch eine andere Sorge bei diesem Vorschlag Pate gestanden hat. Nämlich die Sorge, daß zentrale Wirtschaftssteuerung nur in der Form von Diktatur zu leisten sein möchte, daß also straffe Planwirtschaft eine Gefahr für die Demokratie zu werden drohe. Man lese etwa folgende Stelle (S. 7):

„Es wird von mancher Seite versucht, den Ausweg auf die Weise zu finden, daß die Macht durch die aufgeklärte Minderheit des Proletariats ergriffen und die wirtschaftliche Befreiung unter der Herrschaft eines neuartigen aufgeklärten Absolutismus verwirklicht werden soll. Jetzt braucht man aber nicht mehr ernsthaft darüber zu diskutieren, daß dies bloß eine Utopie und keine Lösung des Problems ist, daß jeder Versuch, eine solche Lösung durchzusetzen, eine furchtbare Vernichtung der Produktivkräfte und in letzter Linie einen sicheren Verlust für die Arbeiterschaft bedeuten würde. Die übergroße Mehrheit der Arbeiterschaft will auch diesen Irrweg nicht einschlagen. Die Demokratie bleibt notwendiger und unerläßlicher Ausgangspunkt für eine Reihe von Kämpfen und für die unermüdliche, vielseitige Arbeit, als deren Folge die völlige, d. h. politische, kulturelle und wirtschaftliche Befreiung der arbeitenden Massen erscheinen wird."

Daß und warum auch die „Wirtschaftsdemokratie" der Männer um Naphtali, Sinzheimer usw. als ein verfehlter Lösungsversuch bezeichnet werden muß, soll hier nicht näher erörtert werden. Worauf es in unserem Zusammenhang aber ankommt, das ist, daß sich damals in sozialistischen Kreisen bei den Erörterungen über die Frage der Wirtschaftsordnung der Grundsatz Bahn zu brechen begann, den wir vielleicht heute so formulieren dürfen: *Unter allen Lösungsmöglichkeiten der sozialen Frage verdient diejenige den Vorzug, die den Erfolg mit einem Höchstmaß von Freiheit verwirklicht.*

An diesem Punkt wird deutlich, daß das Verhältnis zwischen *Sozialismus und Demokratie* nicht ganz so problemlos beschaffen ist, wie es zuweilen dargestellt wird. Es wird notwendig sein, daß wir uns hierüber klar zu werden versuchen. Sozialismus ist ein *politisches Sachprogramm*; das Ziel ist: Beseitigung der ökonomischen Ausbeutung des Menschen durch den Menschen. Demokratie aber ist eine *politische Verhaltensweise* (im Rahmen einer besonderen Staatsform, die ihr Spielraum und Geltung verschafft) und zwar eine Verhaltensweise, die bei der Durchführung jedes beliebigen - also auch des sozialistischen Sachprogramms beachtet sein will. So kann man denn sagen: Mit einer Demokratie oder mit Demokraten, für die das soziale Problem und das Ziel des Sozialismus nicht existiert, ist irgend etwas nicht in Ordnung. Nicht aber kann man umgekehrt sagen, daß überzeugte Sozialisten notwendig überzeugte Demokraten sein müßten. Denn es gibt zweifellos undemokratische Wege zur Verwirklichung des Sozialismus. Das haben die deutschen Gewerkschaften damals gesehen und sich trotz gewisser Enttäuschungen, die sie mit der demokratischen Staatspraxis in der ganzen Welt gemacht hatten, eindeutig und ohne Vorbehalt zur Demokratie bekannt. Arndt aber verwischt und verharmlost die Spannung zwischen Sozialismus und Demokratie und kommt so zu einem undurchsichtigen und zwiespältigen Begriff der Demokratie, einem Begriff, der, wenn es sein muß, auch eine sehr totale Diktatur - sei es nun einer Mehrheit oder einer Minderheit - als Demokratie gelten läßt, solange und sofern sich diese Diktatur nur dem sozialistischen Sachprogramm verpflichtet weiß.

Und so wären wir denn bei dem Spiel angelangt, das heute mit dem Begriff der Demokratie betrieben wird, einem Spiel von Parolen, Argumenten und Polemiken, hinter dem sich zwei ganz verschiedene Richtungen zu sammeln und zu formieren beginnen. Diese beiden Richtungen unterscheiden sich vor allem sehr charakteristisch darin, welche Lehren sie aus der nationalsozialistischen Vergangenheit gezogen haben. Die einen sagen: Nie wieder Ein-Partei-Diktatur!, die anderen rufen: Nie wieder soziale Reaktion! Was die einen am Reich Hitlers verabscheuen, das ist die unumschränkte Gewalt in der Hand weniger rücksichtsloser Terroristen, die hemmungslose Willkür einer völlig unkontrollierten Polizeiherrschaft, die Unterdrückung der Meinungsfreiheit, die Verbreitung und Begünstigung der Denunziantentums, die Mißachtung der Menschenrechte, die Eingriffe in die Unabhängigkeit der Gerichte, die Entwürdigung der Person, die Konzentrationslager, die Schauprozesse, die Inhumanität des Strafvollzugs, die Entfesselung von Jagdinstinkten und bestialischen Trieben, die Verlogenheit und Niedertracht der Propaganda, die Judenverfolgungen, die Militarisierung der Massen und die Vermassung des Menschen. Die anderen zeigen sich den Gefahren übermäßiger Machtballung den Exzessen des Machtgebrauchs gegenüber weit weniger empfindlich; was sie Hitler und seiner Bewegung vorwerfen, ist etwas anderes, nämlich daß sie sozialreaktionär, nationalistisch, imperialistisch und militärisch gewesen seien, daß sie ihre Macht in dem Versuch vernutzt hätten, das Rad der Geschichte nach rückwärts zu drehen. Dementsprechend unterscheiden sich auch die Programme beider Richtungen. Der einen ist es darum zu tun, so schleunigst wie möglich den Rechtsstaat, die Freiheit und die Demokratie zu verwirklichen, der anderen aber darum, die Reaktion zu unterbinden und zwar mit allen Mitteln, - wenn es sein muß, auch mit den Mitteln des Hitlerstaates.

Es liegt nahe und ereignet sich täglich, daß die zweite Richtung der ersten vorwirft, sie habe selbst die soziale Reaktion im Sinne und verstehe unter Freiheit die Freiheit des Profitierens und der Ausbeutung. Dem werden diejenigen Angehörigen der ersten Richtung, denen es mit der sozialen Frage ernst ist, etwa folgendes erwidern: Möglich, daß sich in unseren Reihen Leute befinden, die was den Sozialismus anbetrifft, auf der anderen Seite der Barrikade stehen. Und zugegeben, daß die demokratische Methode, durch Überzeugen, Überreden und Verhandeln zu regieren, dem Sozialismus nur auf mühevollen und zeitraubenden Umwegen näherkommt. Trotzdem sind und bleiben wir Gegner jeder Form von Diktatur und autoritärer Regierungssysteme. Warum? Weil diejenigen, die in einer Diktatur die Gewalt in Händen haben, auch wenn sie sich zum Sozialismus bekennen und im Namen des Proletariats oder der Arbeiterschaft regieren, Menschen sind und weil Menschen, die über eine unkontrollierte Macht verfügen, zu entarten pflegen. Zweitens weil sich die Regierten, wenn sie nicht berechtigt und nicht imstande sind, sich eines willkürlichen Machtgebrauchs ihrer Repräsentanten zu erwehren, in einer menschenunwürdigen Lage befinden, weil ihnen das moralische Rückgrat gebrochen wird. Drittens weil der Kampf um Staatsstellen, die mit einer solchen Machtfülle und Befehlsgewalt ausgestattet sind, Machthyänen, Despoten und Verbrecher anlockt wie das Licht die Motten. Wahrscheinlich, daß die sozialistische Diktatur begründet wird von Menschen, die wahre Sozialisten sind und in der Macht nur ein Instrument zur Verwirklichung des Sozialismus erblicken. Aber ebenso wahrscheinlich, daß ihnen Menschen im Amt nachfolgen, die im Bekenntnis zum Sozialismus ein Mittel sehen, um an die Macht zu gelangen. Solange noch die Erinnerung an die wirklich sozialistischen Machtinhaber in den Massen lebendig ist, solange die sozialistische Tradition, das sozialistische Selbstgefühl noch stark sind, werden sich die Machtbesessenen in Acht nehmen und zurückhalten müssen. Sind sie aber einmal im Besitz der Gewalt, so werden sie bald entdecken, wie leicht es für Inhaber eines autoritären Propaganda-, Polizei- und Parteiapparats ist, auf das Fühlen, Denken und Wollen von Regierten, von Völkern und Massen Einfluß zu gewinnen. Verfügen sie über die Fähigkeit, entschlossen zu handeln und vollendete Tatsachen zu schaffen, so haben sie das Spiel schon zu drei Vierteln gewonnen; denn Handeln reißt mit, und begründende Ideologien finden sich stets. Wer bürgt uns dafür, daß eine sozialistische Diktatur nicht in reine Machtpolitik, in Imperialismus und Krieg ausartet, wenn der

Macht der Diktatoren keine Kontrollen gesetzt sind? Das ist doch das Verhängnisvolle an jeder Diktatur, daß eine ungeheure Hebelwirkung in die Hand von etwa einem Dutzend Menschen gelegt wird und daß wir von dem Willen und Entschließun-
gen dieser Gruppe ihres Hofstaates hilflos und ohne Möglichkeit einer rechtmäßigen
Gegenwirkung abhängig sind. Was das bedeutet, haben wir erlebt. Niemals wieder
werden wir aus freien Stücken so viel Macht in die Hand von wenigen Menschen
legen. Am wenigsten aber eine Machtfülle wie diejenige, die in der Ermächtigung zu
zentraler Steuerung der Wirtschaft beschlossen ist und die den Inhaber der Regie-
rungsgewalt zum totalen Herrn über unser Privatleben, über unsere Ernährung, Bekleidung, Wohnungsverhältnisse, Zeiteinteilung und Berufswahl macht. Und kann
man denn im Ernst die Gefahren übersehen, die von der zentralen Leitungsgewalt
politischer Stellen über die Wirtschaft dem *Frieden der Welt* drohen? Einer Leitungsgewalt, die sich schon im Frieden dahin auswirkt, daß jedes Export- oder Im-
portgeschäft über Kohle, Weizen, Treibstoff, Medikamente, landwirtschaftliche Maschinen oder Schnittholz, - Geschäfte also, die in der Verkehrswirtschaft rein kaufmännische Vorgänge sein würden, - zu einem Akt und Druckmittel der Außenpolitik
wird?

IV.

Also zurück zur Wirtschaft des laissez faire?

Das würde bedeuten: Überantwortung eines Teils der Macht, die man aus Furcht vor
Diktatur und Despotismus dem Staat verweigert, an private Unternehmer und
Marktverbände, die sie ebenso unkontrolliert ausüben können wie ein umfassend
ermächtigter Minister oder Kommissar und die vor allem praktisch fast gar nicht zu
kontrollieren sind, auch wenn man sie einer Kontrollinstanz unterstellt.

Das würde bedeuten: Verzicht auf die Lösung der sozialen Frage. Hiervon kann allerdings nicht die Rede sein.

Aber welche Lösungsmöglichkeiten stehen uns zu Gebote, wenn wir auf die Planwirtschaft verzichten?

Wir müssen hier an unsere frühere Feststellung erinnern, daß, wenn in einer Volkswirtschaft mit weitgetriebener Arbeitsteilung und Spezialisierung der Betriebe die
Wirtschaftsverrichtungen der zahllosen Beteiligten nicht durch einen Gesamtplan
aufeinander abgestimmt werden, dafür gesorgt sein muß, daß sie sich sozusagen *von
selbst* untereinander in ein volkswirtschaftlich sinnvolles Gleichgewicht setzen. In
diesem Fall muß also eine *ordnende und steuernde Kraft* vorhanden sein, und diese
Kraft gilt es zu erkennen und bewußt einzusetzen.

Die Kraft, um die es sich hier handelt, muß die Eigenschaft haben, den Einzelnen zu
veranlassen, sich *volkswirtschaftlich* richtig zu verhalten, d. h. die Bedürfnisse der
Verbraucher in der geltend gemachten Dringlichkeitsreihenfolge unter sparsamster
Verwendung von Gütern und Arbeitskraft angemessen zu befriedigen. Anders aus-

gedrückt: da keine Instanz vorhanden ist, die den einzelnen Wirt durch Befehl oder Belohnung dazu anhält, sich volkswirtschaftlich richtig zu verhalten, oder die ihn durch Verbot oder Strafe davon abhält, sich volkswirtschaftlich unrichtig zu verhalten, so muß dafür gesorgt werden, daß sich volkswirtschaftlich richtiges Verhalten von *selbst belohnt*, volkswirtschaftlich unrichtiges Verhalten von *selbst bestraft*. D. h. volkswirtschaftlich richtiges Verhalten muß für den Handelnden unmittelbar individuelle *Vorteile*, volkswirtschaftlich unrichtiges Verhalten unmittelbar individuelle *Nachteile* nach sich ziehen.

Gelingt dies, so wird folgendes erreicht:

Erstens: Der Einzelne kann daraus, daß ihm ein bestimmtes Verhalten privatwirtschaftliche Gewinne oder Verluste einbringt, *erkennen*, ob er volkswirtschaftlich richtig oder falsch gehandelt hat, und er kann sein künftiges Verhalten danach einrichten.

Zweitens: Der Einzelne hat ein *elementares Individualinteresse* an volkswirtschaftlich richtigem Verhalten.

Es handelt sich also darum, einen Automatismus in Vollzug zu setzen, dem die Aufgabe obliegt, Individualinteresse und Gesamtinteresse gleichzuschalten, und der gleichzeitig die Funktionen eines *Wegweisersystems* und *Sanktionensystems* versieht.

Ein solches System würde sowohl rechts- und sozialpolitisch, als auch wirtschaftspolitisch unschätzbare Vorzüge aufweisen:

rechtspolitisch: es ist ein System der *Freiheit* und kommt mit einem Minimum an Rechts- und Verwaltungszwang aus;

wirtschaftspolitisch: das System sichert den Erfolg mit einem Minimum von individuellem Reibungswiderstand und von Ungehorsamsgefahr. Es beruht auf einem Prinzip, dessen sich die Natur zur Steuerung physischer Lebensvorgänge nicht selten bedient: man denke z. B. an Hunger und Sättigungsgefühl als Regulatoren der Nahrungsaufnahme; oder an Schmerz und körperliches Wohlbefinden als Wegweiser und Warnungssignale.

Die Beobachtung lehrt uns, daß, wo und wann immer in der Geschichte arbeitsteilige Wirtschaftsabläufe sich selbst überlassen wurden oder werden, in der Tat ein automatisch regulierendes Wegweiser- und Sanktionssystem in Funktion tritt, unter dessen Einwirkung sich die selbständigen (autonomen) Teilpläne der Wirtschaftsbeteiligten in eine Art von Gleichgewicht setzen. Es tritt jedenfalls kein Chaos ein, wie wir es erwarten müßten, wenn etwa in einem Orchester jeder Musiker unbekümmert um die anderen drauflos spielte oder wenn in einer Fabrik niemand da wäre, der den Arbeitern ihre Verrichtungen zuwiese und den Gesamtarbeitsablauf organisierte.

Die Wirtschaftswissenschaft hat es sich zur Aufgabe gemacht, den Einpendelungsvorgang in seinen Einzelheiten und seinem Gesamtzusammenhang zu untersuchen, zu verstehen und zu erklären und die organisierende Kraft zu ermitteln.

Sie hat überzeugend nachgewiesen, daß die steuernde Wirkung von den *Preisen* ausgeht, an denen alle Wirtschaftsbeteiligten (Betriebe, Haushalte, Arbeiter, Sparer)
ihre Wirtschaftspläne ausrichten.

Sie hat ferner untersucht, unter welchen Voraussetzungen *solche Preise* zustandekommen, die die Kraft haben, die Wirtschaftspläne der Beteiligten *volkswirtschaftlich sinnvoll* einander zu koordinieren, und ist zu folgendem Ergebnis gelangt:

Wenn ein volkswirtschaftlich sinnvolles Einspielen der Wirtschaftspläne erwartet
werden soll, so müssen *eine ganze Reihe von Vorbedingungen* erfüllt sein. So z. B.
ein ganz bestimmtes Rechtssystem (Gewerbefreiheit, Freizügigkeit, Konsumfreiheit,
Wettbewerb, Privatautonomie, ausgebildetes Vertragsrecht auf der Basis des Ent-
geltlichkeitsprinzips, strengste Haftung für Geschäftsschulden, wirksames Vollstrek-
kungswesen, entwickelte und wohldefinierte Güterrechte) sowie ein stabiles, nach
bestimmten Grundsätzen geordnetes Geldwesen.

Eine ganz besondere Bedeutung kommt unter diesen Vorbedingungen dem *Wettbewerb* zu. An den Wettbewerb selbst sind nach zwei Richtungen hin ganz bestimmte
Anforderungen zu stellen:

Erstens: Es müssen sich auf allen Märkten sowohl auf der Angebots- als auch auf der
Nachfrageseite *sehr viele* Bewerber beteiligen und von diesen Bewerbern darf keiner
in der Lage sein, durch sein Angebot oder seine Nachfrage die Marktpreise fühlbar
zu beeinflussen. D. h. alle Wettbewerbsbeteiligten müssen *machtlos* sein.

Zweitens: Der Wettbewerb muß nach einer strengen und verbindlichen *Spielregel*
(Leistungswettbewerb in der Form des Parallelkampfs) ausgetragen werden.

Sind diese beiden Bedingungen nicht erfüllt, tritt also etwa an die Stelle des Wett-
bewerbs der Vielen ein *Wettbewerb zwischen Wenigen* (Oligopol) oder besitzt ein
Wirtschaftsbeteiligter ein tatsächliches *Monopol* oder liegt ein *Teilmonopol* vor (z.
B. ein Kartell mit Außenseitern), verfügen also mehrere Marktteilnehmer oder ein
einzelner von ihnen über *Macht* auf dem Markte, oder wird der Wettbewerb unter
Verletzung der Spielregel mit *unlauteren Mitteln* ausgetragen oder entartet er zum
Wirtschaftskrieg (Liefer- und Bezugssperren, Boykott, Abriegelungskäufe, schwarze
und weiße Listen, Kampf- und Vernichtungspreiszüge, Aussperrungen, Streiks), so
spielen sich zwar die Wirtschaftspläne der Beteiligten ebenfalls auf Grund von Preisen aufeinander ein, aber das Preissystem *büßt seine volkswirtschaftliche Orientie-
rungskraft ein*. Die Wegweiser sind falsch, Gewinn und Verlust sind keine Indizien
für volkswirtschaftlich richtiges oder falsches Verhalten mehr. Die so entstehende
Wirtschaft ist zwar noch eine *Verkehrswirtschaft*, aber eine schlecht geordnete,
falsch gesteuerte, sozial unerträgliche Wirtschaft, die allenthalben Möglichkeiten zu
wirtschaftlicher und sozialer Ausbeutung darbietet. Wirtschaftspolitisch, sozialpolitisch und rechtspolitisch läßt sich die Verkehrswirtschaft nur vertreten in der Form
der *Wettbewerbswirtschaft*. Es verhält sich also genau umgekehrt, wie der Sozialismus ganz allgemein, sodann die Anhänger der Wirtschaftsdemokratie von 1928, im

übrigen aber nahezu die gesamte öffentliche Meinung in Deutschland jahrzehntelang bis in die neueste Zeit angenommen haben: Nicht der moderne sogenannte „organisierte" Kapitalismus mit seinen Riesenorganisationen, Kartellen, Wirtschaftsbündnissen, Preisbildungen, Kontingenten, Kundenschutzabkommen, Patentgemeinschaften, Gewerkschaften, Arbeitgeberverbänden und Tarifverträgen ist die geordnete Form der Verkehrswirtschaft, sondern diese geordnete Form ist *allein* die als „anarchisch", „unorganisiert", „chaotisch", „individualistisch", „atomistisch" und „liberalistisch" verschriene *Wettbewerbswirtschaft.*

Eine Wettbewerbswirtschaft, die den strengen Ansprüchen der Theorie entsprochen hätte, hat niemals in der Geschichte existiert. Ein Teil der Märkte wies zu allen Zeiten *Vermachtungserscheinungen* auf, darunter zum großen Schaden des Systems vor allem der *Arbeitsmarkt.* Wohl aber hat es bis in die neueste Zeit *einwandfrei funktionierende Wettbewerbsmärkte* gegeben; wo immer die Voraussetzungen vorlagen, da gab der tatsächliche Ablauf des Marktgeschehens den Aussagen der Theorie recht.

Seit den neunziger Jahren des letzten Jahrhunderts hat sich nun aber ein *Vermachtungsprozeß* allergrößten Ausmaßes abgespielt. Zum Teil - und zwar zum sehr viel kleineren Teil - handelte es sich dabei um einen Vorgang, der als eine ungewollte und unbeabsichtigte *Selbstzerstörung der Wettbewerbswirtschaft* bezeichnet werden kann: Aus dem Wettbewerb der Vielen entwickelte sich da, wo sich Großbetriebe als überlegene Konkurrenten erwiesen, ein *Wettbewerb der Wenigen* (Oligopol), d. h. es entstand eine Marktform, die durch Gleichgewichtslosigkeit gekennzeichnet ist und bei der sich der Wettbewerb entweder dramatisch zu überhitzen oder aber zu gegenseitiger kartellähnlicher Rücksichtnahme abzuschwächen droht. Wo diese Konstellation vorliegt, da kommt es zu jener Sorte von Preis- und Wettbewerbskämpfen, die der Spielregel des lauteren Leistungsauslesekampfs kraß widersprechen und die den Wettbewerb als Einrichtung so sehr in Verruf gebracht haben. Beim Wettbewerb der Vielen (vollständige Konkurrenz) können diese Wettbewerbsbilder gar nicht entstehen. Zum anderen - und zwar zum wesentlichen und entscheidenden Teil stellt sich der Vermachtungsvorgang als das Ergebnis einer *Auflehnung der Wirtschaftsbeteiligten* gegen die Wettbewerbsordnung, als einen bewußten und gewollten Verstoß gegen ihre zentralen Ordnungsgedanken und Ordnungseinrichtungen dar. Hier wären die Beispiele vor allem die zahlreichen *Kartellgründungen* sowie der Übergang *zu den Formen des monopolistischen* Gewalt- und Schädigungskrieges zu nennen. Diese eigenmächtige Außerkurssetzung der Wettbewerbsordnung durch die Wirtschaftsbeteiligten selbst hätte in diesem Ausmaß niemals zum Ziel führen können, wenn die staatliche Wirtschaftspolitik, die Gerichte und die Gesetzgebung das rechtswidrig angegriffene System verteidigt und die Unternehmer zu verfassungsmäßigem Wirtschaftsverhalten gezwungen hätten. Anstatt dessen haben Regierungen und Rechtsprechung - übrigens unter dem lebhaften Beifall nahezu der gesamten öffentlichen Meinung Deutschlands von ganz links bis ganz rechts - das bedrohte System nahezu kampflos preisgegeben und den revolutionären Angriff der Privatwirtschaft durch Billigung legalisiert.

Die Folgen dieser Entwicklung waren verhängnisvoll. Da sich eine vermachtete Verkehrswirtschaft nicht aus eigener Kraft in ein volkswirtschaftlich erträgliches Gleichgewicht zu setzen vermag, sah sich der Staat immer häufiger zu unsystematischen, punktuellen und planlosen Eingriffen von Fall zu Fall mit ungeeigneten Mitteln und regelmäßig ganz anderem als dem beabsichtigten Erfolg veranlaßt. Diese Staatseingriffe stellten einen zweiten schweren Störungsfaktor dar. Sicherlich würden die wahren Zusammenhänge mit der Zeit erkannt worden sein, wenn nicht der erste Weltkrieg die Entwicklung unterbrochen und der Übergang zu planwirtschaftlichen Methoden die ganze Problemlage verschoben hätte. Nach dem Krieg wurde dann allerdings die Planwirtschaft durch die Verkehrswirtschaft bald wieder ersetzt, und es wurde nunmehr sogar (endlich!) - im November 1923 - der *Kampf gegen die Vermachtung* aufgenommen und zwar durch den Erlaß der *Kartellverordnung* (Verordnung gegen den Mißbrauch wirtschaftlicher Machtstellungen).

In dieser Verordnung wurden gleichzeitig *zwei* Wege beschritten, um des Übels Herr zu werden. Nämlich erstens der Weg, die Wirtschaft mittels *Aktivierung des Wettbewerbs* nach Möglichkeit zu *entmachten*, und zweitens der Weg, die privatwirtschaftlichen Machtgebilde, da, wo sie sich nicht beseitigen ließen, unter *Staatsaufsicht* zu stellen. Beide Methoden wurden allerdings viel zu schüchtern und mit unzulänglicher instrumentaler Ausstattung eingesetzt. Trotzdem aber zeigte sich schon nach verhältnismäßig kurzer Zeit, daß hier ein *verheißungsvoller und zukunftsbedeutsamer Anfang* gemacht worden war. Und in der Tat ist in dieser Richtung, in der entschiedenen Fortentwicklung der beiden sich ergänzenden Maßnahmegruppen: hie *radikale Entmachtung der Privatwirtschaft*, dort *Entprivatisierung der Wirtschaftsmacht* - die Lösung des Problems zu suchen, nämlich des Problems, der ökonomischen Ausbeutung des Menschen durch den Menschen mit Mitteln entgegenzutreten, die den technischen Vorzug, wirksam zu sein, mit dem politisch-ethischen Vorzug verbinden, den Erfolg unter Schonung, ja unter *Aktivierung der persönlichen Freiheit* anzustreben.

Im einzelnen wird folgendes anzustreben sein:

1. Einsatz der Entmachtungspolitik unter Anwendung aller hierzu überhaupt tauglichen Mittel der Marktauflockerung und Marktbelebung mit dem Ziel, die Wirtschaftsvermachtung auf das äußerst erreichbare *Vermachtungsminimum* zurückzuschrauben (insbesondere Verbot aller Kartellabreden und Marktvereinbarungen, rücksichtslose Bekämpfung aller spielregelwidrigen Methoden des Wirtschaftskampfs).

2. Konzentration der gesamten Staatsenergie auf die *Kontrolle des vermachteten Restes der Wirtschaft* mit dem Ziel, die kontrollierten Unternehmungen zu einem Wirtschaftsverhalten zu zwingen, *als ob sie keine Macht hätten*, d. h. als ob auf ihren

Märkten *doppelseitige Konkurrenz der Vielen* bestünde. Diese Aufgabe ist schwer, nach dem Stand der modernen theoretischen Forschung aber lösbar, vorausgesetzt, daß der vermachtete Teil der Wirtschaft nicht zu umfangreich ist.

Die Privatwirtschaft hat sich mit dem Gedanken der Staatsaufsicht über Monopole usw. verhältnismäßig rasch und leicht befreundet - naheliegenderweise, weil die Eingriffsmöglichkeiten, die von der Kartellverordnung dem Staat zur Verfügung gestellt worden sind, verhältnismäßig ungefährlich und wirkungslos waren und weil sie außerdem nur angewendet werden durften, wenn den Kartellen usw. ein *Mißbrauch ihrer Machtstellung* nachgewiesen wurde. Diese Regelung ist unlogisch. Wer Macht besitzt, hat keinen Anspruch auf die Freiheitsautonomie, die das Recht dem Machtlosen einräumt, der durch die Konkurrenz kontrolliert wird. Er schuldet dem Staat und der Gesellschaft *positiv* einen *volkswirtschaftlich nützlichen Gebrauch seiner Macht*, nicht etwa bloß die Unterlassung eines schädlichen Gebrauchs. Infolgedessen sind Inhaber von Marktmacht jeden Grades künftighin der Staatskontrolle in der Weise zu unterstellen, daß die Staatsaufsicht das Recht und die Pflicht hat, den Machtinhaber zu *einem volkswirtschaftlich richtigen Verhalten anzuhalten*.

Es ist hierbei von der Devise auszugehen:

Wer privatwirtschaftliche Autonomie in Anspruch nimmt, darf auf dem Markt keine Macht besitzen;

wer über Marktmacht verfügt, hat keinen Anspruch auf privatwirtschaftliche Autonomie.

Dies sei insbesondere gegenüber den Ausführungen der von den Arbeitsgemeinschaften der Industrie- und Handelskammern von Württemberg-Baden und Groß-Hessen vorgelegten Denkschrift „Die Wirtschaft in den Verfassungsentwürfen der amerikanisch besetzten Länder" vom 1. August 1946 gegenüber denjenigen Artikeln der Verfassungsentwürfe betont, die dem Gedanken Ausdruck verleihen, daß gegen Träger wirtschaftlicher Machtstellungen nur bei nachgewiesenem Machtmißbrauch eingeschritten werden dürfte. Die Schädlichkeit privatwirtschaftlicher Machtstellungen liegt aber nicht darin, daß ihre Träger zu grober Machtausbeutung geneigt wären - das kommt in der Praxis selten vor - sondern vielmehr darin, daß das wirtschaftliche Verhalten des Machtträgers zwar an seinem privatwirtschaftlichen Rentabilitätsinteresse ausgerichtet, aber nicht mehr durch die Konkurrenz kontrolliert ist. Er ist in der Lage, *Preis- und Marktstrategie* zu treiben, was dem machtlosen Marktbeteiligten auf Konkurrenzmärkten völlig unmöglich ist. Das machtmäßig manipulierte Preisniveau hat nicht mehr die Kraft, das privatwirtschaftliche Verhalten des Machtinhabers in die Richtung des volkswirtschaftlich richtigen und gebotenen Verhaltens zu zwingen. Besonders nachteilig für die Volkswirtschaft hat sich auch die *Markt- und Preiserstarrung* ausgewirkt, die auf vermachteten Märkten eine Folge der auf langfristige Stabilisierung von Preisen gerichteten Marktpolitik von Kartellen ist. Diese Politik hat nicht etwa, wie man lange geglaubt und behauptet hat, eine krisenabschwächende Wirkung; sie trägt vielmehr in verhängnisvollem Grad zur Verschärfung und Verschleppung von Wirtschaftskrisen bei und hat entsprechend überdurchschnittlich starke Schwankungen des Beschäftigungsgrades zur Folge.

Im übrigen sind die *Eingriffsmöglichkeiten der Staatsgewalt* entscheidend zu *verstärken.* So muß die Staatsaufsicht u. a. die Befugnis haben, den beaufsichtigten Unternehmen notfalls die Preise vorzuschreiben, Konzerne zu entschachteln und renitente Unternehmungen ihrer Zwangsverwaltung zu unterstellen.

Dagegen ist dringend davon abzuraten, die Maßnahme der Enteignung oder Verstaatlichung von Unternehmungen zu einem Mittel der staatlichen Monopolaufsicht zu machen. Erstens bedarf der Staat dieses Mittels zur Erreichung seines Aufsichtsziels nicht; das Recht zur Zwangsverwaltung gibt ihm alles, was er braucht. Zweitens ist grundsätzlich jede Möglichkeit zur „kalten Sozialisierung" zu verbauen. Wenn der Staat Betriebe sozialisieren will, soll er das offen in den von der Verfassung hierfür eigens vorzusehenden Formen, nicht aber auf Umwegen tun. Kaltes Sozialisieren widerspricht rechtsstaatlichen Grundsätzen. Drittens und endlich aber hat die Erfahrung gelehrt, daß der Staat da, wo er Eigentümer von Unternehmungen mit Monopolstellung ist, sich selbst gegenüber an einer straffen Handhabung seiner Marktaufsichtsgewalt nicht sonderlich interessiert ist. Der Staat hat fiskalische Interessen und besitzt Finanzminister, die dieses Interesse wahrzunehmen haben und mit großem Nachtdruck wahrzunehmen gewohnt sind. Für sie ist jeder staatseigene Betrieb eine Entnahmequelle; besitzt dieser Betrieb eine tatsächliche Machtstellung auf dem Markt, so neigt er dazu, sich aus einem Objekt der staatlichen Monopolaufsicht in ein Finanzmonopol zu verwandeln. Der Staat ist aber als Monopolist mindestens ebenso zu fürchten wie der private Unternehmer; das Schlimme ist, daß er bei der Ausbeutung wirtschaftlicher Machtstellungen auch noch ein gutes Gewissen hat, was bei privaten Unternehmern und Leitern von Kartellen nicht immer und selten in diesem Grad der Fall ist.

Wenn oben festgestellt wurde, daß sich die Privatwirtschaft mit dem Gedanken der staatlichen Monopolaufsicht verhältnismäßig rasch befreundet hat, so gilt für ihre Einstellung zu dem anderen Prinzip der staatlichen Kartellpolitik, nämlich zu dem Prinzip der Marktentmachtung durch Aktivierung der Konkurrenz das Gegenteil. Die an der Marktvermachtung interessierten Wirtschaftskreise - es handelt sich hier in der Regel um die einflußreichsten Gruppen der Wirtschaft überhaupt - begriffen sofort die Gefahr, die ihren Interessen von dieser Politik her drohte. Sie eröffneten unverzüglich ein nachhaltiges Wirkungsfeuer gegen die §§ 8 und 9 der Kartellverordnung und klagten den Staat an, daß er die Vertragsmoral in der Wirtschaft untergrabe, um sich die Kartellaufsicht zu erleichtern, ferner daß er Außenseitern die Hoheitsfunktionen anvertraue, die von rechtswegen der Wirtschaftsminister wahrzunehmen habe. Sie erklärten den Wettbewerb als ein überwundenes rückständiges Mittel einer manchesterlich-individualistischen Epoche der Wirtschaftspolitik. Als sie wahrnahmen, daß ihnen dieses Argument den Beifall breiter sozialistischer Kreise und der Anhänger der „Wirtschaftsdemokratie" eintrug, gingen sie aufs Ganze und versuchten, die Vertreter der Linken für ein taktisches Bündnis zu gewinnen, indem sie ihnen die grundsätzliche Anerkennung des Prinzips der unmittelbaren staatlichen Kartellaufsicht zugestanden und sich ferner bereit erklärten, für eine Verschärfung der direkten Aufsichtsbefugnisse einzutreten. Auf dieser Basis kam in der Tat eine Einheitsfront zwischen den Kartellinteressenten der Industrie und Befürwortern der Wirtschaftsdemokratie auf dem Salzburger Juristentag 1928 zustande. Eine wirtschaftspolitische Kuriosität, von der ich hoffe, daß sie dem Autor und den Lesern des hier kritisierten Aufsatzes Anlaß geben möge, die Frage zu erwägen, ob es in der Tat so sehr zweckmäßig ist, sich an dem allgemeinen Kesseltreiben gegen den Wettbewerb zu beteiligen und sich dem einfachen Denkschema zu begnügen, daß alles, was in der Wirtschaft nicht reglementiert ist, zum „laisser fair" gehört.

Es ist in der Tat erstaunlich, wie einhellig die Unvolkstümlichkeit ist, deren sich der Wettbewerb erfreut. Andere Bestandsstücke der Verkehrswirtschaft, so z. B. die „freie Initiative" stehen bei der öffentlichen Meinung viel höher in Gunst, obwohl es vielfach recht undurchsichtige Machtinteressen sind, die sich gerade hinter dieser Parole verbergen. Es wäre an der Zeit, das Steuer herumzuwerfen und den Wettbewerb von dem sozialen Bann loszusprechen, in den er bei uns Deutschen geraten ist. Handelt es sich bei ihm doch gerade um diejenige wirtschaftsverfassungsrechtliche Grundeinrichtung, der im Plane des freiheitlichen Systems die *Aufgabe der ordnenden und kontrollierenden Kraft* zugedacht ist. Nur der Wettbewerb bannt die Gefahren der freien Initiative und des privatwirtschaftlichen Gewinnstrebens; wer sich dem Wettbewerb unterzieht, wer sich von ihm „entmachten" läßt, dessen freie Initiative und dessen privatwirtschaftliches Gewinnstreben ist rechtlich und politisch, in vielen Fällen auch ethisch legitimiert.

Es wäre zu wünschen, daß sich auch die Gewerkschaften des Wettbewerbs als eines Instrumentes der Zerstörung von Marktmacht und Marktüberlegenheit erinnerten, daß sie nicht *alles* Heil vom kollektiven Arbeitsrecht, vom Tarifvertrag und der bilateralen Monopolisierung des Arbeitsmarktes erwarteten. Es wäre wohl eines Versuches wert, auf dem einen oder anderen geeigneten Arbeitsmarkt zu prüfen, ob sich der Wettbewerb zwischen den Arbeitgebern nicht aktivieren läßt, vor allen Dingen aber, ob sich nicht gewisse Einrichtungen bewähren könnten, die darauf berechnet sind, die Arbeiter instandzusetzen, sich in individueller Anpassungskraft der Vorteile zu bedienen, die der Wettbewerb zwischen den Arbeitgebern für sie hat. Der sich selbst überlassene, isolierte Arbeiter vermag dies nicht - aus Gründen, deren Darlegung hier zu weit führen würde. Aber es gibt gewisse Möglichkeiten einer genossenschaftlichen Hilfestellung; - auch sie mögen ein anderes mal erörtert werden. Könnten diese Möglichkeiten entwickelt und genutzt werden, so würde es möglich werden, auch den Arbeitsmarkt - oder doch vereinzelte Arbeitsmärkte - aus ihrer kollektiven Vermachtung und Erstarrung zu erlösen und aufzulockern. Auch hier bietet sich der Wettbewerb als ein Instrument verfeinerter und verfeinerungsfähiger Wirtschaftspolitik dar, das uns, obwohl es schon so oft als veraltet und nicht mehr anwendbar erklärt worden ist, nach meiner Überzeugung instand setzen wird, die soziale Frage im Rahmen eines Systems der Freiheit zu lösen, - und zwar so gut zu lösen, wie sie sich mit instrumentalen Mitteln lösen läßt.

WALTER EUCKEN
DEUTSCHLAND VOR UND NACH DER WÄHRUNGSREFORM*

Einleitung

Wer sich heute nach Deutschland begibt, um die Wirtschaft und Wirtschaftspolitik zu studieren, sieht sich einer großen verwirrenden Fülle von Tatsachen gegenüber, die schwer zu ordnen sind: Freie Preise und zentrale Planung, freier Verkehr im Innern und kontrollierter Außenhandel, private Initiative und staatlicher Befehl mischen sich in eigenartiger Weise. Es ist offensichtlich ein Übergangszustand. - Wohin?

Um diesen Übergangszustand zu verstehen ist es nötig, verschiedene historische Phasen zu unterscheiden. Deutschlands Wirtschaft ähnelt einer photographischen Platte, auf der zwei Bilder erscheinen, die in verschiedenen Momenten aufgenommen sind. Lernen wir zunächst das erste Bild kennen. Es ist kurz vor der Währungsreform im Juni 1948 aufgenommen, und zwar für amerikanische Betrachter (Abschnitt 1). - Es folgt das zweite Bild: die Situation - verändert durch die Währungsreform (Abschnitte 2 und 3), verfaßt im Frühjahr 1949. Beide Bilder zusammen sollen erkennen lassen, was ist und worum es heute geht.

I. Das deutsche Wirtschaftschaos

Die Tatsachen

1. Versetzen wir uns im Geist in die ersten Monate des Jahres 1948 zurück, und halten wir Umschau. Was sehen wir? Zunächst ist unser Objekt ein größerer Betrieb der feinmechanischen Industrie in Süddeutschland. Er war zum Teil demontiert und besitzt noch etwa die Hälfte seiner Kapazität, die aber nicht ausgenutzt wird. Warum nicht? Aus zwei Gründen: aus Mangel an Material und an Arbeitern.

Material wurde von den Bewirtschaftungsstellen ganz unzureichend zugewiesen, obwohl der Betrieb in einer hohen Dringlichkeitsstufe steht und für die Besatzungsmacht arbeitet. Messing, Spezialstähle, Glas, Lacke und Holz fehlen. Den Bewirtschaftungsstellen gelingt es nicht, solche Hauptmaterialien rechtzeitig zuzuweisen; sogar Holz nicht - obwohl der Betrieb in holzreicher Gegend liegt. - Ganz schlecht steht es mit den Hilfsmaterialien, den besonderen Eisen-, Messing-, Kupferteilen, den Ersatzteilen für Maschinen. Alle sind zentral bewirtschaftet, aber der Betrieb hat in seinem Lagerverzeichnis mehr als zehntausend Positionen. Die Planstellen hatten also mit ihrer Bewirtschaftung eine sehr schwierige Aufgabe übernommen.

---

*   erstmals in: Albert Hunold (Hrsg.), Vollbeschäftigung, Inflation und Planwirtschaft, Erlenbach-Zürich 1951, S. 134-183. Die Herausgeber danken für die Genehmigung zum Wiederabdruck.

Würde sich der Betrieb mit den Zuteilungen von zentraler Stelle abfinden, so käme er sofort zum Erliegen. Wie schließt er die Lücken? Zum Teil aus älteren Lagern, die immer kleiner werden, zum Teil und hauptsächlich durch Tausch. Er hat mehrere Fachleute für Tausch: Kompensatoren. Nehmen wir an, er wolle Pappe für Verpakkung beschaffen. Zu diesem Zweck tauscht er gegen eigene Produkte Schreibmaschinen, gegen die Schreibmaschinen Schuhe und gegen die Schuhe Pappe. Alles ist ungesetzlich, und die Kosten sind enorm. Für eine Kanne Speziallack z. B. macht ein Kompensator vier bis fünf lange Reisen. Früher genügte eine Postkarte. Schon aus diesen Gründen - sehr hohe Kosten des Tausches - sind die Kosten des Betriebes heraufgeschnellt. Trotz aller Bemühungen gelingt es der energischen Geschäftsleitung nicht, genügend Materialien heranzuschaffen, und der Betrieb könnte 30% mehr erzeugen, wenn keine Materialschwierigkeiten bestünden.

Und nun die Arbeiter: Im Betriebe sieht man heute hauptsächlich alte Arbeiter; die jüngeren sind zum erheblichen Teil gefallen, verwundet oder gefangen. Doch fehlen auch viele Frauen, die früher dort arbeiteten. Der Betrieb leidet an Arbeitermangel in einer dichtbevölkerten Gegend; und die Arbeiter arbeiten nur 35 Stunden wöchentlich statt früher 48. Wie kommt das? - In einem Arbeiterhaushalt werden wir die Antwort finden. Früher arbeiteten der Vater - ein Feinmechaniker - und zwei Töchter ganztägig in der Firma; die Frau, die das Haus besorgte, arbeitete nur vormittags. Heute erzwingt die wirtschaftliche Situation eine ganz andere Verteilung der Kräfte. Der Vater muß am Wochenende Bäume schlagen und das Holz aufbereiten, damit die Wohnung im Winter geheizt werden kann. Im übrigen ist er infolge des Hungers zu schwach, um mehr als 35 Stunden wöchentlich zu arbeiten. Die eine Tochter „hamstert". Sie tauscht auf dem Land sogenannte Kompensationsgüter, die der Betrieb an die Arbeiter ausgibt Töpfe, Nadeln, Eisenteile - gegen Lebensmittel. Die andere Tochter muß in den Ämtern und Läden Schlange stehen, was sieben Achtel ihrer Zeit beansprucht. (Die Schlange, dieses Kennzeichen eines gleichgewichtslosen Marktes, ist zum typischen Bild in Deutschland geworden.) Die Frau bearbeitet den kleinen Garten intensiver als früher, um fehlende Lebensmittel zu gewinnen; oder sie flickt alte Wäschestücke zusammen. Alle vier Menschen sind angestrengt tätig, aber der Ertrag ist minimal. Jetzt wissen wir, warum der Betrieb an Arbeitermangel leidet. Schon in diesem kleinen Haushalt eines Arbeiters blitzt ein allgemeiner Zusammenhang auf: Der *Einzelne* handelt *richtig* - aber die *Ordnung* der Wirtschaft ist *verfehlt*. Mit den schwächlichen und alten Arbeitern produziert der Betrieb pro Kopf und Woche nur 30 % der Wochenleistung von ehedem.

Ein anderer fleißiger und tüchtiger Meister des Betriebes weigert sich, mehr als vier Tage in der Woche zu arbeiten. Befragt, erklärt er: Die Zuteilungen auf Karten von sieben Tagen reichen kaum für fünf Tage. Außerhalb der Karten ist in den Läden unserer Stadt nichts Eßbares zu kaufen, nicht einmal in der Gemüsezeit. Am Freitag fahre ich unter großen Strapazen in überfüllten Zügen in die Tabakgegend, einige hundert Kilometer von hier. Dort tausche ich Tabak ein entweder gegen Geld zu Schwarzmarktpreisen oder gegen Textilwaren oder andere Güter, die ich meinem Haushalt entnehme, und mit diesem Tabak gehe ich von Bauernhof zu Bauernhof, um Lebensmittel einzutauschen. Nur so kann ich für meine Familie und mich das Leben erhalten. Freilich ist das Ergebnis meiner Bemühungen mager und wird immer magerer. Der Mann sieht schlecht aus und ist unternormal ernährt. Das Wesentliche ist: Auch dieser Mann handelt richtig. Seine Familie müßte zugrunde gehen, wenn er einen Wochentag mehr in der Fabrik arbeitete, wo er nützlich tätig ist, aber nur schwer verwendbares Geld erhält. Wesentlich ist weiter: Wie er müssen die meisten anderen Deutschen handeln.

2. Davon bekommen wir einen Eindruck, wenn wir am Sonnabend oder Sonntag aufs Land gehen oder wenn wir mit der Bahn fahren. Der größte Teil der Reisenden fährt zu Tauschzwecken. In der Eisenbahn erkennen wir deutlich gewisse Ströme. So ergießt sich Tag für Tag ein Strom von Menschen aus der Pfalz in die Gegend des Bodensees und bringt dorthin Schuhe, Textilwaren, Bügeleisen, Gold- und Silberwaren, um Kartoffeln einzutauschen; ebenso vom Rheinland nach Hessen. Die Züge sind voll von Hunderten und Tausenden dieser Menschen, die oft nur wenige Pfund Kartoffeln Hunderte von Kilometern schleppen. Wir könnten auch sagen, es werde bilateral, nicht multilateral getauscht. - Wer von Frankfurt nach Bremen fährt, stößt auf den sogenannten „Heringszug". Das sind Tausende von Menschen, die aus Sachsen und Thüringen kommen, über die Sowjetgrenze zu Fuß gehen, um in Wesermünde und anderen Fischerstädten Heringe gegen Haushaltgegenstände zu tauschen und wegen einiger Pfund Heringe Hunderte von Kilometern durchmessen, wobei sie schwere Gefahren auf sich nehmen.

Das sind alltägliche Bilder. Zu ihnen gehört auch der Anblick der Städte, die wir durchwandern. Die Straßen sind zwar aufgeräumt und die Trümmer beseitigt, aber der Aufbau der zerstörten Häuser hat noch kaum begonnen. Draußen aber, vor den Toren der Stadt, dehnen sich die Kleingärten aus. Weil die Menschen wissen, daß sie verhungern müßten, wenn sie nur auf die amtlichen Zuteilungen angewiesen wären, bebauen sie nach Kräften kleine Landstückchen - mag auch der Ertrag sehr gering sein.

3. Kehren wir aber in Industriebetriebe zurück: Dieses Mal ist es eine Fabrik, die Öfen und Kühlschränke herstellt. Die Firma erhält gewisse Mengen an Eisen und Kohle von amtlichen Stellen zugewiesen. Aber natürlich kann sie hiermit allein nicht arbeiten; sie braucht außerdem viele Hilfsstoffe, Chemikalien, Öle usw., die sie auf dem Tauschwege erwirbt. Ebenso tauscht sie Lebensmittel, Textilwaren, Schuhe usw. für die Arbeiter ein. Denn die Arbeiter brauchen „Kompensationen", damit sie in der Fabrik arbeiten können. Für Geldlohn allein würden nur wenige kommen. - Gewisse Mengen an Ofen und Kühlschränken muß die Firma auf Grund der Zuteilungen an Eisenblech, Kohle usw. abliefern. Es ist die Kunst des Betriebsleiters, so

viel an Fabrikaten zu erübrigen, daß noch Tauschgeschäfte durchgeführt werden können.

Eine andere Industriefirma stellt Aschenbecher her. Warum Aschenbecher? Wäre es nicht wichtiger, Kochtöpfe zu produzieren? Bestimmt wäre es wichtiger, aber die Preise sind bei vielen lebenswichtigen Gütern so tief gedrückt, daß es nicht möglich ist, ihre Produktion durchzuhalten. Das ist ja gerade ein Kennzeichen der staatlichen Preiskontrolle - übrigens nicht nur in Deutschland -, daß lebenswichtige Güter, wie Kartoffeln, Weizen, Schuhe usw. im Preise sehr tief gehalten, weniger wichtige Güter aber weniger streng kontrolliert werden. Infolgedessen weichen die Betriebe gerade in die Produktion weniger wichtiger Güter aus und sind sogar dazu gezwungen, wenn sie sich nicht durch dauernde Verluste selbst zugrunde richten wollen. - Warum exportiert dieser Betrieb nicht? Er exportierte doch früher? Nun: Direkte Vertragsabschlüsse mit dem ausländischen Käufer sind unmöglich. Ich will hier nicht die vielen Erzählungen wiederholen, die Tag für Tag in den Betrieben über das Schicksal von Exportgeschäften zu hören sind. Die Betriebe ersticken in einer Fülle von Papier, und eine Anpassung an die Bedürfnisse des Weltmarktes ist unmöglich. Im übrigen bekommt der Fabrikant lediglich Papiermark von den Stellen der Besetzungsmacht, die sich zwischen ihn und den ausländischen Importeur legen. Er gibt also seine wertvollen Rohstoffe und Waren her, um ein Geld zu bekommen, mit dem er die Rohstoffe nicht wieder kaufen kann. Tauschgeschäfte im Inland sind wesentlich nützlicher. Wenn der Fabrikant trotzdem für das Außenhandelsgeschäft noch ein gewisses Interesse hat, so nur mit Rücksicht auf eine spätere Zeit und in der Hoffnung, daß sich später wieder Geschäftsbeziehungen anknüpfen könnten. - Dies gilt allgemein: Viele Firmen würden unter den heutigen Umständen schließen, wenn sie nicht an die weitere Zukunft dächten und die Hoffnung hätten, daß später wieder die Steuern geändert werden, welche die meisten Geschäfte im Moment sinnlos machen.

Zum Schluß noch eines: Die deutsche Bevölkerung muß rastlos tätig sein, um nicht zu verhungern. Wir sehen sie nicht nur in Fabriken oder auf dem Bauernhof arbeiten, sondern wir sehen sie auch unablässig in außerordentlich mühevollen Reisen und Wanderungen bemüht, einzelne Löffel Fett oder einzelne Kartoffeln oder einzelne Pfund Weizen gegen Arbeitsleistungen oder Waren oder Geld zu tauschen. Freilich ist sie manchmal auch für andere Dinge tätig: So z. B. dafür, die Arbeitsstätten, an denen sie tätig war, abzureißen. Ich brauche heute nur - aus vielen Beispielen - daran zu erinnern, daß im April des Jahres 1948 mit der Demontage der Farbwerke in Höchst begonnen wurde, wobei etwa 1300 Tonnen Eisen bewegt werden müssen und etwa 150 000 Arbeitsstunden für die reine Demontage beansprucht werden. Auch hier sind Arbeiter tätig; aber in diesem Fall richtet sich die Arbeit sogar auf die Zerstörung der Arbeitsstätte selbst.

Dies sind einige kurze Schlaglichter, einige Eindrücke, die wir gewinnen, wenn wir Betriebe und Haushalte in Deutschland durchwandern. Aber nun drängt sich die Frage auf, was dies eigentlich bedeutet.

Die wirtschaftliche Analyse

Man könnte versucht sein, die geschilderte wirtschaftliche Situation der Deutschen unter dem Gesichtspunkt des Rechtes zu würdigen. Dann wäre das Ergebnis niederdrückend. Wer sich vollständig in den Bahnen des gesetzten Rechtes bewegt und keinerlei Versuche macht, sich außerhalb der offiziellen Zuteilungen Güter zu beschaffen, verurteilt sich selbst zum Tode. Das gilt für den Einzelnen, für die Haushalte und für die Betriebe. So zwingt die bestehende Rechtsordnung die Deutschen, die Gesetze zu übertreten - wenn sie sich nicht selbst vernichten wollen. Schon unter diesem Aspekt, der sehr wichtig ist und der nicht ernst genug genommen werden kann, erscheint eine Reform dringend geboten. Denn ein Rechtsstaat kann dort nicht bestehen, wo sich das gesetzte Recht mit dem elementaren Lebensrecht des Menschen in Widerspruch setzt.

Aber nicht diese Seite der Sache soll uns beschäftigen, sondern die ökonomische Frage. Deutschland war früher ein hochindustrialisiertes Land mit entwickelter Arbeitsteilung und großem Außenhandel. Wie kommt es, daß die Produktion dieses Landes so radikal zusammengeschrumpft ist? Diese Frage ist hingegen noch nicht präzis genug gestellt. - Sicherlich haben die großen Zerstörungen durch den Luftkrieg und durch die anderen Kriegsereignisse von 1944/45, haben die Verluste an Arbeitskräften die Produktivität wesentlich herabgemindert. Doch selbst, wenn wir dies in Rechnung stellen, bleibt noch ein Problem: Auch die vorhandenen Betriebe und vor allem die vorhandenen Arbeitskräfte werden wenig produktiv oder sogar unproduktiv verwendet. Das ist ja das Erschütternde, was auch den verständnisvollen Ausländer beeindruckt: Die vorhandenen Menschen arbeiten weitgehend vergeblich, obwohl sie rastlos tätig sind: das vorhandene Land, die vorhandenen Fabriken und die Vorräte an Rohstoffen und Halbwaren werden nicht so verwendet, daß sie das leisten, was sie leisten könnten. Also selbst die produktiven Kräfte, die noch geblieben sind, werden nicht in zureichender Weise eingesetzt. Warum nicht? Diese Frage ist eine rein ökonomische Frage, und wir müssen genau die Punkte bezeichnen, auf die es ökonomisch ankommt.

Wer - so wie wir es taten - durch deutsche Betriebe und Haushalte wandert und die Frage nach dem Warum stellt, stößt vor allem auf drei Ursachenkomplexe:

Überall stellen wir den Abbruch alter Geschäftsverbindungen mit den Firmen in anderen Zonen und mit dem Ausland fest: *Eine Desintegration,* eine Zerstückelung eines großen arbeitsteilig zusammengeschlossenen Gebietes in viele kleine Räume hat sich vollzogen (1).

Ein akuter *Kapitalmangel* macht es unmöglich, den Aufbau und die Reparatur der Häuser und Fabriken in Gang zu setzen oder Rohstoffe und Maschinen zu beschaffen (2).

Es fehlt an einer zureichenden *Lenkung* des arbeitsteiligen Wirtschaftsprozesses. Statt eines zweckmäßigen Ineinanders besteht ein Nebeneinander der Wirtschaftspläne und Tätigkeiten (3).

1. Um die *Zerstückelung* des deutschen und europäischen Wirtschaftsgebietes zu erklären, deren Folgen sich in jedem deutschen Betrieb geltend machen, muß man sich die europäische Wirtschaft vor Augen stellen, wie sie vor 1914 und auch in der Zeit zwischen 1924 und 1930 beschaffen war. Im 19. und beginnenden 20. Jahrhundert vollzog sich in Deutschland eine dreifache räumliche Integration. Es entwickelte sich eine ganz enge Arbeitsteilung innerhalb der deutschen Wirtschaft. Diese Arbeitsteilung bestand nicht nur darin, daß der landwirtschaftliche Osten mit dem industriellen Westen tauschte. Schon die Beziehungen zwischen Osten und Westen waren viel enger. So fand z. B. gerade in den letzten Jahrzehnten ein sehr starker Investitionsprozeß in der mitteldeutschen und der ostdeutschen Industrie statt, welche die Investitionsgüter - wie Eisen und Maschinen - vor allem aus dem Westen, also aus dem Rhein-Ruhr-Gebiet, bezog. Aber auch innerhalb des Westens war die Arbeitsteilung eine sehr intensive. Auch hier stand im Mittelpunkt das große Industriezentrum an Rhein und Ruhr, das mit der übrigen deutschen Industrie und mit der Landwirtschaft arbeitsteilig nahe verbunden war.

Doch diesen deutschen Wirtschaftsprozeß darf man nicht für sich betrachten - wie es jetzt so viel auch in Amerika geschieht. *Denn er war nur ein Teil der gesamteuropäischen Wirtschaft.* Das Zentrum der europäischen Wirtschaft war das große Industriegebiet, das von Mittel-England über Belgien und Nordfrankreich bis in das Rhein-Ruhr-Gebiet reichte und dort seinen Schwerpunkt hatte. Um dieses Zentrum herum lagerte sich wirtschaftlich das übrige Europa - von Italien bis Skandinavien. Die innereuropäische Verflechtung bestand sowohl im Austausch von Grundstoffen wie auch von Halb- und Fertigfabrikaten und von Agrarprodukten. Englische und deutsche Kohle bildeten die Basis der Industriewirtschaft. Schwedische, lothringische und luxemburgische Erze, Walzprodukte der deutschen, englischen, belgischen und französischen Eisenindustrie und zugleich zahlreiche Maschinen, die ausgetauscht wurden, Garne, Gewebe, Chemikalien, optische Instrumente, die in den verschiedensten Qualitäten von Land zu Land gingen. Wenn der Amerikaner an Europa denkt, so sieht er die vielen Staaten vor sich, die dort bestanden und bestehen. Er dürfte dabei aber nicht vergessen, daß bis 1914 und später wieder bis zur Weltwirtschaftskrise von 1930/33 dieses Europa wirtschaftlich eine Einheit war und daß die Industrie im wesentlichen nach ökonomischen Gesichtspunkten, d. h. auf Grund von Kostenvorteilen heranwuchs. Die Einheit der Goldwährung, die Langfristigkeit der Handelsverträge und das geringe Ausmaß der Zölle ließen ein überaus leistungsfähiges wirtschaftliches *Europa* mit dem Zentrum im Nordwesten entstehen. Dieses Europa wieder war in vielfältige weltwirtschaftliche Beziehungen mit Außereuropa verknüpft. Man konnte das damals in jedem Betrieb unmittelbar sehen. Wenn man etwa eine Spinnerei besuchte, so sah man dort die deutschen Arbeitskräfte und die deutsche Kohle, die englischen Maschinen und die Baumwolle aus den Vereinigten Staaten. Niemals wäre die innereuropäische Verflechtung möglich gewesen, wenn nicht diese nahe Verknüpfung mit der außereuropäischen Welt entwickelt worden wäre. Große Mengen von Futtermitteln und anderen Nahrungsmitteln strömten aus der ganzen Welt nach Europa - ebenso Rohstoffe, wie Baumwolle, Kupfer, Zinn, Kautschuk usw.

Senator Eastland hat im Jahre 1945 im amerikanischen Senat darauf hingewiesen, daß zwischen 1921 und 1933 die Exporte der Vereinigten Staaten nach den zehn südamerikanischen Ländern geringer waren als die Summe der Exporte nach Deutschland (4,094 Millionen Dollar gegenüber 4,363 Millionen Dollar). Diese Zahl ist in der Tat interessant. Aber das Bild bedarf der Ergänzung. Auch die Ausfuhr nach den anderen europäischen Ländern, die sich in einer wirtschaftlichen Einheit mit Deutschland befanden, hing von diesem europäischen Zusammenwirken wesentlich ab. Wenn etwa italienische oder schweizerische Betriebe amerikanische Rohstoffe oder Maschinen nachfragten, so hing dies wiederum mit der Versorgung durch deutsche Kohle zusammen - wie umgekehrt auch die Nachfrage Deutschlands durch seine Verflechtung mit dem übrigen Europa mitbestimmt war.

Das ganze europäische Wirtschaftsgebiet, von dem Deutschland ein Teilstück darstellte, war nicht von irgendwelchen „Planern" ersonnen. Es wuchs von unten her. Es entstand aus den wirtschaftlichen Plänen und Entscheidungen ungezählter Unternehmer und war vor 1914 gut geordnet. Seine Leistungsfähigkeit war so bedeutend, daß auch jetzt der industrielle Kern Europas mit den angegliederten Randgebieten sehr wohl neben den beiden anderen großen Industriezentren - nämlich dem amerikanischen und dem russischen - wieder einer der großen wirtschaftlichen Mittelpunkte der Welt werden könnte.

Doch das europäische Wirtschaftsgebiet *ist* keine Einheit mehr. Es ist zerschnitten. In Deutschland bestehen die vier Zonen. Der deutsche Außenhandel schmolz nach dem Kriege auf kümmerliche Reste zusammen und zwar der Außenhandel mit dem übrigen Europa und mit der nichteuropäischen Welt. Der agrarische Osten ist vom industriellen Westen, die heranwachsenden Industriegebiete Mittel- und Ostdeutschlands sind von den großen Lieferanten von Investitionsgütern im Westen abgeschnitten. Ob wir im Westen nun ein Landgut betreten oder eine Lokomotivfabrik oder eine chemische Fabrik: Stets sehen wir, daß es an Produktionsmitteln aus anderen Zonen fehlt; bei dem Landgut etwa an Saatkartoffeln oder an Samen für Gemüse; in der Lokomotivfabrik an vielen einzelnen Teilen, die aus Schlesien oder Thüringen geliefert wurden; in der chemischen Fabrik an Grundstoffen, die aus einer

anderen Zone kamen. Der Export aber ist durch die Monopolisierung des Aussenhandels im wesentlichen auf einige Grundstoffe, wie Kohle, Holz, Schrott, Elektri-
zität beschränkt und die eigentliche Exportkraft Deutschlands, die in den Produkten
der Weiterverarbeitung besteht, kommt kaum zur Geltung.

Man stelle sich einmal auf amerikanische Verhältnisse übertragen folgendes vor:
Ein Gebiet, das durch die Linie Pittsburgh-Detroit-Chicago-St. Louis begrenzt ist,
würde plötzlich aus dem amerikanischen Wirtschaftsgebiet herausgeschnitten. Und
noch mehr: Dieses herausgeschnittene Gebiet würde wieder in drei oder vier Teile
zerteilt. Jeder Amerikaner wird sofort einsehen, daß beide Teile schwer leiden würden: Sowohl das herausgeschnittene Gebiet, das darüber hinaus zerstückelt wäre, als
auch das übrige Amerika, das plötzlich von diesem Kernstück der amerikanischen
Wirtschaft losgetrennt sein und nun überall die Produkte dieses Gebietes vermissen
würde. So muß man sich die Heraussonderung, die Autarkisierung und die innere
Zerstückelung Deutschlands vorstellen.

Lewis H. Brown hat in seinem bekannten Bericht über Deutschland gesagt: „Als ich
nach Deutschland ging, um dort das Problem des deutschen Wiederaufbaues zu untersuchen, erwartete ich, die Antworten auf meine Fragen in Deutschland zu finden.
Im Laufe meiner Untersuchungen stellte ich jedoch zu meiner eigenen Überraschung
fest, daß das Kernproblem für den Wiederaufbau Deutschlands und Westeuropas in
Großbritannien lag, in seiner Förderung und Ausfuhr von Kohle". Hiermit hat
Brown recht. Aber er sagt nur eine Teilwahrheit. Die ganze Wahrheit besteht darin,
daß nicht nur die englische Kohle notwendig für den Aufbau der Industrie des Kontinents ist, sondern daß die gesamte englische und kontinentale Wirtschaft eine Einheit darstellen und daß überall eine gegenseitige Abhängigkeit vorliegt - genau so
wie zwischen den genannten amerikanischen Wirtschafts-Teilgebiet südlich von
Detroit und dem übrigen Amerika. Die Zerschneidung schädigt beide: das herausgeschnittene Stück und den übrigen Körper.

2.   Stellen wir uns vor, in Amerika wäre durch eine Katastrophe ein wesentlicher Teil der Städte, der Wohnhäuser, der Industriebetriebe und Verkehrsanlagen
zerstört. Wo früher die Städte New York und Philadelphia standen, führe der Besu-
cher durch große Ebenen von Trümmern. - Was ergäbe sich hieraus ökonomisch?
Ein außerordentlicher *Kapitalmangel*.

Die Menschen wären nicht mehr in gleicher Weise wie früher mit Maschinen und
Werkzeugen ausgerüstet. Ihre Arbeit hätte infolgedessen eine sehr geringe Produktivität. Sie können gleichsam nur noch von der Hand in den Mund leben. Sie müßten
versuchen, mit primitiven Werkzeugen den Boden zu bearbeiten und von dem Ertrag
ihr Dasein zu fristen. Um aus dieser Situation herauszukommen, brauchten sie Kapital. Sie wollten fürs erste Konsumgüter haben, um Produktionsmittel herzustellen,
die *später* mehr Konsumgüter liefern. Sie müßten - wie die ökonomischen Theoretiker es bisweilen ausdrücken - Produktionsumwege einschlagen, um produktiver ar-

beiten zu können. Hierzu brauchten sie Konsumgüter, die ihnen jemand leihen müßte. Nur so könnten sie die zeitraubende Produktion von Maschinen und anderen Produktionsmitteln in Gang setzen und diese Produktionsmittel in der Konsumgutproduktion verwenden. Oder auch: Sie erhielten von anderer Seite unmittelbar die Produktionsmittel, die sie brauchen.

Dieses Bild wäre für Amerika eine düstere Vision. Für Deutschland ist es die Wirklichkeit. Schon vor dem Kriege begann die Zerstörung. Wenn etwa eine Spinnerei, die Garn lieferte, Geld bekam, das unverwertbar war, so wurden Produktionsmittel verzehrt. Durch die Ereignisse des Krieges, durch den Luftkrieg und die Demontagen ist der Produktionsapparat weiter zusammengeschrumpft. Die Arbeiter sind infolgedessen nur mit sehr schlechten Produktionsmitteln ausgerüstet, und ihre Produktivität ist schon dadurch - nicht nur wegen der Zerstückelung des europäischen und deutschen Wirtschaftsgebietes - beeinträchtigt. Man spürte dies in jedem Bauernbetrieb und in jeder Fabrik: Die Ausrüstung mit Maschinen und Werkzeugen und Rohstoffen reicht nicht aus.

Wenn so viele Menschen unter den gegebenen Umständen lieber in Kleingärten arbeiten, als in der Fabrik, so heißt das, daß sie einen kurzen Produktionsweg vor einem längeren bevorzugen - trotz der naturgemäß geringeren Ergiebigkeit der Arbeit. Aber der Kapitalmangel machte sich noch drückender bemerkbar: Viele Arbeiten, z. B. in der Holzwirtschaft oder in der eisenschaffenden Industrie, waren nicht durchzuführen, weil die Arbeiter die körperlichen Kräfte für solche schweren Arbeiten nicht mehr besitzen. Es fehlt also an Konsumgütern, um den Produktionsprozeß durchzuführen, d. h. überhaupt gewisse Produktionswege einzuschlagen. Der Kapitalmangel führt insoweit zum Stillstand der Produktion.

Kapitalmangel ist eines der wesentlichen Kennzeichen der deutschen Wirtschaft nach dem Kriege und dieses Kennzeichen, das uns in den Betrieben und Haushalten überall entgegentritt, wird zu einem beherrschenden Problem der deutschen Wirtschaftspolitik. Es ist auch noch dadurch verschärft, daß viele Millionen Flüchtlinge aus dem Osten nur mit kümmerlicher Habe nach dem Westen strömen. Sie bringen weder Boden noch Maschinen noch andere Produktionsmittel. Um sie zu beschäftigen, ist zusätzlich Kapital nötig.

3. Jede Volkswirtschaft braucht, um zureichend zu arbeiten, *eine Lenkung,* in gleicher Weise, wie eine solche in jeder Haushaltung und in jedem Betrieb erforderlich ist. Nehmen wir eine Haushaltung, in der zwei Erwachsene und vier Kinder leben. Stunde für Stunde und Tag für Tag werden alle Tätigkeiten von früh bis spät aufeinander abgestimmt: das Einkaufen, die Säuberung der Zimmer, das Kochen usw. Dies alles ist miteinander verbunden, und die Arbeitskräfte und Materialien werden so verwandt, wie es für den Haushalt am nützlichsten zu sein scheint.

Genau so braucht jede Volkswirtschaft eine Lenkung. Wohin z. B. die Kohle oder das Eisen verteilt werden, in welche Betriebe und zu welchen Zwecken, und daß zur rechten Zeit in jedem Betrieb die vielen Haupt- und Nebenmaterialien und die Arbeitskräfte, die zusammengehören, auch wirklich da sind dies alles ist die Aufgabe einer zweckmäßigen Wirtschaftslenkung. Dabei kommt es darauf an, den ganzen riesigen Produktionsprozeß einer modernen industrialisierten Wirtschaft mit seinen Millionen von Betrieben auf die Bedarfsdeckung auszurichten. - Die Aufgabe der Lenkung und der richtigen Kombination der Produktionsmittel ist in der großen Gesamtwirtschaft - wie man ohne weiteres sieht - sehr viel schwieriger als in einer kleinen Haushaltung. Denn in der Haushaltung kann sich die Lenkung in *einem* Kopf vollziehen oder sie wird im kleinen Kreise besprochen und entschieden. Wo es sich aber darum handelt, Dutzende oder Hunderte von Millionen Menschen in dem großen Produktionsapparat, der in Millionen von Betrieben besteht, zureichend zu lenken, versagt der Kopf eines Einzelnen und es ist nötig, daß eine ausreichende Lenkungs*mechanik* in die Wirtschaftsordnung eingebaut wird.

Daran aber fehlt es in Deutschland. - Bis zum Jahre 1936 wurde der Wirtschaftsprozeß durch Marktpreise gelenkt. Die einzelnen Betriebe und Haushalte also machten ihre Pläne auf Grund der Preise der Produkte und Produktionsmittel. Diese Lenkung war zum Teil mangelhaft, weil die Geldordnung versagte und weil sich gleichgewichtslose Marktformen oder Angebotsmonopole entwickelten. Aber seit 1936 - mit zunehmender Kreditexpansion - ging man in Deutschland dazu über, durch das Preisstop-Gesetz die Preise festzuhalten. Damit wurde der Lenkungsmechanismus der Preise überhaupt stillgelegt. Deutschland trat in das Stadium der „zurückgestauten Inflation" ein, und da nunmehr die Preise die Knappheitsrelationen der Güter nicht mehr zum Ausdruck brachten, die Preise also als Lenkungsinstrument überhaupt versagten, wurden im Laufe der nun folgenden Jahre mehr und mehr zentralverwaltungswirtschaftliche Planstellen gebildet, die versuchten, den alltäglichen Wirtschaftsprozeß zu lenken: auf den Devisenmärkten, den Kohle- und Eisen-Märkten, den Arbeitsmärkten usw. Immer mehr verdrängte die sogenannte „Planwirtschaft" die Lenkung der Wirtschaft durch Preise.

Mit der Besetzung Deutschlands durch die Alliierten hat sich hierin grundsätzlich nichts verändert. Die nationalsozialistische Methode der Wirtschaftslenkung wurde nämlich von den Alliierten übernommen: Preisstop, zentrale Zuteilung - freilich unter Zerschneidung des gesamtdeutschen Wirtschaftsgebietes in mehrere Teile. Man sah die zentralverwaltungswirtschaftliche Lenkungsmethode als geeignet an, um das Land zu beherrschen. Dadurch, daß in jedem Betrieb die Rohstoffe und auch die Fertigwaren beschlagnahmt sind, daß nur auf Grund amtlicher Zuteilungen Produkte geliefert oder verkauft werden dürften, daß die Arbeitsplätze zentral zugewiesen werden, daß die Konsumenten festgesetzte Rationen erhalten, ist die private Sphäre des Einzelnen ebenso eingeschränkt geblieben, wie sie es in der Zeit des Nationalsozialismus war. Allerdings trat in der Zentralverwaltung insofern eine Änderung ein, als nun zwei zentrale Verwaltungen - also zwei Bürokratien nebeneinander: nämlich die alliierte und die deutsche den Wirtschaftsprozeß lenken sollten.

Da aber die Zuteilungen der Konsumsphäre sowie die Zuweisungen an Rohstoffen und Materialien an die Betriebe so gering wurden, daß niemand bei diesen Rationen leben und kein Betrieb produzieren konnte, entthronte diese „Planwirtschaft" sich selbst. jeder Betrieb und jeder Haushalt mußte - wie wir es beschrieben haben - versuchen, außerhalb des Röhrensystems der zentralverwaltungswirtschaftlichen Beschlagnahmungen und Zuweisungen, Güter herzustellen oder einzutauschen. Und so vollzog sich vor unseren Augen eine erschreckende Primitivisierung der Wirtschaft: Ein Nebeneinander von zentralen Zuteilungen, Preisen auf dem Schwarzmarkt, Tauschwerten und subjektiven Bewertungen in den Haushalten und Betrieben entstand. Es fehlt an einer einheitlichen Rechenskala, wie es in den USA der Dollar ist. Man rechnet in Zigaretten oder Kaffee oder Branntwein oder auch in Mark, um nur einige Rechenskalen zu nennen, und diese Rechenskalen besaßen keine feste Verbindung. So hat sich eine „Spaltung" des Wirtschaftsprozesses in unabsehbar viele Teile und Teilchen vollzogen. Aber ein großer industrialisierter Wirtschaftsprozeß wie der deutsche kann nur als Einheit Bestandbild haben. Man klage nicht den Einzelnen an etwa den einzelnen Haushalt oder den einzelnen Betrieb. Er muß so handeln, wie er handelt, wenn er nicht zugrundegehen soll. In der *Ordnung* fehlen die einheitliche Rechenskala und die zureichende Lenkung. Es ist in Deutschland genau so, als wenn in der Haushaltung mit den sechs Köpfen, von der wir sprachen, alle sechs für sich - nebeneinander - Pläne entwürfen und durchführten, und so ein vollkommenes Durcheinander entstände. Dieses Durcheinander bringt eine große Verschwendung mit sich. Verschwendet wird die Arbeit; sie wird fehlgelenkt und dadurch vergeudet.

Schließlich ist diese mangelhafte und zerspaltene Lenkung noch weiter durch die *Steuerpolitik* verschlechtert worden. Die Steuern, die seit 1946 eingeführt wurden, sind so gestaltet, daß sie oft mehr als das Einkommen wegsteuern.

Damit sich der Leser ein gewisses Bild von diesen Steuern machen kann, sei hier eine Tabelle eingefügt.

Familie bestehend aus Eltern und 2 minderjährigen Kindern					
Einkommen	Vermögen	Einkom-menssteuer	Vermögens-steuer	Summe	Netto-Ein-kommen
in Mark		in Mark		in Mark	in Mark
15.000,-	100.000,-	5.933,-	1.350,-	7.283,-	+7.717,-
25.000,-	100.000,-	13.753,-	1.350,-	15.10,-	+9.900,-
25.000,-	300.000,-	13.753,-	4.350,-	18.103,-	+6.897,-
25.000,-	600.000,-	13.753,-	14.750,-	28.503,-	-3.503,-
50.000,-	600.000,-	36.173,-	14.750,-	50.923,-	-923,-
100.000,-	600.000,-	83.043,-	14.750,-	97.793,-	+2.207,-
100.000,-	1.000.000,-	83.043,-	25.000,-	108.043,-	-8.043,-
200.000,-	1.000.000,-	179.373.-	25.000,-	204.373,-	-4.373,-

Die Konsequenz ist natürlich, daß die Betriebe versuchen mußten, außerhalb der Buchführung Geschäfte zu machen, und daß zu allen Schwierigkeiten und zu allen Kostenerhöhungen nun noch die Rücksicht auf die Steuer die Lenkung des Wirtschaftsprozesses beeinflußte und den Einzelnen zwingt, Produktionen zu unterlassen, die zweckmäßig erscheinen, oder sie so durchzuführen, daß er der Steuer entrinnt.

Daß in der Zeit vor der Währungsreform so viel von *Lenkung* gesprochen wurde, ist kennzeichnend für den deutschen Wirtschaftsprozeß von damals und kann als Indiz gelten, daß ihm eine zureichende Lenkung *fehlte*. Nur der reine Ideologe kann angesichts dieser Lage noch meinen, daß die wirtschaftliche Wirklichkeit in den Planstellen voll erfaßt werde. Was da am Tisch solcher Planstellen besprochen und bearbeitet wird, ist nicht die wirtschaftliche Realität. Ein Beispiel: Die Stadt Münster in Westfalen empfing von der Planstelle für die Versorgung der Bevölkerung mit Taschentüchern in einem Monat *ein* einziges Taschentuch, und die Stadtverwaltung beschloß sehr richtig, dieses Taschentuch dem Museum zu überweisen. Die Wirklichkeit kann man allein erfassen in den Industriebetrieben, in den Bauernhöfen, auf der Eisenbahn, in den Haushaltungen - nicht aber in den zentralen Planstellen, die indessen durch ihre Beschlagnahme und Zuteilungen immer wieder in den Wirtschaftsprozeß eingreifen.

In Deutschland ist zum Extrem entwickelt worden, was sich auch in andern europäischen Ländern mit *zurückgestauter Inflation* - wie in England und Frankreich - zeigt: Auch in diesen Ländern bringen die Preisrelationen die Knappheit der Güter nicht mehr zum Ausdruck, und die Lenkungsmechanik ist nicht brauchbar. Deutschland steht jedoch am Ende des Weges, den andere Länder betreten haben und weitergehen. Die große zurückgestaute Inflation seit 1936 hat die Gestaltung der deutschen Wirtschaftsordnung entscheidend beeinflußt. Wie wir bereits gezeigt haben, ist durch Preisstop und zurückgestaute Inflation die Lenkungsmechanik des Preissystems der Fähigkeit beraubt worden, den Wirtschaftsprozeß zureichend zu dirigieren. Die Kostenrechnung der Betriebe wird falsch, eben weil die Preisrelationen nicht mehr die Knappheitsrelationen wiedergeben. So war es bei der offenen Inflation zwischen 1914 und 1923. Die zurückgestaute Inflation aber, die darin besteht, daß bei Ausdehnen der Geldmenge die Preise festgehalten werden, legt das Preissystem sofort still. Denn Verschiebungen der Daten werden nicht mehr in den Preisen sichtbar. Da alle Waren Absatz finden, verliert der Preis die Auslesefunktion.

Indem die Inflationen das Preissystem der Fähigkeit berauben, den Wirtschaftsprozeß zureichend zuzusteuern, geben sie zugleich den Anstoß, zu einem andern System der Steuerung überzugehen: zur zentralen Planung. Wir erlebten dies zum Beispiel auf dem Wohnungsmarkt. In beiden Inflationen, in der offenen wie in der zurückgestauten, wurden aus sozialen Gründen die Mieten festgehalten, und weil unter dem Druck der Inflation die Nachfrage das Angebot weit überstieg, war eine Rationierung der Räume und Wohnungen nötig. Zentrale Verteilung der Wohnungen setzte sich durch. Besonders wichtig aber war, daß in der zweiten großen Inflation - eben einer zurückgestauten Inflation - die Devisenkurse festgehalten wurden. Sofort zeigte sich ein Ungleichgewicht auf den Devisenmärkten. Daraus resultierte die Notwendigkeit, die Devisen zentral zu verteilen. Und zwar nicht durch Verteilung der Warengruppen, die importiert werden sollten, wie z. B. auf Baumwolle, Wolle, Kupfer, Nickel usw., sondern auch auf die einzelnen Betriebe, die diese Rohstoffe erhielten. Die Betriebe mußten und müssen auch heute noch ausgelesen und ihre Produktionsprogramme geprüft werden.

So kam vom Devisenmarkt her schon in der Mitte der dreißiger Jahre ein starkes Element zentraler Planung in die deutsche Wirtschaftsordnung hinein. Die zurückgestaute Inflation war nicht der einzige Grund, der in Deutschland zum Aufbau einer solchen Wirtschaftsordnung zentraler Planung führte; aber es war diese zurückgestaute Inflation ein wesentlicher Anstoß - und eine Voraussetzung.

Damit kommen wir zu einem weiteren Punkt. Die Inflationen haben nämlich nicht bloß die Preissysteme und damit die Wirtschaftsordnungen des verkehrswirtschaftlichen Typus zerstört, und sie haben nicht nur die Tendenz zu zentraler Planung ausgelöst oder entscheidend gefördert, sondern *die Inflationen sind darüber hinaus auch eine Voraussetzung dafür, daß zentrale Planung überhaupt bestehen kann.* Dieser Zusammenhang gehört zu den wesentlichen wirtschaftspolitischen Erfahrungen Deutschlands. In der zurückgestauten Inflation sind die Kassenbestände der Betriebe und Haushalte bedeutend. Daraus ergibt sich, daß die Betriebe die Beschlagnahmungen der Vorräte, die Produktionsanweisungen und die Verbote, Güter zu verkaufen usw. ohne weiteres durchführen können. Sie vermögen trotzdem, eben dank ihrer großen inflationsbedingten Liquidität, ihrer großen Kassenbestände, ihre Arbeiter oder neu zugeteilten Rohstoffe zu bezahlen. *Geldüberfluß ist also eine Voraussetzung zentraler Planung, ebenso wie umgekehrt Geldverknappung zentrale Planung verhindert.* Daß dies so ist, hat auch noch einen weitern, zweiten Grund. Solange die Haushalte über eine große Kasse verfügen, kaufen sie *alle* Güter, die auf den Markt gebracht werden - wie immer die Qualität ist. Sobald aber die Kassen verkleinert sind, wählen die Konsumenten sehr genau. Dann sind nicht mehr die Waren, die auf Anweisung zentraler Planstellen hergestellt sind - Ersatznahrungsmittel, Schuhe usw. -, ohne weiteres absetzbar. Sie bleiben teilweise liegen. Der *Konsument* beginnt im Wirtschaftsprozeß wieder einflußreich zu werden. Die Lenkung des Wirtschaftsprozesses verlagert sich also bei Geldverknappung mit Notwendigkeit zum Konsumenten hin, und die zentralen Planstellen verlieren dadurch an Macht. Der Dirigent des Wirtschaftsprozesses wird ein anderer: der Konsument. Und die Pläne der Haushalte und Betriebe gewinnen an Einfluß. - *Der Wirtschaftsordnung zentraler Planung aber ist die Inflation zugeordnet.*

Die Aufgabe

Die Diagnose ist die Grundlage der Therapie. - Wer vor Augen sieht, wie es in Deutschland zugeht und wer weiß, warum es so ist, der hat auch den Zugang zur Beantwortung der Frage gewonnen: Wie kann die deutsche und damit die europäische wirtschaftliche Lage gebessert werden?

An den drei Stellen, die soeben bezeichnet wurden, ist der Hebel einzusetzen.

1. a) Das zuletzt genannte Problem rückt wirtschaftspolitisch an die Spitze: Wie kann ein solches unproduktives Durcheinander von Tätigkeiten beseitigt, wie kann die Leistung des einzelnen Industriellen, Handwerkers, Arbeiters und Bauern zweckmäßig in den wirtschaftlichen Gesamtprozeß eingeordnet werden? Diese Frage hat offensichtlich ein Primat.

Um eine kurze Antwort zu geben: *Ein* Weg zur Lösung dieser Aufgabe ist verbaut: nämlich der Weg der Zentralverwaltungswirtschaft. Wir wollen hier nicht die grundsätzlichen Fragen über diesen Typ der Wirtschaftsordnungen aufwerfen. Es ist lediglich festzustellen: In Deutschland kann die Zentralverwaltungswirtschaft keine zureichende Lenkung des Wirtschaftsprozesses erzielen. überall, in jedem Betriebe und in jedem Haushalt tritt uns diese Tatsache entgegen. Die Zuteilungen an Rohstoffen und Hilfsmaterialien an die Betriebe passen nicht zusammen. Man fragt vergeblich: Warum erhält diese Ziegelei relativ viel Kohle, jene Maschinenfabrik wenig? Keine Planstelle weiß, wie die vorhandenen beschlagnahmten Rohstoffe und Halbmaterialien am besten auf die einzelnen Betriebe zu verteilen sind. Und keine zureichende Abstimmung der Pläne für Kohle, Eisen, Leder, Textilwaren usw. findet statt. In Deutschland sind alle Methoden zentraler Wirtschaftslenkung versucht worden; aber alle sind gescheitert. Niemand weiß, an welcher Stelle der einzelne Arbeiter am besten arbeitet, um im großen arbeitsteiligen Wirtschaftsprozeß zweckmäßig der Überwindung der Not zu dienen. Niemand kann angeben, welche Investitionen am wichtigsten sind. Ob dieses oder jenes Haus gebaut, diese oder jene Fabrik repariert werden soll, alles geschieht zufällig und unzusammenhängend. Zentrale Planstellen besitzen keine Mittel, um eine sinnvolle Lenkung des Wirtschaftsprozesses in der einzelnen Maschinenfabrik oder Weberei oder im einzelnen Bauernhof und in allen übrigen Betrieben zu bewirken. Und sie können die Produktionsprozesse in den einzelnen Betrieben nicht zureichend miteinander verbinden. - Man wende nicht ein, daß eine Bekämpfung oder Beseitigung des sogenannten Schwarzmarktes oder des Naturaltausches die Leistungsfähigkeit der Zentralverwaltungswirtschaft erhöhen könnte. Das Gegenteil ist richtig: Würden die Betriebe sich nicht durch Tausch die fehlenden Materialien beschaffen und würden sie den Arbeitern keine Kompensationsgüter geben, so würde ihre Produktion rasch völlig zum Erliegen kommen. Es würde an wesentlichen Materialien und an Arbeitern fehlen. Das Versagen der sogenannten „Planwirtschaft" und die Unmöglichkeit, sie wieder zu beleben, ist eine wesentliche Erfahrung der letzten Jahre deutschen wirtschaftlichen Niederganges.

Aber es ist auch aus einem andern, wichtigen Grunde unmöglich, den deutschen Wirtschaftsprozeß durch die Methoden der Zentralverwaltungswirtschaft wieder in Gang zu setzen. Deutschland ist ein Land, das außer Kohle wenige Rohstoffe und wenig fruchtbares Land besitzt. Fast 70 Millionen sind auf engem Raum so zusammengepreßt, daß ungefähr 200 Menschen auf dem Quadratkilometer - gegen etwa 17 in den USA leben. Das größte Aktivum, das Deutschland wirtschaftlich besitzt, sind seine hochqualifizierten Arbeitskräfte. Entscheidend für seine Zukunft ist es, daß sie richtig zur Geltung kommen, und dies kann nur in freier Betätigung und in Anpassung an die besonderen Absatzmöglichkeiten geschehen. *Von unten her - aus den spontanen Kräften des Volkes heraus - konnte und kann allein der Wiederaufbau vollzogen werden.* Es ist und bleibt nötig, daß die Industrie in kleinen und mittleren Werken, daß das Handwerk und die weiterverarbeitende Landwirtschaft in intensiver Wirtschaft den Wiederaufbau durchführen. Hier mag eine kleine Weberei, da eine Fabrik medizinischer Instrumente, dort eine Gärtnerei usw. zweckmäßig sein. Überall ist Anpassung an die individuelle, lokale Situation und an die besonderen Fähigkeiten der einzelnen Menschen notwendig. Gerade nach den Ereignissen des Krieges mit seinen Zerstörungen und nach dem Zustrom der Vertriebenen aus dem Osten ist es unumgänglich, sich von Grund aus den neuen Daten anzupassen. Zentrale Planung von oben würde verhindern, daß sich die notwendige Vielfalt des Wirtschaftsprozesses von unten her entwickelt. Auch die Eingliederung in die neue Weltwirtschaft verlangt Verzicht auf zentrale Planung: Niemals kann sie die Zehntausende von Warenarten, die Deutschland in Dutzende von Ländern liefert, und kann sie die vielen verschiedenartigen Importgüter, die Deutschland braucht, zutreffend auswählen und lenken. Jährlich wurden früher rund 12 Millionen Verträge im Außenhandel abgeschlossen.

b) Wenn aber die Methoden der Zentralverwaltungswirtschaft versagten, bleibt nur *ein* Weg: Preise - und zwar Wettbewerbspreise - sind das einzige Mittel, um die unabsehbar vielen Pläne und Entscheidungen der Millionen von Haushalten und Betrieben aufeinander abzustimmen und sinnvoll zu einem Gesamtprozeß zu verbinden. Der Preismechanismus ist das einzige Instrument, das in Deutschland zur Lösung der zentralen Aufgabe der Wirtschaftspolitik zur Verfügung steht; es ist das Preissystem, das die Knappheitsrelationen der Güter zum Ausdruck bringt. Dadurch bekommt die Wirtschaftsrechnung der einzelnen Betriebe und Haushalte wieder einen Sinn. Die Kostenrechnung, die Bilanzen und die Gewinn- und Verlustrechnungen, an denen sich die Betriebe in ihren Plänen und Entscheidungen ausrichten, führen dahin, daß die Teilstücke des gesamten Wirtschaftsprozesses, die sich im einzelnen Betrieb - z. B. im einzelnen Bauernhof oder in der Maschinenfabrik - vollziehen, ineinandergreifen. Und zwar geschieht dies so, daß die starken individuellen Kräfte, welche in frei planenden und handelnden Haushalten und Betrieben lebendig sind, wirksam werden.

Seit der Politik der zurückgestauten Inflation, also seit 1936, sind in Deutschland die verschiedensten Versuche gemacht worden, das festgelegte Preissystem, das unter dem Druck eines Geldüberhanges steht und immer ungeeigneter wurde, Lenkungsfunktionen auszuüben, durch Lenkungsmethoden der Zentralverwaltungswirtschaft zu ersetzen. Nun, nachdem deutlich ist, wie alle diese Versuche scheiterten, erweist es sich als notwendig, an die Wurzel zu greifen: Durch eine *positive* Politik sollte das Preissystem wieder wirksam gemacht werden. Die Herstellung einer Wirtschaftsordnung ist nötig, die auf die Bildung von Märkten der vollständigen Konkurrenz ausgerichtet ist. Denn im Rahmen von Wettbewerbsmärkten bilden sich die Preise frei und geben dem alltäglichen Wirtschaftsprozeß die Lenkung. Hiermit ist ein *Kernproblem* der heutigen Wirtschaftspolitik in Deutschland berührt. Die Wirtschaftspolitik hat sich zu fragen, was zu tun ist, damit Preise die Lenkungsfunktion übernehmen, damit die Zerspaltung des Produktionsprozesses in unzusammenhängende Teilchen überwunden wird, damit der ganze Prozeß anspringt und dadurch die Voraussetzungen geschaffen werden, die große soziale Not zu überwinden. *Drei* tiefgreifende wirtschaftspolitische Maßnahmen innerhalb Deutschlands sind hierzu nötig und zwar Maßnahmen, die sich gegenseitig ergänzen und die alle zusammengehören.

aa) An der Spitze steht die *Währungsreform*. Durch die Währungsreform soll die zurückgestaute Inflation in Noten und Giralgeld rückgängig gemacht werden, um eine wesentliche Voraussetzung für die Ingangsetzung eines freien Preissystems herzustellen. Über die technischen Probleme der Währungsreform haben wir hier nicht zu sprechen. Wichtiger als diese technischen Probleme ist nämlich folgendes: Die deutsche Währungsreform wäre sinnlos, wenn sie als eine isolierte, rein geldtechnische Maßnahme aufgefaßt und durchgeführt würde. Was würde geschehen, wenn die Geldmenge verringert würde, sonst aber alles beim Alten bliebe? Die Liquidität der Betriebe und Haushalte würde plötzlich absinken. Neue Notlagen würden entstehen.

Vielleicht würden die Schwarzmärkte kleiner werden; aber positiv würde wenig oder nichts erreicht. Anders, wenn die Währungsreform als das behandelt wird, was sie sein *sollte: als das Teilstück einer umfassenden Wirtschaftsreform.* Eine neue und leistungsfähige Form der Wirtschaftslenkung würde durch sie möglich - wenn gleichzeitig die anderen dazugehörigen wirtschaftspolitischen Aktionen durchgeführt werden.

bb) Zur Währungsreform gehörte die *Beseitigung des zentralen Bewirtschaftungssystems und der staatlichen Preisbindungen.* Bleiben die zentralverwaltungswirtschaftlichen Planungen, Beschlagnahmungen, behördlichen Zuteilungen, Rationierungen und Preisbindungen bestehen, so hat die Währungsreform ihren Zweck verfehlt. Denn ihr Sinn ist es ja gerade - ich wiederhole es - eine Geldordnung herzustellen, in deren Rahmen *Preise* den Wirtschaftsprozeß *lenken.* Wenn aber - wie es viele Amerikaner der Militärregierung wollen - Pläne behördlicher Zentralstellen weiter den Wirtschaftsprozeß zu steuern suchen, entsteht ein Gegeneinander verschieden gearteter Lenkungsmethoden. Gezwungen, sich an den Preisen der Produkte und Produktionsmittel auszurichten, erhalten die Betriebe zugleich Zuteilungen und Anweisungen von zentralen Planstellen, die nicht auf die betrieblichen Kostenrechnungen abgestimmt sind. Preise zwingen sie in die eine, zentrale Zuteilungen in die andere Richtung. Die Kostenrechnung zwingt z. B. eine Maschinenfabrik, Kupfereinkäufe einzuschränken; zentrale Planstellen zwingen ihr aber größere Kupfermengen auf. Daß die Pläne der zentralen Planstellen mit den Plänen der Millionen von Betrieben übereinstimmen, ist unmöglich. Aus der gestauten Inflation mit ihrer Stillegung des Preissystems ist die zentrale Planung entstanden. Sie sollte die stillgelegte Lenkung durch eine andere Lenkung ersetzen. Jetzt wird der Geldüberhang beseitigt. Welchen Zweck haben dann noch staatliche Preisbindungen und Bewirtschaftung? Sie würden es verhindern, daß der Wirtschaftsprozeß wieder eine exakte Lenkung erhält. Freies Pendeln der Preise in der Währungseinheit ist nötig. Dann zeigen Preise wieder die Knappheit an.

Währungsreform, Aufhebung der staatlichen Preisbindungen und des Bewirtschaftungssystems sind also „komplementäre", sich gegenseitig ergänzende wirtschaftspolitische Akte. Zu diesem Gesamtsystem würde gehören, daß die Bewirtschaftung auch da fallen sollte, wo starke Monopole bestehen, wie bei der Kohle. Hier allerdings wäre eine entschiedene Monopolkontrolle notwendig - mit dem Ziel, daß der Monopolist sich so verhielte, als ob vollständige Konkurrenz bestünde.

Nur auf einzelnen Gebieten ist für eine Übergangszeit eine Sonderregelung zweckmäßig: so in der Wohnungswirtschaft, wo Rationierung und Preisbindung der alten Wohnungen vorläufig aufrechterhalten werden sollten, nicht aber der Neubauwohnungen. Auch auf dem Gebiete der Nahrungsmittel und einiger anderer Konsumgüter kann eine *mengenmäßige* Verbrauchsrationierung zunächst noch stattfinden. Es würden also pro Kopf gewisse Mengen, z. B. an Brot oder Kartoffeln oder Schuhen durch ein Punktsystem zugeteilt werden, damit ein Horten solcher Güter durch Personen mit höherem Einkommen verhindert würde. Aber auch auf diesen Märkten sollte die staatliche Fixierung der Preise aufhören. Denn eine Herabdrückung der Preise würde nur bewirken, daß solche lebenswichtigen Produkte weniger produziert würden als sonst.

cc) Aber diese beiden zusammengehörigen, großen wirtschaftspolitischen Gesetzgebungsakte in Deutschland - Währungsreform und Aufhebung des Bewirtschaftungssystems und der Preisbindungen - genügen nicht. Zugleich ist eine *Reform der Steuergesetzgebung* notwendig. Solange die Steuern den Charakter tragen, daß sie die wirtschaftliche Leistung und den wirtschaftlich Tüchtigen bestrafen, kann das Preissystem nicht funktionieren. Der Sinn des Preissystems ist u. a., daß der Einzelne leistet, um das Geld zu verdienen, mit dem er Waren kaufen kann. Wenn ihm aber das Geld, das er verdient, durch die Steuerverwaltung weggenommen und er eventuell darüber hinaus mit einer Geldbuße bestraft wird, so verliert diese Form der Wirtschaftsordnung ihren Sinn. Wir Deutschen wissen nicht, warum uns dieses Steuersystem von den Besatzungsmächten oktroyiert wurde. Auf jeden Fall ist es mit einer Währungsreform unvereinbar. Sein Ersatz durch ein anderes, das die produktiven Leistungen zumindest nicht bestraft, besser noch fördert, erweist sich als ebenso nötig wie die Beseitigung des Bewirtschaftungssystems. Diese drei Gesetzgebungsakte innerhalb Deutschlands gehören zusammen: Währungsreform, Abschaffung des Bewirtschaftungssystems mit den staatlichen Preisbindungen und die Steuerreform.

2. Den *Kapitalmangel* haben wir als den zweiten großen Ursachenkomplex für die deutsche - und damit auch für die europäische - Not erkannt. Wie kann er behoben werden?

Es ist klar, daß Maßnahmen aufhören sollten, welche den Kapitalmangel vergrößern: die Demontagen, die noch andauern.

Ebenso sind auch unter diesem Gesichtspunkt des Kapitalmangels die Reparationen zu sehen.

Es liegt beim Kapitalmangel ein Circulus vitiosus vor. Solange der Produktionsprozeß in Deutschland nicht in Gang kommt, kann nicht gespart und nicht Kapital in nennenswertem Umfang gebildet werden. Aber: Der Produktionsprozeß kann nicht in Gang kommen, wenn nicht Kapital vorher zur Verfügung steht. Der Bau von Häusern, Fabriken und Maschinen z. B. erfordert Kapital. Der Produktionsprozeß setzt also Kapital voraus. Und umgekehrt: Erst, wenn der Produktionsprozeß läuft, kann wieder in größerem Umfange Kapital gebildet werden.

Diese Situation kann nur durch *Auslandskredite* überwunden werden. Auslandskredite ermöglichen die Ingangsetzung der Produktion und damit die Entfaltung der eigenen Kapitalbildung. - Auslandskredite sollte der Marshallplan bringen. Es kommt aber darauf an, daß diese Kredite des Marshallplanes und auch weitere private Kredite *gleichzeitig* mit der Währungsreform nach Deutschland einströmen. Denn sie sind eine Voraussetzung dafür, daß die Deutschen mit dem neuen Geld sofort genügend Konsumgüter kaufen können und daß Rohstoffe und Halbfabrikate, die benötigt werden, hereinkommen. Gelingt dies, so wird mit der Währungs- und Steuerreform sowie der Beseitigung des Bewirtschaftungssystems der Produktionsprozeß wieder in Gang gesetzt werden können. Die Arbeiter erhalten genügend Lebensmittel, um voll arbeiten zu können. Neben den Krediten des Marshallplanes wäre es aber auch wichtig, *private* Auslandskredite zu erhalten: etwa in Form von Beteiligungen oder von Krediten an Banken, Bankvereinigungen oder an industrielle Werke unmittelbar.

Aber es gilt nicht nur der Satz, daß Auslandskredite eine Voraussetzung für das Gelingen der Währungsreform sind. Auch der umgekehrte Satz ist richtig. Damit die Auslandskredite zweckmäßig verwendet werden könnten, ist es nötig, daß der deutsche Wirtschaftsprozeß wieder eine zureichende Lenkung erhält, und diese Lenkung bekommt er durch die Währungsreform, die Aufhebung der Bewirtschaftung und die staatlichen Preisfixierung und durch die Steuerreform. Erst dadurch wird es möglich, die ausländischen Kapitalien in richtiger Proportion auf die einzelnen Industriezweige und in die einzelnen Betriebe und für die verschiedenen Fertigungen zu verteilen. Fehlt die Preismechanik, so werden die Auslandskredite in Deutschland versickern. Sie würden nicht in den richtigen Proportionen in die einzelnen Verwendungen gelenkt, und es entsteht nicht ein zweckmäßig ineinandergreifender Produktionsprozeß.

Auslandskredite durchhauen den gordischen Knoten, der durch den Kapitalmangel in Deutschland entstanden ist. Aber sie werden es nur tun, wenn die *gesamte* Wirtschaftspolitik darauf ausgerichtet ist, sie in zureichender Weise in den deutschen Wirtschaftsprozeß hineinzulenken.

3. Es bleibt die Frage: Wie kann die zerstörte *Integration Europas,* in dem Deutschland ein lebenswichtiges Stück war, wiederhergestellt werden?

Besonders schwierig ist die Wiederherstellung der innerdeutschen Arbeitsteilung zwischen Osten, Mitte und Westen. Die ost- und mitteldeutsche Wirtschaft gehört als ein wesentlicher Teil zum gesamtdeutschen und europäischen Raum und zwar sowohl landwirtschaftlich als auch industriewirtschaftlich. Sie war in einer starken Entwicklung; so in der großartigen Entfaltung des mitteldeutschen Industrierevieres. Aber sie entwickelte sich eben um den Kern der europäischen Wirtschaft herum, der im Westen Deutschlands und westlich davon liegt. Die weitere Frage ist, wie der Außenhandel innerhalb Westeuropas und wie die weltwirtschaftlichen Beziehungen mit aussereuropäischen Ländern wiederhergestellt werden können.

a) Unmittelbar sind folgende Maßnahmen erforderlich: Die *Reform der Außenhandelspolitik* und der *Devisenpolitik.* In der heutigen Lage Deutschlands entscheidet in der Ausfuhr und in der Einfuhr die Bürokratie der Besatzungsmächte. Nur ein kleiner Teil der Ausfuhrmöglichkeiten wird ausgenutzt. Die unmittelbare Verbindung zwischen dem Exporteur und dem ausländischen Importeur ist zerschnitten oder doch sehr erschwert. Bei der Einfuhr wird nach den Bestimmungen der Bürokratie die Ware und deren Qualität gewählt. Gerade in einem Lande wie Deutschland, das mit seiner großen weiterverarbeitenden Industrie Zehntausende von Warenarten ausführen kann und vielfältige Materialien vom Ausland braucht, ist diese Ordnung des Außenhandels schädlich. Soll Europa wieder zu einem einheitlichen Wirtschaftsgebiet zusammenwachsen - und nur so kann es wirtschaftlich leben -, muß der Exporteur wieder die Möglichkeit haben, mit den Ausländern persönlich in Verbindung zu treten und selbsttätig die Geschäfte abzuschließen. Zum anderen ist die Herstellung freier Devisenmärkte nötig. Ohne diese Freiheit, bei bürokratisch-zentraler Zuteilung der Devisen, gibt es keine Freiheit des Außenhandels und gibt es keine Wiedereinfügung Deutschlands in den internationalen Handel.

Nur in *einer* Hinsicht wäre eine Kontrolle der Devisenmärkte geboten: Eine etwaige Kapitalflucht, die bei freiem Devisenmarkt angesichts der starken außenpolitischen Spannungen entstehen könnte, wäre nach Möglichkeit zu verhindern. Diese Kontrolle kann von den deutschen Zentralbanken durchgeführt werden. Alle hereinkommenden Devisen wären bei der Zentralbank abzuliefern, und es wäre beim Devisenkauf nachzuweisen, daß nicht Kapitalflucht stattfindet. Im übrigen kann Freiheit beim Devisenkauf bestehen.

b) Indessen: Auch diese Maßnahmen können nur zum Erfolg führen, wenn sie nicht isoliert, sondern zusammen mit den *anderen* notwendigen Maßnahmen erfolgen. Für die vergangene Zeit gilt: Erst die Beseitigung der zurückgestauten Inflation durch die Währungsreform macht einen freien Außenhandel durchführbar. Und vor allem: Die notwendige Ausdehnung der Arbeitsteilung im europäischen Raum und darüber hinaus wäre nicht möglich, solange noch im Innern zentrale Planstellen den Wirtschaftsprozeß zu lenken versuchten. Wir sehen dies zunächst innerhalb Deutschlands. Von der Beseitigung der zentralen Planung der Länder und Zonen gleichzeitig mit der Währungsreform hängt auch die Lösung der Frage des interzonalen Handels ab. Dieses Problem existiert in den Westzonen nicht mehr. Heute haben grundsätzlich die zentralen Stellen darüber zu befinden, was von Zone zu Zone getauscht werden darf. Sobald aber die Preismechanik in Gang gesetzt ist und die Betriebe und Haushalte ihre eigenen Pläne frei durchführen, also auf Grund privater Pläne der Wirtschaftsprozeß abläuft, geht der Handel innerhalb Deutschlands ohne Schwierigkeiten vor sich. Die einzelne Fabrik kauft und verkauft, wo und wohin sie will.

Entsprechendes gilt für den Außenhandel. Wie die Erfahrung lehrt, kann die Bürokratie der Zentralverwaltungswirtschaft den Außenhandel in dem komplizierten Verkehr hochindustrialisierter Länder mit Zehntausenden von täglichen Abschlüssen nicht bewältigen. Doch dieses Versagen ist noch tiefer begründet: Stets ist die Durchführung der aufgestellten nationalen zentralen Wirtschaftspläne das Ziel der zentralverwaltungswirtschaftlichen Leitung. In diesem Rahmen fallen auch die Entscheidungen über den Außenhandel. Eingliederung in einen Wirtschaftsprozeß, der ganz Europa und die Welt umspannt, ist nicht möglich. Dadurch würden die zentralen Planstellen die Lenkung des Produktionsprozesses aus der Hand verlieren. Außenhandel geschieht hier nicht zum Zweck möglichst weitgehender internationaler Arbeitsteilung, sondern aus zwei andersgearteten Gründen: um gewisse Lücken, die sich bei Aufstellung der einzelstaatlichen zentralen Wirtschaftspläne zeigen, zu schließen und um Schwierigkeiten zu überwinden, die sich wider Erwarten bei Durchführung der Pläne ergeben.

Niemand erwägt ernsthaft den Gedanken, in Europa eine einheitliche wirtschaftliche zentrale Verwaltung herzustellen, also den gesamten alltäglichen Wirtschaftsprozeß Englands, Frankreichs, Deutschlands, Italiens und aller übrigen Länder von einer Stelle aus zentral zu lenken. - Wenn aber in den einzelnen Ländern - z. B. in England, Frankreich und Deutschland zentrale Planstellen und nicht Preise lenken, so entsteht folgendes unauflösbares *Dilemma:* Die intensivste wirtschaftliche Integration Europas ist nötig, um zu einem Wiederanstieg von Produktion und Versorgung in den europäischen Ländern zu kommen. Ein Festhalten an zentralverwaltungswirtschaftlichen Lenkungsmethoden aber verhindert die dringend gebotene enge europäische Integration. Dieses Dilemma kann eine zentralverwaltungswirtschaftliche Politik nicht lösen. Wer da meint, einzelne europäische Länder könnten eine Wirtschaftsordnung mit zentralverwaltungswirtschaftlicher Lenkung besitzen, und es könne Europa zugleich wieder wirtschaftlich zu einer Einheit verschmelzen, will Unvereinbares vereinigen. Hier gibt es nur ein *Entweder-Oder:* Zu einer wirtschaftlichen Einheit Europas kann es mit den Mitteln der Zentralverwaltungswirtschaft nicht kommen. Es kann nur das eine oder das andere sein, nicht beides zugleich.

4. Dies ist das Wesentliche: Um Deutschland und damit Europa wieder voll wirtschaftlich zum Arbeiten zu bringen, genügen nicht einzelne Maßnahmen. *Entscheidend ist vielmehr, daß viele Einzelmaßnahmen* richtig aufeinander abgestimmt werden. Alle genannten Maßnahmen sind notwendig; aber jede sollte als Glied eines Ganzen behandelt werden. *Währungsreform, Aufhebung der Bewirtschaftung* und der *staatlichen Preisbindungen, Politik freier Devisenkurse und privaten Außenhandels, Auslandskreditpolitik und Steuerreform* sie alle sind miteinander verzahnt und werden nur in richtiger Zusammenfügung auch richtig wirksam. *Auf die Koordination der einzelnen Maßnahmen kommt es an.*

Im Augenblick ist am meisten zu befürchten, daß die Währungsreform für sich und ohne Ergänzung durch die anderen wirtschaftspolitischen Akte durchgeführt wird. Was wäre die Folge? Der Mangel an Auslandskrediten würde es unmöglich machen, daß trotz der Währungsreform die Arbeiter mit ihrem Geld etwas kaufen und die Betriebe in zureichender Menge Rohstoffe erwerben könnten. Weiter: Bliebe die Monopolisierung des Außenhandels und die Bewirtschaftung der Devisen, bliebe also Deutschland ein im wesentlichen autarkes Land, so würde die Währungsreform

mißglücken. Vor einer autarken Währungsreform kann nicht energisch genug gewarnt werden. Bei starker Steigerung der Lebensmittelpreise würde die Agrarpro-
duktion zwar angeregt, aber sich nur wenig vergrößern, weil die Enge des Landes
eine erhebliche Steigerung unmöglich macht. Die Industrieproduktion aber, auf die
Deutschland angewiesen ist, könnte nicht anspringen, weil es an ausländischen Rohstoffen fehlt und weil der Absatz der vielfältigen Fertigfabrikate im Ausland durch
die vorhandene staatliche Monopolisierung des Außenhandels und durch die Devisenbewirtschaftung behindert wäre. Es würde also dann eine gewisse Reagrarisie-
rung Deutschlands stattfinden. Die deutsche Entwicklung würde sich in einer Richtung bewegen, in der Deutschland niemals lebensfähig werden *kann*. Außerdem
würde die Massenarbeitslosigkeit - vor allem in der Industrie - sehr rasch die Etats
der Länder so schwer belasten, daß wieder eine Inflation entstände. Und die Währungsreform wäre gescheitert, weil die große soziale Not den Staat zu umfassenden
Hilfsmaßnahmen mit großen Etatausgaben zwänge. - Ebenso gefährlich aber wäre
eine Währungsreform unter gleichzeitiger Aufrechterhaltung der inneren Bewirtschaftung oder des jetzigen Steuersystems. Was für die Währungsreform gilt, gilt für
alle übrigen Maßnahmen. Wir werden am Schluß über den Marshallplan zu sprechen
haben, der auch nur im Zusammenhang mit den anderen genannten wirtschaftspolitischen Aktionen erfolgreich sein kann.

Es besteht eine vollständige *Interdependenz aller Teile der Wirtschaftspolitik*. Wird
ein Teil herausgebrochen, so werden die anderen entwertet. Das eben ist der Stachel
des heutigen wirtschaftspolitischen Problems in Deutschland und in Europa. Jede
punktuelle Wirtschaftspolitik wird scheitern. Bei richtiger Koordination aber kann
die Wirtschaftspolitik in kurzer Zeit einen starken Effekt erzielen.

Die faktische Politik

1. Die tatsächliche Wirtschaftspolitik der Besatzungsmächte unterscheidet sich vollständig von der soeben bezeichneten.

Sie hielten es zwar für richtig, die Wirtschaftspolitik und den wirtschaftspolitischen
Apparat der Nationalsozialisten beizubehalten: Preisfesthaltung, Bewirtschaftungsstellen, Beschlagnahmungen, zentrale Planung. Aber die Zwecke, zu denen das
übernommene Instrument verwendet wurde, änderten sich. Nicht mehr Kriegfüh-
rung, sondern Bestrafung Deutschlands durch Herabdrückung des Lebensstandards,
Sicherung gegen einen neuen Angriff, Ersatz zugefügter Schäden, Ausschaltung der
deutschen Konkurrenz auf dem Weltmarkt wurden nunmehr die Ziele, die mit den
Mitteln zentral geleiteter Wirtschaft verfolgt wurden.[1] *Zwei* Elemente kennzeichne-
ten also die Wirtschaftspolitik der Besatzungsmächte: *Fortführung der alten zentralen Planwirtschaft* der nationalsozialistischen Zeit - aber mit den *neuen Zielen*.

---

1   Siehe Henry Morgenthau „Germany is our problem" (1945) und das Memorandum über Repara-
     tionen vom 18. März 1945 von B. Baruch.

Beide kamen in den Potsdamer Beschlüssen und in den Nach-Potsdamer-Entscheidungen über das Niveau der deutschen Industrie, über die Beschränkung der Kapazität, die Wegnahme der Patente, das Verbot gewisser Produktionen und Dienstleistungen einschließlich der Seeschiffahrt und über die Reparationen und Demontagen zum Ausdruck. - Hierzu wurde ein *drittes* Element gefügt: In Abweichung von der nationalsozialistischen Wirtschaftspolitik und in Nicht-Erfüllung der Potsdamer-Beschlüsse wurde Deutschland nicht als wirtschaftliche Einheit behandelt, sondern zerteilt, so daß es heute in mehrere, abgeschnürte Gebiete zerfällt. Dabei entwickelten sich in den einzelnen Zonen verschiedene Richtungen der Wirtschaftspolitik. In der Ostzone z. B. wurde eine rapide Konzentration der Industrie in staatlicher Hand - in russischen und in landeseigenen Unternehmungen, durchgeführt. Im Westen aber war diese staatliche Konzentrationspolitik weniger entschieden. Hier wurden sogar durch eine besondere Gesetzgebung Syndikate und einige Konzerne aufgelöst, was freilich durch Schaffung großer halbstaatlicher Riesenkonzerne in der Kohlen- und Eisen-Industrie weit überkompensiert wurde. Im übrigen bedeutet jede Gesetzbung zur Auflösung von Kartellen und Konzernen so lange wenig, als zentrale Planstellen den Wirtschaftsprozeß lenken. Denn diese zentralen Planstellen sind die wichtigsten Träger wirtschaftlicher Macht und sie blieben zunächst. - *Ein viertes,* letztes Element sei noch erwähnt. Weil die Wirtschaftspolitik zu einer raschen Ausbreitung einer schweren Hungersnot führte, sahen sich die angelsächsischen Länder veranlaßt, für ihre Zonen durch staatliche Importe von Lebensmitteln zu helfen.

Diese *vier* Elemente haben sich in der Wirtschaftspolitik der Westzonen in den ersten Jahren nach dem Kriege zu einer Einheit verbunden: Preiskontrolle, Geldüberhang, zentrale Zuweisungen von Produktionsmitteln an Betriebe und von Konsumgütern an Haushalte, Kontrolle des Außenhandels, Zerstückelung Deutschlands vereinigen sich mit Demontagen und Importen von Lebensmitteln auf Rechnung der Besatzungsmächte. Wie vier verschiedene Schichten eines Gebirges lagern diese eigenartig verschiedenen Teile der Wirtschaftspolitik übereinander und sind eng miteinander verbunden.

Zwei wirtschaftspolitische Fragen sind es, die in Amerika angesichts der damaligen amerikanischen Wirtschaftspolitik in Deutschland hätten gestellt werden sollen. Erstens: Entspricht diese Wirtschaftspolitik den amerikanischen Interessen? Zweitens: Ist es möglich, im Rahmen des heutigen wirtschaftspolitischen Gesamtsystems durch einzelne Änderungen zu einer Gesundung der deutschen und damit der europäischen Wirtschaft zu gelangen?

2. a) Die Schöpfer dieser Politik waren der Meinung, man könne die deutsche Volkswirtschaft isoliert für sich behandeln. Man könne also in ein aufblühendes Europa ein Deutschland einbauen, das mit begrenzter, kleiner Industrie auf einem niedrigen, fixierten Lebensstandard lebe. Man glaubte sogar, daß die Reduzierung der deutschen Industrie der übrigen Welt nütze. Staatsmänner und Industrielle griffen

wieder die alte merkantilistische Argumentation auf: „Die deutsche Konkurrenz ist auf dem Weltmarkt weitgehend ausgeschaltet. Soll sie wieder hergestellt werden? Ist es nicht richtiger, den geschlagenen Gegner als Konkurrenten dauernd zu beseitigen?"
Diese Auffassung beruht, wie schon die großen ökonomischen Denker des 18. Jahrhunderts zeigten, auf einem prinzipiellen Fehler. Nur ein Land, das Güter anbietet, kann nachfragen. Wenn die deutsche Industrie wieder liefert, so dient sie der Bedürfnisbefriedigung anderer Nationen, und umgekehrt beschäftigt sie zugleich auswärtige Lieferanten Deutschlands. Die Richtigkeit des alten Argumentes, daß jedes Land am Wohlstand des anderen Landes selbst interessiert ist, hat sich schon oft bestätigt. Man hat eingewandt, die weggenommenen deutschen Maschinen und Anlagen könnten doch in anderen Ländern wieder benutzt werden, und so werde die Produktionskapazität nachfragend und anbietend auch in Zukunft ausgenutzt. Aber abgesehen davon, daß die herausgerissenen Maschinen und die zerstörten Fabriken in den meisten Fällen nicht oder nur teilweise in Gang gesetzt werden: Die Leistungen der deutschen Arbeitskräfte, auf welchen die deutsche Produktion in erster Linie beruht, werden durch die Verkleinerung des Produktionsapparates wesentlich unproduktiver gemacht. Jede Demontage, jede Sprengung schädigt auch diejenige Macht, die sie durchführt. Daß die Zerstörung einer deutschen Werft oder einer deutschen Maschinenfabrik dem ausländischen Konkurrenten in der Werft- und Maschinenindustrie nützt, mag richtig sein.[2]
Soweit das allgemeine Prinzip. Es gilt für das Deutschland nach dem Kriege in besonderem Maße. Wie kann die europäische Wirtschaft wieder wachsen, wenn ihr Kernstück schrumpft? Es handelte sich nicht um Kohle und Eisen allein. In Zehntausenden von Waren war eine ganz nahe europäische Integration gegeben. Wir sprachen davon: „Ganz abgesehen von der verheerenden Wirkung weiterer Demontagen ist die Limitierung vor allem deshalb so unwirtschaftlich, weil sie der Vorstellung verhaftet ist, als könnte man inmitten Kerneuropas eine Volkswirtschaft konstruieren, die gerade noch sich selbst erhält, ohne der Wirtschaft Europas unermeßlichen Schaden zuzufügen. Gerade das Wachstum ist es ja, was die eine Volkswirtschaft zum fruchtbaren Tauschpartner für die andere macht"[3] Je größer die Investitionen in

---

2   Adam Smith: The Wealth of Nations, book IV, chapter III, part. II. „The manufacuterers of a rich nation, in the same manner, may no doubt be very dangerous rivals to those of their neighbours. This very competition, however, is advantageous to the great body of the people, who profit greatly, besides, by the good market which the great expense of such a nation affords them in every other way.... A nation that would enrich itself by foreign trade, is certainly most likely to do so, when its neighbours are all rich, industrious, and commercial nations. A great nation surrounded on all sides by wandering savages and poor barbarians, might, no doubt, acquire riches by the cultivation of its own lands, and by its own interior commerce, but not by foreign trade."

3   J. Mackenroth und A. Predöhl: Deutschland und die wirtschaftliche Einheit Europas, 1948, S. 24.

Deutschland sind, um so mehr wird die Wirtschaft der übrigen Länder angeregt. In Deutschland besteht noch immer eine starke wirtschaftliche Kraft im wirtschaftlichen Willen und Können der Bevölkerung. Die bisherige Politik war darauf gerichtet, diese Kräfte zu hemmen: *Aber diese wirtschaftlichen Kräfte kann Europa nicht entbehren, wenn es sich wieder erholen soll.*

Die deutsche Stagnation wirkt kumulativ. Das Fehlen der deutschen Güter machte Europa als wirtschaftlichen Partner auch der USA klein. Europa fördern wollen - und Deutschland zurückhalten, isolieren und demontieren, ist eine Politik, die sich selbst widerspricht.

b) Aber die Sicherheit? - Besteht nicht die Gefahr, daß ein wiedererstehender, leistungsfähiger deutscher Wirtschaftsapparat als Kriegsmaschine benutzt wird? Sogar Smith formuliert so: „The wealth of neighbouring nations, though dangerous in war and politics, is certainly advantageous in trade. In a state of hostility it may enable our enemies to maintain fleets and armies superior to our own; but in a state of peace and commerce it must likewise enable them to Exchange with us to a greater value, and to afford a better market." Diese Frage des Kriegspotentials hat in neuerer Zeit einen besonderen Charakter erhalten. Früher konnte man von einer besonderen Kriegsindustrie sprechen. So geschah es noch in den napoleonischen Kriegen oder im deutsch-französischen Krieg von 1870/71 Heute, im industrialisiert-technischen Zeitalter, ist für die Kriegsführung fast jede Fabrik, jedes Stück Boden, jede Arbeitskraft wichtig. Amerika hat selbst erlebt, wie rasch sein großer Produktionsapparat, der der Produktion von Friedensgütern diente, auf Kriegsfertigung umgestellt werden kann. Wenn also das wirtschaftliche Kriegspotential eines Landes beschränkt werden soll, wird praktisch heute die gesamte Produktion beschränkt - mag es sich dabei um Eisen oder Aluminium oder Maschinen oder Textilgüter usw. handeln.

Gerade hieraus ergibt sich, daß die bisherige Methode, Sicherheit herzustellen, nicht zum Ziele führen *kann,* Wenn mit Rücksicht auf Sicherheit die deutsche Produktion niedrig gehalten wird, so wird dadurch die gesamte Produktion Europas schwer betroffen. Wenn in Deutschland weniger Eisen, Maschinen, Chemikalien erzeugt werden, so leidet darunter der gesamte europäische Produktionsprozeß. Nun aber ist der Westen Europas militärisch-politisch eine Einheit. Wenn diese Einheit wirtschaftlich geschwächt wird, so wird die militärpolitische Kraft Europas als Ganzes geschwächt. Wir müssen in dieser Hinsicht die Vorstellungen von früher revidieren. Man hat bisweilen von Generälen gesagt, sie bereiteten nicht den kommenden, sondern den vergangenen Krieg vor; sie arbeiteten mit Vorstellungen, die einer früheren, nicht der gegenwärtigen Situation entsprächen. Es wäre von großer Wichtigkeit, daß dieser Fehler in der Behandlung des deutschen Sicherheitsproblems nicht begangen würde. Sonst provoziert man, was man vermeiden will: Mangelnde europäische Sicherheit.

Wie aber kann *positiv* Sicherheit erreicht werden? Neben der Kontrolle einiger besonderer Industrien ist die rasche und starke Integration der deutschen Wirtschaft mit Europa und der Weltwirtschaft das beste militärische Sicherungsmittel. Wenn die deutschen Betriebe in engstem wirtschaftlichem Verkehr mit den übrigen europäischen Ländern stehen - wie soll Deutschland mit diesen Ländern Krieg führen? Das ist ebenso unmöglich, wie es unmöglich war, daß die einzelnen deutschen Länder um 1900 herum gegeneinander Krieg führten. Durch rasche und starke Integration der deutschen Wirtschaft mit Europa und Außereuropa wird zweierlei erreicht: Einmal ist es Deutschland völlig unmöglich, einen eigenen Krieg zu beginnen. Autarkisierung ging schon im vorigen Kriege - z. B. bei der Benzin- und Faserstoffversorgung - seinem Beginn voraus. Und zum zweiten wird dadurch die wirtschaftliche und militärpolitische Kraft Europas wesentlich gesteigert und Europa somit gegen Gefahren geschätzt, die ihm etwa von dritter Seite drohen.

3. Indessen: Ist es denn nötig, die Wirtschaftspolitik grundsätzlich zu ändern? Könnte sie nicht einem anderen Ziele nämlich dem deutschen und europäischen Aufbau - dienstbar gemacht werden? Vielleicht genügen einzelne Maßnahmen, um im bisherigen Rahmen der Wirtschaftspolitik Gutes zu erreichen? Das ist die Meinung vieler maßgebender Mitglieder der Militärregierung. Man ermahnt alle Deutschen, mehr zu arbeiten, und man ermahnt die Bauern, besser abzuliefern. Man versucht, durch Tausch mit Schweden oder Dänemark Lebensmittel hereinzubringen. Oder auch: Man setzte einen neuen Dollarkurs fest. Oder man erhöht amtlich gewisse Preise - z. B. für Kohle oder Eisen. Oder man steigert die Löhne. Oder man plant eine Währungsreform, ohne sonst eine wesentliche Änderung vorzusehen. - Diese weitverbreitete Meinung, daß es genügt, im alten Hause einige Änderungen vorzunehmen, kommt z. B. auch in einer Broschüre von John Kenneth Galbraith[4] zum Ausdruck, in der es abschließend heißt: „The programm, as set out, may perhaps be disappointing in one respect. ... It contains no grand formula for European recovery - there is no central theorem which, once proven, resolves a whole train of minor questions. It is instead a rather messy bill of particulars."

Aber durch eine solche *punktuelle Wirtschaftspolitik wird* gerade das entscheidende Prinzip mißachtet. Die einzelnen Maßnahmen greifen entweder nicht tief genug, oder sie sind nicht miteinander koordiniert und müssen deshalb mißglücken. Sie greifen nicht tief genug: Solange der deutsche Wirtschaftsprozeß nicht eine zureichende Preismechanik besitzt, sind die Dispositionen der Betriebe und Haushalte nicht aufeinander abgestimmt. Und solange nicht Deutschland wieder voll in die internationale Arbeitsteilung eingeordnet ist, *kann* es nicht zu einer zureichenden Steigerung der Produktion kommen. Hier sind ganz tiefgreifende, von uns bezeichnete Reformen nötig. Bekämpfung der „Zigaretten-Währung" oder Erhöhung einiger

---

4   Recovery in Europe (1947). (Planning Pamphlets No. 53).

staatlich fixierter Preise bedeuten ein Kurieren an Symptomen. - Und wenn die Deutschen ermahnt werden, mehr zu arbeiten, so ist zu erwidern: Gearbeitet wird in Deutschland sehr viel, bis zum Zusammenbruch der Menschen. *Vollbeschäftigung besteht; aber solange die Wirtschaftsordnung versagt, kann diese Arbeit nicht produktiv sein.* - Alle diese Ermahnungen gehen am Kernproblem vorbei. Die deutsche Wirtschaftsordnung ähnelte einer Maschine, die völlig verbaut ist. Auch bei größter Anstrengung der Arbeiter produzierte sie nur ganz wenige und schlechte Waren. Man repariere die Maschine; da liegt die Aufgabe.

Zum anderen sollten alle Maßregeln einander ergänzen und stützen. Was not tut, ist eine realistische Politik. Realistisch aber ist es, den Zusammenhang der Wirkungen aller wirtschaftspolitischen Maßnahmen von vornherein zu beachten. Wenn das heutige Außenhandelsmonopol bleibt, werden alle übrigen Maßnahmen von der Währungsreform bis zu den Auslandskrediten nur wenig nützen oder sogar schaden. Und wenn die Beschränkungen des Industrieplanes bleiben, so kann der deutsche Produktionsapparat nicht die richtigen Proportionen erhalten und somit leistungsfähig werden. - Wie will man die Arbeitskräfte mobilisieren, wenn man ihnen nicht ein Geld gibt, mit dem sie kaufen können? Arbeitsmarkt und Währung hängen also zusammen. - Auch die Kohlenfrage und die Ernährungsfrage sind nur Teilfragen. Forciert man z. B. die Kohlenförderung einseitig, dann stört man andere wichtige Produktionszweige; es fehlt etwa an Transportmitteln für die Kohle, also an komplementären Gütern, und man weiß - bei mangelnder Lenkungsmechanik - nicht, wie die Kohle richtig auf die Millionen von Betrieben und Haushalten zu verteilen ist.

Worauf es also ankommt, ist gerade die *grundsätzliche Abkehr* von der bisherigen Politik der *zurückgestauten Inflation, der zentralen Planung, der Begrenzung der Kapazität* und der *Autarkie.* Eine neue *Gesamtkonzeption* ist notwendig - von welcher der Marshallplan ein Teil werden sollte.

2. Die heutige Situation[5]

„Also ist die rasche Lösung der Währungsfrage und die rasche Ingangsetzung des Preismechanismus eine Lebensfrage für Deutschland. - Freilich ist hiermit nur die eine Seite des Problems bezeichnet. Nun die andere Seite: Die Neuordnung der Währung ist ungemein gefährlich. Sie kann mißglücken - mit unabsehbaren Folgen. Vielleicht kann ein Bild die Lage Deutschlands veranschaulichen. Es befindet sich in der Lage eines Bergsteigers, der auf eine steile Geröllhalde geraten ist, die im ganzen ins Rutschen kommt. Bleibt er weiter auf der Geröllhalde, so wird er hinabgerissen. Er muß sie schleunigst verlassen. Aber die Geröllhalde ist von steilen Felsen umgeben und auch dann, wenn er den Felsen erreicht und der Einstieg gelingt, kann

---

5   Verfaßt im Frühjahr 1949, also nach der am 20. Juni 1948 durchgeführten Währungsreform.

er leicht abstürzen. Die Gefahren, welche die Währungsreform bedrohen, sind nicht banktechnischer Art, sie liegen tiefer." So suchte ich die Situation, wie sie vor der Währungsreform war, in einem Aufsatz in der Neuen Zürcher Zeitung vom 21. Dezember 1947 zu bezeichnen. Deutschland hat inzwischen die Geröllhalde verlassen und hat sich in das feste Gestein begeben. Worin aber bestanden die Gefahren, die drohten? Darin, daß man sich auf die Beseitigung der zurückgestauten Inflation, also auf die Währungsreform, beschränkte. Die Währungsreform konnte nur wirksam sein, wenn rechtzeitig andere wirtschaftspolitische Maßnahmen ergriffen wurden. Aufhebung der Bewirtschaftung, Preisfreigabe, Steuerreform und Reform der Außenhandelspolitik. Einige Maßnahmen sind tatsächlich rechtzeitig und mit Energie durchgeführt worden: So z. B. die Preisfreigabe und die Aufhebung der Bewirtschaftung auf weiten Gebieten. Dadurch wurde es möglich, wieder eine bessere Wirtschaftsrechnung durchzuführen und den Wirtschaftsprozeß an Preisen zu orientieren. Aber andere komplementäre wirtschaftspolitische Maßnahmen sind nicht rechtzeitig ergriffen worden. Vor allem hat es - abgesehen von der Steuerpolitik - an der *Außenhandelspolitik* gefehlt. Vor einer autarken Währungsreform hat gerade die Wissenschaft immer wieder gewarnt. Als autarkes Land oder als ein Land, das nur wenig mit dem Weltmarkt verbunden ist, kann Deutschland nicht existieren. „Währungsreform, neue Außenhandelspolitik und Marshallplan - diese drei gehören zusammen. Kein Teil ist entbehrlich. jeder sollte als Glied eines Ganzen behandelt werden. Ohne ausreichende Verbindungen mit ausländischen Märkten und ohne Auslandskredite ist eine erfolgreiche Währungsreform unmöglich." Diese Forderung von damals ist bisher nicht erfüllt worden. Aber sie muß erfüllt werden, wenn die Produktion weiter gesteigert und die Knappheit an lebensnotwendigen Gütern gemildert werden soll. Es bedarf des Nachschubes an ausländischen Rohstoffen.

Der Umbau der bisherigen Außenhandelsordnung in den beiden angelsächsischen Zonen hat den Außenhandel wohl anpassungsfähiger gemacht; aber der entscheidende Schritt ist noch nicht getan. So wichtig es ist, daß in den beiden großen Westzonen ausländische und inländische Exporteure und Importeure wieder miteinander in Verbindung treten, so können solche Erleichterungen doch nur als ein Anfang angesehen werden, dem bald weitere Schritte folgen sollten. Der Fehler des heutigen Außenhandelsregimes liegt sehr tief. Die zentrale Außenhandelslenkung im Rahmen der Devisenbewirtschaftung ist schlechthin außerstande, einen sinnvollen Außenhandel durchzuführen. „Woher sollten die Leiter der Devisenbewirtschaftung z. B. wissen, ob und inwieweit die Einfuhr von Leder wichtiger ist als von Phosphaten oder von Raffinadekupfer? Alle Kalorienrechnungen oder sonstige technische Kriterien, Dringlichkeitsstufen, die in der Praxis der zentralen Außenhandelslenkung verwendet werden, sind plumpe Behelfe, die in keiner Hinsicht eine richtige Wirtschaftsrechnung ersetzen können. Das Verfahren unserer Landeswirtschaftsämter,

nur solche Anträge auf Rohstoffeinfuhren zu Veredelungszwecken befürwortend
weiterzuleiten, bei denen der Reexport mindestens den dreifachen Devisenerlös er-
bringt, ist bezeichnend für die rührende Hilflosigkeit, in der man dem Problem einer
volkswirtschaftlich richtigen Lenkung des Aussenhandels gegenübersteht." „Aus
der theoretischen Überlegung geht hervor, daß die Außenhandelslenkung im Rahmen der Devisenbewirtschaftung nicht imstande ist, den Außenhandelsverkehr auf
sein volkswirtschaftliches Optimum einzusteuern. Sie weiß weder im einzelnen noch
im ganzen mit Sicherheit zu sagen, ob der Nutzenentgang durch Ausfuhr dem Nut-
zenzugang durch Einfuhr entspricht. Es ist also ein Aussenhandel im Dunkeln, der
da getrieben wird." So hat Fritz W. Meyer in seiner Marburger Rede vom September
des Jahres 1948 die Situation gekennzeichnet. Absolute Export- und Importziffern
besagen sehr wenig. Wenn etwa Holz in großen Mengen exportiert wird, so ist unter
Umständen der Nutzenentgang durch den Export wesentlich größer als der Nutzen-
zugang durch Güter, die dafür eingeführt werden. Eine sinnvolle Wirtschaftsrechnung auch im Außenhandelsverkehr ist notwendig, um eine Anpassung des deutschen Wirtschaftsprozesses an die Wirtschaftsprozesse anderer Länder zu ermöglichen. Wie aber kann dies geschehen? - Nur dadurch, daß der Wechselkurs wieder
ein Gleichgewichtskurs wird. Dadurch also, daß von der Devisenbewirtschaftung
grundsätzlich Abstand genommen wird. Erst dann wird die Auslese der exportierten
und importierten Waren, wird also der Ausgleich der Zahlungsbilanz in ökonomisch
zweckmäßiger Weise vor sich gehen.

2. Aber die Vereinigten Staaten treiben - im Gegensatz zu ihrer sonstigen Wirtschaftspolitik - in Deutschland eine Wirtschaftspolitik der Zentralverwaltungswirtschaft. Das ist das Erstaunliche.

In den Diskussionen haben die deutschen „Planwirte" *ein* Refugium: Sie verweisen
auf die Wirtschaftspolitik der USA und der anderen Besatzungsmächte und sagen:
Wie können wir eine Politik der Wettbewerbsordnung in Deutschland treiben, solange die Besetzungsmächte die Außenhandelskontrolle beibehalten? Solange bestimmte Güter von den Besetzungsmächten eingeführt und zentral verteilt werden?
Und solange von ihnen Nachweise verlangt werden, wie die eingeführten Textilrohstoffe und Leder und sogar Bürsten und die anderen Güter im einzelnen verwendet
worden sind?

3. Die Fronten laufen falsch. Prinzipien, welche die Amerikaner in der Welthandels-
politik verfolgen, sollten sie in Deutschland nicht bekämpfen, sondern durchsetzen.
Daran fehlt es bisher.

Der Marshallplan kann ein unentbehrliches Stück einer Politik des wirtschaftlichen
Wiederaufstieges in Deutschland und in Europa werden - wenn mit ihm die anderen,
dazugehörigen wirtschaftspolitischen Aktionen verbunden werden. Er bringt Auslandskredite, die - wie gezeigt - unentbehrlich sind. Er schafft eine Voraussetzung,
um die Währungsreform zum endgültigen Erfolg zu führen. Zugleich durchbricht er

den circulus vitiosus des Kapitalmangels, von dem wir sprachen. So kann er entscheidend dazu beitragen, die Entfaltung der wirtschaftlichen Kräfte in Deutschland und damit in Europa zu fördern und auf diese Weise nützliche Glieder eines freien, internationalen Handels zu schaffen - womit ein wesentliches Ziel erreicht wäre. Wenn aber die Außenhandelspolitik so bleibt wie bisher, also staatsmonopolistisch-planwirtschaftlich - wie soll da eine Einfügung Deutschlands in die europäische Wirtschaft, in der es allein wirtschaftlich gedeihen kann, erfolgen? - Solange die spontanen Kräfte, die in Deutschland da sind, nicht zur Entfaltung kommen, können auch die Kredite des Marshallplanes nicht vollständig dem Aufbau dienen. Entscheidend kommt es darauf an, daß diese Kredite in den richtigen Proportionen solchen Verwendungen zufließen, die im Gesamtaufbau der europäischen Wirtschaft eine Zukunft *haben. Nicht bürokratisch, sondern kommerziell sollten die Kredite verteilt werden.* Heute - bei der mangelhaften Lenkung der Außenwirtschaft - ist es unmöglich, diese zureichende Lenkung auf die einzelnen Betriebe der Industrie, des Verkehrswesens, der Landwirtschaft ökonomisch richtig zu vollziehen. Bleibt der Marshallplan isoliert, und bleibt es im übrigen bei der jetzigen Wirtschaftspolitik der Besatzungsmächte in Deutschland, so wird er scheitern. Wird er als das angesehen, was er sein sollte - nämlich als wichtiges Teilstück der großen Reform - so wird er einen starken Effekt erzielen.

4. Es fehlt an den komplementären wirtschaftspolitischen Maßnahmen, die notwendig wären, um ihn zum Erfolg zu führen. Noch *mehr: Der Marshallplan wirkt in seiner Durchführung dahin, das zusammengebrochene Gebäude der Zentralverwaltungswirtschaft wieder aufzurichten.* Die Einfuhren aus dem Marshallplan werden nach Warenarten und Mengen vorher genau festgelegt und zentral verteilt: z.B. Textilrohstoffe, Leder, Kupfer usw. Produktionspläne, Investitionspläne und Verwendungspläne entstehen neben den Ausfuhr- und Einfuhrplänen im Zusammenhang mit dem Marshallplan neu. Es entwickelt sich ein fast unübersehbares Netzwerk neuer zentraler Pläne: „Marshallpläne". Diese Pläne haben zum Teil einen Inhalt, der geradezu verhängnisvoll ist: Nach den Vorschlägen zur Verwirklichung des Marshallplanes in Deutschland wird z. B. fast ausschließlich die Ausfuhr von Rohstoffen in Betracht gezogen, also von Kohle, Holz, Kali, Schrott usw. Damit würde der deutsche Produktionsprozeß von zentraler Stelle aus in eine Richtung hineingezwungen, die der Eigenart der deutschen Wirtschaft in keiner Weise entspricht. Brachten doch z. B. im Jahre 1938 Fertigwaren 81 % des Ausfuhrerlöses und Rohstoffe nur etwa 18 %. Von der industriellen und landwirtschaftlichen Weiterverarbeitung allein kann Deutschland leben.

Wird das bisherige Marshall-Programm durchgeführt, so wird wohl die vorhandene Notlage vorübergehend gebessert; aber der Plan führt nicht zur wirtschaftlichen Erholung Deutschlands und Europas. Er trägt dazu bei, die „planwirtschaftliche" Organisation der Wirtschaft zu stabilisieren, damit eine zweckmäßige Lenkung des

Wirtschaftsprozesses unmöglich zu machen und die Entstehung der europäischen Wirtschaftseinheit zu hindern. Zur alten Bürokratie kommt eine neue, die „Marshall-Bürokratie". Die Organisation des Marshallplanes tritt in Widerspruch zu den Grundideen des Marshallplanes selbst.

5. Was für Deutschland gilt, ist - mutatis mutandis - auch für die meisten andern europäischen Länder richtig. Überall, wo durch Preisstop und Inflation die Preise ihre Lenkungsfunktion verloren haben, zeigt sich ein ähnliches Bild, z. B. in England. Zentrale Planstellen versuchen vergeblich, dem überaus vielfältigen arbeitsteiligen Wirtschaftsprozeß eine zureichende Lenkung zu geben. So entstehen Störungen des Gleichgewichtes u. a. auf den Devisenmärkten, wo die Wechselkurse festgehalten sind und nicht den Kaufkraftparitäten entsprechen und wo nun die berühmte Dollarknappheit, die vielbeklagte Passivität der Zahlungsbilanz sich geltend macht. Sie ist nicht ein von Gott Gesandtes übel, das als Schicksal hingenommen werden müßte, sondern sie ist durch die spezifische Wirtschaftspolitik der Länder selbst hervorgerufen.

Wollen die Länder die Gleichgewichtslosigkeit auch auf den Devisenmärkten beseitigen, wollen sie das Verhältnis von eigenem Verbrauch und Ausfuhr ins Gleichgewicht bringen, so müssen sie einen ausreichenden Lenkungsmechanismus herstellen. Solange dieser Lenkungsmechanismus fehlt, sind alle Dispositionen nur zufällig richtig und wahrscheinlich falsch. Wie die Kredite des Marshallplanes verwendet werden sollen, ob hier eine Brücke zu bauen, dort eine Maschinenfabrik zu vergrößern ist, wie weit Konsumgüter und wie weit Produktionsmittel einzuführen sind - auf alle solche Fragen kann niemand eine exakte Antwort geben, solange keine zureichende Lenkung durch das Preissystem besteht. Die Durchführung des Marshallplanes wäre mit einer Beseitigung der zurückgestauten Inflation zu verbinden - um eben diese Kredite des Marshallplanes in zweckmäßigen Proportionen auf die einzelnen Verwendungen zu verteilen.

Aber die meisten Länder halten an ihrer fehlerhaften Lenkungsmechanik fest, und es entstehen fortwährend Engpässe auf Devisen- und Warenmärkten. Dadurch erhält der Marshallplan eine ganz andere Funktion. Statistiken über fehlende Waren werden aufgestellt, und durch die Kredite werden Löcher gefüllt, die aufgerissen sind. Aber es werden neue Löcher entstehen.

6. Der „Secretary of State" hat vor dem „Senate Foreign Relations Committee" am 8. Januar 1948 erklärt: „We have stated in many ways that American aid will not be used to interfere with the sovereign rights of these nations and their own responsibility to work out their own salvation. I cannot emphasize too much my profound conviction that the aid we furnish must not be tied to conditions which would, in effect, destroy the whole moral justification for our cooperative assistance toward European partnership ... We cannot expect any democratic government to take upon itself obli-

gations or accept conditions which run counter to the basic national sentiment of its people . . .‟
Dieses Argument bezieht sich offensichtlich auf die außerdeutschen, europäischen Länder. In Deutschland ist die Situation eine andere. Hier sind die USA eine große Besatzungsmacht. Ihre Wirtschaftspolitik bestimmt unmittelbar mitentscheidend die Wirtschaftspolitik in Deutschland. Hier also können die Vereinigten Staaten die Wirtschaftspolitik treiben, die den Marshallplan zum Erfolg führt. Wir skizzierten sie im dritten Abschnitt. Damit würden sie auch einen wesentlichen Schritt zur Verwirklichung des multilateralen Handels in der Welt tun, und sie würden den Marshallplan wirksam in die große Bestrebung einordnen, die ihre Wirtschaftspolitik im ganzen verfolgt. - In jedem einzelnen Punkte zeigte sich: Diejenige Wirtschaftspolitik, die Deutschland nützt, nützt auch den USA. Es besteht eine völlige Harmonie der wirtschaftspolitischen Interessen. Eine freie Ordnung - nicht Bajonette sind nötig.

Freilich ist eine rasche Wendung geboten. Sonst geben die USA mit der einen Hand und verhindern zugleich mit der anderen, daß die Politik des Marshallplanes bewirkt, was sie bewirken sollte und könnte.

3. Die grundsätzliche Forderung

Gegen die hier eingenommene Haltung wird eingewandt, sie sei veraltet. Solche „liberalen‟ Methoden möchten in der Mitte des vorigen Jahrhunderts aktuell gewesen sein. Heute seien sie es nicht mehr. Die wirtschaftliche Entwicklung sei über die Zeit der „liberalen Epoche‟ hinweggegangen, und die Existenz der großen wirtschaftlichen Machtkörper mache die Fortführung einer solchen Politik unmöglich.

Demgegenüber könnte man bemerken, daß gerade die Planwirte eine recht alte Lehre vertreten. Sie findet sich bereits in der Doktrin St. Simonienne von 1828/29 weitgehend ausgebildet. Seither ist nichts Wesentliches hinzugekommen, obwohl sich erst nach dieser Zeit die moderne industrielle Entwicklung voll entfaltete. Die Kritik des Veraltet-Seins könnte gegen die Planwirte selbst gerichtet werden. Aber lassen wir diese Alters-Frage überhaupt beiseite.

In diesem Argument liegt nämlich noch ein anderes, tieferes Mißverständnis: Als ob von unserer Seite das gleiche gefordert würde wie von den Liberalen des 19. Jahrhunderts. Gewiß haben diese Männer sehr vieles richtig gesehen. Sie waren bedeutende Kenner der Wirtschaft, die wußten, was die Lenkung durch Preise und was Preisrelationen bedeuten. -Aber wir wissen heute, nach den großen Erfahrungen des späten 19. und 20. Jahrhunderts, daß sich eine freie Wirtschaftsordnung nicht von selbst bildet. Die Liberalen des 19. Jahrhunderts sahen es als eine wesentliche Aufgabe an, *Staatsverfas*sungen zu schaffen, um die Freiheit des Einzelnen zu schützen und um einen funktionsfähigen Staatsapparat herzustellen. Sie schufen auch Rechtsordnungen durch umfassende Kodifikationen, welche die Rechtssphären der Einzelnen abgrenzten. Aber die *Wirtschaftsordnung* und ihre Gestaltung wurden in der Regel nicht als besondere Aufgabe angesehen. Man war der Überzeugung, daß sich - wenn nur Freiheit bestehe - eine natürliche, gute, freie Ordnung im Rahmen des Rechts von selbst entwickelt. Tatsächlich brachte diese Wirtschaftspolitik eine großartige Entfaltung spontaner Kräfte und eine Vervielfachung der Güterversorgung bei starker Vermehrung der Bevölkerung und eine umfassende internationale Arbeitsteilung. Aber es zeigten sich auch Schäden. Es bildeten sich private Machtgruppen, welche die Freiheit bedrohten. Anbieter und Nachfrager strebten aus der Form der Konkurrenz heraus: So entstanden monopolistische oder teilmonopolistische Machtpositionen der Waren-Anbieter, der Arbeitgeber und Arbeitnehmer. Die Preise brachten dann die Knappheit der Güter nicht mehr richtig zum Ausdruck und es konnten gleichgewichtslose Märkte entstehen, wie sie sich z. B. in Streiks oder Aussperrungen manifestieren. Andererseits versagten die Preise als Dirigenten des Wirtschaftsprozesses vielfach deshalb, weil die Geldordnungen versagten. Beide Momente wirkten zusammen: die Bildung von Machtgruppen in Konzernen, Trusts, Kartellen, Arbeitgeberverbänden, Gewerkschaften und die Unstabilität des Geldes. Die überaus schwierige Lenkungsaufgabe, den ganzen interpendenten Wirtschaftsprozeß auf die Bedürfnisbefriedigung auszurichten, die Investitionen in richtigen, aufeinander abgestimmten Proportionen durchzuführen und alle komplementären Güter in den Millionen von Betrieben optimal zu kombinieren, kann nicht gelingen, wenn die Preise im Machtkampf geballter Gruppen der Industrie, der Landwirtschaft und der Arbeiterschaft zustande kommen.

Alle diese Erfahrungen realisieren die Vertreter der „Wettbewerbsordnung" vollständig. Besonders aus den Wirtschaftskrisen haben sie gelernt. Die Wirtschaftspolitik des 19. Jahrhunderts ließ die *Formen* frei, in denen gewirtschaftet wurde, und ebenso den Wirtschaftsprozeß. In der Wettbewerbsordnung wird die Bildung der *Formen* nicht einfach den Wünschen und dem Machtstreben der Privaten überlassen. Aber innerhalb der Formen, deren Bildung durch die Wirtschaftspolitik indirekt und direkt beeinflußt wird, soll der alltägliche Wirtschaftsprozeß nach freien Entscheidungen der Menschen ablaufen. Somit also wird die gesamte Wirtschaftspolitik von der Agrarpolitik bis zur Patentpolitik oder zum Gesellschaftsrecht die Aufgabe erhalten, auf den Märkten die vollständige Konkurrenz oder den Leistungswettbewerb zu verwirklichen. Wo sich trotzdem Monopole bilden, ist Monopolkontrolle notwendig. Zugleich sind bei der Geldschaffung - und zwar sowohl bei der Entstehung der Noten als auch des Giralgeldes - solche Formen durch die Wirtschaftspolitik herzustellen, die eine zureichende Preisbildung ermöglichen. Alle Teile der Wirtschaftspolitik erhalten hierdurch eine sinnvolle Einheit. Es wird Freiheit gewährt; aber nicht die Freiheit, die Freiheit anderer auszuschalten. Formen werden hergestellt, welche die wirtschaftliche Sphäre der Einzelnen abgrenzen und zugleich eine exakte Lenkung des Gesamtprozesses ermöglichen. Innerhalb des Rahmenwerks der

Wettbewerbsordnung sind die Entscheidungen der Menschen frei. Ordnung und Freiheit werden ins Gleichgewicht gebracht.

An dieser Wettbewerbsordnung wird in vielen Ländern gedanklich stark gearbeitet - und zwar auf Grund der großen Erfahrungen der letzten Jahrzehnte. Die Aufgabe liegt im wesentlichen vor uns. Nicht eine Wiederholung alter Gedankengänge, sondern die ursprüngliche Durchdenkung der ökonomischen Tatbestände und der wirtschaftspolitischen Erfahrungen vollzieht sich. Es ist kein Rückgriff in ältere Zeiten. Von der Lösung der Aufgabe im Denken und im Handeln hängt es wesentlich ab, ob in der industrialisierten Welt noch menschliche Freiheit bestehen und ein funktionsfähiger Wirtschaftsprozeß ablaufen kann.

Ein kleiner, aber nicht unwichtiger Teil dieser großen Aufgabe der Zukunft ist jetzt im heutigen Deutschland und in Europa zu bewältigen. Es ist *ein* Schritt. Zum Aufbau der Wettbewerbsordnung bleibt noch sehr viel zu denken und zu tun.

HANS MÖLLER
ZUR THEORIE UND POLITIK DER WIRTSCHAFTSORDNUNG[1]

1. Zur Wahl des Themas und zur Abgrenzung des Inhalts

Die sehr weite Fassung des Themas deutet bereits an, daß Sie keine vollständige und systematische Darstellung erwarten dürfen. Die Thematik "Wirtschaftsordnung" erschien mir für den Anlaß dieses Vortrages vor allem aus zwei Gründen geeignet. Erstens war ich selbst an der Gestaltung der Wirtschaftsordnung der Bundesrepublik nach dem Zweiten Weltkrieg bis Mitte der sechziger Jahre aktiv beteiligt und hoffe auf Grund meiner damaligen Erfahrungen, einige Gedanken zu diesem Thema beisteuern zu können, das heute unter mehreren Aspekten wieder aktuell geworden ist. Zweitens sehe ich zunehmende Gefahren für die Zukunft der Wirtschaftsordnung in den marktwirtschaftlich organisierten Ländern, die - so jedenfalls mein Eindruck - in unserer Wissenschaft nicht ausreichend beachtet werden.

Damit keine Mißverständnisse aufkommen, sollten Sie wissen, daß ich durch mein Studium und die Erfahrung der Nazi-Zeit zu einem überzeugten Anhänger der marktwirtschaftlichen Ordnung geworden bin und ich bekenne, daß sich meine Überzeugung eher noch gefestigt hat. Als Wissenschaftler versuche ich jedoch, mich von meinen persönlichen Überzeugungen zu distanzieren. Wenn ich also von Gefahren für die marktwirtschaftliche Ordnung gesprochen habe, so vor allem in dem Sinne, daß sie unbemerkt weitgehend verloren gehen könnte, weil wir ihre Funktionsweise nicht mehr durchschauen und respektieren - und dies, ohne eine bessere Ordnung im Kopf zu haben, die wir an ihre Stelle setzen wollen.

Ich darf hier eine persönliche Erinnerung einflechten: Als 1937 die Schrift von Franz Böhm über "Die Ordnung der Wirtschaft als geschichtliche Aufgabe und rechtsschöpferische Leistung" und zwei Jahre später "Die Grundlagen der Nationalökonomie" von Walter Eucken erschienen, haben sie mein ökonomisches und politisches Denken in einem außergewöhnlich starken Maß beeinflußt. Das galt übrigens auch für meinen Lehrer Heinrich von Stackelberg, der gewiß kein Ordoliberaler war. Dazu hat sicherlich die damalige politische Bedeutung dieser Veröffentlichungen beigetragen, aber ebenso auch die Wiederbelebung der ökonomischen Theorie, die

---

1   Erstmals veröffentlicht als Kieler Vorträge, N.F. 99, Tübingen 1983. Der Vortrag wurde aus Anlaß der Verleihung der Ehrendoktorwürde durch die Wirtschafts- und Sozialwissenschaftliche Fakultät der Universität Kiel an Prof. Dr. Dr.h.c. Hans Möller gehalten. Die Herausgeber danken für die Genehmigung zum Wiederabdruck.

das von Eucken propagierte "Denken in Wirtschaftsordnungen" mit sich zu bringen schien.

Wie die bisherigen Bemerkungen schon erkennen lassen, werde ich meine Aussagen am Beispiel und vor dem Hintergrund der Wirtschaftsordnung der Bundesrepublik Deutschland formulieren und diskutieren und andere - vor allem auch sozialistische bzw. planwirtschaftliche - Wirtschaftsordnungen ganz ausklammern. Gleichwohl lassen sich viele Aussagen verallgemeinern und auf andere Länder und Zeiten übertragen.

Ich gliedere meine Ausführungen in vier größere Abschnitte und beginne - was wegen der babylonischen Sprachverwirrung in diesem Bereich der Volkswirtschaftslehre leider unerläßlich ist - mit einigen Bemerkungen über Begriffe und Analysemethoden (Ziff. 2). Es folgen dann Betrachtungen über den Übergang zu einer marktwirtschaftlichen Ordnung in Westdeutschland, die mir zum einen im Hinblick auf neuere und zum Teil abwegige Darstellungen dieser Entstehungsgeschichte wichtig zu sein scheinen, zum anderen aber auch im Hinblick auf die moderne Liberalismus-Debatte und die neue ökonomische Theorie der Politik von Interesse sind. Daran anschließend - also unter Ziff. 4 - wird an Hand einiger Beispiele die weitere Entwicklung der deutschen Wirtschaftsordnung beleuchtet, da diese Entwicklung häufig schief oder gar falsch interpretiert wird.

Im letzten Teil versuche ich dann zu begründen, weshalb die Stagflation und insbesondere die ständige Inflation eine ernsthafte Gefahr für die marktwirtschaftliche Ordnung darstellen.

Wie Sie sehen, handelt es sich um ein reichhaltiges Menü, das sich nur bewältigen läßt, wenn die einzelnen Gänge klein gehalten werden. Als ich die Speisenfolge auswählte, bemerkte ich, daß einiges dabei ist, an dem man sich die Zunge verbrennen kann - zumal der Vortrag in die Vorwahlzeit fällt. Auch wenn es anders klingen sollte, sind Schuldzuweisungen nicht beabsichtigt, ausgenommen selbstverständlich solche an uns Ökonomen selbst. Dem Gebot der Stunde entsprechend habe ich mich - wie die einschlägige Vorschrift lautet - um "Ausgewogenheit" bemüht. Inwieweit mir das in München trotz oder wegen der gerade hinter uns liegenden Faschingszeit gelungen ist, müssen Sie selbst beurteilen. Ich jedenfalls war froh, daß ich am Aschermittwoch nicht in Niederbayern vortragen muß, sondern nach Kiel kommen durfte.

2. Wirtschaftsordnung: Zum Begriff und zu den Analysemethoden

Die Frage nach der Wirtschaftsordnung der Bundesrepublik Deutschland hat eine scheinbar einfache Antwort. Es ist "die" Soziale Marktwirtschaft wie jeder Prüfungskandidat und jeder Politiker wie aus der Pistole geschossen erklären würde. Dieser Name hatte seine Bedeutung und erfüllt auch heute noch eine Funktion. Sicher nicht zufällig hat unser Verein für Socialpolitik, die Gesellschaft für Wirtschafts- und Sozialwissenschaften, gerade erst im Herbst 1980 eine Tagung über "Zukunftsprobleme der Sozialen Marktwirtschaft" veranstaltet, auf der sich übrigens mein Fakultätskollege Knut Borchardt der dornenvollen Aufgabe zu unterziehen hatte, eines der beiden Einleitungsreferate unter dem Titel "Die Konzeption der Sozialen Marktwirtschaft in heutiger Sicht" zu halten. Daß dem Begriff Soziale Marktwirtschaft eine Konzeption zugrundeliegen muß, ist wohl selbstverständlich. Wie diese im einzelnen aussieht, ist dagegen schon strittig. Sicher ist, daß es sich bei den Konzeptionen der Sozialen Marktwirtschaft um weitgehend leere oder unbestimmte Begriffe handelt, die zur Charakterisierung konkreter Wirtschaftsordnungen im einzelnen nicht viel beitragen können.

Der Begriff Soziale Marktwirtschaft ist auf der Ebene der Ideen, der Ideologien, der grundlegenden Prinzipien für das Wirtschaftsleben angesiedelt und hat auf dieser Ebene seine Bedeutung entfaltet. Wie man in diesem Kontext argumentieren kann, haben beispielsweise Müller-Armack und - um einen Gegenpol zu nennen, mein ehemaliger Fakultätskollege Erich Preiser gezeigt, dessen eindrucksvolle Schrift über "Die Zukunft unserer Wirtschaftsordnung" erstmals 1949 erschien und in kurzer Zeit mehrere Auflagen erlebte.

Es ist klar, daß die Bezeichnung Soziale Marktwirtschaft bestimmte Typen von Wirtschaftsordnungen eindeutig ausschließt - etwa solche, in denen eine zentrale Planung der volkswirtschaftlichen Produktion mit dem Ziel der Planverwirklichung stattfindet. Dagegen bleibt offen, welche konkreten Kriterien eine Wirtschaftsordnung im einzelnen erfüllen muß, um sowohl sozial als auch Marktwirtschaft zu sein, es sei denn, man bezeichnet - wie es dem tatsächlichen Sprachgebrauch entspricht - mit diesem Ausdruck schlicht die jeweilige Wirtschaftsordnung der Bundesrepublik, obwohl sie sich seit ihrer Entstehung im Jahr 1948 wesentlich gewandelt hat.

Daß der Begriff Wirtschaftsordnung mehr umfaßt als die grundlegenden Prinzipien für das Wirtschaftsleben, wie sie unter dem Stichwort Soziale Marktwirtschaft diskutiert werden, zeigt bereits die Analyse von Eucken selbst, der in seinen schon erwähnten "Grundlagen der Nationalökonomie" eine ganze Reihe von Elementen zur Erfassung von Wirtschaftsordnungen - so etwa die Marktformen und die Formen der Geldwirtschaft - herausgearbeitet und diskutiert hat. Schon vor ihm hatte Max Weber [Wirtschaft und Gesellschaft, 1922, 2. Teil, VI. Kap., § 1] lapidar formuliert "Die... entstandene Verteilung der faktischen Verfügungsgewalt über Güter und ökonomische Dienste und die Art, wie beide... dem gemeinten Sinne nach tatsächlich verwendet werden, nennen wir Wirtschaftsordnung". Ersetzt man "Verfügungsgewalt" durch den heute üblichen Begriff "property rights", so bekommt diese Definition einen ganz modernen Anstrich.

In heutiger Terminologie könnte man vielleicht sagen, daß die Wirtschaftsordnung die Gesamtheit der Mechanismen umfaßt, die direkt und indirekt die Koordination wirtschaftlicher Aktivitäten im Hinblick auf Konsum und Produktion, einschließlich

Distribution, besorgen. Diese Definition zeigt auf den ersten Blick, daß im Grunde genommen die gesamte ökonomische Theorie sich mit den Elementen und der Funktionsweise solcher Koordinierungsmechanismen befaßt und daß somit ihre Fortschritte in den letzten Jahrzehnten zugleich wichtige Beiträge zu einer Wirtschaftsordnungstheorie sind. Aus Zeitgründen kann ich hier nur stichwortartig einige Beispiele für solche Fortschritte aufzählen: die neue ökonomische Theorie der Politik einschließlich Public Choice, die Theorie der Property Rights, die Theorie der kapitalistischen und der sozialistischen Unternehmung, die ökonomische Theorie der Familie sowie die systematische Berücksichtigung von Informationen und Unsicherheiten. Aber auch der Ausbau und die Verfeinerung der Wachstumstheorie sind hier von Bedeutung, da die Analyse von Ordnungen eine langfristige Betrachtung erfordert, bei der das Wirtschaftswachstum mitgedacht werden muß.

So hat sich das Instrumentarium zur Erfassung und Interpretation von Allokations- und Distributionsmechanismen wesentlich erweitert und damit ist zugleich die Komplexität der Wirtschaftsordnungen für moderne Industriegesellschaften sichtbar geworden, die es von vornherein als aussichtslos erscheinen läßt, Wirtschaftsordnungen durch Typenbildung konkret aufschlußreich zu erfassen. Es ist deshalb kein Zufall, daß es keine Konkretisierung des Konzepts der Sozialen Marktwirtschaft in diesem Sinne gibt.

Wie ist dann eine Theorie der Wirtschaftsordnungen überhaupt möglich? Ein Weg ist der Vergleich von Wirtschaftsordnungen, der unter dem Stichwort "Wirtschaftssystemvergleich" läuft, wobei es in der Regel um den Vergleich sozialistischer und kapitalistischer Volkswirtschaften geht, der allerdings noch immer auf einer relativ abstrakten Ebene der Argumentation verharrt und wohl verharren muß. Die für den Vergleich von Wirtschaftssystemen relevante Literatur ist inzwischen umfangreich und unübersichtlich geworden; sie weist ein sehr weites Spektrum auf, das sich vielleicht durch die Nennung von vier Autoren, von denen ich jeweils viel gelernt habe, zumindest andeuten läßt. Es handelt sich um Peter Bernholz, Basel; Günter Hedtkamp, München; Christian Seidl, Graz und Hans-Jürgen Wagener, Groningen.

Der Wirtschaftssystemvergleich läßt deutlich die Unterschiede zwischen der üblichen Darstellung ökonomischer Theorien oder Modelle schlechthin sowie ihrer Verwendung zur Erfassung und Diskussion von Wirtschaftsordnungen erkennen. Solche Unterschiede resultieren aus der spezifischen Fragestellung, unter der man die ökonomische Theorie behandelt und interpretiert. Diese Fragestellung bezieht sich zwangsläufig auf die lange Frist, erfordert mikroökonomisch eine Lebenszeitanalyse und sie konzentriert sich auf die Folgen der vielfältigen Formen der Koordination von wirtschaftlichen Aktivitäten für das gesellschaftliche Zusammenleben der Menschen überhaupt.

Ich will Ihnen heute nun eine zweite Möglichkeit zur konkreten Erfassung und Diskussion von Wirtschaftsordnungen vorschlagen und sie teilweise auf die Entwicklung der deutschen Wirtschaftsordnung anzuwenden versuchen. Wenn sie ausbaufä-hig wäre, dürften ihre Ergebnisse für die Wirtschaftspolitik von großer Bedeutung sein. Statt eines Querschnittsvergleichs der Wirtschaftsordnungen verschiedener Länder kann man den Längsschnittvergleich der konkreten Wirtschaftsordnung nur eines Landes in größeren Zeitabständen vornehmen. Ausgangspunkt dieser Methode ist die Vorstellung, daß die faktische Wirtschaftsordnung eines Landes einem stän-digen Wandel unterliegt und daß es möglich ist, wichtige Veränderungen gewisser-maßen durch Momentaufnahmen im Abstand von z.b. etwa 10 Jahren selbst dann zu erfassen, wenn eine auch nur einigermaßen vollständige Beschreibung der Wirt-schaftsordnung zu einem Zeitpunkt als aussichtslos erscheint.

Aus Zeitgründen ist es hier nicht möglich, Methodenprobleme zu diskutieren oder gar ein erstes Schema für die Analyse des zeitlichen Wandels einer Wirtschaftsord-nung zu entwickeln. Schon Eucken hat in seinen "Grundlagen der Nationalökono-mie" erste Ansätze geliefert und der inzwischen erfolgte Ausbau der ökonomischen Theorie liefert viele weitere Ansätze, wobei den intertemporalen Gleichgewichten und der Berücksichtigung von Unsicherheit, Erwartungen und Informationen im Rahmen von Wachstumsvorgängen besondere Bedeutung zukommen muß. Wichtig ist die Erkenntnis, daß sich die Koordinierungsmechanismen im Zeitablauf unter dem Einfluß vielfältiger Faktoren "spontan", d.h. durch autonome Verhaltensanpas-sungen der wirtschaftlichen Akteure und ihrer Institutionen einschließlich öffentli-cher Einrichtungen, allmählich ändern. Gerade deshalb ist die regelmäßige Analyse einer Wirtschaftsordnung im Zeitvergleich so dringend.

Die übliche Gegenüberstellung von Ordnungspolitik und Ablaufspolitik, wie sie sich in vielen Lehrbüchern und Handwörterbüchern findet, ist irreführend und gefährlich, weil sie dazu beiträgt, die Ordnungspolitik auf die Erhaltung des gewünschten Wett-bewerbs im privaten Sektor zu begrenzen und die Effekte der Ablaufspolitik auf die Wirtschaftsordnung zu vernachlässigen. Ein wesentlicher Teil der Wirtschaftsord-nungspolitik besteht aber gerade darin, bei allen staatlichen Maßnahmen die Aus-wirkungen auf das dauerhafte Funktionieren von Allokations- und Distributionsme-chanismen abzuschätzen und bei ihrer Gestaltung zu berücksichtigen, weil sich an-dernfalls eine Änderung der Wirtschaftsordnung ergeben könnte, die letzten Endes nicht gewollt war und dann nachträglich womöglich als unvermeidliche exogene Änderung bedauert wird.

Selbstverständlich gibt es auch staatliche ordnungpolitische Maßnahmen mit dem unmittelbaren Ziel, Koordinierungsmechanismen entweder - wie bei der schon er-wähnten Wettbewerbspolitik - planmäßig zu erhalten, oder sie bewußt durch Refor-men zu verändern. Obwohl solche Reformen - wie etwa die Einführung der Mitbe-stimmung oder der dynamischen Altersrenten - in der Regel gerade im Hinblick auf die von ihnen erwarteten Effekte erfolgen, verbleibt hier letztlich immer noch Unsi-cherheit darüber, wohin sie führen, weil die gleichzeitigen spontanen Veränderungen

der Wirtschaftsordnung häufig nicht zutreffend im voraus berücksichtigt werden können.
Nur selten ist dagegen ein plötzlicher und fundamentaler Wandel der gesamten Wirtschaftsordnung eines Landes zu beobachten. Während Reformen eher mit einer Weichenstellung zu vergleichen sind, die den Entwicklungstrend einer Wirtschaftsordnung in neue Bahnen lenkt, geht es bei einem derartigen Wandel um eine radikale Richtungsänderung, die aus vielerlei Gründen vor allem im Zusammenhang mit revolutionären Umwälzungen des gesamten politischen Systems eines Landes oder unter dem Einfluß einer von außen wirkenden Herrschaftsgewalt denkbar ist. Ein solcher revolutionärer Wandel der Wirtschaftsordnung ist in demokratischen Industrieländern zwar schon lange nicht mehr vorgekommen, in Entwicklungsländern hat er sich jedoch in jüngerer Zeit mehrfach vollzogen und dürfte auch künftig aktuell bleiben.

Die folgenden Ausführungen knüpfen an die eben skizzierten Unterscheidungen insofern an, als ich den schlagartigen Übergang zur Marktwirtschaft in Westdeutschland als einen revolutionären Wandel der Wirtschaftsordnung interpretiere, sodann die weitere Entwicklung unserer Wirtschaftsordnung vornehmlich unter dem Aspekt tatsächlicher und vermeintlicher Reformen betrachte und schließlich im letzten zukunftsorientierten Teil spontane Veränderungen der Wirtschaftsordnung als Folge ständiger Inflationsprozesse in den Mittelpunkt rücke.

3. Übergang zur Marktwirtschaft in Westdeutschland

Mitte Juni 1948 wurde mit einer umfassenden Währungsreform in den drei westlichen Besatzungszonen die Reichsmark-Zeit beendet, die neue DM-Währung eingeführt und die obrigkeitliche Reglementierung des Wirtschaftslebens weitgehend aufgehoben. Bereits nach wenigen Tagen und Wochen existierten wieder Märkte mit freier Preisbildung. Nach fast 15 Jahren mit einer ganz anderen, durch das Nazi-Regime und dann durch die Kriegsverhältnisse geprägten Wirtschaftsordnung war dies in der Tat ein revolutionärer Wandel. Obwohl dieser spektakuläre Vorgang schon häufig beschrieben und erklärt worden ist, greife ich ihn erneut mit der speziellen Fragestellung auf, inwieweit ihm ein wirklicher Konsens der deutschen Bevölkerung oder eher ein Diktat der Besatzungsmächte zugrundelag. Wie sich noch zeigen wird, kommt dieser Fragestellung eine gewisse Aktualität zu.

So absurd es wäre, einen Einfluß der Besatzungsmächte auf die ordnungspolitische Entscheidung des Jahres 1948 zu leugnen, so schwierig ist es, ihn genauer zu bestimmen. Da es eine Bundesrepublik noch nicht gab, konnten die für den Übergang zur Marktwirtschaft notwendigen Maßnahmen letztlich nur von den Besatzungsmächten ergriffen werden. Diese Aussage ist trivial und kann nicht bestritten werden. Tatsächlich wird jedoch im Schrifttum über die Entstehung der Marktwirtschaft in Westdeutschland die sehr viel weitergehende Frage diskutiert, ob die Besatzungsmächte der deutschen Bevölkerung die marktwirtschaftliche Ordnung gegen ihren Willen aufgezwungen haben. Die Antworten auf diese Frage bleiben neuerdings häufig vage und werden zuweilen sogar dazu benutzt, um Animositäten gegen unsere nunmehrigen Verbündeten zu wecken. Es dient also nicht nur der historischen Wahrheit, wenn ich der Frage nachgehe, inwieweit die damaligen Besatzungsmächte den Übergang zur Marktwirtschaft beeinflußt oder gar diktiert haben. Es ist zur Diagnose solcher Einflüsse der Militärregierungen naheliegend, sich zunächst die unterschiedliche Entwicklung der Wirtschaftsordnung in West- und Ostdeutschland zu vergegenwärtigen. In der "Ostzone" gab es offensichtlich keinen revolutionären Wandel, wie er in Westdeutschland zu verzeichnen war, obwohl mit Ausnahme der Art des Besatzungsregimes dieselbe Ausgangslage bestanden hatte. Dort vollzog sich zwar ebenfalls eine Veränderung der Wirtschaftsordnung, aber anders als im Westen durch erneute systematische Befestigung und dann schrittweise Umformung der vom Nazi-Regime übernommenen und bei Kriegsende zusammengebrochenen Wirtschaftsordnung. Durch solche Reformen entstand schon bald eine neue Ordnung sowjetischen Typs, die nach allen vorliegenden Informationen sicherlich nicht auf einem demokratischen Grundkonsens der deutschen Bevölkerung beruhte. Auf diese Weise wurde, was bei den engen Zusammenhängen zwischen wirtschaftlicher und politischer Ordnung kein Wunder ist, schon in den drei Jahren von 1945 bis 1948 eine weitgehende faktische Teilung Deutschlands vollzogen, die durch die Währungsreform von 1948 - entgegen anderslautenden Interpretationen - lediglich "besiegelt" wurde. Die Auseinandersetzung um eine gesamtdeutsche Währungsreform im Alliiertenkontrollrat bis Anfang 1948 ist wohl eher als ein Versuch der Westmächte zu interpretieren, die schon eingetretene Teilung Deutschlands zumindest teilweise wieder rückgängig zu machen, ein Versuch, dem sich die Sowjets verständlicherweise widersetzten.

Die westlichen Besatzungsmächte verfolgten dagegen in ihren Zonen jeweils eine gesellschaftliche und politische Demokratisierung nach ihren eigenen, zum Teil unterschiedlichen Vorstellungen. Mit der inzwischen - sowohl allgemein theoretisch als auch konkret für die damalige Zeit - nachgewiesenen Komplexität der politischen Prozesse in den drei westlichen Siegerstaaten läßt sich leicht erklären, weshalb es in den drei Westzonen, anders als im Osten, zunächst nicht zu einer einheitlichen Besatzungpolitik kam, hätte dies doch in bezug auf Deutschland ein enges Zusammenwirken dreier souveräner Regierungen erfordert, die zugleich auch über ihre Positionen und Rollen in der ganzen Welt zu entscheiden hatten. Unter diesen besonderen Bedingungen konnte die deutsche Bevölkerung im Westen zu einem aktiven Mitspieler werden, und insoweit bestand Raum für einen eigenständigen Grundkonsens auf deutscher Seite, der im Osten nicht gegeben war.

Für den Bereich der Wirtschaft folgte aus dieser Lage, daß eine einheitliche und gemeinsame deutsche Wirtschaftsverwaltung für die drei Westzonen nicht aufgebaut wurde, was in unserem Zusammenhang in mehrfacher Hinsicht von Bedeutung war. Eine einigermaßen erfolgreiche Wiederingangsetzung und erneute Befestigung der zusammengebrochenen Wirtschaftsordnung aus der Nazi- und Kriegszeit hätte angesichts der vielfältigen und starken wirtschaftlichen Verflechtung zwischen den drei Westzonen eine zentrale obrigkeitliche Steuerung erfordert, die somit nicht zustandekommen konnte.

Wegen der engen wirtschaftlichen Verflechtung zwischen den Zonen war aber auch der Aufbau straffer zonaler Wirtschaftsverwaltungen nach den Vorstellungen der jeweiligen Militärregierung wenig attraktiv, was bei vielen Koordinierungsversuchen über die Zonengrenzen hinweg deutlich sichtbar wurde. So verblieb Westdeutschland trotz der signifikanten Zunahme der Produktion immerhin drei Jahre in einem sehr unbefriedigenden Interimszustand, in dem die überkommene Wirtschaftsordnung nur notdürftig geflickt und aufrechterhalten werden konnte. Diese von den Besatzungsmächten zugelassene und zu verantwortende Lage hat in der deutschen Bevölkerung den Wunsch nach einer Änderung der Wirtschaftsordnung und nach einer wirtschaftlichen Reintegration zumindest der drei Westzonen geweckt und verstärkt.

Es bleibt hinzuzufügen, daß beide Maßnahmen - die Währungsreform selbst und auch die Einführung von Märkten mit freier Preisbildung - nahezu gleichzeitig und schlagartig verwirklicht wurden, daß ihnen eine perfekte Planung zugrunde lag und daß die technische Durchführung mit einer erstaunlichen Präzision erfolgte, was zum Erfolg der Maßnahmen wesentlich beigetragen hat. All dies ist wohl nur im Rahmen einer strengen und unbestrittenen Militärdiktatur denkbar, die das damalige Besatzungsregime darstellte - trotz aller Freiheiten, die der öffentlichen Diskussion im Zuge der Demokratisierungspolitik gelassen wurden.

Wie immer man auch diese Einflüsse der Besatzungsmächte auf den Übergang Westdeutschlands zur Marktwirtschaft gewichtet, sie bedeuten sicher nicht, daß hier von einem Diktat gesprochen werden kann und sie schließen vor allem nicht aus, daß zugleich ein Grundkonsens der deutschen Bevölkerung über die Einführung der Marktwirtschaft vorlag. Auch diese Frage, ob ein solcher Grundkonsens vorlag, ist aktuell - und zwar im Hinblick auf die neue ökonomische Theorie der Politik. So hat z.B. Bruno Frey sein 1981 erschienenes Buch über "Theorie demokratischer Wirtschaftspolitik" ganz überwiegend unter den Aspekt des gesellschaftlichen Grundkonsens gestellt, und in der gegenwärtigen Liberalismus-Debatte spielt eine Rolle, unter welchen Bedingungen ein solcher Grundkonsens erwartet werden kann. Ich konzentriere mich im wesentlichen auf diese Frage.

In diesem Zusammenhang taucht das schwierige Problem auf, an Hand welcher Indikatoren genau feststellbar ist, ob ein solcher Grundkonsens tatsächlich vorliegt, bzw. nicht besteht. Ich vermute, daß sich diese Frage nicht generell und auch nicht immer ganz eindeutig beantworten läßt. Die Ergebnisse von Wahlen oder gar von

Meinungsumfragen bedürfen jedenfalls stets einer sorgfältigen Interpretation, ehe sie als Beweismaterial dienen können. Auch wenn man dieses methodische Problem offen läßt, reichen die Indizien meines Erachtens aus, um zu entscheiden, daß damals in Westdeutschland ein Grundkonsens für den Übergang zur Marktwirtschaft gegeben war.

Zunächst zum Inhalt dieses Konsenses: Wie im folgenden Teil meiner Ausführungen noch näher begründet werden wird, wäre es ganz abwegig anzunehmen irgendjemand hätte in den Jahren bis etwa 1949 eine auch nur einigermaßen konkretisierte Vorstellung über die erstrebte und einzuführende Wirtschaftsordnung gehabt. Knut Borchardt [1981, S. 35] hat in seinem schon erwähnten Referat diesen Sachverhalt mit Recht hervorgehoben und hat meines Erachtens zutreffend das, worüber damals Einigkeit bestand, auf zwei Hauptpunkte reduziert: erstens "mehr Markt" und zweitens "Wachstum geht vor soziale Gerechtigkeit" (ich würde hier lieber von "Wiederaufbau" statt von "Wachstum" sprechen).

Die Forderung nach mehr Markt ist nach den eben gegebenen Hinweisen auf die wirtschaftliche Lage Westdeutschlands nur zu verständlich, konnte man doch allein auf diesem Wege - und nicht etwa durch die Rückkehr zu einer zentralen Wirtschaftslenkung - mehrere Ziele gleichzeitig zu erreichen hoffen: neben der Reduktion der lästigen obrigkeitlichen Reglementierung des Wirtschaftslebens auch eine Zurückdrängung des direkten Einflusses der Militärregierungen, ferner die wirtschaftliche Reintegration zumindest der drei Westzonen und die technische Erschwerung güterwirtschaftlicher Reparationsentnahmen. Die Forderung nach mehr Markt war also einerseits attraktiv, aber andererseits noch so allgemein und unbestimmt, daß ihre Wirkungen im einzelnen nicht voraussehbar waren. Im übrigen handelte es sich um einen Verfahrens- und nicht um einen Wertekonsens. Es wurden damit gerade die Voraussetzungen erfüllt, die nach der Liberalismus-Theorie erforderlich sind, um einen annähernd einstimmigen Konsens zu ermöglichen. Nur eine ausreichend große Ungewißheit bei allen Beteiligten - so die Aussage der Theorie - veranlaßt die Menschen, auch bei rationalem Handeln über Verfahrensregeln einigermaßen neutral zu entscheiden, also ohne Rücksicht auf ihre eigene Interessenlage, die ihnen gerade wegen der gegebenen Ungewißheit nicht bekannt sein kann.

Der zweite Punkt des Grundkonsenses, die Priorität des Wiederaufbaus gegenüber der sozialen Gerechtigkeit, läßt sich mit zwei verschiedenen Argumenten erklären. Das eine ergab sich aus den vielen sozialen Ungerechtigkeiten, die die Menschen täglich beobachten konnten und die sie als Folge der wirtschaftlichen Notlage fatalistisch hinnahmen. Mit einer Behebung dieser Notlage versprachen sie sich auch mehr soziale Gerechtigkeit. Das zweite Argument folgt aus der Tunnel-Theorie, die von Albert O. Hirschman [1981, S. 40ff.] stammt - den ich Anfang der dreißiger Jahre noch als Otto-Albert Hirschman gut kannte. Wenn sich Autokolonnen nebeneinander in einem Tunnel stauen, ohne daß die Fahrer das Ende des Tunnels und die

Gründe des Staus zu erkennen vermögen, so sind erfahrungsgemäß die Fahrer in allen Kolonnen daran interessiert, daß irgendeine Kolonne in Bewegung gerät, weil sie, auch wenn sie sich in einer noch blockierten Kolonne befinden, hoffen und erwarten können, daß sie ihrerseits nun bald ebenfalls vorankommen und den sie treffenden Zeitverlust später wieder aufholen können. Dieses Gleichnis scheint mir hier unmittelbar anwendbar und geeignet zu sein, die Liberalismus-Theorie gut zu ergänzen.

In diesem Zusammenhang taucht auch die ebenfalls diskutierte Frage auf, ob ein Grundkonsens von weitreichender Bedeutung in einer Wirtschaftsgesellschaft nur dann zu erwarten ist, wenn sich diese in einem absoluten Tiefpunkt befindet, so daß die Menschen praktisch kaum noch etwas zu verlieren haben. Peter Bernholz hat kürzlich in einem Vortrag diese Befürchtung geäußert. Ich neige zu etwas mehr Optimismus. Für unseren konkreten Fall ist jedenfalls zu registrieren, daß sich die westdeutsche Wirtschaft schon seit 1946 wieder in einem gewissen Aufschwung befand, der den Grundkonsens anscheinend nicht beeinträchtigt hat.

Die Auseinandersetzung über den Übergang zu einer marktwirtschaftlichen Ordnung innerhalb der deutschen Bevölkerung vollzog sich im Rahmen der intensiven Diskussion über eine politische Neuordnung, bei der die wechselseitigen Beziehungen zwischen westlicher Demokratie und Marktwirtschaft sowie zwischen politischem und wirtschaftlichem System nach dem Vorbild der Sowjetunion eine wichtige Rolle spielten. Zum Teil fand diese Auseinandersetzung im Zusammenhang mit der Diskussion über eine Währungsreform statt, bei der der Übergang zu mehr Markt und damit auch zu mehr sozialer Gerechtigkeit meist sogleich mitgemacht wurde. Da zur Beseitigung des Geldüberhangs die Anpassung der Preise und Löhne in das verfügbare Geldvermögen - also ein entsprechender Inflationsstoß - aus vielen Gründen nicht in Betracht kam, bildete eine Währungsreform die notwendige Voraussetzung für den Übergang zur Marktwirtschaft. Dagegen ist es nicht richtig, was zuweilen behauptet wird, daß eine Währungsreform diesen Übergang zwangsläufig nach sich zieht, ist sie doch auch für eine sozialistische Planwirtschaft zweckmäßig, wenn auch weit weniger dringlich.

Daß tatsächlich ein Grundkonsens im hier besprochenen Sinn zustandegekommen war, läßt sich an Hand zahlreicher Indizien aus den Jahren 1945 bis 1948 belegen. Auf sie kann hier nicht näher eingegangen werden. Die auf deutscher Seite zunächst fehlende formale Legitimation für die vollzogene revolutionäre Änderung in der Wirtschaftsordnung durch ein eigenständiges Parlament wurde im Zusammenhang mit der Verabschiedung des Grundgesetzes und den ersten Wahlen zum deutschen Bundestag schnell und überzeugend nachgeholt. Doch wäre es unzulässig, dies als Beweis für einen schon früher zustandegekommenen gesellschaftlichen Grundkonsens anzusehen. Vielmehr wurde dieser lediglich bestätigt. Zur Interpretation dieser Bestätigung läßt sich das Tunnelgleichnis von Albert O. Hirschman fortsetzen: Die

Vorteile aus den ersten Maßnahmen zur Wiedereinführung der Marktwirtschaft nach der Währungsreform waren zwischen den Menschen in Westdeutschland sehr ungleichmäßig gestreut und einzelne Autokolonnen kamen sehr schnell, andere dagegen nur langsam voran. Da aber alle Kolonnen in Bewegung blieben, die Hoffnungen und Erwartungen der Fahrer mehrere Jahre lang also nicht enttäuscht wurden, blieb die Zustimmung zur Marktwirtschaft voll und ganz akzeptabel. Die Zahl derer, die sie in der damaligen Zeit auf Grund ihrer aktuellen Interessenlage positiv beurteilten (vor allem die Flüchtlinge und Vertriebenen) nahm sogar zu.

4. Über den Aufbau der deutschen Wirtschaftsordnung und ihren Wandel

Wie bereits betont, lag dem revolutionären Übergang zur Marktwirtschaft kein genau bestimmtes Konzept einer Wirtschaftsordnung zugrunde. So vollzog sich der eigentliche Aufbau der neuen Ordnung in vielen kleinen Schritten und in den verschiedenen Bereichen des Wirtschaftslebens weitgehend unabhängig voneinander. In diesem Zusammenhang wird meist übersehen, daß die Vorstellungen der Ordoliberalen und der ihnen nahestehenden Kreise, die mit Recht als Grundlage einer ordnungpolitischen Konzeption gelten, sich im wesentlichen auf das güterproduzierende Gewerbe bezogen, wobei sogar die Landwirtschaft noch ausgeklammert blieb. Über die Geld- und Währungsordnung, die Außenwirtschaftsordnung, die Ordnung der Arbeitsmärkte und insbesondere über die Steuerungsmechanismen innerhalb des öffentlichen Sektors einschließlich der Sozialpolitik sowie dessen Umfang und Zusammenwirken mit dem privaten Marktsektor lagen kaum theoretische Analysen vor, auf die man sich hätte stützen können.

Daraus erklärt sich auch, daß Ordnungspolitik selbst heute noch überwiegend mit Wettbewerbspolitik gleichgesetzt wird und die zumindest ebenso wichtigen Probleme der Arbeitsmarktordnung oder der Steuerungsprinzipien im öffentlichen Sektor nicht mitgedacht werden, wenn von Ordnungspolitik die Rede ist. Was die Wettbewerbspolitik selbst anlangte, so erforderte ihre Umsetzung in operationale Gesetzesbestimmungen und deren parlamentarische Durchsetzung noch fast ein Jahrzehnt. Bei der Würdigung des Gesetzes gegen Wettbewerbsbeschränkungen (GWB) von 1957, das gern als Grundgesetz unserer Wirtschaftsordnung bezeichnet wird, bleibt häufig unerwähnt, daß es schon seit 1945 eine Wettbewerbspolitik der Militärregierungen gab, die im Vergleich zur Zeit vor 1933 bereits eine Richtungsänderung eingeleitet hatte. Gleichwohl brachte das GWB die Schaffung eines großen Bundeskartellamtes und eine starke Intensivierung der Wettbewerbspolitik, die als ein weiterer Reformschritt auf dem Wege der Schaffung einer neuen Wirtschaftsordnung anzusehen ist.

Auch auf anderen Gebieten galt nach dem Übergang zur Marktwirtschaft zunächst das Besatzungsrecht weiter, so insbesondere auf dem Gebiet des Geldwesens und im

Bereich der außenwirtschaftlichen Beziehungen. Die Bank Deutscher Länder wurde schnell zu einer sehr einflußreichen wirtschaftspolitischen Instanz, obwohl sie von den Militärregierungen geschaffen war und die alliierten Währungsreformgesetze zu exekutieren hatte. Das Bundesbankgesetz, das ebenfalls erst 1957 erlassen wurde, hat an der seit 1948 reibungslos funktionierenden geld- und währungspolitischen Praxis kaum etwas geändert, so daß es sicher nicht zu einem Wandel der Wirtschaftsordnung geführt hat. In Darstellungen unserer Währungsordnung entsteht mit der Bezugnahme auf das Bundesbankgesetz häufig der gegenteilige Eindruck, während der Wandel der Geldordnung durch den weitgehenden Übergang zur Wechselkursflexibilität ganz übersehen wird, weil er auf einer Änderung im Bundesbankverhalten beruht, die nicht durch ein Gesetz herbeigeführt wurde.

In wieder anderen Bereichen mußte der Übergang zur Marktwirtschaft durch einfache Aufhebung von obrigkeitlichen Bewirtschaftungs- und Rationierungsmaßnahmen zunächst zur Wiederanwendung des weiter existierenden deutschen Wirtschaftsrechts führen - allerdings bereinigt um nazistische Einfügungen nach 1933 sowie später um offene Widersprüche zum Grundgesetz von 1949. Untersuchungen darüber bin ich in der Literatur leider nicht begegnet; sie wären für die Beurteilung des Aufbaus der westdeutschen Wirtschaftsordnung insofern von Interesse, als sie zeigen würden, inwieweit der revolutionäre Wandel des Jahres 1948 lediglich mit der Rückkehr in eine frühere wohlbekannte Ordnung verbunden war.

Ganz übersehen werden in der neueren Wirtschaftsordnungs-Literatur vielfach die zahlreichen Impulse für eine zügige Erweiterung der marktwirtschaftlichen Ordnung, die von der Integration der Bundesrepublik in die von den Vereinigten Staaten propagierte und im Aufbau befindliche Weltwirtschaftsordnung ausgingen, über die ich vor kurzem berichtet habe [Möller, 1981]. Diese Impulse wurden später durch den Abschluß der Römischen Verträge über die Europäische Integration noch vermehrt und verstärkt. Die tatsächliche Praxis beginnt hier übrigens häufig schon vor dem Abschluß der internationalen Vereinbarungen oder dem Erlaß entsprechender Gesetze. Man kann daher im Außenwirtschaftsgesetz von 1961 wohl kaum mehr als ein Kodifikationsgesetz sehen, mit dem lediglich eine bereits bestehende Ordnung festgeschrieben und deren künftige Änderung erschwert wurde.

Unsere Wirtschaftsordnung ist infolgedessen in eine weitreichende internationale Ordnung eingefügt und inlandswirksame Beschlüsse internationaler Wirtschaftsorganisationen beeinflussen die Funktionsweise der Koordinierungsmechanismen im Innern unseres Landes. Das gilt insbesondere im Hinblick auf die Europäischen Gemeinschaften. Die für sie grundlegenden Verträge können und müssen - wie vor allem mein Kollege Ernst-Joachim Mestmäcker, mit dem ich viele Jahre in Brüssel zusammenarbeiten durfte, immer wieder nachgewiesen hat - als gemeinsame rechtliche Fundierung einer marktwirtschaftlichen Ordnung für die Mitgliedstaaten interpretiert werden. Freilich zeigt sich auch hier, daß in der Realität erhebliche Unterschiede zwischen der gesetzten Rechtsordnung mit ihrem ursprünglich gemeinten Sinn und der täglichen wirtschaftspolitischen Praxis bestehen können - mögliche Unterschiede übrigens, auf die bereits Max Weber hingewiesen hatte.

Sowohl für die erste Aufbauphase als auch für den späteren Wandel unserer Wirtschaftsordnung war die Gestaltung des öffentlichen Sektors der westdeutschen Wirtschaft von großer Bedeutung. Dessen Ordnung konnte naturgemäß nur zusammen mit dem staatsrechtlichen Aufbau der Bundesrepublik selbst erfolgen, der mit dem Grundgesetz von 1949 festgelegt wurde. Dieses mußte eine vollkommen neue Finanzverfassung schaffen und die Kompetenzen in diesem Bereich zwischen Bund, Ländern und Gemeinden aufteilen. Eine Finanz- und eine Steuerreform Ende der sechziger und Anfang der siebziger Jahre brachte dann gewisse Änderungen dieser Ordnung.

Dagegen hat das überproportionale Wachstum des öffentlichen Sektors und die ständige Zunahme staatlicher Regulierungsmaßnahmen seit den sechziger Jahren einen weitreichenden Wandel unserer Wirtschaftsordnung bewirkt, der hier - schon aus Raumgründen - nicht näher nachgezeichnet werden kann. Dafür maßgebend war sicher nicht nur die rein quantitative Ausweitung des öffentlichen Sektors, sondern auch die Art und Weise, wie dies im einzelnen geschah. Dieser Wandel zeigt sich unter anderem darin, daß wir nunmehr - wie andere Länder auch - mit den Problemen der Ausbreitung der Schattenwirtschaft und der Renten-Suche im Sinne der "rentseeking society" konfrontiert sind. Diese Entwicklung ist vor allem auf die Funktionsweise bzw. die Konstruktion der demokratischen Systeme westlichen Musters zurückzuführen und zeigt den engen Zusammenhang zwischen der politischen und wirtschaftlichen Ordnung eines Landes.

Ich wende mich nunmehr drei wirtschaftspolitischen Maßnahmen zu, die als ausgesprochene Reformen der Wirtschaftsordnung gelten können. Die Einführung der dynamischen Rente in die Rentenversicherung im Jahr 1957 habe ich bereits erwähnt. Sie erwies sich wie schon im vorigen Jahrhundert die Sozialversicherung insgesamt - als Vorbild auch für das Ausland, allerdings wohl mehr aus dem technischen und rein politischen Grund, daß auf diese Weise die Anpassung der Renten an die Inflation automatisiert und somit dem politischen Getriebe entzogen ist. Es wird häufig übersehen, daß viele deutsche Ökonomen in den fünfziger Jahren die dynamische Rente gerade wegen dieses Effektes eher abzulehnen geneigt waren, weil sie befürchteten, auf diese Weise das Leben mit der Inflation zu erleichtern und deren Bekämpfung zu erschweren. Ihre Begründung für die dynamische Rente war viel subtiler und letztlich geld- und wachstumstheoretisch orientiert. Technischer Fortschritt führt zu höheren Reallöhnen, die bei wirksamer Stabilisierung des Preisniveaus nicht in einer Erhöhung der Kaufkraft des Geldes, sondern nur in höheren Nominallöhnen zum Ausdruck kommen können. Sollen auch die Rentner am technischen Fortschritt partizipieren, so läßt sich dies auf einfache Weise durch die Bindung der Renten an die Nominallohnentwicklung erreichen.

Mit der Einführung der dynamischen Rente war seinerzeit auch eine Reform der Sozialversicherungsinstitutionen und der Finanzierungsregeln verbunden. Daß das angewendete Zeitabschnittsdeckungsverfahren zu einer in diesem Umfang nicht erwarteten Kapitalbildung bei den Sozialversicherungen führte und Ende der sechziger Jahre leichtfertig wieder aufgegeben wurde, kann man den damaligen Reformern gewiß nicht vorwerfen. Sie hatten im Gegensatz zu ihren Nachfolgern noch ordnungspolitisch gedacht. Gleichwohl bedeutete nicht nur die Einführung, sondern auch die Aufgabe des Zeitabschnittsdeckungsverfahrens einen signifikanten Wandel unserer Wirtschaftsordnung.

Es verdient unter Ökonomen und besonders hier in Kiel vielleicht Erwähnung, daß der Übergang zu einem kurzfristigen Umlageprinzip in der Sozialversicherung und in der Sozialpolitik überhaupt durch die vergröberte Interpretation einer Aussage von Mackenroth stark begünstigt wurde. Sie lautet: "Nun gilt der einfache und klare Satz, daß aller Sozialaufwand immer aus dem Volkseinkommen der laufenden Periode gedeckt werden muß". Ich kann mir schlechterdings nicht vorstellen, daß Mackenroth die einschränkenden Bedingungen nicht kannte, unter denen seine Aussage Geltung besitzt. Diese Restriktionen sind ein Nullsaldo der Leistungsbilanz und eine nicht negative Veränderungsrate des inländischen Realkapitalbestandes. Gleichwohl werden auch heute noch aus dieser Aussage Mackenroths weitreichende Schlußfolgerungen abgeleitet, die wegen der Nichtbeachtung solcher Restriktionen schlicht fehlerhaft sind.

Als zweite große Reform unserer Wirtschaftsordnung nenne ich die Einführung der Mitbestimmung, die - ähnlich wie die Einführung der dynamischen Rente - eine sehr langfristige Entwicklungslinie unserer Wirtschaftsordnung fortsetzt, die hier bereits in der Weimarer Verfassung mit der Bildung von Betriebsräten verankert und mit dem Betriebsrätegesetz von 1920 dann konkret eingeleitet wurde. Ich muß es mir aus Zeitgründen leider versagen, auf diesen Punkt näher einzugehen, so daß ich die einschlägigen Untersuchungen zur Mitbestimmung von Gerhard Prosi aus der Kieler Fakultät hier nur erwähnen kann.

Ich komme nunmehr zum letzten Punkt dieses Teils, der bereits zum nächsten Teil überleitet: dem Stabilitäts- und Wachstumsgesetz von 1967. Dieses Gesetz ist seinerzeit von uns Ökonomen sehr begrüßt worden. Von Juristen, aber auch von Ökonomen wurde es zur Magna Charta der Sozialen Marktwirtschaft heraufstilisiert. Ich meine, daß gerade dies ganz abwegig ist. Ich weiß, daß ich damit eine ketzerische Auffassung vertrete und hoffe nur, daß unser Kollege Karl Schiller, dem das Gesetz wichtige Formulierungen und die parlamentarische Durchsetzung verdankt, mir das nicht verübelt. In einem Satz formuliert lautet meine Würdigung: obwohl der Inhalt des Gesetzes von relativ geringer Bedeutung war, markiert sein Erlaß einen Wandel unserer Wirtschaftsordnung, der inzwischen teilweise wieder rückgängig gemacht wird.

"Wie das?" werden Sie mit Recht fragen. Nun, das Paradoxon löst sich einfach auf, wenn man berücksichtigt, daß faktische Verhaltensänderungen bereits einen Wandel der Wirtschaftsordnung herbeiführen können. Das Stabilitätsgesetz scheint mir ein gutes Beispiel dafür zu sein. Sein Erlaß erweckte den Eindruck und die Erwartung, als sei die Regierung in der Lage und dann selbstverständlich auch bereit, das Wirtschaftsgeschehen durch geeignete Globalsteuerung auf einem hohen Beschäftigungsniveau mit zugleich niedriger Inflationsrate zu verstetigen - obwohl dies von den Initiatoren wohl kaum so gemeint war. Ein solcher Eindruck, ob richtig oder falsch, mußte das Verhalten aller wirtschaftlichen Akteure verändern und hat dies auch getan; die schon damals geäußerten Warnungen, daß eine Regierung nicht zugleich Vollbeschäftigung und Preisniveaustabilität garantieren könne, wurden zunächst nicht ernst genommen. So brachte uns der durch das Stabilitätsgesetz ausgelöste Verhaltenswandel zwar erfreuliche und in diesem Ausmaß unerwartete Wachstumsraten bis zum Beginn der siebziger Jahre, aber danach eine entsprechende Ernüchterung.

Für diese Interpretation des Gesetzes spricht auch, daß - entgegen heute anderslautenden Behauptungen - eine keynesianische Globalsteuerung in der Bundesrepublik vor 1967 keineswegs prinzipiell abgelehnt wurde. Schon bald nach der Währungsreform und dann auch später wurde immer wieder, wenn es die wirtschaftliche Lage zu erfordern schien, geprüft, ob eine Stimulierung der gesamtwirtschaftlichen Nachfrage zweckmäßig sein würde, was z.B. aus den Gutachten des Wissenschaftlichen Beirats beim Bundeswirtschaftsministerium [Sammelband, 1973] deutlich hervorgeht. Wenn das Gesetz einen Wandel signalisieren wollte, so konnte er nur darin liegen, daß nunmehr der Globalsteuerung stärkeres Gewicht beigemessen werden sollte.

Was den Zielkatalog des Stabilitätsgesetzes anlangt, der bereits vier Jahre früher dem Sachverständigenrat vorgegeben worden war, so handelt es sich lediglich um eine Zusammenfassung von Zielen, die praktisch schon seit 1948 galten und der globalen Wirtschaftspolitik auch tatsächlich zugrundelagen. Selbst deren rechtliche Verankerung war schon mehrfach durch die Beitrittsgesetze zu internationalen Wirtschaftsorganisationen vollzogen worden. Es ist deshalb einfach absurd, wenn in neueren Darstellungen unserer Wirtschaftsordnung und ihrer rechtlichen Fixierung der Eindruck erweckt wird, als sei der Zielkatalog eine Erfindung des Stabilitäts- und Wachstumsgesetzes - ganz abgesehen von der viel grundsätzlicheren Frage, welche Bedeutung eigentlich einem Zielkatalog zukommt, von dem auch die Politiker eigentlich wissen mußten, daß er sich in der Realität nicht verwirklichen läßt.

Auf eine Würdigung der im Stabilitätsgesetz verankerten wirtschaftspolitischen Instrumente kann allein schon deshalb verzichtet werden, weil sie nicht einmal dann angewandt wurden, wenn dies in Betracht gekommen oder gar geboten gewesen wäre. Auf die übrigen Bestimmungen des Gesetzes kann ich hier wiederum aus Zeitgründen nicht näher eingehen. Damit schließe ich die Behandlung dieses Punktes ab, zumal ich im nun folgenden und letzten Teil meiner Ausführungen erneut auf die Probleme der Stabilisierungspolitik zurückkommen werde.

5. Die Stagflation und insbesondere die Dauerinflation als Bedrohung der Marktwirtschaft

Unser Wirtschaftsleben wird nun bereits seit etwa 15 Jahren durch hohe Inflationsraten und seit fast 10 Jahren durch hohe Arbeitslosenquoten geprägt und in vielen anderen Ländern ist die Stagflation sogar schon länger zu beobachten. Während man zunächst an einen vorübergehenden "Betriebsunfall" des Systems glaubte, beginnt sich in den letzten Jahren die Auffassung zu verfestigen, daß es sich dabei um eine Dauererscheinung handeln könnte, die bei den derzeitigen Verhaltensweisen und Steuerungsmechanismen vielleicht sogar als systemimmanent anzusehen ist. Wenn auch eine umfassende und generelle ökonomische Erklärung der Stagflation noch nicht zu existieren scheint, so liegen doch viele plausible Teiluntersuchungen vor, die für eine solche Auffassung sprechen.

Betrachtet man - wie ich es geneigt bin zu tun - die Stagflation als eine Dauererscheinung, so wäre sie zweifellos ein wesentliches Charakteristikum der gegenwärtigen Wirtschaftsordnungen in den Industrieländern. Damit wäre zugleich die Frage aufgeworfen, ob und wie eine ständige Stagflation die weitere Entwicklung der Wirtschaftsordnung selbst beeinflußt. Eine eindeutige Antwort auf diese Frage ist wohl kaum möglich, aber es läßt sich meines Erachtens genügend deutlich abschätzen, worin die ernsthaften Gefährdungen unserer wirtschaftlichen und vielleicht sogar auch politischen Ordnung bestehen. Darauf gründet sich meine Sorge um die Zukunft unserer Wirtschaftsordnung.

Diese Sorge wird von vielen Ökonomen und Politikern im Hinblick auf die Arbeitslosigkeit geteilt, wobei häufig Erinnerungen an die Weltwirtschaftskrise zu Beginn der dreißiger Jahre beschworen werden, obwohl doch beträchtliche Unterschiede zwischen der damaligen und der heutigen Situation bestehen. Dagegen wird die Inflation im allgemeinen als das kleinere Übel angesehen, das man sehr wohl tolerieren könne. Nicht selten wird sogar gefordert, man müsse eben zur Bekämpfung der Arbeitslosigkeit eine Erhöhung der Inflationsraten in Kauf nehmen. Diese weit verbreiteten Auffassungen verkennen oder unterschätzen die Gefahren für unsere Wirtschaftsordnung, die durch eine ständige Inflation zwangsläufig ausgelöst werden. Deshalb werde ich mich vornehmlich mit diesen Gefahren befassen.

In historischer Perspektive ergibt sich zunächst, daß die Konstruktion der modernen Geldordnungen und insbesondere die Verwendung eines stoffwertlosen Geldes eine notwendige Voraussetzung für das Zustandekommen einer ständigen Geldentwertung darstellen. Bestünde eine an Gold oder andere Waren gebundene Währung, so wären zwar Geldwertschwankungen sehr wohl möglich - ja sogar eine ständige leichte Geldentwertung, falls sich die Knappheit des Währungsmetalls gegenüber anderen Waren dauerhaft verringert; jedoch ist der Spielraum solcher Geldwertveränderungen beim stoffwertlosen Geld sehr viel größer, weil dessen Knappheit willkürlich - allein durch das Verhalten der Zentralbanken - bestimmt ist. Gerade die unvermeidlichen Geldwertschwankungen bei gebundener Währung haben den Übergang zum stoffwertlosen Geld begünstigt, weil dieses die Chance bietet, durch geeignete Zentralbankpolitik mehr Geldwertstabilität zu erreichen. Das damit verbundene Risiko, daß dieses Ziel auch verfehlt werden kann - und zwar weitergehend als bei gebundener Währung - wurde dagegen offensichtlich unterschätzt.

Daß die kontinuierliche Emission von Geld zur Finanzierung von übermäßigen staatlichen Budgetdefiziten auf die Dauer eine ständige Geldentwertung auslöst, war allerdings seit jeher bekannt. Um diese Inflationsursache auszuschließen, wurden gesetzliche Vorschriften für die staatliche Budgetpolitik erlassen. Trotzdem war es - wie sich inzwischen selbst in den Industrieländern gezeigt hat - in der Alltagspraxis sehr schwierig, diese Quelle der Inflationierung wirksam zu verstopfen. Im Rahmen einer solchen rein monetaristischen Betrachtung liegt dann auch die Empfehlung nahe, die Knappheit des Geldes einfach dadurch zu sichern, daß den Zentralbanken eine feste Rate der Geldmengenvermehrung vorgeschrieben wird.

Eine solche Regelung kann allerdings nur dann befriedigend funktionieren, wenn der private Marktsektor einer Volkswirtschaft in sich selbst stabil ist, was bekanntlich von den Monetaristen auch behauptet wird, aber bisher nicht bewiesen werden konnte. Eine derartige Stabilität würde erfordern, daß die Märkte einer Volkswirtschaft ausreichend schnell einem Gleichgewicht ohne unfreiwillige Arbeitslosigkeit zustreben. Daß gerade dies in den meisten Industrieländern nicht erwartet werden kann, scheint mir die nach wie vor gültige Botschaft der neueren keynesianischen Theorie zu sein.

Einer der Gründe für die inhärente Instabilität des Marktsektors ist in der Funktionsweise der Arbeitsmärkte zu suchen. Bei Tarifautonomie und Existenz von Arbeitnehmer- und Arbeitgeberverbänden ist nicht auszuschließen - und bei bestimmtem Verhalten der Tarifvertragsparteien sogar zu erwarten , daß Lohnniveau und Lohnstruktur so ausgehandelt werden, daß eine kostendruckbedingte Erhöhung der Preise und zugleich vermeidbare Arbeitslosigkeit entstehen. Würde die Geld- und Finanzpolitik in einer derartigen Lage die zur Aufrechterhaltung der Geldwertstabilität erforderliche Restriktion durchsetzen, so wäre eine massive Arbeitslosigkeit zu erwarten, die politisch kaum toleriert werden würde.

Dieses Dilemma, das auch durch eine optimale Globalsteuerung nicht abzuwenden ist, wurde schon zu Beginn der sechziger Jahre deutlich gesehen und dadurch zu lösen versucht, daß man sich bemühte, die Einkommenspolitik als neue wirtschaftspolitische Aktivität zu institutionalisieren, um die Entwicklung des Lohnniveaus und wenn nötig - auch der Lohnstruktur beeinflussen zu können. Die "Konzertierte Aktion" des deutschen Stabilitäts- und Wachstumsgesetzes war als ein Ansatz in dieser Richtung gedacht, der allerdings bald scheiterte. Andere ausländische Ansätze zu einer Einkommenspolitik waren bisher ebenfalls nicht erfolgreich.

Nachdem sich dieser Ausweg als nicht gangbar erwiesen hatte und die Inflation zu einer Dauererscheinung geworden war, suchte man diese ökonomisch zu erklären. So entstanden verteilungskampf- bzw. verteilungskonflikttheoretische Ansätze, mit denen sich nicht nur die Auseinandersetzungen zwischen Gewerkschaften und Unternehmerschaft, sondern auch Konflikte zwischen den Ansprüchen anderer gesellschaftlicher Gruppen an den Staat erfassen lassen. Man spricht deshalb von einer Anspruchsinflation, deren ökonomisch-theoretische Modellierung noch nicht abgeschlossen ist, weil die dazu erforderliche widerspruchsfreie Erklärung des Anspruchsverhaltens selbst auf große Schwierigkeiten stößt. Trotzdem lassen die inzwischen vorliegenden Ergebnisse vermuten, daß auch künftig mit dem Phänomen der Stagflation zu rechnen ist und die staatliche Wirtschaftspolitik immer zwischen den beiden Übeln Inflation und Arbeitslosigkeit hin und her gerissen sein wird, ohne eines von beiden ganz ausschalten zu können. In diesem Zusammenhang verdient die soeben von unserer Fakultät akzeptierte Dissertation unseres Mitarbeiters Alfred Gossner Erwähnung, dessen kohärente und konsistente Analyse der Stagflation sowohl wichtige Einblicke in die Probleme einer geeigneten Modellkonstruktion als auch interessante weiterführende Lösungsvorschläge liefert.

Die Reaktion der Ökonomen in aller Welt auf dieses ordnungspolitische Dilemma scheint mir auf Verdrängung und Resignation hinauszulaufen. Man begnügt sich damit, in der jeweiligen aktuellen Situation darüber zu streiten, welcher trade-off zwischen mehr Geldwertstabilität und weniger Beschäftigung oder mehr Beschäftigung und weniger Geldwertstabilität akzeptabel erscheint, ohne zugleich die grundsätzliche Frage zu untersuchen, wie man die Steuerungsmechanismen und Verhaltensweisen derart ändern könnte, daß sich eine möglicherweise bestehende trade-off-Relation verbessert und die Stagflation auf die Dauer vermindert. Ja, es gibt sogar Stimmen, die die Inflation als ein nützliches Ventil zur politischen Entschärfung von Verteilungskämpfen preisen und - wie schon erwähnt - dafür plädieren, zur Bekämpfung der Arbeitslosigkeit auch höhere Inflationsraten hinzunehmen.

Diese Auffassung verkennt möglicherweise, daß die angestrebten positiven Beschäftigungseffekte nachhaltig nur durch eine ständige Beschleunigung der Inflation erreichbar sind und daß die dann irgendwann unvermeidlichen Restriktionen zur Verlangsamung der Inflation umgekehrt negative Beschäftigungseffekte auslösen - was meines Erachtens als wesentlicher Bestandteil einer vollständigen Stagflationstheorie anzusehen ist. Aber ganz unabhängig davon führt schon eine mäßige, aber dauerhafte Inflation zu gravierenden Nachteilen, die sich entsprechend verstärken, wenn die Inflationsrate höher ist und dann auch eine größere Varianz aufweist. Die systematische Unterschätzung der Inflationswirkungen scheint mir mit darauf zurückzuführen zu sein, daß wir Ökonomen den tiefgreifenden Einfluß der Inflation auf die Entwicklung unserer Wirtschaftsordnung zu wenig analysieren. Dies wiederum hängt mit unserer verständlichen Vorliebe für die Betrachtung kurzer Perioden zusammen, in denen sich die Rolle des Geldes auf seine Funktion als Tauschmittel für Gegenwartsgüter beschränkt, aus der es erfahrungsgemäß erst bei sehr hohen Inflationsraten verdrängt werden würde. Unter den Aspekten der Wirtschaftsordnung ist dagegen eine Betrachtung auf lange Sicht geboten, bei der das Geld vor allem als Kreditmedium und somit für den Tausch von Gegenwarts- und Zukunftsgütern sowie als Rechenmittel von zentraler Bedeutung ist.

Infolgedessen beeinträchtigt die Inflation als Dauererscheinung vor allem die optimale Allokation zwischen Gegenwart und Zukunft ganz abgesehen davon, daß sie erhebliche Rechenkosten verursacht, durch die Ressourcen gebunden werden, die anderweitig besser genutzt werden könnten. Auf die spezifische Funktion des Geldes als Rechenmittel und die Bedeutung der Rechenkosten hat neuerdings Jürg Niehans in seiner "Theorie des Geldes" besonders hingewiesen und versucht, sie modelltheoretisch zu erfassen.

Es bedarf keiner besonderen Begründung, daß negative Allokationseffekte in erster Linie daraus resultieren, daß die Inflationsrate im Zeitablauf veränderlich ist und sich ihre Entwicklung weit schwerer voraussehen läßt als es bei der Bindung der Währung an eine Ware der Fall wäre. Die zahlreichen und unvermeidlichen Unsicherheiten, mit denen die Menschen ohnehin konfrontiert sind, und deren Verminderung und Bewältigung ein wichtiges Ziel jeder gesellschaftlichen Ordnung darstellt, werden somit durch die Inflation künstlich erhöht.

Bemerkenswert ist, daß nicht nur Niehans in seiner Geldtheorie, sondern auch andere Autoren - wie z.B. John Flemming in seiner Schrift " Inflation" - nachzuweisen versuchen, daß selbst eine Inflation mit konstanter Rate, die von den Wirtschaftssubjekten richtig antizipiert wird, negative Allokationswirkungen auslösen muß. Aufgrund dieser Untersuchungen ist es meines Erachtens nicht mehr zulässig, mit dem beliebten Modell einer zumindest denkbaren "neutralen" Inflation zu argumentieren.

Während die negativen Allokationseffekte der Inflation erst in jüngster Zeit ausführlicher diskutiert wurden, sind ihre unerwünschten Distributionseffekte schon immer beklagt worden. So offenkundig solche Effekte sind, wenn Gläubiger und Schuldner bestehender Schuldverhältnisse von einer für sie überraschenden Geldentwertung betroffen werden, so schwierig ist es allerdings, die Inzidenz der Inflationsgewinne und verluste bei einer Dauerinflation nach Bevölkerungsgruppen bzw. Gesellschaftsklassen nachzuweisen, weil fast alles von den Umständen der einzelnen Fälle abhängt - übrigens ein Ergebnis, zu dem auch mein ehemaliger Schüler Richard

Hauser vor rund 15 Jahren gelangt ist, dessen Arbeit "Vermögensumverteilung bei schleichender Inflation" vor allem auch die methodischen Probleme solcher Untersuchungen deutlich erkennen läßt.

Ließen sich nun die negativen Inflationseffekte durch Anpassungen im Verhalten der Wirtschaftssubjekte vermindern oder gar ausschalten? Da Geldillusion - also die Betrachtung nominaler als reale Größen - bei andauernder Inflation bestraft wird, zwingt rationales Verhalten letztlich zum Rechnen und Kalkulieren mit deflationierten bzw. indexierten Größen. Ein weiterer Schritt wäre die Indexerung von Kontrakten, in denen Geldleistungen ausgehandelt werden. Wie sie sich erinnern werden, wurden Indexklauseln noch vor einigen Jahren mit einigem Enthusiasmus in Deutschland und auch anderswo propagiert. Inzwischen ist das Urteil der Ökonomen über die Zweckmäßigkeit von Indexklauseln wesentlich differenzierter und zurückhaltender geworden. Selbst in Ländern, in denen sie, anders als in der Bundesrepublik, erlaubt sind, scheinen sie nicht sehr verbreitet zu sein und in Tarifverträgen sogar zu unerwünschten Effekten geführt zu haben. Das ist allerdings keine Rechtfertigung für das gesetzliche Indexierungsverbot in der Bundesrepublik.

So lassen sich die nachteiligen Inflationswirkungen kaum wesentlich vermindern und sie zeigen sich besonders deutlich auf denjenigen Märkten, die ihrer Natur nach die immer notwendige Verbindung zwischen wirtschaftlicher Gegenwart und Zukunft herstellen. Deshalb sind vor allem die Märkte für Finanzaktiva und für Sachanlagen in ihrer Funktionsweise schwer gestört. Ich nenne nur stichwortartig die inflationsbedingte Wertminderung von Kassenbeständen, die - weil sie praktisch nicht, wie bei anderen Anlagen, durch höhere Zinserträge kompensierbar ist - zu einer unteroptimalen Nachfrage nach Geld führt; die Austrocknung des Marktes für wirklich langfristige Geldforderungen; die inflationsbedingten Verzerrungen auf den Märkten für Grundstücke, Häuser, Gold, Diamanten und Kunstgegenstände; die unerwünschten Inflationseffekte auf den Märkten für Mietwohnungen und Versicherungen. Dazu kommen die negativen Auswirkungen auf den öffentlichen Sektor, die sich insbesondere in den Problemen der kalten Progression, der Scheingewinn und —ertragsbesteuerung sowie der optimalen Setzung administrierter Preise zeigen.

Warum bedeutet dies alles nun eine Gefahr für die Marktwirtschaft? Ich kann hier wiederum nur die wichtigsten Punkte aufzählen. Generell gilt, daß die Marktwirtschaft an Attraktivität verlieren muß, je ineffizienter sie funktioniert. Viel direkter wirkt der Umstand, daß die unerwünschten Effekte der eben erwähnten Marktstörungen zwangsläufig staatliche Eingriffe auslösen, die erfahrungsgemäß immer weitere Eingriffe nach sich ziehen und so anderweitige Marktstörungen hervorrufen. Daß die Ursache solcher Eingriffe letztlich inflationsbedingt war, wird dabei meist nicht einmal erwähnt. Und schließlich führt die mit der Inflation verbundene Unsicherheit zur Verstärkung der ohnehin bestehenden Tendenz, den öffentlichen Sektor der Volkswirtschaft einschließlich der Umverteilung als allumfassendes Risikenkollektiv weiter auszuweiten, einer Tendenz, der um so schwerer zu begegnen ist, als die Möglichkeiten der Wirtschaftssubjekte zur effizienten Eigenvorsorge wegen der Inflation eingeengt werden.

Das von mir skizzierte Bild ist also wenig erfreulich. Die Inflation ist schon für sich genommen ein Übel, das unsere Wirtschaftsordnung gefährdet und es keinesfalls rechtfertigt, sie als ständig bedienbares Ventil zur politischen Entschärfung von Verteilungskonflikten anzusehen. Dazu kommt, daß positive Beschäftigungseffekte letztlich nur durch eine Beschleunigung der Inflation erzielt werden können, diese aber immer nur für sehr begrenzte Zeit möglich ist. Jede Stabilisierung oder gar Rückführung der Inflationsrate ist zudem mit schmerzlichen Anpassungen und negativen Beschäftigungseffekten verbunden. Andererseits ist auch eine radikale Ausschaltung der Inflation, selbst wenn sie technisch machbar wäre, kein Ausweg aus dem Dilemma, weil dies bei den gegenwärtigen Verhaltensweisen der gesellschaftlichen Gruppen und ihrer Verbände mit der Gefahr einer untolerierbar großen Arbeitslosigkeit verbunden wäre. Schon die gegenwärtige Arbeitslosigkeit bedeutet, ganz unabhängig von der Inflation, eine Bedrohung für die Marktwirtschaft und möglicherweise irgendwann auch für das politische System der westlichen Demokratie überhaupt.

Ein Ausweg aus dem Dilemma scheint mir deshalb nur möglich zu sein, wenn es gelingt, die hier relevanten Verhaltensweisen und Koordinierungsmechanismen für Allokation und Distribution zu verändern, also einen Wandel unserer Wirtschaftsordnung so herbeizuführen, daß sie ohne systemimmanente Stagflation funktioniert. Leider kann ich Ihnen konkrete Schritte in dieser Richtung nicht skizzieren. Um sie abzuleiten und konsensfähig zu machen, bedarf es zunächst ordnungstheoretischer Analysen, die leider bei uns Ökonomen eine viel zu geringe Priorität genießen. So schließe ich in der Hoffnung, daß es zu einer Renaissance von Ordnungstheorie und Ordnungspolitik kommt.

Literaturverzeichnis

BÖHM Franz, Die Ordnung der Wirtschaft als geschichtliche Aufgabe und rechtsschöpferische Leistung. Berlin 1937.

BORCHARDT Knut, "Die Konzeption der Sozialen Marktwirtschaft in heutiger Sicht". Schriften des Vereins für Sorialpolitik, N.F., Vol. 116, 1981. S. 33-53.

Der wissenschaftliche Beirat beim Bundeswirtschaftsministerium, Gutachten, Sammelband. Göttingen 1973.

EUCKEN Walter, Die Grundlagen der Nationalökonomie. Jena 1940.

FLEMMING John S., Inflation. 1. Aufl., London 1976.

FREY Bruno, Theorie demokratischer Wirtschaftspolitik. München 1981.

Gossner Alfred, Stagflation, Verteilungskonflikt und Stabilisierungspolitik. Diss., Universität München, Tübingen 1985.

Hauser Richard, Vermögensumverteilung bei schleichender Inflation. Eine mikroökonomische Analyse der Umverteilung zwischen Wachstumstypen von Haushalten unter Berücksichtigung der Vermögensdisposition bei schleichender Inflation. Kallmünz 1969.

Hirschman Albert O., Essays in Trespassing. Economics to policy and beyond. Cambridge 1981.

Mackenroth Gerhard, Die Reform der Sozialpolitik durch einen deutschen Sozialplan, Schriften des Vereins für Socialpolitik, N.F., Vol. 4, Berlin 1952.

Möller Hans, The Reconstruction of the International Economic Order After the Second World War and the Integration of the Federal Republic of Germany into the World Economy, *Zeitschrift für die gesamte Staatswissenschaft*, Vol. 137, Heft 3, 1981.

Niehans Jürg, Theorie des Geldes. Synthese der monetären Mikro- und Makroökonomie. Bern 1980, engl. Ausgabe 1978.

Preiser Erich, Die Zukunft unserer Wirtschaftsordnung. Probleme und Möglichkeiten. Stuttgart 1949.

Weber Max, Wirtschaft und Gesellschaft. Tübingen 1922.

ERNST DÜRR

DIE SOZIALE MARKTWIRTSCHAFT
AUSGANGSSITUATION, PROGRAMM, REALISIERUNG*

Die Soziale Marktwirtschaft verbindet die wirtschaftliche Effizienz des Privateigentums und der Marktwirtschaft mit dem sozialen Ausgleich. Sie wurde in Westdeutschland zusammen mit der Währungsreform von 1948 weitgehend realisiert und führte die Bundesrepublik Deutschland in den fünfziger Jahren unter den Industrieländern an die Spitze des Wirtschafts- und Beschäftigungswachstums, der Preisstabilität, des Wachstums der Währungsreserven bei gleichmäßiger werdender Einkommensverteilung und zunehmender sozialer Sicherheit.

1. Die Ausgangssituation

Die **Wirtschaftsordnung Deutschlands** entfernte sich seit der Schutzzollpolitik *Bismarcks* Ende der siebziger Jahre des 19. Jahrhunderts immer mehr von der Marktwirtschaft. Der Einschränkung des internationalen Wettbewerbs folgte die Verminderung des nationalen Wettbewerbs durch die staatliche Förderung der Kartellierung seit Ende des vergangenen Jahrhunderts, die auch durch die Mißbrauchsgesetzgebung der zwanziger Jahre dieses Jahrhunderts nicht gebremst wurde.

Die Wirtschaftspolitik des Nationalsozialismus baute auf den vorhandenen Kartellen die totale *staatliche* **Wirtschaftslenkung** auf, in deren Dienst die Anfang der dreißiger Jahre eingeführte Devisenbewirtschaftung gestellt wurde. Um eine preissteigernde Wirkung der mit wachsenden Staatsausgaben verbundenen Nachfrageexpansion zu verhindern, wurde 1936 ein allgemeiner Preisstop eingeführt, der zur gänzlichen Beseitigung der Marktwirtschaft führte. Neben der staatlichen Rohstoffzuteilung mußten noch vor Ausbruch des Zweiten Weltkriegs einige lebenswichtige Konsumgüter (z.B. Butter und Margarine) rationiert werden. Mit Ausbruch des Zweiten Weltkrieges wurde eine vollständige Zuteilung sämtlicher Güter sowie der Produktionsfaktoren eingeführt.

Neben den offiziellen Märkten entwickelten sich bald **schwarze Märkte** mit hohen Preisen, die nicht nur die Knappheit der Güter widerspiegelten, sondern auch das Risiko des Schwarzhandels. Dieser blühte erst recht auf, als nach Kriegsende die Strafen allgemein gemildert und die Diskrepanz zwischen zu niedrigem Angebot und immer weiter steigender Nachfrage bei den gestoppten Preisen immer größer wurde. Vielfach konnten nicht einmal die auf Lebensmittelmarken bzw. Bezugsscheinen zugeteilten Güter tatsächlich erworben werden. Das Geld war weitgehend wertlos

---

* Erstmals veröffentlicht in WiST 6/1988, S. 270-276. Die Herausgeber danken für die Genehmigung zum Wiederabdruck.

geworden; es fehlte jeglicher Anreiz zur Leistung für den offiziellen Güter- und Arbeitsmarkt.

In dieser Zeit erklärte der amerikanische Nationalökonom *Galbraith* (1948, S. 94 f.), die Verschlechterung der wirtschaftlichen Lage in Deutschland könne nur durch **Planung** überwunden werden. Während der beiden letzten Jahre (1946 und 1947) sei immer häufiger und heftiger behauptet worden, daß der deutsche Wiederaufbau beschleunigt werden könne, wenn die deutsche Wirtschaft von Preiskontrollen und staatlicher Lenkung der Güter und Arbeitskräfte befreit würde. Es habe jedoch nie die geringste Möglichkeit bestanden, durch eine solche umfassende Aufhebung staatlicher Regulierungen die wirtschaftliche Erholung zustande zu bringen.

Auch die beiden größten deutschen Parteien, SPD und CDU, sprachen sich für die Fortsetzung der **staatlichen Wirtschaftslenkung** aus. So wurde auf dem Nürnberger Parteitag der SPD 1947 erklärt: „Träger der Grundentscheidung über Umfang, Richtung und Verteilung der Produktion darf nach Auffassung der SPD in unserer Epoche nur noch das ganze Volk, vertreten durch das nach demokratischen Grundsätzen gewählte Parlament sein. An die Stelle des privatkapitalistischen Gewinnstrebens tritt als Hauptregulator der Wirtschaft die Planung nach den Gesichtspunkten volkswirtschaftlicher Rentabilität" (*Klink*, 1965, S. 85). Auch das Ahlener Programm der CDU von 1947 (*Dörpinghaus/Witt*, 1950, S. 227 f.) forderte die Vergesellschaftung der Bergwerke und der eisenschaffenden Industrie sowie die Planung und Lenkung der Wirtschaft und Beteiligung der breiten Massen der Arbeitnehmer und Konsumenten.

Dagegen sprach sich der 1948 gegründete *Wissenschaftliche Beirat bei der Verwaltung für Wirtschaft im Vereinigten Wirtschaftsgebiet* (später *Wissenschaftlicher Beirat beim Bundesministerium für Wirtschaft*) für die Einführung der **Marktwirtschaft** aus. „Die Währungsreform ist nur sinnvoll, wenn eine grundsätzliche Änderung der bisherigen Wirtschaftslenkung mit ihr verbunden wird. Als isolierter technischer Vorgang wäre sie wertlos, wenn nicht sogar gefährlich. Durch die Währungsreform wird die wirksame Nachfrage so beschränkt, daß eine totale Verbrauchsregelung und Zwangswirtschaft gegenstandslos wird (1973, S. 1).

2. Das Programm der Sozialen Marktwirtschaft

Angesichts der katastrophalen wirtschaftlichen und sozialen Folgen des staatlichen Dirigismus und der jahrzehntelangen negativen Erfahrungen mit der Durchkartellierung der deutschen Wirtschaft hatten deutsche Nationalökonomen und Juristen teilweise bereits vor Kriegsende Modelle für eine Wirtschaftsordnung entwickelt, die **Freiheit**, **Effizienz** und **sozialen Ausgleich** gleichermaßen gewährleisten sollten. Hervorzuheben sind hier die Freiburger Schule (*Walter Eucken, Franz Böhm*), *Alfred Müller-Armack, Alexander Rüstow* und *Wilhelm Röpke*. Trotz einer Reihe von Unterschieden war allen genannten Wissenschaftlern die Überzeugung gemeinsam, daß nur eine **marktwirtschaftliche Ordnung** in der Lage sei, den Volkswohlstand zu erhöhen und sozialen Ausgleich herbeizuführen.

Die angestrebte Wirtschaftsordnung war jedoch keine Laissez-faire-Marktwirtschaft, sondern eine staatlich geordnete Marktwirtschaft. Dabei gingen die Autoren von der bereits von *Adam Smith* geäußerten und in der Kartellpraxis des deutschen Reichs drastisch bestätigten Annahme aus, daß Unternehmer zur Kartellierung neigen und daher der Staat durch eine Wettbewerbsordnung den Wettbewerb sichern müsse. Nach den schlechten Erfahrungen mit der Mißbrauchsaufsicht über Kartelle in den zwanziger Jahren sollten Kartelle grundsätzlich verboten werden. Hierfür sprach sich besonders scharf *Franz Böhm* aus.

Nur bei **Wettbewerb** kann der freie Preis außer der Ausgleichsfunktion auch die Signal- und Lenkungsfunktion optimal erfüllen. Wettbewerb zwingt zur sparsamen Verwendung der Produktionsfaktoren und ist eng mit dem Prozeß der Innovation und Nachahmung verbunden. Auf diesen **dynamischen Aspekt** des Wettbewerbs hat vor allem *Müller-Armack* hingewiesen, der stark durch *Schumpeter*s Theorie der wirtschaftlichen Entwicklung beeinflußt worden war (wie später auch *Karl Schiller* als geistiger Vater des Godesberger Programms der SPD). Entsprechend dieser dynamischen Konzeption des Wettbewerbs sollten die Gewinne von Monopolen, die durch Innovationen entstehen und ihre marktbeherrschende Stellung nicht durch monopolistische Praktiken aufrechterhalten, durchaus positiv beurteilt und nicht durch die Monopolaufsicht bekämpft werden, da sie das notwendige Gegengewicht zum hohen Risiko einer Innovation darstellen. Die wettbewerbstheoretische Konzeption der Freiburger Schule war dagegen eher statisch orientiert.

Mit der Wettbewerbsordnung eng verbunden ist eine **Geldordnung**, die die **Stabilität** des Geldwerts gewährleistet. Inflation beeinträchtigt nicht nur die Funktionsfähigkeit des Preismechanismus, sondern verringert auch unabhängig von der Marktform die Intensität des Wettbewerbs, wenn in einer Nachfrageinflation die Expansion der Nachfrage den Möglichkeiten der Produktionsausweitung vorwegeilt und der Verkäufer sich nicht mehr um seinen Marktanteil zu bemühen braucht, da er sowieso steigende Auftragsbestände und Lieferfristen hat. Ferner vermindert Inflation das freiwillige Sparen der privaten Haushalte und induziert eine Vermögensanlage mit geringer volkswirtschaftlicher Produktivität („Flucht in das Betongeld").

Die Unabhängigkeit der Notenbank mit genauer Zielvorgabe für die Geldpolitik (Stabilisierung des Geldwerts) ist eine wesentliche Bedingung der Geldwertstabilität. Da *Eucken* Ermessensentscheidungen mißtrauisch gegenüberstand, wollt er die Stabilität des Geldwerts durch die Deckung des Notenumlaufs durch Rohstoffe (**Warenreservewährung**) und die Beseitigung der Geldschöpfungsfähigkeit der Banken sichern. Wegen der theoretischen und praktischen Probleme der Warenreservewährung hatte diese Währungsordnung jedoch keine Chance, realisiert zu werden.

Eucken negierte die Möglichkeit einer allgemeinen Konjunkturtheorie, da jeder Konjunkturzyklus individuell sei. Entsprechend lehnte er eine Konjunkturpolitik ab. Dagegen war *Müller-Armack* aufgrund seiner frühen Forschungen zur Konjunkturtheorie und Konjunkturpolitik (Ökonomische Theorie der Konjunkturpolitik, Leipzig 1926) zu der Erkenntnis gekommen, daß die krisenauslösenden Disproportionalitäten im ungebremsten Boom entstehen, so daß eine frühzeitige Konjunkturdämpfung das beste Mittel zur Verhinderung von Depressionen sei. Sollte eine Depression dennoch ausbrechen, empfahl er schon zehn Jahre vor *Keynes'* Allgemeiner Theorie der Beschäftigung, des Zinses und des Geldes eine expansive Geld- und Finanzpolitik.

Jede wirtschaftliche Entwicklung ist mit **Strukturänderungen** verbunden. Es sollte nicht Aufgabe der Wirtschaftspolitik sein, diese Strukturänderungen zu verhindern, sondern sie zu erleichtern und vor allem sozial erträglich zu gestalten.

Der soziale Ausgleich nahm besonders im Wirtschaftsprogramm von *Müller-Armack* eine hervorragende Stellung ein. Zwar hob er hervor, daß schon die durch eine Ordnungspolitik abgesicherte Marktwirtschaft durch ihre ökonomische Effizienz am ehesten geeignet sei, den Wohlstand für breite Schichten der Bevölkerung zu erhöhen, doch sah er durchaus die Notwendigkeit, die am Markt bei Wettbewerb zustande kommende Einkommensverteilung gemäß der ökonomischen Leistung durch **sozialpolitische Maßnahmen** zu korrigieren, um eine breite Zustimmung zur marktwirtschaftlichen Ordnung zu erreichen und ethischen Prinzipien genüge zu tun. Ohne eine als gerecht empfundene Einkommens- und Vermögensverteilung, soziale Sicherheit und Chancengleichheit kann in einer Demokratie die Marktwirtschaft nicht aufrechterhalten werden.

Die **Konstanz der Wirtschaftspolitik** wurde besonders von *Eucken* als notwendige Bedingung einer funktionsfähigen marktwirtschaftlichen Ordnung hervorgehoben. Produktive Investitionen erfordern einen langen Planungshorizont. Die Wirtschaftspolitik kann dem Unternehmer das Marktrisiko nicht abnehmen; dieses darf jedoch nicht durch zusätzliche politische Risiken erhöht werden, weil sonst gerade diejenigen Investitionen eingeschränkt werden, die am meisten zum Wirtschaftswachstum beitragen.

Die Konstanz der Wirtschaftspolitik bedeutet nicht konstante Zinsen oder konstante Wechselkurse, sondern die konstante Verfolgung der wirtschafts- und gesellschaftspolitischen Ziele: also keine Stop-go-Policy in dem Sinne, daß einmal inflatorische Prozesse zugelassen werden, dann wieder, z.B. wegen der Verschlechterung der Zahlungsbilanz, vorübergehend stark abgebremst werden, um in der nächsten Rezession wieder aufgenommen zu werden. Konstanz der Wirtschafts- und Währungsordnung bedeutet: kein fortlaufender Wechsel der Marktwirtschaft zum Interventionismus und wieder zurück zur Deregulierung oder von einem Wechselkurssystem (z.B. flexible Wechselkurse) zum anderen (fixe Wechselkurse) und schließlich erneute

Wechselkursänderungen. Vor allem muß die **Eigentumsordnung** unverändert bleiben, da jede Gefahr der Enteignung zur allgemeinen Investitionszurückhaltung führt, wie es schon der Sozialist *Oscar Lange* in seinem Programm des Konkurrenzsozialismus erkannt und berücksichtigt hat.

Alle Autoren betonen das Prinzip der **Marktkonformität** wirtschafts- und sozialpolitischer Maßnahmen. Dieses Prinzip besagt, daß bei einer (politischen) Entscheidung für die Marktwirtschaft keine staatlichen Eingriffe in die Wirtschaft durchgeführt werden dürfen, die den **Marktmechanismus** außer Kraft setzen, da sonst die Koordinierung der Wirtschaftspläne durch den Markt durch zentrale Wirtschaftslenkung ersetzt werden muß.

Diesem Prinzip ist (u.a. von *Karl Schiller*, 1964, S. 29) entgegengehalten worden, daß es nur beim Vorliegen der Bedingungen des vollkommenen Wettbewerbs Gültigkeit habe, nicht jedoch in der wirtschaftlichen Wirklichkeit. Wenn man die Konsequenzen staatlicher Eingriffe in die Preise aus dem Modell des vollkommenen Wettbewerbs ableitet, ergibt sich, daß auf unvollkommenen Märkten und erst recht bei Monopolsituationen ein staatlich festgelegter Höchstpreis durchaus keinen Nachfrageüberhang zur Folge haben muß, sondern daß der Höchstpreis die Anbieter zwingt, durch Erhöhung ihrer Produktion ihren Gewinn zu maximieren.

Empirische Untersuchungen zeigen jedoch, daß auch bei den in der Realität vorzufindenden, vom vollkommenen Wettbewerb abweichenden Marktformen ein Preisstop bei fortdauernder Nachfrageexpansion dazu führt, daß der Preis nicht in der Lage ist, Angebot und Nachfrage auszugleichen, so daß der Staat gezwungen ist, die knappen Güter durch ein Rationierungssystem zuzuteilen, wenn er eine Verteilung nach Zufälligkeit oder persönlichen Beziehungen vermeiden will.

Natürlich kann das Prinzip der Marktkonformität kein Sieb darstellen, das alle Maßnahmen der Wirtschaftspolitik zurückhält, welche die Marktwirtschaft gefährden. So sind Subventionen zwar marktkonform, da sie den Marktmechanismus nicht beeinträchtigen, doch können sie Anpassungsprozesse verhindern, wenn sie an Produzenten gewährt werden, die im Wettbewerb vom Markt ausscheiden müßten. Auch Subventionen an Konsumenten (z.B. für meritorische Güter) können schließlich die Marktwirtschaft zerstören, wenn ihre Finanzierung nur noch über inflatorische Kreditaufnahme des Staates bei der Notenbank möglich ist.

Es wurde versucht, diesen Problemen durch den weiteren Begriff der **Systemkonformität** Rechnung zu tragen, doch wird hierdurch die Bedeutung des Prinzips der Marktkonformität nicht eingeschränkt. Die wirtschaftspolitische Erfahrung von Industrie- und Entwicklungsländern zeigt, daß die wesentlichste Beeinträchtigung der Effizienz der Marktwirtschaft durch Eingriffe des Staates in Preise, Löhne, Zinsen und Wechselkurse zustande kommt, also durch Verstöße gegen das Prinzip der Marktkonformität.

Müller-Armack prägte für dieses mit mehr oder weniger Abweichungen auch von den anderen liberalen Ökonomen der vierziger Jahre in Deutschland entwickelte ordnungspolitische Programm den Begriff „**Soziale Marktwirtschaft**", der nicht nur von der 1949 gebildeten Regierung unter Bundeskanzler *Konrad Adenauer*, sondern nach dem Godesberger Programm auch von der SPD übernommen wurde und seit den siebziger Jahren auch im Ausland, insbesondere im spanischen Sprachbereich, in wirtschaftspolitischen Programmen auftaucht.

3. Die Realisierung der Sozialen Marktwirtschaft

Durch die Wirtschafts- und Währungsreform vom Juni 1948 und die darauf folgende Wirtschaftspolitik in den fünfziger Jahren wurde das Programm der Sozialen Marktwirtschaft in der Bundesrepublik Deutschland weitgehend realisiert.

Gleichzeitig mit der Währungsreform hob *Ludwig Erhard* ohne Einwilligung der Alliierten einen großen Teil der **Preisbindungen** und **Rationierungen** auf und führte dadurch die Marktwirtschaft ein. Einige Rohstoff- und Produktionsmittelpreise sowie Zinsen und Mieten blieben allerdings noch bis in die fünfziger Jahre gebunden. Der **Wettbewerb** war bereits 1947 für die drei Westzonen durch entsprechende Gesetze und Verordnungen der westlichen Besatzungsmächte gesichert worden. Sämtliche wettbewerbsbeschränkenden Maßnahmen wurden verboten und einige große Konzerne entflochten. Erst 1957 wurde dieses Besatzungsrecht durch das deutsche **Gesetz gegen Wettbewerbsbeschränkungen** abgelöst, das zwar Kartelle und monopolistische Praktiken weitgehend verbot, jedoch den Zusammenschluß von Unternehmen nur anzeigepflichtig machte (§ 23 des Gesetzes gegen Wettbewerbsbeschränkungen).

Der nationale Wettbewerb wurde durch den **internationalen Wettbewerb** ergänzt: Im Rahmen der OEEC befreite die Bundesrepublik Deutschland bis 1952 80,9% und im April 1953 90,1% der Einfuhren von mengenmäßigen Beschränkungen („Liberalisierung").

Mit der Währungsreform wurde die zurückgestaute Inflation der Kriegs- und Nachkriegszeit schlagartig beseitigt, im Gegensatz etwa zu den Währungsreformen in Österreich und Belgien. Die mit der Freigabe der Preise nach Auflösung der gehorteten Warenläger verbundene Preissteigerung wurde vom Ende des Jahres 1948 an mit Hilfe der restriktiven Geldpolitik bekämpft, die durch den Wandel der bisherigen Haushaltsdefizite zu Haushaltsüberschüssen aufgrund steigender Steuereinnahmen unterstützt wurde. Auch auf die durch den Korea-Krieg im Sommer 1950 ausgelösten Inflationsimpulse reagierte die Bank deutscher Länder ab Oktober des gleichen Jahres mit restriktiven Maßnahmen.

Der weltweite Investitionsboom Mitte der fünfziger Jahre, der ab Ende 1954 zu steigenden Auftragsbeständen, Lieferfristen und Preisen in der deutschen Investitionsgüterindustrie führte, wurde ab Mai 1955 mit restriktiven geldpolitischen Maßnahmen bekämpft. Diese wurden durch die Stillegung von Haushaltsüberschüssen bei der Bank deutscher Länder („Julius-Turm") in den Jahren 1954 bis 1956 unterstützt, die allerdings nicht die Folge einer absichtlichen antizyklischen Finanzpolitik, sondern im wesentlichen nicht verausgabter Verteidigungsausgaben waren.

Insbesondere im Investitionsboom Mitte der fünfziger Jahre konnte die **stabilitätsorientierte Geldpolitik** gegenüber den Forderungen der *IG Metall*, des *Bundesverbandes der deutschen Industrie* und des Bundeskanzlers *Konrad Adenauer* nur dadurch (allerdings unterstützt durch Bundeswirtschaftsminister *Ludwig Erhard*) verteidigt werden, daß schon die durch alliiertes Gesetz zustande gekommene *Bank deutscher Länder* völlig unabhängig war. Diese **Unabhängigkeit** wurde im Gesetz über die Deutsche Bundesbank von 1957 bekräftigt. Artikel 3 des Gesetzes über die *Deutsche Bundesbank* bestimmt als Ziel der Geldpolitik die Sicherung des Geldwerts. Nach Artikel 12 ist die *Bundesbank* zwar verpflichtet, unter Wahrung ihrer Aufgaben (Sicherung des Geldwerts) die Wirtschaftspolitik der Bundesregierung zu unterstützen, doch ist sie im Rahmen der Befugnisse, die ihr der Staat durch Gesetz übertragen hat, von Weisungen der Regierung unabhängig. Vertreter der Regierung können an den Sitzungen des Zentralbankrates teilnehmen, doch haben sie kein Stimmrecht und können Entscheidungen des Zentralbankrats nur bis zu zwei Wochen aussetzen.

Die **Strukturpolitik** war in den fünfziger Jahren von untergeordneter Bedeutung, da es wegen des gewaltigen Wiederaufbaubedarfs weniger darum ging, Kapital aus schrumpfenden Branchen abzuziehen und in die Wachstumsbranchen umzulenken, sondern das neu gebildete Kapital zu den rentabelsten Verwendungsbereichen zu lenken. Die Lenkungsfunktion des **Kapitalmarktzinses** wurde bis Ende 1952 durch den staatlich festgelegten Höchstzins von 5% beeinträchtigt; die Bindung der Soll- und Habenzinsen der Banken an den Diskontsatz dauerte bis Mitte der Sechziger Jahre. Das Soll- und Haben-Zinsabkommen wirkte sich allerdings nur dann wie ein Höchstpreis aus, wenn, wie 1955, die restriktive Geldpolitik nicht mit einer entsprechend starken Diskonterhöhung verbunden war. Dann mußten die Banken den Kredit rationieren, wodurch neue und kleinere Kreditnachfrager benachteiligt wurden. Allerdings haben sich Kreditvermittler die Bindung der Habenzinsen zunutze gemacht und durch Zinsüberbietung Depositen abgeworben und als langfristige Kredite ausgeliehen. Hierdurch wurde die Flexibilität des langfristigen Kreditangebotes erhöht, jedoch durch die Beschleunigung der Umlaufgeschwindigkeit der Depositen die restriktive Geldpolitik der Notenbank in gewissem Maße durchkreuzt.

Die **Flexibilität** des Produktionsfaktors **Arbeit** wurde durch den Flüchtlingszustrom, die Abwanderung aus der Landwirtschaft und durch die Leistungsbereitschaft der Arbeiter gefördert. Die regionale Mobilität wurde allerdings durch die Kriegszerstörung der Wohnungen in den Industriegebieten gehemmt. Die staatliche Förderung des Wohnungsbaus hat dort den Zuzug von Arbeitern aus den ländlichen Gebieten, in denen wegen des größeren Wohnungsangebots die Flüchtlinge untergebracht worden waren, erleichtert.

Daß die Bundesrepublik Deutschland nach der Schaffung der ordnungspolitischen Bedingungen für die Entfaltung unternehmerischer Initiativen keinen Mangel an **Unternehmerpersönlichkeiten** hatte, zeigt die große Zahl der Neugründungen von Unternehmen, die zum Teil aus kleinsten Anfängen zu Weltunternehmen aufstiegen. Auch die hohe Leistungsbereitschaft der deutschen Arbeiter nach der Währungsreform kann wohl kaum angezweifelt werden, obwohl hierüber keine empirischen Untersuchungen vorliegen.

Sozialer Ausgleich war von vornherein wesentlicher Bestandteil des Programms der Sozialen Marktwirtschaft. Günstig war, daß die Bundesrepublik Deutschland, im Gegensatz zum Beispiel zu Großbritannien, auf einem jahrzehntealten System der Sozialversicherung aufbauen konnte. Diese wurde durch die Einführung der **dynamischen Rente** 1957 entscheidend verbessert. Hierdurch wurden die Renten nicht nur (wie in anderen Ländern) an die Inflationsrate angeglichen (die damals in der Bundesrepublik Deutschland sehr niedrig war), sondern an die wachsenden Arbeitseinkommen der arbeitenden Bevölkerung.

Anstelle der von den Gewerkschaften geforderten familiengerechten Löhne, die die Beschäftigungsmöglichkeiten kinderreicher Arbeiter beeinträchtigt hätten, wurde 1954 ein **Familienlastenausgleich** durch die Einführung von Kindergeld herbeigeführt. Der **soziale Wohnungsbau** wurde durch den Einsatz öffentlicher Mittel in Form von Kapitalsubventionen, die Übernahme von Bürgschaften durch Bund und Länder sowie durch erhebliche Steuervergünstigungen gefördert. Ab 1960 wurde die mit den staatlich festgelegten Mieten verbundene Wohnraumbewirtschaftung schrittweise aufgelöst und die Wohnungswirtschaft in die Marktwirtschaft eingefügt. Zur Vermeidung sozialer Härten wurden Bezieher niedriger Einkommen durch Transferzahlungen in Form eines Wohngeldes unterstützt.

Eine andere Form der staatlichen Förderung meritorischer Güter stellt die Subventionierung des Personennahverkehrs dar, wodurch die Kosten der Fahrten vom Wohnort zur Arbeitsstätte sowie die Fahrten von Schülern vom Wohnort zur Schule verbilligt wurden.

Das **Betriebsverfassungsgesetz** von 1952 regelte die Mitbestimmung der Arbeiter im Betrieb in sozialen und personellen Angelegenheiten und hat vermutlich zur Verbesserung des Betriebsklimas beigetragen. Die Zahl der durch **Streiks** verlorenen Arbeitstage betrug im Jahresdurchschnitt der fünfziger Jahre 948 000 und lag damit wesentlich niedriger als in irgendeinem Jahrzehnt im Deutschen Reich zwischen 1900 und 1930 (1901-1910: 4.864.000, 1911-1920: 7.748.000, 1921-1930: 9.221.000), so daß dieser Unterschied nicht nur auf die unterschiedliche Gebietsgröße zurückgeführt werden kann.

Da von der Gründung der Bundesrepublik Deutschland an in den fünfziger Jahren **marktwirtschaftlich orientierte** Parteien unter dem gleichen Bundeskanzler und Bundeswirtschaftsminister die Wirtschaftspolitik bestimmten, waren die politischen Voraussetzungen für eine stabile Wirtschaftspolitik gegeben. Der Bundeswirtschaftsminister und sein Ministerium haben stets die marktwirtschaftliche Orientierung der Wirtschaftspolitik gesichert.

4. Die Erfolge der Sozialen Marktwirtschaft

Die **wirtschaftspolitischen Erfolge** der fünfziger Jahre haben die Erwartungen, die in die Soziale Marktwirtschaft gesetzt worden waren, voll erfüllt. Wie aus *Tab. 1* hervorgeht, stand die Bundesrepublik Deutschland in den fünfziger Jahren unter den aufgeführten Industrieländern an der Spitze der Wachstumsraten des realen Bruttosozialprodukts und der Beschäftigung; die Gold- und Devisenreserven stiegen sowohl absolut als auch prozentual stärker als in allen anderen Ländern, während die Inflationsrate in der Bundesrepublik Deutschland die niedrigste war.

Bemerkenswert ist, daß die niedrige durchschnittliche Inflationsrate von nur 1,9% erreicht werden konnte, obwohl in diese Zeit der Koreakrieg fiel, der zu starken Preissteigerungen für alle Rohstoffe führte. Obgleich die Arbeitsproduktivität (Bruttoinlandsprodukt zu konstanten Preisen je Erwerbstätigen) von 1950-1960 um jahresdurchschnittlich 5,6% stieg und die Produktivitätssteigerung damit höher war als in den sechziger Jahren (Erhöhung der Arbeitsproduktivität 1960-1970) um jahresdurchschnittlich 4,5% (berechnet nach *Sachverständigenrat*, 1967, S. 301, 1981, S. 362), konnte aufgrund des hohen Wirtschaftswachstums nicht nur die Arbeitslosenquote von 7,3% im Jahre 1950 auf 0,9% im Jahre 1960 gesenkt, sondern auch der Zuwachs der Zahl der Erwerbspersonen um 3,466 Millionen - insbesondere aufgrund des Flüchtlingszustroms - in den Produktionsprozeß eingegliedert werden (*Sachverständigenrat*, 1967, S. 294).

Das hohe Wirtschaftswachstum in der Bundesrepublik Deutschland kam in den fünfziger Jahren nicht primär den Reichen zugute, sondern vielmehr den Beziehern niedrigerer Einkommen; die **Einkommensverteilung** wurde gleichmäßiger: Der Gini-Koeffizient betrug 1950: 0,396, 1955: 0,384 und 1960: 0,380 (*Bartmann*, 1981, S. 66). Der Anteil der unteren 40% der Einkommensbezieher am Einkommen der privaten Haushalte stieg in der Bundesrepublik Deutschland von 13,5% im Jahre 1955 auf 15% im Jahre 1960 und 15,4% im Jahre 1964, während er in dieser Zeit in Schweden von 16,8% auf 14%, in Großbritannien von 15,8% auf 15,3% und in Frankreich von 11,6% auf 9,6% sank (*United Nations*, 1967, S. 15; vergleichbare Zahlen für 1950 liegen leider nicht vor). Hierin zeigt sich zwar eine ursprünglich größere Gleichheit der Einkommensverteilung in Schweden und Großbritannien, die jedoch im Zeitablauf zurückging, während sich die im Vergleich zur Bundesrepublik Deutschland größere Einkommensungleichheit in Frankreich im Laufe der Zeit noch verschärfte. Die Egalisierung der Einkommensverteilung in der Bundesrepublik Deutschland ist vermutlich die Folge der Intensivierung des Wettbewerbs und damit der Realisierung der marktwirtschaftlichen Ordnung.

Tab. 1: Indikatoren des Erfolges

	durchschnittliche jährliche Wachstumsrate des realen BSP zu Marktpreisen 1950-1960 in v.H.	durchschnittliche jährliche Inflationsrate (gemessen am Preisindex für die Lebenshaltung) 1950-1960 in v.H.	durchschnittliche jährliche Wachstumsrate der Zahl der Beschäftigten 1950/52-1958/60 in v.H.	Gold- und Devisenreserven der Notenbanken in Mill. US $		
				1950	1960	durchschnittliche jährliche Wachstumsrate in v.H.
Bundesrepublik Deutschland	7,8	1,9	2,2	190	7033	43,5
Italien	5,6*	3,0*	0,7	741	3251	15,9
Niederlande	4,7	3,1	1,1	543	1861	13,1
Frankreich	4,6	5,6	0,0	791	2272	11,1
Schweden	3,4	4,7	0,2	289	528	6,2
Dänemark	3,3	3,2	1,0	97	286	11,4
USA	3,2	2,1	0,5	24266	19359	- 2,2
Norwegen	3,2*	4,5*	0,0	126	308	9,3
Großbritannien	2,7	3,4	0,5	3443	3719	0,8

* 1951 - 1960, da für 1950 keine Zahlen ausgewiesen werden. Hierdurch erscheint die Inflationsrate gegenüber den anderen Ländern zu niedrig, da infolge des Koreakrieges die Inflationsrate in allen Ländern 1950 relativ hoch waren.

Quellen: OECD: National Accounts of OECD Countries 1950 - 1968. Paris 1970. - United Nations: The European Economy from the 1950s to the 1970s. New York 1972, S. 6. - International Monetary Fund: International Financial Statistics Yearbook 1980.

Um nachzuweisen, daß das hohe Wirtschaftswachstum in der Bundesrepublik Deutschland kein „Wirtschaftswunder" war, das auf einmaligen glücklichen Zufällen beruhte, sondern das Ergebnis der konsequenten Einführung der **marktwirtschaftlichen Ordnung**, kann auf empirisch überprüfte Theorien zurückgegriffen werden, die eine enge positive Beziehung zwischen Wettbewerbsintensität und Wirtschaftswachstum zeigen. *Görgens* (1969, S. 100ff.) hat in 14 Ländern die **Wettbewerbsintensität** festgestellt aufgrund des Umfangs der Einflußnahme des Staates auf den Wirtschaftsprozeß, der Einstellung zum Wettbewerb (gemessen am n-Achievement nach *McClelland*), der Wettbewerbsgesetzgebung und ihrer Anwendung sowie der Außenhandelspolitik, die die Auslandskonkurrenz bestimmt. Zwischen der so definierten Wettbewerbsintensität und den Wachstumsraten des realen Sozialprodukts, insbesondere aber zwischen Wettbewerbsintensität und Restgröße der makroökonomischen Produktionsfunktion, die die Innovation und die Effizienz der Kombination der Produktionsfaktoren zum Ausdruck bringt, besteht ein enger positiver Zusammenhang (siehe auch *Neumann*, 1968, und *Odagiri*, 1982).

Ferner haben Länder, die gleichzeitig mit einer raschen Inflationsbekämpfung Interventionismus, Protektionismus und staatliche Investitionslenkung abgebaut haben, nach dieser wirtschaftspolitischen Wende höhere Wachstumsraten des realen Sozialprodukts als vorher gehabt, und zwar insbesondere aufgrund der Senkung des marginalen Kapitalkoeffizienten. (Der marginale Kapitalkoeffizient ist die Relation zwischen Investition und Zuwachs des realen Sozialprodukts. Je niedriger er ist, um so höher ist der Zuwachs des Sozialprodukts aufgrund einer gegebenen Investition.) Eine solche Änderung ihrer Wirtschaftspolitik mit den entsprechenden Stabilitäts- und Wachstumserfolgen haben außer der Bundesrepublik Deutschland im Jahre 1948 sowohl entwickelte Länder (Großbritannien 1952, Frankreich 1958) und Schwellenländer (Spanien 1959), als auch Entwicklungsländer (Pakistan 1960, Indonesien 1969) gehabt (*Dürr*, 1982, S. 66ff.). Allerdings waren die Wachstumswirkungen in Großbritannien und Frankreich wesentlich geringer als in der Bundesrepublik Deutschland, weil in jenen Ländern auch nach der Änderung der Wirtschaftspolitik die marktwirtschaftliche Ordnung nur unzureichend realisiert wurde; so lockerte Frankreich zwar die sektorale Investitionslenkung (Planification), beseitigte sie jedoch nicht.

Das deutsche „Wirtschaftswunder" kann auch **nicht** mit der **Marshall-Plan-Hilfe** erklärt werden. Im Rahmen des European Recovery Program (ERP) erhielt die Bundesrepublik Deutschland von 1948-1952 amerikanische Wirtschaftshilfe in Höhe von 1,4 Mrd. Dollar, und zwar in Form kostenloser bzw. kreditierter amerikanischer Güterlieferungen (*Klump*, 1985, S. 74). Die deutschen Importeure dieser Güter mußten den Gegenwert in DM auf einen Sonderfonds einzahlen, aus dessen Vermögen, insbesondere über die Kreditanstalt für Wiederaufbau, Investitionskredite zum Wiederaufbau der deutschen Wirtschaft gewährt wurden. Großbritannien (3,4 Mrd. Dollar), Frankreich (2,8 Mrd. Dollar) und Italien (1,5 Mrd. Dollar) erhielten jedoch höhere Marshall-Plan-Hilfe und hatten in den fünfziger Jahren zum Teil wesentlich niedrigere Wachstumsraten des realen Bruttosozialprodukts als die Bundesrepublik Deutschland (siehe *Tab. 1*). Ferner erwirtschaftete die Bundesrepublik seit 1951 Überschüsse der Handels- und Dienstleistungsbilanz (Realkapitalexport), die von 0,8 Mrd. DM im Jahre 1951 auf 7,4 Mrd. DM 1960 anstiegen. Insgesamt belief sich der Realkapitalexport in diesen 10 Jahren auf fast 50 Mrd. DM (Monatsberichte der *Deutschen Bundesbank*, Januar 1962, S. 137); zum damaligen Wechselkurs waren das also rund 12 Mrd. Dollar. Man kann daher die Marshall-Plan-Hilfe lediglich als wichtige Starthilfe für die Wachstumserfolge der Sozialen Marktwirtschaft bezeichnen.

Literatur

Böhm, F., Kartelle und Koalitionsfreiheit, Berlin 1933.

Böhm, F., Wirtschaftsordnung und Staatsverfassung, Tübingen 1950.

Erhard, L., Wohlstand für alle, Düsseldorf 1957.

Eucken, W., Die Grundlagen der Nationalökonomie, Godesberg 1947.

Eucken, W., Grundsätze der Wirtschaftspolitik, Tübingen 1952.

Heusgen, Ch., Ludwig Erhards Lehre von der Sozialen Marktwirtschaft, Ursprünge, Kerngehalt, Wandlungen, Bern, Stuttgart 1981.

Issing, O. (Hrsg.), Zukunftsprobleme der Sozialen Marktwirtschaft, Berlin 1981.

Klump, R., Wirtschaftsgeschichte der Bundesrepublik Deutschland. zur Kritik neuerer wirtschaftshistorischer Interpretationen aus ordnungspolitischer Sicht, Stuttgart 1985.

Lampert, H., Die Wirtschafts- und Sozialordnung der Bundesrepublik Deutschland, 8. Aufl., München 1985.

Müller-Armack, A., Wirtschaftslenkung und Marktwirtschaft, Hamburg 1946; wieder abgedruckt in: *Müller-Armack, A.*, Wirtschaftsordnung und Wirtschaftspolitik. Studien und Konzepte zur Sozialen Marktwirtschaft und zur Europäischen Integration, 2. Aufl., Bern, Stuttgart 1976.

Müller-Armack, A., Genealogie der Sozialen Marktwirtschaft. Frühschriften und weiterführende Konzepte, 2. Aufl., Berlin, Stuttgart 1981.

Röpke, W., Ausgewählte Werke, hrsg. von *v. Hayek, F.A., Sieber, H. Tuchtfeldt, E.*, und *Willgerodt, H.*, Bern, Stuttgart 1979.

Rüstow, A., Das Versagen des Wirtschaftsliberalismus, Bonn 1950.

Tuchtfeldt, E. (Hrsg.), Soziale Marktwirtschaft im Wandel, Freiburg 1973.

Wallich, H. C., Triebkräfte des deutschen Wiederaufstiegs, Frankfurt a.M. 1955.

Im Beitrag erwähnte Publikationen:

Bartmann, H., Verteilungstheorie, München 1981.

Dörpinghaus, B., Witt, K., Politisches Jahrbuch der CDU/CSU, Bonn, Frankfurt 1950.

Dürr, E., Inflation als Preis für Beschäftigung und Wachstum?, in: *Ludwig-Erhard-Stiftung* (Hrsg.), Soziale Marktwirtschaft im vierten Jahrzehnt ihrer Bewährung, Symposium VIII., Stuttgart, New York 1982.

Galbraith, J.K., The German Economy, in: *Harris, S.E.* (Hrsg.), Foreign Economic Policy for the United States, Cambridge/Mass. 1948.

Görgens, E., Wettbewerb und Wirtschaftswachstum, Freiburg 1969.

Klink, D., Vom Antikapitalismus zur sozialistischen Marktwirtschaft. Die Entwicklung der ordnungspolitischen Konzeption der SPD von Erfurt (1891) bis Bad Godesberg (1959), Hannover 1965.

Klump, R., Wirtschaftsgeschichte der Bundesrepublik Deutschland. Zur Kritik neuerer wirtschaftshistorischer Interpretationen aus ordnungspolitischer Sicht, Stuttgart 1985.

Neumann, M., Kapitalbildung, Wettbewerb und ökonomisches Wachstum, Berlin, Heidelberg, New York 1968.

Odagiri, H., Antineoclassical Management Motivation in a Neoclassical Economy: A Model of Economic Growth and Japan's Experience, in: Kyklos, Vol. 35 (1982), S. 227 ff.

Sachverständigenrat zur Begutachtung der gesamtwirtschaftlichen Entwicklung, Jahresgutachten 1967/68, Stuttgart, Mainz 1967.

Sachverständigenrat zur Begutachtung der gesamtwirtschaftlichen Entwicklung, Jahresgutachten 1981/82, Stuttgart, Mainz 1981.

Schiller, K., Der Ökonom und die Gesellschaft, Stuttgart 1964.

United Nations (Hrsg.), Economic Survey of Europe in 1965, Part II, Incomes in Post-War Europe; A Study of Policies, Growth and Distribution, Genf 1967.

Der Wissenschaftliche Beirat beim Bundesministerium für Wirtschaft, Sammelband der Gutachten von 1948 bis 1972, hrsg. vom Bundesministerium für Wirtschaft, Göttingen 1973.

Rainer Klump

WIRTSCHAFTSORDNUNG UND WIRTSCHAFTSPOLITIK IN DER BUNDESREPUBLIK DEUTSCHLAND (1949-1990)

I. Einleitung

Über die Bedeutung von Wirtschaftsordnung und Wirtschaftspolitik für die wirtschaftliche Entwicklung der Bundesrepublik von ihrer Gründung bis zur Wiedervereinigung lassen sich zwei konträre Hypothesen unterscheiden, die erst kürzlich von prominenten Ökonomen formuliert wurden. In ihrem 1992 veröffentlichten Buch über das „verblassende Wunder " betonen Herbert Giersch und seine Mitarbeiter vom Kieler Institut für Weltwirtschaft den engen Zusammenhang zwischen der bundesdeutschen Wirtschaftsordnung, der Sozialen Marktwirtschaft, ihren Wandlungen und der jeweiligen Wirtschaftsentwicklung. „... miracles emerge when spontaneity prevails over regulation, and they fade when corporatist rigidities impair the flexibility for smooth adjustment. ... In interpretating West German post-war economic history and policy along these lines, we found no basic contradiction between the course of events and the teaching of the great Ordoliberal Walter Eucken ... "(Giersch / Paqué / Schmieding 1992, S. xii f.). In einer Besprechung dieses Buches, die unter dem Titel „The End of the German Miracle" 1993 im Journal of Economic Literature erschien, stellt Rudiger Dornbusch vom Massachusetts Institute of Technology (MIT) dagegen die provokative Frage, ob Wirtschaftsordnung und Wirtschaftpolitik in der Bundesrepublik tatsächlich eine solche herausragende Bedeutung zugemessen werden dürfe, denn die langfristige Entwicklung der Bundesrepublik unterscheide sich in ihrer Grundstruktur wenig von anderen westlichen Industrieländern, die zum Teil ganz andere Wirtschaftsordnungen aufweisen. „The authors want us to believe that superior performance in the early period is due to free market economics and poor performance later to a lack thereof. But it is doubtful that free market economics has really been that important in the case of Germany. In fact, Germany does not really differ that much from the experience of a large group of countries." (Dornbusch 1993, S. 884).

Dornbusch verweist auf die Theorie der Produktivitätslücke und des „Catching up" als einer alternativen Erklärung für das langfristige Entwicklungsmuster der bundesdeutschen Wirtschaft. Nach dieser Theorie ziehen internationale Unterschiede bezüglich der Technologie- und Produktivitätsentwicklung Konvergenzprozesse nach sich, in deren Verlauf die zunächst rückständigen Länder sich dem Entwicklungsniveau der führenden Länder annähern. Eng verwandt ist die „Catching up"-Hypothese mit der Theorie der Rekonstruktionsperiode. Diese ist in jüngeren wirtschaftshistorischen Darstellungen zunächst für eine Neubewertung der Wachstumswirkungen der westdeutschen Währungsreform von 1948 herangezogen worden (vgl. Abelshauser 1975). Später diente sie dann auch als ein Erklärungsmuster für die langfristige Wirtschaftsentwicklung der Bundesrepublik (vgl. insbesondere Abelshauser 1983 S. 26 f.). Von Dumcke (1990) ist eine Kombination von Rekonstruktions- und Konvergenztheorie entwickelt und in einer umfangreichen ökonometrischen Untersuchung auf die Nachkriegsentwicklung der Bundesrepublik angewendet worden. Die Ergebnisse scheinen ebenfalls gegen eine besondere Bedeutung der bundesdeutschen Wirtschaftsordnung für das „Wirtschaftswunder" zu sprechen, denn „... forms of supergrowth also occured in other countries - e.g. Japan, Austria, Italy - without the introduction of a 'social market economy'. ... this questions the beneficial influence of specifically German institutional virtues... ,, (Dumcke 1990, S. 486).

Es soll im folgenden gezeigt werden, daß der ordnungspolitische und der konvergenztheoretische Erklärungsansatz sich nicht gegenseitig ausschließen müssen. Ebenso wie bei der früheren Diskussion über die Wachstumswirkungen der Währungsreform von 1948 führt erst eine ausgesprochen einseitige Interpretation des empirischen Materials und der theoretischen Konzepte zu einer Geringschätzung der institutionellen Faktoren als Determinanten der langfristigen Wirtschaftsentwicklung. Bei genauerer Betrachtung wird dagegen deutlich, daß der Prozeß des aufholenden Wachstums an die Existenz geeigneter institutioneller Rahmenbedingungen geknüpft ist (vgl. hierzu weiterführend auch Klump 1994). Wirtschaftsordnung und Wirtschaftspolitik, das Konzept der Sozialen Marktwirtschaft und seine Wandlungen, haben über vierzig Jahre hin einen signifikanten Einfluß auf die wirtschaftliche Entwicklung in der Bundesrepublik besessen. Einige Überlegungen über die Besonderheiten der Sozialen Marktwirtschaft und ihre Rolle als ordnungspolitisches Modell beschließen den Beitrag.

II. Konvergenzprozesse, Rekonstruktionsphänomene und die Rolle der Wirtschaftsordnung

II.1 Produktivitätslücken und Konvergenzprozesse

Die Theorie von der Produktivitätslücke und dem durch sie verursachten Konvergenzprozeß mit überdurchschnittlich hohen Wachstumsraten geht auf Abramowitz (1979; 1986) und Maddison (1987; 1991) zurück. Sie schließt an ältere Thesen über die angeblichen Wachstumsvorteile ökonomisch rückständiger Länder an, die bereits von Veblen (1915) oder Gerschenkron (1962) formuliert worden waren. Wesentlich ist bei dieser Theorie die Unterscheidung zwischen dem technologisch führenden Land, in der Nachkriegszeit also den USA, und den Ländern mit technologischem Rückstand, der sich in einem geringeren Produktivitätsniveau niederschlägt. Die Existenz einer solchen Produktivitätslücke eröffnet den rückständigen Ländern ein

Potential für überdurchschnittlich hohes Wirtschaftswachstum durch Übernahme der weiterentwickelten Technologien. Es kommt zu einer Phase aufholenden Wachstums, einer Periode des „Catching up".

Implizit liegt der Konvergenzhypothese ein Modell des internationalen Technologietransfers zugrunde, in dessen Verlauf rückständige Länder mit relativ geringen, im Extremfall mit gar keinen Kosten, am Technologiestandard fortgeschrittener Länder partizipieren können. Besonders plastisch wird die Theorie des aufholenden Wachstums, wenn man sich technischen Fortschritt als rein kapitalgebunden vorstellt. Die größten Produktivitätsfortschritte lassen sich dann in den Ländern mit dem am meisten veralteten Kapitalstock erzielen, indem alte Maschinen durch technologisch weit überlegene Maschinen ersetzt werden.

II.2 Kriegsschäden und Rekonstruktionsprozesse

In der internationalen Dimension der unterstellten Konvergenzprozesse liegt der Unterschied zwischen der „Catching up"-Theorie und der Rekonstruktionstheorie, die auf intertemporale Aufholeffekte innerhalb eines Landes abstellt (vgl. Jánossy / Holló 1968 und die kritische Analyse bei Klump 1985, S. 29 ff.). Die Rekonstruktionstheorie postuliert zunächst, daß es in jedem Land einen langfristig relativ konstanten Wachstumtrend gibt, der durch die Zahl und die Qualifikationsstruktur der Arbeitskräfte bestimmt ist. Kommt es dann durch Kriege oder schwere Wirtschaftskrisen zu einer signifikanten Abweichung vom Trendwachstum, so setzt eine Rekonstruktionsperiode ein, in deren Verlauf die betreffende Volkswirtschaft durch überdurchschnittlich hohe Wachstumsraten wieder Anschluß an den langfristigen Trend gewinnt. Voraussetzung dafür ist, daß am Beginn der Rekonstruktionsperiode das Arbeitskräftepotential, das in seiner Qualifikationsstruktur das erreichte Niveau des technischen Fortschritts verkörpert, unverändert bereitsteht bzw. unabhängig vom ökonomischen Entwicklungsstand weiter kontinuierlich wächst. Das somit vorhandene und weiter steigende Wachstumpotential wird im Zuge der Rekonstruktionsperiode ausgebeutet.

Schon im Zusammenhang mit der Diskussion um die Wachstumswirkungen der Währungsreform von 1948 ist auf die enge Verknüpfung zwischen Konvergenz- und Rekonstruktionstheorie hingewiesen worden. „Man ist wohl berechtigt, die Phase raschesten Wachstums als 'Rekonstruktionsperiode' zu deuten, in der die vom Krieg betroffenen Länder wieder Anschluß an den internationalen und ihren intertemporalen Trend finden."(Manz 1968, S. II) Aber erst von Dumcke (1990) ist eine echte Synthese von „Catching up"- und Rekonstruktionstheorie versucht worden. Dabei tritt an die Stelle des intern akkumulierten Wissens (bzw. der Qualifikationsstruktur der Arbeitskräfte im Sinne von Jánossy), deren Entwicklung während der Krisen- und Rekonstruktionsperiode nur schwer meßbar ist, die Produktivitätsentwicklung im technologisch führenden Land. Kriegszerstörungen des Kapitalstocks in einem technologisch rückständigen Land ermöglichen es somit, beim Wiederaufbau die beste international verfügbare Technologie einzuführen und damit den Konvergenzprozess enorm zu beschleunigen. „For the catch-up thesis, reconstruction effects may provide a reason for high temporary post WWII growth, while the empirical test of the productivity gap thesis indicates a way to account for the rate of improvement in the long run which the latter could not explain." (Dumcke 1990, S. 474).

II.3 Rahmenbedingungen für Konvergenz und Rekonstruktion

Angesichts der großen Plausibilität der Konvergenz- und Rekonstruktionstheorien wird häufig vergessen, auf die Bedingungen hinzuweisen, unter denen ein vorhandenes Wachstumspotential auch tatsächlich genutzt werden kann. Rückt man dagegen diese Bedingungen in den Mittelpunkt der Betrachtung, so ergibt sich zwangsläufig eine andere Einschätzung der Wachstumswirkungen von Wirtschaftsordnung und Wirtschaftspolitik. Bereits Abramowitz (1986, S. 387 ff.) betonte, daß relative Rückständigkeit, also die Ausgangssituation des möglichen Konvergenzprozesses, nicht als ein Zufall angesehen werden kann, sondern als Ergebnis von Umständen, die die eigenständige Entwicklung eines hohen Produktivitätsniveaus verhinderten. Die gleichen Umstände stehen dann natürlich auch dem „Catching up" entgegen. Erforderlich für einen erfolgreichen Konvergenzprozeß sind somit die geeigneten Rahmenbedingungen sozio-ökonomischer Art, die Abramowitz unter dem Begriff der „social capability" zusammenfaßt. „One should say, therefore, that a country's potential for rapid growth is strong not when it is backward without qualification, but rather when it is technologically backward but socially advanced." (Abramowitz 1986, S. 388) Zu solchen Rahmenbedingungen zählen der Stand des Ausbildungs- und Erziehungswesens, die effiziente Funktionsweise politischer, kommerzieller, sozialer und finanzieller Institutionen, aber auch die Offenheit gegenüber dem Wettbewerb. Außer den Rahmenbedingungen für eine erfolgreiche Entwicklung, die zusammen mit der Technologielücke das Wachstumspotential bestimmen, beeinflussen Wirtschaftsordnung und Wirtschaftspolitik aber auch die Geschwindigkeit, mit der sich der Konvergenzprozeß vollzieht. Hervorzuheben sind in diesem Zusammenhang vor allem die Förderung der Faktormobilität, die Rolle makroökonomischer Stabilisierungspolitik und besonders monetärer Stabilität, sowie die gezielte Förderung des internationalen Technologietransfer, etwa durch Anreize für ausländische Direktinvestoren.

Die genannten Faktoren fügen sich problemlos ein in das Konzept einer ordnungspolitisch orientierten Wachstums- und Entwicklungstheorie (vgl. hierzu insbesondere Dürr 1977, S. 141 ff.). Ein Unterschied ist allenfalls darin zu sehen, daß die Theorie des „Catching up" ausschließlich ausländische Technologie als Quelle des inländischen Produktivitätswachstums ansieht. Die Aufgabe der inländischen Unternehmer, die damit alleine in der Imitation bereits bekannter Technologien und ihrer

Adaptation an die besonderen Bedingungen des betreffenden Landes besteht, ist aber keinesfalls einfacher einzuschätzen als die Tätigkeit eines echten Innovators. „The decision to invest time, effort, and capital in the transfer of a new process or a new product to an area not previously considered promising for the purpose requires imagination, alertness towards unexploited opportunities, leadership, organizational ability, and a considerable willingness to bear risk." (Baumol / Blackman / Wolff 1989, S. 100). Die Investitionsbereitschaft und die Bereitschaft zur Übernahme von Risiken werden wiederum stark beeinflußt von den zentralen ordnungspolitischen Rahmenbedingungen, unter denen die imitierenden Unternehmer agieren: der Wettbewerbsordnung, der Ausgestaltung des Geld- und Finanzsystems, dem Umfang und der Art staatlicher Interventionen in die Marktpreisbildung. Der Einfluß der Wirtschaftsordnung auf das Wachstum ist insofern unabhängig davon, ob Produktivitätssteigerungen auf Innovationen oder Imitationen beruhen.

Eine Modifikation unter Berücksichtigung wirtschafts- und ordnungspolitischer Überlegungen ist im übrigen auch für die Rekonstruktionstheorie sinnvoll. Dies wird von ihren Vertretern gelegentlich sogar eingeräumt: „Tatsächlich liegt in der Nachkriegskonstellation der gesamtwirtschaftlichen Produktionsfaktoren eine Entwicklungsmöglichkeit und keine Automatik der schnellen Anpassung begründet. Die Antriebskräfte bleiben latent, wenn es dem Unternehmenssektor und/oder der Wirtschaftspolitik - aus welchen Gründen auch immer - nicht gelingt, die besonderen Entwicklungsmöglichkeiten durch hohe gesamtwirtschaftliche Investitionsquoten zu entfalten." (Abelshauser / Petzina 1980, S. 82). Die genauere Analyse der Gründe, die den wirtschaftlichen Aufschwung nach Kriegszerstörungen hemmen oder fördern, erscheint damit aber wesentlich interessanter als das Rekonstruktionskonzept selbst.

II.4 Empirische Befunde für die Bundesrepublik

In verschiedenen ökonometrischen Untersuchungen wurde in jüngster Zeit versucht, die Stärke des technologischen Konvergenzprozesses in einzelnen Ländern abzuschätzen (vgl. den Überblick bei Klump 1994, S. 4 ff.) Besonders interessant ist dabei die Arbeit von Dowrick und Nguyen (1989), in der die individuelle Entwicklung einzelner OECD-Länder mit der durchschnittlichen Entwicklung aller Länder verglichen wird, die alle in unterschiedlichem Maße von „Catching up"-Prozessen betroffen waren. Durch eine Quantifizierung der jeweiligen Stärke des Konvergenzeffektes wird dann versucht, den Einfluß weiterer landesspezifischer Faktoren auf das Wachstum des Sozialprodukts pro Kopf, darunter auch die Bedeutung institutioneller Regelungen, exakter zu bestimmen. Für Deutschland zeigt sich in der Analyse folgendes Bild: Gerade in den 50er Jahren liegt das deutsche Wachstum deutlich über dem OECD-Durchschnitt. Dies kann allerdings durch Konvergenz als Folge einer Produktivitätslücke nur zu einem geringen Teil erklärt werden. Wesentlich größeren Erklärungsgehalt besitzen Veränderungen der Input-Faktoren. Mehr als die Hälfte der Abweichung vom OECD-Durchschnitt kann mit dem Ansatz aber überhaupt nicht erklärt werden. Ein ganz ähnliches Bild zeigen auch die Analysen von Maddison (1991, S. 157 ff.) für den Zeitraum 1950-1973 in Westdeutschland. Dowrick und Nguyen äußern angesichts ihrer Ergebnisse die Vermutung, daß im Falle des deutschen Wirtschaftswunders starke Rekonstruktionseffekte wirksam gewesen wären. Diese Hypothese bildete den Ausgangspunkt der Untersuchung von Dumcke (1990), in der das Zusammenwirken von Konvergenz- und Rekonstruktionseffekten auch ökonometrisch erfaßt wird. Für Deutschland im Zeitraum 1950-80 zeigen Dumckes Schätzungen ein eindrucksvolles Ergebnis. Die Abweichung der bundesdeutschen Wachstumsraten gegenüber dem OECD-Durchschnitt wird fast vollständig durch Catching up- und Rekonstruktionseffekte erklärt, Wirtschaftsordnung und Wirtschaftspolitik scheinen dagegen kaum noch einen Einfluß zu besitzen. Dumcke (1990, S. 486) neigt dieser Interpretation zu, betont allerdings immerhin noch, daß erst eine entsprechend liberale Weltwirtschaftsordnung in der Nachkriegszeit den Technologietransfer vom Leader zu den Followern ermöglicht habe.

II.5 Neuester Forschungsstand

Durch die Untersuchungen von Crafts (1992) und Cassiers (1993) sind die Ergebnisse von Dumcke inzwischen jedoch wieder erheblich relativiert worden. Beide Untersuchungen spalten im Unterschied zu Dumcke den Gesamtzeitraum in Teilperioden auf. Crafts (1992, S. 400 f.) bereinigt für die drei Perioden 1950 - 1960, 1960 - 1973 und 1979 - 1988 das tatsächliche Wachstum des Bruttoinlandsprodukts pro Arbeitsstunde mit einem hypothetischen Wachstumsbonus, der unter Berücksichtigung von „Catching up"- und Rekonstruktionseffekten kalkuliert wird. Auch nach Abzug des relativ hohen Wachstumsbonus von fast 3 Prozentpunkten bleibt in den 50er Jahren das Wachstum in der Bundesrepublik mit über 4 % im internationalen Vergleich außerordentlich hoch. In den 80er Jahren liegen die Werte der Bundesrepublik, bereinigt um einen geringen Wachstumsbonus von 0,3 Prozentpunkten, dagegen unter dem Durchschnitt anderer Industrieländer. Die Ergebnisse stützten die Vermutung, daß erst durch die Berücksichtigung institutioneller Faktoren der Konvergenzmechanismus adäquat erfaßt werden kann. „... catch-up and convergence are not automatic in follower countries but are strongly conditioned by institutional factors given insufficient weight in growth models of either traditional or new vintages." (Crafts 1992, S. 398).

Cassiers arbeitet mit den gleichen Daten und dem gleichen Schätzansatz wie Dumcke, unterscheidet aber die beiden Perioden 1950 - 1960 und 1960 - 1980. Es zeigt sich dabei, daß in der Zeit des Wirtschaftswunders während der 50er Jahre nur etwa 60% der relativen Abweichung der deutschen Wachstumsraten gegenüber dem OECD-Durchschnitt durch Rekonstruktion (46%) und Konvergenz (14%) erklärt werden können, daß aber noch ein erheblicher, unerklärter Rest bleibt. In der Zeit nach 1960, in der die deutschen Wachstumsraten unter dem OECD-Durchschnitt liegen, führen die Berücksichtigung von Rekonstruktions- und Konvergenzeffekten dagegen zu einer drastischen Überschätzung der tatsächlichen Entwicklung, so daß das unerklärte relative Wachstum deutlich größer als die tatsächliche Veränderung ausfällt. Für Cassiers sind die hohen Residuen in beiden Perioden, die zusätzlich auch noch unterschiedliche Vorzeichen aufweisen, Anlaß dafür, nach den landesspezifische Voraussetzung für „Catching up" und Rekonstruktion zu fragen. „... the econometric results, interpreted with the necessary caution, can serve as a stimulating point of departure for country studies. ... the pace at which the potential for catch-up is actually realized in a particular economy depends on a broad range of economic, social, and political factors ..." (Cassiers 1993, S. 3).

Angesichts der differenzierten Ergebnisse der neueren ökonometrischen Untersuchungen besteht somit keine Veranlassung, die Bedeutung ordnungspolitischer Faktoren für die Wirtschaftsentwicklung der Bundesrepublik mit dem Hinweis auf Konvergenz- und Rekonstruktionseffekte zu verwerfen. Die Bereinigung um den Einfluß dieser Sonderfaktoren, die auch in anderen Ländern Wirksamkeit entfalteten, macht vielmehr erst deutlich, in welcher Weise das Wirtschaftswachstum in Deutschland während der 50er Jahre als ein „Wirtschaftwunder" anzusehen war, und wie stark der Einbruch in der Folgezeit im internationalen Vergleich ausfiel. Beide Sonderentwicklungen lassen sich gut mit den ordnungspolitischen Entwicklungen in Deutschland in Verbindung bringen: der Etablierung einer funktionsfähigen Marktwirtschaft mit stabilen makroökonomischen Rahmenbedingungen in den 50er Jahren sowie wachsendem staatlichem Interventionismus bei steigender Inflation und wachsender Staatsverschuldung seit Mitte der 60er Jahre (vgl. Dürr 1983; Klump 1985, S. 63 ff.; Giersch / Paqué / Schmieding 1992, S. 271 ff.).

III. Soziale Marktwirtschaft in der Bundesrepublik Deutschland: Konzeption, Realisierung und Wandlungen

III.1 Politische Bedeutung und rechtliche Verankerung

Die Wirtschaftsordnung der Bundesrepublik wird üblicherweise mit dem Begriff der „Sozialen Marktwirtschaft" beschrieben, der von Alfred Müller-Armack (1946) geprägt worden war. Über 40 Jahre hinweg fehlte allerdings eine verfassungsrechtliche Verankerung und Definition des Konzeptes. Dies ist besonders erstaunlich angesichts seiner enormen politischen Bedeutung. Mit dem Begriff der Sozialen Marktwirtschaft charakterisierte Ludwig Erhard, der im März 1948 mit den Stimmen von CDU/CSU, FDP und DP im Frankfurter Wirtschaftsrat zum Direktor der Verwaltung für Wirtschaft in der Bizone gewählt worden war, sein Liberalisierungskonzept, dessen Umsetzung nach der Währungsreform im Juni 1948 begann. Gerade für die CDU bot die Unterstützung von Erhards Politik die Möglichkeit zu einer klaren programmatischen Positionierung innerhalb des Parteienspektrums. In den Düsseldorfer Leitsätzen bekannte sich die CDU im Juli 1949 zur Sozialen Marktwirtschaft und rückte damit in wichtigen Punkten von den Forderungen ab, die im Februar 1947 noch in das Ahlener Programm aufgenommen worden waren. Die im Wahlkampf betriebene Strategie, eine Grundsatzentscheidung zwischen Beibehaltung der Marktwirtschaft oder Rückkehr zur Bewirtschaftung zu propagieren, trug entscheidend zum überraschenden Erfolg der Union bei der ersten Bundestagswahl im August 1949 bei und wies den Weg in die nicht unumstrittene Fortsetzung der „Kleinen Koalition" des Frankfurter Wirtschaftsrates. Ludwig Erhard, der für mehr als ein Jahrzehnt die Position des Bundeswirtschaftsministers bekleidete, konnte auf dieser politischen Basis das Konzept der Sozialen Marktwirtschaft zum Leitbild der bundesdeutschen Wirtschaftspolitik in der Phase des „Wirtschaftswunders" ausbauen (vgl. Koerfer 1987, S. 51 ff.; Klump 1989, S. 419).

Die in Artikel 1 Absatz 1 des Grundgesetzes enthaltene wirtschaftliche Entfaltungsfreiheit, die Garantie des Privateigentums nach Artikel 14 und das Sozialstaatsprinzip nach Artikel 20 Absatz 1 ließen sich problemlos mit dem Konzept der Sozialen Marktwirtschaft vereinbaren. In seiner Entscheidung über die Verfassungsmäßigkeit des Investitionshilfegesetzes stellt das Bundesverfassungsgericht im Jahre 1954 allerdings klar, daß das Grundgesetz wirtschaftspolitisch neutral und daher prinzipiell auch mit anderen Wirtschaftsordnungen vereinbar sei, also keine ausschließliche Festlegung der Exekutive auf das Konzept der Sozialen Marktwirtschaft eingeklagt werden könne. „Das Grundgesetz garantiert weder die wirtschaftspolitische Neutralität der Regierungs- und Gesetzgebungsgewalt noch eine nur mit marktkonformen Mitteln zu steuernden 'soziale Marktwirtschaft'. Die wirtschaftspolitische Neutralität des Grundgesetzes besteht lediglich darin, daß sich der Verfassungsgeber nicht ausdrücklich für ein bestimmtes Wirtschaftssystem entschieden hat. Das ermöglicht dem Gesetzgeber, die ihm jeweils sachgemäß erscheinende Wirtschaftspolitik zu verfolgen, sofern er dabei das Grundgesetz beachtet. Die gegenwärtige Wirtschafts- und Sozialordnung ist zwar eine nach dem Grundgesetz mögliche Ordnung, keineswegs aber die alleine mögliche." (Zitiert nach Münch 1990, S. XVI).

Eine deutliche rechtliche Aufwertung und gesetzliche Auslegung erhielt das Konzept der Sozialen Marktwirtschaft erst 1990 im 1. Staatsvertrag zwischen der Bundesrepublik und der DDR über die Durchführung der Wirtschafts-, Währungs- und Sozialunion. Artikel 1 Absatz 3 des Vertrages legt die Soziale Marktwirtschaft als gemeinsame Wirtschaftsordnung beider Vertragsparteien fest und sieht sie bestimmt durch Privateigentum, Leistungswettbewerb, freie Preisbildung und grundsätzlich volle Freizügigkeit von Arbeit, Kapital, Gütern und Dienstleistungen. Im Zusammenhang mit der Sozialunion verweist Absatz 4 dann auf die der Sozialen Marktwirtschaft entsprechende Arbeitsordnung und ein auf den Prinzipien der Leistungsgerechtigkeit und des sozialen Ausgleichs beruhendes umfassendes System der sozialen Sicherung.

III.2 Wurzeln und Inhalt der Sozialen Marktwirtschaft

Das Konzept der Sozialen Marktwirtschaft hat verschiedene Wurzeln (vgl. Klump 1986). Die Theorie der Marktwirtschaft, die auf Privateigentum an Produktionsmitteln beruht und durch Wettbewerb der Anbieter um die Verbraucher gekennzeichnet ist, geht auf die Klassiker der Nationalökonomie zurück. Die neoliberalen Theoretiker der sogenannten Freiburger Schule, an ihrer Spitze Walter Eucken, haben die Vorstellung hinzugefügt, daß Ordnungsbedingungen geschaffen werden müssen, um die Funktionsfähigkeit einer Marktwirtschaft dauerhaft zu sichern. Die soziale Verpflichtung der Wirtschaftsordnung wurde besonders von Vertretern der Christlichen Soziallehre katholischer wie protestantischer Prägung sowie von Theoretikern des Freiheitlichen Sozialismus hervorgehoben. Sofern sie die Marktkoordinierung nicht grundsätzlich ablehnten, forderten sie die Ergänzung der Marktwirtschaft durch betriebliche Mitbestimmung und Vermögensbeteiligung der Arbeitnehmer, eine progressive Einkommens- und Vermögensbesteuerung, den Ausbau der Sozialversicherungssysteme sowie staatliche Nachfragepolitik zur Sicherung der Vollbeschäftigung. Die Theorie der Sozialen Marktwirtschaft, wie sie vor allem von Müller-Armack entwickelt wurde, verstand sich als der Versuch, eine tragfähige Synthese zwischen Neoliberalismus, Christlicher Soziallehre und Freiheitlichem Sozialismus zu finden. Als eine Art dritter Weg zwischen ungezügeltem Kapitalismus und völlig gelenktem Sozialismus sollte es das Ziel der Sozialen Marktwirtschaft sein, „.... auf der Basis der Wettbewerbswirtschaft die freie Initiative mit einem gerade durch die marktwirtschaftliche Ordnung gesicherten sozialen Fortschritt zu verbinden ... Auf der Basis der marktwirtschaftlichen Ordnung kann ein vielgestaltiges und vollständiges System sozialen Schutzes errichtet werden." (Müller-Armack 1956, S. 245) Zentraler Bestandteil der Sozialen Marktwirtschaft ist die Schaffung einer Wettbewerbsordnung, die zu verhindern hat, daß sich die Unternehmen dem Wettbewerbsdruck des Marktes durch Absprachen, Kartellbildung oder Konzentration entziehen. Daneben soll eine Währungsordung sicherstellen, daß die marktwirtschaftliche Ordnung nicht durch Inflation untergraben wird. Konjunktur- und stabilisierungspolitische Eingriffe werden als sinnvoll erachtet, sofern sie ein gleichmäßiges und inflationsfreies Wachstum der Wirtschaft sichern. Der Aufbau einer Sozialordnung soll schließlich dazu dienen, die im Marktprozeß entstandenen Marktergebnisse zu korrigieren. Dahinter steht die Erkenntnis, daß ohne eine gesellschaftlich akzeptierte und als gerecht empfundene Verteilung der Einkommen und Vermögen, ohne soziale Sicherheit und Chancengleichheit die marktwirtschaftliche Ordnung in einer modernen Demokratie nicht aufrechterhalten werden kann. Andererseits bietet gerade die Marktwirtschaft gute Voraussetzungen, um ausreichende materielle Grundlagen für eine wirkungsvolle staatliche Sozialpolitik zu schaffen. Bei der konkreten Ausgestaltung der Sozialordnung ist es allerdings notwendig, die Kriterien der Markt- und Ordnungskonformität staatlicher Interventionen zu beachten. Eingriffe zur Korrektur der Marktergebnisse sollen weder den Preisbildungsprozeß am Markt außer Kraft setzen noch die Wettbewerbsintensität oder die Leistungsmotivation so stark beeinträchtigen, daß dies die Voraussetzungen einer langfristigen Wachstumsdynamik untergräbt.

III.3 Wirtschaftspolitische Umsetzung des Konzeptes

In der ersten Dekade nach Gründung der Bundesrepublik konnten wichtige Teile des Konzepts der Sozialen Marktwirtschaft wirtschaftspolitisch umgesetzt werden. Sie hatten einen entscheidenden Anteil am Zustandekommen des „Wirtschaftswunders", denn erst im Rahmen der so geschaffenen Wirtschaftsordnung konnten die durch Produktivitätslücken oder Kriegsschäden bedingten Wachstumspotentiale auch ausgeschöpft werden (vgl. Klump 1985, S. 49 ff.). Bereits vor der Verabschiedung des Grundgesetzes war durch die Währungsreform, die am 20. Juni 1948 in den drei Westzonen durchgeführt wurde, der inflationäre Geldüberhang der Kriegs- und Nachkriegszeit beseitigt und eine neue wertstabile Währung eingeführt worden. Das Erlöschen der bestehenden Staatsschuld machte eine Bankensanierung erforderlich, die mit dem Bestreben durchgeführt wurde, die bestehenden Institute zu erhalten und ihnen eine ausreichende Eigenkapitalbasis zu sichern. Die Währungsreform schuf damit die Voraussetzungen dafür, daß das Bankensystem im Rahmen der marktwirtschaftlichen Ordnung wieder wichtige Funktionen im Zusammenhang mit der Zahlungsabwicklung, der Kreditvergabe und der Außenhandelsfinanzierung wahrnehmen konnte. Bereits im März 1948 war mit der Bank deutscher Länder eine Zentralbank für die westlichen Besatzungszonen gegründet worden, die auf die Verteidigung der Geldwertstabilität verpflichtet und deren Unabhängigkeit von Anweisungen politischer Körperschaften gesetzlich verankert worden war. Beides blieb auch nach der Umwandlung der Bank deutscher Länder zur Deutschen Bundesbank im Jahre 1957 erhalten (vgl. Klump 1989, S. 415 ff.)

Die Währungsreformgesetze sahen keine zwingende Verknüpfung der Geldreform mit einer grundlegenden Wirtschaftsreform vor. Dennoch kündigte Ludwig Erhard, der Direktor der bizonalen Wirtschaftsverwaltung, bereits am Tage nach der Währungsreform die Aufhebung vieler Bewirtschaftungsvroschriften und Preiskontrollen im Verbrauchsgüterbereich an. Auch wenn Grundstoffe, Grundnahrungsmittel und der Wohnungsmarkt weiterhin staatlicher Regulierung unterlagen und die Löhne bis November 1948 gebunden blieben, war damit für die Bizone der Schritt in die Marktwirtschaft vollzogen. Der deutliche Produktionsanstieg in der Bizone bestätigte die an die Wirtschaftsreform geknüpften Erwartungen; in der französischen Zone, in der nach der Geldreform zunächst keine Wirtschaftsreform stattfand, kam es dagegen zu keinem vergleichbaren Produktionsanstieg (vgl. Ritschl 1985). Der Aufbau der westdeutschen Wettbewerbsordnung verzögerte sich allerdings erheblich. Nach langer Vorbereitung und heftigen Auseinandersetzungen über das anzustrebende wettbewerbspolitische Leitbild kam es erst 1957 zur Verabschiedung des Gesetzes gegen Wettbewerbsbeschränkungen, das an die Stelle der Antikartellvorschriften der Alliierten trat. Es beinhaltete ein grundsätzliches Verbot von Kartellen und anderen wettbewerbsbeschränkenden Praktiken.

Die Einführung einer stabilen Währung, die Reaktivierung der Banken und die Liberalisierung des Bewirtschaftungssystems bildeten wichtige Voraussetzungen für eine erfolgreiche Wiedereingliederung Westdeutschlands in die Weltwirtschaft. Durch die Einbeziehung in die Marshallplan-Hilfe hatte sich für die Westzonen die Möglichkeit für eine rasche Integration in die sich herausbildende liberale Weltwirtschaftsordnung eröffnet. Nachdem die D-Mark im Herbst 1949 gegenüber dem US-Dollar um 20% abgewertet worden war, ergaben sich aufgrund der relativ höheren Währungsstabilität in Westdeutschland wichtige Wettbewerbsvorteile für deutsche Anbieter auf den Weltmärkten. Unterstützt durch eine liberale Außenhandelspolitik trugen steigende Exporte zum hohen Wachstum der deutschen Wirtschaft während der 50er Jahre bei.

Zusammen mit der Währungsreform hatten die Alliierten ein neues Steuergesetz erlassen, das die 1946 eingeführten Tarife der Einkommen- und Körperschaftsteuer ermäßigte und durch erweiterte Abschreibungsmöglichkeiten und die Begünstigung einbehaltener Gewinne die investive Einkommensverwendung förderte. Die Steuerpolitik führte dazu, daß der Anteil der privaten Unternehmen an der gesamten Ersparnisbildung in der Bundesrepublik während der 50er Jahre zwischen 50 und 65 % schwankte. Der infolge des Wirtschaftsaufschwungs einsetzende Anstieg der Staatseinnahmen versetzte auch die öffentlichen Haushalte in die Lage, einen hohen Beitrag zur gesamtwirtschaftlichen Kapitalbildung zu leisten. Ihr Anteil an der gesamten Ersparnisbildung schwankte zwischen 25 und 31 %. Neben Investitionen in Infrastruktur und Wohnungsbau kamen diese Mittel als Darlehen, Beihilfen und Beteiligungen vor allem denjenigen Wirtschaftsbereichen zugute, in denen auch nach der Währungsreform noch staatliche Regulierungen bestanden (vgl. Klump 1989, S. 418).

Beim Aufbau der Sozialordnung konnte auf die schon bestehenden Sozialversicherungssysteme zurückgegriffen werden, die noch aus der Kaiserzeit (Renten-, Unfall- und Krankenversicherung) bzw. aus der Zeit der Weimarer Republik (Arbeitslosenversicherung) stammten. Mit dem Rentenreformgesetz wurde die Dynamisierung der Altersrenten, also ihre Koppelung an den allgemeinen Einkommensanstieg, und ihre Finanzierung nach dem Umlageverfahren (Generationenvertrag) eingeführt. Hinzu traten Regelungen, die eine soziale Absicherung der vom Krieg besonders betroffenen Bevölkerungsgruppen zum Ziel hatten. Hierzu zählten insbesondere Regelungen über den Lastenausgleich, der von deutscher Seite immer als ein integraler Bestandteil der Währungsreform angesehen, von den Alliierten aber auf einen späteren Zeitpunkt verschoben worden war. Der Umsetzung dienten nun die provisorischen Regelungen des Soforthilfegesetzes von 1949 und dann das eigentliche Lastenausgleichgesetz von 1952, das eine Vermögensabgabe zur Finanzierung von Entschädigungszahlungen einführte (vgl. Giersch / Paqué / Schmieding 1992, S. 80) Man erwartete ein Gesamtumverteilungsvolumen von 84 Mrd. DM. Weitere Schwerpunkte staatlicher Förderung bildeten die Wohnungsbaupolitik mit der Einführung des Sozialen, d.h. staatlich stark subventionierten,Wohnungsbaus sowie die Regelung der betrieblichen Mitbestimmung der Arbeitnehmer durch das Mitbestimmungsgesetz von 1951 und das Betriebsverfassungsgesetz von 1952. Trotz der umverteilungs- und sozialpolitischen Maßnahmen blieb das Gesamtklima der Wirtschaftspolitik während der 50er Jahre wachstumsorientiert und angebotsfreundlich.

III.4 Ordnungspolitischer Wandel

In den 60er Jahren kam es zu ordnungspolitischen Änderungen, die eine aktivere Rolle des Staates bei der Planung und Steuerung der gesamtwirtschaftlichen Entwicklung zum Ziel hatten. Müller-Armack (1960) forderte mit der Idee einer „2. Phase der Sozialen Marktwirtschaft" vergeblich eine Stärkung der Wettbewerbskräfte nach dem Ende des Wiederaufbaus und Erhard visierte mit der umstrittenen Vision von der „Formierten Gesellschaft" u. a. eine Begrenzung der Staatstätigkeit auf allgemein akzeptierte öffentliche Aufgaben an (vgl. Giersch / Paqué / Schmieding 1992, S. 161). Politisch setzte sich dagegen die maßgeblich von Schiller (1966) propagierte Idee der Globalsteuerung der Wirtschaft durch. Da die Geldpolitik bis 1973 durch die Einbindung in das internationale Währungssystem von Bretton Woods in ihrer Handlungsfähigkeit eingeschränkt war, vertraute man für die Stabilisierung der binnenwirtschaftlichen Entwicklung verstärkt auf die Finanzpolitik. Die Idee der Globalsteuerung fand ihren Niederschlag 1967 im Stabilitäts- und Wachstumsgesetz, das Bund und Länder dazu anhält, in Wirtschafts- und Finanzpolitik die Erfordernisse des gesamtwirtschaftlichen Gleichgewichts zu beachten. Dies beinhaltet nach § 1 des Stabilitätsgesetzes, daß im Rahmen der marktwirtschaftlichen Ordnung gleichzeitig Preisniveaustabilität, ein hoher Beschäftigungsstand und außenwirtschaftliches Gleichgewicht bei stetigem und angemessenem Wirtschaftswachstum anzustreben sind. Konjunkturelle Auf- und Abschwungphasen, von denen eine Störung des gesamtwirtschaftlichen Gleichgewichts droht, sollen durch antizyklisches Fiskalpolitik der öffentlichen Haushalte verhindert oder abgeschwächt werden. Im Rahmen einer Konzertierten Aktion sollte die Fiskalpolitik zudem mit der Lohnpolitik der Tarifpartner und auch mit der Geldpolitik der Bundesbank abgestimmt werden.

Wegen unzureichender Flexibilität der Entscheidungsprozesse und ungenügender Koordination von Fiskal-, Geld- und Tarifpolitik konnte die Globalsteuerung die in sie gesetzten Erwartungen nicht erfüllen (vgl. Klump 1985, 88 ff.) Statt zu der angestrebten antizyklischen Entwicklung der Staatsausgaben kam es zu einem stetigen Anstieg der Staatsverschuldung. Während die Nettoneuverschuldung der öffentlichen Haushalte 1960 noch bei 4,3 Mrd. DM und 1970 bei 7,9 Mrd. DM gelegen hatte, erreichte sie 1981 schon 77,0 Mrd. DM. Das Anwachsen der Verschuldung signalisierte, daß sich das Verhältnis von Markt und öffentlichem Sektor geänderte hatte. Der ordnungspolitische Wandel läßt sich auch anhand anderer Indikatoren belegen. So stiegen die Staatsquote, die Steuerquote und die Sozialleistungsquote stetig an. Bei dem Versuch, die soziale Absicherung breiter Schichten der Bevölkerung weiter voran zu treiben, fand das Kriterium der Markt- und Ordnungskonformität allerdings wenig Beachtung. Es wurde übersehen, daß umfassende sozialpolitisch motivierte Regulierungen die Anpassungsfähigkeit der Unternehmen an Änderungen der Marktdaten verringern. Unter dem Gesichtspunkt der Ordnungskonformität erwies sich auch die stetige Zunahme von Subventionen und Steuervergünstigungen an Unternehmen als bedenklich. Die Konzentration der staatlichen Hilfen auf Branchen wie den Schiffbau und den Bergbau zeugt von einer Politik, die nicht die Strukturanpassung förderte, sondern die Erhaltung einer Produktionsstruktur begünstigte, die am Markt nicht mehr wettbewerbsfähig war.

Die wachsende staatliche Einflußnahme behinderte letztlich bewußt oder unbewußt die Dynamik des Wettbewerbs, zögerte strukturelle Anpassungsprozesse unnötig hinaus und ließ die Innovationskraft und Kapitalbildung in der deutschen Wirtschaft gerade zu dem Zeitpunkt absinken, als sie zur Verarbeitung konjunktureller Störungen und Angebotsschocks wie der zwei Ölkrisen dringend erforderlich gewesen wären. Deutlich zeigt sich dies am stetigen Absinken der Investitionsquote in der Bundesrepublik, die Anfang der 60er Jahre noch bei über 25 % gelegen hatte und in der Mitte der 70er Jahre dann auf unter 21 % abgesunken war.

III.5 Renaissance der Sozialen Marktwirtschaft

Angesichts der Wachstumsschwäche und des dramatischen Anstiegs der Arbeitslosigkeit setzte zu Beginn der 80er Jahre zunächst im Bereich der wissenschaftlichen Beratung eine Renaissance ordnungspolitischen Denkens und eine Rückbesinnung auf die Grundprinzipien der Sozialen Marktwirtschaft ein. Mit dem Konzept der „angebotsorientierten Wirtschaftspolitik" forderte der Sachverständigenrat zur Begutachtung der gesamtwirtschaftlichen Entwicklung (1981) in seinem Jahresgutachten „Investieren für mehr Beschäftigung" eine Stärkung der Marktkräfte durch Deregulierung wettbewerbspolitischer Ausnahmebereiche, die Privatisierung staatlicher Unternehmen, die Verringerung von Steuern, Subventionen und Staatsverschuldung sowie die Überprüfung der Ordnungskonformität vieler sozialpolitisch motivierter

Regelungen. Ähnliche Überlegungen, die in den Reihen der FDP formuliert wurden, führten 1982 zum Regierungswechsel. Die neue Regierung leitete eine Konsolidierung der Staatsfinanzen ein, die das Wachstum der Staatsverschuldung zunächst begrenzte. Allerdings kam es zu keiner grundlegenden Reform der sozialen Sicherungssysteme und auch zu keinem drastischen Rückgang der Subventionen. Die Belastung der Einkommen mit Sozialversicherungsbeiträgen, die in den 50er Jahren noch zwischen 8 und 10 % betragen hatte, lag in den 80er Jahren konstant über 17 % (vgl. Giersch / Paqué / Schmieding 1992, S. 219). Die schrittweise Reform der Einkommensteuer seit 1986 konnte diesen Effekt nur zu einem geringen Teil ausgleichen.

IV. Soziale Marktwirtschaft: Illusion oder Modell?

Dornbusch wirft in seiner Kritik an der Untersuchung von Giersch, Paqué und Schmieding auch die Frage auf, ob dem Konzept der Sozialen Marktwirtschaft nicht ein Widerspruch, oder doch zumindest eine Spannung zwischen zwei gegensätzlichen Positionen immanent sei. „An Anglo-Saxon audience ... cannot help but be curious about Germany's concept of a Social Market economy - both S and M written in capital letters. One might expect a tension between the two - social stands for cooperation and cohesion, market represents competition and selfishness in the most positive sense."(Dornbusch 1993, S. 883) Diese Kritik ist nicht neu. Sie ist in ähnlicher Form auch schon von Altliberalen wie Friedrich August von Hayek formuliert worden, der die Verbindung von Marktwirtschaft mit sozial- und verteilungspolitischen Zielsetzungen als Aushöhlung des Wettbewerbsgedankens ansah (vgl. hierzu Streit 1991, S. 19 ff.). Die Theoretiker der Sozialen Marktwirtschaft, allen voran Alfred Müller-Armack, verteidigten dagegen aufgrund der historischen Erfahrungen mit der Wirtschaftspolitik in Deutschland die Notwendigkeit, die Sicherung der Wettbewerbswirtschaft mit Maßnahmen des sozialen Ausgleichs zu verbinden. Sie sahen Soziale Marktwirtschaft und Demokratie als komplementär an. Sozialer Ausgleich sollte die Stabilität der Demokratie in Deutschland fördern, die stabile politische Ordung sollte wiederum die langfristige Existenz der Wettbewerbsordnung garantieren helfen. Eine besondere Aufwertung der sozialen Komponente des Wirtschaftssystems in Westdeutschland ergab sich schließlich auch aus der unmittelbaren Konkurrenzsituation zum sozialistischen Wirtschaftssystem in Ostdeutschland (vgl. Müller-Armack 1972).

Interessanterweise findet sich auch in neueren wirtschaftstheoretischen Überlegungen Unterstützung für den Ansatz der Sozialen Marktwirtschaft. So entwickelte Sinn (1986) die These, daß die Absicherung gegenüber existentiellen Risiken durch den Staat als eine Art Risikoversicherung zu sehen sei. Deren Existenz fördere die allgemeine Bereitschaft zur Übernahme von Marktrisiken und wirke sich damit wachstums- und wohlstandsfördernd aus. In polit-ökonomischen Überlegungen aus dem Bereich der neuen Wachstumstheorie ist schließlich die Vorstellung entwickelt worden, daß zu starke Ungleichgewichte in der Einkommens- und Vermögensverteilung sich langfristig wachstumshemmend auswirken. Unterstellt man nämlich strikt demokratische Entscheidungsprozesse, so wird soziale Ungleichheit in der Regel zu einer tendeziell hohen Besteuerung von Kapitaleinkommen führen. Durch hohe Besteuerung wird aber die Rate der Realkapitalbildung gedämpft und damit das Wirtschaftswachtum verlangsamt (vgl. Persson / Tabellini 1992).

Die Politik des sozialen Ausgleichs im demokratischen Staat birgt allerdings, und dies zeigen die deutschen Erfahrungen ganz deutlich, immer die Gefahr in sich, daß sie zur Durchsetzung einer Fülle von Partikular- und Gruppeninteresssen auf Kosten der Allgemeinheit mißbraucht wird. Gegen die politische Macht der organisierten Interessenverbände können auch die Prinzipien der Markt- und Ordnungskonformität, die in der Konzeption der Sozialen Marktwirtschaft die Art und Intensität staatlicher Interventionen in den Marktprozeß regulieren sollen, nur wenig Widerstand leisten. Wenn dieses Problem in der ersten Dekade der Nachkriegsentwicklung Westdeutschlands noch wenig deutlich wurde und stattdessen wichtige Elemente der Wettbewerbs- und Währungsordnung nach dem Konzept der Sozialen Marktwirtschaft durchgesetzt werden konnten, so lag dies wohl maßgeblich an der Zerschlagung der Macht organisierter Gruppeninteressen zunächst durch die Nationalsozialisten und dann durch die Siegermächte des II. Weltkriegs. Eine fundierte Begründung dieser These ist von Mancur Olson in seiner Analyse über Aufstieg und Niedergang der Nationen geliefert worden. „... Länder, deren Verteilungskoalitionen durch totalitäre Regierungen oder fremde Besatzungsmächte kraftlos oder beseitigt wurden, (werden) relativ schnell wachsen, nachdem wieder eine freie und stabile Rechtsordnung errichtet worden ist. Das kann die „Wirtschaftswunder" in Ländern erklären, die im Zweiten Weltkrieg besiegt wurden, insbesondere in Japan und Westdeutschland. ... Hitler hatte sowohl die unabhängigen Gewerkschaften als auch alle anderen abweichenden Gruppen beseitigt, während die Alliierten durch Maßnahmen, wie die Dekartellierungsgesetze von 1947 und Entnazifizierungsprogramme, Kartelle und Organisationen mit einer Rechtsorientierung entmachteten." (Olson 1991, S. 99 f.) Es paßt zu dieser These, daß mit dem Wiedererstarken von Unternehmerverbänden, Gewerkschaften und weiteren Interessenverbänden, die den Ausbau des Sozial- und Subventionsstaats betrieben, die Phase des westdeutschen Wirtschaftswunders endete.

Trotz der aufgezeigten Probleme gilt die Konzeption der Sozialen Marktwirtschaft noch immer als ein erfolgversprechendes Ordnungsmodell, nicht nur als Wirtschaftsordnung des wiedervereinigten Deutschlands, sondern auch der Europäischen Union, der Reformstaaten in Osteuropa oder vieler Entwicklungsländer (vgl. Dürr 1988). Gerade die rasante Entwicklung der ost- und südostasiatischen Länder in den vergangenen drei Jahrzehnten scheint ein weiteres Beispiel dafür zu liefern, daß hohes Wirtschaftswachstum durchaus mit sozialem Ausgleich verbunden werden kann (vgl. World Bank 1993, S. 27 ff.). Eine an den Prinzipien der Sozialen Marktwirtschaft orientierte Wirtschaftspolitik darf aber nicht übersehen, daß Wettbewerbs- und Währungsordnung immer wieder neu gegen partikulare Interessen verteidigt werden müssen. Die institutionelle Sicherung langfristig günstiger Wachstumsbedingungen hängt dann davon ab, ob es immer wieder gelingt, durch Maßnahmen der Wirtschafts- und Gesellschaftspolitik das Selbstinteresse an der Marktwirtschaft in weiten Bereichen der Gesellschaft wachzuhalten oder neu zu wecken (vgl. Klump 1985, S. 105 ff.). Ging es in der Gründungsphase der Bundesrepublik darum zu zeigen, daß Wirtschaftswachstum nicht mit wachsenden sozialen Ungerechtigkeiten verbunden sein muß, so wird in der Zukunft sicherlich deutlich zu machen sein, daß eine Zunahme des Wohlstands nicht zwingend die Umweltqualität vermindert.

Literaturverzeichnis:

ABELSHAUSER W. (1975), Wirtschaft in Westdeutschland 1945-1948. Rekonstruktion und Wachstumsbedingungen in der amerikanischen und britischen Zone, Stuttgart 1975.

ABELSHAUSER W. (1983), Wirtschaftsgeschichte der Bundesrepublik Deutschland 1945-1980, Frankfurt am Main 1983.

ABELSHAUSER W. / PETZINA D. (1980), Krise und Rekonstruktion. Zur Interpretation der gesamtwirtschaftlichen Entwicklung Deutschlands im 20. Jahrhundert, in: SCHRÖDER W. H. / SPREE R. (Hrsg.), Historische Konjunkturforschung, Stuttgart 1980, S. 75 - 114.

ABRAMOWITZ M. (1979), Rapid Growth Potential and its Realisation: the Experience of the Capitalist Economies in the Postwar Period, in: MALINVAUD E. (Ed.), Economic Growth and Ressources, Proceedings of the Fifth World Congress of the International Economic Association, London 1979, S. 1- 30.

ABRAMOVITZ M. (1986), Catching Up, Forging Ahead, and Falling Behind, in: *Journal of Economic History*, Vol. 46, 1986, S. 385 - 406.

BAUMOL W. J. / BLACKMANN S. A. B. / WOLFF E. N. (1989), Productivity and American Leadership. The Long View, Cambridge, Ma. and London 1989.

CASSIERS I. (1993), Belgiums Postwar Growth and the Catch-Up Hypothesis, Paper presented at the European Economic Association Congress in Helsinki 1993.

CRAFTS N. (1992), Productivity Growth Reconsidered, in: *Economic Policy*, Vol. 15, 1992, S. 387 - 426.

DORNBUSCH R. (1993), The End of the German Miracle, in: *Journal of Economic Literature*, Vol. 31, 1993, S. 881 - 885.

DOWRICK S. / NGUYEN D.-T. (1989), OECD Comparative economic Growth 1950-1985: Catch-Up and Convergence, in: *American Economic Review*, Vol. 79, 1989, S. 1010 - 1030.

DÜRR E. (1977), Wachstumspolitik, Bern und Stuttgart 1977.

DÜRR E. (1983), Historische Erfahrung über die Wirtschaftspolitik in der Bundesrepublik Deutschland, in: SIEBERT H. (Hrsg.), Perspektiven der deutschen Wirtschaftspolitik, Stuttgart 1983, S. 19 - 40.

DÜRR E. (1988), Die Übertragbarkeit der Sozialen Marktwirtschaft auf Entwicklungs- und Schwellenländer, in: DÜRR E. / SIEBERT H. (Hrsg.), Weltwirtschaft im Wandel. Festgabe für E. Tuchtfeldt, Bern und Stuttgart 1988.

DUMCKE R. H. (1990), Reassessing the Wirtschaftswunder: Reconstruction and Postwar Growth in West Germany in an International Context, in: *Oxford Bulletin of Economics and Statistics*, Vol. 52, 1990, S. 451 - 491.

GERSCHENKRON A. (1962), Economic Backwardness in Historical Perspective, Cambridge, Ma. 1962.

GIERSCH H. / PAQUÉ K.-H. / SCHMIEDING H. (1992), The Fading Miracle: Four Decades of Market Economy in Germany, Cambridge and New York 1992.

JÁNOSSY F. / HOLLÓ M. (1968), Das Ende der Wirtschaftswunder. Erscheinung und Wesen der wirtschaftlichen Entwicklung, Frankfurt am Main 1968.

KLUMP R. (1985), Wirtschaftsgeschichte der Bundesrepublik Deutschland. Zur Kritik neuerer wirtschaftshistorischer Interpretationen aus ordnungspolitischer Sicht, Stuttgart 1985.

KLUMP R. (1986), Die Wirtschaftsordnung der Bundesrepublik Deutschland - Historische Wurzeln, in: VAUBEL R. / BARBIER H. D. (Hrsg.), Marktwirtschaft - Ein Handbuch, Pfullingen 1986, S. 138 - 143.

KLUMP R. (1989), Die Währungsreform von 1948. Ihre Bedeutung aus wachstumstheoretischer und ordnungspolitischer Sicht, in: FISCHER W. (Hrsg.), Währungsreform und Soziale Marktwirtschaft. Erfahrungen und Perspektiven nach 40 Jahren, Berlin 1989, S. 403 - 422.

KLUMP R. (1994), Produktivitätslücken, Konvergenzprozesse und die Rolle der Wirtschaftsordnung: Anmerkungen zur „Catching up"-Hypothese, erscheint in: *Zeitschrift für Wirtschaftspolitik*, vol. 43, 1994.

KOERFER D. (1987), Kampf ums Kanzleramt. Erhard und Adenauer, Stuttgart 1987.

MADDISON A. (1987), Growth and Slowdown in Advanced Capitalist Economies: Techniques of Quantitative Assessment, in: *Journal of Economic Literature*, Vol. 25, 1987, S. 649 - 698.

MADDISON A. (1991), Dynamic Forces in Capitalist Development. A Long-Run Comparative View, Oxford and New York 1991.

MANZ M. (1968), Stagnation und Aufschwung in der französischen Besatzungszone, Dissertation, Mannheim 1968.

MÜLLER-ARMACK A. (1946), Wirtschaftslenkung und Marktwirtschaft, wiederabgedruckt in: derselbe: Wirtschaftordnung und Wirtschaftspolitik, 2. Auflage, Bern und Stuttgart 1976, S. 19 - 170.

MÜLLER-ARMACK A. (1956), Soziale Marktwirtschaft, wiederabgedruckt in: derselbe, Wirtschaftsordnung und Wirtschaftspolitik, 2. Auflage, Bern und Stuttgart 1976, S. 243 - 249.

MÜLLER-ARMACK A. (1960), Die zweite Phase der Sozialen Marktwirtschaft. Ihre Ergänzung durch das Leitbild einer neuen Gesellschaftspolitik, in: derselbe, Wirtschaftsordnung und Wirtschaftspolitik, 2. Auflage, Bern und Stuttgart 1976, S. 267 - 291.

MÜLLER-ARMACK A. (1972), Die Soziale Marktwirtschaft als Friedensordnung, in: derselbe, Genealogie der Sozialen Marktwirtschaft: Frühschriften und weiterführende Konzepte, 2. Auflage, Bern und Stuttgart 1981, S. 161 - 166.

MÜNCH I. v. (1990), Einführung, in: Die Verträge zur Einheit Deutschlands, München 1990, S. XI - XXII.

OLSON M. (1991), Aufstieg und Niedergang der Nationen, 2. Auflage, Tübingen 1991.

PERSSON T. / TABELLINI G. (1992), Growth, Distribution, and Politics, in: *European Economic Review*, Vol. 36, 1992, S. 593 - 602.

RITSCHL A. (1985), Die Währungsreform von 1948 und der Wiederaufbau der westdeutschen Industrie. Zu den Thesen von Mathias Manz und Werner Abelshauser über die Produktionswirkungen der Währungsreform, in: *Vierteljahrshefte für Zeitgeschichte*, Vol. 33, 1985, S. 136 - 165.

Sachverständigenrat zur Begutachtung der gesamtwirtschaftlichen Entwicklung (1981), Investieren für mehr Beschäftigung, Jahresgutachten 1981/82, Stuttgart und Mainz 1981.

SCHILLER K. (1966), Preisstabilität durch globale Steuerung der Marktwirtschaft, Tübingen 1966.

SINN H.-W. (1986), Risiko als Produktionsfaktor, in: *Jahrbücher für Nationalökonomie und Statisitk*, Vol. 201, 1986, S. 557 - 571.

STREIT M. E. (1991), Die Interdependenz der Ordnungen - Eine Botschaft und ihre aktuelle Bedeutung, in: Ordnung in Freiheit. Symposium aus Anlaß des 100. Jahrestages des Geburtstages von Walter Eucken am 17. Januar 1991, Tübingen 1991, S. 5 - 29.

WORLD BANK (1993), The East Asian Miracle. Economic Growth and Public Policy, A World Bank Policy Research Report, Washington, D. C. 1993.

VEBLEN T. (1915), Imperial Germany and the Industrial Revolution, New York 1915.

Wolfgang Harbrecht

DER BEITRAG DER BUNDESREPUBLIK DEUTSCHLAND ZUR WIRTSCHAFTS- UND WÄHRUNGSORDNUNG DER EUROPÄISCHEN UNION

Inhaltsübersicht

I.   Problemstellung
II.   Erste Ansätze der europäischen Zusammenarbeit in der Nachkriegszeit
  1. Die politische Lage Europas nach dem Zweiten Weltkrieg
  2. Die Gründung der OEEC und der EZU
III.   Die Europäische Gemeinschaft für Kohle und Stahl
  1. Der Schuman-Plan und die Gründung der Montanunion
  2. Inhalt und ordnungspolitische Beurteilung des EGKS-Vertrags
IV.   Die Gründung von EWG und Euratom
  1. Die politische Ausgangslage
  2. Überblick über den Inhalt des EWG-Vertrags
  3. Überblick über den Inhalt des Euratom-Vertrags
  4. Die ordnungspolitischen Leitlinien des EWG-Vertrags
  5. Gründe für den starken deutschen Einfluß auf die Wirtschaftsordnung der EWG
V.   Die Weiterentwicklung der Wirtschaftsordnung der Europäischen Union durch die Einheitliche Europäische Akte und den Kommissionsansatz zur Vollendung des EG-Binnenmarktes
VI.   Der Beitrag Deutschlands zur Geld- und Währungsordnung der Europäischen Union
  1. Die Entwicklung der europäischen Währungsordnung bis 1988
  2. Der Beitrag Deutschlands zur Grundentscheidung für eine unabhängige Europäische Zentralbank
  3. Die Errichtung der Europäischen Wirtschafts- und Währungsunion nach dem Maastricht-Vertrag
  4. Der Einfluß Deutschlands auf die europäische Geldordnung nach dem Maastricht-Vertrag
VII.   Zusammenfassung und Schlußbemerkungen

I. Problemstellung

Die Wirtschaftsordnung und die Wirtschaftspolitik in Deutschland werden seit dem Zweiten Weltkrieg nicht nur durch die wirtschafts- und ordnungspolitischen Vorstellungen der verschiedenen Regierungen der 1949 gegründeten Bundesrepublik Deutschland und damit insbesondere durch das Konzept der Sozialen Marktwirtschaft von Alfred Müller-Armack und Ludwig Erhard und dessen Weiterentwicklung geprägt, sondern in erheblichem Maße auch durch die Integration der Bundesrepublik Deutschland in die auf Initiative der USA zum Teil schon während des Zweiten Weltkriegs auf der Konferenz von Bretton Woods von 1944 entworfene internationale Währungsordnung und die in den Nachkriegsjahren entwickelte Welthandelsordnung sowie durch die Gründung der Europäischen Gemeinschaften und den europäischen Integrationsprozeß beeinflußt.

Während deutsche Vertreter auf den internationalen Konferenzen von Bretton Woods und Havanna sowie an der Aushandlung des Allgemeinen Zoll- und Handelsabkommens GATT nicht beteiligt waren, hat die Bundesrepublik Deutschland als einer der sechs Gründerstaaten der Europäischen Gemeinschaften EGKS, EWG und Euratom durch die Verträge von Paris (1951) und Rom (1957) und als einer der großen Mitgliedstaaten der Europäischen Union die Wirtschaftsordnung der Europäischen Gemeinschaft maßgeblich mitbeeinflußt. Auf der anderen Seite werden die heutige Wirtschaftsordnung und die Wirtschaftspolitik der Bundesrepublik Deutschland seit der Gründung der Europäischen Gemeinschaften mit dem fortschreitenden Integrationsprozeß in zunehmendem Maße selbst durch die Ordnungsprinzipien und die Wirtschaftspolitik der Europäischen Gemeinschaft mitgeprägt.

Ziel dieses Beitrags ist es, die schrittweise Integration der 1949 neugegründeten Bundesrepublik Deutschland in die westliche Wirtschafts- und Währungsordnung sowie die Entstehung der drei Europäischen Gemeinschaften EGKS, EWG und Euratom und die Entwicklung der Europäischen Gemeinschaft darzustellen und den Beitrag der Bundesrepublik Deutschland zur Entwicklung der Wirtschafts- und Währungsordnung der Europäischen Union herauszuarbeiten. Dabei wird im folgenden die Kernthese vertreten und zu begründen versucht, daß die Gründung der Europäischen Gemeinschaften und die wirtschaftliche Integration der EG-Staaten nicht primär aus wirtschaftlichen Gründen, sondern aus politischen Gründen erfolgte mit der Folge, daß die heutige Wirtschaftsordnung der Europäischen Union nicht ausschließlich wirtschaftlich begründet werden kann. Trotz dieser vorwiegend politisch motivierten Gründung der Europäischen Gemeinschaften und trotz der beträchtlichen Unterschiede in den ordnungspolitischen Vorstellungen der verschiedenen Mitgliedstaaten, insbesondere zwischen Frankreich und Italien auf der einen Seite und Deutschland und den Niederlanden auf der anderen Seite, basiert die Wirtschaftsordnung der Europäischen Gemeinschaft auf den marktwirtschaftlichen Grundprinzipien einer offenen Marktwirtschaft mit freiem Wettbewerb und entspricht damit weitgehend den ordnungspolitischen Vorstellungen der deutschen ordo-liberalen Schule und der Vertreter des Konzepts der Sozialen Marktwirtschaft. Wie es zu dieser relativ klaren marktwirtschaftlichen Ausrichtung der Wirtschaftsordnung und Wirtschaftspolitik der Europäischen Gemeinschaft kam, obwohl der wichtigste EG-Gründerstaat Frankreich damals auf nationaler Ebene stark Ideen einer umfassenden Wirtschaftslenkung favorisierte und durch das Konzept der französischen Planification zu verwirklichen versuchte, läßt sich nur aus dem historischen Umfeld der Nachkriegszeit und der Interessenlage der verschiedenen westeuropäischen Staaten am europäischen Einigungsprozeß heraus verstehen und erklären. Dies soll im folgenden versucht werden.

II. Erste Ansätze der europäischen Zusammenarbeit in der Nachkriegszeit

1. Die politische Lage Europas nach dem Zweiten Weltkrieg

Als die Vertreter Deutschlands am 8. Mai 1945 die bedingungslose Kapitulation unterschrieben hatten, hatte sich die Welt politisch grundlegend verändert.

- Weite Teile Europas waren durch den Krieg verwüstet und zerstört,
- die Wirtschaftskraft der europäischen Länder war zerschlagen,
- es waren zwei neue Supermächte entstanden: die USA und die Sowjetunion,
- die freiheitliche Wirtschafts- und Gesellschaftsordnung Westeuropas wurde von der Sowjetunion und dem Kommunismus bedroht.

Wollten die noch freien Europäer in dieser völlig veränderten Welt nicht untergehen, so gab es nur einen Ausweg: den Zusammenschluß Europas. Denn ohne politische Einigung wären die Völker Europas zur politischen Bedeutungslosigkeit verurteilt sowie ihre Staaten dazu, als Satellitenstaaten der neuen Supermächte zum Spielball der Weltpolitik zu werden. Die Notwendigkeit des politischen Zusammenschlusses der europäischen Länder wurde daher nach dem 2. Weltkrieg allgemein anerkannt.

Für Deutschland speziell galt darüber hinaus die politische Einigung Europas als der einzig mögliche Weg, um der selbstverursachten Isolierung wieder zu entzukommen und um seine Souveränität wiederzuerlangen. Deutschland hatte den Zweiten Weltkrieg ausgelöst und verloren; die Deutschen wurden von aller Welt gehaßt und verachtet. Das Land war geteilt, von den Alliierten besetzt und seiner Souveränität beraubt. Es bestanden Pläne, Deutschland als Ganzes zu zerschlagen und in eine Anzahl politisch selbständiger deutscher Länder aufzuteilen. Außerdem drohte der deutschen Wirtschaft die industrielle Demontage und die Verwirklichung des Morgenthau-Planes.

Aus dieser Situation heraus ist es verständlich, daß die Idee einer europäischen Einigung gerade auch in Deutschland auf großen Widerhall stieß. Aus diesem Grunde wurde das Streben nach einem vereinten Europa auch in der Präambel des 1949 in

Kraft getretenen Grundgesetzes der neugegründeten Bundesrepublik Deutschland als Ziel deutscher Politik aufgeführt und mit dem Artikel 24 eine Bestimmung in das Grundgesetz aufgenommen, nach der deutsche Hoheitsrechte durch einfaches Gesetz auf eine europäische Institution oder andere zwischenstaatlichen Einrichtungen übertragen werden können. Entsprechend war die Politik der Bundesrepublik Deutschland von Anfang an konsequent an diesem Ziel ausgerichtet.

2. Die Gründung der OEEC und der EZU

Als nach dem Krieg in allen Teilen Europas mit dem Wiederaufbau begonnen wurde, zeigte sich schon bald, daß in vielen Ländern Europas ein rascher Wiederaufbau der kriegszerstörten Wirtschaft aus eigener Kraft kaum möglich erschien. Der Wiederaufbau der kriegszerstörten Wirtschaft Westeuropas erforderte vielmehr gemeinsame Anstrengungen und vor allem Hilfe von außen. Da die wirtschaftliche Not der Menschen in vielen Ländern Europas auch zu politischer Instabilität führte und revolutionärem Gedankengut, insbesondere dem Kommunismus Vorschub leistete, sahen sich die Vereinigten Staaten, um dem Vordringen des Kommunismus in Europa Einhalt zu gebieten, veranlaßt, den europäischen Staaten zu helfen. Am 5. Juni 1947 kündigte der amerikanische Außenminister George Marshall eine umfassende Wirtschaftshilfe für den Wiederaufbau der europäischen Wirtschaft an. Die Marshallplanhilfe wurde von den Vereinigten Staaten jedoch ausdrücklich an die Bedingung geknüpft, daß die Europäer ihre bilateralen Wirtschaftsbeziehungen durch eine gewisse wirtschaftliche Zusammenarbeit auf europäischer Ebene ersetzten.[1]

Um dieser Forderung der Vereinigten Staaten nachzukommen, wurde am 16. April 1948 in Paris die Organisation für europäische wirtschaftliche Zusammenarbeit (engl.: Organization for European Economic Co-operation, abgekürzt OEEC) gegründet. Das Abkommen wurde von den Regierungen von Belgien, Dänemark, Frankreich, Griechenland, Großbritannien, Irland, Island, Italien, Luxemburg, den Niederlanden, Norwegen, Österreich, Portugal, Schweden, der Schweiz und der Türkei sowie von den Oberbefehlshabern der amerikanischen, britischen und französischen Besatzungszone Deutschlands unterzeichnet.[2] Damit traten dieser Organisation fast alle europäischen Länder mit Ausnahme der Ostblockländer bei. Obwohl auch sie zur Mitarbeit aufgefordert worden waren und in den Genuß der Marshallplan-Hilfe kommen sollten, blieben sie auf Druck der Sowjetunion der OEEC fern und mußten auf die amerikanische Hilfe verzichten. Am 31. 10. 1949 trat die Bundesrepublik Deutschland anstelle der drei westlichen Besatzungszonen Deutschlands der OEEC-Konvention bei.

---

1   Vgl. die Rede des amerikanischen Außenministers George Marshall vom 5. Juni 1947 an der Harvard University, abgedruckt in: Europa-Archiv, 2. Jg., August 1947, S. 821.

2   Der Wortlaut der OEEC-Konvention und die Schlußakte sind abgedruckt in: Heinrich Siegler, Dokumentation der Europäischen Integration 1946 - 1961, Bonn - Wien - Zürich 1961, S. 10 ff.

Die OEEC sah ihre Aufgabe in einem schrittweisen Abbau der im gegenseitigen Warenverkehr der Mitgliedstaaten bestehenden quantitativen Einfuhrbeschränkungen. Zu diesem Zwecke wurde am 18. August 1950 ein Liberalisierungskodex beschlossen, durch den sich die Mitgliedstaaten verpflichteten, die mengenmäßigen Einfuhrbeschränkungen zu vermindern und im Handel untereinander Diskriminierungen zu vermeiden. Zur Erleichterung des Zahlungsverkehrs zwischen den OEEC-Ländern wurde am 19. September 1950 die Europäische Zahlungsunion (EZU) gegründet. Mit ihr wurde ein multilaterales Clearing-System geschaffen, das es den OEEC-Mitgliedern ermöglichte, Zahlungsbilanzdefizite im Verkehr mit einem Partnerland mit Zahlungsbilanzüberschüssen aus dem Zahlungsverkehr mit anderen Partnerländern zu verrechnen. Durch dieses System wurden die europäischen Währungen untereinander konvertibel und der Weg zur Konvertibilität auch gegenüber dem Dollar geebnet. Außerdem schlossen die OEEC-Staaten 1955 das Europäische Währungsabkommen ab, um die schließlich 1958 eingeführte Kovertibilität der europäischen Währungen zu sichern und die EZU nach Erfüllung ihrer Aufgaben abzulösen. Ohne Erfolg blieb in den Jahren 1956 bis 1958 der Plan zur Gründung einer großen europäischen Freihandelszone zwischen allen OEEC-Staaten. Statt dessen entstanden mit der 1957 gegründeten Europäischen Wirtschaftsgemeinschaft (EWG) und der 1960 gegründeten Europäischen Freihandelsassoziation (EFTA) zwei konkurrierende Freihandelsräume in Europa, die erst 1977 durch einen gegenseitigen Zollabbau zu einer großen europäischen Freihandelszone für Industrieerzeugnisse und am 1. Januar 1994 zu einem im wesentlichen einheitlichen Europäischen Wirtschaftsraum (EWR) verschmolzen werden konnten, in dem Niederlassungsfreiheit, Freizügigkeit der Arbeitnehmer und freier Waren-, Dienstleistungs- und Kapitalverkehr herrschen und der ferner beachtliche Aussichten auf Zusammenarbeit auf zahlreichen Gebieten, insbesondere in der Forschung und Entwicklung, im Umweltschutz, in der Sozialpolitik, in der Verbraucherpolitik usw. eröffnet.[3]

Es ist kaum bestreitbar, daß die Gründung der OEEC und der EZU die Gesundung der europäischen Volkswirtschaften positiv beeinflußt haben. Es entbehrt indessen nicht einer gewissen Ironie der Geschichte, daß trotz der Einsicht in die Notwendigkeit eines europäischen Zusammenschlusses in den politisch maßgeblichen Kreisen der führenden europäischen Staaten die erste europäische Organisation ihre Existenz einer Initiative der Amerikaner verdankt und nicht ohne ein gewisses Drängen der Vereinigten Staaten ins Leben gerufen wurde. Bemerkenswert ist außerdem, daß sich die amerikanischen Sachverständigen bei den Beratungen über das OEEC-Abkommen nicht nur für eine wirtschaftliche Zusammenarbeit, sondern nachdrücklich für einen wirtschaftlichen Zusammenschluß der europäischen Staaten in Form einer

---

3 Vgl. Kommission der Europäischen Gemeinschaften, 7. Gesamtbericht über die Tätigkeit der Europäischen Gemeinschaften, Brüssel - Luxemburg 1994, S. 264.

Freihandelszone oder Zollunion eingesetzt hatten, damit auch die Europäer wie die
Amerikaner die Vorteile eines großes Binnenmarktes hätten nutzen können.[4]
Die Möglichkeit der Schaffung einer Zollunion wurde zwar - weitgehend auf ameri-
kanisches Drängen hin - diskutiert, fand jedoch keine allgemeine Zustimmung.
Ebenso scheiterte vor allem am Widerstand Großbritanniens der französische Versuch, in die OEEC durch die Schaffung eines starken Exekutivausschusses mit einem Generalsekretär an der Spitze sowie durch die Möglichkeit von Mehrheitsbe-
schlüssen einen gewissen Grad von Überstaatlichkeit einzuführen. Das Ergebnis
war, daß die OEEC „in erster Linie eine ständige Konferenz von souveränen Staaten" wurde.[5]
Die OEEC wurde nach Erfüllung ihrer Aufgaben am 30. 9. 1961 durch die am 14.
12. 1960 als Nachfolgeorganisation gegründete Organisation für wirtschaftliche Zusammenarbeit und Entwicklung OECD abgelöst. Gründungsmitglieder dieser Organisation waren außer den im Laufe der Zeit auf 18 europäische Staaten angewachse-
nen Mitgliedsländern der OEEC die USA und Kanada. Japan trat der OECD 1964,
Finnland 1969, Australien 1972 und Neuseeland 1973 bei. Seither gehören der
OECD alle für den internationalen Wirtschaftsverkehr wichtigen westlich orientierten Industriestaaten an.
Ziel dieser internationalen Organisation ist es

–   zu einer optimalen Wirtschaftsentwicklung und Beschäftigung sowie einem
    steigenden Lebensstandard in ihren Mitgliedstaaten unter Wahrung der finan-
    ziellen Stabilität beizutragen,
–   in den Mitgliedstaaten und in den Entwicklungsländern das wirtschaftliche
    Wachstum zu fördern sowie
–   eine Ausweitung des Welthandels zu begünstigen.

Entsprechend reichen ihre Aufgaben von der Zusammenarbeit in der allgemeinen
Wirtschafts- und Währungspolitik über die Koordinierung der Hilfe für die Entwicklungsländer und hilfsbedürftigen Mitgliedstaaten und die Erörterung handelspoliti-
scher Fragen bis zur Behandlung politischer und technischer Probleme im Energie-,
Verkehrs-, Agrar- und Arbeitskräftebereich. Einen beträchtlichen Einfluß hat die
OECD schließlich durch ihre statistischen Erfassungen, Dokumentationen und Analysen, die es den Mitgliedstaaten ermöglichen, schnell und flexibel auf neu auftau-
chende wirtschaftliche Fragestellungen zu reagieren und die ihnen Entscheidungshil-
fen für kooperative Lösungen im internationalen Handel an die Hand geben.
Durch diese regionale Ausweitung der Mitglieder und des Aufgabenbereichs hat sich
aus einer ursprünglich europäischen Organisation, die eine gewisse, wenn auch be-

---

4   Vgl. Richard Mayne, Die Einheit Europas, München 1963, S. 67.
5   Vgl. ebenda, S. 68.

grenzte wirtschaftliche Integration der europäischen Volkswirtschaften zum Ziel hatte, eine klassische internationale Organisation entwickelt zur Wahrnehmung der wirtschaftlichen Interessen der hochentwickelten marktwirtschaftlichen Industrieländer im Rahmen einer sich ständig wandelnden Weltwirtschaft.

III. Die Europäische Gemeinschaft für Kohle und Stahl

1.   Der Schuman-Plan und die Gründung der Montanunion

Während bei der Gründung der OEEC und der EZU klar wirtschaftliche Interessen im Vordergrund standen, war das bei der Gründung der Europäischen Gemeinschaft für Kohle und Stahl im Jahr 1950 weit weniger der Fall. Vielmehr überwogen hier eindeutig politische Gründe. Das geht schon aus der Begründung des sog. Schuman-Plans hervor.

In einer Pressekonferenz verkündete der französische Außenminister Robert Schuman am 9. Mai 1950 den Vorschlag der französischen Regierung, „die Gesamtheit der französisch-deutschen Kohle- und Stahlproduktion unter eine gemeinsame Oberste Aufsichtsbehörde (Haute Autorité) zu stellen, in einer Organisation, die den anderen europäischen Ländern zum Beitritt offen steht".[6] Ziel dieses Vorschlags sollte es sein, zur Überwindung der jahrhundertealten Rivalität zwischen Deutschland und Frankreich beizutragen und durch die Zusammenlegung der gesamten Kohle- und Stahlproduktion Deutschlands und Frankreichs sowie deren Herausnahme aus dem nationalen Kompetenzbereich der beiden Länder zu erreichen, „daß jeder Krieg zwischen Frankreich und Deutschland nicht nur undenkbar, sondern materiell unmöglich ist". Denn, so Schuman, „die Vereinigung der europäischen Nationen erfordert, daß der jahrhundertealte Gegensatz zwischen Frankreich und Deutschland ausgelöscht wird". „Durch die Zusammenlegung der Grundindustrien und die Errichtung einer neuen Obersten Behörde, deren Entscheidungen für Frankreich, Deutschland und die anderen teilnehmenden Länder bindend sein werden, wird dieser Vorschlag den ersten Grundstein einer europäischen Föderation bilden, die zur Bewahrung des Friedens unerläßlich ist." „So wird einfach und rasch die Zusammenfassung der Interessen verwirklicht, die für die Schaffung einer Wirtschaftsgemeinschaft unerläßlich ist, und das Ferment einer weiteren und tieferen Gemeinschaft den Ländern eingeflößt, die lange Zeit durch blutige Fehden getrennt waren." Denn „Europa läßt sich nicht mit einem Schlage herstellen und auch nicht durch eine einfache Zusammenfassung: es wird durch konkrete Tatsachen entstehen, die zunächst eine Solidarität der Tat schaffen".

---

6   Die Erklärung der französischen Regierung vom 9. Mai 1950, die den Schuman-Plan beinhaltet, ist in deutscher Sprache abgedruckt in: Europa-Archiv, 5. Jg., 1950, S. 3091 f. Die folgenden Zitate aus der Rede Schumans sind dieser Übersetzung entnommen.

Das Ziel Schumans war damit klar formuliert. Durch die Zusammenfassung der kriegswichtigen Kohle- und Stahlproduktion und deren Unterstellung unter eine gemeinsame „Hohe Behörde" sollte ein Krieg zwischen Deutschland und Frankreich faktisch unmöglich gemacht werden. Die Verwirklichung des Schuman-Plans sollte außerdem ein erster Schritt zur Schaffung einer europäischen Wirtschaftsgemeinschaft sein, die schließlich die Grundlage für einen politischen Zusammenschluß der beteiligten Staaten in einer europäischen Föderation bilden sollte. Nach Schumans Plänen sollte die Einigung Europas Schritt für Schritt erfolgen, und zwar zunächst durch eine Integration auf wirtschaftlichem Gebiet, und dann - unterstützt und gefördert durch die sich aus einer Wirtschaftsgemeinschaft ergebenden ökonomischen und sonstigen Sachzwänge - auf politischem Gebiet.

Betrachtet und beurteilt man das in diesem Plan zum Ausdruck kommende Einigungskonzept des französischen Außenministers aus heutiger Sicht und unter Berücksichtigung der seither im Laufe der Geschichte der europäischen Einigung gemachten Erfahrungen, so kann man die politische Weitsicht dieses Staatsmannes nur bewundern.

Die Erklärung der französischen Regierung vom 9. Mai 1950 wurde von dem damaligen deutschen Bundeskanzler Konrad Adenauer sehr positiv aufgenommen. Der Vorschlag entsprach, obwohl dem Beschluß des französischen Kabinetts zum Schuman-Plan keinerlei Verhandlungen mit der deutschen Regierung vorausgegangen waren, voll und ganz seinen Vorstellungen einer Verflechtung der europäischen Schlüsselindustrien.[7] Auch Belgien, Italien, Luxemburg und die Niederlande waren mit den Vorschlägen der französischen Regierung grundsätzlich einverstanden. Am 20. Juni 1950 nahm ein Verhandlungsausschuß aus Vertretern dieser sechs Länder zur Ausarbeitung eines Vertragsentwurfs in Paris seine Arbeit auf. Auch Großbritannien wurde zu diesen Verhandlungen eingeladen, lehnte eine Teilnahme aber ab, da Großbritannien, wie der englische Premierminister Attlee vor dem englischen Unterhaus erklärte, dem Grundsatz des Schuman-Plans, sich selbst im voraus darauf festzulegen, durch die zukünftigen Entscheidungen einer Hohen Behörde gebunden zu werden, nicht zustimmen könne.[8]

Zehn Monate später, am 18. April 1951, wurde der Schuman-Plan mit der Unterzeichnung des Vertrages zur Gründung der Europäischen Gemeinschaft für Kohle und Stahl (abgekürzt EGKS), der Montanunion, durch die sechs Länder Deutschland, Frankreich, Italien, die Niederlande, Belgien und Luxemburg realisiert.[9] Der

---

7   Vgl. Konrad Adenauer, Erinnerungen 1945 - 1953, Stuttgart 1965, S. 328.

8   Vgl. A. E. Walsh and John Paxton, The Structure and Development of the Common Market, New York 1968, S. 4.

9   Die deutsche Übersetzung des allein verbindlichen französischen Wortlauts ist in der vom Deutschen Bundestag ratifizierten Fassung im Bundesgesetzblatt 1952 II, S. 447 ff., veröffentlicht.

Vertrag trat, nachdem er in allen Ländern ratifiziert worden war und die Ratifikationsurkunden ausgetauscht worden waren, am 25. Juli 1952 in Kraft.

2. Inhalt und ordnungspolitische Beurteilung des EGKS-Vertrags

Der EGKS-Vertrag hat die Errichtung eines gemeinsamen Marktes für Kohle- und Stahlerzeugnisse ohne mengenmäßige Handelsbeschränkungen und ohne Ein- und Ausfuhrzölle oder Abgaben gleicher Wirkung sowie mit Freizügigkeit der im Kohle- und Stahlbereich beschäftigten Arbeitnehmer innerhalb des gemeinsamen Marktes und einer Angleichung der Zollsätze für Kohle- und Stahlerzeugnisse gegenüber Drittstaaten zum Ziel, um die rationellste Verteilung der Erzeugung auf dem höchsten Leistungsstand innerhalb der Gemeinschaft zu sichern. Sie hat hierbei dafür zu sorgen, daß die erforderlichen Strukturanpassungen ohne Unterbrechung der Beschäftigung und ohne tiefgreifende und anhaltende Störungen im Wirtschaftsleben der Mitgliedstaaten erfolgen.

Zur Erreichung der im Vertrag festgelegten Ziele wurde eine gemeinsame „Hohe Behörde" eingesetzt, die allein einer gemeinschaftlichen parlamentarischen Einrichtung, der sog. „Gemeinsamen Versammlung" verantwortlich war, deren Abgeordnete aus den nationalen Parlamenten entsandt wurden. Sie konnte zur Erfüllung der ihr übertragenen Aufgaben Entscheidungen erlassen, Empfehlungen aussprechen oder Stellungnahmen abgeben. Zur Abstimmung der Tätigkeit der Hohen Behörde mit der Wirtschaftspolitik der einzelnen Mitgliedsländer wurde ein „Besonderer Ministerrat" berufen, der den Aktionen der Hohen Behörde mehrheitlich zustimmen mußte, bevor sie für die Mitglieder verbindlich wurden. Zur Schlichtung von Streitigkeiten über die Auslegung und Anwendung des Montanunionsvertrags wurde schließlich ein Gerichtshof ins Leben gerufen, dessen Entscheidungen für alle, d. h. sowohl für die Gemeinschaftsorgane als auch für alle Mitgliedstaaten verbindlich waren. Damit war zum ersten Mal in der europäischen Geschichte die Sorge für die Anwendung und Einhaltung der Bestimmungen eines Vertrags zwischen souveränen Staaten einer gemeinsamen supranationalen Einrichtung anvertraut worden, deren Tätigkeit wegen des geltenden Mehrheitsprinzips im Ministerrat von einem einzelnen Mitglied nicht blockiert werden konnte.

Im einzelnen haben die Organe der Gemeinschaft im Rahmen ihrer Befugnisse u. a.

- auf eine geordnete Versorgung des gemeinsamen Marktes unter Berücksichtigung des Bedarfs dritter Länder zu achten;
- allen in vergleichbarer Lage befindlichen Verbrauchern des gemeinsamen Marktes gleichen Zugang zu der Produktion zu sichern;
- die Preisbildung zu beobachten und diskriminierende Maßnahmen oder Praktiken zu verhindern;

- von den Staaten bewilligte Subventionen oder Beihilfen oder von ihnen auferlegte Sonderlasten, in welcher Form dies auch immer geschieht, zu untersagen und zu verhindern;
- darauf zu achten, daß Voraussetzungen erhalten bleiben, die einen Anreiz für die Unternehmen bieten, ihr Produktionspotential auszubauen und zu verbessern ...

sowie
- die geordnete Ausweitung und Modernisierung der Erzeugung sowie die Verbesserung der Qualität in einer Weise zu fördern, die jede Schutzmaßnahme gegen Konkurrenzindustrien ausschließt ...[10]

Zu diesem Zweck
- erhellt und erleichtert die Gemeinschaft das Handeln der Beteiligten dadurch, daß sie Auskünfte einholt, für Beratungen sorgt und allgemeine Ziele bestimmt;
- stellt sie den Unternehmen Finanzierungsmittel für ihre Investitionen zur Verfügung und beteiligt sich an den Lasten der Anpassung;
- sorgt sie für Schaffung, Aufrechterhaltung und Beachtung normaler Wettbewerbsbedingungen und greift in die Erzeugung und den Markt nur dann direkt ein, wenn es die Umstände erfordern.[11]

Diese Ziel- und Aufgabenbeschreibung der EGKS in den Artikeln 2 bis 5 verdeutlicht eine umfassende Zuständigkeit der Organe der EGKS für die Sektoren Kohle und Stahl mit beträchtlichen Eingriffsrechten in die Märkte und in das Investitionsverhalten der Unternehmen. So wurde der „Hohen Behörde" in Artikel 46 die Aufgabe übertragen,

1. die Marktentwicklung und Preistendenzen fortlaufend zu untersuchen,
2. in regelmäßigen Zeitabständen Programme für Erzeugung, Verbrauch, Ausfuhr und Einfuhr unter Berücksichtigung der voraussichtlichen Entwicklung aufzustellen,
3. in regelmäßigen Zeitabständen allgemeine Ziele für die Modernisierung, die Orientierung der Fabrikation auf lange Sicht und die Ausweitung der Produktionskapazität anzugeben

sowie
4. sich auf Antrag der beteiligten Regierungen an Lösungskonzepten zu beteiligen, die durch die Marktentwicklung oder die technische Umgestaltung freigewordenen Arbeitskräfte in der Kohle- und Stahlindustrie in den bestehenden Industrien oder in neu zu schaffenden Arbeitsplätzen wieder zu beschäftigen.

---

10   Vgl. Art. 3 EGKSV.
11   Vgl. Art. 5 EGKSV.

Wenn die Programme auch lediglich zur Orientierung dienen sollten, so sollten sie im Bedarfsfall doch eine weitgehende Globalplanung durch die Hohe Behörde in den Bereichen Kohle und Stahl ermöglichen. So stellen die Artikel 54 ff. EGKSV durchaus eine rechtliche Grundlage für eine umfassende Kontrolle der Investitionsprogramme zur Verfügung bis hin zu einer indirekten Investitionslenkung über die Vergabe von Krediten an Unternehmen aus eigenen EGKS-Mitteln, die sich die Hohe Behörde gemäß Artikel 51 EGKSV durch die Begebung von Anleihen auf den Kapitalmärkten der Mitgliedstaaten beschaffen darf, oder durch Übernahme von Bürgschaften für andere Unternehmenskredite. Außerdem hat die Hohe Behörde nach Artikel 55 EGKSV die Aufgabe, die technische und wirtschaftliche Forschung für die Erzeugung und die Steigerung des Verbrauchs von Kohle und Stahl sowie für die Betriebssicherheit in diesen Industrien zu fördern. Als Instrument steht ihr dafür u. a. die Gewährung von Subventionen zur Verfügung. Damit verfügte die Hohe Behörde von Beginn der europäischen Integration an für die Bereiche Kohle und Stahl auch schon über eine Zuständigkeit und ein ausreichendes Instrumentarium für eine wirksame interventionistische Forschungs- und Technologiepolitik auf europäischer Ebene.

Nach Artikel 56 kann die EGKS - allerdings nur auf Antrag der beteiligten Regierungen - auch arbeitsmarktpolitisch tätig werden, um durch finanzielle Unterstützungen eine produktive Wiederbeschäftigung der in der Kohle- und Stahlindustrie freigewordenen Arbeitskräfte in diesem Bereich oder (mit Zustimmung des Rates) in jeder anderen Industrie zu sichern. Zu diesem Zweck darf sie Beihilfen zur Arbeitslosenunterstützung, zur Suche eines neuen Arbeitsplatzes und zur Umschulung der Arbeitnehmer sowie Finanzierungshilfen an Unternehmen zur Sicherung bestehender oder zur Schaffung neuer Arbeitsplätze gewähren, und zwar nicht nur an Unternehmen der sog. Montan-Industrie, sondern mit Zustimmung des Rates auch in jeder anderen Industrie. Die Finanzierung dieser Aufgaben erfolgt über eine eigene steuerähnliche Umlage auf die Erzeugung von Kohle und Stahl, die bis zu ein Prozent des Produktionswertes betragen darf, sowie durch Aufnahme von Anleihen auf den Kapitalmärkten der Mitgliedstaaten.

Auf dem Gebiet der Erzeugung sollen wirtschaftspolitische Eingriffe der Hohen Behörde vorzugsweise durch die ihr zur Verfügung stehenden Möglichkeiten indirekter Maßnahmen erfolgen. Diese sind insbesondere die gezielte Lenkung der Nachfrage des öffentlichen Sektors sowie das Eingreifen auf dem Gebiet der Preise und der Handelspolitik entsprechend den Bestimmungen des EGKS-Vertrags. Um diskriminierende Verkaufs-praktiken zu unterbinden, müssen die Unternehmen ihre Preise und Verkaufsbedingungen veröffentlichen und der Hohen Behörde melden, die darüber wacht, daß die Unternehmen von diesen Listenpreisen nicht regional in diskriminierender Weise nach oben oder nach unten abweichen (Artikel 60). Artikel 61 berechtigt die Hohe Behörde darüber hinaus, unter bestimmten Bedingungen

Höchst- und Mindestpreise für Kohle- und Stahlerzeugnisse innerhalb des gemeinsamen Marktes und/oder für die Ausfuhr festzusetzen. Die Festsetzung von Mindestpreisen ist zulässig, wenn die Hohe Behörde feststellt, daß durch einen Rückgang der Nachfrage eine sog. „offensichtliche Krise" eingetreten ist oder unmittelbar bevorsteht, bei der die indirekten Maßnahmen zur Steuerung des Marktes nicht mehr ausreichen. In diesem Fall kann auf Initiative der Hohen Behörde oder durch einstimmigen Beschluß des Rates auch ein System von Produktionsquoten für die einzelnen Unternehmen eingeführt werden (Artikel 58). Analog haben die Organe der EGKS im Falle einer ernsten Mangellage das Recht zur Festsetzung von Verwendungsprioritäten und zur zentralen Verteilung der Montanprodukte auf die Mitgliedstaaten entsprechend dem Verbrauch und den Ausfuhren und unabhängig vom Standort der Erzeugung (Artikel 59).

Andererseits enthält der EGKS-Vertrag klare Bestimmungen zum Schutz des Wettbewerbs, indem er alle Vereinbarungen zwischen Unternehmen oder Verbänden und alle verabredeten Praktiken verbietet, die darauf abzielen, auf dem gemeinsamen Markt unmittelbar oder mittelbar den normalen Wettbewerb zu verhindern, einzuschränken oder zu verfälschen. Darüber hinaus enthält der Vertrag zum Schutz des Wettbewerbs eine vorbeugende Fusionskontrolle.[12] Diese Bestimmungen wurden aber wohl nicht so sehr aus marktwirtschaftlicher Überzeugung in den EGKS-Vertrag aufgenommen als vielmehr, um ein wirksames Instrument zur Kontrolle sowie zur Verhinderung von Zusammenschlüssen der nach dem Krieg zerschlagenen deutschen Kohle- und Stahlunternehmen[13] zu besitzen.

Versucht man eine ordnungspolitische Beurteilung dieser Bestimmungen, so muß festgestellt werden, daß der EGKS-Vertrag inhaltlich im wesentlichen französischen ordnungspolitischen Vorstellungen von einer weitgehenden Preis- und Produktionsplanung entspricht, wie sie vor allem auch von Jean Monnet, der an den Vertragsverhandlungen maßgeblich beteiligt war[14], persönlich vertreten wurden.[15] Erleichtert wurde die Durchsetzung dieser ordnungspolitischen Konzeption zum einen, weil sie nach dem Zweiten Weltkrieg auch in anderen Ländern stark verbreitet war und auch in Deutschland - selbst in Teilen der regierungstragenden CDU - eine beträchtliche Anhängerschaft hatte. Zum anderen stand bei den Verhandlungen um den Vertrag seine politische Bedeutung für den Beginn einer Aussöhnung von Deutschland und Frankreich und der Ingangsetzung eines europäischen Integrationsprozesses so sehr im Vordergrund, daß es zumindest für die deutsche Seite nicht sinnvoll er-

---

12 Vgl. Art. 65 und 66 EGKSV.

13 Vgl. Alfred Müller-Armack, Auf dem Weg nach Europa - Erinnerungen und Ausblicke, Stuttgart - Tübingen 1971, S. 63, sowie Jean Monnet, Erinnerungen eines Europäers, Baden-Baden 1988, S. 444f.

14 Vgl. Jean Monnet, Erinnerungen eines Europäers, a.a.O., Kap. 12 und 13.

15 Vgl. ebenda, Kap. 10, insbes. S. 328 ff.

schien, am wirtschaftspolitischen Inhalt des Vertrages den Verhandlungserfolg in Frage zu stellen.[16] Wenn die interventionistischen Bestimmungen des EGKS-Vertrags im Laufe der Zeit nur selten und relativ zurückhaltend zur Anwendung gelangten, dann vor allem deshalb, weil die Mehrheit der sechs Gründerstaaten der Europäischen Gemeinschaften in der Nachkriegszeit klare liberal und marktwirtschaftlich geprägte ordnungspolitische Vorstellungen vertraten und diese auch in der praktischen Wirtschaftspolitik umzusetzen versuchten.

Aufgrund dieses Vertrages wurden im Frühjahr 1953 alle Zölle und mengenmäßigen Beschränkungen auf Eisenerz, Kohle und Schrott abgeschafft und am 1. August 1954 die Freihandelszone auch auf Spezialstähle ausgeweitet. Nach Ablauf der fünfjährigen Übergangszeit wurden schließlich 1958 die einzelstaatlichen Zölle auf Einfuhren aus Drittländern harmonisiert.

3. Gründe für den erfolgreichen Abschluß des EGKS-Vertrags

An dieser Stelle erhebt sich natürlich die Frage, welche politische Situation den Abschluß und die Ratifizierung eines solchen historischen Vertragswerks durch sechs demokratisch regierte Länder, in denen ja jeweils parlamentarische Mehrheiten zur Ratifizierung erforderlich waren, ermöglichte - sechs Jahre nach einem schrecklichen Krieg zwischen den Vertragspartnern und nur zwei Jahre nach den vergeblichen Bemühungen, der OEEC und dem Europarat auch nur ein Minimum an Überstaatlichkeit zuzuerkennen. Schuman begründete seinen Plan gegenüber Adenauer in einem persönlichen Schreiben an diesen, der Zweck seines Vorschlags sei nicht wirtschaftlicher, sondern eminent politischer Natur. In Frankreich bestehe nämlich die Furcht, daß Deutschland, wenn es sich wieder erholt habe, Frankreich angreifen könnte.[17]

In der Tat wurden infolge der zunehmenden Spannungen zwischen den westlichen Alliierten und der Sowjetunion Pläne, nach denen Deutschland politisch und wirtschaftlich zerschlagen werden sollte, vor allem auf Drängen der Amerikaner bald

---

16   So erklärte Konrad Adenauer etwa am 13. Juni 1950 vor dem deutschen Bundestag: „Ich möchte ausdrücklich in Übereinstimmung nicht nur mit der französischen Regierung, sondern auch mit Monsieur Jean Monnet erklären, daß dieses Projekt in allererster Linie von politischer und nicht von wirtschaftlicher Bedeutung ist." Vgl. Jean Monnet, Erinnerungen eines Europäers, a.a.O., S. 404. Vgl. auch die Stellungnahme des deutschen Verhandlungsvertreters Walter Hallstein auf der Schumanplan-Konferenz: „Die deutsche Regierung bekräftigt abermals, daß der Schumanplan in erster Linie politische Bedeutung hat. Unter dieser Perspektive nehmen die wirtschaftlichen Probleme, so bedeutend sie auch sein mögen, nur einen sekundären Rang ein: Für sie wird man immer eine Lösung finden. Deshalb richtet die deutsche Delegation an alle Mitglieder dieser Konferenz den dringenden Appell, die wirtschaftlichen Interessen dem großen politischen Ziel unterzuordnen." Ebenda, S. 415. Vgl. auch Hans von der Groeben, Deutschland und Europa in einem unruhigen Jahrhundert, Baden-Baden 1995, S. 254.

17   Vgl. Konrad Adenauer, Erinnerungen 1945 - 1953, a.a.O., S. 328.

zugunsten einer Stärkung Westdeutschlands als Barriere gegen den Ostblock aufgegeben. So stimmten die Alliierten 1949 der Gründung der Bundesrepublik Deutschland zu und waren an einer Steigerung der deutschen Grundstoffproduktion interessiert. Obwohl diese damals noch von der auf französisches Betreiben von den Alliierten geschaffenen Internationalen Ruhrbehörde kontrolliert wurde, war doch abzusehen, daß ein neuer deutscher Staat über kurz oder lang die Souveränität über
seine Wirtschaft zurückerhalten würde. Darüber hinaus war die Ruhrbehörde bei allen Beteiligten unpopulär; in Frankreich, weil man sie sich dort einflußreicher
wünschte, in Großbritannien und den Vereinigten Staaten, weil man dort nicht so
recht von ihrer Notwendigkeit überzeugt war, und in Deutschland, weil man dort in
ihr ein Instrument zur Kontrolle der deutschen Wirtschaft durch die Alliierten sah.
Für Frankreich stellte der Schuman-Plan daher außer einem ersten Schritt auf eine
europäische Einigung hin eine elegante Lösung dar, die deutsche Kohle- und Stahlproduktion langfristig mitkontrollieren zu können.[18]
Für Deutschland waren die Vorteile aus der Gründung der Montanunion ebenfalls
groß. Die Montanunion war nämlich die erste internationale Organisation, in die
Deutschland nach dem Zweiten Weltkrieg als gleichberechtigter Partner aufgenommen wurde. Außerdem bedeutete die Unterzeichnung des EGKS-Vertrags für
Deutschland damals keinen Souveränitätsverzicht, denn die deutsche Industrie stand
voll unter alliierter Kontrolle. Im Gegenteil, die Bundesrepublik konnte durch ihren
Beitritt zur Montanunion sogar eine Auflösung der Ruhrbehörde und damit eine Beendigung der alliierten Kontrolle der deutschen Schwerindustrie erreichen. Damit
verbunden war eine weitgehende Beendigung der Demontage deutscher Industrie-
anlagen.
Schließlich gelang es Adenauer auch, im Zusammenhang mit dem EGKS-Vertrag
mit Frankreich ein Übereinkommen über das Saargebiet zu erreichen, wonach die
Festlegung des endgültigen Status des Saarlandes einem späteren Friedensvertrag
vorbehalten wurde.[19] Da Frankreich seit 1947 eine volle Angliederung des Saarlandes an Frankreich anstrebte, stellte diese Regelung, die einer Verzögerung der Angliederung gleichkam, ein Entgegenkommen Frankreichs an Deutschland dar.
Aus dieser Abwägung der verschiedenen Gründe der Vertragsparteien für die Gründung der EGKS ist ersichtlich, daß die Errichtung der Montanunion in erster Linie
aus politischen Gründe erfolgte und wirtschaftliche Interessen allenfalls eine ergänzende Rolle spielten.
Am wenigsten ausschlaggebend für den Abschluß des EGKS-Vertrags waren die direkten wirtschaftlichen Vorteile, die man sich üblicherweise von der Errichtung ei-

---

18   Zu den Motiven Jean Monnets und Frankreichs für den Schumanplan vgl. auch Jean Monnet, Erin-
     nerungen eines Europäers, a.a.O., S. 368 ff.
19   Vgl. Konrad Adenauer, Erinnerungen 1945 - 1953, a.a.O., S. 427 ff.

nes gemeinsamen Marktes, hier eines gemeinsamen Marktes für Kohle und Stahl, verspricht, nämlich Wohlfahrtsgewinne aus dem Freihandel, Effizienzgewinne aus einer gemeinschaftsweiten effizienten Allokation der entsprechenden Unternehmen sowie dynamische Effizienzgewinne aus der Realisierung von economies of scale großer Unternehmenseinheiten und eines verschärften Wettbewerbs aufgrund eines großen offenen Marktes. An diese naheliegendsten Vorteile eines gemeinsamen Marktes für Kohle und Stahl hat von den Gründungsvätern der EGKS bei deren Errichtung niemand gedacht.

IV. Die Gründung von EWG und Euratom

1. Die politische Ausgangslage

Wie sehr die ersten Anfänge der wirtschaftlichen Integration Europas politisch motiviert waren, beweist die Tatsache, daß nach dem erfolgreichen Abschluß des EGKS-Vertrages zunächst nicht eine weitere wirtschaftliche Integration angestrebt wurde, sondern sich die Integrationsbemühungen auf die Gründung einer Europäischen Verteidigungsgemeinschaft und einer Europäischen Politischen Gemeinschaft erstreckten. Am 15. Februar 1951, also noch vor Unterzeichnung des EGKS-Vertrages, wurden die Verhandlungen über die Gründung einer Europäischen Verteidigungsgemeinschaft und die Bildung einer „Europäischen Armee" auf der Grundlage des sog. Pleven-Plans der französischen Regierung vom 24. Oktober 1950 aufgenommen.[20] Obwohl sich die Verhandlungen als sehr schwierig erwiesen, konnte am 27. Mai 1952 von den Regierungsvertretern der sechs Gründungsstaaten der Montanunion ein „Vertrag über die Gründung der Europäischen Verteidigungsgemeinschaft" (EVG) unterzeichnet werden, nachdem die Bundesrepublik Deutschland am Tag zuvor durch die Unterzeichnung des Deutschlandvertrages ihre politische Souveränität zurückerlangt hatte. Durch diesen innerhalb weniger Monate erzielten Doppelerfolg auf dem Weg zur europäischen Integration entstand eine wahre Gründungseuphorie, zumal in Art. 38 des EVG-Vertrages bereits der nächste Schritt auf dem Weg zur europäischen Einigung vorgezeichnet war.[21] Als nächstes Ziel wurde die Gründung einer „Europäischen Politischen Gemeinschaft" (EPG) angestrebt. Zu diesem Zweck wurde aus der gerade erst gebildeten „Gemeinsamen Versammlung" der EGKS durch Kooptierung weiterer Mitglieder am 10. September 1952 eine „Ad-hoc-Versammlung" gebildet, die den Auftrag erhielt, so schnell wie möglich einen Vertragsentwurf zur Gründung einer Politischen Gemeinschaft auszuarbeiten. Die Ad-hoc-Versammlung trat am 15. September 1952 zum ersten Mal zusammen und konnte bereits am 10. März 1953 einen EPG-Satzungsentwurf verabschieden und

---

20   Inhaltlich geht auch dieser Plan ebenso wie der Schumanplan maßgeblich auf Jean Monnet zurück. Vgl. Jean Monnet, Erinnerungen eines Europäers, a.a.O., S. 438 ff.

21   Der Vertragstext des EVG-Vertrags einschließlich aller Zusatzprotokolle ist im Bundesgesetzblatt 1954 II, S. 342 ff., veröffentlicht.

den Regierungen der sechs EGKS-Staaten übermitteln. Danach sollte durch einen weiteren Vertrag eine „Europäische Gemeinschaft" mit übernationalem Charakter gebildet werden, die für die Bereiche Wirtschaft, Verteidigung und Außenpolitik zuständig sein sollte.[22]

Der EVG-Vertrag ist jedoch nie in Kraft getreten, weil seine Ratifizierung am 30. August 1954 am Veto der französischen Nationalversammlung scheiterte. Aus diesem Grunde wurden schließlich auch die Verhandlungen über die Gründung einer Europäischen Politischen Gemeinschaft abgebrochen.[23]

Mit dem Scheitern der Europäischen Verteidigungsgemeinschaft und der Pläne zur Gründung einer Europäischen Politischen Gemeinschaft hatte sich ein vermeintlicher Weg zur europäischen Einigung als Sackgasse erwiesen. Es hatte sich gezeigt, daß der direkte Weg zur politischen Einigung Europas nicht gangbar war. Andererseits funktionierte die Zusammenarbeit in der Montanunion trotz dieser Mißerfolge bei der politischen Integration ohne Probleme und auch wirtschaftlich betrachtet hatte die EGKS beträchtliche Erfolge zu verzeichnen. Als Weg zur europäischen Einigung stand nach diesen Erfahrungen daher nur noch der (Um-)Weg über eine wirtschaftliche Integration der europäischen Staaten offen.

Der erste Vorschlag zur Errichtung eines gemeinsamen Marktes und einer Zollunion im Rahmen der sechs Montanunionländer stammte von dem holländischen Außenminister J. W. Beyen. Am 14. Februar 1953 wurde der sog. Beyen-Plan von der holländischen Regierung den anderen Regierungen der Sechs übermittelt. Er entsprang noch ganz dem europäischen Gründungsrausch Anfang der fünfziger Jahre. Wie viele andere Vorschläge in jener Zeit wurde auch dieser Vorschlag von den Außenministern aufgegriffen und an einen Sachverständigenausschuß weitergeleitet. In diesem Ausschuß wurde ab Sommer 1953 um einen Vertragsentwurf verhandelt mit dem Ziel, die europäische politische Organisation wirtschaftlich zu untermauern. Die Verhandlungen erwiesen sich wegen völlig unterschiedlicher Vorstellungen über den richtigen Weg der wirtschaftlichen Integration aber als sehr schwierig und wurden nach dem Scheitern des EVG-Vertrags ergebnislos abgebrochen.[24] Eine umfassendere wirtschaftliche Integration der Sechs wurde danach erstmals wieder am 2. Dezember 1954 in einer Entschließung der Gemeinsamen Versammlung der Montanunion gefordert. Am 14. Mai 1955 schlug die Versammlung sodann nicht nur die Ausweitung des Vertragsbereichs, sondern auch die Einberufung einer Regierungskonferenz zur Vorbereitung weiterer Schritte auf dem Weg der europäischen Eini-

---

22 Der Wortlaut des EPG-Satzungsentwurfs ist bei Heinrich Siegler, Dokumentation ..., a.a.O. S. 73 - 85, abgedruckt.

23 Zu den Gründen für das Scheitern des EVG-Vertrags vgl. Wolfgang Harbrecht, Die Europäische Gemeinschaft, 2. Aufl., Stuttgart - New York 1982, S. 21 ff.

24 Zu den unterschiedlichen Verhandlungspositionen zwischen Deutschland und Frankreich vergleiche Alfred Müller-Armack, Auf dem Weg nach Europa, a.a.O., S. 70 ff.

gung vor. Als am 20. Mai 1955 auch die drei Beneluxländer auf Veranlassung des holländischen Außenministers Beyen in einem Memorandum erneut die Errichtung eines gemeinsamen Marktes und einer Zollunion vorschlugen und auch die Bundesrepublik und Italien ihrerseits den anderen Regierungen der Montanunionländer entsprechende Memoranden übermittelten, wurde eine Außenministerkonferenz der Sechs nach Messina einberufen. Auf dieser Konferenz von Messina am 1./2. Juni 1955 beschlossen die Außenminister der sechs Mitgliedsländer der Montanunion, eine neue Phase der Integration Europas durch die Gründung einer europäischen Wirtschaftsgemeinschaft und einer europäischen Atomgemeinschaft sowie durch den gemeinsamen Bau eines großen Fernstraßennetzes einzuleiten. Die Konferenz beauftragte einen Delegiertenausschuß unter der Leitung des belgischen Außenministers Paul-Henri Spaak, die erforderlichen Vorarbeiten auszuführen.

Der Ausschuß nahm seine Tätigkeit am 9. Juli 1955 auf und legte am 21. April 1956 den Regierungen der Mitgliedstaaten der Montanunion den sog. „Spaak-Bericht" vor. Dieser Bericht kam zu dem Ergebnis, daß eine Integration nach Sektoren, außer bei der Atomkraft, kaum zu verwirklichen wäre und daß auch die Schaffung einer Freihandelszone auf nahezu unüberwindliche praktische Schwierigkeiten stoßen würde. Er schlug daher den stufenweisen Aufbau eines gemeinsamen Marktes und einer Zollunion in einem dem Vorbild des EGKS-Vertrags nachgebildeten supranationalen institutionellen Rahmen vor sowie eine gemeinsame Atomorganisation mit gleichem institutionellen Aufbau, die den Namen „Euratom" erhalten sollte.

Die Außenminister der Sechs akzeptierten auf der Konferenz von Venedig am 29./30. Mai 1956 den Spaak-Bericht als Verhandlungsgrundlage und verwandelten den „Spaak-Ausschuß" in eine Regierungskonferenz, die die Verträge zur Gründung einer Europäischen Wirtschaftsgemeinschaft (abgekürzt EWG) und einer Europäischen Atomgemeinschaft (abgekürzt EAG oder Euratom) ausarbeiten sollte. Die Verhandlungen wurden am 26. Juni 1956 in Brüssel aufgenommen und trotz erheblicher Schwierigkeiten, die eine Fülle von Kompromissen erforderlich machten, bereits nach neun Monaten erfolgreich beendet. Am 25. März 1957 erfolgte daraufhin mit der Unterzeichnung des EWG-Vertrags und des Euratom-Vertrags durch die Vertreter Deutschlands, Frankreichs, Italiens, der Niederlande, Belgiens und Luxemburgs im Konservatorenpalast des Kapitols in Rom die Gründung der Europäischen Wirtschaftsgemeinschaft und der Europäischen Atomgemeinschaft Euratom.[25] Die Verträge traten am 1. Januar 1958 in Kraft, nachdem sie bis Mitte Dezember 1957 von allen Parlamenten ratifiziert worden waren. Dieses schnelle Inkrafttreten der Verträge war möglich, weil alle Regierungen aus den schlechten Erfahrungen

---

25   Die beiden Verträge sind in ihrem ursprünglichen Wortlaut im Bundesgesetzblatt 1957, Teil II, S. 753 ff., abgedruckt.

mit dem EVG-Vertrag gelernt hatten und um eine möglichst zügige Ratifizierung durch ihre Parlamente bemüht waren.

2. Überblick über den Inhalt des EWG-Vertrags

Ziel des EWG-Vertrags ist „die Errichtung eines Gemeinsamen Marktes und die schrittweise Annäherung der Wirtschaftspolitik der Mitgliedstaaten (um) eine harmonische Entwicklung des Wirtschaftslebens innerhalb der Gemeinschaft, eine beständige und ausgewogene Wirtschaftsausweitung, eine größere Stabilität, eine beschleunigte Hebung der Lebenshaltung und engere Beziehungen zwischen den Staaten zu fördern, die in dieser Gemeinschaft zusammengeschlossen sind." (Art. 2) Obwohl die Europäische Wirtschaftsgemeinschaft naturgemäß in erster Linie wirtschaftspolitischen Zielen dienen soll, ließen die Gründer der EWG doch keinen Zweifel daran, daß sie bei der Gründung dieser Gemeinschaft auch das Ziel der politischen Einigung im Auge hatten. Der EWG-Vertrag wurde nämlich geschlossen „in dem festen Willen, die Grundlagen für einen immer engeren Zusammenschluß der europäischen Völker zu schaffen" (Präambel). Damit war der Weg Schumans zur politischen Einigung Europas wieder aufgegriffen worden, der schon bei der Verkündung des Schumanplans die Auffassung vertreten hatte, daß Europa nur Schritt für Schritt durch konkrete Tatsachen entstehen wird, die langsam eine Solidarität der Tat schaffen, und daß eine solche gemeinsame Solidarität noch am ehesten durch eine Zusammenfassung der wirtschaftlichen Interessen der europäischen Staaten in einer europäischen Wirtschaftsgemeinschaft werden kann.

Zur Errichtung des Gemeinsamen Marktes und zur Erreichung einer gemeinsamen Wirtschaftspolitik sieht der Vertrag vor:

„a) die Abschaffung der Zölle und mengenmäßigen Beschränkungen bei der Ein- und Ausfuhr von Waren sowie aller sonstigen Maßnahmen gleicher Wirkung zwischen den Mitgliedstaaten;

b) die Einführung eines Gemeinsamen Zolltarifs und einer gemeinsamen Handelspolitik gegenüber dritten Ländern;

c) die Beseitigung der Hindernisse für den freien Personen-, Dienstleistungs- und Kapitalverkehr zwischen den Mitgliedstaaten;

d) die Einführung einer gemeinsamen Politik auf dem Gebiet der Landwirtschaft;

e) die Einführung einer gemeinsamen Politik auf dem Gebiet des Verkehrs;

f) die Errichtung eines Systems, das den Wettbewerb innerhalb des Gemeinsamen Marktes vor Verfälschungen schützt;

g) die Anwendung von Verfahren, welche die Koordinierung der Wirtschaftspolitik der Mitgliedstaaten und die Behebung von Störungen im Gleichgewicht ihrer Zahlungsbilanzen ermöglichen;

h) die Angleichung der innerstaatlichen Rechtsvorschriften, soweit dies für das ordnungsmäßige Funktionieren des Gemeinsamen Marktes erforderlich ist;

i) die Schaffung eines Europäischen Sozialfonds, um die Beschäftigungsmöglichkeiten der Arbeitnehmer zu verbessern und zur Hebung ihrer Lebenshaltung beizutragen;

j) die Errichtung einer Europäischen Investitionsbank, um durch Erschließung neuer Hilfsquellen die wirtschaftliche Ausweitung in der Gemeinschaft zu erleichtern;

k) die Assoziierung der überseeischen Länder und Hoheitsgebiete, um den Handelsverkehr zu steigern und die wirtschaftliche und soziale Entwicklung durch gemeinsame Bemühungen zu fördern." (Art. 3)

Kern des EWG-Vertrags ist demnach die Errichtung einer Zollunion durch die stufenweise Abschaffung der Zölle und mengenmäßigen Handelsbeschränkungen zwischen den Mitgliedstaaten und einer schrittweisen Einführung eines gemeinsamen Außenzolltarifs und einer gemeinsamen Handelspolitik gegenüber dritten Ländern. Darüber hinaus ist im Vertrag die Beseitigung der Hindernisse für den freien Personen-, Dienstleistungs- und Kapitalverkehr zwischen den Mitgliedstaaten (Art. 48 ff) sowie eine gemeinsame Agrarpolitik (Art. 38 ff.), Verkehrspolitik (Art. 74 ff.) und Wettbewerbspolitik (Art. 85 ff.) vorgesehen. Schließlich sieht der Vertrag eine Koordinierung der Konjunktur-, Wirtschafts- und Währungspolitik der Mitgliedstaaten (Art. 103 ff.), die Angleichung der innerstaatlichen Rechtsvorschriften einschließlich einer Steuerharmonisierung, soweit dies für das ordnungsgemäße Funktionieren des Gemeinsamen Marktes erforderlich ist (Art. 99 ff.), sowie die Schaffung eines Europäischen Sozialfonds (Art. 123 ff.) und die Errichtung einer Europäischen Investitionsbank (Art. 129 ff.) vor.

Mit der Wahrnehmung der der Gemeinschaft zugewiesenen Aufgaben wurden als Organe der Gemeinschaft eine Versammlung, ein Rat, eine Kommission und ein Gerichtshof betraut (Art. 4). Die notwendigen Entscheidungen werden auf Vorschlag der Kommission und nach Anhörung der Versammlung vom Rat mit Mehrheit getroffen. Innerhalb der ersten beiden Stufen einer Übergangszeit war allerdings für alle wichtigen Entscheidungen Einstimmigkeit erforderlich. Die gleichen Organe mit der gleichen Kompetenzverteilung wurden auch im Euratom-Vertrag vertraglich festgelegt. Damit wurde sowohl im EWG-Vertrag als auch im Euratom-Vertrag die bewährte Organisation des Montanunion-Vertrags im wesentlichen übernommen. Diese war ja seinerzeit schon nicht allein ins Leben gerufen worden, um für die Anwendung und Einhaltung der Bestimmungen des EGKS-Vertrags Sorge zu tragen, sondern auch um ein Vorbild zu geben für den weiteren institutionellen Aufbau Europas.

Um einen unnötigen Verwaltungsapparat zu vermeiden, wurde daher schon 1957 in einem besonderen Abkommen über gemeinsame Organe für die Europäischen Gemeinschaften festgelegt, daß die Befugnisse der in den drei Gemeinschaftsverträgen vorgesehenen Versammlung und ebenso die Zuständigkeiten des in den drei Verträgen vorgesehenen Gerichtshofs durch eine einzige Versammlung und einen einzigen Gerichtshof wahrgenommen werden. Aus denselben Gründen wurde am 8. April 1965 die Verschmelzung der Hohen Behörde der Europäischen Gemeinschaft für Kohle und Stahl sowie der Kommissionen der EWG und der Europäischen Atomgemeinschaft zu einer gemeinsamen „Kommission der Europäischen Gemeinschaften" und der Räte der drei Gemeinschaften zu einem gemeinsamen „Rat der Europäischen Gemeinschaften" vertraglich festgelegt. Dieser Vertrag trat nach Ratifizierung durch alle Mitgliedstaaten am 1. Juli 1967 in Kraft.[26]

Die Errichtung des Gemeinsamen Marktes sollte während einer Übergangszeit von 12 Jahren schrittweise in drei Stufen von je vier Jahren verwirklicht werden (Art. 8). In jeder Stufe mußte eine vertraglich fixierte Gesamtheit von Maßnahmen eingeleitet und durchgeführt werden. Der Übergang von einer Stufe zur nächsten mußte einstimmig beschlossen werden, wobei die Möglichkeit der Verlängerung der Übergangszeit auf maximal fünfzehn Jahre eingeräumt wurde. Umgekehrt konnte der Rat auf Vorschlag der Kommission durch einstimmigen Beschluß auch eine Verkürzung der zweiten und dritten Stufe beschließen.

Die EWG-Übergangszeit lief Ende 1969 aus, nachdem am 14. Januar 1962 rückwirkend zum 1. Januar desselben Jahres der Übergang zur zweiten Stufe beschlossen worden war und danach von der Möglichkeit einer Verlängerung der zweiten und dritten Stufe kein Gebrauch gemacht wurde. Der Abbau der Zölle und Kontingente wurde sogar erheblich schneller als vertraglich vereinbart vollzogen, so daß das Ziel der Zollunion sogar schon 18 Monate früher als im Vertrag vorgesehen am 1. Juli 1968 erreicht war.

3. Überblick über den Inhalt des Euratom-Vertrags

Mit dem Euratom-Vertrag gründeten die sechs Länder Deutschland, Frankreich, Italien, die Niederlande, Belgien und Luxemburg untereinander die Europäische Atomgemeinschaft Euratom. „Aufgabe der Atomgemeinschaft ist es, durch die Schaffung der für die schnelle Bildung und Entwicklung von Kernindustrien erforderlichen Voraussetzungen zur Hebung der Lebenshaltung in den Mitgliedstaaten und zur Entwicklung der Beziehungen mit den anderen Ländern beizutragen." (Art. 1)

„Zur Erfüllung ihrer Aufgabe hat die Gemeinschaft nach Maßgabe des Vertrags

a) die Forschung zu entwickeln und die Verbreitung der technischen Kenntnisse sicherzustellen;

b) einheitliche Sicherheitsnormen für den Gesundheitsschutz der Bevölkerung und der Arbeitskräfte aufzustellen und für ihre Anwendung zu sorgen;

---

26 Diese Verträge sind abgedruckt in: Bundesgesetzblatt 1957, Teil II, S. 1156 ff., und im Amtsblatt der Europäischen Gemeinschaften Nr. 152 vom 13. Juli 1967, S. 2 ff.

c) die Investitionen zu erleichtern, insbesondere durch Förderung der Initiative von Unternehmen, die Schaffung der wesentlichen Anlagen sicherzustellen, die für die Entwicklung der Kernenergie in der Gemeinschaft notwendig sind;

d) für regelmäßige und gerechte Versorgung aller Benutzer der Gemeinschaft mit Erzen und Kernbrennstoffen Sorge zu tragen;

e) durch geeignete Überwachung zu gewährleisten, daß die Kernstoffe nicht anderen als den vorgesehenen Zwecken zugeführt werden;

f) das ihr zuerkannte Eigentumsrecht an besonderen spaltbaren Stoffen auszuüben;

g) ausgedehnte Absatzmärkte und den Zugang zu den besten technischen Mitteln sicherzustellen, und zwar durch die Schaffung eines gemeinsamen Marktes für die besonderen auf dem Kerngebiet verwendeten Stoffe und Ausrüstungen, durch den freien Kapitalverkehr für Investitionen auf dem Kerngebiet und durch die Freiheit der Beschäftigung für die Fachkräfte innerhalb der Gemeinschaft;

h) zu den anderen Ländern und den zwischenstaatlichen Einrichtungen alle Verbindungen herzustellen, die geeignet sind, den Fortschritt bei der friedlichen Verwendung der Kernenergie zu fördern." (Art. 2)

Der Euratom-Vertrag sieht demnach auf seinem Gebiet, nämlich dem Bereich der Kernenergie, ebenfalls die Schaffung eines großen gemeinsamen Marktes vor (Art. 92 ff.), geht aber im wissenschaftlich-technischen Bereich weit darüber hinaus. Er hat letztlich kein geringeres Ziel, als Europa auf dem damals technisch völlig neuen Gebiet der Kernforschung und der Entwicklung der Kernenergie eine Stellung zu sichern, die die Wettbewerbsfähigkeit Europas gegenüber den Vereinigten Staaten und der Sowjetunion auf dem Gebiet der Kernenergie zu gewährleisten vermag. Der Vertrag wurde von den Sechs in dem Bewußtsein geschlossen, daß die Kernenergie einen Aufwand an Kenntnissen, an Forschung, an technischer Erfahrung, an Kapital und an Rohstoffen erfordert, der weit über die einzelstaatlichen Möglichkeiten der Mitgliedstaaten der Gemeinschaft hinausgeht. Der Euratom-Vertrag hat darüber hinaus zum Ziel, in Europa eine friedliche Erforschung der Kernenergie zu ermöglichen bei gleichzeitiger Sicherung aller Gemeinschaftsländer vor einem (nationalen) Mißbrauch des spaltbaren Materials.

Aus diesen Gründen wurde die Grundlagenforschung auf dem Gebiet der Kernenergie durch die vertragliche Regelung der Förderung der Forschung (Art. 4 ff.) und der Verbreitung der Kenntnisse (Art. 12 ff.) praktisch vergemeinschaftet. Darüber hinaus ermöglicht der Vertrag die Errichtung sog. „gemeinsamer Unternehmen" (Art. 45 ff.). Dadurch wird die Gemeinschaft in die Lage versetzt, Unternehmen, die für die Entwicklung der Kernindustrie in der Gemeinschaft von ausschlaggebender Bedeutung sind, in eigener Regie zu errichten oder sich an entsprechenden Unternehmen zu beteiligen.

Die Versorgung mit Erzen, Ausgangsstoffen und besonderen spaltbaren Stoffen wird unter Beachtung des Grundsatzes des gleichen Zugangs zu den Versorgungsquellen durch eine gemeinsame Versorgungspolitik sichergestellt (Art. 52 Abs. 1).[27] Zu diesem Zweck wurde eine Agentur geschaffen, die unter der Aufsicht der Kommission steht und finanzielle Autonomie genießt (Art. 53 ff.). Diese Agentur verfügt über ein uneingeschränktes Bezugsrecht für Erze, Ausgangsstoffe und besondere spaltbare Stoffe, die im Gebiet der Mitgliedstaaten erzeugt werden, sowie über das ausschließliche Recht, Verträge über die Lieferung von Erzen, Ausgangsstoffen oder besonderen spaltbaren Stoffen aus Ländern innerhalb oder außerhalb der Gemeinschaft abzuschließen (Art. 52 Abs. 2). Alle besonderen spaltbaren Stoffe, d. h. die gesamten in den Gemeinschaft vorhandenen Kernbrennstoffe, sind Eigentum der Gemeinschaft (Art. 86). Über deren Verbrauch bzw. Verwendung und Verbleib führt die Agentur im Namen der Gemeinschaft ein besonderes Konto mit der Bezeichnung „Finanzkonto der besonderen spaltbaren Stoffe" (Art. 88 f.).

Die Überwachung der Sicherheit obliegt der Kommission. Sie hat sich durch Entsendung von Inspektoren zu vergewissern, daß

„a) die Erze, die Ausgangsstoffe und besonderen spaltbaren Stoffe nicht zu anderen als den von ihren Benutzern angegebenen Zwecken verwendet werden,

  b) die Vorschriften über die Versorgung und alle besonderen Kontrollverpflichtungen geachtet werden, welche die Gemeinschaft in einem Abkommen mit einem dritten Staat oder einer zwischenstaatlichen Einrichtung übernommen hat."
(Art. 77)

Die Inspektoren haben nach Ausweis jederzeit zu allen Orten, Unterlagen und Personen Zugang, die sich von Berufs wegen mit Stoffen, Ausrüstungsgegenständen oder Anlagen beschäftigen, welche der Sicherheitsüberwachung unterliegen, und haben die Pflicht, die vorgeschriebene Buchführung der Unternehmen über verwendete oder erzeugte Erze, Ausgangsstoffe und besondere spaltbare Stoffe zu prüfen. Sie müssen der Kommission über jeden Verstoß berichten.

Durch diese Vertragsgestaltung wurde die Gemeinschaft zum Alleinverfügungsberechtigten über alle spaltbaren Stoffe in der ganzen EG. Zur Überwachung des Verbleibs und Verbrauchs des spaltbaren Materials wurde sie mit sehr weitgehenden Kontrollrechten ausgestattet, so daß in der Gemeinschaft die Gefahr eines Mißbrauchs des spaltbaren Materials auf ein Minimum reduziert ist.

---

27   Nach Art. 197 EAGV sind „besondere spaltbare Stoffe": Plutonium 239, Uran 233 sowie mit Uran 235 oder 233 angereichertes Uran; „Ausgangsstoffe": Uran, welches das in der Natur vorkommende Isotopengemisch enthält oder dessen Gehalt an Uran 235 unter dem normalen Gehalt liegt; „Erze": alle Erze, aus denen durch Aufbereitung Uran und andere radioaktive Elemente gewonnen werden können.

4. Die ordnungspolitischen Leitlinien des EWG-Vertrags

Im Gegensatz zum EGKS-Vertrag, der nicht zuletzt durch den starken französischen Einfluß auf die Ausgestaltung des Vertrages in seiner ordnungspolitischen Grundausrichtung stark interventionistische bis planificatorische Züge enthält, folgt der EWG-Vertrag einer wesentlich marktwirtschaftlicheren und liberaleren Grundkonzeption.[28] Die Grund-elemente des EWG-Vertrags sind:

1. die fünf wirtschaftlichen Grundfreiheiten, nämlich die Freiheit des Warenverkehrs, die Freiheit des Dienstleistungsverkehrs, die Niederlassungsfreiheit, die Arbeitnehmerfreizügigkeit und die Freiheit des Zahlungs- und Kapitalverkehrs, wobei letztere nur so weit zu verwirklichen ist, wie es für das ordnungsgemäße Funktionieren des Gemeinsamen Marktes erforderlich ist (Art. 67, Abs. 1, EWGV).

2. garantiert die Wirtschaftsverfassung des EWG-Vertrags das Gleichheitsprinzip im Gemeinsamen Markt. Danach haben alle Bürger der EG-Mitgliedstaaten bei der Ausübung ihrer wirtschaftlichen Aktivitäten, d. h. in ihrer Eigenschaft als „Marktbürger" der Europäischen Gemeinschaft, unabhängig von ihrer Staatsbürgerschaft das Recht auf Gleichbehandlung. Denn alle drei Gemeinschaftsverträge verbieten „jede Diskriminierung aus Gründen der Staatsangehörigkeit".[29]

3. gewährleistet der EWG-Vertrag eine Wettbewerbsordnung innerhalb des Gemeinsamen Marktes durch ein System von Wettbewerbsvorschriften, das den Wettbewerb schützt. Dabei basieren das Wettbewerbsrecht und die Wettbewerbspolitik des EWG-Vertrags auf drei Grundsätzen:
   – auf einem grundsätzlichen Kartellverbot,
   – auf einem Verbot des Mißbrauchs einer marktbeherrschenden Stellung und
   – auf einem grundsätzlichen Subventionsverbot und einer strengen Subventionskontrolle in den zulässigen Ausnahmefällen.

Alle drei Grundsätze sind im Kern auch schon im EGKS-Vertrag enthalten. Die im EGKS-Vertrag darüber hinaus enthaltene Fusionskontrolle, die vor allem gegen deutsche Unternehmen gerichtet war, wurde in den EWG-Vertrag von 1957 dagegen nicht übernommen, sondern für den Anwendungsbereich des EWG-Vertrags erst 1990 eingeführt. Dennoch ist die Wettbewerbsordnung des EWG-Vertrags wesentlich marktwirtschaftlicher ausgerichtet als die ordnungs-

---

28 Zur ordnungspolitischen Beurteilung des EWG-Vertrags vgl. auch Hans von der Groeben, Die Europäische Wirtschaftsgemeinschaft als Motor der gesellschaftlichen und politischen Integration, Tübingen 1970, S. 11 f. Manfred Zuleeg, Die Wirtschaftsverfassung der Europäischen Gemeinschaften, in: Arbeitskreis Europäische Integration e. V. (Hrsg.), Wirtschafts- und gesellschaftliche Ordnungsprobleme der Europäischen Gemeinschaften, Baden-Baden 1978, S. 73 - 100. Ernst Dürr, Ordnungsvorstellungen in der Wirtschaftspolitik der Gemeinschaft, ebenda, S. 107 - 127.

29 Vgl. Art. 7 EWGV, Art. 60, 69 EGKSV, Art. 96, 97 EAGV.

politischen Leitlinien des EGKS-Vertrags, da sie erheblich weniger Ausnahmen und Eingriffsmöglichkeiten des Staates bzw. der Gemeinschaft in den Markt- und Wettbewerbsprozeß vorsieht als der EGKS-Vertrag.

4. enthält der EWG-Vertrag auch gewisse Elemente der Wirtschaftsplanung im Gemeinsamen Markt. Dies betrifft zunächst die beiden Sektoren Landwirtschaft und Verkehr. Nachdem beide Sektoren bereits vor Abschluß des EWG-Vertrags in allen Mitgliedstaaten starken Regulierungen und staatlichen Eingriffen unterworfen waren, sollten diese Sektoren auch im Gemeinsamen Markt reguliert und bis zu einem gewissen Grad einer staatlichen Lenkung unterworfen werden. Um dennoch auch für diese Sektoren einen gemeinsamen Markt ohne Diskriminierung zu schaffen, wurden im EWG-Vertrag eine *gemeinsame* Agrarpolitik und eine *gemeinsame* Verkehrspolitik beschlossen, welche die nationalen Regulierungen und Eingriffe in diese Märkte durch europäische Regeln und Eingriffe ablösen sollten. Es muß jedoch festgestellt werden, daß die gemeinsame Verkehrspolitik lange Jahre nicht verwirklicht werden konnte, weil sich Kommission und Rat nicht auf eine interventionistische gemeinsame Verkehrspolitik einigen konnten, und daß bei der Vollendung des Binnenmarktes Ende der achtziger Jahre auch für den Verkehrsbereich ein klar wettbewerbsorientierter Ansatz gewählt wurde.

Des weiteren wurde im EWG-Vertrag mit der Errichtung eines Europäischen Sozialfonds ein Instrumentarium für Eingriffe in den Arbeitsmarkt geschaffen, um die Beschäftigungsmöglichkeiten der Arbeitskräfte im Gemeinsamen Markt zu verbessern. Eine aktive Arbeitsmarktpolitik, die - wie im EWG-Vertrag vorgesehen - darauf gerichtet ist, durch Umstellungsbeihilfen an Unternehmen zur Erhaltung von Arbeitsplätzen beizutragen und durch Berufsumschulung und Umsiedlungsbeihilfen eine produktive Wiederbeschäftigung von arbeitslos gewordenen Arbeitnehmern zu ermöglichen, stellt zwar zweifelsfrei einen interventionistischen Eingriff des Staates in die Struktur der Gütermärkte und den Arbeitsmarkt dar, kann aber - vor allem in Verbindung mit den übrigen Bestimmungen des EWG-Vertrags über die Sozialpolitik - ebenso als ein erster notwendiger Ansatzpunkt zu einer sozialen Flankierung des Gemeinsamen Marktes auf europäischer Ebene betrachtet werden wie sie auch von Anhängern der Sozialen Marktwirtschaft gefordert und vertreten wird.

Interventionistische Elemente enthält der EWG-Vertrag schließlich durch die Verpflichtung der Mitgliedstaaten, ihre Wirtschaftspolitik in enger Zusammenarbeit mit den Organen der Gemeinschaft zu koordinieren, „soweit dies zur Erreichung der Ziele dieses Vertrages erforderlich ist" (Art. 6 EWGV). Dabei verpflichtet der EWG-Vertrag jeden Mitgliedstaat auf die Wirtschaftspolitik, „die erforderlich ist, um unter Wahrung eines hohen Beschäftigungsstands und eines stabilen Preisniveaus das Gleichgewicht seiner Gesamtzahlungsbilanz zu sichern und das Vertrauen in seine Währung aufrecht zu erhalten" (Art. 104 EWGV). Da jedoch beim Instrument der Koordinierung die nationale Souveränität unangetastet bleibt, kann im Bereich der Prozeßpolitik kein Mitgliedstaat zu Staatseingriffen bewegt werden, die er nicht national verantworten kann. Deutlich wurde dies, als die Vertreter Frankreichs und Belgiens zur Absicherung der Wirksamkeit ihrer nationalen Wirtschaftsplanung im Rahmen ihrer „Planification" in Frankreich bzw. „Programmation" in Belgien eine verbindliche Globalplanung auf Gemeinschaftsebene forderten. Auf ihr hartnäckiges Drängen hin wurde zwar im April 1964 ein „Ausschuß für mittelfristige Wirtschaftspolitik" zur Erarbeitung einer mittelfristigen Programmierung auf Gemeinschaftsebene eingesetzt, doch betrachtete die Mehrzahl der Mitgliedstaaten die in den verschiedenen Programmen dieses Ausschusses enthaltenen Leitlinien lediglich als unverbindliche Orientierungsdaten und verweigerten die Umsetzung der europäischen Programmierung in ihrem Hoheitsbereich.

Zusammenfassend kann festgestellt werden, daß die ordnungspolitische Grundausrichtung des EWG-Vertrages zwar ebenso wie der EGKS-Vertrag durch eine Reihe von interventionistischen und planwirtschaftlichen Elementen gekennzeichnet ist, die bei voller Anwendung durchaus ein beträchtliches Maß an staatlicher Wirtschaftslenkung ermöglichen würden, doch sind die liberalen marktwirtschaftlichen Elemente eindeutig vorherrschend. Darüber hinaus sind die marktwirtschaftlichen Elemente auch ziemlich klar und eindeutig im EWG-Vertrag selbst verankert, während bezüglich der interventionistisch zu gestaltenden Politikbereiche im Vertrag nur relativ offen gehaltene allgemeine Zielsetzungen enthalten sind, die jeweils erst durch konkrete einstimmige Beschlüsse des Rates oder im Falle der Koordinierung durch einen einvernehmlichen Konsens der Mitgliedstaaten in praktische Politik umgesetzt werden können. Dabei waren in einigen Fällen wie z. B. bei der Konjunkturpolitik im Vertrag sogar unterschiedliche Optionen offen gelassen worden. In allen Fällen garantierte der Vertrag, daß interventionistische Politiken und staatliche Eingriffe in den Wirtschaftsprozeß nur dann möglich waren, wenn alle Mitgliedstaaten dies für sinnvoll hielten, was beim EGKS-Vertrag nicht der Fall war. Insofern kann man den EWG-Vertrag trotz einiger interventionistischer Elemente in seiner Grundausrichtung als klar marktwirtschaftlich und ordo-liberal orientiert bezeichnen.

Tatsächlich läßt sich nachweisen, daß der EWG-Vertrag im Gegensatz zum EGKS-Vertrag maßgeblich von den deutschen Verhandlungsführern mitgestaltet und daher in erheblichem Maße von deutschen ordnungspolitischen Vorstellungen geprägt wurde. Dieser bis heute unübersehbare Beitrag der Bundesrepublik Deutschland zur Wirtschaftsordnung der EG resultierte aber nicht so sehr aus einer ordo-liberalen Grundeinstellung der beteiligten Mitgliedstaaten als vielmehr aus einem relativen Desinteresse Frankreichs an der Gründung der Europäischen Wirtschaftsgemeinschaft. Frankreich war damals nämlich vor allem an der Gründung einer europäischen Atomgemeinschaft interessiert, während Deutschland und die Benelux-Staaten ihr Hauptaugenmerk auf die Gründung einer Europäischen Wirtschaftsgemeinschaft richteten.

5. Gründe für den starken deutschen Einfluß auf die Wirtschaftsordnung der EWG

Der relativ starke deutsche Einfluß auf den Inhalt des EWG-Vertrags kann auf drei Faktoren zurückgeführt werden:

1. auf den starken Erfolgszwang der Mitgliedstaaten nach dem Scheitern des EVG-Vertrags,
2. auf den Verlust des „politischen Initiativerechts" Frankreichs nach dem Scheitern des EVG-Vertrags in der französischen Nationalversammlung,
3. auf die unterschiedliche Interessenlage zwischen Deutschland und Frankreich bezüglich der beiden Römischen Verträge.

Der Abschluß der Römischen Verträge bedeutete für Europa einen großen Erfolg. Sie waren das Ergebnis dessen, was damals allgemein als „relance européenne" oder als die Wiederbelebung des Europagedankens auf der Konferenz von Messina bezeichnet wurde. Es ist sicherlich richtig, daß schon allein der Zwang zum Erfolg nach dem Scheitern des EVG-Vertrags den Abschluß der Römischen Verträge begünstigt hat. Hätten die europäischen Staaten nach dem Mißerfolg mit der EVG und der Europäischen Politischen Gemeinschaft nicht bald einen Erfolg bei der europäischen Integration zu verzeichnen gehabt, so wäre wahrscheinlich nicht nur sehr schnell das Interesse am Ziel der Einigung Europas erlahmt und als undurchführbar abgetan worden, sondern auch das bisher Erreichte, nämlich die Montanunion, in Gefahr geraten. Richtig ist auch, daß der europäische Integrationsprozeß nach dem Fehlschlag auf dem politischen Gebiet eigentlich nur noch im wirtschaftlichen Bereich Fortschritte erzielen konnte. Dieser Erfolgszwang in Verbindung mit einer politischen Lähmung Frankreichs begünstigte die übrigen Verhandlungspartner, denn Frankreich befand sich nach dem Scheitern des EVG-Vertrags am Veto der französischen Nationalversammlung politisch in der Defensive. Neue Initiativen zur europäischen Integration mußten von anderen Staaten kommen. In dieser Situation ergriff der holländische Außenminister Beyen im März 1955 im Namen der drei Benelux-Staaten die Initiative und schlug erneut wie schon im sog. Beyen-Plan vom Februar 1953 die Errichtung eines gemeinsamen Marktes und einer Zollunion nach dem Vorbild der Benelux-Union vor. Deutschland und Italien unterstützten diesen Plan, während Frankreich Interesse an einer europäischen Atomgemeinschaft bekundete.

Auf der Konferenz von Messina übernahm der belgische Außenminister Paul-Henri Spaak den Vorsitz, den er auch in den nachfolgenden Vertragsverhandlungen beibehielt. Die deutsche Delegation hatte für die Konferenz von Messina ein Memorandum vorbereitet, das wesentlich ausführlicher war als die Regierungsvorschläge der übrigen Mitgliedstaaten und schon aus diesem Grunde den Verlauf der Verhandlungen wesentlich beeinflußte.[30] Diese deutschen Vorschläge wurden am 22. Mai 1955 in einer Klausurtagung im Landhaus von Alfred Müller-Armack in Eicherscheid bei Münstereifel ausgearbeitet und dienten zugleich als einheitliche Verhandlungsrichtlinie für die späteren Verhandlungen. Eine derartige Abstimmung war dringend notwendig, weil es zwischen dem deutschen Außenministerium und dem Wirtschaftsministerium erhebliche Differenzen über das, was integriert werden sollte, sowie über die Integrationsmethode gab. Adenauer wollte den im EGKS-Vertrag eingeschlagenen Weg einer institutionellen Integration der Sechs mit supranationalen Organen fortsetzen, um zunächst die Gemeinschaft der Sechs zu festigen und zu einer politischen Institution fortzuentwickeln, während Bundeswirtschaftsminister Ludwig Erhard und sein Staatssekretär Alfred Müller-Armack eine wirtschaftliche Liberalisierung in einem möglichst großen Wirtschaftsraum, die Wiederherstellung der Währungskonvertibilität sowie eine möglichst liberale Handelspolitik gegenüber Drittländern bei so wenig supranationalen Institutionen wie möglich anstrebten. Erhard setzte - soweit er überhaupt vom Gedanken der europäischen Integration überzeugt war - auf die funktionale Integration durch die Märkte, während Adenauer und seine Mitarbeiter Franz Etzel, Walter Hallstein, Karl Friedrich Ophüls und Hans von der Groeben fest die politische Integration Europas verfolgten und sich für die Schaffung entsprechender Institutionen unabhängig vom gerade zu integrierenden Sachgegenstand einsetzten.

Die „Eicherscheider Beschlüsse", auf die sich die beiden Parteien auf dieser Klausurtagung verständigten, strebten eine mittlere Linie an. Man wurde sich darüber einig, daß der Weg der funktionalen Integration durch eine europäische Politik und die Schaffung eines institutionellen Gefüges ergänzt werden müsse. Die Integration sollte sich auf alle wirtschaftlichen Bereiche erstrecken, die nicht schon durch die Montanunion erfaßt waren. In die Integration einbezogen werden sollten auch die Bereiche Verkehr, Kernenergie und Energiepolitik. Angestrebt wurde darüber hinaus eine wissenschaftlich-bildungsmäßige Integration, etwa durch Gründung einer europäischen Universität, und ein europäischer Investitionsfonds zur Unterstützung wirtschaftlich schwacher Regionen.

Damit war es den beiden Vätern der Sozialen Marktwirtschaft in Deutschland Ludwig Erhard und seinem Staatssekretär Alfred Müller-Armack gelungen, das politische Integrationskonzept Adenauers mit dem liberalen marktwirtschaftlichen Konzept der funktionalen Integration zu verbinden, was nicht nur für den Integrationsprozeß selbst einen größtmöglichen Erfolg versprach, sondern auch von der politischen Akzeptanz her geeignet schien, unterschiedliche Positionen auf einen gemein-

---

30   Vgl. Alfred Müller-Armack, Auf dem Weg nach Europa, a.a.O., S. 100.

samen Nenner zu bringen. Dieser Doppelansatz erwies sich denn auch in den Vertragsverhandlungen als außergewöhnlich flexibel und erfolgreich. Frankreichs Interesse konzentrierte sich demgegenüber hauptsächlich auf die Errichtung einer europäischen Atomgemeinschaft. Bezüglich der wirtschaftlichen Integration vertrat Frankreich den Standpunkt, daß die sechs Staaten vor ihrer wirtschaftlichen Vereinigung zuerst eine „soziale Harmonisierung" durchführen müßten, um in den übrigen Mitgliedstaaten ein vergleichbares Niveau der sozialen Sicherheit (und der Soziallasten) zu gewährleisten, wie es in Frankreich zu diesem Zeitpunkt schon erreicht war. Diese Auffassung wurde von den übrigen Verhandlungspartnern jedoch nicht geteilt. Sie hielten es nicht für richtig, die komplizierte Koordinierung im sozialpolitischen Bereich an den Anfang zu setzen, da dies das ganze Einigungswerk in Gefahr bringen könnte. Außerdem vertraten sie die Auffassung, daß die Öffnung der Märkte von sich aus zu einer Lohnangleichung und zu einem gewissen Gleichschritt auch im sozialen Bereich führen würde. Aufgrund seiner Außenseiterposition und der hinhaltenden Verhandlungsführung bei der Abfassung des EWG-Vertrags blieb der französische Einfluß auf diesen Vertrag daher verhältnismäßig gering.

Was die europäische Atomgemeinschaft anbetrifft, so war das nationale Interesse Frankreichs und der übrigen Partnerstaaten Deutschlands an einer solchen Gemeinschaft aus folgenden Gründen ziemlich offensichtlich:

1. Mit Inkrafttreten der Pariser Verträge vom Oktober 1954 hatte Deutschland nämlich nicht nur seine Souveränität zurückerlangt, sondern auch das Recht erhalten, zivile Atomforschung zu betreiben und die Atomenergie für friedliche Zwecke, d. h. zur Energieerzeugung zu nutzen. Da damals für das relativ rohstoffarme Europa ähnlich wie heute eine Energieverknappung drohte, war abzusehen, daß die europäischen Staaten einschließlich Deutschlands, die bis dahin - abgesehen von England und den ersten Anfängen Frankreichs - keine Atomforschung betrieben hatten, entsprechende Programme durchführen würden. Es fehlte aber ein wirksames System der Sicherheitsüberwachung, das die europäischen Staaten gegenseitig vor einem Mißbrauch des spaltbaren Materials schützen konnte.

2. Die Kosten der Kernforschung und Entwicklung von Atomreaktoren überstiegen damals eindeutig die finanzielle Leistungskraft der nationalen Volkswirtschaften der europäischen Länder. Eine international wettbewerbsfähige Atomindustrie konnte nach dem schon bestehenden Rückstand Europas auf diesem Gebiet demnach nur mit vereinten Kräften geschaffen werden, indem Doppel- bzw. Parallelentwicklungen möglichst vermieden wurden. Dazu war ein Organisationssystem erforderlich, das gewährleistete, daß alle Mitgliedstaaten zu dem in der Gemeinschaft entwickelten Know-how durch einen Austausch der wissenschaftlichen Kenntnisse gleichen Zugang hatten.

3. Wie schon erwähnt, erwarteten die Montanunionländer auf lange Sicht gesehen eine strukturelle Energieverknappung, die ohne Atomenergie nur durch eine schnell zunehmende Energieeinfuhr in die Gemeinschaft hätte vermieden werden können. Das hätte aber langfristig für Europa nicht nur eine starke Abhängigkeit von den Energieexportländern, insbesondere den Ölexportländern, bedeutet, sondern hätte mit Sicherheit auch zu Wachstumseinbußen der europäischen Volkswirtschaften geführt.

4. Die starke Abhängigkeit Europas von den Ölimporten des Nahen Ostens wurde den Europäern durch den Ausbruch der Suezkrise im Herbst 1956, in deren Verlauf England und Frankreich von den Vereinigten Staaten zu einem Rückzug aus Ägypten gezwungen wurden, damals schon kraß vor Augen geführt. Die wenigen Tage des Konfliktes und die Schließung des Suezkanals drohten die westeuropäische Wirtschaft in ein Chaos zu stürzen. Ihre Wirkung besonders auf Frankreich war unübersehbar. Sie riefen Frankreich erneut ins Bewußtsein, daß in einer Welt der Supermächte die nationale Macht der europäischen Staaten sehr begrenzt ist und daher die politische Zukunft der europäischen Staaten nur in einem gemeinsamen Vorgehen liegen kann.

Da das relative Desinteresse Frankreichs an einer liberal marktwirtschaftlich konzipierten und nach außen offenen Europäischen Wirtschaftsgemeinschaft der deutschen Seite nicht entgangen war, hatte Adenauer von deutscher Seite die beiden Verträge zu einem Verhandlungs- und Vertragspaket verknüpft, das nur zusammen unterzeichnet und ratifiziert werden sollte. Dieses Junktim zwischen den beiden Verträgen hat die Bundesrepublik nach Ausbruch der Suezkrise auch durchsetzen können. Dabei konnte die deutsche Verhandlungsdelegation in der Endphase der Verhandlungen nicht nur ihre Vorstellungen über die Wettbewerbspolitik gegenüber Frankreich durchsetzen, sondern auch die französische Forderung nach sozialer Harmonisierung auf eine für alle akzeptable Minimallösung mit einigen Schutzklauseln beschränken. Schließlich hat Müller-Armack auf ausdrückliche Weisung Erhards bei der Frage der institutionellen Regelung vor allem auch gegen den heftigen Widerstand der Institutionalisten des deutschen Außenministeriums das Kompetenzverhältnis von Kommission und Ministerrat gegenüber den Bestimmungen des EGKS-Vertrags umgekehrt. Er setzte es durch - belehrt durch negative persönliche Erfahrungen mit der Hohen Behörde der Montanunion - , daß der Ministerrat zum eigentlichen Entscheidungsorgan der Gemeinschaft gemacht wurde, während der Kommission eine vorbereitende, vorschlagende Funktion zugewiesen wurde.

Die Landwirtschaft wurde auf Drängen Frankreichs zwar in den EWG-Vertrag einbezogen, doch wurden bezüglich der geplanten gemeinsamen Agrarpolitik im Vertrag alle Optionen offengelassen. Hier hat erst der 1958 an die Macht gelangte französische Staatspräsident Charles de Gaulle auf der Konferenz von Stresa im Juli

1958 und in den Folgeverhandlungen im Ministerrat seine französischen Vorstellungen über eine gemeinsame europäische Agrarpolitik durchgesetzt.

V. Die Weiterentwicklung der Wirtschaftsordnung der Europäischen Union durch die Einheitliche Europäische Akte und den Kommissionsansatz zur Vollendung des EG-Binnenmarktes

Die Wirtschaftsordnung eines Landes wird natürlich nicht nur durch die grundlegenden Bestimmungen der Verfassung bestimmt. Diese kann allenfalls den Rahmen und die Grundleitlinien vorgeben, innerhalb deren sich die Wirtschaftsordnung entwikkeln und konkretisieren kann. Im einzelnen ausgestaltet wird die Wirtschaftsordnung eines Landes vielmehr durch die konkrete Setzung der rechtlichen Rahmenordnung durch eine Vielzahl wirtschaftsrelevanter Gesetze und Verordnungen, die sich im Laufe der Zeit auch verändern können sowie durch die Umsetzung ordnungspolitischer Vorstellungen in praktische Wirtschaftspolitik. Das ist auch in der Europäischen Gemeinschaft so. In ihr stellen die Gründungsverträge der drei Europäischen Gemeinschaften einschließlich ihrer Anpassungen die Verfassung der Europäischen Gemeinschaft dar, die im Laufe der Zeit um ein umfassend ausgestaltetes und den Verfassungsauftrag umsetzendes Sekundärrecht in Form von Verordnungen, Richtlinien und Entscheidungen ergänzt wurde. Dieses Primär- und Sekundärrecht der Europäischen Gemeinschaften und seine Auslegung durch die laufende Rechtsprechung des Europäischen Gerichtshofes bildet gemeinsam mit dem flankierenden Völkervertragsrecht der Mitgliedstaaten, wie z. B. den Abkommen über das Europäische Währungssystem EWS sowie ihren politischen Absichts- und Willenserklärungen und ihren Prozeduren und Usancen zur Koordinierung ihrer Wirtschaftspolitik einen umfassenden „acquis communautaire". Allein er ist in der Lage, die Wirtschaftsordnung der EG in ihrem vollen Umfang angemessen zu beschreiben.

Als einer der gewichtigen Staaten der Europäischen Union - auch nach mehrfacher Erweiterung dieser Staatengemeinschaft - und als prononcierter Vertreter eines liberalen marktwirtschaftlichen Kurses im Kreis einer Gruppe ähnlich denkender Mitgliedstaaten, gelang es Deutschland auch in der Folgezeit, die Gemeinschaft bis auf wenige Ausnahmen auf einem klaren ordo-liberalen und nach außen verhältnismäßig offenen marktwirtschaftlichen Grundkurs zu halten.

Eine beträchtliche Veränderung und Vervollkommnung der Wirtschaftsordnung der Europäischen Gemeinschaft erfolgte in der zweiten Hälfte der achtziger Jahre durch die Einheitliche Europäische Akte und das Programm der Kommission zur Vollendung des EG-Binnenmarktes.[31] Denn obwohl schon der EWG-Vertrag zum Ziel

---

31 Die Einheitliche Europäische Akte (EEA) ist der erste größere Vertrag zu den Gründungsverträgen der Europäischen Gemeinschaften. Sie wurde im Februar 1986 von den Regierungsvertretern der damals 12 Mitgliedstaaten der EG unterzeichnet und trat am 1. Juli 1987 in Kraft. Sie ist u. a. abgedruckt in: Bulletin der Europäischen Gemeinschaften, Beilage 2/86, Luxemburg 1986. Das Pro-

hatte, durch Errichtung eines Gemeinsamen Marktes sowie einer Rechtsangleichung und Koordinierung der Wirtschaftspolitik der Mitgliedstaaten, soweit dies für das Funktionieren des Gemeinsamen Marktes erforderlich ist, einen einheitlichen integrierten Wirtschaftsraum mit binnenmarktähnlichen Verhältnissen zu schaffen, in dem sich der Personen-, Güter, Dienstleistungs- und Kapitalverkehr frei und ohne Wettbewerbsverzerrungen vollziehen kann, war es bis Mitte der achtziger Jahre nicht gelungen, einen wirklich einheitlichen Wirtschaftsraum ohne Binnengrenzen und ohne Wettbewerbsverzerrungen zu verwirklichen. Der Warenverkehr innerhalb der Gemeinschaft wurde nach wie vor durch Grenzkontrollen sowie durch eine Vielzahl sog. nichttarifärer Handelshemmnisse behindert und erschwert und auch die Freiheit des Dienstleistungs- und Kapitalverkehrs sowie die Niederlassungsfreiheit war nicht zufriedenstellend verwirklicht. So war es bis Mitte der achtziger Jahre nicht gelungen, einen gemeinsamen Markt für Banken, Versicherungen und sonstige Finanzdienstleistungen, für den Versorgungs- und Energiesektor, für Telekommunikation, audiovisuelle Dienstleistungen, Informations- und Datenverarbeitungsdienstleistungen, öffentliche Aufträge sowie für den Verkehrssektor zu schaffen. Außerdem war es nicht gelungen, sich auf eine gemeinsame Verkehrspolitik zu einigen. Und die Rechtsangleichung und Harmonisierung der indirekten Steuern waren - gemessen an den Erfordernissen - in den Anfängen steckengeblieben, so daß der Gemeinsame Markt nach wie vor durch eine Vielzahl unterschiedlicher nationaler Rechts- und Verwaltungsvorschriften paralysiert war.

Gründe für die unvollkommene Verwirklichung der Vertragsziele des EWG-Vertrags waren vor allem ein falscher Integrationsansatz im EWG-Vertrag, das Einstimmigkeitsprinzip in zentralen Harmonisierungsbereichen sowie die immer extensivere Inanspruchnahme der im EWG-Vertrag enthaltenen Schutzklauseln.[32]

Durch die Verabschiedung der Einheitlichen Europäischen Akte (EEA) wurden der Gemeinschaft auf verschiedenen Gebieten zusätzliche Aufgaben übertragen und zusätzliche Befugnisse eingeräumt. So erhielt die Gemeinschaft im Bereich der Sozialpolitik eine eigene Regelungskompetenz zum Erlaß von Mindestvorschriften betreffend die Sicherheit und den Gesundheitsschutz der Arbeitnehmer am Arbeitsplatz (Art. 21 EEA, 118 a EWGV). Darüber hinaus soll die Kommission einen Dialog zwischen den Sozialpartnern auf europäischer Ebene entwickeln (Art. 22 EEA, 118

---

gramm der Kommission zur Vollendung des EG-Binnenmarktes bis Ende 1992, das vom Europäischen Rat im Juni 1985 in Mailand akzeptiert wurde, wurde in einem sog. „Weißbuch" veröffentlicht. Vgl. Kommission der EG, Vollendung des Binnenmarktes - Weißbuch der Kommission an den Europäischen Rat - , KOM (85) 310, Luxemburg, Juni 1985.

32 Vgl. ausführlicher dazu: Wolfgang Harbrecht, Europa auf dem Weg zu einem einheitlichen Binnenmarkt - Erfolgsaussichten und Konsequenzen - , in: Ernst Dürr und Hugo Sieber (Hrsg.), Weltwirtschaft im Wandel, Festschrift für Egon Tuchtfeldt zum 65. Geburtstag, Bern - Stuttgart 1988, S. 339 - 357, insbes. S. 344 ff.

b EWGV). Außerdem wurde durch die EEA eine vorher nur in Ansätzen entwickelte europäische Regionalpolitik zur Stärkung des wirtschaftlichen und sozialen Zusammenhalts der Gemeinschaft eingeführt mit dem Ziel, den Abstand zwischen den verschiedenen Regionen und den Rückstand der am stärksten benachteiligten Gebiete zu verringern (Art. 23 EEA, 130 a - e EWGV). Schließlich wurde der Gemeinschaft durch die Einheitliche Europäische Akte eine grundsätzliche Zuständigkeit für eine europäische Forschungs- und Technologiepolitik (Art. 24 EEA, 130 f - g EWGV) und eine europäische Umweltpolitik (Art. 25 EEA, Art. 130 r - t EWGV) eingeräumt.

Obwohl vor allem die Regionalpolitik und die Forschungs- und Technologiepolitik zweifellos verstärkte interventionistische Eingriffe der Gemeinschaft in die Wirtschaftsstruktur ermöglichen, stellt die Weiterentwicklung der Wirtschaftsordnung der Europäischen Union in den achtziger Jahren keine Abkehr vom ordo-liberalen Grundkonzept der fünfziger und sechziger Jahre und vom deutschen Konzept der Sozialen Marktwirtschaft dar. Denn erstens wurden in allen Mitgliedstaaten schon vorher - allerdings in unterschiedlichem Umfang - Regionalpolitik, Umweltpolitik und Forschungs- und Technologiepolitik betrieben. Die Übertragung von Befugnissen auf diesen Gebieten auf die Gemeinschaft bedeutet daher lediglich eine teilweise Übertragung bzw. Abtretung nationaler Eingriffs"rechte" auf die Gemeinschaft. Darüber hinaus werden Eingriffe in die regionale und sektorale Wirtschaftsstruktur, soweit sie dem regionalen und sozialen Ausgleich dienen, von vielen Anhängern der Marktwirtschaft als notwendiges oder zumindest zulässiges Element einer sozial ausgerichteten Marktwirtschaft angesehen.[33]

Zweitens beruhte das Kommissionsprogramm zur Vollendung des EG-Binnenmarktes bis Ende 1992 auf einem neuen, extrem marktwirtschaftlichen und liberalen funktionalen Integrationskonzept. Grundlage für den neuen Integrationsansatz der EG-Kommission war ein Urteil des Europäischen Gerichtshofs, das 1979 in der Rechtssache „Cassis de Dijon" erging.[34] Nach diesem Grundsatzurteil muß jedes Erzeugnis, das in einem Mitgliedstaat rechtmäßig hergestellt und in den Verkehr gebracht wird, grundsätzlich auch auf dem Markt aller anderen Mitgliedstaaten zugelassen werden. Bis zu diesem Grundsatzurteil vertraten die Mitgliedstaaten die Auffassung, daß ein Produkt, solange es keine einheitliche europäische Zulassungsregelung gibt, den jeweiligen nationalen Zulassungsvoraussetzungen entsprechen müsse. Andernfalls konnte sein Import behindert werden.

---

33 So hatte - wie oben schon erwähnt wurde - selbst Alfred Müller-Armack durch seinen Vorschlag einen Europäischen Investitionsfonds zur Verringerung regionaler Disparitäten im Grundsatz die Notwendigkeit einer Europäischen Regionalpolitik gesehen und befürwortet. Vgl. Alfred Müller-Armack, Auf dem Weg nach Europa, a.a.O., S. 76 f. und S. 100.

34 Vgl. EuGH, Urteil in der Rechtssache 120/78 vom 20. 2. 1979, Slg. 1979, sowie Kommission der EG, 13. Gesamtbericht der EG, Luxemburg 1979, Ziff. 615.

Auf diesem Grundsatz des Cassis-de-Dijon-Urteils aufbauend hat die Kommission eine neue Integrationsmethode bzw. Strategie zur Beseitigung der technischen Schranken im Gemeinsamen Markt entwickelt, die den Wettbewerb als Integrationsinstrument benutzt. Da die Anerkennung dieses Grundsatzes durch die Mitgliedstaaten eine (mehr oder weniger unfreiwillige) faktische gegenseitige Anerkennung der nationalen Zulassungsvorschriften und Normen impliziert, entfällt eine Vielzahl von nichttarifären Handelshemmnissen, die bis dahin den innergemeinschaftlichen Handel behinderten, von selbst. Hat eine Harmonisierung der nationalen Regelungen noch nicht stattgefunden, so führt das im Gegensatz zu früher nicht mehr zu einer Paralysierung des Gemeinsamen Marktes, sondern zu einem Wettbewerb unterschiedlicher nationaler Gesundheits-, Sicherheits-, Umweltschutz- und sonstiger Zulassungsvorschriften der EG-Mitgliedstaaten innerhalb der Gemeinschaft. Dadurch verbreitert sich nicht nur das Güterangebot, sondern der Verbraucher kann durch seine Kaufentscheidung letztlich sogar über den gewünschten Grad an Gesundheitsschutz, Verbraucherschutz oder Umweltschutz selbst entscheiden und gesamtwirtschaftlich über das Niveau der von den Verbrauchern präferierten Schutzvorschriften mitbestimmen. Die Gemeinschaft kann ihre Arbeit auf jene Bereiche konzentrieren, in denen eine Harmonisierung unerläßlich ist. Außerdem kann sie sich auf die Festlegung von Mindeststandards beschränken, da auch nach einer Harmonisierung strengere nationale Schutzvorschriften zulässig sind.

Auch bei der Harmonisierung der indirekten Steuern verzichtet die EG-Kommission nach dem neuen Ansatz auf eine vollständige Angleichung der Steuersätze und setzt auf die Harmonisierungskräfte des Marktes. Vorgegeben werden nur zulässige Spannen für die einzelnen Verbrauchssteuersätze oder sogar nur Mindestsätze. Ansonsten soll eine ausreichende Annäherung der Steuersätze über den Wettbewerb, vor allem im grenznahen Bereich, erzwungen werden.

Schließlich beseitigte die Kommission noch bestehende Hindernisse im Bereich der Niederlassungsfreiheit vor allem durch Regelungen, die zu einer gegenseitigen Anerkennung von Diplomen und Berufsausbildungsgängen auch ohne vollständige Harmonisierung der Ausbildungsgänge verpflichten. Sie liberalisierte den Kapitalverkehr, den Banken- und Versicherungsmarkt und schuf einen einheitlichen Wirtschaftsraum für Finanzdienstleistungen auf der Grundlage des Wettbewerbs. Sie liberalisierte das öffentliche Auftragswesen und führte EG-weiten Wettbewerb bei der Ausschreibung öffentlicher Aufträge ein. Sie schuf Wettbewerbsmärkte in den Bereichen Verkehr und Telekommunikation und versucht, natürliche Monopole wie z. B. im Bereich der Versorgungs- und Energiewirtschaft oder im Fernmeldewesen auf das unbedingt notwendige Maß zu beschränken.

Insgesamt gesehen führte die Vollendung des EG-Binnenmarktes nach dem im Weißbuch von 1985 entworfenen Kommissionsprogramm zu einem Maß an Deregulierung, Liberalisierung und Einführung von Wettbewerb, wie es vorher in keinem der EG-Mitgliedstaaten verwirklicht war. Die Wirtschaftsordnung der Europäischen Gemeinschaft entwickelte sich in dieser Zeit zur liberalsten und marktwirtschaftlichsten Wirtschaftsordnung im Inneren, die je in diesem Jahrhundert in Europa realisiert wurde.

Fragt man sich, wie es möglich ist, daß die europäische Wirtschaftsordnung heute marktwirtschaftlicher und wettbewerbsorientierter ist als selbst die in den am marktwirtschaftlichsten orientierten Mitgliedstaaten, so ist dies wohl wieder nur politisch zu verstehen. Primäres Ziel der im Januar 1985 eingesetzten neuen Kommission unter Kommissionspräsident Jacques Delors war die Vollendung des EG-Binnenmarktes zu einem einheitlichen Wirtschaftsraum ohne Binnengrenzen und ohne Grenzkontrollen innerhalb der Europäischen Gemeinschaft.[35] Dazu war es notwendig, die bestehenden unterschiedlichen nationalen wirtschaftsrelevanten Bestimmungen durch eine europäische Rahmenordnung zu ersetzen. Als wirksamste Methode, um dies rasch zu erreichen, gilt der Grundsatz der gegenseitigen Anerkennung der unterschiedlichen nationalen Rechtsvorschriften und die Einführung von Wettbewerb. Dieser Integrationsansatz ermöglicht eine rasche funktionale Integration über den Markt und fördert das Bedürfnis nach neuen EG-einheitlichen Bestimmungen und Vorschriften, wenn der Wettbewerb zwischen den unterschiedlichen nationalen Regelungen zu Wettbewerbsverzerrungen oder unerwünschten Marktergebnissen führt. Um eine rasche Einführung solcher EG-einheitlicher Rechtsvorschriften zu ermöglichen, die dann häufig in Form von Mindestvorschriften eingeführt werden, wurde in der Einheitlichen Europäischen Akte für Beschlüsse, die zur Vollendung des Binnenmarktes notwendig sind, insbesondere für die Rechtsangleichung nach Art. 100 EWGV, das Einstimmigkeitsprinzip abgeschafft und das Mehrheitsprinzip im Rat eingeführt. Dadurch wurde es erschwert, daß einzelne Mitgliedstaaten die erforderliche Rechtsangleichung durch ihr Veto blockieren konnten. Wenn die starke marktwirtschaftliche und wettbewerbsorientierte Grundausrichtung der Wirtschaftsordnung der Europäischen Gemeinschaft seit Mitte der achtziger Jahre bis zu einem gewissen Grad mit einer allgemeinen Renaissance neo-liberaler Ordnungsvorstellungen in den achtziger Jahren, z. B. auch in den Vereinigten Staaten und in vielen europäischen Staaten, und einer Abkehr vom Glauben an die Wirksamkeit interventionistischer Staatseingriffe in das Marktgeschehen erklärt werden kann, so dürfte die starke Wettbewerbsorientierung im Europäischen Binnenmarkt doch in erster Linie politisch motiviert sein, nämlich als wirksame Integrationsmethode zur raschen Ersetzung der unterschiedlichen nationalen wirtschaftlichen Rahmenordnungen und Rechtsvorschriften durch einheitliche europäische Rechtsvorschriften und

---

35 Vgl. die Einführungsrede von Präsident Jacques Delors vor dem Europäischen Parlament am 12. März 1985 und das Arbeitsprogramm der Kommission für 1985, in: Bulletin der Europäischen Gemeinschaften, Beilage 4/85, Luxemburg 1985, insbes. S. 7, 11 ff. und 64 f.

eine mehr oder weniger einheitliche europäische Rahmenordnung. Für diese These spricht auch die Tatsache, daß die Handelspolitik der Europäischen Gemeinschaft gegenüber Drittstaaten bei weitem nicht so marktwirtschaftlich und liberal ist wie ihr innenpolitischer Grundansatz, wenn sie auch andererseits bei weitem nicht so protektionistisch ist, wie es von vielen Kritikern behauptet wird. Im Gegensatz zur Grundausrichtung der Wirtschaftsordnung im EWG-Vertrag ist diese jüngere Entwicklung nicht auf einen besonderen deutschen Beitrag zurückzuführen.

VI. Der Beitrag Deutschlands zur Geld- und Währungsordnung der Europäischen Union

1. Die Entwicklung der europäischen Währungsordnung bis 1988

Die Gründungsverträge der Europäischen Gemeinschaften enthielten keine Regelungen über eine gemeinsame Geld- und Währungspolitik. Diese verblieb ebenso wie andere Bereiche der Prozeßpolitik im Zuständigkeitsbereich der Mitgliedstaaten, wobei der Handlungsspielraum für die Währungspolitik durch die internationale Währungsordnung von Bretton Woods und durch die OEEC-Regelungen über die Europäische Zahlungsunion und das Europäische Währungsabkommen vorgegeben waren. Die Mitgliedstaaten wurden lediglich dazu verpflichtet, ihre Wirtschaftspolitik in enger Zusammenarbeit mit den Organen der Gemeinschaft zu koordinieren, soweit dies zur Erreichung der Ziele des EWG-Vertrages erforderlich ist (Art. 6 EWGV). Dabei verlangt der EWG-Vertrag von jedem Mitgliedstaat eine Wirtschaftspolitik, „die erforderlich ist, um unter Wahrung eines hohen Beschäftigungsstandes und eines stabilen Preisniveaus das Gleichgewicht seiner Gesamtzahlungsbilanz zu sichern und das Vertrauen in seine Währung aufrechtzuerhalten" (Art. 104 EWGV). Diese Bestimmungen gelten auch für die Währungspolitik, wobei für deren Koordinierung eigens ein Beratender Währungsausschuß eingesetzt wurde (Art. 105 Abs. 2). Von dieser Koordinierungsverpflichtung wurde allerdings die Wechselkurspolitik ausgenommen. Bei dieser Politik sollten die Mitgliedstaaten lediglich die Interessen der übrigen Mitgliedstaaten mitberücksichtigen (Art. 107 EWGV).[36]

Als die internationale Währungsordnung von Bretton Woods zunehmend brüchiger wurde, beschlossen die Staats- und Regierungschefs der damals noch sechs Mitgliedstaaten der EG auf einer Gipfelkonferenz in Den Haag im Dezember 1969, die Europäische Wirtschaftsgemeinschaft zu einer Wirtschafts- und Währungsunion weiterzuentwickeln.[37] Eine Expertengruppe unter dem damaligen luxemburgischen Premierminister Pierre Werner entwickelte auftragsgemäß einen Stufenplan mit ins-

---

36 Ausführlicher und differenzierter dazu vgl. Wolfgang Harbrecht, Europa auf dem Wege zur Wirtschafts- und Währungsunion, Bern - Stuttgart 1980, S. 31 - 48, und dort angegebene Literatur.

37 Vgl. Schlußkommuniqué der Konferenz der Staats- und Regierungschefs vom 1. und 2. Dezember 1969 in Den Haag, abgedruckt in: Kommission der Europäischen Gemeinschaften, Dritter Gesamtbericht der EG, 1969, S. 527 ff.

gesamt drei Stufen.[38] In der Endstufe, für deren Beginn das Jahr 1980 als realistisch angesehen wurde, sollte die Gemeinschaft eine Zone bilden, in der sich der Personen-, Güter-, Dienstleistungs- und Kapitalverkehr frei und ohne Wettbewerbsverzerrungen vollzieht. Außerdem sollte sie einen eigenständigen Währungsraum bilden, der durch die volle und irreversible Konvertierbarkeit der Währungen, die Beseitigung der Bandbreiten der Wechselkurse und die unwiderrufliche Festsetzung der Paritäten gekennzeichnet ist und ein gemeinschaftliches Zentralbanksystem besitzt. Die Geld- und Währungspolitik sollte zentralisiert werden und am Ende sollte der Integrationsprozeß durch die Einführung einer Gemeinschaftswährung gekrönt werden, deren Einführung allerdings nicht für unbedingt notwendig, sondern nur für wünschenswert gehalten wurde.[39] Obwohl der Rat unverzüglich mit der Umsetzung des Stufenplans begann, scheiterte dieser erste Versuch zur Verwirklichung der europäischen Wirtschafts- und Währungsunion am Zerfall des Bretton-Woods-Systems und den damit verbundenen Währungsunruhen zu Beginn der siebziger Jahre.[40] Übrig blieb ein europäischer Wechselkursverbund, die sog. „europäische Währungsschlange", der sich im Laufe der Zeit immer mehr zu einem DM-Block entwickelte, in dem die DM zunehmend eine Art Leitwährungsfunktion einnahm.

Ein neuer Impuls zur Entwicklung einer eigenständigen europäischen Währungsordnung ging 1978 gemeinsam von Deutschland und Frankreich aus. Anfang 1978 entschlossen sich der damalige deutsche Bundeskanzler Helmut Schmidt und Frankreichs Staatspräsident Valery Giscard d'Estaing im Rahmen der deutsch-französischen Konsultationsgespräche zu einer gemeinsamen währungspolitischen Initiative. Auf ihre Initiative beschloß der Europäische Rat auf seiner Tagung am 7. und 8. April in Kopenhagen, eine gemeinsame Strategie zu entwickeln, um Fortschritte in Richtung auf eine Wirtschafts- und Währungsunion zu erzielen, die am 5. Dezember 1978 schließlich zur Errichtung des Europäischen Währungssystems EWS führte.[41]

---

38   Vgl. Bericht an Rat und Kommission über die stufenweise Verwirklichung der Wirtschafts- und Währungsunion in der Gemeinschaft, „Werner-Bericht" (endgültiger Text), Sonderbeilage zum Bulletin der EG 11-1970.

39   Vgl. ausführlicher dazu Wolfgang Harbrecht, Europa auf dem Wege zur Wirtschafts- und Währungsunion, a.a.O., S. 97 ff.

40   Zu den Ratsbeschlüssen zur Verwirklichung der Wirtschafts- und Währungsunion und den Gründen für das Scheitern dieses ersten Versuchs zur Errichtung einer Wirtschafts- und Währungsunion vgl. Wolfgang Harbrecht, Europa auf dem Wege zur Wirtschafts- und Währungsunion, a.a.O., S. 102 ff., und die Analyse einer von der EG-Kommission eingesetzten Studiengruppe in: Bericht der Studiengruppe „Wirtschafts- und Währungsunion 1980" („Marjolin-Bericht"), Brüssel, März 1975.

41   Rechtliche Grundlage für das Europäische Währungssystem sind die vom Europäischen Rat in Brüssel verabschiedete „Entschließung des Europäischen Rats vom 5. Dezember 1978 über die Errichtung des Europäischen Währungssystems (EWS) und damit zusammenhängende Fragen", abgedruckt im Bulletin der EG 12-1978, Ziff. 1.1.11, S. 10 ff., und die im Gefolge dazu geschlossenen Abkommen zwischen den Zentralbanken der EG-Mitgliedstaaten.

Das EWS ist ein eigenständiges Währungssystem für die Mitgliedstaaten der Europäischen Gemeinschaft mit festen Wechselkursen und engen Bandbreiten, bestimmten Interventionsregeln und einem finanziellen Beistandssystem. Es hat nach dem Willen seiner Schöpfer zum Ziel, „... ein höheres Maß an Währungsstabilität in der Gemeinschaft herbeizuführen" und „soll die Konvergenz der wirtschaftlichen Entwicklung erleichtern und dem Prozeß der Europäischen Union neue Impulse verleihen."[42] Um diese Ziele zu erreichen, verzichteten die EG-Mitgliedstaaten auf das Recht autonomer Wechselkursänderungen, denn nach den Bestimmungen des EWS sind Wechselkursänderungen nur noch „in gegenseitigem Einvernehmen", also einstimmig, möglich.[43] Das EWS stellt eine Weiterentwicklung des europäischen Wechselkursverbunds von 1973 dar, in dem sich im Laufe der Zeit unter maßgeblicher Beteiligung deutscher Regierungsstellen und der Deutschen Bundesbank bestimmte Regeln für Wechselkursanpassungen sowie Konsultationsmechanismen und Interventionsregeln zwischen den Zentralbanken entwickelt hatten. Da Frankreich mit seiner Währung am 21. Januar 1974 vorübergehend und nach seinem Wiedereintritt am 10. Juli 1974 am 15. März 1976 endgültig aus dem europäischen Wechselkursverbund ausgetreten war, erstreckte sich sein Einfluß auf die Regeln des EWS gemeinsam mit den übrigen Partnerstaaten vor allem auf die Wahrung einer strikten Symmetrie der Anpassungs- und Interventionslasten und der Gleichberechtigung aller Währungen im EWS. Auch Großbritannien vermochte auf die Ausgestaltung des EWS keinen seiner wirtschaftlichen und politischen Bedeutung angemessenen Einfluß auszuüben, da das Vereinigte Königreich den europäischen Wechselkursverbund schon drei Monate nach seinem Inkrafttreten wieder verlassen hatte und sich auch während der Verhandlungen über das EWS nicht bereit zeigte, nach dessen Gründung zu festen Wechselkursen zu den europäischen Partnerwährungen zurückzukehren, d. h. am Wechselkursmechanismus des EWS teilzunehmen.

Das Europäische Währungssystem erwies sich trotz großer anfänglicher Befürchtungen als recht erfolgreich. Die Wechselkursschwankungen zwischen den europäischen Währungen konnten beträchtlich vermindert werden, die Inflationsraten der EWS-Länder sanken und näherten sich auf niedrigem Niveau einander an und das EWS entwickelte sich zunehmend zu einer monetären Stabilitätsgemeinschaft. Allerdings entwickelte sich das EWS entgegen der erklärten Absicht seiner Schöpfer auch zunehmend zu einer asymmetrischen Währungsordnung mit der DM als Leitwährung. Diese Entwicklung hatte zur Folge, daß die Geldpolitik in Europa immer mehr von der deutschen Bundesbank bestimmt wurde und die übrigen Länder de facto zunehmend ihre geldpolitische Autonomie verloren.

---

42 Vgl. die „Schlußfolgerungen des Vorsitzes des Europäischen Rats über die Tagung vom 4. und 5. Dezember 1978 in Brüssel", abgedruckt in: Europa Archiv 5/1979, S. D 123 ff.

43 Vgl. Ziff. 3.2. der EWS-Entschließung des Europäischen Rats.

Der ökonomische Erfolg des EWS wurde offensichtlich durch eine Entwicklung des Systems herbeigeführt, die von den meisten Mitgliedstaaten zunehmend als politisch inakzeptabel angesehen wurde, weil sie wegen der Dominanz der DM und des übermäßigen geldpolitischen Einflusses der Deutschen Bundesbank auf die europäische Geldpolitik dem Gleichheitsprinzip in der Europäischen Gemeinschaft widersprach. Das war auch der wesentlichste Grund dafür, weshalb Ende der achtziger Jahre immer mehr Mitgliedstaaten der Europäischen Gemeinschaft die Errichtung einer europäischen Währungsunion und einer Europäischen Zentralbank forderten. Nachdem sich im Laufe der achtziger Jahre eine Anzahl anderer Versuche als ungeeignet erwiesen hatte, die wachsende Dominanz der Deutschen Bundesbank zurückzudrängen, erblickten sie in diesem Weg das letzte und vielleicht einzig wirksame Mittel, um die geldpolitische Vormachtstellung der unabhängigen Deutschen Bundesbank in Europa zu beschneiden.

2. Der Beitrag Deutschlands zur Grundentscheidung für eine unabhängige Europäische Zentralbank

Die Bundesrepublik Deutschland konnte und wollte sich dem Wunsch der EG-Partnerstaaten, die wirtschaftliche Integration in der Gemeinschaft durch die Einrichtung einer Europäischen Wirtschafts- und Währungsunion und einer Europäischen Zentralbank zu vollenden, nicht verschließen. Allerdings forderten die deutschen Regierungsvertreter, daß eine künftige europäische Geldordnung die unbedingte Gewähr für ein hohes Maß an Preisstabilität bieten müsse. Als Voraussetzungen dafür wurden angesehen:[44]

1. Eine künftige Europäische Zentralbank muß ähnlich unabhängig sein wie die Deutsche Bundesbank,
2. sie muß klar und unmißverständlich auf die Sicherung der Preisstabilität verpflichtet sein,
3. sie soll zur Unterstützung der Wirtschaftspolitik der Mitgliedstaaten und der Gemeinschaft nur soweit verpflichtet sein, wie es der Preisstabilität nicht entgegensteht,
4. sie soll grundsätzlich keine Notenbankkredite an die Gemeinschaft und an öffentliche Haushalte der Mitgliedstaaten gewähren dürfen.

Außerdem forderte Bundeskanzler Helmut Kohl, daß bei den Verhandlungen um die Einführung einer Europäischen Zentralbank, die nach Art. 20 EEA, 102 a EWGV nur durch eine Änderung der Gemeinschaftsverträge errichtet werden kann, auch Fortschritte auf dem Weg zu einer Politischen Union erzielt werden müßten. In einem Integrationsfortschritt auf diesem Gebiet erblickte Helmut Kohl ein Zeichen

---

44 Vgl. z. B. Gutachten des Wissenschaftlichen Beirats beim Bundesministerium für Wirtschaft „Europäische Währungsordnung", BMWI-Studien-Reihe 61, Bonn, Februar 1989, S. 13.

dafür, daß es den EG-Partnerstaaten bei ihrem Bestreben nicht nur um eine „Entmachtung" der Deutschen Bundesbank ging, sondern wirklich um Fortschritte im europäischen Integrationsprozeß.

Am 28. Juni 1988 beauftragte der Europäische Rat in Hannover eine Expertengruppe unter dem Vorsitz des Kommissionspräsidenten Jacques Delors mit der Ausarbeitung von Vorschlägen, wie die Europäische Wirtschafts- und Währungsunion verwirklicht werden könnte. Dieser sog. Delors-Ausschuß legte seinen Bericht am 12. April 1989 vor.[45] In ihm wurden die deutschen Vorstellungen über die Grundelemente einer künftigen europäischen Geldordnung vollumfänglich übernommen und die Errichtung der Europäischen Wirtschafts- und Währungsunion in drei Stufen vorgeschlagen. Dabei hielt der Delors-Ausschuß für die Verwirklichung der Stufen zwei und drei eine Änderung der Gemeinschaftsverträge für erforderlich.

Die Übernahme der deutschen Vorstellungen von einer unabhängigen Europäischen Zentralbank, die klar und uneingeschränkt dem Ziel der Preisstabilität verpflichtet ist, durch den Delors-Ausschuß ist um so bemerkenswerter, als in den Mitgliedstaaten der Europäischen Gemeinschaft lediglich Deutschland eine unabhängige Zentralbank besitzt. In allen übrigen Mitgliedstaaten ist die Zentralbank nicht von der Regierung unabhängig, sondern - wenn auch in unterschiedlichem Umfang - weisungsgebunden und auch zur Unterstützung anderer gesamtwirtschaftlicher Ziele verpflichtet. Darüber hinaus sind die meisten Zentralbanken der EG-Mitgliedstaaten zur Kreditgewährung an den Staat verpflichtet, wodurch der Staat über seine Verschuldungspolitik auch direkt Einfluß auf die Geldschöpfung und die Preisentwicklung in seinem Lande hat.

Der Vorschlag einer unabhängigen Europäischen Zentralbank durch den Delors-Ausschuß kann sicherlich zum einen auf die empirisch nachweisbare Erkenntnis zurückgeführt werden, daß die Erfolge bei der Verfolgung einer stabilitätsorientierten Geldpolitik erfahrungsgemäß um so größer sind, je weniger eine Zentralbank von Regierungseinflüssen abhängig ist. Entscheidender dürfte jedoch die Tatsache gewesen sein, daß der deutsche Vertreter im Delors-Ausschuß, der damalige Bundesbankpräsident Karl Otto Pöhl, nicht bereit war, irgendeinem anderen Konzept als dem Konzept einer unabhängigen Europäischen Zentralbank, die unmißverständlich auf die Sicherung der Preisstabilität verpflichtet ist, zuzustimmen. Da das politische Interesse der meisten Mitgliedstaaten an der Errichtung einer Europäischen Währungsunion mit einer Europäischen Zentralbank an der Spitze auf Grund der oben dargelegten Entwicklung des EWS äußerst stark war, erklärten sich die Vertreter der EG-Partnerstaaten schließlich ebenfalls bereit, das objektiv bewährte deutsche Mo-

---

45   Vgl.: Ausschuß zur Prüfung der Wirtschafts- und Währungsunion, Bericht zur Wirtschafts- und Währungsunion in der Europäischen Gemeinschaft („Delors-Bericht"), abgedruckt in: Europa-Archiv, Folge 10 (1989), S. D 283 - D 304.

dell einer unabhängigen Zentralbank auch für eine europäische Geld- und Währungsordnung zu akzeptieren.

Am 27. Juni 1989 billigte der Europäische Rat in Madrid die Konzeption und die Vorschläge des Delors-Berichts und beschloß, daß die erste Stufe zur Verwirklichung der Wirtschafts- und Währungsunion am 1. Juni 1990 beginnen solle und daß die Vorbereitungen für die Einberufung einer Regierungskonferenz zur Festlegung der anschließenden Stufen getroffen werden sollten.[46] Auf seiner Tagung im Oktober 1990 in Rom legte der Europäische Rat schließlich die Leitlinien für die beiden parallel zu führenden Regierungskonferenzen über die Politische Union und die Wirtschafts- und Währungsunion fest.[47] Darin hatte sich auch der Europäische Rat auf das Konzept einer unabhängigen Europäischen Zentralbank für die Europäische Wirtschafts- und Währungsunion verständigt und als Verhandlungsziel vorgegeben. Die zweite Stufe der Wirtschafts- und Währungsunion sollte danach am 1. Januar 1994 beginnen, falls bis dahin einige Voraussetzungen erfüllt waren, und der Beginn der beiden Regierungskonferenzen wurde auf den 14. Dezember 1990 festgelegt. Die Verhandlungen über die Wirtschafts- und Währungsunion und die Politische Union wurden zügig geführt und ihr Ergebnis im Vertrag über die Europäische Union zusammengefaßt.

3. Die Errichtung der Europäischen Wirtschafts- und Währungsunion nach dem Maastricht-Vertrag

Der „Vertrag über die Europäische Union" (abgekürzt EUV) wurde am 7. Februar 1992 von den damals zwölf Mitgliedstaaten der Europäischen Gemeinschaft in Maastricht feierlich unterzeichnet. Er trat am 1. November 1993 in Kraft, nachdem er von allen zwölf Mitgliedstaaten entsprechend ihren verfassungsrechtlichen Vorschriften ratifiziert worden war und nachdem das deutsche Bundesverfassungsgericht in seinem Urteil vom 12. Oktober 1993 befunden hatte, daß dieser Vertrag mit dem deutschen Grundgesetz vereinbar ist.[48]

Durch den Vertrag von Maastricht wurde die Europäische Union gegründet, die folgende Ziele hat:

– Die Schaffung eines Raumes ohne Binnengrenzen einschließlich dem dazu erforderlichen wirtschaftlichen und sozialen Zusammenhalt;

---

46   Vgl. Schlußfolgerungen des Europäischen Rates vom 27. Juni 1990, in: Bulletin der EG 6-1989, S. 8 ff., insbes. Ziff. 1.1.11.

47   Vgl. Schlußfolgerungen des Europäischen Rates vom 28. Oktober 1990, in: Bulletin der EG 10-1990, S. 7 ff., insbes. Ziff. 1.5.

48   Der „Vertrag über die Europäische Union" vom 7. Februar 1992 ist abgedruckt in: Bulletin der Bundesregierung Nr. 16 vom 12. Februar 1992, S. 113 ff. Das Urteil des Bundesverfassungsgerichts vom 12. Oktober 1993 ist abgedruckt in: NJW, Heft 47 (1993), S. 3047 - 3058.

–   die Errichtung einer Wirtschafts- und Währungsunion mit einer auf längere Sicht einheitlichen Währung;

–   die Einführung einer gemeinsamen Außen- und Sicherheitspolitik, die auf längere Sicht auch eine gemeinsame Verteidigungspolitik umfassen soll;

–   die Entwicklung einer engen Zusammenarbeit in den Bereichen Justiz und Inneres;

–   die Einführung einer europäischen Unionsbürgerschaft als Vorläufer einer künftigen europäischen Staatsbürgerschaft (Art. B EUV).

Nach Art. F Abs. 3 EUV stattet sich die Union mit den Mitteln aus, die zum Erreichen ihrer Ziele und zur Durchführung ihrer Politiken erforderlich sind.

Die Errichtung der Wirtschafts- und Währungsunion erfolgt auf der Grundlage einer offenen Marktwirtschaft mit freiem Wettbewerb (Art. 102 a EGV).[49] Sie umfaßt die Einführung einer Wirtschaftspolitik, die auf einer engen Koordinierung der Wirtschaftspolitiken der Mitgliedstaaten, dem Binnenmarkt und der Festlegung gemeinsamer Ziele durch den Rat nach Art. 103 EGV beruht. Bei ihrer Haushaltspolitik haben die Mitgliedstaaten darüber hinaus den eng gefaßten Ordnungsrahmen des Art. 104 c EGV zu beachten, nach dem die Haushaltsdefizite des Staates einschließlich der Defizite auf regionaler und kommunaler Ebene sowie der Sozialversicherungseinrichtungen in einem Mitgliedstaat drei Prozent und die Gesamthöhe der Staatsschuld sechzig Prozent vom Bruttoinlandsprodukt nicht übersteigen sollen. Zur Verwirklichung der Währungsunion sieht der Vertrag über die Europäische Union die Errichtung eines Europäischen Systems der Zentralbanken (ESZB) mit einer unabhängigen Europäischen Zentralbank (EZB) an der Spitze vor, der in der Endstufe der Währungsunion die Verantwortung für die Geldwertstabilität einer einheitlichen europäischen Währung obliegt (Art. 105 ff. EGV). Außerdem wurden im Maastricht-Vertrag die Grundzüge der künftigen europäischen Geldverfassung festgelegt. Der Übergang zur zweiten Stufe der Wirtschafts- und Währungsunion wurde im Vertrag auf den 1. Januar 1994 festgelegt (Art. 109 EGV). Zu diesem Zeitpunkt wurde ein „Europäisches Währungsinstitut" (EWI) als Vorläufer der künftigen Europäischen Zentralbank gegründet. Es hat die Aufgabe, die Zusammenarbeit zwi-

---

49   Durch den Vertrag über die Europäische Union wurde die „Europäische Wirtschaftsgemeinschaft" in „Europäische Gemeinschaft" umbenannt (vgl. Art. G Abs. A EUV). Seither heißt der EWG-Vertrag einschließlich seiner Änderungen „EG-Vertrag", abgekürzt EGV. Die Bezeichnungen für die Europäische Gemeinschaft für Kohle und Stahl (EGKS) und die Europäische Atomgemeinschaft (EAG) und die entsprechenden Verträge blieben unverändert. Eine ordnungspolitische Beurteilung der Wirtschaftsordnung der Europäischen Union nach Abschluß des Maastricht-Vertrags findet sich bei Hans-Heribert Dix, Soziale Marktwirtschaft und westeuropäischer Integrationsprozeß - Zum ordnungspolitischen Leitbild der Europäischen Union - , in: Werner Klein u. a., Soziale Marktwirtschaft - Ein Modell für Europa, Festschrift für Gernot Gutmann zum 65. Geburtstag, Berlin 1994, S. 233 - 268.

schen den nationalen Zentralbanken zu verstärken und die Geldpolitiken der Mitgliedstaaten zu koordinieren. Ferner trifft es die Vorbereitungen für die Errichtung des Europäischen Zentralbanksystems, entwickelt die Instrumente und Verfahren für den grenzüberschreitenden europäischen Zahlungsverkehr sowie für die einheitliche Geld- und Währungspolitik der Europäischen Zentralbank in der dritten Stufe und bereitet die Einführung der europäischen Einheitswährung einschließlich der technischen Vorbereitung der Banknoten und Münzen vor (Art. 109 f EGV). Schließlich müssen in dieser Stufe die nationalen Zentralbanken der EG-Partnerstaaten in die Unabhängigkeit überführt werden, damit das ESZB in der dritten Stufe, in der die nationalen Zentralbanken die Stellung von Landeszentralbanken erhalten werden, auch wirklich unabhängig ist.

Der Übergang zur dritten Stufe der Wirtschafts- und Währungsunion soll nach dem Maastricht-Vertrag frühestens 1997 und spätestens zum 1. Januar 1999 erfolgen. Zu diesem Zeitpunkt werden die Wechselkurse zwischen den nationalen Währungen derjenigen Mitgliedstaaten, die aufgrund ihrer wirtschaftlichen Entwicklung reif sind für die Endstufe der Wirtschafts- und Währungsunion, endgültig und unwiderruflich fixiert, die Bandbreiten beseitigt und die technischen Vorbereitungen für die Einführung der europäischen Einheitswährung, für die drei Jahre benötigt werden, in Angriff genommen. Gleichzeitig geht die Verantwortung für die Geldpolitik von den nationalen Zentralbanken auf die Europäische Zentralbank über. Die geldpolitischen Entscheidungen werden ab diesem Zeitpunkt von einem Europäischen Zentralbankrat mit einfacher Mehrheit getroffen, der sich aus den jeweiligen Präsidenten der Zentralbanken der an der dritten Stufe der Wirtschafts- und Währungsunion teilnehmenden Mitgliedstaaten und einem sechsköpfigen Direktorium der Europäischen Zentralbank zusammensetzt, das vom Europäischen Rat ernannt wird.

Um in der Europäischen Wirtschafts- und Währungsunion (EWWU) ein hohes Maß an Währungsstabilität zu gewährleisten, dürfen in die Endstufe der EWWU nur Mitgliedstaaten eintreten, die ein genügend hohes Stabilitätsbewußtsein und einen hohen Grad an dauerhafter Konvergenz aufweisen. Als Maßstab hierfür verlangt der Maastricht-Vertrag von jedem Mitgliedstaat die Erfüllung der folgenden vier sog. Konvergenzkriterien:

–   Die Inflationsrate des Landes darf die Inflationsrate der drei preisstabilsten Länder nicht um mehr als eineinhalb Prozentpunkte übersteigen.

–   Das laufende Haushaltsdefizit des Staates darf drei Prozent vom Bruttoinlandsprodukt nicht übersteigen und das Verhältnis zwischen der Höhe der öffentlichen Schuld und dem Bruttoinlandsprodukt darf sechzig Prozent nicht überschreiten, es sei denn, daß das Verhältnis hinreichend rückläufig ist und sich rasch genug dem Referenzwert von sechzig Prozent nähert.

- Der langfristige Kapitalmarktzins des Mitgliedstaats darf den langfristigen No-
  minalzins der drei preisstabilsten Länder nicht um mehr als zwei Prozentpunkte
  übersteigen.
- Der Mitgliedstaat muß mit seiner Währung die im Rahmen des Wechselkursmechanismus des Europäischen Währungssystems vorgesehenen normalen
  Bandbreiten mindestens zwei Jahre ohne starke Spannungen eingehalten haben
  und darf seine Währung in diesem Zeitraum nicht von sich aus abgewertet haben.

Diese Konvergenzkriterien bilden die Grundlage für die letztlich politische Entscheidung nach Art. 109 j EGV, welche Staaten in die Endstufe der Währungsunion
eintreten können und müssen. Sie sind damit notwendige, aber nicht hinreichende
Voraussetzung für den Eintritt eines Landes in die dritte Stufe der Wirtschafts- und
Währungsunion.

Ob man mit den oben definierten Konvergenzkriterien wirklich erreichen kann, daß
nur Mitgliedstaaten in die Endstufe der Währungsunion aufgenommen werden, die
genügend stabilitätsorientiert sind und deren Volkswirtschaften von der realwirt-
schaftlichen Seite her dazu geeignet sind, ist umstritten, soll aber an dieser Stelle
nicht weiter diskutiert werden.

4. Der Einfluß Deutschlands auf die europäische Geldordnung nach dem Maastricht-Vertrag

Wie sehr die Geldordnung des Maastricht-Vertrags, die in der Endstufe der Wirt-
schafts- und Währungsunion zum Tragen kommt, mit der deutschen Geldordnung
übereinstimmt, kann man erkennen, wenn man die Grundelemente der europäischen
Geldverfassung mit den entsprechenden Regelungen in der deutschen Geldordnung
im einzelnen vergleicht. Nach dem Maastricht-Vertrag ist die europäische Geldordnung durch folgende Grundelemente gekennzeichnet:

- die institutionelle Unabhängigkeit der Europäischen Zentralbank;
- die Fixierung der Europäischen Zentralbank auf die Sicherung der Preisstabilität;
- eine nur eingeschränkte Pflicht der Europäischen Zentralbank zur Unterstützung anderer wirtschaftspolitischer Ziele in der Gemeinschaft;
- ein Kreditvergabeverbot der Europäischen Zentralbank und ihrer „nationalen
  Zweigstellen" an den Staat und öffentliche Unternehmen;
- die Mitwirkung der Europäischen Zentralbank bei der Wechselkurspolitik des
  Rates der Europäischen Union.

Damit gründet sich die europäische Geldverfassung auf genau die gleichen Grundprinzipien wie die deutsche Geldverfassung, wobei ein Vergleich zeigt, daß die
rechtlichen Regelungen im Vertrag über die Europäische Union klarer und präziser
formuliert sind als die entsprechenden deutschen Bestimmungen.

Die Unabhängigkeit der Europäischen Zentralbank ist in Art. 107 EGV festgelegt. Danach darf bei der Wahrnehmung ihrer Befugnisse, Aufgaben und Pflichten weder die Europäische Zentralbank noch eine nationale Zentralbank noch ein Mitglied ihrer Beschlußorgane Weisungen von Organen oder Einrichtungen der Gemeinschaft, der Regierungen der Mitgliedstaaten oder anderen Stellen einholen oder entgegennehmen. Auf der anderen Seite werden die Organe und Einrichtungen der Gemeinschaft sowie die Regierungen der Mitgliedstaaten verpflichtet, diesen Grundsatz zu beachten und nicht zu versuchen, die Mitglieder der Beschlußorgane der EZB oder der nationalen Zentralbanken bei der Wahrnehmung ihrer Aufgaben zu beeinflussen. Diese Bestimmung genießt in der Europäischen Union durch ihre Festlegung im Gründungsvertrag der Europäischen Union Verfassungsrang und kann nur durch Vertragsänderung, mit der alle EU-Mitgliedstaaten einverstanden sein müßten, wieder korrigiert werden. Demgegenüber ist die Unabhängigkeit der Deutschen Bundesbank nicht im Grundgesetz verankert, sondern lediglich in § 12 Bundesbankgesetz (BBkG) geregelt, d. h. in einem einfachen Gesetz, das vom Parlament jederzeit mit einfacher Mehrheit geändert werden kann und dessen juristische Bindungswirkung von jedem anderslautenden einfachen Bundesgesetz späteren Datums oder jedem internationalen Vertrag anderen Inhalts, den die Bundesrepublik Deutschland abschließt, automatisch aufgehoben wird. Insofern beruht die Unabhängigkeit der Deutschen Bundesbank mehr auf einem politischen Grundkonsens denn auf einer sicheren rechtlichen Verankerung. Darüber hinaus ist die Unabhängigkeit der Bundesbank im Gesetz weit weniger klar geregelt als die Unabhängigkeit der Europäischen Zentralbank im Maastricht-Vertrag. Denn nach § 12 Satz 1 BBkG ist die Deutsche Bundesbank verpflichtet, „unter Wahrung ihrer Aufgabe die allgemeine Wirtschaftspolitik der Bundesregierung zu unterstützen", und lediglich in Satz 2 dieses Paragraphen steht: „Sie ist bei der Ausübung der Befugnisse, die ihr nach diesem Gesetz zustehen, von Weisungen der Bundesregierung unabhängig." Daß hier zwischen der grundsätzlichen Gefolgschaftspflicht und der Unabhängigkeit der Bundesbank ein gewisses Spannungsverhältnis besteht, das bei einem grundlegenden Dissens zwischen Bundesregierung und Bundesbank einer näheren Auslegung bedarf, ist offensichtlich und trat bei der Diskussion um die Gründung der deutsch-deutschen Wirtschafts-, Währungs- und Sozialunion zum 1. Juli 1990 sowie der Europäischen Wirtschafts- und Währungsunion auch offen zutage.

Auch die Verpflichtung der Zentralbank zur Sicherung der Preisstabilität ist im Unionsvertrag klarer geregelt als im deutschen Bundesbankgesetz. So ist es nach Art. 105 EGV das vorrangige Ziel der Europäischen Zentralbank, „die Preisstabilität zu gewährleisten". Demgegenüber hat die Deutsche Bundesbank nach § 3 BBkG die Aufgabe, „die Währung zu sichern". Dieser Auftrag kann sich grundsätzlich sowohl auf den Außenwert als auch auf den Binnenwert der Währung beziehen. Die Interpretation dieses Auftrags im Sinne der Sicherung der Preisstabilität, also der Erhaltung des Binnenwertes der D-Mark, vor allem ab Mitte der sechziger Jahre, als sich erstmals ein Konflikt zwischen Sicherung des Außenwertes und des Binnenwertes der D-Mark auftrat, entspringt denn auch weniger einem klar umrissenen Gesetzesauftrag als vielmehr der autonomen Interpretations- und Entscheidungsfreiheit des Zentralbankrates der Deutschen Bundesbank. Einen derartigen Interpretationsspielraum besitzt die Europäische Zentralbank nicht. Vielmehr ist im Unionsvertrag der Gesetzesauftrag klar und eindeutig geregelt, und zwar im Sinne der Interpretation der Aufgabe „Sicherung der Währung" durch die Deutsche Bundesbank.

Ferner ist die Verpflichtung der Europäischen Zentralbank, die allgemeine Wirtschaftspolitik in der Gemeinschaft zu unterstützen, klarer ab- und eingegrenzt, als es in Deutschland der Fall ist. Nach Art. 105 EGV hat die Europäische Zentralbank die allgemeine Wirtschaftspolitik in der Gemeinschaft zu unterstützen, „soweit dies ohne Beeinträchtigung des Zieles der Preisstabilität möglich ist". Demgegenüber ist die Deutsche Bundesbank nach § 12 BBkG verpflichtet, „unter Wahrung ihrer Aufgabe die allgemeine Wirtschaftspolitik der Bundesregierung zu unterstützen". Darüber hinaus soll die Deutsche Bundesbank nach § 13 Abs. 3 Stabilitätsgesetz (StabG) im Rahmen der ihr obliegenden Aufgaben die Ziele des § 1 StabG, d. h. neben der Preisniveaustabilität auch die gesamtwirtschaftlichen Ziele Vollbeschäftigung, angemessenes Wirtschaftswachstum und außenwirtschaftliches Gleichgewicht berücksichtigen. Die Unterstützungspflicht der allgemeinen Wirtschaftspolitik ist in der europäischen Geldverfassung demnach wesentlich eingeschränkter als nach den deutschen Gesetzesbestimmungen. Allerdings hat der Zentralbankrat der Deutschen Bundesbank ihre Unterstützungspflicht nach dem Stabilitätsgesetz in einem Grundsatzbeschluß Ende der sechziger Jahre dahingehend interpretiert und eingeschränkt, daß sie die allgemeinen wirtschaftspolitischen Ziele des Stabilitätsgesetzes und die Wirtschaftspolitik der Bundesregierung nur soweit unterstützt, als sie es mit ihrem primären Auftrag - nämlich der Sicherung der Geldwertstabilität - für vereinbar hält. Genau diese Interpretation der Deutschen Bundesbank wurde als Gesetzesauftrag für die Europäische Zentralbank in den Unionsvertrag übernommen.

Nach Art. 104 EGV ist jegliche Form der Kreditgewährung der Europäischen Zentralbank oder der Zentralbanken der Mitgliedstaaten an Organe oder Einrichtungen der Gemeinschaft, Zentralregierungen der Mitgliedstaaten, regionale oder lokale Gebietskörperschaften oder andere öffentlich-rechtliche Körperschaften, sonstige Einrichtungen des öffentlichen Rechts oder öffentliche Unternehmen der Mitgliedstaaten verboten. Ebenso verboten ist der unmittelbare Erwerb von Schuldtiteln von diesen durch die Europäische Zentralbank oder die nationalen Zentralbanken. Ausgenommen ist lediglich der An- und Verkauf von öffentlichen Schuldtiteln zum Zwecke der Offenmarktpolitik. Auch dieser Grundsatz des Kreditvergabeverbots an öffentliche Stellen ist in der europäischen Geldverfassung des Maastricht-Vertrags klarer und strenger formuliert als in der deutschen Geldverfassung. Zwar schränkt auch die deutsche Geldordnung den Zugang des Staats zum Notenbankkredit als dem sogenannten klassischen Fall der unfreiwilligen Zentralbankgeldschöpfung stark ein, doch muß die Deutsche Bundesbank nach § 20 BBkG Bund, Ländern und den staatlichen Sondervermögen wie Bundesbahn und Bundespost bis zu einem gewissen Umfang kurzfristige Kredite gewähren. Die Obergrenze für diese sog. Kassenkredite beträgt seit 1. Oktober 1993 insgesamt 10,562 Mrd. DM, davon 6 Mrd. DM für den Bund, 3,312 Mrd. DM für die Länder und 1,25 Mrd. DM für die Sondervermögen.[50]

Diese Kassenkredite sind seit Inkrafttreten des Vertrags über die Europäische Union vertragswidrig, weshalb eine Änderung des Bundesbankgesetzes in die Wege geleitet wurde, um das Bundesbankgesetz an das vorrangige EG-Recht anzupassen. Nach dieser Anpassung werden die Kassenkredite nach § 20 BBkG ebenso wegfallen wie die Einlagenpflicht der öffentlichen Haushalte bei der Bundesbank nach § 17 BBkG. Nach Art. 109 EGV ist die Europäische Zentralbank im Gegensatz zur deutschen Geldordnung auch an der Wechselkurspolitik beteiligt. Zwar liegt nach Art. 109 EGV die grundsätzliche Zuständigkeit für die Wechselkurspolitik beim Rat, doch kann der Rat nur auf Empfehlung der Europäischen Zentralbank oder der Kommission und nach Anhörung der Europäischen Zentralbank tätig werden. Insofern hat die Europäische Zentralbank etwas mehr Einfluß auf die Wechselkurspolitik der Gemeinschaft als die Deutsche Bundesbank. In Deutschland liegt die Zuständigkeit für die Wechselkurspolitik beim Finanzminister und damit ausschließlich bei der Regierung, wobei die Bundesbank nach §13 Satz 1 BBkG in Angelegenheiten von wesentlicher währungspolitischer Bedeutung gegenüber der Bundesregierung lediglich eine Beratungs- und Auskunftspflicht hat. Ein Recht auf Anhörung besteht dagegen nach § 13 Abs. 3 BBkG nur sehr eingeschränkt.

Zusammenfassend kann nach diesem Vergleich festgestellt werden, daß die europäische Geld- und Währungsverfassung, soweit sie im Maastricht-Vertrag festgelegt ist, bis ins einzelne der Geldordnung der Bundesrepublik Deutschland entspricht, und zwar in jener Form, die sich in Deutschland im Laufe der Zeit durch Auslegung und Anwendung der oft nicht genügend klaren rechtlichen Bestimmungen durch die Deutsche Bundesbank entwickelt hat. Insofern kann mit gutem Grund behauptet werden, die europäische Geldverfassung des Maastricht-Vertrags ist „deutscher" als die deutsche Geldordnung.

VII. Zusammenfassung und Schlußbemerkungen

Versucht man, nach der Darstellung und Analyse der wesentlichen Entwicklungsstufen der Wirtschafts- und Währungsordnung der Europäischen Union zu einem Gesamtergebnis zu gelangen, so erscheinen folgende Erkenntnisse bemerkenswert:

---

50   Vgl. Monatsberichte der Deutschen Bundesbank, Januar 1994, S. 34.

1. Die Wirtschafts- und Währungsordnung der Europäischen Union wurde nicht von Ordnungstheoretikern in einem Guß am Reißbrett entworfen, sondern entwickelte sich im Laufe mehrerer Jahrzehnte in einem historischen Entwicklungsprozeß aufgrund einer Vielzahl unterschiedlicher Einflußfaktoren sowie einer Vielzahl gemeinsamer und unterschiedlicher wirtschaftlicher Interessen der Mitgliedstaaten.

2. Treibende Kraft der wirtschaftlichen Integration Europas und der Entwicklung der Wirtschaftsordnung der Europäischen Union waren in der Vergangenheit in erster Linie die *politischen* Interessen und Motive der jeweiligen Mitgliedstaaten sowie der gemeinsame politische Wille, Europa in einem föderativ strukturierten Staatenverbund politisch zu einigen. Die wirtschaftliche Integration Europas wurde regelmäßig dann und in dem Ausmaß vorangetrieben, wie dies politisch notwendig und sinnvoll erschien, um die Mitgliedstaaten dem gemeinsamen politischen Ziel eines immer engeren Zusammenschlusses der europäischen Völker in einer Europäischen Union näherzubringen oder um dieses Ziel glaubhaft aufrechtzuerhalten. Dieser politische Primat der wirtschaftlichen Integration der EU-Mitgliedstaaten gilt bis heute und bestimmte auch den Abschluß des Maastricht-Vertrags.

3. Die ordnungspolitische Konzeption der Wirtschafts- und Währungsordnung der Europäischen Union ist ein Substrat der ordnungspolitischen Vorstellungen der Mitgliedstaaten. Dieses beinhaltet zunächst den gemeinsamen Bestand der ordnungspolitischen Vorstellungen der Mitgliedstaaten der Union sowie bei divergierenden Vorstellungen der Mitgliedstaaten eine gemeinsame mittlere Linie, in welcher die Vorstellungen der einzelnen Mitgliedstaaten entsprechend ihrem *politischen* Gewicht Berücksichtigung finden. Die Wirtschaftsordnung der Europäischen Union basiert auf dem Konzept einer offenen Marktwirtschaft mit freiem Wettbewerb, enthält aber auch eine ganze Anzahl interventionistischer und zum Teil sogar planwirtschaftlicher Elemente. Dennoch ist sie insgesamt gesehen stärker marktwirtschaftlich und wettbewerbsorientiert als die meisten nationalen Wirtschaftsordnungen der EU-Mitgliedstaaten.

4. Der Beitrag der Bundesrepublik Deutschland zur Entwicklung der europäischen Wirtschafts- und Währungsordnung hat sich im Laufe der Zeit immer mehr verstärkt. Während die wirtschaftsordnungspolitische Konzeption des EGKS-Vertrags von 1951 noch im wesentlichen durch Frankreich beeinflußt wurde und stark französischen ordnungspolitischen Vorstellungen mit beträchtlichen interventionistischen und planificatorischen Elementen entsprach, enthält der EWG-Vertrag von 1957 von einigen sektoralen Ausnahmen wie dem Agrar- und dem Verkehrsbereich abgesehen, die in allen Gründungsstaaten der EWG stark reglementiert waren, eine klar marktwirtschaftlich orientierte, den Wettbewerb fördernde und schützende ordnungspolitische Konzeption, wie sie in Deutschland von der ordo-liberalen Schule in den dreißiger Jahren entwickelt und von den Vertretern der Sozialen Marktwirtschaft nach dem Zweiten Weltkrieg in der Bundesrepublik Deutschland verwirklicht

wurde. Diese marktwirtschaftliche Orientierung des EWG-Vertrags geht in beträchtlichem Maß auf deutsche Vorschläge zurück, die mit Unterstützung der Benelux-Staaten zum Teil gegen langanhaltenden Widerstand Frankreichs auch weitgehend Eingang in den EWG-Vertrag gefunden haben.

5. Die marktwirtschaftliche und wettbewerbsorientierte Ausrichtung der europäischen Wirtschaftsordnung hat sich in der Europäischen Gemeinschaft seit Mitte der achtziger Jahre beträchtlich verstärkt, um die Vollendung des europäischen Binnenmarktes voranzutreiben. Die Umsetzung des Prinzips der gegenseitigen Anerkennung unterschiedlicher nationaler Rechtsvorschriften im einheitlichen Binnenmarkt und die Beschränkung der Unionsorgane lediglich auf die Einführung von einheitlichen Mindestvorschriften und Mindeststandards, von denen einzelne Mitgliedstaaten nach oben abweichen dürfen, sowie die Deregulierung bisher regulierter Sektoren hat im europäischen Binnenmarkt zu einem Ausmaß an marktwirtschaftlicher Freiheit und Wettbewerb geführt, wie sie vorher in keinem der EU-Mitgliedstaaten verwirklicht waren. Diese Entwicklung ist jedoch nicht in erster Linie auf eine Zurückbesinnung auf liberale marktwirtschaftliche Ordnungsvorstellungen zurückzuführen, sondern auf den politischen Willen der EG-Kommission, den Wettbewerb als politisches Integrationsinstrument zur beschleunigten Vollendung des EU-Binnenmarktes zu benutzen und zur raschen Ersetzung der nationalen Rahmenbedingungen durch eine einheitliche europäische Rahmenordnung zu gelangen.

6. Den bisher stärksten Beitrag leistete die Bundesrepublik Deutschland zur Entwicklung der Geld- und Währungsordnung der Europäischen Union. Hier entwickelte sich die Bundesrepublik Deutschland mit ihrer Währung und der stabilitätsorientierten Geldpolitik der Deutschen Bundesbank nicht nur zum tragenden Pfeiler des Europäischen Wechselkursverbunds zu Beginn der siebziger Jahre, sondern trug auch gemeinsam mit Frankreich durch die Errichtung des Europäischen Währungssystems EWS entscheidend zur Fortentwicklung der monetären Integration der Europäischen Gemeinschaft bei. Die Deutsche Mark entwickelte sich aufgrund des wirtschaftlichen Gewichts der Bundesrepublik Deutschland, einer strikten Politik der Kapitalmarktliberalisierung und der stabilitätsorientierten Geldpolitik der Deutschen Bundesbank zur Ankerwährung des EWS und zur europäischen Leitwährung und die Deutsche Bundesbank wuchs zunehmend in die Rolle einer Europäischen Zentralbank hinein, der es obliegt, aber auch möglich ist, die Geldpolitik der Länder der Europäischen Union zu bestimmen.

Um diese dem Geist eines Integrationsprozesses auf gleichberechtigter Basis widersprechende Dominanz der Deutschen Mark und der Deutschen Bundesbank in der europäischen Währungsordnung zu korrigieren, wurde durch den Maastricht-Vertrag eine gemeinsame Europäische Zentralbank gegründet, auf welche die geld- und währungspolitischen Kompetenzen der EU-Mitgliedstaaten übertragen werden sollen, und die Grundzüge der künftigen europäischen Währungsordnung festgelegt. Obwohl in den EU-Mitgliedstaaten bisher lediglich Deutschland eine unabhängige und auf das Ziel der Währungsstabilität verpflichtete Zentralbank besaß, während die Zentralbanken der übrigen Mitgliedstaaten der Europäischen Union in mehr oder weniger starkem Ausmaß von Weisungen ihrer Regierungen abhängig waren, diente die deutsche Geldverfassung als Vorbild für die europäische Währungsordnung und wurde so gut wie unverändert übernommen.

7. Trotz einer nunmehr über vierzigjährigen Entwicklung ist die europäische Wirtschaftsordnung bis heute unvollständig. Denn es fehlen bis heute eine gemeinschaftsweite europäische Sozialordnung und eine wirksame Politik des sozialen Ausgleichs auf europäischer Ebene. Die Mitgliedstaaten waren - vor allem aufgrund britischer Vorbehalte - bisher nicht in der Lage, über erste Anfänge hinaus die marktwirtschaftliche Wettbewerbsordnung der Europäischen Union durch eine europäische Sozialordnung und Sozialpolitik zu flankieren. Vielmehr befinden sich die Kernbereiche der Ausgestaltung der Sozialordnung und Sozialpolitik bis heute im Zuständigkeitsbereich der EU-Mitgliedstaaten. Dadurch entstehen erstens ein Defizit an sozialer Solidarität auf europäischer Ebene und zweitens ein Wettbewerb der Sozialsysteme innerhalb des europäischen Binnenmarktes. Inwieweit in diesem Bereich in Zukunft deutsche Vorstellungen über Soziale Marktwirtschaft in ein europäisches Konzept der Sozialen Marktwirtschaft, das von allen Mitgliedstaaten angestrebt wird, Eingang finden werden, kann heute noch nicht abgeschätzt werden.

Beiträge zur Wirtschaftsgeschichte

Herausgegeben von
Hermann Kellenbenz und Jürgen Schneider

Band 1
Rainer Gömmel
Wachstum und Konjunktur der Nürnberger Wirtschaft (1815-1914)
1978, X, 242 S., Leinen, ISBN 3-12-912610-4

Band 2
Precious Metals in the Age of Expansion.
Papers of the XIVth International Congress of the Historical Sciences.
1981, 330 S., Leinen, ISBN 3-12-912670-8

Band 3
Georg Eibert
Unternehmenspolitik Nürnberger Maschinenbauer (1835-1914)
1979, 421 S., Leinen, ISBN 3-12-912680-5

Band 4
bis
Band 8
Wirtschaftskräfte und Wirtschaftswege.
Festschrift für Hermann Kellenbenz
Herausgegeben von Jürgen Schneider in Verbindung mit dem Vorstand der Gesellschaft für Sozial- und Wirtschaftsgeschichte Karl Erich Born, Alfred Hoffmann, Hans Mauersberg, Hans Pohl und Wolfgang Zorn.

I.: Mittelmeer und Kontinent. 1978, 744 S., Leinen, ISBN 3-12-912620-1
II.: Wirtschaftskräfte in der europäischen Expansion. 1978, 740 S., Leinen, ISBN 3-12-912630-9.
III.: Auf dem Weg zur Industrialisierung. 1978, 692 S., Leinen, ISBN 3-12-912640-6.
IV.: Übersee und allgemeine Wirtschaftsgeschichte. 1978, 746 S., Leinen, ISBN 3-12-912650-3.
V.: 1981, 863 S., ISBN 3-12-912660-0

Band 9
Internationaler Ochsenhandel der frühen Neuzeit 1350-1750
Akten des 7th International Economic History Congress Edinburgh 1978. Eingeleitet und im Auftrag der Economic History Association hrsg. von E. Westermann. 1979, 299 S., Leinen, ISBN 3-12-912690-2

Band 10
Jürgen Schneider
Frankreich und die Unabhängigkeit Spanisch-Amerikas. Zum französischen Handel mit den entstehenden Nationalstaaten (1810-1850). I. Teilband: Darstellung; II. Teilband: Statistischer Anhang
1981, zus. 1362 S., Leinen, ISBN 3-12-912710-0

Band 11
Helmut Vogt
Die Überseebeziehungen von Felten & Guilleaume (1874-1914)
1979, 308 S., Leinen, ISBN 3-12-912700-3

Band 12
Norbert H. Schneeloch
Aktionäre der Westindischen Compagnie von 1674. Die Verschmelzung der alten Kapitalgebergruppen zu einer neuen Aktiengesellschaft. 1982, 354 S., Leinen, ISBN 3-12-912720-8

Band 13
Wachstumsschwankungen.
Wirtschaftliche und soziale Auswirkungen (Spätmittelalter - 20. Jahrhundert)
8. Arbeitstagung der Gesellschaft für Sozial- und Wirtschaftsgeschichte. Referate und Diskussionsbeiträge hrsg. von H. Kellenbenz. 1981, 340 S., Leinen, ISBN 3-12-912730-5

Band 14
Evelyn Lacina
Emigration 1933-1945. Sozialhistorische Darstellung der deutschsprachigen Emigration und einiger ihrer Asylländer aufgrund ausgewählter zeitgenössischer Selbstzeugnisse.
1982, 693 S., Leinen, ISBN 3-608-91117-0

Band 15
Michael Braun
Die luxemburgische Sozialversicherung bis zum Zweiten Weltkrieg.
Entwicklung, Probleme und Bedeutung. 1982, 666 S., Leinen, ISBN 3-608-91118-9

Band 16
Gerhart Jacob-Wendler
Deutsche Elektroindustrie in Lateinamerika. Siemens und AEG (1890-1914).
1982, 376 S., Leinen, ISBN 3-608-91119-7

Band 17
Thomas R. Kabisch
Deutsches Kapital in den USA. Von der Reichsgründung bis zur Sequestrierung (1917) und Freigabe.
1982, 413 S., Leinen, ISBN 3-608-91120-0

Band 18   Peter Höfer
                 Deutsch-französische Handelsbeziehungen im 18. Jahrhundert.
                 Die Firma Breton frères in Nantes (1763-1766). 1982, 337 S., Leinen, ISBN 3-608-91121-9

Beiträge zur Wirtschafts- und Sozialgeschichte

Herausgegeben von
Hermann Kellenbenz, Eberhard Schmitt und Jürgen Schneider

Band 19   Hans Gotthard Ehlert
                 Die wirtschaftliche Zentralbehörde des Deutschen Reiches 1914-1919.
                 Das Problem der "Gemeinwirtschaft" in Krieg und Frieden.
                 1982, 597 S., Leinen, ISBN 3-515-03938-4

Band 20   Hermann Kellenbenz (Hrsg.)
                 Wirtschaftsentwicklung und Umweltbeeinflussung (14.-20.Jh.).
                 Berichte der 9. Arbeitstagung der Gesellschaft für Sozial- und Wirtschaftsgeschichte (30.3.-1.4.1981)
                 1982, 298 S., Leinen, ISBN 3-515-03946-5

Band 21   Friedrich August Lühdorf
                 Acht Monate in Japan nach Abschluß des Vertrages von Kanagawa. Eingeleitet und neu herausgegeben
                 von Jürgen Schneider. 1983, 263 S., brosch., ISBN 3-515-03950-3

Band 22   Rolf Walter
                 Venezuela und Deutschland (1815-1870). 1983, 406 S., Leinen, ISBN 3-515-03937-6

Band 23   Aristide Fenster
                 Adel und Ökonomie im vorindustriellen Rußland. Die unternehmerische Betätigung der Gutsbesitzer in
                 der großgewerblichen Wirtschaft im 17. und 18. Jahrhundert.
                 1983, 343 S., Leinen, ISBN 3-515-93947-3

Band 24   Michael Rauck
                 Karl Freiherr Drais von Sauerbronn. Erfinder und Unternehmer (1785-1851)
                 1983, 804 S., brosch., ISBN 3-515-03939-2

Band 25   Peter Kopf
                 David Hume. Philosoph und Wirtschaftstheoretiker (1711-1776)
                 1983, 342 S., brosch., ISBN 3-515-03948-1

Band 26   Hans-Günther Mertens
                 Wirtschaftliche und soziale Strukturen zentralmexikanischer Weizenhaciendas aus dem Tal von Atlixco,
                 1890-1912. 1983, 382 S., brosch., ISBN 3-515-03960-0

Band 27   Wolfgang Penkwitt
                 Preußen und Brasilien. Zum Aufbau des preußischen Konsularwesens im unabhängigen Kaiserreich
                 (1822-1850). 1983, 559 S., Leinen, ISBN 3-515-04087-0

Band 28   Marianne Gechter
                 Kirche und Klerus in der stadtkölnischen Wirtschaft im Spätmittelalter.
                 1983, 462 S., brosch., ISBN 3-515-04475-2

Band 29   Rainer Klump
                 Wirtschaftsgeschichte der Bundesrepublik Deutschland. 1985, 129 S.,brosch. ISBN 3-515-04475-2

Band 30   Rainer Gömmel
                 Vorindustrielle Bauwirtschaft in der Reichsstadt Nürnberg und ihrem Umland (16.-18.Jh.).
                 1985, XII u. 300 S., brosch. ISBN 3-515-04481-7

Band 31   Renate Pieper
                 Die Preisrevolution in Spanien (1500-1640). Neuere Forschungsergebnisse.
                 1985, 170 S., brosch., ISBN 3-515-04570-8

Band 32   Hans Hesselmann
                 Das Wirtschaftsbürgertum in Bayern 1890-1914. Ein Beitrag zur Analyse der Wechselbeziehungen
                 zwischen Wirtschaft und Politik am Beispiel des Wirtschaftsbürgertums im Bayern der Prinzregentenzeit.
                 1986, 419 S., 21 Beilagen, brosch., ISBN 3-515-04565-1

Band 33	Wolfram Fischer / R. Marvin McInnis / Jürgen Schneider (eds.)
	The Emergence of a World Economy 1500-1914. Papers of the IX. International Congress of Economic
	History. Edited on behalf of the International Economic History Association.
	1986, 749 S., in 2 Teilbänden, brosch., ISBN 3-515-04748-4
Band 34	**Knut Borchardt**
	Zur Geschichte des Bayerischen Staatsministeriums für Wirtschaft und Verkehr.
	1987, 58 S., brosch., ISBN 3-515-04953-3
Band 35	**Wolfgang Protzner (Hrsg.)**
	Vom Hungerwinter zum kulinarischen Schlaraffenland. Aspekte einer Kulturgeschichte des Essens in der
	Bundesrepublik Deutschland. 1987, 188 S., brosch., ISBN 3-515-04954-1
Band 36	**Karl Heinrich Kaufhold / Jürgen Schneider (Hrsg.)**
	Geschichtswissenschaft und elektronische Datenverarbeitung
	1988, 347 S., brosch., ISBN 3-515-05286-0
Band 37	**Vom Heimatvertriebenen zum Neubürger.**
	Sozialgeschichte der Flüchtlinge in einer agrarischen Region Mittelfrankens 1945-1955. Verfaßt von Paul
	Erker. Herausgegeben vom Landkreis und der Stadt Ansbach.
	1988, 233 S., brosch., ISBN 3-515-05287-9
Band 38	**Thomas Michel**
	Die Juden in Gaukönigshofen/Unterfranken (1550-1942)
	1988, 712 S., brosch., ISBN 3-515-05318-2
Band 39	**Vierzig Jahre Deutsche Mark.**
	Die politische und ökonomische Bedeutung der westdeutschen Währungsreform von 1948.
	Herausgegeben von Rainer Klump. 1989, 91 S., brosch., ISBN 3-515-05455-3
Band 40	**Oskar Schwarzer**
	Die räumliche Ordnung der Wirtschaft in Deutschland um 1910. Ein historisch-systematischer Ansatz zu
	einer Theorie wirtschaftlicher Entwicklung und strukturellen Wandels.
	1990, 267 S., brosch., ISBN 3-515-05687-4
Band 41	**Johann Georg Sichler**
	Die Bamberger Bauverwaltung (1441-1481)
	1990, 632 S., brosch., ISBN 3-515-05688-2

Beiträge zur Wirtschafts- und Sozialgeschichte

Herausgegeben von
Rainer Gömmel und Jürgen Schneider

Band 42	**Markus A. Denzel**
	Kurialer Zahlungsverkehr im 13. und 14. Jahrhundert. Servitien- und Annatenzahlungen
	aus dem Bistum Bamberg. 1991, 222 S., brosch., ISBN 3-515-05980-6
Band 43	**Herbert J. Nickel**
	Schuldknechtschaft in mexikanischen Haciendas: Interpretationen, Quellen und Befunde
	zur Peonaje. 1991, 465 S., brosch., ISBN 3-515-05981-4
Band 44	**Jürgen Schneider, Oskar Schwarzer und Friedrich Zellfelder (Hrsg.)**
	Währungen der Welt I:
	Europäische und nordamerikanische Devisenkurse 1777 - 1914, in 3 Teilbänden. 1991,
	1473 S., brosch., ISBN 3-515-05982-2
Band 45	**Jürgen Schneider, Oskar Schwarzer und Markus A. Denzel (Hrsg.)**
	Währungen der Welt II:
	Europäische und nordamerikanische Devisenkurse 1914 - 1951
	1996, ca. 550 S., brosch., ISBN 3-515-05983-0

Band 46	**Jürgen Schneider, Oskar Schwarzer und Markus A. Denzel (Hrsg.)**
	Währungen der Welt III:
	Europäische Wechselkurse im 17. Jahrhundert
	1993, 333 S., brosch., ISBN 3-515-06062-6
Band 47	**Jürgen Schneider, O. Schwarzer, F. Zellfelder und M. A. Denzel (Hrsg.)**
	Währungen der Welt IV:
	Asiatische und australische Devisenkurse im 19. Jahrhundert
	1992, 400 S., brosch., ISBN 3-515-06063-4
Band 48	**Jürgen Schneider, Oskar Schwarzer und Markus A. Denzel (Hrsg.)**
	Währungen der Welt V:
	Asiatische und australische Devisenkurse im 20. Jahrhundert
	1994, 281 S., brosch., ISBN 3-515-06064-2
Band 49	**Jürgen Schneider, O. Schwarzer, F. Zellfelder und M. A. Denzel (Hrsg.)**
	Währungen der Welt VI:
	Geld und Währungen in Europa im 18. Jahrhundert
	1992, 322 S., brosch., ISBN 3-515-06072-3
Band 50	**Jürgen Schneider, Oskar Schwarzer und Markus A. Denzel (Hrsg.)**
	Währungen der Welt VII:
	Lateinamerikanische Devisenkurse im 19. und 20. Jahrhundert
	1997, ca. 300 S., brosch.
Band 51	**José Casas Pardo (ed.)**
	Economic Effects of the European Expansion 1492 - 1824
	1992, 512 S., brosch., ISBN 3-515-06240-8
Band 52	**Leonhard Lutz**
	Wirtschaft und Gesellschaft Nürnbergs unter Otto Freiherr von Stromer
	(1. Bürgermeister 1867 - 1891). 1992, 343 S., brosch., ISBN 3-515-06241-6
Band 53	**Edgar Feichtner**
	Die Bauernbefreiung in Niederbayern: Die Änderung der ländlichen Wirtschafts- und
	Sozialstruktur in Bayern durch die Reformierung der Agrarverfassung in der ersten Hälfte
	des 19. Jahrhunderts. 1993, 267 S., brosch., ISBN 3-515-06280-7
Band 54	**Michael North (Hrsg.)**
	Nordwesteuropa in der Weltwirtschaft 1750 - 1950 / Northwestern Europe in the World
	Economy 1750 - 1950. 1993, 308 S., brosch., ISBN 3-515-06360-9
Band 55	**Nils Brübach**
	Die Reichsmessen von Frankfurt am Main, Leipzig und Braunschweig (14. - 18.
	Jahrhundert). 1994, 674 S., brosch., ISBN 3-515-06405-2
Band 56	**Friedrich Zellfelder**
	Das Kundennetz des Bankhauses Gebrüder Bethmann, Frankfurt am Main, im Spiegel der
	Hauptbücher (1738 - 1816). 1994, 268 S., brosch., ISBN 3-515-06438-9
Band 57	**Jürgen Schneider, Oskar Schwarzer und Markus A. Denzel (Hrsg.)**
	Währungen der Welt VIII:
	Afrikanische und levantinische Devisenkurse im 19. und 20. Jahrhundert
	1994, 177 S., brosch., ISBN 3-515-06496-6

Band 58	**Markus A. Denzel**
	"La Practica della Cambiatura". Europäischer Zahlungsverkehr vom 14. bis zum 17.
	Jahrhundert. 1994, 609 S., brosch., ISBN 3-515-06577-6
Band 59	**Markus A. Denzel (Hrsg.)**
	Währungen der Welt IX: Europäische Wechselkurse vor 1620
	1995, 167 S., brosch., ISBN 3-515-06576-8
Band 60	**Günter Schabowski**
	Abschied von der Utopie: Die DDR - das deutsche Fiasko des Marxismus
	1994, 51 S., brosch., ISBN 3-515-06503-2
Band 61	**Markus A. Denzel (Hrsg.)**
	Währungen der Welt X: Geld- und Wechselkurse der deutschen Messeplätze Leipzig und
	Braunschweig (18. Jahrhundert bis 1823). 1994, 147 S., brosch., ISBN 3-515-06575-X
Band 62	**Paul Frenzel**
	40 verlorene Jahre. Erinnerungen an die Diktaturen des nationalen und
	des realen Sozialismus. Hrsg. und eingeleitet von Jürgen Schneider
	1995, 484 S., brosch., ISBN 3-515-06599-7
Band 63	**Jürgen Schneider, Wolfgang Harbrecht (Hrsg.)**
	Wirtschaftsordnung und Wirtschaftspolitik in Deutschland (1933 - 1993)
	1996, XLIII + 463 S., brosch., ISBN 3-515-06600-4
Band 64	**Volker Alberti**
	Simmelsdorf. Untertanen einer Grundherrschaft im Nürnberger Umland (14.-19.
	Jahrhundert). 1994, 331 S., brosch., ISBN 3-515-06636-5
Band 65	**Wolfram Hoppenstedt**
	Gerhard Colm. Leben und Werk 1897-1968.
	1995, ca. 390 S., brosch., ISBN 3-515-06661-6
Band 66	**Henning Mielke**
	Die Auflösung der Länder in der SBZ/DDR.
	Von der deutschen Selbstverwaltung zum sozialistisch-zentralistischen Einheitsstaat nach
	sowjetischem Modell 1945-1952. 1995, 224 S., brosch., ISBN 3-515-06669-1
Band 67	**Doris Schwarzer**
	Arbeitsbeziehungen im Umbruch gesellschaftlicher Strukturen.
	Bundesrepublik Deutschland, DDR und neue Bundesländer im Vergleich
	1995, 552 S., brosch., ISBN 3-515-06811-2
Band 68	**Maximilian Walter**
	Das Fürststift Kempten im Zeitalter des Merkantilismus. Wirtschaftspolitik und
	Realentwicklung (1648-1802/03). 1995, 294 S., brosch., ISBN 3-515-06812-0
Band 69	**Oskar Schwarzer**
	Das ordnungspolitische Experiment der sozialistischen Zentralplanung am Beispiel der
	SBZ/DDR: Eine Effizienzanalyse (1945-1989). Mit Quellenanhang.
	1997, ca. 350 S., brosch., ISBN 3-515-
Band 70	**Jürgen Schneider, Theo Schnörer**
	Bayerische Beamtenbank e.G. (1920-1995)
	1995, 218 S., brosch., ISBN 3-515-06813-9

Stand: Juli 1996
In Kommission bei
Franz Steiner Verlag Stuttgart